Handbuch NGO-Kommunikation

Nadine Remus · Lars Rademacher
(Hrsg.)

Handbuch NGO-Kommunikation

Herausgeber
Nadine Remus
München, Deutschland

Lars Rademacher
Hochschule Darmstadt
Darmstadt, Deutschland

ISBN 978-3-531-18807-2   ISBN 978-3-531-18808-9   (eBook)
https://doi.org/10.1007/978-3-531-18808-9

Die Deutsche Nationalbibliothek verzeichnet diese Publikation in der Deutschen Nationalbibliografie; detaillierte bibliografische Daten sind im Internet über http://dnb.d-nb.de abrufbar.

Springer VS

Gedruckt auf säurefreiem und chlorfrei gebleichtem Papier

Springer VS ist Teil von Springer Nature
Die eingetragene Gesellschaft ist Springer Fachmedien Wiesbaden GmbH
Die Anschrift der Gesellschaft ist: Abraham-Lincoln-Str. 46, 65189 Wiesbaden, Germany

Inhalt

Vorwort IX

Teil I
Grundlagen: Zur Relevanz von NGO's für Politik und Unternehmen

Verhindern und Ermöglichen. Die Zunahme von Bürgerbeteiligung und die Folgen
für das Funktionieren des demokratischen Systems 3
Stephan Heller

Zwischen Einfluss und Protest. NGO systemtheoretisch beobachtet 15
Hans-Jürgen Arlt und Fabian Arlt

Zur Transformation sozialen Protestes: Auf dem Weg zur NGO 31
Andreas Elter und Andreas Köhler

Der Mehrwert von Diskursen für NGOs. Debatten-Allergie und Argumentations-
Phobie der politischen Klasse als Chance für Zivilgesellschaft und
Nichtregierungsorganisationen 51
Thomas Leif (†)

NGOs – Vertrauensverlust als Hinweis auf Identitätskrisen? 65
Susanne Marell

Teil II
Maßnahmen und Methoden der NGO-Kommunikation

Zwischen Eigeninteressen und der Legitimation für Dritte. Die Rollen von NGOs
in der Nachhaltigkeitskommunikation 77
Stefan Jarolimek

NGO-Kampagnen 99
Ralf Spiller

Kampagnen – Wie NGOs sich selbst und die Gesellschaft erzählen 113
Marike Bartels

NGO-Kampagnen im Vergleich 131
Aileen Barz, Carolin Reinert und Julia Hartmann

Die Einflussnahme von NGOs auf den politischen Prozess: Lobbying als
Kommunikationsinstrument 147
Andreas Köhler

Themenanwälte für die Benachteiligten. Zur Pressearbeit von NGOs in der
Entwicklungspolitik 163
Tina Bieth

Teil III
NGOs als Marken

Kooperative Markenkommunikation von Unternehmen und NGOs 183
Jörg Tropp

Interne Markenerfolgskette mitgliedsbasierter NGOs 203
Marcus Stumpf

Die Markenstärke von Umweltschutz-NGOs in Deutschland.
Eine conjointanalytische Untersuchung 221
Holger Schunk, Stefanie Regier, Ann Christine Stähler, Elke Kronewald

Teil IV
NGOs und Social Media

Empörungsbewegungen: Der Einfluss von sozialen Medien auf die
Protestbewegungen seit 2011 249
Marianne Kneuer und Saskia Richter (†)

NGOs im Netz: Tendenzen hin zu massenpersönlicher Kommunikation 277
Mundo Yang

Spuren(losigkeit) Sozialer Medien. Veränderungen in der internen und externen
Kommunikation intermediärer Organisationen 295
Olaf Hoffjann und Jeannette Gusko

Wie und warum werden facebook-Profile von NGOs genutzt? Befunde einer
empirischen Rezipientenstudie 317
Joachim Preusse und Anne Schulze

Teil V
Spezialfälle und Fallbeispiele der NGO-Kommunikation

Die internationale Öffentlichkeitsarbeit von NGOs im 21. Jahrhundert. Globale
Koordination und lokale Differenzierung strategischer Kommunikation 343
Andreas Schwarz und Alexander Fritsch

Kampagnenprofis in der Zwangsjacke. Krisenkommunikation und
Krisenmanagement in NGO 365
Adrian Teetz

NGO-Kommunikation im Sport. Eine Fallstudie zur Olympiabewerbung
Münchens 2018 379
Jörg-Uwe Nieland und Holger Ihle

Dichter Schwarm. Zur Pluralisierung, Differenzierung und Kooperation von
Umwelt-NGO. Eine journalistisch-praktische Analyse am Fallbeispiel der
EU-Fischereireform 397
Torsten Schäfer

Unternehmen als Diskurs-Treiber? Die Rolle intermediärer Organisationen für
die Etablierung von CSR 405
Franzisca Weder und Heidemarie Egger

Teil VI
Methoden der Erforschung von NGO-Kommunikation

Die „Kommunikationsarena" und mediale Auswahllogiken als wesentliche
Einflussfaktoren der NGO-Kommunikation 427
Thomas Könecke

Vertrauensforschung für NGOs. NGO-Trust Index und NGO-Trust Map 443
Christine Viertmann und Julia Wölfer

„Mehr Wert für eine bessere Welt?" Evaluation und Controlling
der Kommunikation von Nichtregierungsorganisationen (NGO) 461
Michael Bürker

Ethnographie von NGO-Kommunikation. Forschungslogik, Nutzen und
Herausforderungen 489
Mathis Danelzik

Diskurs-analytische Perspektiven zu NGO-Kommunikation. Verantwortung von
Unternehmen als leerer Signifikant 513
Heiko Hadasch

Autoren- und Herausgeberverzeichnis 531

Vorwort

Das vorliegende Handbuch möchte den Wissensstand zur Kommunikation von Nicht-regierungsorganisationen (engl.: Non-governmental organizations; NGO) zusammenfassen. Dabei kam es uns auf Offenheit und Interdisziplinarität an, statt eine bestimmte Denkschule oder -tradition abzubilden. So herausfordernd wie die Klärung dessen, was der Begriff NGO meint ist, so schwierig erweist sich mitunter die Eingrenzung der Rolle von NGOs und ihres Kommunikationsverständnisses. Die Beiträge spiegeln daher unterschiedliche Begriffsverständnisse wider, die eine Chance zur Weiterentwicklung bieten.

Diese Vielfalt gilt auch bezüglich der in den Beiträgen vertretenen Disziplinen und Perspektiven. NGOs sind ein multidisziplinär zugänglicher Forschungsgegenstand. Wir haben daher Kommunikationswissenschaftler und Journalisten, Politologen und Linguisten, PR-Forscher und Betriebswirte nach ihrem jeweiligen Zugang befragt, mit dem sie das kommunikative Verhalten von NGOs beschreiben und bewerten können. Herausgekommen ist dabei ein Handbuch, das sich in sechs Abschnitte gliedert:

Im *ersten Abschnitt* steht der Untersuchungsgegenstand ‚NGO‘ selbst im Fokus: Welche Bedeutung haben NGOs in den unterschiedlichen Feldern, wie werden sie in Wirtschaft und Politik als gesellschaftliches Funktionssystemen wahrgenommen?

In *Abschnitt zwei* befassen sich die jeweiligen Autoren mit der Frage, wie genau die Kommunikation von NGOs funktioniert. Welche Maßnahmen und Methoden verwenden, welche kommunikativen Handlungen bestimmen NGO? Eine besondere Rolle spielen dabei Kampagnen, die schon deshalb von Bedeutung sind, weil finanzielle Ressourcen bei NGOs tendenziell begrenzter sind als bei Regierungsorganisationen oder Wirtschaftsakteuren. Doch gerade für Kampagnen lassen sich über Kooperationen auch schnell Gelder einwerben, speziell wenn die NGO sich für ein Co-Branding offen zeigt.

Lassen sich NGOs in einem stark diversifizierten Medienmarkt auch als Marken verstehen? Und falls ja, wie weit trägt diese Logik? Diesen Fragen widmet sich der *dritte Abschnitt* des vorliegenden Handbuchs. Der hohe Diversifizierungsgrad der Medien und die evolutionären Sprünge der letzten 20 Jahre rücken digitale Kanäle in den Mittelpunkt. Insbesondere NGOs mit ihren begrenzten Ressourcen finden darin neue Wege der Kommunikation und Aktivierung. Deshalb steht im *vierten Abschnitt* die Nutzung sozialer Medien durch NGOs im Mittelpunkt der Betrachtung.

Abschnitt fünf ist speziellen NGO-Typen, kommunikativen Spezialsituationen beziehungsweise spezifischen Aufgabenfeldern der NGO-Kommunikation vorbehalten: NGOs im Sport, Krisenkommunikation und internationale Kommunikation von NGO. Der Band schließt – *sechstens* – ab mit einem Methodenkapitel: der Idee der Interdisziplinarität folgend, stehen hier einzelne Analysemethoden im Zentrum, die sich als besonders wertvoll für die Erforschung der Kommunikation von NGOs erwiesen haben. Diese reichen von diskursanalytischen Ansätzen über ethnographische Ansätze bis zu konkreten Controlling-Methoden und der Vertrauensforschung. Doch auch jenseits dieses Kapitels wird natürlich das breite Potpourri klassischer empirischer Methoden verwendet: von der Inhaltsanalyse über das Interview bis zu Befragungen.

Wir haben bewusst einige Autoren mit beruflichem Schwerpunkt Beratung und Praxis gebeten, das Handbuch um ihre Sicht auf NGOs zu ergänzen. Im Kern bleibt dies ein wissenschaftliches Handbuch über die Kommunikation von NGOs. Die damit einhergehenden Lücken und Leerstellen können und sollen für studentische und wissenschaftliche Arbeiten Anknüpfungspunkte anbieten. Sei es in weiterentwickelnder Hinsicht oder unter dem Aspekt der kritischen Reflektion.

Keine neue Erkenntnis ist es, dass ein Handbuch-Projekt durchaus Höhen und Tiefen durchläuft – für Autoren, Herausgeber und auch den Verlag. So fanden sich nicht für alle Themen und Schwerpunkte des ursprünglichen Plans passende Autoren. Und das Buch erscheint später als gewünscht und gewollt. Wir danken daher unseren Autoren für die Langmut, dem Projekt dennoch treu geblieben zu sein und für die Bereitschaft, notwendige Überarbeitungen und Aktualisierungen durchzuführen. Unserer Lektorin Barbara Emig-Roller danken wir für die Geduld und viele wertvolle Hinweise zum Manuskript. Abschließend geht unser Dank an diejenigen Kolleginnen und Kollegen, die bereit waren, als Peer-Reviewer die ursprünglichen „blind reviews" der ausführlichen Abstracts durchzuführen, um deren Erstellung wir bei der Vorbereitung des Bandes gebeten hatten.

München/Darmstadt, August 2017

Teil I

Grundlagen:
Zur Relevanz von NGO's
für Politik und Unternehmen

Verhindern und Ermöglichen
Die Zunahme von Bürgerbeteiligung und die Folgen für das Funktionieren des demokratischen Systems

Stephan Heller

Zusammenfassung

So wie sich die Gesellschaft verändert, steht auch das politische System in Deutschland nicht still. Eine seit Jahren sinkende Beteiligung bei politischen Wahlen zu allen Gremien wird begleitet von einer Zunahme des bürgerschaftlichen Engagements bei politischen Entscheidungsprozessen. Wie passt das zusammen? Der vorliegende Beitrag setzt sich mit dem Wesen der Bürgerinitiative als Plattform der politischen Teilnahme auseinander und erörtert die Beweggründe des Handelns für die beteiligten Personen. Die vorhandenen Instrumente der Bürgerbeteiligung und der direkten Demokratie sind als korrigierendes Mittel gedacht – und nicht als Normfall. Deshalb müssen die Rahmenbedingungen angepasst werden, damit das Verhältnis zwischen repräsentativer und direkter Demokratie im Einklang bleibt.

1 Politische Beteiligung in Deutschland

Das politische System in Deutschland ist dysfunktional geworden: Es funktioniert nicht mehr so, wie es die Väter des Grundgesetzes 1949 konzipiert hatten. Im Zentrum der Dysfunktion steht die sinkende Wahlbeteiligung – ein Umstand, der schon seit Jahren anhält und sich bei nahezu jeder Wahl wieder manifestiert. Die Zahlen der Wahlbeteiligung sprechen für sich:

- Kommunalwahl in Bayern 2014: 55,0 Prozent (Bayerisches Landesamt für Statistik 2014)
- Kommunalwahl in Baden-Württemberg 2014: 49,1 Prozent (Autzen 2014)
- Landtagswahl in Sachsen-Anhalt 2016: 61,1 Prozent (Statistisches Landesamt Sachsen-Anhalt 2016)
- Landtagswahl in Schleswig-Holstein 2017: 64,2 Prozent (Statistisches Amt für Hamburg und Schleswig-Holstein 2017)
- Europawahlen 2014: 48,1 Prozent (Bundeswahlleiter 2014)

3

© Springer Fachmedien Wiesbaden GmbH 2018
N. Remus und L. Rademacher (Hrsg.), *Handbuch NGO-Kommunikation*,
https://doi.org/10.1007/978-3-531-18808-9_1

Bundestagswahlen verzeichnen zwar eine höhere Beteiligung, der Rückgang ist aber auch dort feststellbar: 2017: 76,2 Prozent, 2013: 70 Prozent, 2009: 77,7 Prozent (Bundeswahlleiter 2017; Bundeswahlleiter 2013; Bundeswahlleiter 2009). Eine kurzsichtige Interpretation würde den Trugschluss nahelegen, dass sich die Gesellschaft entpolitisiert hat. Doch so einfach ist die Rechnung nicht. Denn sinkende Wahlbeteiligung bedeutet nicht weniger Interesse an der Politik. Zum einen ist politische Partizipation weit mehr als lediglich der periodische Gang ins Wahllokal. Zum anderen war das Bedürfnis der Bürgerinnen und Bürger nach direkter politischer Mitbestimmung nie größer als gerade jetzt.

Im selben Zeitraum, in dem die aktive politische Teilnahme an Wahlen also neue Tiefpunkte erreicht hat, steigt gleichzeitig das Interesse am politischen Engagement der Bürger in Form von direktdemokratischen Instrumenten. Stuttgart 21 war lediglich der Vorbote einer immer stärker artikulierten direkten Teilnahme durch die Bürger (Bergmann 2012, S. 17). Landauf, landab finden sachpolitische Entscheidungen nicht mehr nur in den Länderparlamenten, den Stadt- oder Gemeinderäten statt, sondern immer öfter auch im Wahllokal. Eine Umfrage der Bertelsmann-Stiftung (2014, S. 11) spricht eine klare Sprache. Zwar halten 82 Prozent der Befragten Wahlen für die geeignetste Form für die politische Teilnahme. Doch gleich dahinter rangieren Bürgerentscheide und Bürgerinitiative mit 80 respektive 79 Prozent auf Platz zwei und drei bevorzugten Beteiligungsform. Nicht umsonst lautet eines der Kernergebnisse dieser Studie, dass sich Deutschland auf dem Weg von einer repräsentativen zu einer vielfältigen Demokratie befindet (Bertelsmann Stiftung 2014, S. 15). Um dieses Bild der politischen Partizipation inhaltlich zu erörtern, muss auf die kleinste gemeinschaftlich-organisierte Einheit der Teilnahme eingegangen werden: die Bürgerinitiative.

2   Die Bürgerinitiative: Politischer Akteur auf der Graswurzelebene

Eine Demokratie benötigt weit mehr als Gewaltenteilung, freie Wahlen, eine Verfassung und funktionierende Institutionen. Von wesentlicher Bedeutung sind eine aktive Zivilge-sellschaft und ein pluralistischer Diskurs, an dem sich alle unterschiedlichen Stimmen und Gruppen einer Gesellschaft beteiligen können. Dazu gehören selbstverständlich der einzelne Bürger und die gewählten Mandatsträger, aber auch die klassischen Interessensvertretun-gen wie Gewerkschaften und Arbeitgeberverbände sowie Nichtregierungsorganisationen, Vereine und andere Gruppierungen, innerhalb der sich die Menschen gesellschaftlich und politisch organisieren. Eingerahmt wird dieser Diskurs von einer pluralistischen Medienlandschaft. Auf Landes- und Bundesebene sind es zum Teil hoch professionali-sierte Interessensgruppen, die Einfluss auf die Entscheidungsgewalt der Politik nehmen. Dazu zählen beispielsweise der BUND, Greenpeace oder die zahlreichen Bundesverbände der unterschiedlichen Branchen. Diese Gruppen verfügen alle über eine weit entwickelte Organisationsstruktur mit teilweiser kapillarer Verankerung im gesamten Bundesgebiet.

Allen gemeinsam ist, dass sie den Anspruch erheben, je nach inhaltlichem Schwerpunkt entweder allgemeine Interessen oder spezifische Interessen für die Allgemeinheit oder die jeweilige Zielgruppe zu vertreten. Bricht man dieses Engagement auf die unterste Ebene, der so genannten „Graswurzel", artikuliert es sich in der Form von Bürgerinitiativen. Diese Gruppen sind meist stark lokal oder regional begrenzt und fokussieren sich auf ein sehr klar definiertes und eingrenzbares Sachthema. Außerdem bauen sie in ihrer Organisationsform auf das freiwillige, nicht-bezahlte Engagement ihrer jeweiligen Unterstützer. In ganz Deutschland gibt es rund 600.000 eingetragene Vereine – laut Schätzung des Deutschen Fundraisingverbandes (2007, S. 1) sind ca. 8 Prozent davon Bürgerinitiativen oder besondere Interessensverbände. Das sind deutlich über 45.000 Organisationen. Die wahre Anzahl liegt aber deutlich höher, schließlich organisieren sich nicht alle Initiativen formell als Verein. Die Themenvielfalt ist dabei schier unerschöpflich. Egal ob Straßenbau, Ortsentwicklung, Energiewende, Einzelhandel oder Naturschutz – es gibt nahezu kein Thema, welches nicht von Bürgerinitiativen behandelt wird. Längst nehmen Bürgerinitiativen eine zentrale Rolle in der Politikgestaltung ein.

2.1   Charakteristik der Bürgerinitiative

Im Zentrum einer jeden Bürgerinitiative steht ein sachpolitisches Thema. In vielen Fällen entstehen sie als Reaktion auf eine geplante Veränderung. Das ist meist die Planung der öffentlichen Hand oder das Vorhaben eines Privaten. Die Motivation, sich in die öffentliche Debatte einzubringen kann dabei unterschiedlicher Art sein. Dabei hängen die Beweggründe gleichzeitig stark mit den individuellen Charakteren der Initiatoren ab. Unzufriedenheit mit den geplanten Entscheidungen oder Altruismus als Grundfedern greifen zu kurz, um die persönliche Begründung eines Einzelnen für politische Aktivität innerhalb einer Gruppe zu beschreiben. Befasst man sich ausführlicher mit Bürgerinitiativen, können dabei grundsätzlich die folgenden Gründe, Charaktere und Stereotypen unterschieden werden, welchen Bürgerinitiativen zu Grunde liegen.

Betroffenheit

Bei Menschen, die von einem Vorhaben unmittelbar betroffen sind, besteht immer ein besonders hohes Potential für politisches oder gesellschaftliches Engagement. Denn Betroffenheit ist oft mit einer direkten Veränderung des persönlichen Umfeldes verbunden. Das kann zu Ungewissheit und Angst vor dem Wandel führen – eine Ausgangsbasis, die den Willen zum aktiven Handeln stärkt (Heller 2013, S. 124).

Opportunismus

„Not in my backyard" – der eigene Hinterhof soll sich möglichst nicht verändern. Auch als Sankt-Florians-Prinzip bekannt, stehen diese Menschen einer Veränderung nicht grundsätzlich negativ gegenüber. Wesentlich für die Entstehung von Engagement dagegen ist lediglich der Umstand, dass es im eigenen Umfeld passiert. Weil sie eine Beeinträchtigung ihres Lebensumfeldes sehen, kämpft man dann aber dagegen an. Offen zugegeben wird dieser Opportunismus natürlich nicht. Stattdessen werden mehr oder weniger sachlich-rational scheinende Gründe in den Vordergrund gestellt (Heller 2013, S. 124).

Tradition und Anti-Hedonismus

Zu beiden Gruppen kann ihre Motivation von ihrer persönlichen Saturiertheit abgeleitet werden. Traditionalisten stellen die bisher erreichten Leistungen in den Vordergrund – ein „mehr" darüber hinaus ist nicht wünschenswert, schließlich ist der eigene Lebensstandard hoch. Neuem und Unbekanntem stehen sie kritisch bis ablehnend gegenüber, aber auch bereits erfolgte Veränderungen werden bekämpft. So stimmten beim Brexit 2016 rund 52 Prozent der Wähler für den Ausstieg Großbritanniens aus der EU (FAZ 2016). Anti-Hedonisten sind ähnlich, interpretieren aber Veränderungen in einem größeren Kontext. Vor allem das Thema „Wachstum" wird äußerst kritisch gesehen. Wachstum bedeutet für diese Gruppe nicht nur ein steigendes BIP, sondern auch zusätzliche Windkrafträder, einen Ausbau der Bundesstraße oder mehr Wohnungen. Immer weiter, immer höher, immer schneller ist für diese Personen langfristig weder nachhaltig noch gesellschaftlich tragbar. Deshalb kämpfen sie dagegen an (Heller 2013, S. 122–126).

Naturschutz

Naturschutz war schon immer eines der Hauptthemen für die Entstehung von organisiertem gesellschaftlichem Engagement. Nicht umsonst wird als erste Bürgerinitiative der Bundesrepublik immer wieder die „Schutzgemeinschaft Deutscher Wald" genannt, welche bereits 1947 ins Leben gerufen worden ist (Huth 2010). Menschen, die sich aus diesem Grund gesellschaftlich oder politisch betätigen, handeln meist aus innerster Überzeugung heraus und leben ihre Einstellung auch außerhalb des betroffenen Themenkreises (Heller 2013, S. 126).

2.2   Wie Bürgerinitiativen entstehen

Eine Bürgerinitiative als Forum der politischen Beteiligung entsteht nur selten spontan von heute auf morgen. Viel wahrscheinlicher ist eine schrittweise Entwicklung, innerhalb der individuelles Engagement auf eine kollektive Basis übergeht und durch die Überwindung unterschiedlicher Hürden schließlich eine mehr oder weniger feste Organisationsform entsteht. Diese Entwicklung lässt sich anhand einer Pyramide sehr gut beschreiben, welche aus fünf aufeinander aufbauenden Ebenen besteht (Heller 2013, S. 117).

Emotion

Am Anfang steht die Emotionalisierung zu einem bestimmten Sachthema bzw. einer politischen Entscheidung. Ausschlaggebend ist, dass die individuelle und subjektive Wahrnehmung zu einem Thema maßgeblich beeinflusst wird. Das kann auf unterschiedliche

Art erfolgen – beispielsweise durch Zustimmung, Unzufriedenheit, Ängste, Betroffenheit oder Empörung (Heller 2013, S.118).

Gruppenbildung

Eine Person alleine macht noch keine Bürgerinitiative. Unbewusst oder bewusst findet man heraus, in wieweit man im direkten persönlichen Umfeld mit seiner Emotion zu einem bestimmten Thema alleine dasteht oder nicht. Stößt man dabei auf Gleichgesinnte, die ähnliche Positionen wie die eigene einnehmen, ist eine wesentliche Hürde zur weiteren Organisationsentwicklung genommen: aus individuellem Empfinden entsteht ein Gefühl der Zusammengehörigkeit (Heller 2013, S.118).

Motivation

Nun ist man an der kritischen Schwelle angelangt. Denn nur wenn eine ausreichend große Motivation seitens aller Beteiligten vorhanden ist, entsteht auch aktives Engagement. Entscheidend sind in dieser Phase meist wenige Einzelpersonen, welche nicht nur die wahrgenommen Probleme thematisieren. Entscheidend ist, dass diese Personen auch ein klares Ziel für die Gruppe definieren und geeignete Lösungsansätze für die Umsetzung aufzeigen (Heller 2013, S.118 ff.).

Organisation

Für ein zielführendes Vorgehen zum Erreichen der festgelegten Ziele ist es notwendig, eine interne Organisation anzunehmen. Erst dadurch wird man als Gruppe wahrgenommen und erhält die notwendige externe Handlungsfähigkeit. In dieser Phase findet meist eine Aufteilung von Funktionen und Aufgaben rund um den aktiven Kern der Gruppe statt. Diejenigen Personen, die als Treiber maßgeblich die kollektive Motivation aufgebaut haben, werden auch jetzt eine Führungsrolle einnehmen. Nicht relevant ist in diesem Kontext, ob die Organisation auch einen formellen Charakter wie beispielsweise die Konstituierung eines Vereins annimmt oder nicht.

Die Fokussierung von Bürgerinitiativen auf ein klar definiertes Sachthema oder Fragestellung beeinflusst auch ihre Organisationsform. Denn wurde das Ziel erreicht, gibt es für die Gruppe in den meisten Fällen auch keinen Daseins- oder Wirkungsgrund mehr – die Initiative löst sich auf. Eine weitere Exit-Option ist die Erweiterung des ursprünglichen Betätigungsfeldes. Eine Initiative gegen ein Bauvorhaben kann sich nun beispielsweise für die gesamte Ortsentwicklung einsetzen. Auch aus Trotz, wenn das eigene Ziel nicht erreicht worden ist. Ganz im Sinne von „jetzt erst recht!". Bemerkenswert ist aber auch die Tatsache, dass Personen durch das Engagement innerhalb einer Bürgerinitiative auf den Geschmack für öffentliche Partizipation und Mandatsträgerschaft kommen. Durch diese „Politisierung" treten sie in weiterer Folge einer Partei oder Bewegung an oder kandidieren bei den nächsten Wahlen (Heller 2013, S.119 ff.).

Kommunikation

Als „Endprodukt" dieser Entwicklung entsteht schlussendlich die Bürgerinitiative. Ihre Mitglieder haben ein hohes, kollektives Zusammenhörigkeitsgefühl, in dessen Fokus ein sachpolitischer Inhalt steht. Die Gruppe verfügt über eine mehr oder weniger starke Form der internen Organisation und ist nun fähig, sich als Akteur in den politischen Entscheidungsfindungsprozess einzubringen (Heller 2013, S.120).

3 Auswirkungen von Bürgerinitiativen auf das Funktionieren der Politik

„Wer Politik treibt, erstrebt Macht." Dieser Ausspruch von Max Weber (1994, S. 36) trifft nicht nur auf gewählte Mandatsträger zu. Vielmehr beschreibt er auch das Bestreben derjenigen Menschen, welche sich aus der Zivilgesellschaft heraus innerhalb von Vereinen und Bürgerinitiativen in der politischen Arena engagieren. Doch im Gegensatz zu ihren gewählten Gegenpolen sind diese Gruppierungen politisch nicht „haftbar": Sie sind auf keine Zustimmung bei der nächsten Wahl angewiesen und müssen kein Mandat verteidigen.

Ein weiterer wichtiger Faktor ist das Bild, welches die Medien von ihnen zeichnen. Überspitzt wird oft die folgende Situation vermittelt: Hier die investorenhörigen, heimatzerstörenden und auf Stimmenfang befindlichen Politiker, dort die selbstlosen, nur dem Gemeinwohl dienenden Bürger. Tatsache ist, dass Bürgerinitiativen meistens über einen gewissen öffentlichen Vertrauensvorschuss verfügen, unabhängig davon, ob gerechtfertigt oder nicht. Ein Umstand, der auch nur zu verständlich ist. Schließlich finden lediglich 18 Prozent der Bundesbürger, dass Politiker vertrauensvoll sind (Horizont 2017). Deshalb verwundert es nicht, dass jeder neue Antagonist für die Politik im Umkehrschluss grundsätzlich positiv gesehen wird. Auf Basis dieses Bonus erhält die Gruppe dann in relativ kurzer Zeit ein meist sehr positiv besetztes Standing in der öffentlichen Meinung – was wiederum ihre Position als kompetenter Meinungsführer stärkt. Jetzt kommt das Prinzip der „Schweigespirale" zum Tragen. Einer augenscheinlichen Mehrheitsmeinung wird in der öffentlichen Diskussion überproportional viel Platz eingeräumt – auch wenn sie vielleicht in Wirklichkeit über einen ganz anderen, niedrigeren Konsens verfügt. Dieser Prozess setzt sich wie eine Spirale fort, die scheinbare Mehrheit wird immer stärker, die Minderheit immer schwächer (Noelle-Neumann und Petersen 2004, S. 571 ff.).

Daraus folgt, dass eine Minderheit, die sich zu einem bestimmten Thema oder Vorhaben einsetzt, schnell zum eigentlichen Treiber für die politische Agenda wird. Das ist problematisch – denn immer öfter haben Politiker mehr denn je Angst, unpopuläre Entscheidungen zu treffen. Schließlich haben sie etwas zu verlieren: Die nächsten Wahlen. Für den Politiker ist das Verfügen über ein Mandat per se existentiell. Und dafür notwendig ist die ausreichende Unterstützung am Wahltag. Je nach Situation und Stärke der Bürgerinitiative (oder der Schwäche der Politik) verfügt diese also über die Macht, geplante Vorhaben inhaltlich nicht nur zu verändern, sondern auch ganz zu versenken. Ein bequemer Ausweg und deshalb oft gewählte Option ist ein Verzicht auf ihre legitime Entscheidungsgewalt seitens der Mandatsträger. In Form eines Bürger- oder Volksentscheides delegieren sie dann das letzte, entscheidende Wort an den Wähler. Da bei solchen Entscheiden die notwendige Wahlbeteiligung sehr niedrig angesetzt ist, reicht also eine relativ kleine Gruppe von Wählern aus, um sachpolitische Fragen für sich zu entscheiden (Heller 2014, S.58 ff.).

Setzt man die aktuelle politische Teilnahme mit dem Trend der parteilosen Politik in Verbindung, findet also eine Machtverlagerung statt. Dabei delegieren gewählte Politiker ihre Entscheidungskompetenz vermehrt an den Wähler selbst oder folgen in ihrem Abstimmungsverhalten dem öffentlichen Druck, der nur von einer oft kleinen Gruppierung aus getragen wird – aber ohne ausreichende Gegenantwort bleibt. Die Folgen sind schon jetzt sichtbar. Wichtige infrastrukturelle Vorhaben im öffentlichen Raum werden nur sehr zögerlich oder gar nicht umgesetzt, der Zeitaufwand für den gesamten formalen Prozess zieht sich deutlich in die Länge und führt zu einer Steigerung der Kosten. Soweit auf Sachebene (Heller 2014, S.58 ff.).

Abstrakter, aber weit bedenklicher, sind die Konsequenzen für unser System der repräsentativen Demokratie. Denn im aktuellen Funktionskorsett, bestehend aus dem Grundgesetz und dem landesspezifischen Wahlrecht ist die direkte Bürgerbeteiligung zwar vorgesehen – jedoch als korrigierendes Instrument für den Einzelfall und nicht als Normfall. Wenn politisch sensible Entscheidungen aus Furcht vor gesellschaftlichem Gegenwind nicht mehr getroffen werden, wie kann dann die Legitimation der Parlamente auf Landes- und Kommunalebene eingestuft werden?

4 Praxisbeispiel: Bürgerschaftliches Engagement für die Entwicklung der eigenen Kommune

Beim hier beschriebenen Praxisbeispiel handelte es sich um den Bau einer Ortsmitte für eine Gemeinde im Großraum München. Auftraggeber war der Bauträger, welcher das Grundstück gekauft und das Baurecht entwickelt hat. Insgesamt waren der Bau von über hundert Eigentumswohnungen, einem Dutzend Ladeneinheiten sowie großflächigem Einzelhandel geplant. heller & partner hat die Beteiligung der Bürgerschaft aktiviert und die strategische Planung der gesamten Kommunikationsmaßnahmen durchgeführt.

4.1 Ausgangssituation

Gemeinsam mit der Gemeinde wurde vom Bauträger im Zuge der Projektentwicklung ein abgestimmtes städtebauliches Konzept erstellt, dass sowohl wirtschaftlich umsetzbar war, als auch die langfristigen städtebaulichen Ziele als Ortszentrum für die Bürgerinnen und Bürger des Ortes erreicht hätte. Doch bereits während der ersten öffentlichen Auslegung kam es von Seiten der Bürger zu einer intensiven Beschäftigung mit dem Konzept, eine große Anzahl von Änderungsanträgen wurde gestellt. In dieser Phase kristallisierten sich drei Aspekte als Konfliktpunkte heraus: die Anzahl der geplanten Wohnungen, die Größe des Einzelhandels und die Dimension des Hauptplatzes.

Das Vorhaben stand bald im Zentrum der öffentlichen Diskussion und dominierte den politischen Diskurs zwischen den drei im Gemeinderat vertretenen Parteien. Nach dem Vorliegen des Billigungsbeschlusses spitzte sich die öffentliche Auseinandersetzung zu – es bildeten sich zwei getrennte Bürgerinitiativen, die sich gegen den Bebauungsplan aussprechen. Die Motivation dieser Gruppen war unterschiedlicher Art. Erstere ging von Anwohnern aus, welche eine Bebauung ihres direkten Umfelds langfristig verhindern wollten – allerdings städtebauliche und wirtschaftliche Argumente dafür vorschoben. Diese Bürger forderten die gesamte Neuplanung des Projektes. Die zweite Gruppe hatte die gesamte Ortsentwicklung im Fokus und war für Anpassungen der Planungen offen. Im weiteren Verlauf kam es deshalb auch zu erheblichen inhaltlichen Differenzen zwischen beiden Gruppen, eine gemeinsame Zusammenarbeit wurde bald wieder beendet. Gemeinsam war es den Initiativen allerdings möglich, federführend die öffentliche Meinungsbildung zu diktieren. Sachargumente, wie sie von den Vertretern der befürwortenden Parteien vorgebracht worden sind, wurden in der Öffentlichkeit hingegen als nicht relevant erachtet. Diese Positionen wurden von den Gegnern als „investorenhörig" oder gar als „gekauft" abgetan. Eine differenzierte inhaltliche Auseinandersetzung mit der Detailplanung fand meist nicht statt. Gemeinsam sammelten beide Initiativen im Laufe von zwei Monaten genug Unterschriften, um ein Bürgerbegehren zu initiieren mit dem Ziel, die weitere Planung und Umsetzung des Projektes zu beenden.

4.2   Strategischer Ansatz

Wichtigster Hebel war es in dieser Situation, denjenigen Bürgern eine Stimme zu verleihen, die das Projekt unterstützten, sich aber aufgrund der scheinbaren negativen Grundhaltung in der öffentlichen Meinung sich nicht zu äußern getraut haben. In einem ersten Schritt mussten deshalb bekennende Befürworter angesprochen werden. Dabei gelang es, innerhalb von wenigen Tagen, rund drei Dutzend Personen zusammenzuführen, die vom Vorhaben überzeugt waren und sich auch öffentlich dazu positionieren wollten. Es kam zur Bildung einer eigenen Bürgerinitiative mit rund zehn aktiven Mitgliedern.

Von Beginn an der Öffentlichkeitsarbeit dieser Pro-Initiative war es das Ziel, die Mitbürger zum einen über das Vorhaben sachlich und korrekt zu informieren. Zum anderen war es allerdings auch klar, dass auch die Mobilisierung zur Wahlteilnahme am Bürgerentscheid einen starken Stellenwert einnehmen musste. Denn mit Befürwortern, die ihre Stimme nicht im Wahllokal abgeben, kann man keinen Bürgerentscheid gewinnen.

4.3   Umsetzung

Mit der Gründung der Befürworter-Initiative begann sich die öffentliche Diskussion im Ort zu ändern. Die Auseinandersetzung für oder gegen den Bau wurde inhaltlich deutlich ausgewogener, unwahre Behauptungen, falsch dargestellte Daten und Fakten sowie polemische Äußerungen blieben nicht mehr unkommentiert im Raum stehen, sondern wurden in einem neuen Dialog richtig gestellt. Nach wenigen Wochen war spürbar, dass ein Wechsel in der Meinungshoheit stattgefunden hat. Nicht mehr die Gegner haben die argumentative Agenda diktiert, sondern die Befürworter.

Aktiver Dialog

In den neun Wochen zwischen dem Zusammenschluss der Befürworter und dem Bürgerentscheid wurde der Aktivitätsgrad der Befürworter schrittweise erhöht. Im Zentrum stand dabei die pro-aktive Ansprache der Bürger. Dies geschah zum einen über klassische Infostände in gut frequentierten Straßen und Plätzen, zum anderen im Kontext von positiv besetzten öffentlichen Veranstaltungen wie beispielsweise einem Sommerfest oder Stammtischen. Argumente und Gespräche, die in einem solchen positiven Kontext stattfinden und kommuniziert werden, sind nachhaltiger und glaubwürdiger. Der klassischen „Wir sind dagegen"-Mentalität von Wutbürgern kann so effektiv entgegengetreten werden.

Persönlich vom Bürger für den Bürger

Besonders wichtig für im politischen Dialog war die Tatsache, dass alle Kommunikationsmaßnahmen mit den Gesichtern und Namen der Unterstützer personalisiert worden sind. Dadurch haben die ansonsten sachlichen Botschaften und Argumente eine emotionale, „erlebbare" Dimension erhalten. Denn wenn Bekannte, Freunde, Vereinskollegen oder Nachbarn als Überbringer der Botschafter auftreten, steigt die Glaubwürdigkeit der Inhalte erheblich. Schließlich handelt es sich dabei um Personen, die man kennt und denen man vertraut. Vertrauen, dass man gegenüber offiziellen Mandatsträgern oder Parteien und erst recht gegenüber ortsfremden Investoren nicht hat.

In zwei Flyern wurden die wichtigsten Fakten, Gründe und Argumente für den Bau zusammengefasst und kommuniziert. Durch eine Haushaltsverteilung hat der Großteil aller Bürger das Dokument erhalten.

Onlinekommunikation

Die Befürworter-Kampagne hat auch eine Online-Umsetzung erfahren. Eine eigene Facebookseite erreichte in kurzer Zeit mehrere hundert Unterstützer, vor allem Jung- und Erstwähler waren über diesen Kommunikationskanal besonders einfach und effizient zu erreichen. Diese Facebookseite entwickelte sich überdies zum zentralen Forum des Austausches zwischen Gegnern und Befürworter. Basis dafür war eine konsequente Moderation aller Beiträge und eine tagesaktuelle Pflege mit neuen Beiträgen.

Von Seiten des Bauträgers wurde eine eigene Projektwebsite eingerichtet. Diese war die zentrale Anlaufstelle für alle grundsätzlichen Informationen, Daten und Fakten zum Vorhaben. Herzstück der Seite war eine eigene Diskussionsplattform. Hier konnte jeder Bürger Fragen einstellen, die vom Bauträger innerhalb eines Tages beantwortet wurden. Das Versprechen, alle eingehenden Einträge zu veröffentlichen und zu beantworten, wurde ohne Ausnahmen eingehalten. Die Bedeutung einer solchen Projektseite ist nicht zu unterschätzen.

4.4   Ergebnis

Der Ausgang des Bürgerentscheids hat eine klare Sprache gesprochen. Knapp 60 Prozent der Wähler stimmten für die Fortführung des Vorhabens und dessen Umsetzung. Ziel der Befürworter-Kampagne war es nicht nur, die Menschen anhand sachlicher und emotionaler Argumente vom Projekt zu überzeugten. Vielmehr ging es darum, die Menschen für die Wahl zu mobilisieren. Beide Ziele wurden erreicht – selbst im Wahlkreis, in dem das Projekt gebaut wird, war die Mehrheit dafür. Gerade den hier wohnhaften Wählern war von Anfang an bewusst, dass der Bau der Ortsmitte für eine bestimmte Zeit auch mit Baulärm und den damit zusammenhängenden Belastungen durch Lärm und Verkehr verbunden ist. Die hohe Wahlbeteiligung von 61 Prozent wurde auch durch eine strategische Entscheidung der Gemeinde erreicht. Die Mehrheitsfraktion im Gemeinderat initiierte ein eigenes Ratsbegehren zum Vorhaben. Dadurch kam es formell zwar zu zwei Bürgerentscheiden, allerdings konnte die Gemeinde dadurch auch den Zeitpunkt der Wahl festlegen und bündelte die Bürgerentscheide mit der Bundestagswahl 2013.

4.5   Bewertung

Die Erfahrung in diesem Projekt bestätigt den aus anderen Praxisfällen bekannten Umstand, dass Parteien und Mandatsträger als Meinungsbildner nicht mehr über ihre ursprüngliche Kraft verfügen. Vor allem bei gesellschaftlich sensiblen Sachthemen, welche die Bürger unmittelbar in ihrem täglichen Leben beeinflussen und zu einer Änderung de Status quo führen, werden etablierte Parteien und ihre Vertreter nicht als die relevanten und glaubwürdigen Vermittler in einer Sache wahrgenommen. In solchen Situationen zeigt sich der mittlerweile tiefe Graben zwischen Bürger und Wähler auf einer Seite und der Politik auf der anderen Seite. Wer in Deutschland im 21. Jahrhundert Bauvorhaben in einer bestimmen Größenordnung und Dimension erfolgreich planen und umsetzen möchte, benötigt sowohl eine große Ausdauer als auch politische Sensibilität. Unabhängig davon, ob es sich um Gewerbe, Wohnen oder Infrastrukturvorhaben jeder Art handelt. Im Krisenfall wie bei einem Bürgerentscheid benötigt man mehr als die Unterstützung der Politik. Eine rechnerische Mehrheit im entscheidungsrelevanten Gremium ist keine Garantie für ein erfolgreiches politisches Ergebnis. Schlüssel zum Erfolg sind Botschafter und Unterstützer aus der Mitte der Gesellschaft. Personen, die fest mit dem Ort verwurzelt sind und über eine aktive Tätigkeit in Vereinen oder Verbänden über starke Multiplikatorenwirkung verfügen. In einem solchen Fall ist ein starkes soziales Netzwerk von größerer Bedeutung als ein Mandat oder die Mitgliedschaft in einer Partei.

Im hier geschilderten Projekt war es möglich, dass durch eine stringente und pro-aktive Kommunikationsarbeit die so genannte Schweigespirale außer Kraft gesetzt worden ist. Die Deutungs- und Meinungshoheit wurde nicht den Kritikern oder Wutbürgern überlassen. Mit einer Kombination aus Sachargumenten und emotionaler Ansprache ist es im Gegenteil gelungen, das öffentliche Meinungsbild zu drehen. Durch das sichtbare Engagement einer Gruppe von Befürwortern ist für die schweigende Mehrheit die Hürde gefallen, sich zum Projekt zu äußern.

5 Schlussfolgerungen

Die Zivilgesellschaft mit allen ihren unterschiedlichen Komponenten ist organischer Teil der Politik. Unabhängig davon, ob es sich um einen einzelnen Bürger, einen Verein oder eine Bürgerinitiative handelt: Sie alle sind Meinungsbildner und Akteure der Politik. Unser politisches System ist in den vergangenen Jahren mit einer ganzen Reihe von neuen Herausforderungen konfrontiert worden. Doch am bedeutendsten ist die Zunahme des politischen Engagements der Bürger bei gleichzeitiger Abnahme ihres Interesses an Wahlen. Es steht jetzt vor der Aufgabe, diese Entwicklung in seine Funktionsweise mit aufzunehmen. Konkret geht es darum, dass die bestehenden rechtlichen Voraussetzungen auf allen politischen Ebenen angepasst werden. Nur dann ist sichergestellt, dass unsere Demokratie auch in Zukunft funktioniert. Wie der Brexit zeigt, ist aber nicht jede Fragestellung in der Hand der Bürger richtig aufgehoben und mit Instrumenten der direkten Demokratie zu behandeln. Verhindern oder Ermöglichen – immer häufiger liegt das in der Hand der Bürger.

Literatur

Bayerisches Landesamt für Statistik (2014). Kommunalwahlen in Bayern am 16. März 2014, Wahl der Stadträte in den kreisfreien Städten, Wahl der Kreistage, Vorläufige Ergebnisse. http://www.kommunalwahl2014.bayern.de/tabg1999.html Zugegriffen: 22. Juli 2015
Autzen, I. (2014). Baden-Württemberg hat gewählt: Vorläufige Ergebnisse der Kommunalwahlen 2014. *Statistisches Monatsheft Baden-Württemberg* 08/2014, 34–40
Bergmann, K. (2012). Zum Verhältnis von Parlamentarismus und Protest. *Aus Politik und Zeitgeschichte*, Heft 25-26/2012

Bertelsmann Stiftung (2014). Vielfältige Demokratie, Kernergebnisse der Studie Partizipation im Wandel – Unsere Demokratie zwischen Wählen, Mitmachen und Entscheiden

Bundeswahlleiter (2009). Endgültiges Ergebnis zur Wahl des 17. Deutschen Bundestages

Bundeswahlleiter (2013). Endgültiges Ergebnis zur Wahl des 18. Deutschen Bundestages

Bundeswahlleiter (2014). Endgültiges Ergebnis der Europawahl 2014

Bundeswahlleiter (2017). Endgültiges Ergebnis zur Wahl des 19. Deutschen Bundestages

Deutscher Fundraisingverband (2007). Wie viele Vereine gibt es in Deutschland? http://www.fundraisingverband.de/assets/verband/Zahlen%20und%20Fakten/Wie%20viele%20Vereine%20gibt%20es%20in%20Deutschland.pdf. Zugegriffen: 7. November 2014.

FAZ (2016): Die Briten sind raus. http://www.faz.net/aktuell/brexit/brexit-abstimmung-grossbritannien-verlaesst-die-eu-14305199.html. Zugegriffen: 5. November 2017.

Heller, S. (2013). *Verhindern und Ermöglichen. Die Kraft der direkten Demokratie.* München: Publishing Group.

Heller, S. (2014). Wie viel Volk verträgt das Land? *politik & kommunikation*, 02/14.

Horizont (2017): Vertrauen in Medien nimmt weiter ab. http://www.horizont.net/medien/nachrichten/Global-Trust-Report-2017-Vertrauen-in-Medien-nimmt-gegen-den-Trend-ab-156517. Zugegriffen: 5. November 2017.

Huth, C. (2010). Bürgerinitiativen – Von der „Schutzgemeinschaft Deutscher Wald" (SDW) bis zu „Mehr Demokratie e. V.", http://www.old.politische-bildung-bayern.net/theorie-info-markt-44/833-brinitiativen--von-der-schutzgemeinschaft-deutscher-wald-sdw-bis-zu-mehr-demokratie-ev Zugegriffen: 22. Juli 2015.

Noelle-Neumann, E., Petersen, T. (2004). *Alle, nicht jeder: Einführung in die Methoden der Demoskopie.* Wiesbaden: VS Verlag für Sozialwissenschaften / Springer Fachmedien.

Statistisches Amt für Hamburg und Schleswig-Holstein (2017). Ergebnispräsentation der vorangegangenen Wahlen in Schleswig-Holstein, http://www.landtagswahl-sh.de/wahlen.php?site=left/gebiete&wahl=523#index.php?site=right/ergebnis&wahl=523&gebiet=1&typ=1&stimme=2. Zugegriffen: 5. November 2017.

Statistisches Landesamt Sachsen-Anhalt (2016): Endgültiges Ergebnis der Landtagswahl 2016, http://www.stala.sachsen-anhalt.de/wahlen/lt16/erg/kreis/lt.15.ergtab.frametab.html. Zugegriffen: 5. November 2017.

Weber, M. (1994). Wissenschaft als Beruf 1917/1919 Politik als Beruf 1919 Studienausgabe, Tübingen: J. C. B. Mohr (Paul Siebeck).

Zwischen Einfluss und Protest
NGO systemtheoretisch beobachtet

Hans-Jürgen Arlt und Fabian Arlt

Zusammenfassung

Theorien der Organisation und der Organisationskommunikation haben sich mit Nichtregierungs- (NGO), und Nonprofitorganisationen (NPO) immer nur nachrangig auseinandergesetzt. Auch für die Selbstbeschreibungen der NGO gilt: Nichtregierungsorganisationen heißen Organisationen, aber ihre Akteure haben kein Bewusstsein davon. Die Sozialform Organisation bildet keinen Ankerpunkt ihrer Selbstreflexion. Im Unterschied dazu versucht dieser Beitrag die NGO-Kommunikation mit Hilfe der Theorie sozialer Systeme als Organisationskommunikation auszuleuchten. Dafür werden drei Schritte gemacht, erstens werden soziale Bewegungen gesellschaftstheoretisch eingeordnet, zweitens ausgewählte Aspekte des Politiksystems beschrieben und drittens wird die Sozialform Organisation erörtert. Diese drei Zugänge werden abschließend in der Analyse interner und externer Kommunikationsweisen der NGO zusammengeführt.

1 Einleitung

Nichtregierungsorganisationen heißen Organisationen, aber daraus ziehen bislang die Organisationswissenschaften wenige und die NGOs selbst gar keine Konsequenzen. In den Selbstbeschreibungen der NGOs geht es um ihre Ziele, ihre Motive, ihre Aktivitäten. Die Sozialform Organisation, die den Rahmen bildet für die NGO-Praxis, wird zwar mit ihren Nebenwirkungen zum Thema interner Auseinandersetzungen, zum reflektierten Ankerpunkt wird sie normalerweise nicht. Personen, die offensichtlich nicht alle Erwartungen erfüllen, entschuldigen sich manchmal mit der Bemerkung „ich bin ja auch nur ein Mensch". „Wir sind ja auch nur eine Organisation", eine solche Entschuldigung kommt einer NGO nicht über die Lippen.

Theorien der Organisation und der Organisationskommunikation haben sich mit Nichtregierungs-, und Nonprofitorganisationen immer nur nachrangig auseinanderge-

© Springer Fachmedien Wiesbaden GmbH 2018
N. Remus und L. Rademacher (Hrsg.), *Handbuch NGO-Kommunikation*,
https://doi.org/10.1007/978-3-531-18808-9_2

setzt. Als ihr Paradethema haben sie die Wirtschaftsorganisation, weit dahinter reihen sie die Staatsorganisationen ein. Alle anderen sind so definiert, keine dieser beiden zu sein. Parallel dazu würde man von Nichtballsportlern sprechen, wenn man Schwimmer, Skiläuferinnen oder Leichtathleten meint.

Der Organisationscharakter der NGO findet also weder in den Selbst- noch in den meisten Fremdbeschreibungen Beachtung. Aus der Perspektive der Theorie sozialer Systeme hingegen stellt die Sozialform Organisation den Deutungsrahmen für die Analyse der NGO-Kommunikation dar. Bleibt man in diesem Theoriekontext, stellt sich die Anschlussfrage, welchem gesellschaftlichen Funktionssystem NGOs angehören. Empirienahe Beschreibungen (vgl. Rucht 2001; Altvater et al. 2000) sprechen dafür, dass die Praktiken der NGO sowohl an der Einflusslogik des politischen Systems ausgerichtet sein können, als auch an der Protestlogik der sozialen Bewegung. Im politischen System dreht sich alles um die kollektiv verbindlichen Entscheidungen, die es zu beeinflussen gilt. In der sozialen Bewegung geht es um Proteste, die „Motive, Commitments, Bindungen" (Luhmann 1997, S. 850) suchen ohne direkte Fokussierung einer bestimmten politischen Entscheidung. Systemtheoretisch angeleitet ist das Kommunikationsverhalten der NGO vom Organisationsbegriff her zu entschlüsseln, wobei es im konkreten Fall zu berücksichtigen gilt, ob es sich mehr um eine politisch periphere Interessenorganisation oder um eine Protestorganisation im Rahmen sozialer Bewegungen handelt.

Die Theorie sozialer Systeme, daran wäre vorab noch zu erinnern, hat zwar einen Universalitätsanspruch – „jeder soziale Kontakt wird als System begriffen" (Luhmann 1987, S. 33) –, aber keinen Alleingeltungsanspruch; sie weiß, dass auch ihre eigene Kommunikationsleistung nur selektiv sein kann. Die Systemtheorie beansprucht, zu allem etwas sagen zu können, aber sie bildet sich nicht ein, dass damit dann alles gesagt ist. Auch ein systemtheoretischer Zugriff auf NGOs bekommt nicht alles zu fassen. Wie hoch sein Informationswert ist, entscheiden, wie bei allen Mitteilungen, die Rezipienten. Erschwert wird die Rezeption dadurch, dass unser Alltagsverständnis und auch die wissenschaftliche Kommunikation bis in den Satzbau der indogermanischen Sprachen hinein zutiefst geprägt sind von einer anthropozentrischen Handlungssemantik und personalisierenden Kausalzuschreibungen. Die Theorie sozialer Systeme bedient sich anderer Beobachtungs- und Beschreibungskategorien, an erster Stelle des Kommunikationsbegriffs und der System-Umwelt Differenz.

```
┌─────────────────────────────────────────────┐
│                                             │
│              ORGANISATION                   │
│                                             │
│                                             │
│   Politisches System   NGO   Soziale Bewegung │
│                                             │
└─────────────────────────────────────────────┘
```

Die theoretischen Bezugspunkte der Analyse

Um die NGO-Kommunikation mit Hilfe der Theorie sozialer Systeme als Organisations-kommunikation zu analysieren, sind (siehe Abb. 1) theoretische Bezüge zur Sozialform Organisation, zum politischen System und zur sozialen Bewegung herzustellen. Einge-schränkt auf den Anlass, NGO-Kommunikation zu verstehen, ordnet Kapitel eins die soziale Bewegung gesellschaftstheoretisch ein, Kapitel zwei umreißt einige Aspekte des Politiksystems, Kapitel drei bearbeitet die Sozialform Organisation. Im abschließenden vierten Kapitel über interne und externe Kommunikationsweisen der NGO werden diese drei Zugänge zusammengeführt.

2   Soziale Bewegung

„Funktionale Differenzierung" wird auch über die Systemtheorie hinaus als wesentliches Erkennungsmerkmal moderner Gesellschaften gesehen (vgl. Rosa et al. 2007). Soziale Leistungsfelder wie Wirtschaft, Erziehung, Politik, Gesundheit, Recht, die in einfachen Gesellschaften in großfamiliäre Beziehungen, in der Antike und im Mittelalter Europas in ständische Verhältnisse integriert waren, haben sich, mindestens seit dem 18. Jahrhun-dert, ausdifferenziert und zu eigensinnigen Funktionssystemen aufgebaut. Ihre Grenzen sind Sinngrenzen, andere Grenzen kennen sie nicht. Ein und derselbe Weihnachtsbaum bedeutet im Wirtschafts-, Rechts-, Religions- oder Familiensystem jeweils etwas anderes und im Öko-System noch einmal etwas ganz anderes. Die Reproduktion der Funktions-systeme, sagt Luhmann (z. B. 2005), läuft über Kommunikationen, die sich jeweils an einer binären Leitdifferenz orientieren, dem sogenannten Code, z. B. im Wissenschaftssystem wahr versus nicht wahr. *Innerhalb* der Sinngrenze, welche die Leitdifferenz zieht, kennt ein Funktionssystem keine Selbstbeherrschung. Wo sollte sie herkommen?

Der Code gibt vor, anhand welchen Unterschiedes in einem Funktionssystem beobach-tet und kommuniziert wird. Er gibt jedoch nicht vor, was in der Wissenschaft wahr und unwahr ist, was in der Politik zu Machtgewinn und zu Machtverlust führt, was im Sport ein Sieg oder eine Niederlage ist. Dazu bedarf es der Programmierung. Programme bieten Kriterien an zu beurteilen, was unter den Positivwert der Leitdifferenz fällt; im Wissen-schaftssystem sind das Theorien und Methoden. Die praktische Umsetzung der Programme geschieht durch Organisationen, wobei sich in der Umsetzung Modifikationen ergeben, die auf die Programme zurückwirken. Organisationen setzen in Eigenregie gesellschaftliche Funktionen in praktische Leistungen um: Zum Beispiel Unternehmen die Wirtschafts-, Parteien die Politik-, Museen die Kunstfunktion. Zusammengefasst: „Eine Gesellschaft, die sich durch codierte Funktionssysteme führen lässt, erzeugt wie keine zuvor einen Bedarf für Entscheidungen, die sie nicht legitimieren, jedenfalls nicht auf die Werte ihrer Codes zurückführen kann… Deshalb wird, und das ist die strukturell wirksame Antwort auf das Problem, zwischen Codierung und Programmierung unterschieden, und die Kriterien des Richtigen werden erst auf der Ebene der änderbaren Entscheidungsprogramme festgelegt. Deshalb entsteht in nie zuvor gekanntem Ausmaß Organisation." (Luhmann 1996, S. 139)

Das Sozialsystem Organisation wird im Theoriedesign zwischen der Gesellschaft und der Interaktion verortet. Vorher stellt sich die Frage, wie soziale Bewegungen in dieses Theoriekonzept passen. Kai-Uwe Hellmann hat in der Einleitung zu dem „Protest-Buch" (Luhmann 1996) unterschiedliche Annäherungen an eine Antwort nachgezeichnet. Soziale Bewegungen werden von Luhmann ‚auf der Höhe' von Funktionssystemen angesiedelt, ohne dass ihnen der Status eines solchen zuerkannt wird. Er bezeichnet sie „als autopoietische Systeme eigener Art... und den Protest als ihr katalysierendes Element" (Luhmann 1997, S. 860). Der Protest richtet sich gegen Folgen funktionaler Differenzierung bzw. gegen die funktionale Differenzierung selbst. Er greift Themen auf, die von den Funktionssystemen ‚gar nicht erst ignoriert' werden. Den Hintergrund dafür bildet dieser Befund: Moderne Gesellschaften haben keine Instanz, von der aus sie als Ganze kontrolliert und gesteuert werden könnten. Auch die Politik kann das nicht. Wo sie es ausdrücklich versucht, tendiert sie, das zeigt die Geschichte des 20. Jahrhunderts, Richtung Staatsterrorismus. Wenn die einzelnen Funktionssysteme keine Selbstbeherrschung haben und auch „Fremdbeherrschung" nicht zu erwarten ist, denn sonst wäre die funktionale Differenzierung ‚außer Funktion' gesetzt, dann ist sowohl mit Risiken als auch mit Krisen jederzeit zu rechnen.

Deshalb: Mit ihrem Protest reagiert die soziale Bewegung auf „deutliche Reflexionsdefizite der modernen Gesellschaft – nicht dadurch, dass sie es besser macht; wohl aber dadurch, dass sie es anders macht. Die rasche Durchsetzung von Aufmerksamkeit für ökologische Fragen ist solchen Bewegungen ebenso zu danken wie das zunehmende Infragestellen des Vertrauens in Technik [...] Wie Wachhunde haben sie das starke Bedürfnis, Ordnung wiederherzustellen oder zumindest eine Verschlimmerung zu verhindern. Und wie Wachhunde haben sie nur die Möglichkeit, zu bellen und zu beißen." (Luhmann 1991, S. 153f) In Parallele zu den Funktionssystemen beschreibt Luhmann die Form des Protests als Code und die gewählten Themen als Programme der sozialen Bewegung. „Die Form ‚Protest' leistet für Protestbewegungen das, was Funktionssysteme durch ihren Code erreichen. Auch diese Form hat zwei Seiten: die Protestierenden auf der einen Seite und das, wogegen protestiert wird (einschließlich die, gegen die protestiert wird), auf der anderen Seite. Und darin steckt schon das mit dieser Form nicht zu überwindende Problem: Die Protestbewegung ist nur ihre eigene Hälfte – und auf der anderen Seite befinden sich die, die anscheinend ungerührt oder allenfalls leicht irritiert das tun, was sie sowieso wollen." (Luhmann 1997, S. 854f.)

3   Politisches System

Soweit NGOs ein Stück organisatorisch verdichteter sozialer Bewegung darstellen, wird deren Charakter in der Organisationskommunikation wiederzufinden sein. Sofern sie als Interessenorganisationen innerhalb des politischen Systems agieren, werden sich dessen Funktionsbedingungen auf sie auswirken. Beide Perspektiven werden im Kapitel *vier* zusammengeführt. Das Funktionssystem Politik weist mit der Sozialform Organisation eine interessante Verwandtschaft auf: Alles dreht sich um Entscheidungen. „Dieses Doppelgesicht des Politischen, in seinem Entstehungsprozess stets für Alternativen offen und in seinen Ergebnissen dann für alle Betroffenen verbindlich zu sein" (Meyer 2003, S. 41), verrät, dass es die Funktion des politischen Systems ist, kollektiv verbindliche Entscheidungen vorzubereiten, zu treffen und durchzusetzen.

Zentrum und Entscheidungsträger des politischen Systems ist der Verfassungsstaat, der an die Freiheitsrechte der Personen und Organisationen gebunden ist. Dem modernen Staat ist die Möglichkeit der willkürlichen Intervention verwehrt. Menschen- und Grundrechte, Gewaltenteilung, die Spaltung der Spitze in Regierung und Opposition, Föderalismus, die Abwählbarkeit der Regierung, alles ist darauf ausgerichtet, die kollektiv verbindlichen Entscheidungen unter Kontrolle zu halten. Es hätte ja auch keinen Sinn, sich Freiheit als wichtigsten gesellschaftlichen Wert auf die Fahnen zu schreiben und zugleich eine (Staats-) Instanz einzurichten, welche alle Entscheidungsfreiheiten bei sich monopolisieren kann. So entscheidet der Staat als Zentrum des Politiksystems zwar für alle verbindlich, was große Erwartungen aller weckt; aber er kann nicht alles entscheiden, was zu großen Enttäuschungen vieler führt. Diese Grundsatzüberlegung gehört deshalb hierher, weil sie die Spirale der Politikverdrossenheit aus zu großen Erwartungen und wachsenden Enttäuschungen zu erklären vermag. In dieser Spirale spielen auch NGOs eine treibende Kraft, sofern sie das Lösen tiefgreifender Probleme an den Staat adressieren, dabei zu Maximalforderungen neigen und – nicht ohne ironischen Unterton – auf deren unmittelbare Einlösung dringen: „Wir wollen alles und zwar sofort".

Es gehört zu den Grundlagen der Sozialwissenschaften, dass sich das politische System nicht nur innerhalb der Gesellschaft, sondern auch in sich selbst ausdifferenziert hat. Die klassische demokratietheoretische Beschreibung unterscheidet die Wählerschaft, die Regierung und die Verwaltung. Der so verstandene Demokratiekreislauf – die vom Volk gewählte Regierung trifft Entscheidungen, welche von der Verwaltung umgesetzt, von der öffentlichen Meinung aktuell kommentiert und vom Volk bei der nächsten Wahl positiv oder negativ beurteilt werden – wird von der Systemtheorie als Selbstbeschreibung des Politiksystem zur Verstärkung eines demokratischen Eindrucks klassifiziert. Als wissenschaftliche Analyse anerkennt die Systemtheorie diesen demokratischen Machtkreislauf nicht. Luhmann (2002) legt seiner Beschreibung des Politiksystems einen doppelten Machtkreislauf zugrunde. D. h., er identifiziert zusammen mit dem Demokratieprozess einen Gegenkreislauf, welcher den Einfluss der Parteien auf die Wähler, der Interessenverbände auf die Verwaltung und der Verwaltung auf die Regierung als notwendige politische Kommunikationen integriert, statt sie als undemokratische Abweichungen, als „Parteienstaat", „Verbändestaat", „Beamtenstaat" zu disqualifizieren.

Luhmann verwendet für die Binnendifferenzierung des Politiksystems – eher verwirrend – die Bezeichnungen „Publikum", „Politik" und „Staatsverwaltung", wobei er letztere als Entscheidungszentrum identifiziert. Diese drei Binnensysteme sind unterschiedlich stark organisiert: das „Publikum" überhaupt nicht oder nur schwach in Form temporärer Bürgerinitiativen, die „Staatsverwaltung" besonders strikt in Form von Ministerien und langlebigen Institutionen, die „Politik" inzwischen durchaus dauerhaft in Form von Parteien und Interessenverbänden. Mit den Erwartungen, die an sie herangetragen werden, können politische Parteien nur auf eine Weise umgehen: „Die Anpassung an die Realität der sozialen Erwartungen erfolgt über Reden und nicht (wie zum Beispiel bei Wirtschaftsbetrieben, Krankenhäusern, Polizeidiensten, Gerichten) über ein spezifisches Produkt" (Luhmann 1993, S. 46). „Taten statt Worte" ist eine besonders beliebte Forderung an Parteipolitiker, die vergisst, dass Worte die Primär-Taten der „Politik" sind.

Als Interessenorganisationen sind NGOs im Politiksystem an der Peripherie angesiedelt. Wie Verbände bewerben sie sich nicht selbst um die Besetzung von Stellen kollektiv verbindlichen Entscheidens, sprich: Ämtern. Teilweise versuchen sie wie Lobbyisten auf die Parteien direkt Einfluss zu nehmen, teilweise geht es ihnen um die Präsenz ihrer Anliegen in der öffentlichen Meinung. Teilweise verstehen sie sich als Akteure der „Zivilgesellschaft" und hoffen auf direkte Auswirkungen ihrer Aktivitäten auf die staatlichen Entscheidungen dank höherer demokratischer Weihen. In der Aufwertung des Publikums zur Zivilgesellschaft spiegelt sich in erster Linie die Enttäuschung über die politischen Organisationen. Es geht zivilgesellschaftlich „um Beteiligung an Öffentlichkeit ohne Mitgliedschaft in Organisationen." (Luhmann 1997, S. 845) Weder also definieren NGOs ihren Platz im Politiksystem einheitlich, noch weiß das Politiksystem so recht, wo es die NGOs verorten soll. In manchen Fällen werden sie als anerkannte Sprecher wichtiger gesellschaftlicher Anliegen behandelt, in anderen Fällen, vor allem wenn sie protestieren, als Störelemente abgewimmelt. Deutlich wird, wie unscharf die Übergänge sein können zwischen NGOs im Politiksystem und NGOs in sozialen Bewegungen.

Der Vorteil (und der Nachteil) der peripheren politischen Kommunikation liegt darin, dass sie weder ihre Themen noch ihre Beiträge zu einzelnen Themen auf kollektive Entscheidungsfähigkeit hin zu kontrollieren braucht. Während der Staat seine Entscheidungskompetenz demonstrieren und daher sehr sorgfältig auswählen muss, welche Probleme er aufgreift, können NGOs – und zu einem deutlich geringeren Grad auch Parteien – die politische Tagesordnung nach Gusto zu bereichern versuchen. Diese Beliebigkeit, um welche die Öffentlichkeit natürlich weiß, versuchen NGOs mit Dramatisierung vergessen zu machen, bevorzugt mit der Botschaft, dass sie dabei seien, die Welt zu retten, und schon deshalb auf sie gehört werden müsse. Auch an diesem Punkt zeigt sich, wie sehr die Grenzen fließen zwischen solchen NGOs, deren Hauptanliegen Einfluss im politischen System ist, und solchen, die hauptsächlich auf gesellschaftlichen Protest aus sind. Denn auch an der Peripherie des politischen Systems ist die Kommunikationsform Protest stärker vertreten als das Bearbeiten von Problemen auf kollektive Entscheidungsfähigkeit hin. Ab wann sich gesellschaftlicher Protest als versuchter politischer Einfluss versteht, ist eine praktische Frage, die nicht selten selbst innerhalb einzelner NGOs umstritten ist.

Wie aus einer sozialen Bewegung ihrerseits politische Organisationen entstehen, z. B. die Parteien der Arbeiterbewegung oder später die Partei „Die Grünen" aus der Ökologiebewegung oder eben NGOs, gehört zu den besonders aufregenden Kapiteln moderner Politikgeschichte. Aus der Perspektive des Politiksystems gibt es an sozialen Bewegungen vieles auszusetzen (wie umgekehrt aus dem Selbstverständnis der Protestbewegung am Politiksystem). Von politischen Organisationshöhen aus Kritik an Defiziten sozialer Bewegungen zu üben, war historisch gesehen kein Privileg etablierter Parteien. Auch das linke Lob für die neuen sozialen Bewegungen war alles andere als einhellig. Es pries zwar „ihre Direktheit, ihre Konkretheit, ihre Lebendigkeit, eben ihre Bewegtheit" (Schauer 1987, S. 91). Aber die Mängelrüge fiel nicht weniger deutlich aus, sie betraf „eine nur noch ästhetische Anpreisung von Verweigerung, Aussteigen (…) die Ärmlichkeit, die Handwerklichkeit, die mangelnde Reflexionshöhe ihrer Orientierungen" (Schauer 1987, S. 91).

4   Organisation

Soziale Bewegungen selbst als Organisationen aufzufassen, wäre verfehlt. „Die Rekrutierung ihrer Anhänger können Protestbewegungen nicht als generalisierte Unterwerfung unter Bedingungen der Mitgliedschaft und nicht als deren Respezifikation durch Entscheidungen erreichen. Sie haben anders als Organisationen einen unendlichen Personalbedarf. Wollte man Protestbewegungen als Organisationen (…) auffassen, käme man auf lauter defiziente Merkmale: heterarchisch, nicht hierarchisch, polyzentrisch, netzwerkförmig und vor allem: ohne Kontrolle über den Prozess ihrer eigenen Veränderung." (Luhmann 1997, S. 850f.) Und genau solche Eigenschaften machen sich an und in NGOs bemerkbar. Um das als Strukturmerkmal zu begreifen und nicht z. B. als Defizit der Akteure, bedarf es zunächst eines Grundverständnisses der Organisation.

Die Organisation unterscheidet sich von der gesellschaftlichen Ebene der Funktionssysteme wie auch von der Ebene der Interaktion. Funktionssysteme sind offen für die Inklusion aller „freien und gleichen" Personen. Organisationen hingegen schließen aus. Ihre Grenzen laufen entlang der Linie Mitglied oder Nichtmitglied. Diese Grenze kann mehr – wie im Fall von NGOs – oder weniger durchlässig sein; ohne ihre Grenze verschwindet die Organisation. Das Funktionssystem kennt nur seine Leitdifferenz; an diesen einen großen Unterschied sind seine Kommunikationen gebunden. Beispielsweise gehört alles, was sich nicht am Unterschied zwischen Zahlung und Nichtzahlung orientiert, nicht zum Wirtschaftssystem. „Der unit act der Wirtschaft ist die Zahlung." (Luhmann 1994, S. 52) Die Organisation hingegen ist ein Multireferent. Keine Organisation kann ihre Kommunikation exklusiv auf ein Funktionssystem ausrichten; nicht einmal eine Wirtschaftsorganisation kann ihre Entscheidungen auf die Alternative Zahlen oder Nichtzahlen reduzieren. Ebenso wird eine NGO, wie sehr sie auf ein bestimmtes politisches Themenfeld fixiert sein mag, auch rechtliche, wirtschaftliche, öffentliche, gesundheitliche, familiäre Erwartungen im Auge behalten müssen. Ihr Grundcharakter als gesellschaftliche Veranstaltung bewährt sich gerade darin, dass jede Organisation den Erwartungen der Organisationen und Personen aus verschiedenen Funktionssystemen gerecht werden muss; oder zumindest so tun muss, als sei dies der Fall, weshalb entsprechende Fassadengestaltungen eine unabdingbare Organisationsaufgabe bilden (vgl. Kühl 2011, S. 136ff.).

Von der Interaktion, der Kommunikation zwischen Anwesenden, unterscheidet sich die Organisation sehr viel stärker, als es unsere Alltagswahrnehmung wahrhaben will.

Wir erleben die Organisation als eine Summe von Interaktionen und neigen dazu, sie auch danach zu beurteilen. „Lange bevor wir in Organisationen integriert werden und soziale Prozesse in ihnen erleben, steuern und erleiden müssen, haben wir gelernt, diese mit einer organisationunabhängigen familialen Brille wahrzunehmen… Also entschließt man sich dazu, die Organisation als schlechte Familie einzustufen und bleibt das enttäuschte Kind, das seine Enttäuschung irgendwie kompensiert. (Buchinger 1998, S. 20) Die Interaktion lebt von der Identität anwesender Akteure. Die Organisation lebt von der Routine ihrer Aktionen; die Akteure können auch *abwesend*, vor allem aber heute *andere* sein als gestern und morgen (Simon 2009, S. 76f.).

Der Organisation als einer eigenen Sozialform nähert man sich am besten über die begriffliche Trias Mitgliedschaft, Entscheidung und Führung. Im Mittelpunkt steht die Entscheidung, die hierarchisch oder demokratisch fällt. Das ist eine Führungsfrage, die aber nicht beliebig zur Disposition steht. Entscheidungen dokumentieren Alternativen und deren Auswahl. Eine Wahl zu begründen und den Auswahlhorizont offen zu legen, sind Anforderungen, mit welchen immer dann zu rechnen ist, wenn anderweitige Erwartungen im Spiel sind. Deshalb schlägt Luhmann vor, sich nicht mit der Tautologie zufrieden zu geben, eine Entscheidung sei die Wahl zwischen Alternativen, sondern stattdessen von einer Entscheidung zu sprechen, „wenn und soweit die Sinngebung einer Handlung auf eine an sie selbst gerichtete Erwartung reagiert" (Luhmann 1987, S. 400).

Organisationskommunikation ist Entscheidungskommunikation, auch wenn klar ist, „dass niemals, auch nicht in Organisationen, der gesamte konkrete Verhaltensfluss des täglichen Lebens mit all seinen vielfältigen Sinnbezügen, seinen aufflackernden Motiven und seinen ständig wechselnden Irritierungen auf Entscheidungen zurückgeführt werden kann" (Luhmann 1991, S. 339). Die Mitgliedschaft in Organisationen bedarf der zweifachen Entscheidung, zum einen von Seiten der Organisation, zum anderen von Seiten des potenziellen Mitglieds. Mit der Entscheidung für die Mitgliedschaft und die Übernahme einer Leistungsrolle in einer bestimmten Organisation wird festgelegt, was künftig erlaubt und was verboten ist. Gemessen an der Vielfalt der Lebensmöglichkeiten, die Individuen heute zur Verfügung stehen, findet hier eine drastische Einschränkung statt. „Man hat nicht zu Unrecht Organisationen als Korporationen beschrieben, die ihre Handlungs- und Entscheidungsmöglichkeiten sichern, indem sie in einem ersten Schritt nahezu alle Handlungen verbieten und in einem zweiten Schritt dieses Verbot selektiv wieder aufheben" (Baecker 1999, S. 244). Solange man für die Einschränkungen bezahlt, also mit Geld entschädigt wird, das einerseits dringend benötigt wird und andererseits Möglichkeitshorizonte eröffnet, weil seine Verwendung frei ist, kann mit Folgebereitschaft gerechnet werden. NGO-Mitglieder werden nur ausnahmsweise bezahlt, im Gegenteil, sie „bezahlen" die Organisation mit ihrem Engagement.

Entscheidungen differenzieren in Beteiligte und Betroffene. Dem großen Versprechen der Demokratie, dass alle Betroffenen stets zugleich die an der Entscheidung Beteiligten seien, mangelt es für Organisationen an Alltagstauglichkeit vor allem unter zeitlichen, aber auch unter sachlichen Aspekten. „Wenn Demokratie die entscheidende Erfindung zur Befreiung des Menschen aus Abhängigkeit und Unmündigkeit ist, warum hält sich dann Hierarchie so hartnäckig? Die Antwort ist Effektivität und Effizienz kooperativer Aufgabenbewältigung." (Willke, S. 68) Die originäre Leistungsfähigkeit der Organisation beruht gerade auf der Trennung zwischen Führung und Ausführung. Führen heißt so zu entscheiden, dass andere folgen. Um reibungslos zu funktionieren, hat die Beziehung zwischen Führung und Ausführung zwei Grundbedingungen: Erreichbarkeit der Ausführenden und Klarheit im Konfliktfall (Baecker 1999, S. 210). Diese Voraussetzungen erfüllt die Hierarchie. Die Verbindlichkeit, auf die sie verpflichtet, und die Entscheidungsbefugnisse, die sie verteilt, gewährleisten – wenn Führung und Ausführung getrennt sind – am ehesten, dass alle wissen, wer etwas zu sagen hat, was zu tun und zu lassen ist. Die Hierarchie wird typischer Weise auf ihre Demokratiedefizite hin beobachtet und als Bürokratie kritisiert. Haben die gängigen Klagen in NGOs, dass wieder niemand da ist, keiner etwas gewusst hat, Zuständigkeiten unklar und dringende Aufgaben unerledigt geblieben sind, etwas mit einem Hierarchiedefizit zu tun?

Dass Organisation und Hierarchie mit hoher Selbstverständlichkeit in einem Atemzug genannt werden, macht vergessen, wie unwahrscheinlich hierarchische Kommunikation ist. Das soll mit einem Exkurs erläutert werden. Der Luhmannsche Kommunikationsbegriff schützt davor, das Mitteilungshandeln schon für das Ganze einer Kommunikation zu nehmen. Die Mitteilung, die man ihrerseits in Zeichen, Medium und Thema dekomponieren kann, wird erst in Verbindung mit der Information, die sie mitteilt, und dem anschließenden Verstehen zu einer kommunikativen Operation (Luhmann 1987, S. 193ff). Zu den Einsichten, die dieses Kommunikationsverständnis vermittelt, gehört unter anderem diese: Über die Fortsetzung der Kommunikation entscheidet nicht die Mitteilung, sondern das Verstehen. Das Verstehen generiert die Information, welche die folgende Mitteilung ermöglicht. Und diese Information ist eine andere als diejenige, mit der alles begann. „Informationen sind also keine Wissenspartikel, die man haben oder nicht haben, beschaffen, ergänzen, verwenden oder nicht verwenden könnte; es sind Transformationsereignisse, die das System von einem Zustand in einen anderen bringen" (Luhmann 1991a, S. 22).

Auf der Basis dieses Kommunikationsverständnisses ist klar, dass ein soziales System per se – im Sinne Heinz von Foersters – intelligent ist. Was zeichnet so verstandene Intelligenz vor Trivialität aus? Foerster erläutert den Unterschied am Beispiel einer trivialen Maschine (TM) und einer nicht-trivialen Maschine (NTM). „Das auszeichnende Merkmal der trivialen Maschine ist Gehorsam, das der nicht-trivialen Maschine augenscheinlich Ungehorsam. Wie wir später sehen werden, ist auch die NTM gehorsam, aber anderen Stimmen gegenüber. Man könnte vielleicht sagen, sie gehorche ihrer eigenen Stimme. Wie unterscheiden sich nun NTM's und TM's? Eigentlich auf eine sehr einfache, aber ungeheuer folgenreiche Weise: Eine einmal beobachtete Reaktion auf einen gegebenen Stimulus muß in einem späteren Zeitpunkt nicht wieder auftreten, wenn der gleiche Stimulus auftritt." (Foerster 1993, S. 247) Übersetzt in Luhmanns Kommunikationsbegrifflichkeit: Wie eine Mitteilung verstanden wird, ist nicht vorhersehbar; die gleiche Mitteilung kann der Anstoß für durchaus verschiedene Informationen sein. Um in sozialen Systemen, also auch in Organisationen Routinen durchzusetzen, Wiederholungen sicher zu stellen, Nicht-Lernen beziehungsweise Lernen nur als Dressur zu gewährleisten, bedarf es deshalb sehr besonderer Rahmenbedingungen; es sind die Bedingungen der traditionellen hierarchischen Organisation – die in Parteien, Verbänden und NGO nicht oder höchstens partiell und temporär realisierbar sind. Effizienzgewinne durch Trivialisierung und eine demokratische Beteiligungskultur, der es auf Intelligenzgewinne ankommt, miteinander auszutarieren, ist eine Lebensaufgabe – nicht nur – für politische Organisationen. Wirtschaftsorganisationen arbeiten auch seit längerem daran.

Neben der Trennung zwischen Beteiligten und Betroffenen spielt in Organisationen der Unterschied zwischen laufenden Entscheidungen und Entscheidungsprämissen eine große Rolle. Aus einem Vorrat selbstgesetzter Gewissheiten schöpfen zu können, erleichtert das laufende Geschäft beträchtlich. Das Programm, die zur Zeit tätigen Personen und der Aufbau (die Kommunikationswege) der Organisation bilden folgenreiche Voraussetzungen des aktuellen Betriebs (Luhmann 2000, S. 222-255). Wo die Auseinandersetzungen über die Entscheidungen über Entscheidungsprämissen öffentlich werden, also vor allem im politischen System, wird die Brisanz der Beschlüsse über das Programm und das (Führungs-) Personal offenkundig. Auch „Satzungsänderungen" erfahren häufig größere Aufmerksamkeit. In allen drei Fällen ist die Aufregung berechtigt, weil hier künftige Entscheidungen der Organisation ein Stück weit ‚vorprogrammiert' werden.

Wenn nicht nur einzelne laufende Entscheidungen in Frage gestellt und nicht ausgeführt werden, sondern Entscheidungsprämissen umstritten bleiben, ist die Handlungsfähigkeit der Organisation gefährdet, denn es verbleibt zu viel Ungewissheit. Der Zugewinn an Handlungssicherheit und das Risiko, das Falsche zu tun, sind zwei Seiten derselben Sache: der Entscheidung. Es ist und bleibt eine Gratwanderung für jede Organisation, inwieweit sie verworfene Alternativen im Gedächtnis behalten soll, um gegebenenfalls darauf zurückkommen zu können. Erfolgreiche NGOs, das kann man hier schon diagnostizieren, bilden ein Führungszentrum aus, das die Stabilität der Entscheidungsprämissen und deren geordnete Veränderung sichert. Gelingt dies nicht, ufert die Beschäftigung der Organisation mit sich selbst aus.

5   NGO-Kommunikation

Nimmt man von hier aus die real existierenden Kommunikationsverhältnisse von NGOs in den Blick, findet man eine schwer eingrenzbaren Bandbreite vor. Die empirischen Analysen, ohne die kein Einzelfall angemessen darstellbar ist, können wir nicht leisten. Aber auf der Basis des bis hierher entwickelten Theoriedesigns lassen sich einige Orientierungslinien ziehen, was Einzelfallstudien in den Blick bekommen müssten.

Unsere Orientierungslinien stützen sich nicht auf die traditionelle Unterscheidung zwischen dem Ganzen und seinen Teilen, die methodisch in deduktive oder induktive Verfahrensweisen führt. Die naheliegende Redeweise, es komme jetzt darauf an, ob die jeweilige NGO als Teil des politischen Systems oder als Teil einer sozialen Bewegung agiere, wird der Komplexität von Kommunikationsverhältnissen nicht gerecht. „Das

Schema Ganzes/Teil ist ein statisches Ordnungsmodell für einen komplexen Sachverhalt" (Luhmann 1973, S. 59). Die Systemtheorie beobachtet und beschreibt stattdessen mit der Basisunterscheidung System/Umwelt: Ein System ist nicht einfach ein System, sondern ein System *und* seine Umwelt.

Wir versuchen jetzt, die NGOs in ihrer Umwelt zu sehen und zu beschreiben, wie die NGOs ihre Umwelt sehen. Allgemein gilt, „operativ differenziert sich das System aus, ignoriert es die Umwelt, schiebt es sie ab" (Luhmann 2005, S. 84), aber *strukturell* ist jedes System an Umwelten gekoppelt, ohne die es nicht reproduktionsfähig wäre. Systemisch haben wir von der Einheit der Differenz zwischen der jeweiligen NGO und ihrer Umwelt auszugehen und die strukturellen Kopplungen mitzudenken, welche eine NGO mit den Umwelten verbindet, ohne die sie nicht überlebensfähig wäre. Strukturelle Kopplung meint: Die NGO beobachtet *diesen* Teil ihrer Umwelt kontinuierlich und wertet wahrnehmbare wechselseitige Erwartungen als relevante Informationen aus, um sich gegebenenfalls mit ihren eigenen Entscheidungen darauf (neu) einzustellen. Die interne Umwelt einer Organisation sind ihre Mitglieder.

Neben dem Politiksystem bzw. der sozialen Bewegung beziehen sich NGOs strukturell durchgängig auf das Öffentlichkeits-, das Wirtschafts- und das Rechtssystem. Für den konkreten Fall einer bestimmten NGO wären also jeweils zu analysieren:

- Die Positionierung im Politiksystem bzw. in der sozialen Bewegung.
- Die Öffentlichkeitsarbeit, welche die massenmediale Kommunikation über die NGO beobachtet und auf die Massenmedien Einfluss zu nehmen versucht.
- Die Finanzierungsweise, die ein Mix sein kann aus ‚Staatsknete', Spenden, Mitgliedsbeiträgen, eigenen Einnahmen.
- Die Aktionsformen, inwieweit sie den kalkulierten demonstrativen Rechtsbruch einbeziehen. NGOs nutzen die Provokation, die im offenen Rechtsbruch liegt, weil sie Aufmerksamkeit und reflexive Reaktionen erreichen wollen.

Welche anderen Funktionssysteme ins Spiel kommen, hängt von den Themen und Problemen ab, die sich die einzelne NGO vornimmt. Da inzwischen praktisch alle gesellschaftlichen Funktionssysteme aufgrund ihrer inneren Steigerungslogik und ihrer wechselseitigen Abhängigkeiten mit Krisenphänomenen beschäftigt sind, bieten sich mögliche Anlässe für Protest- und Beteiligungskommunikationen national wie international ‚ohne Grenzen'. Also auch das Gesundheitssystem, das Militär, die Wissenschaft, die Bildung etc. können mit einer NGO strukturell gekoppelt sein.

Zu a) Als strukturtypische Stränge der externen Kommunikation lassen sich einerseits der Protest ausmachen, der sowohl in der Peripherie des politischen Systems als auch in sozialen Bewegungen einen kommunikativen Normalmodus darstellt. Andererseits sind im Blick auf Sympathisanten und potentielle Unterstützer sowohl aufklärerische als auch appellative Kommunikationsanstrengungen festzustellen. Appelle informieren und begründen nicht, sie unterstellen ein Einverständnis, das nur noch auf seine Mobilisierung wartet. Der Konsensmagnet, der in der politischen Kommunikation dabei von links bis rechts eingesetzt wird, ist die Berufung auf Werte (Luhmann 2002, S. 359ff). Wo NGOs auffällig erfolgreich sind, hängt dies damit zusammen, dass die gesellschaftliche Entwicklung den Resonanzboden vorbereitet hat, auf dem Engagement nur noch geweckt zu werden braucht. Nicht selten aber waren es NGOs selbst, die jenseits massenmedialer Aufmerksamkeit mit „Graswurzel-Kommunikation" – heute sagt man mit Social-Media-Kommunikation – maßgeblich dazu beigetragen haben, diesen Resonanzboden mit nachhaltiger Aufklärungsarbeit vorzubereiten.

Öffentliche Auftritte von NGOs finden in vielen Fällen protestförmig statt. Die Attraktivität des Protests für die externe Kommunikation der NGO ist sozial tief verankert in den modernen Formen von Erwartungen und Ansprüchen. Diese beinhalten ein so hohes Konfliktpotential, dass Anlässe, einen Konflikt öffentlich zu machen, also zu protestieren, laufend gegeben sind. Erwartungen strukturieren den Möglichkeitsraum, sie legen fest, womit zu rechnen ist. Sie können erfüllt oder enttäuscht werden. „Erwartungen lassen sich zu Ansprüchen verdichten. Das geschieht durch Verstärkung der Selbstbindung und des Betroffenseins, die man in die Differenz Erfüllung/Enttäuschung hineingibt und damit aufs Spiel setzt." (Luhmann 1987, S. 363f) Individualisierung als gesellschaftlicher Prozess hat als folgenreichen Nebeneffekt, dass es sozial anerkannt ist, Ansprüche nicht nur mit vorher erbrachten Leistungen, sondern auch mit eigenen Wünschen und Interessen zu begründen. „Es wird schwer, einem Individuum zu widersprechen, wenn es ‚ich' sagt." (Luhmann 1993, S. 248) Diese Grundkonstellation, sich in der Gesellschaft gegen die Gesellschaft positionieren zu können, bildet gepaart mit Kommunikationsfreiheiten eine Voraussetzung dafür, dass Protestkommunikation zur gesellschaftlichen Normalität werden kann. „Die Protestkommunikation erfolgt zwar *in* der Gesellschaft, sonst wäre sie keine Kommunikation, aber so, *als ob sie von außen wäre* (…) Sie äußert sich aus Verantwortung *für* die Gesellschaft, aber *gegen sie*" (Luhmann 1997, S. 853). Man ist ‚alternativ': „Man denkt im genauen Sinn in der Gesellschaft für die Gesellschaft gegen die Gesellschaft" (ebd., S. 862).

Im politischen Kern handelt es sich bei NGO-Kommunikation um einen Auftritt, der sich so versteht und so inszeniert, dass die NGO die Zukunft der Gesellschaft trotz des Versagens des Politiksystems, des Wirtschaftssystems oder des Bildungssystems etc. mit ihren Warnungen retten will und kann – sofern die Anderen sich ändern. Oppositionsparteien versprechen hingegen, dass alles besser wird, wenn sie selbst die Regierung übernehmen. Opposition will selbst an die Macht. Die Bezeichnung „außerparlamentarische Opposition" hat über diese Differenz hinwegzutäuschen versucht.

Wie jede Kommunikation braucht auch der Protest ein Thema. Luhmann identifiziert hier zwei Quellen, aus welchen NGOs besonders häufig schöpfen: soziale Ungleichheiten und ökologisches Ungleichgewicht. So wichtig Korrekturen im konkreten Fall sein mögen, Gleichheit und Gleichgewicht sind systemtheoretisch gesehen keine erreichbaren Zustände, weshalb sich an diesen Themen immer wieder neuer Protest entzünden kann (vgl. Luhmann 1997, S. 857).

Funktional gesehen kann dem Protest eine gesellschaftliche Leistung zugeschrieben werden, von der die Protestierenden nichts hören (und lesen) möchten. Sie ermöglichen es der Gesellschaft, die Selbstbeobachtung zu schärfen, sich frühzeitig mit Problemen auseinanderzusetzen, die andernfalls vielleicht erst im Stadium der Krise wahrgenommen worden wären. Andererseits gibt es keine Garantie, dass die Proteste sachlich und zeitlich realitätsgerecht sind. „Nichts spricht dafür, dass die Protestbewegungen die Umwelt, seien es die Individuen, seien es die ökologischen Bedingungen, besser kennen oder richtiger beurteilen als andere Systeme der Gesellschaft. Genau diese Illusion dient jedoch den Protestbewegungen als der blinde Fleck, der es ihnen ermöglicht, Widerstand von Kommunikation gegen Kommunikation zu inszenieren und damit die Gesellschaft mit Realität zu versorgen, die sie anders nicht konstruieren könnte" (Luhmann 1997, S. 865).

Die Organisationen der einzelnen Funktionssysteme haben begonnen – die einen mehr, andere weniger – sich auf den Sinn der Proteste einzustellen. Sie sprechen von Verständigung und sagen „wir haben verstanden". Wenn das so weiter geht, bekommen NGOs auch bei ihren Umweltkontakten das Problem, zwischen Trivialisieren (im oben vorgestellten Sinn) – ein Gegner, ist ein Gegner, ist ein Gegner – und Beteiligen abwägen zu müssen.

Zu b) Dass sie nicht auf Trivialisierung setzen kann, davon ist die interne Kommunikation der NGO primär geprägt. Ein Anspruch auf Folgebereitschaft, die über Weisungsketten läuft und sich dabei darauf verlässt, dass die Angewiesenen das mit sich machen lassen, ist nicht durchsetzbar; schließlich ist die Beteiligung unverbindlich, formlos beendbar. Von einer solchen Reibungslosigkeit will die NGO im Normalfall auch gar nicht träumen, denn ihr politischer Anspruch ist Beteiligung. Selbst dort, wo Führungspositionen definiert und besetzt sind, ist damit zu rechnen, dass sich das „Plenum" jederzeit wichtige Entscheidungen vorbehält, wobei Zusammensetzung und Arbeitsweise des Plenums sehr variabel sein können. Der Organisationsprozess der NGO dürfte charakterisierbar sein als eine Pendelbewegung zwischen begeisterter Beteiligung in ‚heißen' Aktionssituationen und notwendiger Trivialisierung in zugespitzten Entscheidungssituationen. Dabei muss mitgedacht werden, dass es niemand anderer als die NGO selbst ist, die bestimmt, was ‚heiße' Aktionen und zugespitzte Entscheidungslagen sind.

Ob Beteiligung für die Organisation Sachkompetenz, Orientierungswissen und Kreativität erzeugt oder ob „gemeinsam sind wir blöd" (Simon 2004) die Diskussionsergebnisse realistischer beschreibt, hängt davon ab, auf welchen Pfad die systemische Dynamik der Kommunikation die einzelne NGO treibt: Bilden sich Engelskreise diskursiver Qualität heraus oder Teufelskreise strategischer Kommunikation (im Sinn von Habermas 1984, S. 475ff.), die mit Drohen, Locken, Tarnen und Täuschen operiert? Dissens ist Ursache und Folge von Beteiligung zugleich. Gäbe es ihn nicht, fühlten sich alle immer schon beteiligt. Alles hängt davon ab, wie Dissens kommuniziert wird, verständigungsorientiert oder strategisch. In dem massenmedial erzeugten Bild von NGOs überwiegt der Eindruck, dass ihr Dissens häufig in Konflikte führt. Ob das NGO-Realität oder nur der Medienlogik geschuldet ist, bedarf der empirischen Klärung.

Klar ist, verdeckte Machtkämpfe garantieren Teufelskreise, wie sie in der „Anleitung zum Unglücklichsein" (Watzlawick 1988) anschaulich geschildert werden. Werden sie konfliktförmig, wächst die Wahrscheinlichkeit, dass sich Gegnerschaften verfestigen. Ist es erst einmal so weit, werden sich öffnende Spielräume genutzt „für fast alle Möglichkeiten des Benachteiligens, Zwingens, Schädigens, sofern sie sich nur dem Konfliktmuster fügen und den eigenen Interessen nicht zu stark widersprechen" (Luhmann 1987, S. 534) Hierarchie verteilt die Konfliktfähigkeit ungleich. „Wer oben steht, kann ablehnen, wenn ungewöhnliche Anträge von unten her auf ihn zukommen. Wer unten steht, rechnet das ein und wählt dann lieber sogleich die Form der Bitte" (Kieserling 1999, S. 274). Im Vergleich dazu sind NGOs konfliktfreudiger. Ob daraus tatsächlich so oft Negativspiralen resultieren, wie es die an Aufmerksamkeitsökonomie ausgerichtete Massenmedien glauben machen, muss zumindest hinterfragt werden. Interne Konflikte zu vermeiden (oder zumindest nicht sichtbar werden zu lassen), gehört zu den gezielten Bemühungen von Organisationen, auch von NGOs, weil sie in der Regel unter Konkurrenzbedingungen agieren und von daher schon nach außen hin mit hoher Konfliktbereitschaft gerüstet sein müssen. Der Mechanismus, mit Hilfe externer Konflikte interne Konflikte einzudämmen, ist allbekannt.

Wenn wir zum Schluss die externen und die internen Kommunikationsverhältnisse von NGOs mit ihren wesentlichen Charakteristika – Protest und Appell, unverbindliche Begeisterung als Beteiligungsform – Revue passieren lassen, dann spricht alles dafür, dass die Digitalisierung mit dem Web 2.0 und den Möglichkeiten der Social Media für NGOs wie geschaffen ist. Unsere Analyse mündet in die These, dass die Geschichte der NGOs schon bald neu zu schreiben sein wird, weil die Digitalisierung ihnen bislang ungeahnte Wege eröffnet.

Literatur

Altvater, E., Brunnengräber, A., & Haake, M. (2000). *Vernetzt und verstrickt: Nicht-Regierungs-Organisationen als gesellschaftliche Produktivkraft*. Münster: Westfälisches Dampfboot.
Baecker, D. (1999). *Organisation als System*. Frankfurt/M.: Suhrkamp.
Baecker, D. (2003). *Organisation und Management*. Frankfurt/M.: Suhrkamp.
Baecker, D. (2012). *Organisation und Störung*. Frankfurt/M.: Suhrkamp.
Buchinger, K. (1998). *Supervision in Organisationen*. Heidelberg: Carl Auer.
Foerster, H. (1993). *Wissen und Gewissen*. Frankfurt/M.: Suhrkamp.
Fuchs, P. (1997). *Das seltsame Problem der Weltgesellschaft*. Opladen: Westdeutscher Verlag.
Greenpeace Magazin (Hrsg.). (2007). *Das NGO-Handbuch*. Hamburg: Greenpeace.
Habermas, J. (1984). *Vorstudien und Ergänzungen zur Theorie des kommunikativen Handelns*. Frankfurt/M.: Suhrkamp.
Kieserling, A. (1999). *Kommunikation unter Anwesenden*. Frankfurt/M.: Suhrkamp.
Krüger, C., & Müller-Hennig, M. (Hrsg.). (2000). *Greenpeace auf dem Wahrnehmungsmarkt*. Münster: Lit-Verlag.
Kühl, S. (2011). *Organisationen. Eine sehr kurze Einführung*. Wiesbaden: VS Verlag.
Luhmann, N. (1964). *Funktionen und Folgen formaler Organisation*. Berlin: Duncker&Humblot.
Luhmann, N. (1973). *Zweckbegriff und Systemrationalität*. Frankfurt/M.: Suhrkamp.
Luhmann, N. (1987). *Soziale Systeme*. Frankfurt/M.: Suhrkamp.
Luhmann, N. (1991). *Soziologische Aufklärung 3*. Westdeutscher Verlag, Opladen

Luhmann, N. (1991a). Selbstorganisation und Information im politischen System. In: Niedersen, U., & Pohlmann, L. (Hrsg), *Selbstorganisation. Jahrbuch für Komplexität in den Natur-, Sozial- und Geisteswissenschaft.* Bd. 2. S. 11-26. Berlin: Duncker&Humblot.

Luhmann, N. (1993). Die Unbeliebtheit der politischen Parteien. In: Unseld, S. (Hrsg.), *Politik ohne Projekt? Nachdenken über Deutschland.* S 43-53. Frankfurt/M.: Suhrkamp.,

Luhmann, N. (1993a). *Gesellschaftsstruktur und Semantik. Bd. 3.* Frankfurt/M.: Suhrkamp.

Luhmann, N. (1994). *Die Wirtschaft der Gesellschaft.* Frankfurt/M.: Suhrkamp.

Luhmann, N. (1996). *Protest. Sozialtheorie und soziale Bewegungen.* Frankfurt/M.: Suhrkamp.

Luhmann, N. (1997). *Die Gesellschaft der Gesellschaft. 2 Bde.* Frankfurt/M.: Suhrkamp.

Luhmann, N. (2000). *Organisation und Entscheidung.* Opladen: Westdeutscher Verlag.

Luhmann, N. (2002). *Die Politik der Gesellschaft.* Frankfurt/M.: Suhrkamp.

Luhmann, N. (2004). *Einführung in die Systemtheorie.* Heidelberg: Carl-Auer.

Luhmann, N. (2005). *Einführung in die Theorie der Gesellschaft.* Heidelberg: Carl-Auer.

Meyer, T. (2003). *Was ist Politik?* Opladen: Leske+Budrich.

Rosa, H., Strecker, D. & Kottmann, A. (2007). *Soziologische Theorien.* Konstanz: UVK.

Rucht, D. (Hrsg). (2001). *Protest in der Bundesrepublik.* Frankfurt/M.: Campus.

Schauer, H. (Hrsg). (1987). *Prima Klima. Protokolle.* Hamburg: VSA-Verlag.

Simon, F. (2009). *Einführung in die systemische Organisationstheorie.* Heidelberg: Carl-Auer.

Simon, F. (2004). *Gemeinsam sind wir blöd!?* Heidelberg: Carl-Auer.

Watzlawick, P. (1988). *Anleitung zum Unglücklichsein.* München: Piper.

Willke, H. (2001). *Systemtheorie III: Steuerungstheorie.* Stuttgart: Lucius&Lucius.

Zur Transformation sozialen Protestes: Auf dem Weg zur NGO

Andreas Elter und Andreas Köhler

Zusammenfassung

NGOs sind als Ergebnis eines Transformationsprozess sozialer Proteste zu interpretieren. Sie stellen aber nur eine von mehreren Möglichkeiten der Transformation dar. Der Beitrag entwickelt und erläutert dieses Transformationsparadigma an unterschiedlichen Beispielen und setzt die Geschichte der NGOs in Bezug bzw. in Abgrenzung zur Entstehung von Bürgerinitiativen, Parteien oder extremistischen Gruppierungen. Darüber hinaus wird in einem Kurzabriss die Entwicklung von der Frühphase der NGOs über die Entstehung der UN nach dem Zweiten Weltkrieg bis zum 21. Jahrhundert geschildert.

1 Einleitung

Menschen können ihre soziale Realität nicht mehr nach eigenen Wünschen und Vorstellungen verändern. Zu diesem Schluss kommt der Soziologe Zygmunt Baumann. Im globalen kapitalistischen System sei der „Fetischismus der Individualität" (Baumann 2007, S. 183) prägend; der Sinn für das Allgemeine, letztlich also das Politische, verschwinde zusehend. Die Weltbürger würden in die Rolle von globalen Konsumenten gedrängt. Das Primat der Ökonomie überlagere die Zivilgesellschaft – die jeweiligen Akteure stünden der Realität „massiv und träge, undurchsichtig, undurchdringlich und unüberwindbar gegenüber" (Baumann 2007, S. 109).

So neu indes sind solche und ähnliche kulturpessimistische Ansätze nicht. Schon Horkheimer, Adorno und andere Denker der „Frankfurter Schule" kamen zu vergleichbaren, wenn auch nicht identischen Schlussfolgerungen – fast vierzig Jahre zuvor. Für unsere Zeit spricht der britische Politologe Colin Crouch von der Postdemokratie (Crouch 2004) und andere Studien nähren Zweifel an der transglobalen Zusammenarbeit (Mouffe 2007). Wie aber passen diese Analysen zu den neuen sozialen Protesten im digitalen Zeitalter? Wie zu den Aktivitäten von „Attac", der Piratenpartei in Deutschland und Schweden,

© Springer Fachmedien Wiesbaden GmbH 2018
N. Remus und L. Rademacher (Hrsg.), *Handbuch NGO-Kommunikation*,
https://doi.org/10.1007/978-3-531-18808-9_3

wie zu den Studentenprotesten in Frankreich und Spanien, den Demonstrationen beim Weltwirtschaftsgipfel in Davos und wie zu den Protesten in Griechenland angesichts der „Eurokrise"?

Auch heute gibt es nach wie vor regionale und weltweite soziale Emanzipationsbewegungen, die sich zunehmend digitaler Welten zur Verbreitung ihrer Botschaften bedienen und neue Protest- und Partizipationsformen entwickelt haben. Auch wenn Massenproteste wie während der Zeit der außerparlamentarischen Opposition in Frankreich und Deutschland seltener geworden sind; auch wenn die Anti-Atomkraftbewegung mit ihren Gleisblockaden nicht mehr dieselbe Medienöffentlichkeit erreicht wie in den 1980er Jahren und auch wenn Verbraucherproteste gegen Genfood und Coca-Cola nicht mehr allabendlich in den TV-Nachrichten vorkommen – so ist sozialer Protest doch existent und verschafft sich Gehör. Allerdings auf anderen Wegen und in anderen Öffentlichkeiten als noch vor zwanzig Jahren. Vor allem aber sind Anliegen sozialer Protestbewegungen inzwischen „common sense" geworden und werden auch von etablierten Parteien vertreten bzw. sind NGOs „global player" im transnationalen Systemzusammenhang geworden.

Um diesen Wandel soll es hier gehen. Der Beitrag zeigt allerdings, dass soziale Protestbewegungen im Verlauf ihrer Geschichte verschiedene Entwicklungsrichtungen nehmen können. Die Transformation zur NGO ist nur eine davon. Da es sich bei dem Umfang dieses Aufsatzes nur um einen kurzen historischen Überblick handeln kann – und nicht um eine umfassende Gesamtdarstellung – wird keinerlei Anspruch auf Vollständigkeit erhoben. Vielmehr orientiert sich dieser Beitrag an verschiedenen Phasen bzw. Wegmarken der historisch-politischen Entwicklung und wirft lediglich ein Schlaglicht auf bedeutende Veränderungen.

Anhand ausgewählter Fall-Beispiele soll das hier vertretene Transformationsparadigma erläutert und überprüft werden. Zentraler Ansatz dieses Paradigma ist die These, dass konkrete soziale Protestbewegungen nicht über eine längere Zeitspanne (meint hier: mehrere Dekaden) hinweg existent bleiben. Oder mit anderen Worten: Soziale Proteste sind – historisch betrachtet – immer temporäre Phänomene – die zunächst außerhalb des „Systems" entstehen und sich dann wandeln. Dieser Grundannahme widerspricht nicht, dass es soziale Proteste in jeder Epoche gegeben hat. Im Gegenteil: Diese Tatsache stützt die folgende Argumentation und das Transformationsparadigma. Denn soziale Proteste „transformieren" in ihrem zeitlichen Verlauf – so sie denn nicht (vor allem in autoritären Regimen) niedergeschlagen werden oder von sich aus ausbluten, weil es ihnen beispielsweise an Nachwuchs fehlt oder der Grund ihres Protestes obsolet geworden ist. Dieser Wandel vollzieht sich dabei systemtheoretisch gesehen i. d. R. von außen nach innen. Eine Ausnahme von diese Fließrichtung stellen zunächst terroristische Gruppen dar, da hier sozialer Protest radikalisiert wird und von „innen" (noch innerhalb oder am Rande der Gesellschaft) nach „außen" (Untergrund, Kriminalität) wandert. Letztlich aber und aus einer längerfristigen Perspektive betrachtet, sind terroristische Gruppierungen ebenfalls temporäre Erscheinungen – denn entweder lösen sie sich selbst auf (Bsp. RAF, ETA), werden militärisch „niedergeschlagen" (Bsp. FARC, GIA) oder transformieren in politische Gruppierungen (Bsp. PLO, Hisbollah).

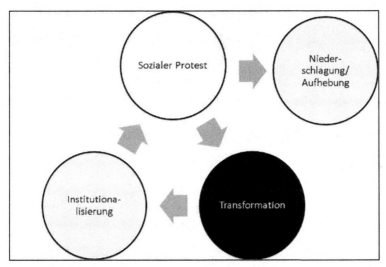

Abb. 1   Kreislaufmodell des Tranformationsparadigmas
Quelle: Eigne Darstellung

Letztlich lässt sich also diese Transformation anhand eines Kreislaufmodells beschreiben (vgl. Abb. 1), das in drei Phasen unterteilt werden kann. In der ersten Phase entsteht sozialer Protest als Reaktion auf soziale und gesellschaftliche Missstände außerhalb des bestehenden gesellschaftlichen Systems. In der zweiten Phase wandert der soziale Protest von außen nach innen und transformiert – und in der dritten Phase institutionalisiert er sich in neuen Formen – z. B. als Partei, legitimierter Interessensvertretung oder NGO. In Phase Drei steht der Protest also innerhalb des jeweiligen gesellschaftlichen Systems bzw. ist von diesem integriert worden. Wichtig ist dabei zu erwähnen, dass diese Transformationen nicht als simples „Aufsaugen" durch das System interpretiert werden dürfen, da sie wiederum das System selbst veränderten bzw. erweiterten. Anschließend beginnt dieser Prozess – durchaus mit erheblichen zeitlichen Unterbrechungen – vom neuen. Die Transformation ist also niemals final, sondern prozessual. Ein „Ende der Geschichte" kann es also gemäß des Transformationsparadigmas nicht geben – vielmehr nur einen permanenten Kreislauf – oder besser ausgedrückt eine Spirale, da die Transformationen die gesellschaftliche Entwicklung stets auf eine neue Ebene heben.

2   Stand der Forschung zu NGOs

Der Stand der Forschung lässt bzgl. der Entstehung und Veränderung von NGOs ein Desiderat erkennen. Obwohl es bereits in der Literatur eine nennenswerte Anzahl von Studien und Aufsätzen zu NGOs gibt (vgl. zum Überblick Frantz und Martens 2006, sowie Teune

2008), konzentrieren sich diese zumeist auf die aktuelle Bedeutung in der Politik und den Aspekt der Global Governance (vgl. z. B. Behrens 2006, Folke-Schuppert 2006, Stickler 2005), die Definition des rechtlichen Status von NGOs (Steiner 2001) oder umgekehrt auf ein begrenztes thematisches Spektrum, wie etwa die Klimapolitik (Brunnengräber 2011). Einen zusammenfassenden Überblick zur Entstehungsgeschichte von NGOs und zu ihrer Verortung in den sozialen Protestbewegungen haben Roth und Rucht vorgelegt (vgl. Roth und Rucht 2008). Zu ergänzen sind aber in Bezug auf die gemeinsame Historie von sozialem Protest und NGOs übergeordnete Einordnungen und Klassifizierungen, die einzelne Fallbeispiele zu einer übergeordneten Phänomenologie zusammenfassen und einen breiteren Analysenrahmen geben können.

Dieser Beitrag entwickelt ausgehend von Beobachtungen zu Ausgangspunkten von sozialem Protest, bekannten Phasen des Wandels im Spiegel historischer Protestbewegungen und Wirkungsweisen des Protest schließlich normativ eine eigene Typologie anhand des erläuterten Transformationsparadigmas. Dieses Modell wird an Hand von ausgewählten Beispielen illustriert. So wird ein Blick auf die Menschenrechts- und Umweltbewegung geworfen. Hier sind unter anderen die Beispiele „Amnesty International", „Human Rights Watch" oder „Greenpeace" zu nennen. Darüber hinaus zeigen die Beispiele der Umwelt-, Bürgerrechts- oder Antikriegsbewegung, wie sozialer Protest überhaupt erst zur Gründung von Parteien, Verbänden und – für unseren Untersuchungsaspekt zentral – NGOs geführt hat. Diese wiederum stellen inzwischen nicht nur feste Größen in der nationalen Politik ihrer Länder dar, sondern haben ihre Entsprechung auch auf supra- und supernationaler Ebene. Nicht zufällig genießen zahlreiche NGOs Konsultativstatus bei den Vereinten Nationen. Dies mag als nachhaltiger Beleg für das entworfene Transformationsparadigma dienen und als Gegenrede zu Baumanns Gesellschaftskritik, dass soziale Realität nicht mehr geändert werden könne. Der Studentenführer Rudi Dutschke proklamierte in den 1960er Jahren den „langen Marsch durch die Institutionen" – inzwischen scheinen zumindest einige soziale Protestbewegungen dort angekommen zu sein. Der vorzulegende historische Überblick spannt einen Bogen von den sozialen Bewegungen der 1860er Jahre über das Aufkommen neuer, organisierter Interessensvertretungen im 20. Jahrhundert bis zu den NGOs von heute. Auch an dieser Stelle kann der vorliegende Aufsatz lediglich als explorativ angesehen werden. Weitere, hier nicht genannte Beispiele, ließen sich zweifellos ergänzen.

3   Protestbewegungen als Ausgangspunkt

Protestbewegungen entstehen aus Spannungen und Problemen, für die Lösungen gefunden werden müssen. Zwar hat sich mit der Demokratie ein leistungsfähiger Mechanismus zur Konfliktbewältigung in allen wohlhabenden Industriestaaten entwickelt, dennoch nehmen auch dort Protestbewegungen eine relevante Rolle als soziale Kraft bei der Bewältigung von Konflikten ein. Es geht beispielsweise um das Aufbrechen von Konkurrenzen, Verteilungskonflikten, die Entstehung von neuen kollektiven Identitäten, die Zerstörung von alten kollektiven Identitäten oder die Externalisierung von Kosten zum Nachteil Dritter (Kern 2008, S. 12).

Die Geschichte der Protestbewegungen reicht zurück bis zu den blutigen Sklavenaufständen der Antike. Sie sind also kein reines Produkt der Moderne, wie Kern (2008, S. 12) festhält, haben aber ihre Ausdrucksform im Zeitalter der Moderne verändert. Mit der Erkenntnis der Aufklärung, dass die Regeln des Zusammenlebens von den Menschen gemacht werden und die Gesellschaft den Bedürfnissen der Menschen zu dienen hat, waren die Voraussetzungen dafür geschaffen, dass Protestbewegungen erfolgreich sozialen Wandel herbeiführen konnten. Es entstanden moderne soziale Bewegungen, von Neidhard und Rucht (1993, S. 307) als mobile Netzwerke von Gruppen und Organisationen definiert, die über eine bestimmte Dauer hinweg versuchen, gesellschaftliche Veränderung durch Protest herbeizuführen, zu verhindern oder rückgängig zu machen. Grundlage hierfür ist nach Raschke (1985, S. 21) eine hohe symbolische Integration und eine geringe Rollenspezifikation, die ihre Ziele mittels variabler Organisations- und Aktionsformen verfolgt.

3.1   Wellen des Protests

Huber (1988, S. 424ff.) beschreibt das Aufkommen und die Weiterentwicklung von sozialen Bewegungen in Wellen, die sich an den langfristigen Innovationszyklen der Gesellschaft orientieren, wie sie Schumpeter oder Kontratieff aufzeigten. Dabei wird klar, dass sich soziale Bewegungen weniger an ihren Trägern festmachen lassen, sondern an ihren typischen Themen, weltanschaulichen Orientierungen und gesellschaftlichen Problemdarstellungen. Es handelt sich um Motive der kollektiven und persönlichen Emanzipation, um Motive der Jugendunruhe, der Suche nach authentischen Lebensweisen, um Motive des Natur- und Umweltschutzes, um Verdrossenheit und Kritik an zunehmender Technisierung, Modernisierung und Urbanisierung, sowie um Pazifismus.

Ausgehend davon sollen hier kurz vier Schwerpunkte modernen Protests als Wellen dargestellt werden (vgl. Abb. 2): die Aufklärung, die Arbeiterbewegungen, die Neuen sozialen Bewegungen der 1960er und 1970er Jahre und aktuell der Protest der Online-Gesellschaft.

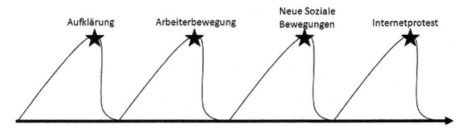

Abb. 2   Wellen des Protests
Quelle: Eigene Darstellung

Aufklärung

Die Epoche der Aufklärung war der Auftakt moderner sozialer Bewegungen, die sich in bürgerlich-emanzipatorischer Form gegen die vorherrschende Herrschaftsordnung des Absolutismus wandte (vgl. Schneiders 2001). Spätestens seit den Lettres persanes (1721) von Montesquieu gilt die Aufklärung als Protestbewegung gegen das machtpolitische Erbe des 17. Jahrhunderts (vgl. Schlosser 1990: S. 14f.). Dabei ging es um den Kampf für Menschenrechte und bürgerliche Freiheitsrechte. Den Idealen der Französischen Revolution (Freiheit, Gleichheit, Brüderlichkeit) als maßgebliche soziale Bewegung dieser Epoche folgend (vgl. Vovelle 1982), konnte der Protest des Volkes in ganz Europa langfristig eine Änderung der Gesellschaftsordnung erreichen.

Arbeiterbewegung

Als zweite große Protestwelle kann die Arbeiterbewegung zur Hochzeit der Industrialisierung ausgemacht werden. Als „vierter Stand" waren Arbeiter im Gegensatz zu Adel, Kirche und Bürgern auch nach der Französischen Revolution auch vielfach aus wirtschaftlichen und politischen Entscheidungsstrukturen ausgeschlossen. Beflügelt durch die sozialistische Idee kam es zu einer Organisation der Arbeiter, die in einer Institutionalisierung durch Gewerkschaften mündete (Hofmann 1970: S. 171). Deren Ziel war die Verbesserung der Lohn- und Arbeitsbedingungen (vgl. Limmer 1988; Notz 2009: S. 81).

Neue Soziale Bewegungen

Nach dem Zweiten Weltkrieg kam es schließlich in den 1960er Jahren zu einer dritten Welle des Protests unter dem Stichwort „Neue Soziale Bewegungen". Die Bezeichnung versucht eine Abgrenzung zur klassischen „alten" sozialen Bewegung der Arbeiter herzustellen, wobei auch an deren Positionen teilweise festgehalten wurde. Dies betrifft insbesondere den entschiedenen Antikapitalismus und den Anspruch auf umfassende Demokratisierung. Gleichermaßen fand eine Distanzierung von Fortschrittskonzepten und Organisationsmodellen der Arbeiterbewegung statt, die sich in dem Ziel der Durchsetzung individueller Autonomie und Selbstverwirklichung zeigt. Thematische Brennpunkte waren die Emanzipation der Frauen, Ökologie, Frieden und Abrüstung, die Selbstverwaltung von Leben und Arbeit, das Elend in der Dritten Welt sowie Bürger- und Menschenrechte (vgl. Raschke 1985; Roth und Rucht 2008). Konventionelle Aktionsformen des Protests der Neuen Sozialen Bewegungen sind Informationstreffen, Demonstrationen, Formen des zivilen Ungehorsams, teilweise die Anwendung von Gewalt. Den größten Zuspruch, gemessen an der Beteiligung der Bevölkerung, erzielten sie bei Protestkundgebungen bzw. Demonstrationen, an denen mehrere Hunderttausende Menschen teilnahmen, und Unterschriftensammlungen. Die größte mediale Aufmerksamkeit erreichten sie eher über unkonventionelle Ausformungen des Protests (Rucht 2003, S. 422).

Protest der Online-Gesellschaft

Eine vierte Phase oder Welle kann schließlich seit der technischen Innovation durch das Internet und World Wide Web ausgemacht werden, in denen sich sozialer Protest vornehmlich auf digitalem Wege Gehör verschafft und sich in virtuellen Welten organisiert. Die Themen und Motive reichen vom Kampf gegen Armut über Bürger- und Freiheitsrechte bis zum Protest gegen das globale Weltwirtschaftssystem.

Der politische Frühling im Nahen Osten und die sogenannte Arabellion, die weltweiten Proteste gegen die Macht der Finanzmärkte und die Occupy-Bewegung – so unterschiedlich und nicht vergleichbar diese Ereignisse waren, so sehr ist doch in Zusammenhang mit ihnen von einem „neuen" Kommunikationsmedium gesprochen worden – dem Web 2.0. Sowohl in der Tagespresse als auch in der Wissenschaft (vgl. Baringhorst 2009; Arnold et al. 2005; Zimmermann 2006; Chadwick 2009; Zittel 2010; Lilleker und Jackson 2011) wird darüber diskutiert, inwieweit das Internet und etwa seit 2005 auch Social Media Anstöße zu einer neuen partizipatorisch geprägten Demokratiebewegung geben können bzw. inwieweit diese Medien selbst Teil einer Partizipations- und Protestbewegung und eines neuen Strukturwandels der Öffentlichkeit sind (Shirky 2008; Li und Bernoff 2008). Denn als ein zentrales Element der Social-Media-Kommunikation gilt der kollaborative Gedanke und die Ausweitung des Diskurses auf verschiedene, neue Partizipanten (Münker 2009; Gladwell 2000; Howe 2008).

3.2 Wirkungsweisen sozialen Protestes

Die Protestforschung nimmt subjektive Deprivation, das Gefühl der Benachteiligung, häufig als psychologische Ursache für die Entstehung von Protesten an. Der Deprivationsansatz geht zurück auf Gurr (1970, S. 24), der die relative Deprivation als subjektive Wahrnehmung einer Person definiert, bezüglich der Diskrepanz zwischen Werten, die man in Wirklichkeit hat und Werten, auf die man glaubt einen berechtigten Anspruch zu haben. Die Gefühle der Unzufriedenheit und Frustration sind die Folge. Nach Gurr impliziert akkumulierte Frustration Aggression. Allerdings wird daraus erst Protest, wenn der Eindruck entsteht, dass man mit seinem Problem nicht allein steht. Besonders günstig für die Entstehung einer kollektiven Mobilisierung ist es, wenn nicht nur die gleiche Art von Betroffenheit vorliegt, sondern die Betroffenen bestehende Kontakte und Affinitäten eines bereits bestehenden sozialen Netzes nutzen können (Rucht 2012, S. 6).

Neben dem Deprivationsansatz sind aber auch andere Erklärungsansätze für die Entstehung sozialer Proteste denkbar. So kann beispielsweise die Wahrnehmung objektiv vorhandener gesellschaftlicher Missstände auf kollektiver Ebene genannt werden. Damit ist nicht etwa ein undifferenziertes Unbehagen mit gesellschaftlicher Realität gemeint, bei dem Änderungen innerhalb bestehender Systeme herbeigeführt werden könnten – etwa durch so genannte Protestwahlen. Vielmehr entsteht sozialer Protest außerhalb bestehender Institutionen vor allem dann, wenn die Leistungsfähigkeit des staatlichen Gesamtsystems von einer breiten Masse der Bevölkerung als unzureichend angesehen wird; also wenn staatliche Systeme keine Lösungsansätze für gesellschaftliche Realität anbieten können oder in nicht-staatlichen Gesellschaften (z. B. Post-Bürgerkriegsgesellschaften). Die Gründe für diese Art des sozialen Protestes reichen weit über den Deprivationsansatz hinaus. Es handelt sich um Motive, die keineswegs das subjektive Gefühl der Benachteiligung als Ausgangspunkt haben müssen. Als Beispiel können hier für die westlichen, weiter entwickelten Staaten die Massendemonstrationen gegen das „System Berlusconi" in Italien oder die Protestformen der Globalisierungskritiker genannt werden. Diesen beiden und anderen sozialen Protesten – so unterschiedlich ihre realen Ursachen sein mögen – ist die Tatsache gemein, dass es dabei immer auch um eine generelle Systemkritik geht. Die Ursachen für diese Art von Protest liegen in der Wahrnehmung realer Probleme, die von staatlichen Akteuren aus systemimmanenten Gründen nicht mehr gelöst werden können und daher – aus Sicht der protestierenden Akteure – entweder nicht-staatliche Lösungsansätze oder im Extremfall eine Änderung des Systems erfordern. Interessant ist in diesem Zusammenhang, wie sich die jüngsten Proteste in der Türkei (Stichwort Gezi-Park) weiterentwickeln werden.

In jedem Fall aber soll mittels Protest versucht werden, Empörung und Engagement zum Ausdruck zu bringen und so öffentliche Aufmerksamkeit für ein Ereignis zu erzeugen. Dafür wird nach Peters (1994, S. 67) ein Konflikt in einen Disput verwandelt. Protest bedient sich dabei Protestereignissen. Diese definiert Rucht (2001, S. 19) als kollektive Aktionen nicht-staatlicher Träger, die Kritik oder Widerspruch zum Ausdruck bringen und mit der Formulierung eines gesellschaftlichen oder politischen Anliegens verbunden sind. Protestbewegungen verfolgen dabei häufig die gleiche Strategie, welche das Ziel hat, diese fünf Bereiche mit eigenen Deutungsvarianten zu besetzen: Ein Thema als soziales Problem interpretieren, Ursachen und Verursacher für das Problem ausfindig machen, einen Adressaten für ihren Protest finden und etikettieren, Ziele und die Aussicht auf Erfolg ihrer Bemühungen interpretieren und sich selbst als legitimer Akteur rechtfertigen (Gerhards 1992, S. 308; Nover 2009, S. 66f.)

4   Transformation des Protests

Wie bereits im Rahmen der historischen Betrachtung von Zyklen des Aufkommens von Protestbewegungen deutlich wurde, sind diese abhängig von sich ändernden äußeren Rahmenbedingungen. So wie sich die Gesellschaft verändert, verändern sich auch soziale Bewegungen. Klassische Muster der Veränderung moderner Gesellschaften, wie deren zunehmende Individualisierung, Globalisierung, Mobilität, Medialisierung u. a. betreffen auch Protestbewegungen. Diese spezifische Veränderung und Ausdifferenzierung erfordert jedoch auch von Protestbewegungen eine zunehmende Professionalisierung und Ausdifferenzierung, die unweigerlich einen Transformationsprozess in Gang setzen, der die Weiterentwicklung einer auf Konflikt und Dissens entstandenen Protestgruppe zu einer Organisation zur Folge hat. Unter Professionalisierung wird hier der Wandel der

Protestbewegung von der situativen, spontanen, strategielosen, lokalen und informellen Gruppierung zur standardisierten, strategischagierenden und -geführten, globalen und formalen Organisation verstanden. Anhand der historischen Entwicklung von Protestbewegungen in der Bundesrepublik Deutschland soll nachvollzogen werden, in welchen Formen dieser Transformationsprozess münden und wie man diesen typologisieren kann.

4.1   Transformation zur Bürgerinitiative

Die Transformation des Protests zur Bürgerinitiative ist häufig einer der ersten Schritte auf dem Weg zu einer Professionalisierung der Protestbewegung. Es sind spontane, zeitlich begrenzte, organisatorisch eher lockere Zusammenschlüsse von Bürgern. Häufig befassen sie sich mit Problemen, die von Interessensverbänden nicht und von Parteien ggf. noch nicht abgedeckt werden. In den meisten Fällen sind sie regional in ihrem Thema, wie auch in ihren Mitgliedern begrenzt. Sie nehmen regionale Interessen meist überparteilich in den Fokus, beispielsweise die Anti-AKW-Initiativen an den einzelnen AKW-Standorten, die Bürgerinitiativen gegen Atommüllendlager in Gorleben oder in anderen Orten, der Protest gegen den Durchgangsbahnhof „Stuttgart 21", für den Erhalt bestimmter Infrastruktureinrichtungen oder gegen Fluglärm und Ausbau einzelner Flughäfen. Mithilfe einer Bürgerinitiative können mehrere Bürger mit dem gleichen Problemempfinden auf dieses aufmerksam machen. Der Intensitätsgrad der Mitwirkung und das Engagement aller Beteiligten sind hier deutlich höher als bei professionellen Organisationen. Häufig sind Bürgerinitiativen in Vereinen organisiert, teilweise auch gar nicht verfasst (Guggenberger 2003, S. 44ff.). Dennoch sind sie vom demokratischen „System" durchaus vorgesehen – Bürgerinitiativen befinden sich nicht außerhalb dieses, sondern sind strukturell an das System gekoppelt. Die Transformation vom sozialen Protest ist also bereits vollzogen worden.

4.2   Transformation zur Interessensvertretung

Die Organisation von Interessen ist eine logische Folge von politischem Protest, bzw. Deprivation. Am ehesten organisieren sich durch eine gemeinsame ökonomische Lage gekennzeichnete Statusgruppen. Es handelt sich dabei häufig um allgemeine Interessen aus den Bereichen Umwelt, Verkehr, Freizeit u. a. Heinze und Voelzkow (2003, S. 258) nennen verschiedene Typen von Interessensgruppen, die sich an Handlungs- und Politikfeldern orientieren. Sie differenzieren zwischen organisierten Interessen im Bereich Wirtschaft und Arbeit, wozu beispielsweise die professionell organisierten Gewerkschaften, Unternehmensverbände, Konsumentenverbände u. a. gehören, organisierten Interessen im sozialen Bereich, im Bereich von Religion, Kultur und Wissenschaft, die eine starke bis mittlere Formalisierung und Professionalisierung aufweisen und auf lokaler bis nationaler Ebene aktiv werden und organisierte Interessen im Bereich Freizeit, wozu z. B. Sportverbände zählen, die lokal und national von Bedeutung sind, sowie organisierte Interessen im gesellschaftspolitischen Bereich, deren Organisationsgrad unterschiedlich stark ist. Es handelt sich dabei um ein Transformationsergebnis, welches die staatlichen Institutionen anerkennt und über die verbandliche Organisation eine Beeinflussung im Sinne des eigenen Interesses zu bewirken.

Der Einfluss dieser Verbände ist unterschiedlich stark und hängt mit dem Grad der Organisation auf nationaler Ebene und der Mitgliederzahl zusammen. Sie vertreten spezielle ausdifferenzierte Interessen, die so von Parteien mit ihrem breiten Themenspektrum nicht abgedeckt werden können.

Bekannte Beispiele sind u. a. der ADAC, der die vielfältigen Interessen seiner zahlreichen Mitglieder bündelt und sich gleichzeitig seit seiner Neugründung 1948 auch politisch für die Interessen der Autofahrer und deren Unzufriedenheit mit staatlichen Regelungen politisch einsetzt. Bekannt ist unter anderem die Kampagne „Freie Fahrt für freie Bürger", mit der er 1974 gegen die Bevormundung des Bürgers durch ein generelles Tempolimit auf Autobahnen protestierte. Interessensgruppen zeichnen sich jedoch auch durch eigenständige Lösungen zu Problemen in Bereichen aus, in denen der Staat keine Lösungen anbietet (Heinze und Voelzkow 2003, S. 257f.). Das trifft für Sportvereine ebenso zu, wie beispielsweise für den, am anderen Rand des Themenspektrums angesiedelten, in Deutschland 1993 (nach französischem Vorbild) gegründeten Verein „Ärzte ohne Grenzen". Die unabhängige Hilfsorganisation leistet international medizinische Nothilfe in Krisengebieten und setzt sich nur selten für politische Belange ein, wie z. B. für den Zugang zu Arzneimitteln in Entwicklungsländern.

4.3   Transformation zum Extremismus

Eine besonders radikale Form stellt die Transformation sozialen Protestes zu extremistischen, bzw. terroristischen Gruppen dar. Auch wenn es für die Entstehung terroristischer Gruppierungen zahlreiche andere Gründe gibt bzw. allein die Begriffsverwendung des Terminus „Terrorismus" bereits zahlreiche definitorische Probleme in sich birgt (vgl. Laqueur 2003), ist ein deutlicher Zusammenhang zum sozialen Protest erkennbar. Auch hier gilt als gesicherte Annahme, dass sozialer Protest nicht losgelöst von den gesellschaftlichen Rahmenbedingungen interpretiert werden kann. So ist zum Beispiel die Entstehung extremistischer und terroristischer Vereinigungen separatistischer Natur, wie etwa der ETA oder der IRA explizit aus der historischen und politisch-geographischen Situation zu erklären. Zudem stehen diese und andere extremistische Gruppierungen – wie etwa die Hisbollah oder die Fatah – in engem Kontakt zu politischen Parteien bzw. verfügen über einen „legalen Arm". Hier hat sich also bereits eine Teiltransformation zurück in Richtung „System" vollzogen.

Blickt man jedoch auf die Entstehung des Linksterrorismus der 1960er und 1970er Jahre in der Bundesrepublik, lässt sich das Transformationsparadigma vom sozialen Wandel noch deutlicher belegen. Dies gilt insbesondere für die Gründung und Frühphase der RAF (Elter 2008, S. 91-106). Die durch die Emanzipationsbewegungen der 1960er Jahre (z. B.

Anti-Vietnam Demonstrationen, Studentenbewegung und SDS, Entstehung alternative Wohn- und Lebensformen etc.) bei einem großen Teil der bundesrepublikanischen Linken geweckten Hoffnungen auf politische und soziale Veränderung, konnten durch die Politik in den 1970er Jahren nicht eingelöst werden. Boltanski und Chiapello bezeichnen solche historischen Phasen auch als „Regime der Verlagerung", in deren Verlauf sich die Machtverhältnisse neu strukturieren, ohne dass sich die Akteure auf neue Konventionen des gemeinsamen Umgangs verständigt hätten (vgl. Boltanski und Chiapello 2003).

Als Folge dessen suchte sich das soziale Protestpotential in der BRD neue Ausdrucksformen – zum einen in den zusehend entstehenden Bürgergruppen und Initiativen (etwa „Rote Hilfe" für inhaftierte, politische Straftäter); zum anderen aber auch in einer neuer Radikalität (vgl. Kraushaar 1996). Gruppierungen wie die „Roten Zellen", die „Bewegung 17. Juni" oder aber die RAF sind zu einem nicht unwesentlichen Teil aus dieser politischen Enttäuschung und einem Gefühl der Ohnmacht, welches sich in gewalttätigen Selbstermächtigungsprozessen und Straftaten entlud (vgl. Kraushaar 2006) zu erklären, wenn auch nicht zu rechtfertigen. Für unseren Zusammenhang bleibt festzuhalten, dass auch diese Entwicklung eine Transformation sozialen Protestes darstellt. Begibt man sich auf die Suche nach den Motiven für Extremismus reichen aber Deprivation und Ohnmachtgefühl als Begründung nicht aus. Extremistischen Bestrebungen, unabhängig von ihrer jeweiligen politischen Couleur, ist darüber hinaus eines gemeinsam: „ […] ein Absolutheitsanspruch für ihre eigenen politischen Ideen. Sie reklamieren den Anspruch auf den alleinigen Zugang zur politisch-historischen Wahrheit" (Adam 2007, S. 173). Dies erklärt auch, warum eine Transformation zur politischen Partei, Bürgerinitiative oder Interessensvertretung aus Sicht extremistischer Gruppierungen keine Option darstellt. Sie stellen sich durch ihre Selbstpositionierung und politische Ideologien zunächst immer außerhalb des Systems, eine Verhandlungslösung scheint ausgeschlossen. Dies wiederum führt fast logischerweise zu politischer Gewalt, wie der Literat und Philosoph Albert Camus in seinem Werk „Der Mensch in der Revolte" anschaulich beschrieben hat. Anders als die anderen Formen des sozialen Protests versucht der Extremismus nicht durch Empörung und Engagement öffentliche Aufmerksamkeit auf ein Ereignis zu lenken, sondern vielmehr durch Gewaltakte Aufmerksamkeit auf sich selbst zu lenken bzw. den Staat zu Reaktionen zu veranlassen. Extremismus und Terrorismus sind also immer Provokationen der Macht (Waldmann 2005). Bewegt sich eine terroristische Gruppierung als Akteur im Machtgefüge aber weiter – zum Beispiel durch die Etablierung eines „legalen Armes" in Form einer Partei – aber wieder zurück in Richtung System, sind Verhandlungslösungen nicht mehr kategorisch ausgeschlossen. In diesen Fällen kann – sehr weit interpretiert – von einer Re-Transformation gesprochen werden, da sich die Gruppierung wieder auf das „System" zu bewegt.

4.4   Transformation zur politischen Partei

Ein gänzliches anderes Muster hat die Transformation des Protests zur politischen Partei. Ein historisches Beispiel hierfür ist die Entstehung der USPD bzw. der SPD, der hier das

Augenmerk gelten soll. Auch wenn es im Verlauf der Geschichte radikale Strömungen und Abspaltungen gegeben hat, war die Grundlage für die gelungene Transformation die hohe Zahl an Sympathisanten für den Protest der Arbeiterschaft gegen Unterdrückung durch Unternehmer und Staat und gegen unfaire Arbeitsbedingungen. Reformen und damit also Verhandlungslösungen waren für die neue Partei nicht a priori ausgeschlossen. Regierung und bestehende Parteien vertraten aber in der Entstehungsphase der Arbeiterbewegung deren Interessen nicht. Der Protest bedurfte also einer Professionalisierung, um die eigenen Ziele politisch zu vertreten und zu verwirklichen. Das Jahr 1863 gilt dabei als Geburtsstunde der parteipolitischen Organisation der Arbeiterschaft mit der Gründung des Allgemeinen Deutschen Arbeitervereins, aus dem sich 1869 in Eisenach die Sozialdemokratische Arbeiterpartei konstituierte. Sie blieb für lange Zeit eine reine Klassenpartei der Industriearbeiter. Schließlich löste sich die Partei aber nach dem Zweiten Weltkrieg schrittweise von ihren sozialen Ursprungsmilieus, öffnete sich der Mitte und differenzierte sich inhaltlich auch jenseits des Themas Arbeit aus (Jun 2007, S. 381f.).

Auch Bündnis 90/Die Grünen stammen aus einer Protestbewegung gegen den Staat. In Westdeutschland hat die Partei unter anderem ihre Wurzeln in der Umwelt- und Friedensbewegung der 1970er und 1980er Jahre. Aus dem Protest gegen Umweltverschmutzung und für Naturschutz in der Wachstumsgesellschaft entwickelten sich an vielen Orten Bürgerinitiativen, in deren Fokus der Bau gegen Atomkraftwerke stand. Etablierte Parteien ignorierten den Protest weitgehend. Auf regionaler Ebene bildeten sich seit 1977 regionale Wahlbündnisse, um die Anliegen der Umweltbewegung in den Parlamenten zu vertreten. Hier stand also von Anfang an die Annahme im Vordergrund auf parlamentarischem Wege soziale Veränderung erzielen zu können. Durch erste Erfolge ermutigt, wurden in verschiedenen Bundesländern grüne bzw. bunte Listen gegründet, auf deren Basis 1979 die Wahlgruppierung „Sonstige Politische Vereinigung DIE GRÜNEN" entstand. In Ostdeutschland formierte sich das Bündnis 90 aus Demokratiebewegungen, die gegen die Regierung der DDR demonstrierten und damit 1990 Erfolg hatten. Bündnis 90 und die Grünen fusionierten 1993. Die Themenpalette der Grünen hat sich seitdem verbreitert, hat ihren Fokus aber weiterhin auf Umwelt- und Energiethemen. Auch sie koppelten sich von ihren sozialen Milieus ab und sind dadurch für linke wie bürgerliche Wählerschichten interessant (Probst 2007, S. 173f.).

Die Partei Die Linke formierte sich zum Teil aus politischem Protest gegen die Arbeits- und Beschäftigungspolitik der Bundesregierung, speziell gegen die Hartz IV-Gesetze 2003. Die 2005 gegründete Wahlalternative Arbeit und Soziale Gerechtigkeit (WASG) war der Auffassung, dass bestehende Parteien, insbesondere die SPD durch ihre Öffnung für die Mitte, die Ziele ihrer traditionellen Klientel nicht mehr ausreichend vertreten. Hier kam es zu einer Ausdifferenzierung.

Als jüngste Parteigründung kann die Entstehung der Piratenpartei in der BRD angesehen werden. Sie entwickelte sich aus einem Protest gegen die Behandlung von Netzthemen in der Politik – man kann von einer kollektiven Emanzipation der sog. „Netzgemeinde" sprechen, die sich nun auch politisch professionell vertreten lässt.

Alle Beispiele zeigen, dass es sich bei der Transformation von sozialem Protest zur Partei um eine originär demokratische Entwicklung handelt, die systemkonform verläuft und letztlich veränderte sozio-demographische, ökologische oder technologische Rahmenbedingungen widerspiegelt. In gefestigten demokratischen Systemen und im Modell des „westlichen" Parlamentarismus ist diese Entwicklung beispielhaft und systemkongruent. Es handelt sich – wenn man so will – um eine institutionelle Transformation. Der beschrittene Weg bleibt letztlich konventionell und entspricht dem Gedanken der Konsensdemokratie. Wird ein soziales Problem identifiziert, ist der Weg zur Vereins- oder Parteigründung als legitimer Interessensvertretung auf lokaler oder nationaler Ebene von den jeweiligen Verfassungen durchaus vorgesehen. Zudem bleibt den Protestierenden die Möglichkeit, in bestehende Parteien einzutreten und dort ihre Anliegen vorzubringen bzw. für Mehrheiten zu werben. Phase Eins und Phase Zwei der Transformation (vgl. Abb. 1) fallen in diesem Fall also zeitlich zusammen bzw. liegen eng beieinander.

4.5   Transformation zur NGO

Wenn aus Protestgruppen, Interessensvertretungen, Vereinen oder Bürgerinitiativen NGOs werden, ist dies ein Transformationsergebnis zweiter Ordnung. Denn in alle Regel entstehen NGOs nicht unmittelbar aus sozialem Protest, sondern sind Weiterentwicklung vorher gegangener Transformationsprozesse, bei denen sich bereits erste Organisationsformen ausgebildet haben. NGOs sind damit auch als eine Alternative zum Bestand von oder zur Gründung neuer Parteien anzusehen. Sie zeichnen sich dadurch aus, dass sie zwar genauso wie Parteien ihr Handeln an universellen Prinzipien ausrichten, öffentlich arbeiten, nicht gewinnorientiert sind und politische Zielsetzungen verfolgen; allerdings im Gegensatz zu Parteien unabhängig von Regierung und Staat agieren möchten und keine staatlichen Ämter und Ressourcen anstreben (Take 2002, S. 42) und außerhalb des parlamentarischen Systems stehen. Die Maxime der Unabhängigkeit resultiert aus einer staats-skeptischen Zielrichtung des Protestes bzw. auf Nicht-Staatlichkeit oder Über-Staatlichkeit des Protest-Adressaten. Damit reagieren NGOs auf die Globalisierung und Entgrenzung von Problemen und setzen ihnen eine überstaatliche Organisation entgegen.

NGOs haben sich in vielen Politikfeldern entwickelt, insbesondere dort, wo Problemlagen nicht an Staatsgrenzen enden oder wo die Überwachung von Staaten mit einer Gemeinmachung nicht vereinbar ist. Während also auf der einen Seite Parteigründungen Transformationen sozialen Protestes innerhalb des Systems darstellen und der Extremismus auf der anderen Seite das System dezidiert ablehnt und bekämpft, stellt die Transformation zur NGO eine Lösungsansatz dar, der neben oder über nationalen parlamentarischen Systemen steht bzw. diese hinter sich lassen will.

Eine der bekanntesten NGOs ist Greenpeace. Die Organisation entwickelte sich aus den weltweiten Protesten der Friedens- und Umweltbewegung gegen Atomwaffentests. Bereits zu Beginn war es das Ziel, für die eigenen Forderungen eine möglichst breite Öffentlichkeit zu erreichen. So entstand die Organisation Greenpeace bei einer medienwirksamen

Protestaktion mit einem Schiff gegen einen Atomwaffentest vor der Küste Alaskas 1970. In Deutschland wurde die Organisation 1980 als eingetragener Verein gegründet. Dabei sind die Entscheidungsstrukturen deutlich effizienter als bei einem normalen Verein, was für eine Weiterentwicklung durch Professionalisierung der Bewegung spricht. Das oberste Beschlussgremium besteht aus Mitarbeitern von Greenpeace Deutschland sowie von ausländischen Greenpeace-Büros, Personen des öffentlichen Lebens und Ehrenmitgliedern. Die über 500.000 einfachen Vereinsmitglieder, von Greenpeace als „Fördermitglieder" bezeichnet, haben keinen Einfluss (Deichmann 2007).

Auch Amnesty International gehört zu den bekanntesten NGOs der Welt. Die Organisation wurde 1961 von einem Rechtsanwalt in London gegründet, der weltweit ungerechtfertigtes Handeln von Regierungen gegen die eigene Bevölkerung aufdecken und anprangern wollte. Die Gründung einer einfachen Bürgerinitiative oder einer auf die nationale Ebene begrenzten Partei wäre keine Alternative gewesen, da die internationale Ausrichtung des Ziels „Gerechtigkeit globalisieren" eine andere Organisationsform verlangte. Die deutsche Sektion wurde nur wenige Monate nach der britischen gegründet und ist als eingetragener Verein organisiert. Mitglieder können und sollen sich in Gruppen organisieren, von ihnen wird aktiver Einsatz durch gezielte Aktionen vor Ort, Briefeschreiben, Öffentlichkeitsarbeit und Spendeneinwerbung erwartet. In Koordinationsgruppen wird die Recherchearbeit zu Menschenrechtsverletzungen in der ganzen Welt geplant und koordiniert (Steenkamp 2008). Bei Amnesty International handelt es sich zwar um einen Verein, die internationale Struktur, die Arbeitsweise und der politische Einfluss zeugen jedoch von einer Professionalisierung der Strukturen. Aufgrund des Ziels der Kontrolle von Staaten ist auch eine Nicht-Staatlichkeit angezeigt, sowie ein professioneller Umgang mit Medien und Öffentlichkeit.

Abschließend soll hier als Zwischenfazit festgehalten werden, dass sich sozialer Protest also unter verschiedenen Voraussetzungen in unterschiedliche Typen von Bewegungen entwickeln kann (vgl. Abb. 3). Diese Entwicklung geht immer mit einer geografischen Ausdehnung und einer Professionalisierung einher. Als Folge nehmen die Mitbestimmungsmöglichkeiten des Einzelnen ab. Neben dem Bestand in entwickelten Formen, wie z. B. Bürgerinitiativen oder Interessensgruppen, kann diese Transformation des Protests bis zur Entwicklung einer Partei oder einer NGO voranschreiten. Es zeigt sich also, dass die NGO nur eine Variante der Transformation von sozialem Protest ist (vgl. Einleitung).

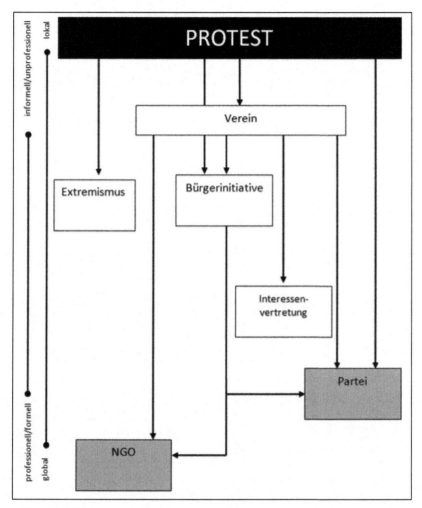

Abb. 3   Transformation von sozialem Protest
Quelle: Eigene Darstellung

5   Eine kurze Geschichte der NGOs

NGOs werden häufig als Phänomen der Postmoderne dargestellt und gerieten in den 1990er Jahren zunehmend ins Rampenlicht, haben sich allerdings schon deutlich früher entwickelt. Bereits im 18. Jahrhundert bildeten sich erste Organisationen auf nationaler Ebene heraus, befördert durch verstärktes Engagement aufgrund von demokratischen und industriellen Revolutionen und Veränderungen der sozialen, politischen und ökonomischen Strukturen. Mit Beginn des 19. Jahrhunderts trugen überregionale und internationale Vernetzungen,

z. B. durch Beschleunigung in der Kommunikation, den Transportwegen und der Mobilität, zur Formation erster internationaler NGO bei. Zunächst handelte es sich dabei
um internationale Dachorganisationen nationaler Verbände. Zu den ersten international
agierenden NGOs werden die 1823 gegründeten Anti-Sklaverei-Gesellschaft, die 1846
gegründete Evangelische Weltgesellschaft, das 1863 gegründete Internationale Komitee
des Roten Kreuzes, die 1864 gegründete Arbeitervereinigung oder der 1878 gegründete
Internationale Literatur- und Künstlerverband (Frantz und Martens 2006, S. 51f.) gezählt.

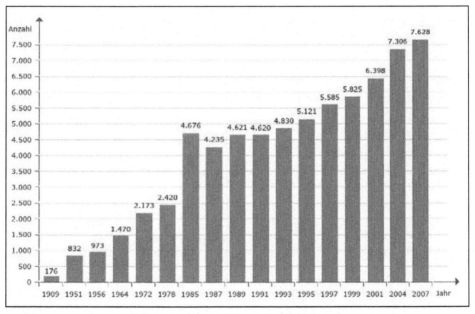

Abb. 4   Internationale NGOs in absoluten Zahlen, weltweit 1909-2007

Quelle: Grafik: BpB 2010, Datenquelle: Union of International Associations

Dabei handelt es sich jedoch um Vorläufer von NGOs, da sich die Bezeichnung und Zuordnung erst nach dem Zweiten Weltkrieg durchgesetzt hat (BpB 2010). Hierbei dürfte die
Gründung der Vereinten Nationen indirekt eine entscheidende Rolle gespielt haben. Auch
wenn sie als supranationale Organisation von Staaten bzw. deren Regierungen konzipiert
wurde, lag der Gedanke nicht allzu fern, dass sich auch nicht-staatliche Akteure bzw.
Beratergruppen um sie herum gruppieren konnten und können. Der Konsultativstatus
vieler NGOs bei der UN spricht zumindest eindeutig für diese These (UNRIC 2012). Die
Neugestaltung der internationalen Politik, sowie die Professionalisierung internationaler
Organisationen und Konferenzen führte im weiteren Verlauf der Geschichte zu einem
rasanten Wachstum internationaler NGOs (vgl. Abb. 4), insbesondere in den 1980er
Jahren mit dem Ende des Kalten Krieges 1990. Dies vergrößerte den Aktionsradius von

NGOs erheblich. Die Vereinten Nationen haben in den folgenden Jahren mit ihren Weltkonferenzen zu einer Etablierung und Steigerung der Akzeptanz von NGOs beigetragen. Die Konferenz über Umwelt und Entwicklung 1992 in Rio de Janeiro machte hierzu den Anfang und hat somit das Gewicht der Zivilgesellschaft auf globaler Ebene in Themen wie Umweltschutz, soziale Gerechtigkeit und Menschenrechte gestärkt. Zusehend setzte sich der Gedanke durch, dass die staatlichen Regierungsakteure auf internationaler Ebene durch NGOs ergänzt werden mussten bzw. Gremien für diese geöffnet wurden – einerseits um den Vereinten Nationen weitreichende Akzeptanz bei der Weltbevölkerung zu schaffen, andererseits um Fachkompetenz in einer global vernetzten Wissensgesellschaft effizienter bündeln zu können. Hinzu kam, dass die aus der Transformationsprozessen den 1960er und 1970er entstandenen NGOs (vgl. Kap. 3.5) zivilgesellschaftliche Partizipation beanspruchten.

6   Quo vadis NGO? Entwicklung unter neuen medialen Rahmenbedingungen

Mit dem Aufkommen des Internet und des World Wide Web haben sich spätestens seit Beginn des 21. Jahrhunderts die Voraussetzungen privater und öffentlicher Kommunikation erheblich gewandelt. Die „digitale Revolution" hat somit auch die Spielregeln und Möglichkeiten politischer und sozialer Prozesse erheblich verändert (vgl. Chadwick und Howard 2009; Pannen 2010). Die endgültige Bedeutung dieser fundamentalen Veränderungen ist in wesentlichen Bereichen noch nicht erforscht (vgl. Kimpeler et al. 2007) bzw. bietet der digitale Wandel nach wie vor Anlass zu öffentlichen Kontroversen. Fest steht aber, dass durch neue Medien neue Möglichkeiten der Partizipation und globalen Interaktion entstanden sind und diese wiederum betrifft auch die Arbeit von NGOs bzw. beeinflusst die Entstehung neuer netzwerkbasierter Proteste, wie etwa das Beispiel der „Attac"-Gruppierungen zeigt.

Hinzu gekommen ist zudem die E-Partizipation. Nach Märker lassen sich dabei sechs Beteiligungsformen identifizieren – unter anderem Konsultation, Eingaben und Petitionen, Aktivismus und Kampagnen (vgl. Märker 2008). Solche Beteiligungsformen können somit typischerweise auch von NGOs genutzt werden, da sie die Wirkungsweisen sozialer Proteste und Anliegen (vgl. Kap. 2.2) begünstigen bzw. auf unkomplizierten und effizienten Wege mediale Öffentlichkeit herstellen können. Dafür gibt es zahlreiche Beispiele, die von bürgerschaftlichen Engagement (etwa Netzdemokraten) über watchblogs (etwa abgeordnetenwatch.de) bis hin zu Zusammenschlüssen und Kooperationen verschiedener Interessensgruppierungen desselben politischen Spektrums (etwa campact) reichen.

Lilleker und Jackson folgern daraus, dass Internet und Web 2.0 vor allem Gruppierungen als Mittel sozialen Protestes und politischer Kommunikation zur Verfügung stehen, die bislang als benachteiligt galten (vgl. Lilleker und Jackson 2008). Besonders durch die strategische Nutzung des Web 2.0 sei es ihnen möglich, als Pressure Group zu agieren und Aufmerksamkeit zu erregen (Pannen 2010, S. 57). Dies ist richtig, ebenso aber stehen die neuen Kommunikationsmöglichkeiten den klassischen Akteuren, wie Wirtschaft und Parteien, zur Verfügung. So ist der Einsatz neuer Medien inzwischen aus Wahlkämpfen nicht mehr wegzudenken, wenn auch mit unterschiedlichem Erfolg (vgl. Elter 2010).

Vor allem aber bieten neue soziale Medien durch die Aufhebung der Trennung zwischen Individual- und Massenkommunikation bereits einzelnen Individuen und Kleinstgruppen eine Basis, ihre Anliegen und Proteste kundzutun. Wenn man so will, gibt es keine zwingende Notwendigkeit mehr zur Transformation des Protestes bzw. zu einer – wie auch immer gearteten – Institutionalisierung. Allerdings stellt sich umgekehrt die Frage, wie effizient und nachhaltig solche, direkten „nicht-transformierten" sozialen Proteste überhaupt sein können. Denn alle bislang erkennbaren, relevanten Proteste der digitalen Welt haben sich zusätzlich traditioneller Organisations- und Protestformen bedient, um größere Aufmerksamkeit zu erzielen. So wurden zum Beispiel ATTAC oder die „Occupy-Bewegung" einer größeren (Welt-) Öffentlichkeit erst durch ihre Aktionen außerhalb der virtuellen Sphäre (ganz traditionell durch Demonstrationen und Blockadeaktionen im öffentlichen Raum) bekannt. Ob dies aber wiederum zu einer endgültigen Transformation (wie etwa bei der Piratenpartei) führen wird oder ob der Protest primär Internetbasiert bleibt, ist noch nicht abzusehen. Ebenso wenig ist bis dato ersichtlich, ob es sich bei virtuellen Netzwerkprotesten um temporäre Phänomene handelt, die wieder verebben oder – wie z. B. in der arabischen Welt – letztlich doch in einen traditionellen Transformationsprozess münden. Für eine endgültige Revision des Transformationsparadigmas ist es daher noch zu früh. Eines ist aber schon unzweifelhaft erkennbar: Auch Nichtregierungsorganisationen sollten diese neuen Organisationsformen der virtuellen Welt und netzwerkbasierter Kooperationen erkennen und effizient nutzen. Darin liegen die Herausforderungen und Chancen für die NGOs des 21. Jahrhunderts.

Literatur

Adam, H. (2007). *Bausteine der Politik. Eine Einführung.* Wiesbaden: VS Verlag.
Arnold, K. & Neuberger, C. (2005). *Alte Medien – neue Medien.* Wiesbaden: VS Verlag.
Baringhorst, S. (2009). Politischer Protest im Netz – Möglichkeiten und Grenzen der Mobili-sierung transnationaler Öffentlichkeit im Zeichen digitaler Kommunikation, In *F. Marcinkowski & B. Pfetsch* (Hrsg.), Politik in der Mediendemokratie (S. 609-634). Wiesbaden: VS.
Baumann, Z. (2007). *Leben in der flüchtigen Moderne.* Frankfurt/Main.
Beck, U. (2001). *Weltrisikogesellschaft, Weltöffentlichkeit und globale Subpolitik.* Wien.
Behrens, M. (Hrsg.) (2005). *Globalisierung als politische Herausforderung. Global Governance zwischen Utopie und Realität.* Wiesbaden.
Birke, P. (Hrsg.) (2009). *Die sozialen Kämpfe der 1968er Jahre in der Diskussion.* Berlin.
Boltanski L., Chiapello, E. (2003). *Der neue Geist des Kapitalismus.* Konstanz
Brunnengräber, A. (2011). *NGOs und soziale Bewegungen in der nationalen, europäischen und internationalen Klimapolitik.* Wiesbaden.

Bundeszentrale für politische Bildung (BpB) (2010). Nicht-Regierungsorganisationen. http://www.bpb. de/nachschlagen/zahlen-und-fakten/globalisierung/52808/ngos. Zugegriffen: 12.September 2012.

Chadwick, A., Howard, P. N. (2009). *The Handbook of Internet Politics*. New York, NY: Routledge.

Chadwick, A. (2009): Politics: Web 2.0. *Journal of Information Technology and Politics*, 6 (3-4), 145-339.

Crouch, C. (2004). *Post-Democracy*. Cambridge/Malden.

Day, R. (2004). From Hegomony to Affinity. The Political Logic of the Newest Social Movements. *Cultural Studies*. 18/5, 716-748.

Deichmann, T. (2007). Gemeinnützig oder gemeingefährlich? http://www.faz.net/themenarchiv/2.1198/deutsche-geschichte-n-gemeinnuetzig-oder-gemeingefaehrlich-1405629.html. Zugegriffen: 23. August 2012.

Elter, A. (2008). *Die RAF und die Medien*. Frankfurt/Main Suhrkamp.

Elter, A. (2010). *Bierzelt oder Blog?* Hamburg: HIS-Edition.

Folke-Schuppert, G.(Hrsg.) (2006). *Global governance and the role of non-state actors*. Baden-Baden.

Frantz, C., Martens, K. (2006). *Nichtregierungsorganisationen (NGOs)*. Wiesbaden.

Geiselberger, H. (Hrsg.) (2007). *Und jetzt? Politik, Protest und Propaganda*. Frankfurt/Main Suhrkamp.

Gerhards, J. (1992). Dimensionen und Strategien öffentlicher Diskurse. *Journal für Sozialfor-schung* 3/4, 307-318.

Gladwell, M. (2000). *The Tipping Point*. New York: Little Brown.

Guggenberger, B. (2003). Bürgerinitiativen. In U. Andersen & W. Woyke (Hrsg.), Handwör-terbuch des politischen Systems (S. 44-48). Lizenzausg. für die Bundeszentrale für poli-tische Bildung. Opladen: Leske und Budrich.

Gurr, T. R. (1970). *Why men rebel?* Princeton, NJ: Princeton University Press.

Heinze, R. G., Volzkow, Helmut (2003). Interessensgruppen. In U. Andersen & W. Woyke (Hrsg.), *Handwörterbuch des politischen Systems* (S. 257-262). Lizenzausg. für die Bundeszentrale für politische Bildung. Opladen: Leske und Budrich.

Held, D. (2007). *Soziale Demokratie im globalen Zeitalter*. Frankfurt/Main.

Hofmann, W. (1979). *Ideengeschichte der sozialen Bewegung des 19. und 20. Jahrhunderts*. Berlin: Walter de Gruyter.

Howe, J. (2008). *Crowdsourcing*. New York: Crown Publishing.

Huber, J. (1988). Soziale Bewegungen. *Zeitschrift für Soziologie* 6, 424-435.

Jun, U. (2007). Sozialdemokratische Partei Deutschlands. In F. Decker & V. Neu (Hrsg.), *Handbuch der deutschen Parteien* (S. 381-400), Lizenzausg. für die Bundeszentrale für politische Bildung. Wiesbaden: VS Verlag.

Kern, T. (2008). *Soziale Bewegungen*. Wiesbaden: VS Verlag.

Kimpeler, S., Mangold, M. & Schweigler, W. (Hrsg.) (2007). *Die digitale Herausforderung. Zehn Jahre Forschung zur computervermittelten Kommunikation*. Wiesbaden: VS Ver-lag.

Kraushaar, W. (2006). *Die RAF und der linke Terrorismus 2*. Hamburg: HIS-Edition.

Kraushaar, W.(1996). *Die Protestchronik der Bundesrepublik*. Hamburg: HIS-Edition.

Laqueur, W. (2003). *Krieg dem Westen. Terrorismus im 21. Jahrhundert*. München DVG.

Li, C., Bernoff, J. (2008). *Groundswell: Winning in a World Transformed by Social Technologies*, Boston: Harvard Business Press.

Lilleker, D. G., Jackson, N. A. (2011). *Political campaigning, elections, and the internet: Comparing the US*, UK, France and Germany, New York: Routledge.

Lilleker, D. G., Jackson, N. (2008). *Politicians and Web 2.0: the current bandwagon or changing the mindset?* Conference Paper. London 2008.

Limmer, H. (1988). *Die deutsche Gewerkschaftsbewegung*. München: Olzog Verlag.

Märker, O. (2008). „E-Partizipation – Elektronische Beteiligung von Bevölkerung und Wirt-schaft am E-Government". www.cio.bund.de/cae/.../studie_epartizipation_download.pdf. Zugegriffen: 13. Septem-ber 2012

Mouffe, C. (2007). Über *das Politische. Wider die kosmopolitische Illusion*. Frankfurt/Main.

Münker, S. (2009). *Emergenz digitaler Öffentlichkeiten*. Frankfurt: Suhrkamp.

Neidhardt, F., Rucht, D. (1993). Auf dem Weg in die Bewegungsgesellschaft? Über die Stabilisierbarkeit sozialer Bewegungen, *Soziale Welt* 44, 305-326.

Notz, G. (2009). Bürgerliche Sozialreform, Arbeiterbewegung uns Soziale Arbeit. In L. Wagner (Hrsg.), *Soziale Arbeit und Soziale Bewegungen* (S. 73-107). Wiesbaden: VS Verlag.

Nover, S. U. (2008). *Protest und Engagement*. Wiesbaden: VS Verlag.

Pannen, U. (2010). Social Media. Eine neue Architektur politischer Kommunikation. *For-schungsjournal NSB* 3, 56-63.

Peters, B. (1994). Der Sinn von Öffentlichkeit. In F. Neidhardt (Hrsg.), Öffentlichkeit, öffentliche Meinung, Soziale Bewegungen (S. 42-76). *Sonderheft der Kölner Zeitschrift für Soziologie und Sozialpsychologie* 34/94. Opladen.

Probst, L. (2007). Bündnis 90/Die Grünen. In F. Decker & V. Neu (Hrsg.), *Handbuch der deutschen Parteien* (S. 173-188). Lizenzausgabe für die Bundeszentrale für politische Bildung, Wiesbaden: VS Verlag.

Raschke, J. (1985). *Soziale Bewegungen. Ein historisch-systematischer Grundriß*. Frankfurt a. M.: Campus.

Roth, R., Rucht, D. (2008). *Die sozialen Bewegungen in Deutschland seit 1945. Ein Handbuch*. Frankfurt a. M.: Campus.

Rucht, D. (2001). Protest und Protestereignisanalyse. In D. Rucht (Hrsg.), *Protest in der Bun-desrepublik* (S. 7-25). Frankfurt a. M.: Campus.

Rucht, D. (2003). Neue soziale Bewegungen In U. Andersen & W. Woyke (Hrsg.), *Handwör-terbuch des politischen Systems* (S. 421-425). Lizenzausg. für die Bundeszentrale für politische Bildung. Opladen: Leske und Budrich.

Rucht, D. (2012). Massen mobilisieren, *APuZ* 25-26, 3-9.

Schlosser, H. (1990). *Montesquieu: Der aristokratische Geist der Aufklärung*. Berlin & New York: Walter de Gruyter.

Schneiders, W. (2008). *Das Zeitalter der Aufklärung*. 2. Aufl. München: Beck.

Shirky C. (2008). *Here comes Everybody*. London: Penguin Books.

Steenkamp, D. (2008). *Zur Entwicklung von amnesty international in der Bundesrepublik Deutschland*, Marburg: Tectum.

Steiner, M. (2001). *Die Stellung von NGOs bei den zwischenstaatlichen Organisationen*. Salzburg: Diplomarbeit.

Stickler, A. (2005). *Nichtregierungsorganisationen, soziale Bewegung und Global Governance*. Bielefeld.

Take, I. (2002). *NGOs im Wandel. Von der Graswurzel auf das diplomatische Parkett*. Wies-baden: Westdeutscher Verlag.

Teune, S. (2008). Gibt es so etwas überhaupt noch? Forschung zu Protest und sozialen Bewe-gungen. *Politische Vierteljahresschrift* 49, 528-547.

UNRIC - Regionales Informationszentrum der Vereinten Nationen für Westeuropa (2012). Nichtregierungsorganisationen (NGOs) und die Vereinten Nationen. http://www.unric.org/de/aufbau-der-uno/85, Zugegriffen: 14.September 2012.

Vovelle, M. (1982). *Die Französische Revolution – soziale Bewegung und Umbruch der Men-talität*. München: Oldenbourg.

Waldmann, P. (2005). *Terrorismus – Provokation der Macht*. München.

Zimmermann, A. (2006). *Demokratisierung und Europäisierung online? Massenmediale politische Öffentlichkeiten im Internet*. Berlin: FU.

Zittel, T. (2010). *Mehr Responsivität durch neue digitale Medien? Die elektronische Wähler-kommunikation von Abgeordneten in Deutschland, Schweden und den USA*. Baden-Baden: Nomos.

Der Mehrwert von Diskursen für NGOs

Debatten-Allergie und Argumentations-Phobie der politischen Klasse als Chance für Zivilgesellschaft und Nichtregierungsorganisationen

Thomas Leif (†)

Zusammenfassung

Spitzenpolitiker streben ein bestimmten Narrativ an, mit dem sie öffentlich verbunden werden. Dieses oft kontextfreie Sinnbild überlagert alle Fragen nach argumentativ unterlegter Sachpolitik. Andernfalls erfüllen sie nicht die Ansprüche einer medialen Aufmerksamkeits-Ökonomie, die einfache Bilder verlangt und die Lust an Differenzierungen, Nuancen und Kontexten verloren hat. Dieses Erfolgsmodell färbt auf den Politikbetrieb ab: im Ergebnis rücken rationale Argumente, überlegte Sachauseinandersetzungen und damit eine lebendige Debattenkultur in den Hintergrund. Dieser Trend wird von den Medien vorangetrieben, mitunter auch erzeugt; die Sichtbarkeit von Personen und deren (persönliche) Stories passen besser in die Agenda der Medien, als schlüssige Argumente, ausgereifte Konzepte und konsistente Politikentwürfe.

> *„In der Öffentlichkeit wird die Wahrheit unterdrückt."*
> Ex-Verfassungsrichter Paul Kirchhoff, früheres Mitglied
> im Schattenkabinett von Angela Merkel

1 Einleitung

Die Chorgesänge der „vitalen, argumentierenden Zivilgesellschaft" mit dem Dauer-Refrain der „Kraft der Argumente" bilden den Klangteppich für eine sedierte Gesellschaft, die unter Debatten-Allergie leidet. Carsten Linnemann und Jens Spahn gelten in der CDU als Hoffnungsträger, als Politiker der jüngeren Abgeordneten-Generation, die sich jenseits der entkernten Union noch eine „zukunftsgerichtete" Politik vorstellen können. Die (interne) Beschäftigung mit Alternativen zur Rentenpolitik macht die leisen Opponenten in der gesamten Union bereits zu Ausnahme-Erscheinungen. Der Vorsitzende der Mittelstandsvereinigung (MIT) und der ambitionierte Gesundheitspolitiker haben sogar ein paar wachsweiche Thesen als Gegenentwurf zur Politik der Großen Koalition veröffentlicht.

51

© Springer Fachmedien Wiesbaden GmbH 2018
N. Remus und L. Rademacher (Hrsg.), *Handbuch NGO-Kommunikation*,
https://doi.org/10.1007/978-3-531-18808-9_4

Mit der vorsichtigen Präsentation einiger Argumente für eine ausbalancierte Politik der Generationen-Gerechtigkeit war jedoch ihre Konfliktbereitschaft zur scheinbar allmächtigen Kanzlerin bereits ausgereizt. Nicht nur die beiden Nachwuchspolitiker empfinden Merkels kalkulierte Klientelpolitik für die älteren Wähler als eine Art Hypothek, die sie als politische Erben später teuer bezahlen müssen. Aber: sie wollen nur „kontrolliert anecken, ohne sich in einer rituellen Fundamentalopposition zu vernörgeln" (Die Zeit, 18.6.2014). Diese politische Signatur einer ganzen Generation muss man noch einmal in seine Bestandteile zerlegen, um die Wirkung ihrer negativen Utopie in der ganzen Tragweite zu verstehen. „Kontrolliert anecken", ohne sich rituell zu „vernörgeln." Das klingt nach freiwilliger Kapitulation aus Angst vor der persönlichen Entsorgung. Ähnlich denken die Leisetreter des konservativen ‚Berliner Kreises' in der CDU, aber auch die versprengt-verfeindeten Mitglieder sozialdemokratischer Sub-Gruppen oder selbst führende Flügelfiguren der Grünen. Positionsstreit, argumentativ unterlegt, programmatisch fundiert und als Diskurs-Prozess angelegt, gilt unter ambitionierten Politikern aller Schattierungen als nutzloses Unterfangen oder gar als kalkulierte Karriere-Vernichtung.

Dabei gehören Linnemann und Spahn schon zu den ‚mutigsten' Nachwuchskräften der CDU-Bundestagsfraktion. Von den 25 MdB-Aufsteigern des letzten Parlaments – 21 waren neu – ist sonst niemand mit Gegenentwürfen oder gar Alternativkonzepten in den zentralen Politikfeldern aufgefallen. Und dies, obwohl nicht nur Linnemann eine große Sehnsucht nach „Debatte und nach Zukunft" in der Merkel-CDU verspürt. Für Spahn hat sich die ‚Diskurs-Investition' gelohnt. 2015 hat er den Aufstieg in die CDU-Spitze und als Staatssekretär ins Finanzministerium geschafft. Diese steile Karriere kann auch als Diskurs-Prämie verstanden werden. Auf jedem Kreisparteitag der CDU sind ähnliche Sehnsuchts-Vokabeln, wie von Spahn und Linnemann, en vogue. Sie verpuffen aber meist im Nichts.

Von der jüngeren Generation auch aus anderen Parteien sind ebenfalls kaum Aufbruchsignale oder Gegenentwürfe zur „Rentenpolitik für die ältere Generation" oder den wesentlichen Zukunftsfragen zu vernehmen. Die jüngsten, ernstzunehmenden Proteste richteten sich gegen Studiengebühren, nicht etwa gegen die „Bildung Bolognese", die nach zwei Jahrzehnten die Universität zu einem bürokratischen „Punkte-Sammlungs-System" degradiert hat. Die zunehmende Vergreisung des Parlamentsbetriebs mag diesen Trend noch forcieren. Der Anteil der Parlamentarier unter 40 Jahren war noch einmal geschrumpft – auf heute 17,91 Prozent. (In der Periode zuvor waren es knapp 21 Prozent). In den Länderparlamenten ist die repräsentative Schieflage noch markanter. All diese Trends folgen einer unaufhaltsamen demographischen Logik: Bei der Bundestagswahl 2017 wird die Generation 55 plus die Mehrzahl der Wähler stellen. Schon heute gibt die Generation 55 plus nicht nur in SPD und der Union den Ton an. Weil die Jüngeren tendenziell wahlmüder und gleichgültiger sind, wird sich dieser „Rentnereffekt" noch verschärfen.

Absehbar wird die Generation 55 plus die Agenda der Wahlversprechen bestimmen. Das letzte Angebot der Kanzlerin, die Ost-Renten rasch anzugleichen, weist in diese Richtung. Der strittige Austausch von Argumenten zu den vordringlichen Konfliktthemen soll explizit ausgeklammert werden; solche Debatten hemmen die Entscheidungsfreude und gelten im nervösen Tagesbetrieb als lästig und störend. Streit in der Sache, also der Sauerstoff der Demokratie, schade dem eigenen Lager und nutze nur der Konkurrenz. Mit diesem unverrückbaren Glaubenssatz, der wie Mehltau den politischen Prozess belegt hat, amputiert sich eine argumentierende Politik selbst.

Von der gebetsmühlenartig zitierten „Zivilgesellschaft" war in der Debatte um die künftige Rentenpolitik ebenfalls wenig zu hören. Auch in weiteren politischen Konfliktthemen – von der Pflegereform bis zum Bologna-Flop – ist die Stimme der „Zivilgesellschaft" leise, kaum vernehmbar. Luise Frank, die Pressereferentin des BUND Bayern, hat stellvertretend für die meisten „Nichtregierungs-Organisationen" ihr Verständnis von „Lobbyismus" in den sozialen Medien formuliert: „So können wir für den Verband und unsere Interessen ein permanentes Grundrauschen erzeugen." Grundrauschen – statt strategisch angelegten Diskurs. Das kennzeichnet die Lage ganz treffend.

Debatten leben aber von dem vernehmbaren Widerspruch im Wechselspiel von parlamentarischen und außerparlamentarischen Akteuren. Dieser „Austausch-Prozess" ist jenseits von kurz auflodernder Empörung ermattet. Außerparlamentarische Akteure haben keinen Resonanzboden mehr in Parteien und Parlament.

2   „Die verratene Generation" arrangiert sich mit dem Verrat

Am Fallbeispiel der in „diskussionsloser Geschlossenheit" administrierten Rentenpolitik wird die Kluft zwischen eigentlich notwendiger vorausschauender Politik-Planung und kurzsichtiger Politik-Realisierung deutlich. Dabei sind die Kennziffern der strapazierten Haushalte allen bekannt: Ein Schuldenberg von zwei Billionen Euro, jeder 4. Steuer-Euro wird von Zinsen verschlungen. Die Tragweite der beschlossenen Schuldenbremse ist nicht einmal in Ansätzen verstanden. In diesem fiskalpolitischen Set, das der Öffentlichkeit als Konsolidierung verkauft wird, schlägt die Mütterrente allein mit 6,6 Milliarden Euro jährlich zu Buche.

Wie sich zusätzlich die Rente mit 63 Jahren und die Angleichung der Ost-Renten am Ende auf die ramponierten Haushalte auswirken werden, ist noch nicht genau zu beziffern. Klar ist aber schon heute, dass die Jüngeren mehr in die Rentenkassen zahlen müssen, um am Ende (jenseits von 63 Jahren) weniger zu bekommen. Die Autorinnen Christina Bylow und Kristina Vaillant (2014) haben in ihrem Buch „Die verratene Generation" kalt nachgerechnet und für die Generation der Baby-Boomer (Frauen der Jahrgänge 1958 bis 1968) eine schockierende Prognose präsentiert. Diese Generation – Erziehungszeiten, Ausbildung und Berufswechsel einbezogen – kann nach Berechnung der Autorinnen mit einer Rente von 600 Euro rechnen. Wären dies nicht Kennziffern für eine argumentierende Politik, die zudem die verschobene demografische Frage interessant aktualisieren könnte?

Wie in anderen Politikfeldern – etwa dem verschleppten Einwanderungsgesetz oder der bigotten Flüchtlingspolitik – wird aber jeder kritische Zukunftsdiskurs sorgfältig eingehegt. Die rückwärtsgewandte Renten-Politik ist absehbar ein langsam wirkendes

Vertrauens-Vernichtungsprogramm. Nicht nur in die Tauglichkeit und „Fairness" der Rentenversicherung mit dem Siegel eines verlässlichen Generationenvertrages. Sie treibt auch einen Keil zwischen die Jüngeren und die Älteren. Die Rentenpolitik steht nur als „Platzhalter" für weitere ungelöste Großthemen – von der Bildung bis zur Migration, von Steuern bis zur Mobilität.

3   Die Diskurs-Armut leidet unter dem Ermüdungs-Bruch nicht nur der jüngeren Generation

Aber die „Generation Y", das Fundament einer vitalen Zivilgesellschaft, die angeblich alles hinterfragt und nicht nur die digitale Welt für sich erobert hat, scheinen diese Erosionen nicht zu interessieren. Sie favorisiert eine harmonische Work-Life-Balance, in der Freunde, Freizeit und Familie Vorrang haben. Untersuchungsergebnisse der Personalberatung Kienbaum, die auch als eine leise Auswanderung aus der Leistungsgesellschaft gelesen werden können, haben viele „Personaler" irritiert. Eine verschärfte Krisenlage und eine zukunftsvergessene Politik werden also mit einer zunehmenden Gleichgültigkeit der Betroffenen und ihrer politischen Repräsentanten beantwortet.

Heiner Geißlers Credo, dass man stets Streit in einer wichtigen Sache anfangen müsse, hat nicht nur im konservativen Milieu seine Gültigkeit verloren. Der Verzicht auf Streit in der Sache gilt mittlerweile als höchste politische Tugend der politischen Klasse. Gefragt ist der Politiker-Typ, der Konflikt-Kanten frühzeitig wegschmirgelt, Streitthemen ausklammert und im präsidialen Habitus mit wolkigen Versprechungen Brücken zwischen den Lagern baut. Streit in der Sache setzt eine Haltung voraus und erfordert Fachkenntnisse. Zudem ist Streit immer risikoreich, weil die Folgen der Auseinandersetzungen innerparteilich und im Konkurrenzkampf der anderen Parteien nicht kalkulierbar sind.

Die belgische Philosophin Chantal Mouffe (2014) fordert in ihrem Titel „Agonistik" (Suhrkamp) dagegen einen Wettstreit der politischen Akteure um Positionen und Argumente; sie plädiert für weniger Konsens, weil dieser die Nivellierung politischer Unterschiede fördere und schließlich zu Apathie und Entfremdung der Bürger führe. Studien des Kölner Rheingold-Instituts und des Berliner Wissenschaftlers Byung-Chul Han (2010) belegen eindrücklich, dass die „ermüdete Gesellschaft" den Zustand der sogenannten „Zivilgesellschaft" beschreibt. Nils Minkmar (2013) hat diesen lähmenden Gemütszustand der Deutschen wiederholt in der FAS diagnostiziert und in seinen Beobachtungen rund um den Wahlkampf Peer Steinbrücks 2013 in dem Buch „Der Zirkus" als Milieu-Studie unterlegt. Die Passivität der politisch sedierten Gesellschaft gilt nicht nur im Feld der Rentenpolitik, sondern prägt fast alle Politikfelder. Mustert man diese, muss man bilanzieren, dass Absichtserklärungen, Ankündigungen, und der Verweis auf ‚leere Kassen' den Kommunikationsbetrieb prägen. Garniert mit einer Vertröstungs-Wortwolke, die die strategisch ausgerichtete Politik des Nichts-Tuns, oder zögerlichen Abwartens kaschieren und dekorieren soll.

Risikovermeidung als professionelles Prinzip führt noch zu einer weiteren Konsequenz, die aus Sicht vieler Bürger prägend ist: die Nutzung gezielt unverbindlicher, mehrdeutiger Positionen und Formulierungen. Alle Positionen müssen vermeintlich klar klingen, aber stets die eine Exit-Chance bereithalten. Auch diese Grammatik der Politik kontaminiert einen argumentierenden Diskurs-Stil.

4   Diskurs-Verweigerung und Argumentationsverachtung zehren die Demokratie aus – Grundübel: das Konzept der asymmetrischen Demobilisierung

So schlicht es auf den ersten Blick klingen mag: In der Nach-Merkel-Ära wird man sich in den Außenseiter-Medien, einigen Qualitäts-Blogs und den Hörfunk Kulturwellen um Mitternacht mit diesem Befund auseinandersetzen. Angela Merkel personifiziert mit ihrem Stil, Konfliktthemen zu entsaften, einzuhegen, zu verlagern oder auszuklammern, eine diskursfreie Politik. Nach außen regelt sie Sachzwänge, verschont die Bürgerinnen und Bürger (ausser in der Flüchtlingspolitik) vom Zwang, Haltung zu zeigen oder Positionen einzunehmen. Ihre Inszenierung von Politik besteht in der (kalkulierten) Nicht-Inszenierung im administrativen Sachwalter-Stil. Damit produziert sie ein Grundgefühl der sorgenvollen Zufriedenheit, in dem Argumente und Debatten als Störfaktoren gelten. Sie ist Meisterin der kontrollierten Kommunikation. Nach innen erstickt sie in ähnlicher Konsequenz jeden Meinungsstreit. Selbst arglose Kritiker, die in homöopathischen Dosen Widerspruch anmelden oder andere Sichtweisen einbringen, werden kaltgestellt, zumindest eindeutig gewarnt. Überlagert wird dieses Führungskonzept von der Idee der asymmetrischen Demobilisierung. Konfliktthemen, mit der die politische Konkurrenz sich abzugrenzen sucht, werden – möglichst bereits im Vorfeld – durch vorsichtige Zustimmung, Annäherung oder ähnlich klingende Programm-Ideen „abgeräumt" oder aufgesogen. Durch diese gezielte Eindruckserweckung sollen die letzten Kontraste zwischen den politischen Lagern (zumindest semantisch) verschwimmen. Das politische Ziel: Bestimmte Wählergruppen soll der Ansporn genommen werden, sich an Debatten zu beteiligen und oder gar einen Sinn in Wahlen zu sehen. Allzu viele Präzisierungen werden vermieden, Programm-Debatten immer wieder verschoben und Parteitage auf das demokratische Minimum reduziert. Dies sind die Zutaten für eine Debatten-Allergie, die die Kanzlerin wie ein süßes Gift in die Gesellschaft träufelt. Wenn diese Medizin lange genug verabreicht wird, gewöhnt sich der Patient an die Dosis Demokratie-Entzug. Denn der demokratische Prozess lebt vom stetigen Austausch von Argumenten und Positionen. Sie sind wesentlich, wichtiger demokratischer Kernbestand – nicht nur eine zufällige Randgröße.

Das besonders Fatale an dem „Anti-Diskurs-Virus", den die Kanzlerin personifiziert, ist die Ausstrahlung ihres Erfolgs-Modells besonders auf die politische Konkurrenz. Merkel gilt mit ihrem puristischen Stil unter Spitzenpolitikern außerhalb der CDU als „Lichtgestalt". Nicht nur Spitzenpolitiker „bewundern" die Methode-Merkel. Mit der von ihr forcierten

Debatten-Allergie steigerte sie ihre Popularität. Diese Grunderkenntnis trieb die Spirale der „diskussionslosen Geschlossenheit" in allen Parteien weiter an.

5 Argumentierende Bürger stören den etablierten Politikbetrieb und werden zunehmend als Konkurrenten empfunden

Christian Wulff wollte seine Amtszeit als Bundespräsident dem Thema „Zukunft der Demokratie" widmen. Er sorgte sich vor allem um das „mangelnde Interesse vieler Bürger, sich in den Kommunen zu engagieren." In vielen Gemeinden finden sich nicht mehr ausreichend viele Persönlichkeiten, die das Amt des Bürgermeisters oder der Bürgermeisterin wahrnehmen möchten. In zahlreichen Städten haben die Parteien Mühe, die geforderten Kandidatinnen und Kandidaten für Wahllisten zu überzeugen. Auch das schlechte Image der Politiker motivierte ihn (vor seinem Sturz) zu seiner ungewöhnlichen programmatischen Schwerpunktsetzung. „Heute begleitet die Politiker viel Häme, viel Spott und viel Misstrauen – mehr als früher." Ungewöhnlich klar analysierte er schon vor seinem Fall: „Der Graben zwischen Wählern und Gewählten wird größer." Vertrauensverlust und Wahlverweigerung gegenüber Politik und Parlament einerseits, Passivität, Beteiligungs-Abstinenz und Desinteresse der Bürger andererseits. Die Kerze der Demokratie brennt also von zwei Seiten und niemand kann – jenseits wohlmeinender Appelle – eine überzeugende Perspektive zur Vitalisierung demokratischer Austauschprozesse bieten. Wenn heute – etwa in regionalen Konflikten – „Dialoge" angeboten werden, ist dies meist aus Sicht der Betroffenen ein untrügliches Zeichen, „das Thema tot zu machen", wie es im Jargon heißt.

Zum Lagebild gehört auch, dass Wulffs Entscheidung die Bedrohung der Demokratie in Deutschland zu ‚seinem' Thema zu machen, kaum öffentliche Resonanz fand, unabhängig von seiner kurzen Amtszeit bis Ende 2012. Die Idee für dieses Demokratie-Projekt stammte von der Bertelsmann-Stiftung, die mit vergleichsweise gigantischem Aufwand engagierte Bürger zu Demokratieforen im Bonner Wasserwerk versammelte.

Tausende Bürger wurden eingeladen, ihre politischen Zielvorstellungen in Groß-Kongressen zu debattieren und schließlich zu bündeln. Doch auch dieses Großprojekt versandete. Ein wesentlicher Grund: man wurde die Geister nicht los, die man zuvor gerufen hatte. Je intensiver die ausgesuchten Bürgerinnen und Bürger sich mit „ihrem" Thema beschäftigten und die Argumente prüften, umso präziser formulierten sie ihre Gegenentwürfe und traten zunehmend ungeduldiger mit klaren, argumentativ unterlegten Forderungen auf. Ähnliche Grunderfahrungen lassen sich aus anderen „Demokratie- und Beteiligungsprojekten" ablesen. Mit zunehmender Themen-Sicherheit wachsen engagierte Bürger zu Konkurrenten der im Konsens eingespielten „Parlaments-Politik" heran. Eine Einladung auf die Tribüne des Landtags mit anschließendem Bürgerdialog verliert seine Anziehungskraft. Die etablierte Politik spürt offenbar, dass die Abkopplung von Bürgern und Regierenden eine gefährliche Intensität erreicht hat. Mit der Diagnose dieses heiklen Zustands hat sich flächendeckend Ratlosigkeit in der politischen Klasse ausgebreitet. Therapie-Ansätze, wie der Demokratie-Sklerose begegnet werden könnte, zeichnen sich jedoch nicht ab. Die CDU suchte Antworten in einer von vornherein sehr kleinmütig konzipierten Parteireform. Dabei müssten die Sekretäre nur einen Blick ins Archiv werfen. Vor rund 20 Jahren hatte eine CDU-Kommission bereits ein exzellentes Papier zur Parteireform vorgelegt.

„Gelesen. Gelacht. Gelocht" – nach diesem Prinzip selbst fruchtbarer Programm-Debatten wurde auch hier verfahren. Die SPD flieht – wie so oft in der Not – in die Abgründe der Demoskopie. „Schwierige Zielgruppen" (u. a. der Jungwähler) sollen demnächst genau nach ihren Motiven ihrer Politikverachtung befragt werden. Die Organisationen und Parteivertreter, die sich zivilgesellschaftlichem Engagement verschrieben haben, müssten hier ansetzen. Ohne die Bereitschaft zum begrenzten Konflikt und argumentativen Austausch, reagieren Ministerial-Beamte, Abgeordnete und Funktionäre nicht. Die grassierende „Debatten-Allergie" ist aus einem anderen Krankheits-Bild hervorgegangen: aus der Immunisierung gegen alle wesentlichen gesellschaftspolitischen Konfliktthemen und dem Verzicht auf eine damit verbundene, aufrichtige, sorgfältige vor allem offene Programm-Debatte.

6 „Argumentationsarmut" oder Diskurs-Verweigerung?

Jürgen Habermas lebendiges Vermächtnis: „der zwanglose Zwang des besseren Arguments" hat schon lange keine Konjunktur mehr. Vordergründig sehen alle Akteure, die einen öffentlichen Diskurs zu wichtigen Fragen pflegen könnten, keinen Nutzen für den Streit um die besseren Argumente: Wer argumentiert, muss Prioritäten setzen, Wertefragen für und gegen eine inhaltliche Entscheidung klären und für seine Position streiten. Daraus erwächst Polarisierung. Das Gros der amtierenden politischen Klasse will aber beruhigenden Konsens und die „sorgenvolle Zufriedenheit" der Bürger nicht stören, sich nicht angreifbar machen. Die Medien bevorzugen den rasch wechselnden Empörungsrausch in Echtzeit, der angezettelt und bald wieder von einer neuen Welle abgelöst werden soll. Schon Luhmann analysierte, dass die Medien an Neuigkeiten, nicht aber an Wichtigkeiten interessiert sind. „Interessant geht vor relevant" – heißt es heute in den journalistischen Handreichungen.

Die Bürger vermuten im Streit um Argumente zu oft folgenlose Kulissenschieberei und mangelnden Ernst. Das Credo: „Wer seine Meinung sagt, kann etwas ändern" (Memo auf dem Schreibtisch des VW-Konzernbetriebsratsvorsitzenden) taugt nur noch für Poesiealben. Das Gefühl, dass sich die Richtung in einzelnen Politikfeldern grundsätzlich ändern könnte, ist verkümmert. Besonders in Zeiten Großer Koalitionen dämpft dies die Bereitschaft sich einzumischen. Die Eindruckserweckung gilt unter Politikern als die hohe Kunst der Profession, nicht die Überzeugungskraft von geklärten Argumenten und begründeten Haltungen. Bestimmte Positionen werden systematisch als „Test-Ballon" in speziell passenden Medien „platziert", um zunächst die Reaktion der Medien zu testen und dann die Positionen zu forcieren oder wieder einzufangen.

Kontrollierte Kommunikation ist zum Prinzip geworden. Abgestimmte „wordings" werden an die zitierfähige Parteispitze per SMS versendet und als verpflichtend eingestuft.

Besonders in Konfliktsituationen werden wachsweiche Formulierungen gewählt, die jederzeit „dementifähig" sind. Gezielte Unklarheit ist kein Nebenprodukt von Unfähigkeit, sondern gezielte Kommunikations-Strategie.

Auch für gewiefte Politiker ist die Resonanz ihrer Äußerungen schwer kalkulierbar. Eine „Nicht-Aussage" kann „explodieren", ein wirklich neuer Gedanke kann in der Flut der Meldungen einfach untergehen. Wenn man den Output an „exklusiven" Wochenend-Meldungen studiert, wird man kaum ein belastbares Relevanz-Muster entziffern können. Die Wirkung der harmlosen Aussage: „Nichts ist gut in Afghanistan" mag diese neue Unübersichtlichkeit anschaulich illustrieren. Offenbar hatte die frühere EKD-Ratspräsidentin Käßmann damit ein Tabu angesprochen.

Frank Schirrmacher, der nach seinem plötzlichen Tod als argumentierende Lichtgestalt und Kontrast zum Defizit diskursiver Politik gefeiert wurde, hat mit seinen Impulsen und Anstößen eine Blaupause für mehr Argumente im öffentlichen Raum hinterlassen. Schirrmacher wollte den Streit und den Bruch mit Denkmustern. Konfliktbereitschaft und (gelegentlich hemmungslose) Zuspitzung waren ihm Katalysator für die herausfordernde Beachtung von verborgenen Themen und die Argumentations-Animation für relevante Streitthemen. Natürlich beherrschte er mit seiner Themensetzung auch die Gesetze moderner Kampagnen-Führung und die Vorzüge des genre-übergreifenden Medien-Mix, die er perfekt nutzte. Er war ein risikobereiter Musterbrecher. In diesem Sinne könnte er als Ausnahmefigur auch ein Leitbild für Akteure der sogenannten Zivilgesellschaft sein, die – jenseits ihres Grundrauschens – mehr wollen, als den Zeitpunkt abzuwarten, wann ihre Zeit gekommen ist.

7   Person als Narrativ – die einfache Lebensstory ersetzt den in der Sache argumentierenden Politiker

„Nichts ist erfolgreicher als der Erfolg." Besonders im politischen Betrieb gilt dieser Leitsatz. Wer hat demoskopisch ablesbaren Erfolg, wer steht auf den Spitzenplätzen der Sympathie-Fieberkurve? In der politischen Szene Deutschlands ist keine Spitzenfigur erkennbar, die stetig auf Diskurspolitik setzt, dem zwanglosen Zwang des besseren Arguments vertraut. Ein gegenläufiger Trend ist erkennbar. Ein Spitzenpolitiker, der im Kampf um mediale Aufmerksamkeit bestehen will, muss – jenseits von Positionen, Programmen und Argumenten – ein besonderes Narrativ in sich tragen, das die Auseinandersetzung um Sachfragen überlagert.

Jochen Buchsteiner (FAZ 8.8.2014) hat diese Entwicklung am Beispiel des ehemaligen konservativen Londoner Bürgermeisters Boris Johnson nachgezeichnet. Johnson hatte zu dieser Zeit zwar noch keinen Wahlkreis, aber er galt bereits als der Herausforderer des britischen Regierungschefs Cameron. Ihm wird zugetraut, Partei und Politik „popularisieren zu können." Sein Fazit: „Fast scheint es, als transformiere sich Politik über ihn zu etwas Un- oder Überparteilichen." Ein Bezug zur Kanzlerin drängt sich hier auf. Auch weitere Charakteristika illustrieren den künftigen Erfolgs-Typus auf der politischen Bühne. „Sein Witz, seine Schlagfertigkeit, sein beinahe komödiantisches Talent haben ihn zu einem Superstar der Politik gemacht, dem auch nicht-konservative Wähler erliegen." Und: „Johnson inszeniert sich als spontan, manchmal fahrig, fast chaotisch, aber meistens steckt Kalkül dahinter."

Markierungen, die auch bei anderen Erfolgskarrieren zu besichtigen sind. Argumentierender Diskurs, sortierte und begründete Positionen: für diesen Stil scheint in postdemokratischen Gesellschaften, die unter der fatalen Verbindung von Komplexitätsdruck, finanzieller Auszehrung und starken Wirtschafts-Interessen leiden, wenig Platz zu sein. Der Typ „Johnson" macht auch in Deutschland jenseits von Herrn zu Guttenberg Karriere.

Eine ähnliche Bedeutung eines politischen Narrativs kann man in Hessen am Beispiel einer Landesregierung beobachten. Das Klein-Klein der schleppenden Landespolitikverschwindet hinter dem großen Zukunfts-Bild einer Schwarz-Grünen Koalition auf Bundesebene. Der hessische Finanzminister Thomas Schäfer (CDU) verstieg sich folgerichtig schon in den geeigneten Superlativ: „Schwarz-Grün ist ein Gesamtkunstwerk." (FAZ 8.8.2014) Die Rezeptur für dieses Narrativ liefert der Politiker gleich mit: „Außerdem trifft man sich jeden Montagabend – und bleibt notfalls auch bis in die Puppen, um Konflikte beizulegen oder im Keim zu ersticken."

Das Projekt „Schwarz-Grün", übrigens die Lieblings-Konstellation der meisten Meinungsführer, erreicht eine besondere Strahlkraft. Wenn bei der Konstruktion dieses Narrativs aber Konflikte systematisch vorab begradigt werden, bleibt kein Raum mehr für den Austausch von Argumenten in der Öffentlichkeit oder im Parlament. Ähnlich verhält es sich auch in „kleinen Koalitionen." Kadavergehorsam, Konsenszwang, Konflikt-Ausblendung ersetzen die langen Linien von Programm-Ideen oder weichen einst unverwechselbaren Positionen bis zur Unkenntlichkeit auf.

Auch in Rheinland-Pfalz überstrahlt ein Narrativ das regionale Geschehen. Die Person der Ministerpräsidentin, die trotz schwerer Krankheit, Politik leidenschaftlich betreibt, scheint wichtiger zu sein, als die klassische Landespolitik. In Talk-Shows wird sie immer wieder explizit auf Grund ihres „Schicksals", nicht wegen den landespolitischen Kernthemen oder besonderer politischer Fragestellungen eingeladen. Ihr Bekanntheitsgrad und die nationale Berichterstattung über sie, stützen sich allein auf dieses Narrativ. Ihre Konkurrentin von der CDU konnte ihr politisches Profil vor allem durch eine stringente weightwatcher-Kur aufpolieren. Hinter solchen Narrativen verschwinden Kommunal-Reform und Länderfinanzausgleich.

Die drei Beispiele lassen sich zu einem künftigen Trend bündeln: Spitzenpolitiker streben ein bestimmten Narrativ an, mit dem sie öffentlich verbunden werden. Dieses oft kontextfreie Sinnbild überlagert dann alle Fragen nach argumentativ unterlegter Sachpolitik. Andernfalls erfüllen sie nicht die Ansprüche einer medialen Aufmerksamkeits-Ökonomie, die einfache Bilder verlangt und die Lust an Differenzierungen, Nuancen und Kontexten verloren hat. Dieses Erfolgsmodell färbt auf den Politikbetrieb ab: im Ergebnis rücken rationale Argumente, überlegte Sachauseinandersetzungen und damit eine lebendige Debattenkultur in den Hintergrund. Dieser Trend wird von den Medien vorangetrieben, mitunter auch erzeugt; die Sichtbarkeit von Personen und deren (persönliche) stories passen besser in die Agenda der Medien, als schlüssige Argumente und ausgereifte Konzepte und konsistente Politikentwürfe.

8   Machtkampf zwischen Medien und Politik – Medien meiden Diskurse und empfinden Argumente als „Quotengift"

Im Kern geht es in der Aufmerksamkeits-Ökonomie um einen (lautlosen) Machtkampf, wer die Interpretationshoheit um politische Vorgänge hat. Die Medien – oder die Politik? Die mediale Genese des Sturzes des früheren Bundespräsidenten Christian Wulff war – jenseits der Gewichtung einzelner Ungeschicklichkeiten, Fehler und vermeintlicher Charakterschwächen – solch ein Machtkampf um die Interpretationshoheit zwischen Medien und Politik.

Der frühere Chef des heute-journals (ZDF), Wolf von Lojewski, hat bereits Ende 2012 in seiner Eröffnungsrede beim MainzerMedienDisput im ZDF auf diese Dominanzfrage hingewiesen. Nach seiner Einschätzung geht es nicht nur in der sogenannten Skandalbe-richterstattung um die Machtfrage. Lojewski sieht eine zunehmende Macht der Medien im Kontrast zur Politik. Bald könnten Politiker froh sein, wenn sie zu wichtigen Themen noch befragt würden (vgl. www.newsroom, 16.10.2012).

Eine ähnliche, aber noch tiefer gehende Diagnose, präsentierte der frühere grüne Spit-zenpolitiker Jürgen Trittin. In seiner Erfahrungsbilanz setzen die Medien „Themen, Trends und Stimmungen." Sie spielen einen aktiven Part in der Gestaltung oder Verhinderung von Diskursen. Jürgen Trittin verglich den Berliner Politikbetrieb mit den Machenschaften, die in der oft gerühmten US-Serie „House of Cards" zu besichtigen waren. Die Verzahnung zwischen Medien und Abgeordneten und die Abhängigkeit von Entscheidungsträgern von den Mächtigen aus Industrie und Wirtschaft sind die wesentlichen Narrative von „House of Cards". Die Serie – so Trittin – „zertrümmert rücksichtslos das Gerede von den Medien als Kontrolleure der Macht. Medien sind selber Teil der Macht. Sie berichten nicht einfach, sie setzen Themen." (…) „Der übliche Deal (‚Ich versorge Dich mit Material und Du zitierst mich') müsse nicht zu zeitweiligen Verhältnissen (wie bei den Protagonisten der Serie) füh-ren. „Aber es läuft genau so" – bilanzierte der grüne Spitzenkandidat 2013. „Medien sind Teil der politischen Maschinerie, auch wenn sie das scheinheilig verleugnen, stattdessen pauschalierend über „die Politik" reden und damit das Vorhandensein realer politischer Alternativen vernebeln. Sie setzen Themen, Trends und Stimmungen", resümierte Trittin in der Wochenzeitung „Freitag" (9.1.2014).

Auffällig ist, dass Trittins vernichtende Analyse in der Öffentlichkeit kaum aufgegriffen wurde; kein anderer, aktiver Politiker hat bislang eine vergleichbare Praxis-Kritik in dieser Klarheit öffentlich geliefert. Möglicherweise herrscht die immer wieder – hinter vorge-haltener Hand – präsentierte Meinung vor, man solle sich nicht mit den Medien anlegen. Zudem seien die eingeübten Mechanismen des agenda settings und agenda cuttings, der

Unterhaltungssucht und der Personalisierung nicht mehr umkehrbar. Ein Arrangement mit der medialen Empörung sei günstiger, als eine nüchterne Kritik.

9 Macht ohne Verantwortung – eine reflexionsblinde Branche steuert die Publikums-Empörung in Echtzeit

Folgende „gelernte" Medientrends liefern den Rahmen einer Medienanalyse, die für Argumente und Diskurse wenig Raum lässt:

Der „Aufreger" ist zum zentralen Genre der Nachrichtenproduktion avanciert. Die Stimulierung einer „Echtzeit-Empörung" wird zur Königs-Disziplin im medialen Betrieb. Begleitet wird dieser Trend durch einen informellen (aber unaufhaltsamen) Wandel der Nachrichtenfaktoren. Gesprächswert steht ganz oben. Echte Relevanz wird „unrelevant". „Akzeptanz ist Relevanz", diese Formel hat bereits den Status eines offiziellen Slogans erreicht; die jeweils erzielte „Reichweite, Quote, Auflage oder Klickrate wird zur Legitimations-Instanz und zum Druckfaktor von journalistischen Entscheidungen. Der innere Kompass im Journalismus ist verlorengegangen. „Die Umkehr der Wichtigkeiten" (Richard von Weizsäcker) ist Programm und stützt sich auf interne Publikums-Akzeptanz-Ergebnisse der Medienforschung.

Die Folge ist ein verändertes Berufsbild: Im Kern müssten in den Berufsberatungsblättern der Beruf des Journalisten mit „Emotions-Ingenieur" angegeben werden. Oder als „Gesprächs-Animateur" beziehungsweise „Gefühls-Simulant." Neben dem erwähnten „Gesprächswert" eines „Aufregers" ist vor allem „schöne Information" gefragt (Service, Kochen, Tiere, Reisen, Adel, Landschaften, Quiz, Mundart-Theater uvm.). „Sperrige Politik-Themen" rücken an den Rand. ‚Postkarten-Journalismus' wird zum Kerngeschäft. Eine Focus-Kolumnistin nennt dies die Abkehr von den „Politik-Politik-Themen."

Journalisten sind vor allem Produzenten von vorgefertigten Stoffen, die höchstens noch konfektioniert, veredelt, evtl. erweitert werden. „Branded Journalism" oder extern zugeliefertes „Content-Marketing" gewinnt immer mehr an Bedeutung. Das Berichten aus eigener Anschauung, vor Ort, mit der Nutzung vielfältiger, unabhängiger Quellen und der Einordnung auf der Basis von (spezieller) Fachkenntnis und Erfahrungswissen ist „old school". Argumentierender Journalismus, der im Ergebnis nicht vorhersehbar ist, der Nuancen wahrnimmt und Differenzierungen einbezieht, erklärt und hinterfragt, gilt als „überholt." Ausnahmen in Nischen eingeschlossen.

Gnadenlos zugespitzte Überschriften-Texte sind wichtiger als eine ausgeruhte Analyse. Suchmaschinen-Optimierung hat eine wesentlich größere Bedeutung als Quellenzugänge und die Kernfunktion des Kuratierens von Informationen. Erfahrungswissen und Fachkompetenz oder „Handschriften" von Autoren haben offenbar keinen Mehrwert; sie gelten im tempogetriebenen news-Betrieb eher als lästig und umständlich. Sinnfällige Beispiele für diesen Trend sind die Ranking- und Check-Formate, die Objektivität simulieren, ohne ihre Begründungsmuster – jenseits von überschaubaren votings der Nutzer

– offen zu legen. Leichte Service-Kost wird in einer Flut von Sendungen rund um Essen und Nahrung serviert, ohne das „Billig-Kaufverhalten", die industrielle Produktion von Nahrungsmitteln oder die Konzentrations-Wirkungen der Lebensmittel-Discounter unter die Lupe zu nehmen. Phänomene werden thematisiert, ihre strukturellen Hintergründe weitgehend ausgeblendet.

Die Voraussetzung für dieses (fast) durchgängige Produktions-Modell ist die Selbstbegrenzung auf eine gnadenlose Komplexitätsreduzierung aller Stoffe und damit dem Verzicht auf Differenzierung („RTL2 Prinzip"). Der einfache Erzählsatz zählt allein beim Themen-Verkauf. („Alles muss man sofort in einem Satz – „dem Küchenzuruf" – präsentieren können.) „Informations-Reduzierung erhöht den Erzählfluss" – lautet das erste Gebot. Die serielle Banalisierung aller Stoffe, garniert mit interessanten, visuellen Unterhaltungs-Elementen, gilt als Garant für Quoten, Auflagen, Klicks. Jeder Grauwert, jede Differenzierung abseits der Hauptlinie der jeweiligen story irritiert die Programm-Ansager, wie selbst ein Redakteur des Deutschlandfunks kürzlich beklagte.

Es geht immer mehr um Verpackung. Die Konfektionierung (Hülle) ist wichtiger als der Inhalt („10 Top-Erfolgsfaktoren für Politiker"). In Boulevard-Lehrbüchern heißt es: „Komplexitätsreduzierung ist Quotensteigerung." Journalismus soll „Aha-Erlebnisse" verschaffen. „Aufklärung ist retro." Nikolaus Brender, früherer ZDF-Chefredakteur, hat diese elementare Empörung in Echtzeit, in einer Rede treffend beschrieben: „Eines ist klar: Wir selbst saugen die Flut an, die Welle von irrelevanten Kleinigkeiten und die Riesenwellen des bloßen Scheins. Und dabei sind wir unersättlich. (…) Echtzeitjournalismus reicht schon lange nicht mehr. Die Endzeit muss es schon sein, über die wir Journalismus berichten." (Frankfurter Rundschau, 6.11.2012, „Den Turbo-Journalismus stoppen.")

Die Folge: „Allein mit Qualitätsjournalismus kann heute niemand mehr überleben." (Hubert Burda, Horizont, 20.1.2014 von Katrin Lang) Diese Erkenntnis führt dazu, dass Journalisten die „Bergarbeiter des 21. Jahrhunderts" sind (so ein Ex-ftd-Redakteur), 20 %-Sparregel in den Redaktionen, ausgebrannte und austherapierte Redaktionen in newsrooms sind die „content"-Produzenten.

Journalismus wird zunehmend zur „Kommentierung von Marketing" (auf allen Ebenen). – Die Stofflieferanten werden jedoch tabuisiert. Dieser Trend bleibt nicht folgenlos: „Daran sollten sich Journalisten gewöhnen, dass der Begriff ‚unabhängiger Journalismus' längst ein Mythos ist." Mit diesem Glockenschlag in der Schweizer ‚Medien Woche' trieb die Kommunikationsberaterin Karin Müller eine schlummernde Debatte voran. Nach 18 Jahren im Journalismus heißt ihr Credo: „Wir alle müssen uns von einem Journalismus verabschieden, der aus zwei Werten bestand: Qualität und Unabhängigkeit." (www.medienwoche.ch, 19.6.2014)

Gleichzeitig verlangen Markt und Publikum zunehmend nach Angeboten zwischen Werbung und Content. Native Advertising, Content Marketing, Storytelling, Corporate Publishing wachsen rasant. Die Macher des „King Content Day" bilanzieren in ihrer Konferenz-Einladung: auf der digitalen Ebene verschmelzen die „Grenzen zwischen Content-Produzenten, Distributeuren und Usern. Zudem werden die Grenzen zwischen werblichen und Entertainment-Inhalten immer durchlässiger." Die Wertschöpfungsketten verteilen sich neu, auch weil frische Studien „einen dramatischen Bedeutungsverlust für die traditionelle Pressearbeit" ausgemacht haben. PR-Experten setzen nun auf mobile Online-Kommunikation und die Vermittlung ihrer Botschaften direkt an einzelne Zielgruppen (vgl. European Communication Monitor 2014).

Auf diese Weise wird Journalismus in den Zwängen von minütlicher Messbarkeit, von Echtzeit, wahnwitziger Komplexitätsreduzierung, Unterhaltungs-Sucht und ökonomischen Zwängen zu einer unberechenbaren Größe. Unreflektiert, unbekümmert, unkontrolliert.

In diesem Sinne sind die Medien Spiegelbild einer Politik, die nicht mehr auf Diskurse und Argumente vertraut; sie setzt auf Aufmerksamkeits-Management, Eindruckserweckung sowie die Entwertung oder Verdrängung von Themen und Argumenten. Sie verstärken die Trends nach Personalisierung, nach Vereinfachung, nach kontext-freien Betrachtungen, die einem „inneren Narrativ" folgen. „Daumen hoch – oder Daumen runter." Gefällt mir oder gefällt mir nicht. Hauptsache der Aufregungspegel stimmt und die Empörungswut findet ein Ventil.

Vor dieser Kulisse eines permanenten Stichflammen-Journalismus arbeiten auch NGOs. Zum Teil nutzen sie auch die Schwächen des medialen Systems, in dem sie auch den Instrumentenkasten der PR nutzen, um ihre Inhalte zu transportieren und ihre Experten zu platzieren. Kurzfristig mag dies als Erfolg der Marketingabteilungen gewertet werden. Längerfristig führt dieses Kommunikationskonzept jedoch in eine Sackgasse. Gründliche Analysen, klare Wert-Haltungen, schlüssige Argumente und überzeugende Protagonisten sind die Rohstoffe, die den öffentlichen Diskurs beleben können. Ein Qualitäts-Anspruch, an dem sich auch Nichtregierungs-Organisationen messen lassen müssen.

Literatur

Bylow, C., Vaillant, K. (2014). *Die verratene Generation*. München: Pattloch.
Denkwerk Demokratie (2014) (Hrsg.). *Sprache. Macht. Denken. Politische Diskurse verstehen und führen*. Frankfurt/M: Campus Verlag.
Gradinger, F. (Hrsg.), Jarzebski, S., Yildiz, T. (2014). *Politische Narrative*. Wiesbaden: Springer VS.
Grünewald, S. (2013). *Die erschöpfte Gesellschaft*. Frankfurt/M: Herder.
Han, B.-C. (2010). *Müdigkeitsgesellschaft*. Berlin: Matthes & Seitz.
Hofmann, W. (Hrsg.), Renner, J. (2014). *Narrative Formen der Politik*. Wiesbaden: Springer VS.
Kurbjuweit, D. (2014). *Angela Merkel: Die Kanzlerin für alle?*. München: Hanser.
Minkmar, N. (2014). *Der Zirkus, Ein Jahr im innersten der Politik*. Frankfurt/M: S. Fischer.
Mouffe, C. (2014). *Agonistik. Die Welt politisch denken*. Frankfurt/M: Suhrkamp.

NGOs – Vertrauensverlust als Hinweis auf Identitätskrisen?

Susanne Marell

Zusammenfassung

Nichtregierungsorganisationen (NGOs) sind seit vielen Jahren die Institution mit dem höchsten Vertrauenswert – das belegt das Edelman Trust Barometer, die größte, jährliche Untersuchung zu Vertrauen in und Glaubwürdigkeit von Regierungen, Nichtregierungsorganisationen (NGOs), Wirtschaft und Medien. Doch 2015 sinkt das Vertrauen in NGOs in 18 von 27 untersuchten Ländern – ihre makellose Karriere in Sachen Vertrauen scheint vorbei. In Deutschland bricht das Vertrauen in NGOs sogar um historische zehn Prozent ein. Sind Negativschlagzeilen von Skandalen wie Spekulationen mit Spendengeldern oder Vorwürfe von Steuerbetrug Schuld an dem Glaubwürdigkeitsproblem von NGOs oder gibt es andere Gründe dafür?

1 Einleitung

NGOs sind heute nicht mehr wegzudenken aus dem gesellschaftlichen und politischen Prozess. Sie liefern einen wichtigen Beitrag zur Pluralität, die das Fundament der freien Meinungsbildung in einer Demokratie ist. Sie machen auf Missstände im lokalen, nationalen und internationalen Umfeld aufmerksam, leisten in Krisengebieten humanitäre Hilfe und setzen sich für Themen aus der Entwicklungs-, Umwelt- und Menschenrechtspolitik sowie sozialen Gerechtigkeit, Kultur und Wirtschaft ein.

Mit ihrer Arbeit haben NGOs es über viele Jahre geschafft, eine enorme Glaubwürdigkeit innerhalb der Gesellschaft aufzubauen. Im Edelman Trust Barometer, der größten, jährlichen Untersuchung zu Vertrauen in und Glaubwürdigkeit von Regierungen, Nichtregierungsorganisationen (NGOs), Wirtschaft und Medien sind sie seit vielen Jahren die Institution mit dem höchsten Vertrauenswert. Doch in der Studie aus dem Jahr 2015 hat das traditionell hohe Vertrauen in NGOs erstmals deutliche Risse bekommen, nachdem

© Springer Fachmedien Wiesbaden GmbH 2018
N. Remus und L. Rademacher (Hrsg.), *Handbuch NGO-Kommunikation*,
https://doi.org/10.1007/978-3-531-18808-9_5

es im Jahr zuvor auf den höchsten Stand in der 15-jährigen Geschichte des Edelman Trust Barometers gestiegen war.

2   Die makellose Karriere von NGOs in Sachen Vertrauen ist vorbei

2015 konnten NGOs nur noch in acht von 27 untersuchten Ländern an Vertrauen gewinnen – in Polen, Frankreich, Brasilien und den Vereinigten Arabischen Emiraten stieg das Vertrauen im mittleren bis oberen einstelligen Bereich (siehe Abb. 1.1). In 18 Ländern hingegen sank die Glaubwürdigkeit, zum Teil deutlich – vor allem in asiatischen Ländern wie China (minus zwölf Prozentpunkte) und Hong Kong (minus 14 Prozentpunkte), ebenso in Deutschland, Irland, Schweden (je minus zehn Prozentpunkte) und Großbritannien (minus 16 Prozentpunkte).

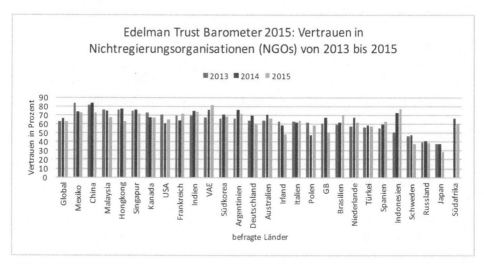

Abb. 1   Edelman Trust Barometer 2015: Vertrauen in Nichtregierungsorganisationen (NGOs) von 2013 bis 2015

Quelle: Edelman

3   Historischer Vertrauenseinbruch bei NGOs in Deutschland

In Deutschland vertrauten die Menschen Non-Profit-Organisationen 2014 mehr denn je (69 Prozent) und der Vorsprung zu Wirtschaft, Regierung und Medien war so groß wie nie zuvor (siehe Abb. 1.2). Bereits seit 2005 sind NGOs in Deutschland die glaubwürdigsten Institutionen. Aber 2015 haben sie den größten Vertrauensverlust in der Geschichte des Edelman Trust Barometers hinnehmen müssen: minus zehn Prozentpunkte auf 59 Prozent. Damit liegen NGOs zwar immer noch vor der Regierung (50 Prozent), aber die konnte ihre Glaubwürdigkeit gegenüber 2014 leicht steigern. Was ist der Grund für diesen historischen Vertrauenseinbruch von NGOs in Deutschland?

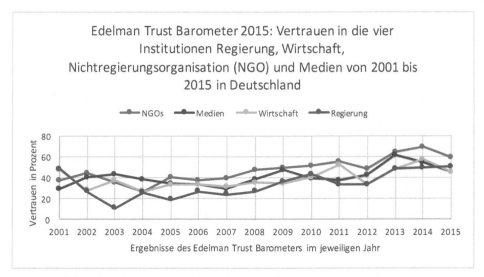

Abb. 2   Edelman Trust Barometer 2015: Vertrauen in die vier Institutionen Regierung, Wirtschaft, Nichtregierungsorganisation (NGO) und Medien von 2001 bis 2015 in Deutschland

Quelle: Edelman

Die Vermutung liegt nahe, dass Skandale die Ursache für den allgemeinen Vertrauensverlust sein könnten. So sorgte im vorangegangenen Jahr beispielsweise Greenpeace für Negativschlagzeilen. Die Non-Profit-Organisation verlor nach Bekanntwerden von Millionenverlusten bei Währungsgeschäften mit Spendengeldern über 7.000 Fördermitglieder, darunter allein 700 in Deutschland.[1] Auch der BUND Schleswig-Holstein geriet in die öffentliche Kritik. Die Staatsanwaltschaft ermittelte gegen die Umweltschützer wegen des Verdachts auf Steuerbetrug.[2] Ein weiterer, weitreichender Skandal eines gemeinnützigen

---

1   Yes/dpa (2014) Finanzskandal: Greenpeace verliert Tausende Förderer. Spiegel online. http://www.spiegel.de/wirtschaft/greenpeace-verliert-tausende-foerderer-a-991413.html. Zugegriffen: 17.07.2015

2   Tiede P (2014) Verdacht auf Steuerbetrug: Strafanzeige gegen den BUND. Kieler Nachrichten. http://www.kn-online.de/Schleswig-Holstein/Landespolitik/Strafanzeige-gegen-den-BUND-Schleswig-Holstein-Verdacht-auf-Steuerbetrug. Zugegriffen: 17.07.2015

Vereins war das Bekanntwerden jahrelanger Manipulationen beim Autopreises „Gelber Engel" der gleichnamigen ADAC-Stiftung.[3] Der Automobilclub verlor daraufhin massenhaft Mitglieder und kämpft bis heute mit dem Reputationsverlust.

Doch einzelne Skandale führen offenbar nicht zu einem pauschalen Vertrauensverlust in alle NGOs in Deutschland. Sie scheinen immer nur der Reputation der betroffen Organisation zu schaden. Diesen Schluss legt zumindest die allgemeine Spendenbereitschaft der Deutschen nahe: Die Skandale konnten ihr nichts anhaben. Im Gegenteil: Der Spenden-Index 2014 des Deutschen Zentralinstituts für soziale Fragen (DZI) zeigt, dass die Bereitschaft der Bevölkerung in Deutschland, Non-Profit-Organisationen zu unterstützen, im vergangenen Jahr sogar um 4,4 Prozent im Vergleich zum Vorjahr gestiegen ist. Die privaten Haushalte in Deutschland spendeten rund 6,4 Milliarden Euro für gemeinnützige Zwecke an NGOs – ohne katastrophenbedingte Sondereffekte verursacht durch beispielsweise Erdbeben oder Hochwasser.[4] Der wahre Grund für den Verlust der Glaubwürdigkeit der Institution NGO muss also woanders liegen.

4 „Think global, act global" – NGOs verlieren lokalen Bezug

In der Vergangenheit setzten lokal agierende NGOs auf Themen aus ihrem unmittelbaren Umfeld. Durch die damit zusammenhängende Relevanz für die Bevölkerung hatten sie eine enge Bindung zu ihr, konnten mit ihrem großen Fachwissen in Spezialgebieten punkten und waren im Vergleich zu Unternehmen und Politik vor Ort glaubwürdiger – was sich auch in den bisher hohen Vertrauenwerten des Edelman Trust Barometers widerspiegelt.

Doch die Globalisierung hat die lokale Agenda der NGOs zu einer globalen werden lassen. Viele NGOs agieren zunehmend im internationalen Raum und verlieren dadurch ihren lokalen Bezug: Umweltschutz vor Ort wurde zu weltweitem Klimaschutz und Maßnahmen gegen Kinderarmut in Deutschland entwickelten sich zu globalen Aktionen gegen Hunger und Armut in Schwellenländern – nur um zwei Beispiele zu nennen. Diese Themen sind selbstverständlich alle wichtig, doch durch die hohe Konzentration auf globale Themen ging die enge Bindung und die Nähe von NGOs zur lokalen Bevölkerung verloren. Gleichzeitig haben Unternehmen und Politik ihre Hausaufgaben gemacht – genau darin liegt eine Gefahr für NGOs.

---

3   mhu/dpa (2014) ADAC-Skandal: „Gelber Engel" schon seit Jahren manipuliert. Spiegel Online. http://www.spiegel.de/auto/aktuell/adac-skandal-gelber-engel-schon-seit-jahren-manipuliert-a-953944.html. Zugegriffen: 17.07.2015

4   Deutsches Zentralinstitut für soziale Fragen (2015) Spendenbilanz 2014: Allgemeine Spenden legen kräftig zu. Pressemitteilung. http://www.dzi.de/wp-content/uploads/2015/03/DZI_PM_9Mrz2015.pdf. Zugegriffen: 17.07.2015

5　Sprachlose NGOs – Unternehmen und Politik besetzen ihre Themen

Viele Firmen haben in den vergangenen Jahren ihre Unternehmensführung auf Nachhaltigkeit ausgerichtet und ihre Kommunikation in diesem Bereich weiter professionalisiert – u. a. durch die Gründung von CSR-Fachbereichen. Nicht nur NGOs haben immer wieder auf mehr Offenheit gedrängt, auch Verbraucher fordern mehr Transparenz. Heute reicht es nicht mehr, wenn ein Unternehmen tolle Produkte sowie einen perfekten Service liefert und dabei profitabel ist. Unternehmen müssen offenlegen, welchen Beitrag sie zum Umweltschutz liefern, wo und unter welchen Bedingungen ihre Produkte hergestellt und wie die Mitarbeiter behandelt werden. Nur so können sie sich in dem starken Wettbewerbsumfeld behaupten und von anderen differenzieren.

Die Politik hat zugleich neue Rahmenbedingungen geschaffen. Um Unternehmen stärker in ihrer sozialen Verantwortung in die Pflicht zu nehmen, schaffte die EU-Kommission einen Aktionsplan für den Zeitraum 2011 bis 2014[5] und im September vergangenen Jahres beschlossen die Mitgliedsstaaten der EU die verpflichtende CSR-Berichterstattung für große Unternehmen. Die entsprechende Richtline musste bis 2016 umgesetzt werden in nationales Recht und die Berichterstattungspflichten gelten in Deutschland seit 2017 für Unternehmen ab 500 Mitarbeiter. Diese müssen über ihr Engagement im Umweltschutz, ihre sozialen und auf Mitarbeiter bezogenen Initiativen, die Achtung der Menschenrechte und Aspekte der Korruptionsbekämpfung berichten.[6]

Die Ergebnisse des Edelman Trust Barometers 2015 machen deutlich, was sich schon länger abzeichnet: Die professionelle Nachhaltigkeitskommunikation von Unternehmen und die Regulierungen der Politik nehmen Non-Profit-Organisationen einen Teil ihres Gesprächsstoffs und reduzieren ihre Handlungsfelder – lokal und global. Durch diese Themenlücken gerät ein Teil der Identität von NGOs ins Wanken und ihre Stimme ist von Wirtschaft und Politik nicht mehr klar zu unterscheiden. Um Vertrauen wieder aufzubauen, müssen NGOs verstehen, dass sich nicht nur die Rollen von Unternehmen und der Regierung weiterentwickelt haben, sondern auch ihre eigene.

5　Lexikon der Nachhaltigkeit (2014) Nachhaltigkeitsberichte & CSR-Berichterstattungspflicht. https://www.nachhaltigkeit.info/artikel/csr_berichte_1037.htm. Zugegriffen: 17.07.2015

6　Bundesministerium der Justiz und für Verbraucherschutz (2014) CSR Berichtspflichten – EU-Richtlinie verabschiedet. Website. http://www.bmjv.de/SharedDocs/Kurzmeldungen/ DE/2014/20140929_Unternehmenstransparenz.html. Zugegriffen: 17.07.2015

6   Erweiterte Möglichkeiten für NGOs: Gleichberechtigter Partner von Unternehmen

Umweltschutz, Menschenrechte oder Entwicklungshilfe – oft haben Unternehmen und NGOs sehr ähnliche Ziele, die sie in einer transparenten und gleichberechtigten Zusammenarbeit besser und effektiver erreichen können als im Einzelkampf – und es gibt einige positive Beispiele dafür. So beispielsweise die Kooperation von C&A[7] und dem Kinderhilfswerk terre des hommes. Vor der Zusammenarbeit engagierten sich das Kinderhilfswerk und das Textilunternehmen, bei dem der Schutz von Kindern seit vielen Jahren fest in der Unternehmenspolitik verankert ist, unabhängig voneinander im südindischen Tirupur. Vor über 15 Jahren schlossen sich C&A und terre des hommes zusammen. Seitdem setzen sie sich gemeinsam gegen Kinderarbeit in Indien ein. Mit Erfolg: Nach kurzer Zeit ging diese deutlich zurück und bis heute wurden viele Projekte in diesem Bereich durchgeführt. Die Kooperation ist eine Win-Win-Situation: terre des hommes hat mit C&A einen starken Partner im Hintergrund und bekam dadurch beispielsweise Zugang zu Textilfabriken in der Region. Der Modekonzern hingegen konnte durch die Glaubwürdigkeit und die Erfahrung des Kinderhilfswerks die notwendige gesellschaftliche Aufklärung bei den Familien, in den Schulen und Behörden vorantreiben.[8]

Wal-Mart startete 2005 eine Nachhaltigkeitskampagne – für die Planung und Umsetzung der CSR-Strategie holte sich der Handelskonzern die Unterstützung und das Fachwissen von einem NGO-Experten[9] und arbeitet bis heute nach eigenen Angaben in verschiedenen Bereichen mit NGOs zusammen.[10]

2013 schlossen sich Vertreter aus Industrie, NGOs und Verbänden zum Forum Nachhaltiges Palmöl (FONAP) zusammen, um in Deutschland den Anteil nachhaltig produzierten Palmöls möglichst schnell auf 100 Prozent zu steigern. Initiatoren des FONAPs sind Henkel AG, REWE Group und Unilever[11] sowie WWF.[12]

Wie sinnvoll ein Schulterschluss von NGOs und Unternehmen ist, lässt sich aus den Ergebnissen des Edelman Trust Barometers ablesen (siehe Abb. 1.3): Vertretern von NGOs, die mit großem Fachwissen punkten, wird viel Vertrauen entgegengebracht (61 Prozent) – nur getoppt von Menschen wie Du und ich (63 Prozent) sowie (unabhängigen)

7   C&A ist ein Kunde von Edelman.

8   Feldhaus T, Herzberger G (2013) Eine erfolgreiche Zusammenarbeit von NGOs und Firmen. Macronomy: das B2B-Portal. http://www.marconomy.de/digital/articles/411559/. Zugegriffen: 17.07.2015

9   Böge F (2008) Gute Zeiten, super Zeiten. Brandeins Wissen. http://www.brandcins.de/uploads/ tx_b4/252_257_Gute_Zeiten_super_Zeiten.pdf. Zugegriffen: 17.07.2015

10   Walmart (n. d.) Partnerships. Website. http://corporate.walmart.com/global-responsibility/ ethical-sourcing/partnerships. Zugegriffen: 17.07.2015

11   Unilever ist ein Kunde von Edelman.

12   Deutsche Gesellschaft für internationale Zusammenarbeit (GiZ) (2013) Forum Nachhaltiges Palmöl gegründet. Website GiZ. https://www.giz.de/de/mediathek/16873.html. Zugegriffen: 17.07.2015

Wissenschaftlern und Industrieexperten (66 Prozent). Vertreter von Unternehmen wie Mitarbeiter (42 Prozent) und CEOs (28 Prozent) gehören dahingegen zu den weniger glaubwürdigen Personengruppen.

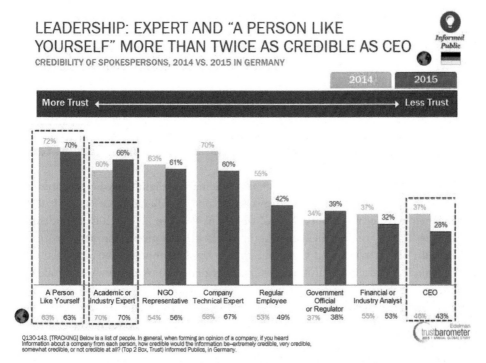

Abb. 3 Edelman Trust Barometer 2015: Glaubwürdigkeit von Personengruppen in Deutschland
Quelle: Edelman

Aber NGOs sind nicht nur eine Stütze für die Glaubwürdigkeit von Unternehmen. In einer gleichberechtigten Partnerschaft können NGOs durch ihr hohes Fachwissen Geschäftspraktiken von Unternehmen positiv beeinflussen und mehr damit erreichen als im Alleingang mit eigenen Projekten.

7 Vertrauensverlust als Chance für NGOs, sich neu zu erfinden

Die Kratzer in den Vertrauenswerten sind für NGOs ein Warnschuss, sich nicht auf ihrer (noch) hohen Glaubwürdigkeit auszuruhen, sondern aktiv zu werden. NGOs müssen ihre erweiterte Rolle sowie ihre Kernthemen neu definieren und prüfen, wie sie ihre eigenen

Ziele erreichen können. Dabei kann eine transparente und gleichberechtigte Partnerschaft zwischen NGOs und Unternehmen ein zukunftsfähiges Konzept sein. Denn NGOs und Unternehmen können sich mit ihren unterschiedlichen Expertisen, Herangehensweisen, Erfahrungen und mit der Art zu kommunizieren ergänzen – und damit soziale Herausforderungen gemeinsam meistern.

Mit dem hohen Vertrauen in NGO-Vertreter, dem generell guten Image von Non-Profit-Organisationen und den nach wie vor besseren Vertrauenswerten im Vergleich zu Unternehmen, Regierungen und Medien befinden sich NGOs in einer guten Ausgangslage. Vertun sie ihre Chance laufen sie Gefahr, ihre bisher so große Bedeutung zu verlieren und in eine wirkliche Identitätskrise zu stürzen.

8   Messung von Vertrauen – über das Edelman Trust Barometer

Als Kommunikationsagentur beschäftigt sich Edelman tagtäglich mit Fragen rund um Vertrauen und Reputation. Für die strategische und operative Beratung ist es entscheidend zu verstehen, wie Vertrauen entsteht und was es ins Wanken bringt. 2001 hat Edelman deshalb das Trust Barometer ins Leben gerufen, die weltweit größte, jährliche, repräsentative Studie zu Vertrauen und Glaubwürdigkeit. Die Ergebnisse lassen Aussagen über das Vertrauen in einzelne Institutionen, Länder, Regionen, Branchen sowie in handelnde Personengruppen wie Regierungspolitiker, CEOs, Wissenschaftler oder auch NGO-Vertreter zu. Außerdem verdeutlicht es, welche Faktoren entscheidend für den Aufbau von Vertrauen sind. Die Untersuchung wird von dem Marktforschungsunternehmen Edelman Berland durchgeführt. Das Edelman Trust Barometer misst die Vertrauenswerte in und die Glaubwürdigkeit von Regierungen, Nichtregierungsinstitutionen (NGOs), Wirtschaft und Medien. Für die 15. Ausgabe wurden 33.000 Personen in 27 Ländern befragt, darunter jeweils 1000 aus der allgemeinen Bevölkerung sowie 200 weitere (USA und China: 500) Meinungsführer im Alter von 25 bis 64 Jahren. Alle Meinungsführer erfüllen folgende Kriterien: Sie besitzen einen Hochschulabschluss, das jährliche Haushaltseinkommen befindet sich im oberen Viertel ihres Landes bezogen auf ihr Alter, sie lesen oder sehen mehrmals wöchentlich Wirtschafts-/Nachrichtenmedien und verfolgen mehrmals wöchentlich Fragen der öffentlichen Politik. Die Datenerhebung erfolgt mit Hilfe von über 20-minütigen Online-Interviews jeweils im Oktober und November eines jeden Jahres. Die Veröffentlichung der Ergebnisse erfolgt immer einige Wochen nach Erhebung – im Januar des Folgejahres.

Literatur

Böge F (2008): Gute Zeiten, super Zeiten. Brandeins. http://www.brandeins.de/uploads/tx_b4/252_257_Gute_Zeiten_super_Zeiten.pdf. Zugegriffen: 17.07.2015.

Bundesministerium der Justiz und für Verbraucherschutz (2014): CSR Berichtspflichten – EU-Richtlinie verabschiedet. http://www.bmjv.de/SharedDocs/Kurzmeldungen/DE/2014/20140929_Unternehmenstransparenz.html. Zugegriffen: 17.07.2015.

Deutsche Gesellschaft für internationale Zusammenarbeit (GiZ) (2013): Forum Nachhaltiges Palmöl gegründet. Website GiZ. https://www.giz.de/de/mediathek/16873.html. Zugegriffen: 17.07.2015.

Deutsches Zentralinstitut für soziale Fragen (2015): Spendenbilanz 2014: Allgemeine Spenden legen kräftig zu. Pressemitteilung. http://www.dzi.de/wp-content/uploads/2015/03/DZI_PM_9Mrz2015.pdf. Zugegriffen: 17.07.2015.

Feldhaus T, Herzberger G (2013): Eine erfolgreiche Zusammenarbeit von NGOs und Firmen. Macronomy: das B2B-Portal. http://www.marconomy.de/digital/articles/411559/. Zugegriffen: 17.07.2015.

Lexikon der Nachhaltigkeit (2014): Nachhaltigkeitsberichte & CSR-Berichterstattungspflicht. https://www.nachhaltigkeit.info/artikel/csr_berichte_1037.htm. Zugegriffen: 17.07.2015.

mhu/dpa (2014): ADAC-Skandal: „Gelber Engel" schon seit Jahren manipuliert. Spiegel Online. http://www.spiegel.de/auto/aktuell/adac-skandal-gelber-engel-schon-seit-jahren-manipuliert-a-953944.html. Zugegriffen: 17.07.2015.

Tiede P (2014): Verdacht auf Steuerbetrug: Strafanzeige gegen den BUND. Kieler Nachrichten. http://www.kn-online.de/Schleswig-Holstein/Landespolitik/Strafanzeige-gegen-den-BUND-Schleswig-Holstein-Verdacht-auf-Steuerbetrug. Zugegriffen: 17.07.2015

Walmart: Partnerships. Website. http://corporate.walmart.com/global-responsibility/ethical-sourcing/partnerships. Zugegriffen: 17.07.2015.

Yes/dpa (2014): Finanzskandal: Greenpeace verliert Tausende Förderer. Spiegel online. http://www.spiegel.de/wirtschaft/greenpeace-verliert-tausende-foerderer-a-991413.html. Zugegriffen: 17.07.2015.

Teil II
Maßnahmen und Methoden der NGO-Kommunikation

Zwischen Eigeninteressen und der Legitimation für Dritte

Die Rollen von NGOs in der Nachhaltigkeitskommunikation

Stefan Jarolimek

Zusammenfassung

Ausgehend von den gesellschaftlichen Veränderungen im Dritten Sektor diskutiert der Beitrag verschiedene Formen des Aktivismus von NGOs im Bereich der Nachhaltigkeitskommunikation. Auf Basis der des soziologischen Ansatzes des Neo-Institutionalismus als maßgebliches Konzept in der Nachhaltigkeits- und CSR-Forschung werden Mechanismen der Nachhaltigkeitskommunikation und die Rolle des NGOs darin aufgezeigt. Ausführlich werden mögliche Rollen von NGOs als Kommunikator einerseits und als Teil der Umwelt von anderen Organisationen anderseits betrachtet und mit bestehenden Systematiken verbunden. In einem letzten Schritt werden Idealtypen und Interessen in der Zusammenarbeit von NGOs und Unternehmen aufgezeigt und anhand von Fallbeispielen Chancen und Risiken diskutiert.

1   Einleitung

Vor mehr als einem Vierteljahrhundert befragte Bob Hunter seine I Ging-Steine und beschloss, es endlich zu tun. Gemeinsam mit dem Fotografen Rex Weyler fuhren Sie mit einem kleinen Boot auf die offene See und fotografierten eine Walfangflotte bei der Arbeit. Nur wenige Fotos, die jedoch nach der Veröffentlichung die Gesellschaft zum Nachdenken über den Walfang anregten. Es ist das Prinzip *Greenpeace*. Anfang der 1970er Jahre hatte es Bob Hunter bereits ein seinem Buch ‚The Storming of the Mind' beschrieben. Hofmann (2008) beschreibt diese Vorgehensweise als Mindbombs – Gedankenbomben: Fotos, die beim Betrachter emotionale Wirkungen erzeugen. Die erste Wal-Kampagne von Greenpeace in den 1970er Jahren steht zum einen stellvertretend für eine aggressive Form der Kommunikation von Non Governmental Organizations (NGOs), die Wirkungen in der Öffentlichkeit und dann auch bei den Unternehmen auslösen; zum anderen steht sie stellvertretend für den Beginn der Beziehung von Nachhaltigkeitskommunikation und NGOs.

© Springer Fachmedien Wiesbaden GmbH 2018
N. Remus und L. Rademacher (Hrsg.), *Handbuch NGO-Kommunikation*,
https://doi.org/10.1007/978-3-531-18808-9_6

Durch den Erfolg rückten einzelne NGOs ins Zentrum der öffentlichen Aufmerksamkeit und erfuhren dadurch ein enormes Wachstum.

Heute sind die Themen Nachhaltigkeit und gesellschaftliche Verantwortung in aller Munde. Dabei kommunizierten zunächst vor allem wirtschaftliche und politische Organisationen über das Thema. Öko-Labels und Bio-Boom haben uns alle längst im Alltag erreicht. NGOs stehen zwischen Wirtschaft und Politik. Das Verhältnis gerade zwischen gewinnorientierten Unternehmen und gemeinwohlorientierten NGOs ist kein einfaches Schwarz-Weiß-Schema. Die Frage steht im Raum, ob etwa Greenpeace heute so bedeutend wäre, wenn nicht der Walfang, die Versenkung von Ölplattformen und der dadurch mögliche Protest zu ihrer Bekanntheit beigetragen hätte? Wohl kaum. Das Verhältnis von NGOs zu Unternehmen ist ambivalent, eine „strange affair" (Enderle und Peters 1998) zwischen „Boykott und Kooperation" (Curbach 2008). Für NGOs lassen sich in der gesellschaftlichen Nachhaltigkeitskommunikation verschiedene Rollen und Problemzugänge identifizieren, die im Beitrag für das Handbuch auf unterschiedlichen Ebenen diskutiert werden. Ebenso wie in vielen Beiträgen zu diesem Verhältnis (etwa Utting, Curbach) wird „for the sake of the argument" (Den Hond und De Bakker 2007, S. 902) zunächst davon ausgegangen, dass es sich bei Unternehmen und NGOs um zwei unterschiedliche Akteure mit meist divergierenden Interessen handelt. Im Vordergrund stehen zwei Problem- bzw. Fragestellungen: Wie ist die Beziehung zwischen Unternehmen und NGOs, wie hat sich diese verändert und wie können NGOs qua Kommunikation die Nachhaltigkeit von Unternehmen beeinflussen?

Das Konzept der Nachhaltigkeit ist heute unweigerlich mit den Konzepten der Corporate Social Responsibility (CSR) und der Corporate Citizenship verbunden. Je nach Autor werden die Beziehungsverhältnisse der Konzepte unterschiedlich hierarchisch oder teilweise als Überlappungen beschrieben. Das verbindende Element bildet die so genannte ‚triple-bottom-line' (erstmals Elkington 1999), die drei Säulen von ökologischer, ökonomischer und sozialer Nachhaltigkeit bzw. Verantwortung. In der soziologischen wie auch der kommunikationswissenschaftlichen Debatte um die Nachhaltigkeitskommunikation liegt der theoretische Schwerpunkt auf der Perspektive des Neuen Soziologischen Institutionalismus bzw. Neo-Institutionalismus (NI). Auch bei Publikationen zum Verhältnis von NGOs und Nachhaltigkeitskommunikation ist dies der Fall (u. a. Bluhm 2008, Curbach 2009, Hiß 2006). Der NI-Ansatz, der Organisationen als offene Systeme begreift, fragt zentral nach dem Einfluss der Umwelt auf die Systeme.

In einer zunächst vereinfachenden Sichtweise auf das System-Umwelt-Verhältnis von Unternehmen und NGOs in der Nachhaltigkeitskommunikation ergeben sich zwei Perspektiven:

1. Wie beteiligen sich NGOs *als Organisationen/Systeme* an der Nachhaltigkeitskommunikation? Wie reagieren NGOs in der Nachhaltigkeitskommunikation auf die allgemeinen Veränderungen im dritten Sektor?

2. Welche Rolle spielen NGOs *als institutionelle Umwelt* politischer und wirtschaftlicher Organisationen für die Nachhaltigkeitskommunikation? Welche Folgen haben gerade Partnerschaften und strategische Allianzen für NGOs?

Im Weiteren sollen diese Fragen nach den unterschiedlichen Rollen von NGOs in der Nachhaltigkeitskommunikation geklärt werden. Die Konzepte der Nachhaltigkeit und der CSR werden vorgestellt (Kap. 2) und die Rolle der NGOs darin auf organisationstheoretischer Basis des Neo-Institutionalismus beschrieben (Kap. 3). Dabei wird vor allem auf die Beziehungen zwischen Unternehmen und NGOs im organisationalen Feld eingegangen. Vorliegende Systematisierungen zu NGO-Strategien, Institutionalisierungsprozessen sowie Erfolgsstufen der NGO-Kommunikation im Themenbereich verdeutlichen die Relationen. Nach der grundlegenden Verortung sollen die Chancen und Risiken der Kooperation von NGOs mit Unternehmen in der Nachhaltigkeitskommunikation aufgezeigt werden (Kap. 4). Hierzu werden Idealtypen der Zusammenarbeit beschrieben und anhand von Untersuchungen zum *WWF* und der *Rosa Schleife (Susan G. Komen Stiftung)* konkretisiert. Zunächst gilt das Augenmerk den Veränderungen im Dritten Sektor sowie den Beziehungsformen von NGOs und Unternehmen im Bereich der Nachhaltigkeitskommunikation.

2 Veränderungen im Dritten Sektor und Konsequenzen für NGOs

NGOs werden meist dem dritten Sektor zugeordnet (Curbach 2008, S. 370), der gerade in der deutschen Entwicklung gegen eine dominierende Wirtschafts- bzw. Politikordnung gerichtet ist. NGOs machen hier auf gesellschaftliche Defizite aufmerksam.

Der Dritte Sektor befindet sich im Wandel. Stichwörter wie Ökonomisierung, Professionalisierung und Managementvokabeln wie Controlling und Steuerung prägen zunehmend auch den Non-Profit-Bereich. Da die Veränderungen im Dritten Sektor auch maßgeblich zu Veränderungen in der Kommunikation führen, soll diese zuerst aufgezeigt werden, bevor die NGO-Kommunikation zu Nachhaltigkeitsthemen betrachtet wird. Zu Beginn wird der für diesen Abschnitt verwendete NGO-Begriff abgegrenzt.

2.1 NGO-Begriff

Neben einer allgemeinen Zuordnung von NGOs zum Dritten Sektor gestaltet sich die Konzeptionierung von NGOs schwieriger. Im vorliegenden Beitrag werden NGOs im Anschluss an Curbach (2008) und Smith verstanden als „subpolitisch aktive, nicht-staatliche Non-Profit-Organisationen, deren Ziele mit denen der sogenannten Neuen Sozialen Bewegungen übereinstimmen, wie z. B. der Friedens-, Umwelt-, Anti-Globalisierungs-, Frauen- oder Menschenrechtsbewegung" (Curbach 2008, S. 370). Der NGO-Begriff wird dabei nicht ausschließlich für regional oder national begrenzte Einzelorganisationen verwendet. Zunehmend spielen transnational oder global agierende Netzwerke eine Rolle. Waddell (2004, S. i) spricht von einem „shift from the role of organizations as key units of actions and analysis in the industrial age to the role of networks in the information age". Diese Entwicklung ist sicherlich auch als Folge der zunehmenden transnationalen und globalen Ausrichtung von Unternehmen zu sehen. Da dem nationalen Regulierer auf supranationaler und globaler Ebene der regulative Zugang (meist) entzogen ist, treten NGOs, NGO-Netzwerke mit dem Werkzeug der Öffentlichkeit den multinationalen Unternehmen (MNU) entgegen.

NGOs sind (meist) wie auch Nachhaltigkeit positiv konnotiert. Sie repräsentieren „das Gute". Ihnen wird eine gesellschaftpolitische „Gemeinwohlorientierung" und „moralische Überlegenheit" gegenüber anderen Interessengruppen zugesprochen (Curbach 2008; Stickler 2005; Take 2002). Die daraus resultierende Legitimation ist ein kostbares Gut, dass sie im Interessenkampf mit den Unternehmen einsetzen. Diese „cultural voluntaristic authority" (Boli und Thomas 1999) ist im Wesentlichen der Grund dafür, dass sie gehört werden. Durch diese Macht des Legitimationskapitals, die sie in der öffentlichen Kommunikation, also in der Umwelt der Unternehmen ausspielen können, hat dazu geführt, dass NGOs zu relevanten Stakeholdern von Unternehmen wurden (Den Hond und De Bakker 2007). Aus der Legitimationsmacht, die NGOs durch die Zuschreibung der Gesellschaft erhält, erwachsen gleichwohl auch gesellschaftliche Rollenerwartungen (Curbach 2008, S. 371). Die Gesellschaft verbindet mit NGOs die Erwartung, dass diese stets im Einklang mit den gesellschaftlichen Werten und Normen im Einklang stehen. So kann der Legitimationsvorsprung von NGOs etwa gefährdet werden, indem sie nicht abwägen und sich generell gegen alle Handlungen eines Unternehmens stellen, und nur noch als „anti business" (Arenas et al. 2009, S. 185) wahrgenommen werden. Ein weiteres Risiko für NGOs stellen die, z. T. ökonomisch notwendigen, Partnerschaften dar. Durch diese Kooperation statt Konfrontation kann möglicherweise mehr bewirkt werden. In den Augen der Öffentlichkeit wird dieses Verhalten jedoch als Aufgabe der eigentlichen Ziele verstanden. Die möglichen Legitimationsrisiken werden weiter unten nochmals organisationstheoretisch hergeleitet und an Fallbeispielen der Nachhaltigkeitskommunikation verdeutlicht. Darin spiegelt sich erneut das ambivalente Verhältnis von NGOs zu Unternehmen, die auch den Veränderungen im Dritten Sektor Rechnung tragen.

2.2   Veränderungen im Dritten Sektor

Getragen von den historisch entwickelten Prinzipien der Subsidiarität, der Selbstverwaltung, und der Gemeinnützigkeit (Anheier et al. 2007) verfolgen die Non-Profit-Organisationen des Dritten Sektors in der Regel nicht den Zweck der Gewinnmaximierung als vielmehr Ziele wie Gerechtigkeit, Gleichheit und Sicherheit (dazu vgl. auch Horak et al. 2007). In den vergangen Jahren wurden im Dritten Sektor zahlreiche Tendenzen und Herausforderungen sichtbar. An dieser Stelle seien vor allem die zunehmende Konkurrenz, und als Folge die Ökonomisierung und die Professionalisierung genannt (dazu vgl. auch Badelt et al. 2007).

Wie im Kapitel zuvor bereits hergeleitet haben NGOs (gerade durch die Globalisierung) an Bedeutung im Kontext von MNUs gewonnen und avancierten zu relevanten Stakeholdern. Um diese Stellung zu verteidigen, sind die gemeinwohlorientierten NGOs auf eine ausreichende ökonomische Basis angewiesen. Mit steigender Anzahl solcher Organisationen seit den 1990er Jahren (vgl. Curbach 2008, S. 370) und stagnierender Spendenbereitschaft entwickelt sich eine zunehmende Konkurrenzsituation. Die Verknappung nicht nur von finanziell-sachlichen, sondern auch sozialen und zeitlichen Ressourcen (etwa im Blick auf ehrenamtliche Mitarbeiter) führt im dritten Sektor zu einer stärker wirtschaftlich geprägten Organisationsführung, die sich nicht zuletzt am Einsatz strategischer Controlling-Instrumenten und Erfolgskontrollen ablesen lässt (einführend Schneider et al. 2007).

Damit einher geht eine zunehmende Professionalisierung der NGOs, die sich auch und vor allem in der Organisationskommunikation zeigt. Dabei unterscheiden sich die Instrumente der strategischen externen (wie auch internen) Organisationskommunikation von NGOs zunächst kaum von gewinnorientierten Unternehmen („PR ist PR.", Pleil 2007). Einzige Ausnahme bildet das für NGOs finanziell notwendige Fundraising. Die Unterschiede in der Kommunikation lassen sich gleichwohl in der thematischen Ausrichtung wie auch in der gesellschaftlichen Verortung feststellen. Wie ausgeführt zielt NGO-Kommunikation vor allem auf die Öffentlichkeit. Daher spielen Kampagnen eine wichtige Rolle. NGOs zeichnen sich hier durch eine aggressive und emotionalisierte Kampagnengestaltung aus, von der selbst Unternehmen noch lernen könnten, wie es Hofmann (2008) für ‚Greenpeace und Co.' nachzeichnet. Die Professionalisierung zeigt sich zudem in den Versuchen, integriert zu kommunizieren. Auch die Ergebnisse von Berufsfeldstudien machen deutlich, dass PR-Experten nicht nur in Großunternehmen zu finden sind, sondern auch in kleineren Organisationen die PR-Laien ersetzen. Ökonomisierung und Professionalisierung sind durch wachsende Konkurrenz im Dritten Sektor notwendig geworden.

2.3 Welche NGOS für welche Nachhaltigkeit – eine Systematisierung

Eine allgemeine Klassifizierung von NGOs in der Nachhaltigkeitsdebatte gestaltet sich schwierig. Zu unterschiedlich sind die Organisationen, aber auch die theoretischen Abgrenzungsversuche. Nimmt man die bereits genannte ‚triple-bottom-line' von ökologischer, sozialer und ökonomischer Verantwortung (Godemann und Michelsen 2011; Jarolimek und Raupp 2011a) als inhaltliche Differenzierung sowohl des Nachhaltigkeitsbegriffs als auch von Corporate Social Responsibility (CSR), rücken zunächst die ‚klassischen' NGOs mit Schwerpunkt auf Umweltschutzthemen (z. B. *Greenpeace*, *WWF*), Verbraucherschutz (z. B. *Food Watch*) oder Arbeitnehmerinteressen (z. B. Gewerkschaften wie Verdi, IG Metall) in den Fokus. Eine Systematisierung scheint dabei nur schwer möglich. Auch die Einteilung von Non-Profit-Organisationen des *John Hopkins Comparative Nonprofit Sektor Projects* von 12 Gruppen in Abhängigkeit der Tätigkeit erscheint hier kaum hilfreich, da die Gruppen wie ‚Wirtschafts- und Berufsverbände, Gewerkschaften', ‚Gesundheit' zu breit angelegt sind. Lediglich die Gruppe ‚Umwelt' kann wohl eindeutig Nachhaltigkeit zugeordnet werden. Eine an Themenschwerpunkten orientierte Systematisierung erscheint insgesamt schwierig.

Im Zusammenhang von NGOs und Nachhaltigkeit wird vielfach auf die Systematisierung von Peter Utting (2005, S. 377) verwiesen. Utting stellt fest, dass sich mit der Etablierung der CSR-Themen die Beteiligung nicht nur nicht ausweitete, sondern auch unterschiedliche Formen unterstellen lassen. Er unterscheidet bzw. hebt sieben Formen hervor (Utting 2005, S. 377f.; eine andere, abstrakte Systematisierung wählt u. a. Waddell 2004):

1. *Watchdog activsm*, beinhaltet das Aufspüren und die Veröffentlichung von unternehmerischen Fehlverhalten ('naming and shaming'). Beispiele für solche Organisationen sind *Human Rights Watch, Food Watch* oder *Greenpeace*.
2. *Consumer activsim and the fair trade movement.* Darunter fast Utting die Bemühungen, Konsumenten über spezifische Produkte zu informieren, Konsumentenboykotte zu organisieren und dafür Sorge zu tragen, dass die wohlhabenderen Konsumenten auf der Nordhalbkugel faire Preise für die kleinen Produzenten im Süden zahlen. Zu den bekanntesten Beispielen zählen die Organisationen *Fairtrade* oder *Transfair* und ihre Labels.
3. *Shareholder activism and ethical investment,* verweist auf Organisationen, aber auch Individuen, die Unternehmensanteile erwerben. Diese nutzen unter anderem das Format der Jahreshauptversammlung, um Beschwerden und Änderungsvorschläge vorzubringen. Beispiele sind *Actares* oder *Social Investment Forum*.
4. *Litigation.* Darunter fasst Utting Klagen und Gerichtprozesse von Aktivisten und Opfern gegen Unternehmen und ihr Fehlverhalten, wie etwa in den Fällen von *Shell* und *Coca Cola*. Als Beispiel nennt er *EarthRights International* oder den *International Labor Rights Fund*.
5. *Critical research, public education, and advocacy* beinhaltet die Generierung und Verbreitung von Wissen über den sich verändernden Einfluss von MNUs, Fehlverhalten, Nord-Süd-Handel und den Versuch, die öffentliche und wissenschaftliche Auffassung sowie die Meinung von Politikern durch Kampagnen und andere Kommunikationsstrategien zu beeinflussen. Als bekannte Beispiele können hierfür *Oxfam* oder *Amnesty International* genannt werden.
6. *Collaboration and service provision* betrifft den großen Bereich der Kooperationen von Non-Profit-Organisationen und Unternehmen. Zu den Unterformen gehören Partnerschaften, Allianzen, Beratungsleistungen, Erarbeitung und Förderung von Standards in Berichterstattung, Überwachung und Bewertung. Zu den Beispielen gehören u. a. die in der Nachhaltigkeitsdebatte zentralen Organisationen *Fair Labor Association, Forest Stewardship Council (FSC), Global Reporting Initiative (GRI)* oder *Social Accountability International*.
7. *Eclectic activism.* Unter dieser letzten Kategorie versteht Utting die vermischte bzw. vielseitige Beteiligung. Dabei gehen NGOs gleichzeitig einerseits Partnerschaften ein, um bspw. Nachhaltigkeitsthemen in Unternehmen vorzubringen, einen Dialog zu initiieren und Wissen über die Unternehmen zu generieren. Andererseits stellen sie auch

vereinzelt die Unternehmen öffentlich bloß („naming and shaming"). Diese Form vereint also die beiden Pole der Kooperation und Konfrontation. Als Beispiel nennt Utting den *WWF International* (s. a. Kap. 4).

Neben dieser Systematik der Formen von Nachhaltigkeitsaktivitäten von NGOs verweist Utting im Weiteren auch auf ‚business as a movement' und das unterschiedliche Handeln von gewinnorientieren Unternehmen. Mit Blick auf den thematischen Fokus des Handbuches werden jene Formen an dieser Stelle vernachlässigt (zu Nachhaltigkeitskommunikation aus Unternehmensperspektive Jarolimek 2014). Zum Teil werden die Einstellungen von Unternehmen auch deutlich in der unterschiedlichen Sichtweise auf Nachhaltigkeitskommunikation.

3   Nachhaltigkeitskommunikation

Das Konzept der Nachhaltigkeit hat seine Wurzeln in einem Bericht der Weltkommission für Umwelt und Entwicklung der Vereinten Nationen von 1987 mit dem Titel „Our common Future" (Unsere gemeinsame Zukunft). Den Vorsitz führte seinerzeit die ehemalige norwegische Ministerpräsidentin Gro Harlem Brundtland, weshalb sowohl die Kommission als auch der Bericht häufig mit ihrem Namen verbunden wird. Der Bericht beinhaltet eine Definition des Begriffs der „nachhaltige Entwicklung". Darunter werden zum einen eine dauerhafte Entwicklung und zum anderen die Generationsgerechtigkeit verstanden:

> "Sustainable development is development that meets the needs of the present without compromising the ability of future generations to meet their own needs. It contains within it two key concepts: the concept of 'needs', in particular the essential needs of the world's poor, to which overriding priority should be given; and the idea of limitations imposed by the state of technology and social organization on the environment's ability to meet present and future needs. […] Development involves a progressive transformation of economy and society. A development path that is sustainable in a physical sense could theoretically be pursued even in a rigid social and political setting. […] Even the narrow notion of physical sustainability implies a concern for social equity between generations, a concern that must logically be extended to equity within each generation." (United Nations 1987, S. 41)

Die Definition der ökologischen Generationengerechtigkeit wurde Bestandteil aller folgenden internationalen Umweltabkommen. Der Schwerpunkt der Nachhaltigkeitsdebatte lag daher zunächst auf ökologischen Fragestellungen. Hinzu trat das – bereits länger bestehende – Konzept der gesellschaftlichen Verantwortung von Unternehmen (Corporate Social Responsibility). Als begrifflichen Ursprung wird vielfach das 1953 in den USA publizierte Buch „The responsibility of businessmen" von Bowen genannt. In den darauffolgenden Jahren erlebte das Konzept zahlreiche Wendungen und Weiterentwicklungen (einführend Jarolimek 2012), die William Frederick (anstatt vieler: 2006) in vier unterschiedlichen CSR-Phasen und Bezeichnungen abzubilden versuchte. Während CSR 1 (Corporate Social Responsibility) als Ur-Konzept v. a. eine moralische Aufladung unternehmerischen Handelns beinhaltet, wurden mit CSR 2 (Corporate Social Responsiveness) geringe Umsetzbarkeit und fehlende Handlungsanweisungen kritisiert sowie eine generelle Sensibilität für verantwortliches Handeln angemahnt (Frederick 1994). Aus der daraus erwachsenen Unverbindlichkeit entsteht das CSR 3 (Corporate Social Rectitude, Frederick 1986), das stärker normative Anforderungen an Unternehmen stellt und mit dem Konzept der Corporate Social Performance (CSP, Carroll 1979, Kang und Wood 1995, Wood 1991, Wartick und Cochran 1985) vergleichbar erscheint. Fredericks (1998) CSR 4 (Cosmos, Society, Religion) stellt den Versuch dar, Verantwortung im Rahmen von Social Issues in Management (SIM) zu verorten (vgl. Etter und Fieseler 2011; zur Entwicklung des Konzepts vgl. auch die Überblickstexte von Carroll 2008 oder Schultz 2011). Heute findet vor allem die Bezeichnung des Ur-Konzepts „Corporate Social Responsibility", die gesellschaftliche Verantwortung von Unternehmen, Verwendung. In Europa wurde die CSR-Debatte maßgeblich durch das Grünpapier der Europäischen Kommission (2001, 2011) zur unternehmerischen Verantwortung vorangetrieben. Die Definition der Europäischen Kommission kann als ein enge Auslegung von CSR gesehen, wenn das Konzept etwa an Kriterien der Freiwilligkeit und Organisationstätigkeit gekoppelt wird. Ein weite Definition ist in Archie B. Carrolls (1991) Verantwortungspyramide zu finden, bei der das Einhalten gültiger Gesetz und die Erwirtschaftung von Profit bereits als Unternehmensverantwortung gedeutet wird (zur Abgrenzung vgl. Raupp et al. 2011a)

Die gemeinsame Basis für Nachhaltigkeit und CSR bildet die sog. „triple-bottom-line" (Elkington, 1999), die drei Säulen der sozialen, ökologischen und ökonomischen Verantwortung (vgl. Godemann und Michelsen 2011; Jarolimek und Raupp 2011a). Damit wurde das Konzept der Nachhaltigkeit endgültig thematisch erweitert. Für die zunehmende Popularität von Nachhaltigkeitskommunikation können die politisch motivierte „De-Regulierung" (Europäische Kommission 2011) sowie Public-Diplomacy-Prozesse und „Globalisierung" (Scherer et al. 2006) genannt werden. Diese Entwicklung führte in der Wirtschaft zu einer stärkeren (gesellschaftlich eingeforderten) Moralisierung der Unternehmenskommunikation. Diese drückt sich in unterschiedlichen CSR-/Nachhaltigkeitskommunikationsformen aus. Dazu zählen etwa eigene Berichte, Teile der Internetpräsenz, Cause-Related-Marketing- und Volunteering-Aktionen, unterschiedliche Labels und zunehmend auch Werbung (Farache und Perks 2010), um nur einige zu nennen (vgl. grundlegend Godemann und Michelsen 2008; Ihlen et al. 2011; Raupp et al. 2011b).

Der wirtschaftspolitische Ursprung des Konzepts sowie die Verbindung zu CSR machen deutlich, dass der Schwerpunkt des Interesses im Wesentlichen auf der Nachhaltigkeitskommunikation von gewinnorientierten Unternehmen lag. Non-Governmental-Organizations (NGOs) stehen bislang eher selten im Fokus der wissenschaftlichen Betrachtung. Innerhalb der soziologischen, wirtschaftswissenschaftlichen wie auch in der kommunikationswissenschaftlichen Nachhaltigkeits- und Verantwortungsdebatte nehmen die unterschiedlichen Autoren in der organisationstheoretischen Einordnung häufig Bezug auf den Neo-Institutionalismus, um die Mechanismen zu erklären (u. a. Hiß 2005, 2006; Matten und Moon 2008; Raupp 2011a; Wehmeier und Röttger 2011).

4 Organisationstheoretische Begründungen zu Nachhaltigkeitskommunikation von NGOs

Als organisationstheoretische Grundlage dient an dieser Stelle der Neo-Institutionalismus (NI), der in der CSR- und Nachhaltigkeits(kommunikations)forschung breite Anwendung findet. Daneben lassen sich noch weitere Ansätze heranziehen, die Nachhaltigkeit bzw. CSR verdeutlichen und im Rahmen der Beziehung zu NGOs tragfähig erscheinen. Allen voran der Stakeholder-Ansatz, wenn NGOs als zunehmend wichtige Interessengruppe in der Umwelt identifiziert wird. Das Stakeholder-Konzept stößt jedoch mangels analytischer Tiefe recht schnell an seine Grenzen. Zum Teil wurde versucht, durch die Ergänzung der Konzepte der Publics oder der Netzwerke das Beziehungsgeflecht zu präzisieren (u. a. Raupp 2011b). Neben diesen und weiteren, etwa ethischen-normativen oder systemtheoretischen Ansätze (Ihlen et al. 2011; Raupp et al. 2011b) erscheint der NI in der Lage, das Verhältnis aus unterschiedlichen Perspektiven zu erklären. So können die System-Umwelt-Verhältnisse, ihre Erwartungsstrukturen und Institutionalisierungsprozesse beobachtet werden. Im Folgenden sollen zum einen *NGOs als Organisationen* selbst und zum anderen die Betrachtung von *NGOs als institutionelle Umwelt* von politischen Organisationen und Unternehmen betrachtet werden. Im Gegensatz zu den soziologischen Arbeiten soll dabei ergänzend der Blick auf die spezifische Kommunikation von NGOs gelenkt werden. Zum besseren Verständnis werden zunächst die für die Argumentation wesentlichen Begriffe des NI-Ansatzes eingeführt.

4.1 Begriffe der NI-Perspektive

Der Ansatz des Neo-Institutionalismus oder auch Neuer Soziologischer Institutionalismus wurde in den 1970er Jahre vor allem Meyer und Rowan, Powell und DiMaggio, und Zucker erarbeitet (vgl. einführend Hasse und Krücken 2005; zur Organisationskommunikation Sandhu 2012). Die Grundfrage zielt darauf ab, wie es möglich ist, dass bei der Vielzahl existierender Organisationen, diese strukturell gleich sind. Der NI-Ansatz fragt also dezidiert nach der Möglichkeit von Gemeinsamkeiten. Die Grundidee des Ansatzes kann man verkürzt so darstellen: Organisationen übernehmen, um sich zu legitimieren, von der Umwelt institutionalisierte Regeln mit der Funktion von Rationalitätsmythen. Organisationen übernehmen diese Regeln für ihr Handeln, unabhängig von dem Einfluss auf die Effizienz der Organisation (Hasse und Krücken 2005, S. 50f.). Aus diesem Widerspruch von Effizienzerfordernissen und Legitimationsanforderungen kann es zu Dilemmata kommen.

Im Einzelnen werden die Begriffe Legitimation, Isomorphie, Rationalität, organisationales Feld, Dilemmata einführend erläutert.

Attraktivität gewinnt der Ansatz des Neo-Institutionalismus aus kommunikationswissenschaftlicher Perspektive auch dadurch, dass Legitimität auch für die (strategische) Organisationskommunikation als Schlüsselbegriff zu sehen ist (u. a. Hoffjann 2001; Raupp 2011b). Der zentrale Begriff der Legitimität wird meist im Rekurs auf Suchman (1995, S. 574) verstanden als „generalized perception or assumption that the actions of an entity are desirable, proper, or appropriate within some socially constructed system of norms, values, beliefs, and definitions". Innerhalb der organisationalen Felder, d. h. alle gesellschaftlichen Umwelten einer zu untersuchenden Organisation, versuchen alle Organisationen Legitimation zu erreichen. Diese Organisationen, etwa Umweltschutz-NGOs, politische Parteien und Chemieunternehmen, stehen dabei in einem wechselseitigen Legitimationsverhältnis mit unterschiedlichen Interessen. In diesem wechselseitigen Verhältnis kommt es zu Anpassungshandlungen, die zur strukturellen Gleichheit (Isomorphie) führen. DiMaggio und Powell unterscheiden klassischerweise drei Mechanismen der Isomorphie: 1. Zwang, die Angleichung etwa durch Gesetze, 2. Mimetische Prozesse, d. h. Nachahmereffekte, sowie 3. Normativer Druck, moralische bzw. ethische Forderungen der Gesellschaft. Wehmeier und Röttger (2011) nennen in ihrer Analyse von CSR-Kommunikation mit Verweis auf Scott (1995) die ähnlichen Säulen von kognitiven, normativen und regulativen Strukturen.

Als Mythen werden im NI institutionelle Regeln verstanden, die als selbstverständlich erachtet werden und durch die Öffentlichkeit und Gesetze gestützt werden. Besitzt eine Organisation den Mythos des Rationalen, wird dies unhinterfragt angenommen Das Rationale heißt aber nicht, dass die organisationale Struktur gelichzeitig zu mehr Effizienz oder Rationalität führen muss. Hiß (2005, S. 218) nennt als Beispiel für einen solchen Rationalitätsmythos das Total Quality Management, dessen Anwendung Organisationen in der Gesellschaft als modern legitimiert, ohne dass daraus eine tatsächliche Effizienzsteigerung folgen müsste. Den Zusammenhang von institutionalisierten Mythen und dem organisationalen Überleben haben Meyer und Rowan wie folgt dargestellt (vgl. Abb. 1):

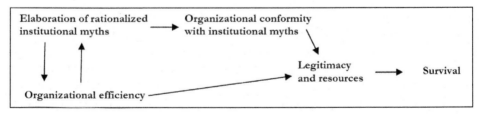

Abb. 1   Institutionalisierte Mythen und „organizational survival"
Quelle: Eigene Darstellung nach Meyer und Rowan 1977, S. 353

Der Begriff des Mythos versucht genau diese Diskrepanz zu erfassen. Diese Diskrepanz kann zu Dilemmata führen, wenn die Legitimation eines profitorientieren Unternehmens durch die Anpassung an gesellschaftliche Mythen mitbestimmt wird. Eine Reaktion darauf ist das De-Coupling bzw. die Entkopplung. Meyer und Rowan (1977) nennen unterschiedliche Strategien der Entkopplung (De-Coupling) der Organisationsstrukturen von den Organisationsaktivitäten. Dies betrifft vor allem die Unterscheidung zwischen formalen Strukturen und informellen Handlungen.

> "Institutionalized organizations protect their formal structures from evaluation on the basis of technical performance: inspection, evaluation, and control of activities are minimized, and coordination, interdependence, and mutual adjustments among structural units are handled informally." (Meyer und Rowan 1977, S. 357)

Das Vertrauen in strukturelle Elemente wird laut Meyer und Rowan durch drei Praktiken aufrechterhalten: Vermeidung („avoidance"), Verschwiegenheit („discretion") und Übersehen („overlooking"). Oliver (1991, S. 152) unterscheidet fünf Strategien und Verhaltensweisen: Billigung („acquiesce"), Kompromiss („compromise"), Vermeidung („avoid"), Trotz („defy") sowie Manipulation („manipulate"). Bezogen auf Nachhaltigkeit wird eine Nachhaltigkeits-/CSR-Fassade errichtet, um gesellschaftliche Legitimation nicht zu verlieren, ohne tatsächliche formale Anpassungen vorzunehmen. Das profitorientierte Unternehmen versucht in diesem Fall die positiv konnotierte CSR-Fassade aufrecht zu erhalten (u. a. Hiß 2005; Meyer und Rowan 1977; Walgenbach 2006).

Im Rahmen des Neo-Institutionalismus lassen sich die Nachhaltigkeit von Organisationen bzw. die Übernahme gesellschaftlicher Verantwortung und deren zunehmende Angleichung mit Mechanismen der Isomorphie (DiMaggio und Powell, 1983) und Strategien von Organisationen gegenüber institutionellen Umwelten (Meyer und Rowan 1977, Oliver 1991) verdeutlichen. Das Mythische beschreibt die Differenz und die Dilemmata zwischen Unternehmensstruktur und positiv konnotierter Nachhaltigkeits-/CSR-Fassade im organisationalen Feld. Aus dieser organisationstheoretischen Perspektive lässt sich die NGO-Kommunikation aus zwei Blickwinkeln beobachten, zum einen aus der Sicht der NGO als Organisation und ihre Eigeninteressen im organisationalen Feld und zum anderen als Umwelt eines Unternehmens als möglicher Legitimationsbeschaffer und -zerstörer.

4.2 NGOs als „Organisationen"

NGOs verkörpern per se „das Gute". NGOs in der Nachhaltigkeitskommunikation erlangen gesellschaftliche Legitimation durch die Benennung von Nachhaltigkeitsproblemen und der Forderung von Lösungen bzw. der Unterbreitung von Lösungsvorschlägen. Weiter erlangen sie eigene Legitimität durch Erzeugen von normativem Druck auf Wirtschaft und Politik. Jenseits der Verfolgung dieser ideellen Ziele wird ihnen ein spezifisches finanzielles Eigeninteresse (meist) nicht unterstellt.

Aus Unternehmenssicht sind NGOs zunächst sekundäre Stakeholder neben den primären (ökonomisch direkte relevanten) wie Kunden, Zulieferer, Gesellschafter usw. (siehe dazu auch

Kapitel 3.3.). Im Falle nationalstaatlicher oder einiger supranationaler Strukturen wie der Europäischen Union sind Regeln für die Unternehmenstätigkeit gesetzlich niedergelegt. Auf einem zunehmend stärker globalen und de-regulierten Markt sind übergreifende Gesetze kaum möglich. Aus dieser Entwicklung heraus wächst die Bedeutung der NGOs für die Gesellschaft und demzufolge auch die Bedeutung als Stakeholder für Unternehmen. Aus der klassischen Managementsicht, in der NGOs lediglich „als randständige Stakeholdergruppe mit einer nur losen und mittelbaren Verbindung zum Kerngeschäft" (Curbach 2008, S. 372) gesehen werden, rücken NGOs nun ins Zentrum der gesellschaftlichen Aufmerksamkeit als „institutioneller Entrepreneur" (Den Hond und De Bakker 2007) oder „ziviler Regulierer" (Hutter 2006). Damit werden Sie zentral für die Legitimation von Unternehmen und deren vielbeschworene „license to operate". Daraus erwächst auch die gesellschaftliche Rollenerwartung an NGOs, Unternehmen zu durchschauen, auf Fehlverhalten aufmerksam zu machen und normativen Druck auszuüben, um Veränderungen herbeizuführen. Dazu nutzen NGOs die Macht ihres Legitimationskapitals (Arenas et al. 2009 nennen daneben mit Bezug zu Habermas auch noch Dialog und Vertrauen als maßgebliche Mechanismen).

Guay et al. (2004, S. 132f.) systematisieren für das Social Responsible Investment (SRI) vier Einflussrollen von NGOs.: 1. *NGOs as Advocates*, als Verteidiger von etwa Pension Funds, 2. *NGOs als Advisor*, als Berater von SRI Funds, 3. *NGOs als Shareholder activism*, als Initiator von Projekte gemeinsam mit Unternehmen, und 4. *NGOs als SRI Fund sponsors*, als Unterstützer von Funds.

Neben diese möglichen Einflussrollen (als Ergänzung zur Systematisierung zu Utting 2005, s. oben) nutzen NGOs vor allem ihre Legitimationsmacht, um via öffentliche Kommunikation Fehlverhalten oder Partnerschaften zu kommunizieren. Dabei tragen gerade das Konkurrenzverhältnis und der Kampf um Aufmerksamkeit im dritten Sektor mit dazu bei, dass die öffentliche Kommunikation aggressiver wird, etwa in der „Nestlé-Palmöl-Krise". Innerhalb der Kommunikation sind unterschiedliche Strategien von Nachhaltigkeitskommunikation sichtbar, um normativen Druck auszuüben und um breite Unterstützung für die eigenen Interessen zu generieren. Curbach (2008, S. 374ff.) nennt Framing, Moralisierung, Skandalisierung und Issue creating.

Beim Framing versuchen NGOs Informationspakete bereitzustellen, die möglichst einfache Ursache-Wirkungs-Zusammenhänge darstellen. Sie „koppeln diese mit normativen Wertungen und moralischen Appellen, nennen Verursacher und Verantwortliche und weisen die von ihnen präferierte Problemlösung aus" (Curbach 2008, S. 374). Durch die Einfachheit soll für das Publikum Ursache, Wirkung, Verantwortlichkeiten, Gute und Böse klar zu unterscheiden sein und Handlungsanweisungen deutlich werden. Das beinhaltet Moralisierung und Scham, Bloßstellen von Unternehmen, etwa bei Greenpeace im Fall Brent Spar, in der Systematisierung von Utting ‚naming and shaming' bzw. Watchdog-Aktivismus, die die Unternehmen überwachen und bei Fehlverhalten öffentlich alarmieren.

Die Extremform der Konfrontation zwischen NGOs und Unternehmen ist der Skandal. Dabei werden u. a. Normverletzungen von (multinationalen) Unternehmen in der westlichen Öffentlichkeit thematisiert, die sich in meist unterregulierten Ländern ereigneten. Dabei kommt es auch zur Vernetzung von NGOs und länderübergreifenden Kampagnen, um die Unternehmen zum Handeln zu zwingen. Damit wird ein Thema erst einmal öffentlich und ein Problembewusstsein entwickelt. Wie die Unternehmen darauf reagieren (können), wird im nächsten Unterkapitel diskutiert.

An dieser Stelle sei noch angemerkt, dass die NGOS, die die eklektische Strategie (Utting 2005) verwenden, immer mehr Gefahr laufen, an eigener Legitimation zu verlieren, wenn etwa NGOs Partnerschaften eingehen, um finanzielle Ressourcen zu akquirieren und die finanziellen Eigeninteressen mit den ideellen kollidieren. Auch bei der Betrachtung von NGOS als Organisationen werden also Dilemmata zwischen der ideellen, guten Fassade, die sie gesellschaftlich legitimiert, und den formalen organisatorischen Strukturen, die finanzielle Ressourcen benötigt, sichtbar.

4.3   NGOs als institutionelle Umwelt

Neben der eigenen Legitimation besitzen NGOs wie mehrfach angedeutet Einfluss auf die Legitimation von Unternehmen und politischen Organisationen. Hier besteht die Rolle der NGOs in der Legitimations(de)konstruktion für Dritte. NGOs entstehen als Interessenvereinigung von Bürger_innen und vertreten innerhalb von (meist) Demokratien sozial- und umweltpolitische Ziele. Je nach Durchsetzungsvermögen reagieren Politik und Wirtschaft darauf. Die Annäherung von Wirtschaft und Dritter Sektor wird auch hier sichtbar, wenn Unternehmen auf Grund gesellschaftlichen/öffentlichen Erwartungsdrucks selbstständig Sozial- und Umweltprojekte durchführen. Die zunehmende Professionalisierung und Ökonomisierung beinhaltet insofern zugleich Chancen und Risiken für NGOs. Generell scheint ein Umdenken im Management von Unternehmen durch den öffentlichen normativen Druck einzusetzen. Sie ändern ihre Sichtweise von einer kurzfristigen finanziellen zu einer langfristigen umweltbezogenen Sichtweise (Jamali und Keshishian 2008, S. 278). Das hat sicherlich auch mit einem politischen Druck zu tun, aber vor allem mit öffentlichen, vielfach im Zusammenhang mit NGO-Kommunikation entstandenen Erwartungen an Unternehmen.

Katharina Bluhm (2008) beschreibt unterschiedliche Erklärungsperspektiven (normative, globalisierungstheoretische und ökonomische Ansätze). Wie auch andere Autoren lenkt sie den Blick ebenfalls auf den NI als maßgeblichen organisationstheoretischen Erklärungsansatz für die Dynamik im organisationalen Feld. Der aus dem NI entliehene Begriff des organisationalen Feldes hat den Vorteil wechselseitige, transnationale Erwartungen von unterschiedlichen Organisationen im Feld aufzunehmen. Bluhm sieht erstens die Legitimation als Grund, warum Unternehmen Nachhaltigkeit als Thema aufnehmen. Zweitens nennt sie den Konformationsdruck, der nicht nur aus Zwang und normativen Druck resultiert, sondern auch durch Imitation (mimetische Prozesse) (Matten und Moon 2008). Wenn eine proaktive Vorreiterrolle zu ökonomischem Gewinn führt, passen sich die Konkurrenten reaktiv an (Haigh und Jones 2007, S. 17). Daher zielen gerade CSR-Rankings auf Imitation ab, indem sie best-practice-Beispiele positiv hervorheben. Daraus folgt drittens, dass Organisationen mit den Anforderungen und Erwartungen der Umwelt unterschiedlich umgehen. So nennt Oliver (1991) zahlreiche Strategien wie etwa Erdulden, Kompromiss, Vermeiden, Trotzen und Manipulieren (s. oben). Durch den Einbezug der unterschiedlichen Strategien von Unternehmen wird „die Dynamik im Feld für CSR über den durch NGOs ausgeübten medialen und zivilgesellschaftlichen Druck dekodierbar" (Bluhm 2008, S. 157). Gewinnorientierte Organisationen nehmen auch deshalb aktiv an der Entwicklung von CSR-Standards teil, um die Standards mit zu definieren. Als Beispiel können die Guidelines für Nachhaltigkeits-/CSR-Berichte der NGO *Global Reporting Initiative* (GRI 2006) angeführt werden. Die GRI nennt als maßgebliches Ziel ihrer Richtlinien „Transparenz". Diese Transparenz wird aber eben nicht erreicht, da erstens ein formales Raster angeboten wird, das Unternehmen lediglich ausfüllen müssen, um als „gutes" Unternehmen honoriert zu werden und zweitens viele Rankings die Kommunikation von CSR-Berichten nicht hinterfragen, sondern lediglich auf professionelle Gestaltung und innere Kohärenz achten (Jarolimek und Raupp 2011b). Nur wenige Rankings wie der *Dow Jones Sustainability Index* beziehen in geringem Maße etwa die Medienberichterstattung mit ein. Diese nivellierende Tendenz bzw. das Auseinanderfallen von CSR-Engagement und CSR-Kommunikation sieht auch Bluhm. Sie schlussfolgert, dass mit zunehmender Standardisierung und Kanonisierung „auch die Neigung zum zeremoniellen Konformismus [steigt] – eine nach außen betonte, demonstrative Erfüllung institutionalisierter Erwartungen, bei der nicht sicher ist, ob sie auch organisationsintern umgesetzt wird" (Bluhm 2008, S. 158). Im organisationalen Feld werden so von Unternehmen und NGOs gemeinsam Regeln institutionalisiert, denen – wie hier angedeutet – das Unternehmen mit der Strategie der Entkopplung entgegnet, also der Entsprechung der Umwelterwartungen bei Beibehaltung der formalen organisationsinternen Strukturen, was vielfach mit Begriffen wie CSR-Fassade, Green-, Blue- oder Whitewashing kritisiert wurde (vgl. hierzu a. Curbach 2008, S. 377).

Den Hond und De Bakker (2007) haben diesen Prozess der De- und Re-Institutionalisierung beschrieben und in diesem Zusammenhang auch Taktiken im institutionellen Wandel und den möglichen Schaden und Gewinn (damage and gain) für Unternehmen in der Beziehung mit NGOs nachgezeichnet. Auch diese Autoren beziehen sich auf die NI-Perspektive und das organisatorische Feld. Explizit beziehen sie sich auf ‚field frames' und wie die Akteure darin agieren. „Field frames provide order and stability in an organizational field, since they comprise the technical, legal or market standards that define the normal modes of operation within that specific field. [...] Some actors in the field, including activist groups, thus try to influence field frames, turning the field into an area of power relations." (Den Hond und De Bakker 2007, S. 905) Den Institutionalisierungsprozess im organisationalen Feld zeichnen die Autoren wie folgt nach: Sie gehen von einem institutionalisierten Stand des Unternehmens (Firm 1) im organisationalen Feld zu einem Zeitpunkt x aus. Danach wird moralische Legitimität von einer NGO bzw. Aktivisten infrage gestellt. Das Level von Regeln und Normen sinkt herab, der Rahmen wir durchlässig – als De-Institutionalisierung von Firm 1. Zeitgleich wird mit ‚theoretization' die Begründung einer abstrakten Lösung ausgehandelt (potentielles Verhalten, Anwendbarkeit und Nützlichkeit usw.), die dann mit der Bestätigung der moralischen und pragmatischen Legitimation durch die Aktivität der NGO umgesetzt wird. Dies führt zur Re-Institutionalisierung (Firm 2) und einem wieder erhöhten Level der Institutionalisierung. Diese Skizze ist idealtypisch angelegt. Nicht ausgeschlossen ist, dass Firm 1 und 2 zeitweilig koexistieren und dass Sedimente von Firm 1 in 2 überleben. Das organisationale Feld muss sich aber dadurch nicht beruhigen. So wurde etwa der *WWF*, der Sponsoren erlaubt ihr Logo zu nutzen, von radikaleren Gruppen heftig kritisiert (Den Hond und De Bakker 2007, S. 908; vgl. Kap 4)

Den Hond und De Bakker haben den Prozess der De- bzw. Re-Institutionalisierung modellhaft und idealtypisch dargestellt. Keck und Sikink (1998) unterscheiden ebenso idealtypisch vier Einfluss- und Erfolgsstufen, die NGOs erreichen können. Dem vorgelagert nennt Curbach (2008, S. 376) zunächst die Reaktion von Unternehmen, Widerstand gegen den NGO-Druck auszuüben (Waddell 2004) durch Ignorieren, Ableugnen oder Gegendarstellungen (theoretisch erneut Oliver 1991). Unternehmen können zudem auch die öffentliche Legitimationsmacht von NGOs nutzen, wenn sie vermeintliche Bürgerinitiativen künstlich erschaffen, um so Erwartungen in der Gesellschaft zu schüren oder ihnen entgegenzuwirken – neudeutsch: Astroturfing (Irmisch 2011). Beispiele, etwa aus der Pharmabranche, zeigen die Schwierigkeiten sowohl für die Gesellschaft allgemein als auch für die Forschung diese trennscharf zu unterscheiden (Jarolimek et al. 2010). Dies bedeutet zunächst einen Rückschlag für andere, natürlich gewachsene Bürgerinitiativen und im Extremfall kein Erfolg. Keck und Sikkink nennen als Erfolgsstufen für NGOs: 1. *issue creation and agenda setting*, NGOs schaffen ein Problembewusstsein und setzten damit ein Problem auf die unternehmenspolitische, aber auch mediale Agenda, 2. *influence on discursive positions*, Unternehmen verändern ihr Position im Diskurs passen sich oberflächlich an, 3. *influence in institutional procedures, influence on policy change*, Unternehmen verändern ihre „policy", schaffen Nachhaltigkeits-Leitlinien, engagieren sich bei anderen Organisationen etc., und 4. *influence on behavior* bedeutet, dass ein Unternehmen nicht nur ein „Fassade" aufbaut, sondern organisationale Prozesse und Strukturen verändert, und somit Nachhaltigkeit weitgehend implementiert, „lebt" und Verhaltensveränderungen habitualisiert (Curbach 2008, S. 376f.).

Die letzte „Erfolgsstufe" wird nur selten erreicht, wenn man den CSR-Kritikern Glauben schenken darf. Zudem fällt es schwer, dies empirisch stichhaltig zu überprüfen (zur Kritik vgl. Jarolimek und Raupp 2011b). Vielfach bleibt es bei Kampagnen, gemeinsame Aktionen und Partnerschaften, was wiederum zu eigenen Legitimationsrisiken und Nachhaltigkeitsproblemen der NGOs führen kann, wenn etwa NGOs strategische Allianzen mit Unternehmen eingehen, deren Ruf den Zielen der NGOs und den Werten und Normen der Stakeholder der NGOs entgegenstehen – ein Geben und Nehmen.

5   Partnerschaften und strategische Allianzen.
Vom Geben und Nehmen

5.1   Idealtypen der NGO-Unternehmen-Partnerschaften

Janina Curbach identifiziert drei Idealtypen der Partnerschaften. So gibt es, *erstens*, NGOs
die gegen finanzielle Unterstützung ihr Logo zur Verfügung stellen. Das vielfach zitierte
Parade-Beispiel ist die Regenwald-Aktion der Brauerei *Krombacher.* Diese Cause-Rela-
ted-Marketing-Kampagne wirbt mit dem Logo des *WWF* und überweist pro verkaufter
Flasche Bier einen bestimmten Betrag an ihn. „NGOs werden in dieser Art von Sponsoring
Partnerschaft auf eine Rolle des Legitimierers reduziert, weil sie Legitimationskapital im
öffentlichen Tausch gegen finanzielle Ressourcen investieren, ohne ihrem Kooperations-
partnergegenüber weitreichende subpolitische Forderungen durchsetzen zu können."
(Curbach 2008, S. 380) Als *zweite Art* nennt Curbach die Rolle von NGOs als Dienstleister
und Hilfssheriff. Dabei erbringt die NGO Dienstleistungen für das Unternehmen. Auch
hier investiert die NGOs Legitimationskapital, indem sie für das Unternehmen die Rolle des
außenstehenden, autonomen Kontrolleurs einnimmt. Daneben hat die NGO aber auch die
Möglichkeit, Einfluss zu nehmen, etwa Nachhaltigkeitsstandards zu überwachen oder zu
verändern, Forderungen durchzusetzen. Als *dritte Art* der Partnerschaften nennt Curbach
das „friedliche Miteinander" im Rahmen von Multi-Stakeholder-Dialogen in Public-Private
Partnerships „Hier arbeiten NGOs und Unternehmen in sektorenübergreifenden Regelset-
zungsprojekten an der Verhandlung, Entwicklung ,Implementierung und Zertifizierung
von Sozial- und Umweltstandards." (ebd.) Beispiele sind etwa Zusammenschlüsse wie der
Forst Stewardship Council (FSC) zur globalen Holzzertifizierung.

Derzeit werden diese Partnerschaften als Errungenschaft gesehen, die in einem schwer
zu regulierenden Markt zu einheitlichen Standards führen können, aber für die NGOs
kann durch die Rolle des Legitimierers für Dritte zu einem eigenen Legitimationsrisiko
führen. Die Beispiele des *WWF* und der *Susan G. Komen-Stiftung* (pink ribbon) sollen dies
Probleme, gerade in der Kommunikation, verdeutlichen.

5.2   Beispiel WWF – World Wide Fund for Nature

Der *World Wide Fund for Nature* (WWF) wird häufig als Beispiel für NGO-Kommunikation herangezogen (u. a. Bruhn 2010; Crane 2000; Curbach 2008; Den Hond und De
Bakker 2007; Waddell 2004) und dabei sehr unterschiedlich bewertet. Für den Bereich der
Professionalisierung nennt Bruhn (2010, S. 117) den *WWF* als best practice-Beispiel für
integrierte Kommunikation. Vielfach wird jedoch der *WWF* für seine Sponsorship-Part-
nerschaften kritisiert. Sponsoring-Partnerschaften werden als Herausforderung für den
gesamten NGO-Bereich gesehen (van Huijstee et al. 2011). Crane (2000) zeigt in seiner,
bereits etwa älteren Studie den „clash" der unterschiedlichen Organisationskulturen von
NGO und Unternehmen. Er beschreibt unterschiedliche Perspektiven des Verhältnisses

von *WWF* und Unternehmen. Im Interview mit Unternehmensvertretern wird deutlich, wo diese die Vorteile der Partnerschaft sehen. Das Unternehmen wächst besser mit grünen Themen und die NGO gewöhnt sich an den wirtschaftlichen Denkansatz.

> "'[The WWF] have very idealistic objectives... but my immediate director... encourages me to take the line of: 'try to teach them how to be commercially minded!' [laughs]. And they are, they are! They are beginning to understand. And I think deep down they understand where we are coming from. But of course they can't be seen to be changing camps—they've got to be idealistic to drive it forward' (planning manager, corporate partner)." (Crane 2000, S. 175)

Aus diesen Interviews wurde auch die Akzeptanz von beiden Seiten deutlich, dass zu viel Anpassung die Stärke von beiden Partnern schaden könne, einerseits der Wirtschaftsmacht von Unternehmen, andererseits aber auch der Glaubwürdigkeit der NGO (Crane 2000, S. 175). Die Gefahren der Partnerschaft sind also keineswegs neu. Schmitt und Röttger (2011, S. 183f.) betonen, dass eine Sozial- oder Umweltkampagne umso glaubwürdiger sei, je eher der Rezipient einen Zusammenhang zwischen Marke und NGO herstellen könne, also etwa zwischen Bärenmarke und dem *WWF* zum Schutz der Braunbären in den Alpen, aber eben nicht zwischen *Krombacher* und dem *WWF* zum Schutz des Regenwaldes. Die Wahl des Partners betrifft im Umkehrschluss nicht nur die Glaubwürdigkeit des Unternehmens, sondern auch die der NGO. Das folgende Beispiel der „Rosa Schleife" zeigt die weitreichenden Folgen der falschen Partnerwahl.

5.3   Beispiel *Susan G. Komen-Stiftung*: vom Pink Ribbon zur „Pink Fatigue"

Die *Susan G. Komen-Stiftung* ist eine NGO mit dem Markenzeichen pink ribbon (rosa Schleife). Ziel der pink ribbon-Aktionen ist es, Aufmerksamkeit für das Thema Brustkrebs zu schaffen durch Prävention, Vorsorge und Früherkennung von Brustkrebs, Erforschung der Krankheit, Heilmittel zu entwickeln bzw. weiterzuentwickeln, und mehr Aufmerksamkeit für die Thematik in der Öffentlichkeit zu schaffen. Um für diese Vorhaben finanzielle Ressourcen und öffentliche Aufmerksamkeit zu generieren, hat die *Susan G. Komen-Stiftung* zahlreiche Allianzen mit Unternehmen realisiert, etwa durch Cause-Related-Marketing-Aktionen mit nachvollziehbaren Produkten wie Mode- und Schmuckartikel. Eigentlich eine win-win-Situation: Das Unternehmen übernimmt Verantwortung, die NGO bekommt durch Allianzen Aufmerksamkeit, Einfluss und finanzielle Ressourcen. Das Beispiel der *Susan G. Komen-Stiftung* gegen Brustkrebs zeigt jedoch, dass ein „Zuviel des Guten" in Form von rosa Schleifen auf Produkten und gemeinsam mit den falschen Partnern zwar hohe Geldsummen einspielt, aber auch negativ auf die Reputation der NGO zurückfällt. So konnte man in den USA die pink ribbons überall finden, auf Mobiltelefonen, Autos oder auch ganze Flugzeuge (*Delta* und *American Airlines*). Vor allem die Liaison mit *Kentucky Fried Chicken* sorgte für Unmut in der Öffentlichkeit. Der Vertrag mit *Kentucky Fried Chicken* war der finanziell lukrativste für die Stiftung (O'Connor und Phillips 2011). Das

Unternehmen warb mit der Schleife und dem Slogan „Buckets for the Cure". In Foren wurde kritisiert, dass die mit frittierten Hühnchenteilen gefüllten Pappeimer wohl kaum zur Prävention oder zur Heilung von Krebserkrankungen beitragen. Die wahllos auf einer Vielzahl von Produkten angehefteten pink ribbons führte zu einer „pink fatigue", einer Ermüdung, wie O'Connor und Phillips (2011) in ihrer Studie feststellten. Dies führte zu einem Verlust von Glaubwürdigkeit und Legitimation der NGO (vgl. a. Hollstein 2008). Expressis verbis formuliert *Breast Cancer Action Germany* die Kritik auf Ansteck-Buttons: „Nein! Brustkrebs ist eine Krankheit und keine günstige Gelegenheit für Marketing."

6   Fazit und Ausblick

Das Thema der Nachhaltigkeitskommunikation wurde bislang meist nur für Unternehmen beschrieben. Im vorliegenden Beitrag werden Konzepte der Nachhaltigkeitskommunikation mit den Bedingungen des Dritten-Sektors verbunden und darüber hinaus organisationtheoretisch verortet. Zentral erscheint hierbei die Doppelrolle im Alltag der NGOs, die es Unternehmen aber auch der Öffentlichkeit schwer macht, den NGO-Druck zu akzeptieren bzw. zu legitimieren. „On the one hand, they companies as targets of criticism and blame, and on the other, as a source of funding." (Arenas et al. 2009, S. 184). Einerseits benötigen NGOs wegen den Veränderungen im Dritten Sektor (steigende Konkurrenz, Ökonomisierung) eine Professionalisierung, gerade in dem umkämpften Feld der Nachhaltigkeit, um auch finanzielle Mittel für Kampagnen und andere öffentlichkeitswirksame Aktionen durchführen zu können. Dies birgt jedoch die Gefahr des Verlustes der Legitimationsmacht und der Glaubwürdigkeit, die NGOs auch gerade im Journalismus besitzen (Arenas et al. 2009, S. 183). Dabei kann ein Zuviel des Guten in Form von nicht nachvollziehbaren Partnerschaften hinderlich sein, aber auch eine konfrontative anti-business-Haltung.

Für die Unternehmen besteht beim Thema Nachhaltigkeit immerzu das Problem, nachweisen zu müssen, dass sie kein Greenwashing betreiben, also keine kommunikative Nachhaltigkeitsfassade aufbauen, die in den organisationalen Strukturen nicht umgesetzt werden. Die CSR-/Nachhaltigkeits-Ratings- und Rankings auf Basis der Richtlinien der NGOs wie GRI sind dabei ein Indikator, neigen jedoch auch zum ‚zeremoniellen Konformismus'. Unternehmen wie auch NGOs haben in der Nachhaltigkeitskommunikation ein Glaubwürdigkeits- und Transparenzproblem. Auch wenn NGOs und andere in einem organisationalen Feld sich über die Zeit hinweg verändern und sich andere nachhaltige Sichtweisen herausbilden, wird das Erbe des gegenseitigen Misstrauens zwischen NGOs, Unternehmen und Öffentlichkeit nicht einfach verschwinden (vgl. Arenas et al. 2009, S. 191; auch Bentele und Nothhaft 2011).

Literatur

Anheier, H. K., Priller, E., Seibel, W., Zimmer, A. (2007). Der Nonprofit Sektor in Deutschland. In C. Badelt, M. Meyer, & R. Simsa (Hrsg.), *Handbuch der Nonprofit Organisationen* (S. 17-39). Stuttgart: Schäffer-Poeschel.

Arenas, D., Lozano, J. M., Albareda, L. (2009). The Role of NGOs in CSR: Mutual Perceptions Among Stakeholders. *Journal of Business Ethics* 88, 175-197.

Badelt, C., Meyer, M., Simsa, R. (2007). Ausblick: Entwicklungsperspektiven des Nonprofit Sektors. In C. Badelt, M. Meyer, & R. Simsa (Hrsg.), *Handbuch der Nonprofit Organisationen* (S. 620-642). Stuttgart: Schäffer-Poeschel.

Bentele, G., Nothhaft, H. (2011). Vertrauen und Glaubwürdigkeit als Grundlage von Corporate Social Responsibility: Die (massen-)mediale Konstruktion von Verantwortung und Verantwortlichkeit. In J. Raupp, S. Jarolimek, & F. Schultz (Hrsg.), *Handbuch CSR. Kommunikationswissenschaftliche Grundlagen, disziplinäre Zugänge und methodische Herausforderungen. Mit Glossar* (S. 45-70). Wiesbaden: VS Verlag.

Bluhm, K. (2008). Corporate Social Responsibility. Zur Moralisierung der Unternehmen aus soziologischer Perspektive. In A. Maurer, & U. Schimank (Hrsg.), *Die Gesellschaft der Unternehmen – die Unternehmen der Gesellschaft* (S. 144-163). Wiesbaden: VS Verlag.

Boli, J., Thomas, G. M. (1999). *Constructing World Culture. International Nongovernmental Organizsation since 1875*. Stanford: Stanford University Press.

Bowen, H. R. (1953). *Social Responsibilities of the Businessmen*. New York: Harper.

Bruhn, M. (2010). Integrierte Verbandskommunikation. In O. Hoffjann, R. Stahl (Hrsg.), *Handbuch Verbandskommunikation* (S. 111-133). Wiesbaden: VS Verlag.

Carroll, A. B. (1979). A Three-dimensional Conceptual Model of Corporate Performance. *Academy of Management Review* 4(4), 497-565.

Carroll, A. B. (1991). The Pyramid of Corporate Social Responsibility: Toward the Moral Management of Organizational Stakeholders. *Business Horizons* 34, 39-48.

Carroll, A. B. (2008). A History of Corporate Social Responsibility. Concepts and Practices. In: A. Crane, A. McWilliams, D. Matten, J. Moon, D. S. Siegel (Hrsg.), *The Oxford Handbook of Corporate Social Responsibility* (S. 19-46). Oxford: Oxford University Press.

Crane, A. (2000). Culture Clash and Mediation. Exploring the Cultural Dynamics of Business-NGO collaboration. In J. Bendell (Hrsg.), *Terms for Endearment: Business, NGOs and Sustainable Development* (S. 163-177). Sheffield: Greenleaf.

Curbach, J. (2008). Zwischen Boykott und CSR. Eine Beziehungsanalyse zu Unternehmen und NGOs. *zfwu* 9(3), 368-391.

Curbach, J. (2009). *Die Corporate-Social-Responsibility-Bewegung*. Wiesbaden: VS Verlag.

Den Hond, F., De Bakker, F. G. A. (2007). Ideologically Motivated Activism: How Activist Groups Influence Corporate Social Change Activities. *Academy of Management Review* 32(3), 901-924.

DiMaggio, P. J., Powell, W. W. (1983). The Iron Cage Revisited: Institutional Isomorphism and Collective Rationality in Organizational Fields. *American Sociological Review* 48, 147-160.

Elkington, J. (1999). *Cannibals with Forks: The Triple Bottom Line of 21st Century Business*. London: New Society.

Enderle, G., Peters, G. (1998). *A Strange Affair? The Emerging Relationship between NGOs and Transnational Companies*. London: PriceWaterhouse/University of Notre Dame.

Etter, M., C. Fieseler (2011). Die Ökonomie der Verantwortung – eine wirtschaftswissenschaftliche Perspektive auf CSR. In J. Raupp, S. Jarolimek, F. Schultz (Hrsg.), *Handbuch CSR. Kommunikationswissenschaftliche Grundlagen, disziplinäre Zugänge und methodische Herausforderungen. Mit Glossar* (S. 269-280). Wiesbaden: VS Verlag.

Europäische Kommission (2001) Europäische Rahmenbedingungen für die soziale Verantwortung der Unternehmen. Grünbuch. http://ec.europa.eu/employment_social/publications/2001/ke3701590_de.pdf. Zugegriffen: 20. August 2008.

Europäische Kommission (2011) Eine neue EU-Strategie (2011-14) für die soziale Verantwortung der Unternehmen (CSR). Mitteilung der Kommission an das europäische Parlament, den Rat, den europäischen wirtschafts- und Sozialausschuss und den Ausschuss der Regionen. http://ec.europa.eu/enterprise/policies/sustainable-business/files/csr/new-csr/act_de.pdf. Zugegriffen: 5. Dezember 2011.

Farache, F., Perks, K. J. (2010). CSR advertisements: A legitimacy tool? *Corporate Communications. An International Journal*, 15(3), 235-248.

Frederick, W. C. (1986). Toward CSR3: Why ethical Analysis is Indispensable and Unavoidable in Corporate Affairs. *California Management Review* 28(2), 126-141.

Frederick, W. C. (1994). From CSR1 to CSR2: The Maturing of Business-and-Society Thought. *Business & Society* 33(2), 150-164.

Frederick, W. C. (1998). Moving to CSR4. What to Pack for the Trip. *Business & Society* 37(1), 40-59.

Frederick, W. C. (2006). *Corporation, be Good! The Story of Corporate Social Responsibility*. Indianapolis: Dog Ear.

Godemann, J., Michelsen, G. (2008) (Hrsg.), *Handbuch Nachhaltigkeitskommunikation*. München: oekom.

Godemann, J., Michelsen, G. (2011). Nachhaltigkeit kommunizieren: eine konzeptionelle Rahmung. *MedienJournal* 35 (1), 4-15.

GRI (Global Reporting Initiative) (2006). Leitfaden zur Nachhaltigkeitsberichterstattung. Version 3.0. http://www.globalreporting.org/NR/rdonlyres/B77474D4-61E2-4493-8ED0-D4AA-9BEC000D/2868/G3_LeitfadenDE1.pdf. Zugegriffen: 14. April 2010.

Guay, T., Doh, J. P., G. Sinclair (2004). Non-Governmental Organizations, Shareholder Activism, and Socially Responsible Investments: Ethical, Strategic, and Governance Implications. *Journal of Business Ethics* 52, 125-139.

Haigh, M., Jones, M. T. (2007). A Critical Review of Relations between Corporate Responsibility Research and Practice. *Electronic Journal of Business Ethics and Organization Studies* 1, 16-28.

Hasse, R., Krücken, G. (2005). *Neo-Institutionalismus*. Bielefeld: transcript.

Hiß, S. (2005). Durch Reden zum Handeln?! Zur Rolle freiwilliger Unternehmensinitiativen bei der Verbreitung von Sozialstandards. *zwfu* 6(2), 215-230.

Hiß, S. (2006). *Warum übernehmen Unternehmen gesellschaftliche Verantwortung: Ein soziologischer Erklärungsversuch*. Frankfurt/Main: Campus.

Hoffjann, O. (2001). *Journalismus und Public Relations. Ein Theorieentwurf der Intersystembeziehungen in sozialen Konflikten*. Wiesbaden: Westdeutscher Verlag.

Hofmann, M. L. (2008). *Mindbombs. Was PR und Werbung von Greenpeace & Co. lernen können*. Paderborn: Wilhelm Fink.

Hollstein, B. (2008). Mythos NGO? Vom Geben und Nehmen hochlegitimer transnationaler Akteure. *zwfu* 9(3), 392-395.

Horak, C., Matul, C., Scheuch, F. (2007). Ziele und Strategien von NPOs. In C. Badelt, M. Meyer, R. Simsa (Hrsg.), *Handbuch der Nonprofit Organisationen* (S. 178-201). Stuttgart: Schäffer-Poeschel.

Ihlen, Ø., Bartlett, J., May, S. (2011)(Hrsg.), *The Handbook of Communication and Corporate Social Responsibility*. Chichester: Wiley-Blackwell.

Irmisch, A. (2011) *Astroturf. Eine neue Lobbyingstrategie in Deutschland?* Wiesbaden: VS Verlag.

Jamali, D., Keshishian, T. (2008). Uneasy Alliances: Lessons Learned from Partnerships between Businesses and NGOs in the context of CSR. *Journal of Business Ethics* 84, 277-295.

Jarolimek, S. (erscheint 2014). CSR-Kommunikation: Zielsetzungen und Erscheinungsformen. In A. Zerfaß, M. Piwinger (Hrsg.), *Handbuch Unternehmenskommunikation. Strategie – Management – Wertschöpfung. 2., völlig überarb. u. aktual. Aufl.* Wiesbaden: Springer Gabler.

Jarolimek, S., Dubowicz, A., Greyer, J., Kunkel, J., Obst, R., Sängerlaub, A., Schink, C., Thobaben, T., Vogt, M. (2010). Öffentliches und Geheimes. Die Berichterstattung über die flächendeckende Schweinegrippeimpfung. *Publizistik* 55(4), 405-425.

Jarolimek, S., Raupp, J. (2011a). Verantwortung und Nachhaltigkeit in Theorie und Empirie. Eine Synopse des Forschungsstands und Anschlussmöglichkeiten für die Kommunikationswissenschaft. *MedienJournal* 35(1), 16-29

Jarolimek, S., Raupp, J. (2011b). Zur Inhaltsanalyse von CSR-Kommunikation. Materialobjekte, methodische Herausforderungen und Perspektiven. In J. Raupp, S. Jarolimek, F. Schultz (Hrsg.), *Handbuch Corporate Social Responsibility. Kommunikationswissenschaftliche Grundlagen, disziplinäre Zugänge und methodische Herausforderungen. Mit Glossar* (S. 499-518). Wiesbaden: VS Verlag.

Jarolimek, S. (2012). CSR-Kommunikation. Begriff, Forschungsstand und methodologische Herausforderungen. *uwf* 19, 135-141.

Kang, Y.-C., Wood, D. J. (1995). Before-Profit Social Responsibility: Turning the Economic Paradigm Upside Down. In D. Nigh, D. Collins (Hrsg.), *Proceedings of the 6th Annual Meeting of the International Association for Business and Society (IABS)* (S. 408-418). Wien.

Keck, M. E., Sikkink, K. (1998). *Activists Beyond Borders. Advocacy Networks in International Politics.* Ithaca, London: Cornell University Press.

Matten, D., Moon, J. (2008). 'Implicit' and 'Explicit' CSR: A conceptual framework for a comparative understanding of corporate social responsibility. *Academy of Management Review* 33(2), 404-424.

Meyer, J., Rowan, B. (1977). Institutionalized organizations: Formal structures as myth and ceremony. *American Journal of Sociology* 83, 340-363.

O'Connor, A., Phillips, A. (2011). A Consumption Conundrum: Millennials perceptions of pink ribbons. *Proceedings of the 1. CSR-Communication Conference in Amsterdam.* Amsterdam.

Oliver, C. (1991). Strategic Responses to Institutional Processes. *The Academy of Management Review* 16 (1), 145-179.

Pleil, T. (2007). Zuhören und Multiplikatoren gewinnen. Nonprofit-PR: Öffentliche Debatten als Herausforderung. *Stiftungs-Welt* 4, 6-7.

Raupp, J. (2011a). Die Legitimation von Unternehmen in öffentlichen Diskursen. In J. Raupp, S. Jarolimek, F. Schultz (Hrsg.), *Handbuch Corporate Social Responsibility. Kommunikationswissenschaftliche Grundlagen, disziplinäre Zugänge und methodische Herausforderungen. Mit Glossar* (S. 97-114). Wiesbaden: VS Verlag.

Raupp, J. (2011b). The concept of stakeholders and its relevance for corporate social responsibility communication. In Ø. Ihlen, J. Bartlett, S. May (Hrsg.), *The Handbook of Communication and Corporate Social Responsibility* (S. 276-294). Chichester: Wiley-Blackwell.

Raupp, J., Jarolimek, S., Schultz, F. (2011a). Corporate Social Responsibility als Gegenstand der Kommunikationsforschung. Einleitende Anmerkungen, Definitionen und disziplinäre Perspektiven. In J. Raupp, S. Jarolimek, F. Schultz (Hrsg.), *Handbuch Corporate Social Responsibility. Kommunikationswissenschaftliche Grundlagen, disziplinäre Zugänge und methodische Herausforderungen. Mit Glossar* (S. 9-18). Wiesbaden: VS Verlag.

Raupp, J., Jarolimek, S., Schultz, F. (2011b)(Hrsg.), *Handbuch Corporate Social Responsibility. Kommunikationswissenschaftliche Grundlagen, disziplinäre Zugänge und methodische Herausforderungen. Mit Glossar.* Wiesbaden: VS Verlag.

Sandhu, S. (2012). *Public Relations und Legitimität: Der Beitrag des organisationalen Neo-Institutionalismus für die PR-Forschung.* Wiesbaden: Springer VS.

Scherer, A. G., Palazzo, G., Baumann, D. (2006). Global rules and private actors: Toward a new role of the transnational corporation in global governance. *Business Ethics Quarterly* 16(4), 505-532.

Schmitt, J., Röttger, U. (2011). Corporate Responsibility-Kampagnen als integriertes Kommunikationsmanagement. In J. Raupp, S. Jarolimek, F. Schultz (Hrsg.), *Handbuch Corporate Social Responsibility. Kommunikationswissenschaftliche Grundlagen, disziplinäre Zugänge und methodische Herausforderungen. Mit Glossar* (S. 173-187). Wiesbaden: VS Verlag.

Schneider, J., Minnig, C., Freiburghaus, M. (2007). *Strategische Führung von Nonprofit-Organisationen*. Bern: UTB.

Scott, W. R. (1995). *Institutions and organizations*. Thousand Oaks, CA: Sage.

Stickler, A. (2005). *Nichtregierungsorganisationen, soziale Bewegungen und Global Governance*. Bielefeld: transcript.

Suchman, M. C. (1995). Managing Legitimacy: Strategic and Institutional Approaches. *Academy of Management Review* 20(3), 571-610.

Take, I. (2002). *NGOs im Wandel. Von der Graswurzel auf das diplomatische Parkett*. Wiesbaden: Westdeutscher Verlag.

United Nations (1987). Our common future. http://www.un-documents.net/our-common-future. pdf. Zugegriffen: 14. September 2012.

Utting, P. (2005). Corporate Responsibility and the Movement of Business. *Development in Practice* 15(3-4), 375-388.

van Huijstee, M., Pollock, L., Glasbergen, P., Leroy, P. (2011). Challenges for NGOs Partnering with Corporations: WWF Netherlands and the Environmental Defense Fund. *Environmental Values*, 20 (1). 43-74.

Waddell, S. (2004). NGO Strategies to Engage Business: Trends, Critical Issues and Next Steps. http://networkingaction.net/wp-content/uploads/files/NGOCaucusReportMarch2004.pdf. Zugegriffen: 18. September 2012.

Walgenbach, P. (2006). Neoinstitutionalistische Ansätze in der Organisationstheorie. In A. Kieser, M. Ebers (Hrsg.), *Organisationstheorien* (S. 343-402). Stuttgart: Kohlhammer.

Wartick, S. L., Cochran, P. I.. (1985). The Evolution of the Corporate Social Performance Model. *Academy of Management Review* 10(4), 758-769.

Wehmeier, S., Röttger, U. (2011). Zur Institutionalisierung gesellschaftlicher Erwartungshaltungen am Beispiel von CSR. Eine kommunikationswissenschaftliche Skizze. In T. Quandt, B. Scheufele (Hrsg.), *Ebenen der Kommunikation: Mikro-Meso-Makro-Links in der Kommunikationswissenschaft* (S. 195-216). Wiesbaden: VS Verlag.

Wood, D. J. (1991). Corporate Social Performance Revisited. *Academy of Management Review* 16, 691-718.

NGO-Kampagnen

Ralf Spiller

Zusammenfassung

Kampagnen gehören zu den wichtigsten Instrumenten von NGOs, um ihre Ziele zu erfüllen: breite Öffentlichkeiten zu mobilisieren und Druck auf Politik und Wirtschaft auszuüben. Vorliegend soll das Feld der NGO-Kampagnen genauer beschrieben und der aktuelle Forschungsstand zu Entwicklungen, Strategien, Praxen und Instrumenten von NGO-Kampagnen dargelegt werden.

1 Einleitung und Definition

NGOs haben in den letzten Jahrzehnten einen Bedeutungszuwachs erfahren. Immer mehr von ihnen haben sich als wichtige und ernst zu nehmende politische Kraft auf nationalem und internationalem Parkett etabliert (Keck und Sikkink 1998: 1, 6; Speth 2013b: 8). Entsprechend nahm auch die wissenschaftliche Beschäftigung mit ihnen und ihrem Kommunikationsverhalten zu (z. B. Voss 2007; Riemer 2009). Kern ihrer Kommunikationsaktivitäten sind Kampagnen, die insbesondere in den letzten Jahren genauer untersucht worden sind (vgl. u. a. Buchner et al. 2005; Speth 2007; Baringhorst et al. 2010; Graf von Bernstorff 2012; Speth 2013a).

Kommunikationskampagnen werden von unterschiedlichen wissenschaftlichen Disziplinen wie Soziologie, Politologie, Psychologie und anderen untersucht und dabei in der Regel innerhalb des eigenen Fachkontextes definiert. Vorliegend soll eine kommunikationswissenschaftliche Definition als Leitlinie dienen. Danach sind Kampagnen „dramaturgisch angelegte, thematisch begrenzte, zeitlich befristete kommunikative Strategien zur Erzeugung öffentlicher Aufmerksamkeit, die auf ein Set unterschiedlicher kommunikativer Instrumente und Techniken – werbliche Mittel, marketing-spezifische Instrumente und klassische PR-Maßnahmen – zurückgreifen" (Röttger 2006: 9f).

© Springer Fachmedien Wiesbaden GmbH 2018
N. Remus und L. Rademacher (Hrsg.), *Handbuch NGO-Kommunikation*,
https://doi.org/10.1007/978-3-531-18808-9_7

Durch das Internet und soziale Netzwerke haben sich neue Möglichkeiten der Kampagnenführung ergeben. Mit geringen finanziellen Mitteln und dem Einsatz geeigneter Online-Tools können bereits von einer Person oder einer kleinen Gruppe schlagkräftige Kampagnen entwickelt und durchgeführt werden.

2   Arten von NGO-Kampagnen

Abhängig von den Zielen einer Organisation gibt es Kampagnen mit unterschiedlichen Schwerpunkten, so z. B. Aktionskampagnen, Lobbyingkampagnen, Fundraisingkampagnen etc. Die Konzeption von NGO-Kampagnen unterscheidet sich nicht grundlegend von Kampagnen anderer Institutionen. Nach der Auswahl eines geeigneten Kampagnenthemas gilt es das Problem genau zu analysieren, Zielgruppen festzulegen, Ziele und eine Strategie zu definieren sowie die entsprechenden Botschaften zu kreieren und passende Medienkanäle auszuwählen. Zuletzt ist die Kampagne kontinuierlich und nach Beendigung zu evaluieren (formative und summative Evaluation) (vgl. Schäfers 2011: 71–84).

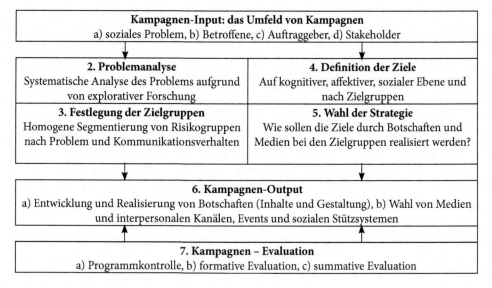

Abb. 1   Systemmodell von Kommunikationskampagnen
Quelle: Bonfadelli und Friemel (2006: 31)

Es gibt jedoch einige Besonderheiten zu beachten. Verglichen mit nationalen oder internationalen Konzernen haben NGOs winzige Kampagnenbudgets. Aufgrund diesen vergleichsweise geringen Ressourcen sind sie in besonderer Weise darauf angewiesen, dass ihre Themen von den Massenmedien aufgegriffen werden (Buchner et al. 2005: 258). Das bedeutet, dass das richtige Timing von Kampagnen besonders wichtig ist. So nutzte Amnesty International die Aufmerksamkeit für China anlässlich der Olympischen Spiele 2008, um mit der Kampagne „Gold für Menschenrechte" auf die Situation der Menschenrechte im bevölkerungsreichsten Land der Welt aufmerksam zu machen (Schallock 2011: 195–213). Ein anderes Beispiel ist die Nutzung von Welttagen der UNO (Tag der Frau, Tag der Waale etc.), um auf Missstände hinzuweisen. Auf diese Weise wird das ohnehin latent vorhandene Interesse bestimmter Bevölkerungsgruppen für einen Gegenstand auf das damit im Zusammenhang stehende Thema der NGO gelenkt.

Auch der Zeitgeist spielt eine wichtige Rolle bei NGOs. Sie kommen in der Regel nicht umhin, diesen zu berücksichtigen, wenn sie große Teile der Bevölkerung erreichen wollen. So gab es in den 1970er Jahren eine gesellschaftliche Grundstimmung, die offen war für Kampagnen zum Thema Ökologie, in den 90er Jahren zum Thema Globalisierung. Aktuell dürfte der Klimawandel solch ein Thema sein.

Um die mediale Aufmerksamkeit zu erhöhen, beschränken sich unternehmenskritische Kampagnen hinsichtlich bestimmter umweltfeindlicher Produkte (bisher) auf multinationale Konzerne mit starken Marken (z. B. Nestlé, CocaCola, Shell). Die gewünschte Aufmerksamkeit dürfte bei schwächeren oder weitgehend unbekannten Marken deutlich geringer und damit auch ein Erfolg solcher Kampagnen unwahrscheinlicher sein (O'Rourke 2005: 125).

Um viel Aufmerksamkeit zu generieren und zu erhalten ist es für NGOs in der Regel sinnvoller, sich im Rahmen einer Kampagne nur auf ein Thema zu konzentrieren. So genannte Single-Issue-Kampagnen sind meist erfolgreicher, als thematisch breit gestreute Ansätze (Buchner et al. 2005: 256).

Der Ansatz des Negative Campaigning kommt aus der politischen Kommunikation, bei der es darum geht, den Gegner möglichst zu diskreditieren anstatt Argumente für die eigene Wahl vorzubringen (Althaus 2002: 25). Doch auch NGOs nutzen diesen Ansatz in variierenden Formen und unterschiedlichem Ausmaß. Da jedoch zu viele Negativ-Kampagnen die Rezipienten auf die Dauer abstumpfen, gibt es gelegentlich auch Beispiele von NGOs, die Positive Campaigning betreiben. So hat Greenpeace z. B. eine Kampagne zu „Greenfreeze", einem FCKW freien Kühlschrank gemacht, an dessen Entwicklung sich die NGO finanziell beteiligt hatte (Buchner et al. 2005: 110).

NGOs führen nicht nur gegen nationale und internationale Unternehmen Kampagnen durch. Sie adressieren auch zunehmend internationale und supranationale Institutionen wie die Weltbank oder den Internationalen Währungsfond (Bradlow 2000).

3   Kampagnenstrategien und Instrumente

Bei der Wahl der Kampagnenstrategien wird in der englischsprachigen Literatur zwischen zwei grundsätzliche Optionen unterschieden: Access und Voice. Access-Strategien, häufig auch insider strategies genannt, setzen auf die Zusammenarbeit mit Entscheidungsträgern durch das Bereitstellen von Expertise und das Anbieten von Lösungsoptionen. Sie zählen zu den kooperativen Strategien. Bei Access-Strategien geben Organisationen relevante Informationen durch policy papers und über Politikberatung weiter und versuchen auf diese Weise Einfluss auf den Politikprozess zu nehmen (vgl. Gough und Shackley 2001: 336–339; Seybold 2003: 68–75; Gulbrandsen und Andresen 2004: 56 -59).

Die besonders in den USA verbreiteten Thinktanks beschränken sich weitgehend auf Insider-Strategien (Gulbrandsen 2004: 57). Doch selbst für NGOs, die erfolgreich eine solche eher leise Politik verfolgen, stellt die Mobilisierung der Öffentlichkeit eine „entscheidende Machtressource" dar (Seybold 2003: 66).

Voice-Strategien bzw. outsider strategies hingegen bauen auf die Beeinflussung von Entscheidungen über die Mobilisierung der öffentlichen Meinung (vgl. Beyers 2004: 213f; Gulbrandsen und Andresen 2004: 56f). Hier wird in aller Regel ein konfrontativer Ansatz gewählt. Dabei werden häufig David gegen Goliath-Bilder inszeniert, um Emotionalität zu schaffen und Befürworter zu gewinnen. Insbesondere Greenpeace hat bei vielen Kampagnen wie z. B. beim Kampf gegen den Walfang solche Mittel eingesetzt. Da viele Menschen sich eher mit den „Davids" dieser Welt identifizieren können, gelang häufig eine entsprechende Teilnehmer-Aktivierung. Gegenüber politischen Entscheidungsträgern stellt die Mobilisierung der medialen Öffentlichkeit eine entscheidende Machtressource dar, denn die Präsenz in den Massenmedien verdeutlicht die Bedeutung des Akteurs und seiner Forderungen (vgl. Seybold 2003: 66; Schmidt 2012: 69).

Bei konfrontativen Strategien entwickeln Unternehmen häufig Gegenstrategien (Corporate Counterstrategies) gegen die Kampagnen von NGOs. Darunter fällt z. B. der Einsatz von vermeintlich unabhängigen Gutachten, in denen mit Arbeitsplatzabbau bei bestimmten Maßnahmen gedroht wird (Spiller 2010: 262–264).

Über längere Zeiträume können sich bei einem Thema auch konfrontative und kooperative Ansätze abwechseln oder parallel laufen (Buchner et al. 2005: 180f). Zahlreiche Organisationen verfolgen auch von vorne herein einen „multi-strategischen" Ansatz von Access und Voice (Hall und Taplin 2007a: 105). Eine klare Trennung gibt es daher in der Praxis häufig nicht (Richards und Heard 2005: 27).

Auch Klagen vor Gerichten gehören zu dem Repertoire von NGOs, werden aber nur zum Teil angewandt (Hall und Taplin 2007a: 101f). Dies liegt daran, dass sie in der Regel wenig Medienaufmerksamkeit auf sich ziehen, keine unmittelbaren Resultate bewirken und sehr kostspielig sein können (Richards und Heard 2005: 25).

Baringhorst et al. haben die verschiedenen Handlungsmöglichkeiten bei NGO-Kampagnen systematisiert (2010: 103). Zusätzlich zu den beiden Polen „Konfrontation" und „Kooperation" haben die Autorinnen noch die Kategorie „Reinterpretation" aufgenommen. Damit ist gemeint, dass die beteiligten Konfliktparteien das Konfliktverhalten ihres jeweiligen Gegenübers im Sinne ihrer eigenen Probleminterpretation umdeuten und daraus ihre nächsten Schritte im Konfliktverlauf entwickeln.

Tab. 1 Konfliktrepertoires bei NGO-Kampagnen

	Konfrontation	Reinterpretation	Kooperation
Anti-Corporate Campaigns	• Skandalisierung • Boykott • Klage/Regulierung	• Dekonstruktion Externer Watchdog	• Öffentliche Anerkennung • Verhandlung • Buykott • Integrative Koalitionsbildung
Unternehmen	• Ignorieren • Öffentliches Dementi • Intensivierung • Klage	• Social Campaigning • Interne Restrukturierung • Exklusive Koalitionsbildung	• Öffentliche Anerkennung • Verhandlung • Einlenken • Integrative Koalitionsbildung

Quelle: Baringhorst et al., (2010: 103)

NGOs sind gezwungen ihre Themen so zu darzulegen, zu „framen", dass sie möglichst viele Nachrichtenwerte besitzen und somit für Mainstream-Medien relevant sind (vgl. Lester und Hutchins 2009: 583). Ein Frame ist dabei ein Deutungsrahmen, der gesellschaftliche Realitäten vereinfacht, Ereignissen Sinn gibt und Handlungen anleitet (vgl. Benford und Snow 2000: 614; Noakes und Johnston 2005: 3ff).

Dabei kann man drei grundlegende Framingtätigkeiten von NGOs unterscheiden. Zunächst diagnostizieren sie ein Problem für das gesellschaftliche Relevanz behauptet und eine Ursache bzw. ein Verantwortlicher benannt werden kann (vgl. Gerhards und Rucht 1992: 579ff). Häufig schließt dies die Diagnose einer Ungerechtigkeit ein (diagnostisches Framing). Die NGO präsentiert sodann eine plausible und erreichbare Lösung für das Problem (prognostische Framing) (vgl. Benford und Snow 2000: 616). Im Regelfall wird dann noch eine Begründung gegeben, warum sich ein Engagement für das Thema lohnt. Es geht dabei also um das Angebot von Anreizen für die Teilnahme an Protestaktivitäten oder die Unterstützung der NGO. Dabei können moralische Begründungen zum Tragen kommen, aber auch z. B. der Verweis auf prominente Unterstützer (motivationales Framing) (vgl. Gerhards und Rucht 1992, 582f; Schmidt 2012: 72f).

Bei den gewählten Frames ist es wichtig, dass sie anschlussfähig sind, also kompatibel mit vorherrschenden Deutungen. Denn dann haben sie in aller Regel größere Chancen, bei Entscheidungsträgern und in etablierten Medien Gehör zu finden. Bei radikal abweichenden Frames erscheint es hingegen sinnvoll, eher alternative Kommunikationskanäle zu nutzen (vgl. Gamson und Wolfsfeld 1993: 115ff).

Durch Framing und den gezielten Einsatz von Informationen erzeugen NGOs im Konfrontationsfall gegenüber Zielakteuren eine moralische Hebelwirkung (moral leverage) (vgl. Keck und Sikkink 1998: 24). Diese Form der Mobilisierung, die durch Instrumentalisierung von Öffentlichkeiten und Konsumenten noch verstärkt werden kann, bedeutet für Unternehmen eine Bedrohung ihrer Reputation und Legitimation.

Wenn NGOs ein Unternehmen öffentlich anprangern, wie z. B. Greenpeace dies in zahlreichen Kampagnen gemacht hat, ist dessen Reputation in der Öffentlichkeit, bei seinen Mitarbeitern, Investoren, Rating-Agenturen, Zulieferern und Kunden, kurz allen seinen Stakeholdern, in Gefahr. Dieses Reputationsrisiko setzt die betroffenen Unternehmen unter Druck, ihre Unternehmenspolitiken und -strategien zu verändern, und zwar so, dass sie den von NGOs artikulierten Erwartungen entsprechen. Diese strategische Form des öffentlichen naming-and-shaming wird in der einschlägigen Literatur auch als Watchdog-Aktivismus bezeichnet (vgl. Utting 2005: 377). Dabei überwachen NGOs das Verhalten von Unternehmen wie Wachhunde und schlagen bei wahrgenommenen Normverstößen Alarm. Eine besonders ausgeprägte konfrontative Form dieser Informations- und Überzeugungsstrategien von NGOs ist die Inszenierung eines transnationalen Skandals. Bei einem solchen versuchen NGOs über territoriale Umwege Druck aufbauen und auf verschiedenen Politikebenen, Akteure und Sektoren gegeneinander auszuspielen (Curbach 2008: 374).

NGOs bedienen sich im Rahmen von Kampagnen einer Reihe von symbolischen Informations- und Überzeugungsstrategien, mit deren Hilfe sie das Denken und Handeln von Zielakteuren zu verändern suchen (vgl. Keck und Sikkink 1998). Diese Strategien setzen NGOs von lokalen bis globalen Kontexten in sehr unterschiedlichen Formen ein, die von Kampagnen über klassisches Lobbying bis zur Beratung reichen. Die Instrumente, die NGOs dabei einsetzen, reichen vom klassischen Flugblatt über das Internet bis hin zu globalen Massenmedien (Curbach 2008: 373-374).

Wenn Unternehmen ihre Position im Rahmen eines Diskurses verändern oder die formale unternehmenspolitische Ausrichtung neu justieren (auch ohne eine entsprechende Verhaltensänderung) ermöglicht dies NGOs, neue moralische Hebel im Rahmen von so genannten accountability politics einzusetzen (vgl. Keck und Sikkink 1998:24). Gleiches gilt im Verhältnis von NGOs gegenüber Regierungen.

Mit Accountability-Strategien stellen NGOs gezielt die Diskrepanz zwischen öffentlichen Äußerungen und Selbstdarstellungen einerseits und tatsächlichen Handeln andererseits bloß. So können NGOs in berechtigter Weise Unternehmen den Vorwurf von Greenwash, Whitewash und Doppelmoral machen, wenn ihren öffentlichen Äußerungen keine Umsetzung folgt. Das Reputationsrisiko ist für Unternehmen in einem solchen Fall besonders groß, weil sie ihre Glaubwürdigkeits- und Legitimationsverluste durch die eigenen Äußerungen selbst mitverursacht haben. Ein verstärktes CSR-Engagement kann demnach auch unintendierte negative Rückkoppelungseffekte für Unternehmen haben, da sich das Reputationsrisiko durch NGO-Kritik für Unternehmen erhöht, wenn die geäußerten Versprechen im CSR-Bereich nicht eingehalten werden (Curbach 2008: 377-378).

Baringhorst et al. haben im Rahmen einer umfangreichen Analyse von 109 NGO-Kampagnen aus dem deutschsprachigen Bereich aus den Jahren 1995 bis 2005 die Partizipationsmöglichkeiten analysiert. In das Sample sind Kampagnen aus den Bereichen Menschenrechte, Arbeitsbedingungen, Frieden, gesunde Nahrungsmittel, Umweltschutz,

Tierschutz, Handelsbedingungen und Kommunikationsfreiheit eingegangen. Dabei wurde deutlich, dass der überwiegende Teil der 109 Kampagnen gleichermaßen im Online- und Offline-Raum operierte, wobei der Onlineraum stärker zu Informationszwecken genutzt wurde und weniger Raum für Protestaktionen selbst war (Baringhorst et al. 2010: 47).

Tab. 2 Partizipationsmöglichkeiten bei NGO-Kampagnen

Partizipationsmöglichkeiten	Anzahl Kampagnen	Prozent*
Online-Information	105	96,3
Offline-Demonstration/Aktion	94	86,2
Offline-Information	88	80,7
Offline-Spende	70	64,2
Mitgliedschaft	67	61,5
Online-Spende	53	48,6
Boykott	45	41,3
Offline-Unterschrift	42	38,5
Offline-Protestschreiben	42	38,5
Online-Protestschreiben	41	37,6
Online-Unterschrift	31	28,4
Buykott/Labeling	28	25,7
Forum/Chat	24	22
Online-Demonstration/Aktion	12	11

*bezogen auf die Gesamtkampagnenzahl 109 (Mehrfachnennungen möglich)
Quelle: Baringhorst et al. (2010: 46)

Im Rahmen ihrer Analyse von 109 NGO-Kampagnen haben Baringhorst et al. auch die Kampagnenpraxis und -techniken analysiert und systematisiert (siehe Tabelle 3). Dabei wählten sie auf einer vertikalen Ebene die Kageorien „Framing / Problem deuten", „Einbinden / Identität stiften", „Mobilisieren" und „Integrieren / Vernetzen". Auf der horizontalen Ebene haben sie die Instrumente der Kommunikation systematisch unterschieden in Tools der Produktion und Koproduktion von Netzartefakten, der Online-Vernetzung und der Online-/Offline-Vernetzung. Aus dieser Zusammenstellung wird das reichhaltige Instrumentenrepertoire von NGOs, insbesondere in der Online-Kommunikation, deutlich.

Tab. 3 Soziale Praxen und Beispiele netzspezifischer Tools transnationaler Anti-Corporate Campaigns

	Produktion von Netzartefakten	Koproduktion von Netzartefakten	Online-Vernetzung	Online-Offline-Vernetzung
Framing / Problem deuten	• Digitale (multimedial) aufbereitete Hintergrundinformationen wie Studien, Statistiken • Datenbanken • (audio-)visuelles Material (Audiobeiträge, Filme) • Newsletter, Newsticker • Digitales Archiv / Kampagnenchronik	• Erfahrungsberichte (Story Telling) durch User • Feedback-Möglichkeiten (z. B. E-Mail-Formulare) • Beiträge zu Datenbanken (z. B. Gendetektive, Regalpatrouille)	• Links zu externen Experteninformationen • Links zu Unternehmensseiten • Links zu (alterernativen) Online-Medien	• Publikation kampagnen eigener Materialien in Online- und Offline-Räumen (z. B. Kampagnenzeitung • Verweise der Kampagnenwebsite auf massenmediale Berichterstattung / Pressespiegel • Verweise der Kampagnenwebsite auf weitere Offline-Materialien (z. B. Studien)
Einbinden / Identität stiften	• Verbreitung eigener Kampagnenelemente z. B. durch Banner, Screensaver • Verbreitung verfremdeter Markenkennzeichen angegriffener Unternehmen • Maßnahmen zur Entanonymisierung (z. B. Fotogalerien)	• Diskussionen in Chats, Foren, Wikis oder Weblogs • User-Beiträge zum Culture Jamming auf der Website • User-Beiträge zur Entanonymisierung (z. B. User-Fotos)	• Verlinkungen zwischen verschiedenen nationalen Unterkampagnen • Verlinkung zu anderen Kampagnen der Trägerorganisation • Verlinkungen innerhalb eines übergreifenden (transnationalen) Kampagnennetzwerks	• Dokumentation von Offline-Aktionen im Netz
Mobilisieren	• Mehrsprachige Kampagnenwebsite • Online-Spende • Online-Unterschrift • Online-Protestschreiben • Virtuelle Aktionen (z. B. Online-Demo, Mail Bombing)	• Nutzung von Möglichkeiten der Online-Unterschrift, des Online-Protestschreibens oder virtueller Aktionen durch User • Veröffentlichung eigenständiger Aktionsideen auf der Website durch User • Teilnahme an aktions-begleitenden Chats	• Verlinkung zu Online-Protesten anderer Akteure	• Veröffentlichung von Boy- und Buykottaufrufen • Veröffentlichung von Terminen für Offline-Treffen / -aktionen im Netz • Bereitstellung von Materialien für Offline-Aktionen im Netz (z. B. Toolkits) • Inhaltliche Vorbereitung von Offline-Aktionen im Netz
Integrieren / Vernetzen	• Bereitstellung von Materialien zur Verbreitung an Dritte (z. B. Buttons, Bilder, Plakate, Flyer) • Bereitstellung von Tools zur Information Dritter über die Kampagne	• Verbreitung von visuellen Kampagnenelementen an Dritte durch User • Information Dritter über die Kampagne durch User • Diskussion mit Dritten in Chats, Foren, Weblogs über die Kampagne	• Verlinkungen zwischen verschiedenen nationalen Unterkampagnen • Verlinkung zu anderen Kampagnen der Trägerorganisation • Verlinkungen innerhalb eines übergreifenden (transnationalen) Kampagnennetzwerks • Verlinkung zu anderen Kampagnen / Akteuren des gleichen Themenspektrums • Verlinkung zu heterogenen Akteuren	• Dokumentation von Offline-Aktionen im Netz • Veröffentlichung von Kontaktdaten und Treffpunkten im Netz

Quelle: Baringhorst et al. (2010: 53)

4   Wirkungsforschung bei NGO- Kampagnen

Allen Kampagnen, auch NGO-Kampagnen, liegt ein grundlegendes Modell zugrunde (Abb.2). Es gibt ein Kampagnenprodukt, das auf eine mehr oder weniger stark geprägte Disposition der Zielgruppe trifft. Hinzu kommen externe Einflussfaktoren, z. B. andere Medienereignisse, die eine Kampagne beeinflussen oder sogar überlagern können. Zwischen diesen drei Aspekten bestehen psychologische und soziologische Wirkungszusammenhänge, die (potenzielle) Effekte bei den Rezipienten von Kampagnen auslösen. Im Idealfall decken sich diese mit den Kampagnenzielen.

Die Kampagneneffekte können sehr unterschiedlich ausfallen. Sie beginnen bei der reinen Wahrnehmung der Kampagne und ihrer Inhalte (Wissen; Recall), zudem kann dem Kampagnenthema eine neue Bedeutung zugemessen werden (Agendafunktion). Schließlich können sich Einstellungsveränderungen ergeben (Meinungen, Verhaltensintentionen) und schließlich kann sich auch das Verhalten selbst ändern (Spiller 2011: 60f).

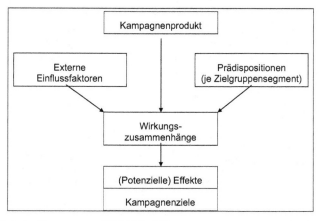

Abb. 2   Visualisiertes Kampagnen-Effekt-Modell
Quelle: Bonfadelli & Friemel (2006: 67)

Bezogen auf NGO-Kampagnen bedeutet dies, dass auf einer ersten Erfolgsstufe NGOs zunächst ein Problembewusstsein schaffen müssen. Es muss ihnen gelingen, ihr Anliegen auf die unternehmenspolitische Agenda zu setzen (issue creation and agenda setting). Auf dieser Stufe nimmt ein Unternehmen ein Problem, z. B. mit seiner Abfallbeseitigung oder Verpackung überhaupt erst einmal als solches wahr, entweder als Reputationsproblem oder als unternehmenspolitisches und managementstrategisches Problem (Curbach 2008: 377).

Auf einer zweiten Einflussstufe verändern Unternehmen aufgrund des Drucks von NGOs ihre Position im Diskurs (influence of discursive positions). Häufig passen sie sich nach außen, rhetorisch und oder symbolisch der von NGOs geforderten politischen Linie an. Im Inneren der Organisation passiert jedoch häufig wenig.

Die nächste Stufe des Erfolgs von NGOs beinhaltet eine formale Veränderung der Unternehmenspolitik, d. h. der „policies" und Verfahrensweisen eines Unternehmens (influence on institutional procedures and influence on policy change). Hier werden z. B. CSR- Leitlinien oder ein Code of Conduct eingeführt. Auch ein solches formales CSR-Engagement bleibt jedoch unter Umständen abgekoppelt von wichtigen alltäglichen Entscheidungen, Prozessen und Praktiken der Unternehmensorganisation (Curbach 2008: 377).

Die letzte und schwierigste Stufe ist es, eine tatsächliche Verhaltensänderung bei den Zielakteuren zu erreichen (influence on behavior). Eine solche Verhaltensänderung würde bedeuten, dass die CSR-Unternehmenspolitik in allen Prozessen und Entscheidungen eines Unternehmens, organisationsintern und -extern, umfassend implementiert und „gelebt" wird.

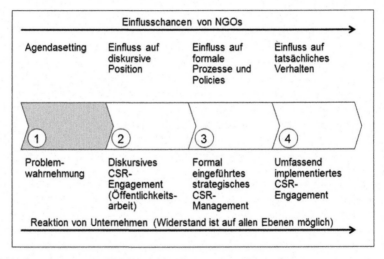

Abb. 3   Einflusschancen von NGOs und Reaktionen von Unternehmen

Quelle: Curbach (2008: 378) in Anlehnung an Keck/Sikkink 1998; Wadell 2004

Die Wirkung bzw. der Erfolg von Kampagnen ist letztlich von zahlreichen Kontextfaktoren abhängig, von denen viele NGOs nicht oder nur gering beeinflussen können (z. B. politische Ausrichtung der Regierung, intensives Lobbying der Industrie etc.) (vgl. Hall und Taplin 2007b: 335; He und Murphy 2007: 724). Dabei muss genau unterschieden werden, welche Dimension betrachtet wird: Wissen (kognitive Ebene), Einstellung (affektive Ebene), und Verhalten (konative Ebene).

Die Wirkung hängt nicht zuletzt entscheidend von der Zielgruppe ab. Hier ist das Vorwissen der Rezipienten über das Thema der Kampagne eine wesentliche Einflussgröße

(Schemer, 2009: 245). Eine weitere ist die Prädisposition zum Thema. Dabei gilt: Je mehr bestimmte Einstellungen tiefsitzende Bedürfnisse und Werte stützen, desto weniger sind sie veränderbar. Umgekehrt gilt: Je geringer die Intensität des Interesses an einer Thematik und je weniger persönliche Betroffenheit, desto größer die Möglichkeiten der Beeinflussung (Bonfadelli, 2004: 289; Schemer, 2010: 149).

5   Trends bei NGO-Kampagnen

5.1   Kooperationen

NGOs arbeiten in zunehmendem Maß mit Unternehmen zusammen (vgl. Horn und Marschall, 2010; Wenzlik 2009, Spiller und Köhler 2013). Dies geschieht normalerweise in Form einzelner Projekte, aber gerade im Fall des Positive Campaigning kann es auch zur Zusammenarbeit bei Kampagnen kommen. Beispiele dafür sind die Einführung neuer Ökosiegel oder die gemeinsame Vermarkung besonders ökologischer Produkte wie der „Greenfreeze"-Kühlschrank, der maßgeblich von Greenpeace entwickelt worden ist.

5.2   Online Medien

Online Medien gewinnen zunehmend an Bedeutung bei der Mobilisierung von Öffentlichkeiten (Chang 2005), insbesondere durch Social Media. Klassische Medien hingegen wie TV und Radio verlieren an Bedeutung für das Campaigning (Buchner et al. 2005: 263). Die meisten NGOs versuchen seit dem Siegeszug von Video-Portalen wie Youtube durch kurze Clips im Internet bestimmte Zielgruppen zu emotionalisieren und zu mobilisieren, um letztlich durch das Weiterleiten der Videos von erhöhter Aufmerksamkeit zu profitieren (virale Effekte). Ein Beispiel für die virale Verbreitung eines Videos aus dem NGO-Kontext ist jenes über den afrikanischen Diktator Joseph Kony, das im März 2012 online ging und bis Januar 2013 weltweit insgesamt über 96 Millionen mal allein auf Youtube angeklickt wurde. Unabhängig von dem umstrittenen Inhalt zeigt das Video, wie einzelne Menschen – hier die professionellen Filmemacher – ohne großes Budget weltweit Unterstützergruppen für ihr Anliegen gewinnen konnten.

5.3   Zusammenschluss von NGOs zu NGO-Bündnissen

NGO schließen sich für ihre Kampagnen zunehmend zu Bündnissen oder Koalitionen zusammen, um ihre Schlagkraft zu erhöhen (vgl. Hall und Taplin 2007a: 103). Zahlreiche Beispiele wie die internationale Kampagne gegen Landminen 1997 oder die Internationale

Kampagne zur Etablierung des internationalen Strafgerichtshofs 1998 zeigen, dass solche Netzwerke von NGOs in der Lage sind, erheblichen Druck auf Politiker auszuüben.

Koalitionen und Netzwerke von NGOs erhöhen die Legitimität des eigenen Kampagnenanliegens. Die Schlagkraft kann erhöht werden, allerdings besteht auch die Gefahr, weniger als selbständige wichtige Organisation wahrgenommen zu werden (Richards und Heard 2005: 27, 37).

6 Fazit, Perspektiven und Forschungsdefizite für die NGO-Kampagnenforschung

Bisher gibt es recht viele Case Studies zu NGO-Kampagnen auf unterschiedlichen Feldern (Arbeits- und Menschenrechte, Klimawandel, umweltfreundliche Produkte etc.), jedoch nur wenige übergreifende Arbeiten. Sehr aufschlussreich und einzigartig in der deutschsprachigen Literatur ist daher die Studie von Baringhorst et al., die 109 unternehmenskritische Kampagnen systematisch empirisch untersucht hat (Baringhorst et al. 2010).

Hinzu kommt, dass die meisten NGO-Kampagnen nur selten gut evaluiert wurden, so dass nur schwierig Aussagen zu Erfolg und Misserfolg getroffen werden können (O'Rourke 2005: 125; Buchner et al. 2005: 168). Die Operationalisierung von Resonanz bzw. Erfolg ist schwierig und wird auch im Rahmen der wissenschaftlichen Literatur nur selten versucht (vgl. Giugni 1998: 385; Noakes und Johnston 2005: 16).

Insgesamt ist ein Mangel an übergreifenden und theoretischen Arbeiten zu konstatieren. Nach der Studie von Baringhorst et al., die sich auf Daten von 1995–2005 stützt scheint es nun angezeigt – angesichts der rasanten Entwicklung im Online- und Mobilebereich – insbesondere den neuen Medien in der Kampagnenforschung verstärkt Aufmerksamkeit zu widmen.

Literatur

Althaus, M. (2002). Strategien für Kampagnen. Klassische Lektionen und modernes Targeting, in: Althaus, Marco (Hrsg.): *Kampagne! Neue Strategien für Wahlkampf, PR und Lobbying* (11–44), 3. Aufl.. Münster: Lit Verlag.

Baringhorst, S., Kneip, V., März, A., Niesyto, J. (2010). *Unternehmenskritische Kampagnen: Politischer Protest im Zeichen digitaler Kommunikation*. Wiesbaden: VS Verlag.

Benford, R. D., Snow, D. A. (2000). Framing Processes and Social Movements. *Annual Review of Sociology*, Jg. 26, 611–639.

Beyers, J. (2004). Voice and Access. *European Union Politics*, Jg. 5., 211–240.

Bonfadelli, H. (2004). *Medienwirkungsforschung I. Grundlagen und theoretische Perspektiven*, 3. Auflage. Stuttgart: UTB.

Bonfadelli, H., Friemel, T. (2006). *Kommunikationskampagnen im Gesundheitsberich. Grundlagen und Anwendungen.* Konstanz: UVK.

Bradlow, D. (2000). Lessons from the NGO Campaign against the second review of the World Bank Inspection Panel. A participants perspective. 7 *ILSA, Journal of international law and comparative law,* 247, 2000–2001, 247–257.

Buchner, M., Friedrich, F., Kunkel, D. (Hrsg.)(2005). *Zielkampagnen für NGO: Strategische Kommunikation und Kampagnenmanagement im Dritten Sektor.* Wien, Münster: Lit Verlag.

Chang , W.-Y. (2005). Online civic participation, and political empowerment: online media and public opinion formation in Korea, Media, Culture & Society, Vol. 27 (6), 925–935.

Curbach, J. (2008). Zwischen Boykott und CSR. Eine Beziehungsanalyse zu Unternehmen und NGOs, *Zeitschrift für Wirtschafts- und Unternehmensethik (zfwu)* 9/3, 368–391.

Gamson, W. A., Wolfsfeld, G. (1993). Movements and Media as Interacting Systems. *Annals of the American Academy of Political and Social Science,* 528, 114–125.

Gerhards, J., Rucht, D. (1992). Mesomobilization: Organizing and Framing in Two Protest Campaigns in West Germany. *American Journal of Sociology,* 98, 555–596.

Giugni, M. G. (1998). Was it Worth the Effort? *Annual Review of Sociology,* 24, 371–393.

Gough, C., Shackley, S. (2001). The respectable politics of climate change: the epistemic communities and NGOs. *International Affairs,* 77, 329–345.

Gulbrandsen, L. H., Andresen, S. (2004). NGO Influence in the Implementation of the Kyoto Protocol: Compliance, Flexibility Mechanisms, and Sinks. *Global Environmental Politics,* 4, 54–75.

Graf von Bernstorff, A. (2012). Einführung *in das Campaigning.* Heidelberg: Carl-Auer Verlag.

Hall, N. L., Taplin, R. (2007a). Revolution or inch-by-inch? Campaign approaches on climate change by environmental groups, *The Environmentalist 2007,* Vol. 27, 95–107.

Hall, N. L., Taplin, R. (2007b). Solar Festivals and Climate Bills: Comparing NGO Climate Change Campaigns in the UK and Australia. Voluntas: *International Journal of Voluntary and Nonprofit Organizations,* 2007, Vol. 18, 317–338.

He, B., Murphy, H. (2007). Global social justice at the WTO? The role of NGOs in constructing global social contracts. *International Affairs,* Vol. 83, Issue 4, 707–727.

Horn, C. & Marschall, T. (2010). Situation und Perspektiven von Partnerschaften zwischen Unternehmen und NGOs [PDF]. In http://marschallwernecke.com/dl/credwerk_mf_Studie_Partnerschaften.pdf, eingesehen am 07.11.2017.

Keck, M. E., Sikkink, K. (1998). *Activists Beyond Borders. Advocacy Networks in International Politics.* Ithaca/London: Cornell University Press.

Lester, L., Hutchins, B. (2009). Power games: environmental protest, news media and the internet. *Media Culture & Society,* Vol. 31 (4), 579–595.

Noakes, J. A., Johnston, H. (2005). Frames of Protest: A Road Map to a Perspective. In: Johnston, Hank & John A. Noakes (Hg.): *Frames of Protest.* Lanham: Rowman & Littlefields, 1–29.

O'Rourke, D. (2005). Market Movements. Nongovernmental Organization Strategies to Influence Global Production and Consumption. *Journal of Industrial Ecology,* Vol. 9, No. 1-2, 115–128.

Richards, J. P., Heard, J. (2005). European Environmental NGOs: Issues, Resources and Strategies in Marine Campaigns, *Environmental Politics,* Vol. 14, Issue 1, 23–41.

Riemer, K. (2009). *Kommunikation von Nonprofit-Organisationen,* München: AVM-Verlag.

Röttger, U. (Hrsg.) (2006). *PR-Kampagnen. Über die Inszenierung von Öffentlichkeit.* 3. Auflage, Wiesbaden: VS Verlag für Sozialwissenschaften.

Schäfers, K.-E. (2011). Konzeption, Durchführung und Bewertung von Kampagnen. Ein Praxisleitfaden. In: Spiller, Ralf/Vaih-Baur, Christina & Scheurer, Hans (Hrsg.): *PR-Kampagnen.* Konstanz: UVK, 71–84.

Schallock, J. (2011). Begeisterung für politische Themen wecken – die Kampagne „Gold für Menschenrechte" von Amnesty International. In: Spiller, Ralf/Vaih-Baur, Christina & Scheurer, Hans (Hrsg.): *PR-Kampagnen*. Konstanz: UVK, 195–213.

Schemer, C. (2009). *Politische Kampagnen für Herz und Verstand. Affektive und kognitive Einflüsse der Massenmedien auf politische Einstellungen*, Baden-Baden: Nomos.

Schemer, C. (2010). Wie Boulevardmedien Emotionen schüren. Der Einfluss der Mediennutzung auf Emotionen in politischen Kampagnen, in: Schemer, Christian/Wirth, Werner/Wünsch, Carsten: *Politische Kommunikation: Wahrnehmung, Verarbeitung, Wirkung*, Baden-Baden: Nomos, 133–152.

Schmidt, A. (2012). Bewegungen, Gegenbewegungen, NGOs: Klimakommunikation zivilgesellschaftlicher Akteure, in: Neverla, Irene & Schäfer, Mike S.: *Das Medien-Klima. Fragen und Befunde der kommunikationswissenschaftlichen Klimaforschung*, Wiesbaden: VS Verlag, 69–94.

Seybold, M. (2003). *Internationale Umweltregime – neue Formen der Konfliktbearbeitung in der internationalen Politik?* Dissertation am Institut für Politische Wissenschaft, Julius-Maximilians-Universität Würzburg.

Speth, R. (2007). Über die Inszenierung von Öffentlichkeit durch Kampagnen. In: *Forschungsjournal Neue Soziale Bewegungen*. Themenschwerpunkt Kampagnen, 3/2007, 18–25.

Speth, R. (Hrsg.) (2013a). *Grassroots-Campaigning*, Wiesbaden: VS Verlag.

Speth, R. (2013b). Grassroots-Campaigning: Mobilisierung von oben und unten – Einleitung, in: Speth, Rudolf (Hrsg.): *Grassroots-Campaigning*, Wiesbaden: VS Verlag, 7–25.

Spiller, R. (2011). Wirkungsforschung zu Kampagnen. Was funktioniert?, in: Spiller, Ralf / Vaih-Baur, Christina & Scheurer, Hans (Hrsg.): *PR-Kampagnen*, Konstanz: UVK-Verlag, 59–67.

Spiller, R., Weber, A.-C. (2010). Lobbying um die Chemikalienverordnung REACH. In: Spiller, Ralf & Scheurer, Hans (Hrsg.) *Public Relations Case Studies*. Konstanz: UVK, 260–270.

Spiller, R.,Köhler, C. (2013). Kooperationen von NGOs mit Unternehmen. Wann ist eine Partnerschaft sinnvoll? Ergebnisse einer Befragung und Ableitung eines Empfehlungsmodells, *pr magazin*, 3/2013, S. 60–67.

Utting, P. (2005): Corporate Responsibility and the Movement of Business. *Development in Practice*, Vol. 15, No. 3/4, 375–388.

Voss, K. (2007). Öffentlichkeitsarbeit von Nichtregierungsorganisationen: Mittel – Ziele – interne Strukturen. Wiesbaden: VS Verlag.

Waddell, S., Kane C., Billenness S., O'Meara S. (2004). NGO Strategies ot Engage Business, Trends, Critical Issues and Next Steps, Global Action Networks Net, Boston. www.instituteforstrategicclarity.org/publications/NGO%Caucus%20Report%20March%202004.pdf (eingesehen am 27.2.2013)

Wenzlik, C. (2009). Next Practice NGO. Über die Leistungsfähigkeit von NGOs – Eine explorative Studie [PDF]. In https://documentslide.org/next-practice-ngo-ueber-die-organisationale-leistungsfaehigkeit-von-ngos-eine-explorative-studie (eingesehen am 07.11.2017)

Kampagnen – Wie NGOs sich selbst und die Gesellschaft erzählen

Marike Bartels

Zusammenfassung

Kampagnen sind der zentrale Kommunikationsmodus von NGOs. Wer sich wissenschaftlich mit gesellschaftspolitischen Verbänden und Initiativen befassen will, muss ihren Kampagnen entsprechende Aufmerksamkeit widmen. Neben dem Überblick über interdisziplinäre Kampagnendefinitionen zeigt der Beitrag einen sprachwissenschaftlichen Weg auf, sich empirisch mit Kampagnen auseinanderzusetzen. Darüber hinaus legt der Text einen besonderen Schwerpunkt auf die Frage, inwiefern politische Kampagnen sich als Spiegel gesamtgesellschaftlicher Wertediskurse und Quellen kollektiver Identität betrachten lassen.

1 Jenseits der Alltags-PR

Das originäre Kerngeschäft von NGOs ist die Kommunikation politischer Interessen. Die Kampagne ist ihr zentraler Aktionsmodus dafür. Entsprechend muss die wissenschaftliche Auseinandersetzung mit NGOs ihrer Kampagnenarbeit einen hohen Stellenwert einräumen. Jenseits dessen hat die Kampagne jedoch noch eine tiefer liegende Bedeutung für die Auseinandersetzung mit NGOs: Kampagnen sind weit über die Alltags-PR hinausreichende Kommunikations-Flächen, die in ihrer Breite ein deutliches argumentatives Plus entfalten. Die Texte, Bilder oder Filme, aus denen sie bestehen, funktionieren nicht nur für sich allein, sondern verweisen aufeinander, speisen sich auseinander, verstärken sich gegenseitig. Damit bilden Kampagnen Geflechte, die die Ideen, Argumente und Appelle von politischen Akteuren nicht nur fetzenweise sichtbar machen, sondern in einzigartiger Breite reproduzieren. Kampagnen sind aber nicht nur Spiegel des ideologischen Status quo politischer Akteure. Nicht selten bringen Akteure im Rahmen des kommunikativen ‚Kraftakts' Kampagne Revisionen ihres Verständnisses von sich selbst und der Gesellschaft hervor und finden durch sie zu einer neuen Sprache (vgl. Bartels 2015, S. 439).

© Springer Fachmedien Wiesbaden GmbH 2018
N. Remus und L. Rademacher (Hrsg.), *Handbuch NGO-Kommunikation*,
https://doi.org/10.1007/978-3-531-18808-9_8

Über diese akteursspezifische Sicht hinaus lassen sich Kampagnen auch auf eine übergeordnete, geistes- und kulturwissenschaftliche Weise betrachten: Im Anschluss an die PR-Definition von Merten und Westerbarkey (1994, S. 210) sind sie Gefüge „wünschenswerter Wirklichkei[t]", auf die politische Akteure ihre Argumentationen aufbauen. So entwerfen Kampagnen ganz individuelle Vorstellungen davon, was eine gute Gesellschaft ausmacht und wie sie funktionieren sollte. Sie transportieren „Gesellschafsbilder" (Bartels 2015) – versehen mit der Aufforderung an die Rezipienten, sich daran abzuarbeiten. Jede einzelne politische Kampagne ist damit zugleich ein Zeugnis gesamtgesellschaftlicher Werte- und Identitätsdiskurse. Stellt man darüber hinaus die Gesellschaftsbilder verschiedener Kampagnen einander gegenüber, entsteht die Möglichkeit, auch akteursübergreifenden Erzählweisen gesellschaftlicher Realität auf die Spur zu kommen.

Eine solche Untersuchung ist Gegenstand eines 2014 abgeschlossenen Forschungsprojektes (Bartels 2015), auf dem dieser Beitrag beruht. Gegenübergestellt wurden Kampagnen sehr verschiedener politischer Akteure: „Deutschland. Land der Ideen" (LDI) des BDI, „Gemeinsam für ein gutes Leben" (GL) der IG Metall und „Die Gesellschafter.de" (DG) der Aktion Mensch wurden im Hinblick auf Konvergenzen und Divergenzen in den kollektiven Wertvorstellungen und Solidarisierungsappellen beschrieben, die ihnen zugrunde liegen. Dabei hat sich gezeigt, dass die Kampagnen trotz ihrer augenscheinlichen ideologischen Divergenzen eine wichtige Gemeinsamkeit aufweisen – nämlich einen Bezug auf einen universellen ‚Kern' der gesellschaftlichen Selbstdefinition. Dieser Kern dürfte nahezu jeder Form der öffentlichen politischen Kommunikation zu Grunde liegen und kann zweifelsohne als Ursprung der kollektiven Identität der bundesrepublikanischen Gesellschaft bezeichnet werden. Dieses Ergebnis zeigt, dass sich durch die vergleichende Kampagnenanalyse zugleich die zentrale gesellschaftsphilosophische Frage beantworten lässt, worüber die Gesellschaft immer spricht, wenn sie sich selbst zum Thema macht – und auf welche Weise sie das tut.

2   Kampagnen treiben Identitäts- und Wertediskurse

Mit diesem Ansatz stellt sich das Forschungsprojekt in weiten Teilen in die Tradition einer politischen Philosophie, die von Platon und Aristoteles über Rousseau bis hin zu modernen Ansätzen zu Bürgergesellschaft und demokratischer Partizipation nach den Bindungskräften fragt, die innerhalb einer nationalstaatlichen Grenze lebende Menschen zu einer solidarischen Gemeinschaft souveräner Bürger werden lassen. Vertreter dieser Tradition gehen davon aus, dass national definierte Gemeinwesen jenseits einer formal ordnenden Gesetzgebung grundsätzlich eines kollektiven Willens zu Gemeinschaft bedürfen. Mit Rousseau gesprochen: einen Gesellschaftsvertrag bzw. eine das Gemeinwesen als solches heiligende Zivilreligion (vgl. Rousseau 1996 [1762]). Im Anschluss daran sind sich die politische Philosophie und die Soziologie darin einig, dass „trotz aller Untiefen, die mit der Vermutung einer kollektiven Identität einhergehen, […] das Nachdenken über ein Gemeinwesen schwerlich auf die Fiktion einer ‚Wir-Gemeinschaft' verzichten" kann, so der Politikwissenschaftler Jens Hacke (Hacke 2009, S. 11). Auf den Punkt bringt es der ‚Klassiker' des Staatsrechts von Ernst-Wolfgang Böckenförde: „Der freiheitlich säkularisierte Staat lebt von Voraussetzungen, die er nicht selbst garantieren kann" (Böckenförde 2006, S. 112).

Wenn diese unverzichtbare kollektive Identität, Wir-Gefühle, „Sozialkitt" (Hacke 2008, S. 15) oder auch „vereinigenden Bänder" (Dubiel 1997) nun der Kern jeglicher öffentlichen politischen Kommunikation sind, dann sind sie ebenso der Grundbestandteil von NGO-Kampagnen. Damit erfüllt das, was eigentlich als ideologischer Werbefeldzug für Zustimmung und entsprechendes Anschlusshandeln angelegt ist, eine zentrale gesellschaftspolitische Funktion: Kampagnen produzieren und reproduzieren soziale Werte und Idealvorstellungen und nähren dadurch Diskurse, die für die Existenz intakter Gemeinwesen lebensnotwendig sind. Es ist dabei vor allem ihre Fähigkeit, Flächen zur produktiven Auseinandersetzungen mit Widersprüchen der gesellschaftlichen Realität zu erzeugen, die sie für das Gemeinwesen so wertvoll macht. Diese Leistung macht gesellschaftspolitische Kampagnen – ungeachtet ihrer Form, Größe oder Urheberschaft – zu kommunikativen gesellschaftlichen Lebensadern.

Wie aber lässt sich ein so abstraktes Phänomen wie kollektive Identität empirisch erfassen? Tatsächlich liegen dem hier angerissenen Forschungsprojekt ein sprachwissenschaftlicher Ausgangspunkt und eine ebensolche Methodik zu Grunde. Die Herleitung dessen ergibt sich beim genaueren Hinsehen beinahe organisch, denn der wichtigste empirische Zugriffspunkt auf kollektive Wissensbestände und Wirklichkeitskonstruktionen erfolgt seit jeher über die Sprache.

Was sind Kampagnen? Was tun Kampagnen?

2.1　Interdisziplinäre Definitionsmöglichkeiten

Die wissenschaftliche Auseinandersetzung mit politischen Kampagnen ist von einer Vielzahl disziplinärer Ausgangspunkte aus denkbar. Unabhängig davon, welcher fachliche Standort gewählt wird, ist die Bereitschaft, sich interdisziplinären Blickwinkeln zu öffnen, eine Grundvoraussetzung. So vereint die Kampagne sowohl Dimensionen aus Politikwissenschaft, Kommunikationswissenschaft, Public Relations und Marketing sowie Medienwissenschaften als auch kultur- und textwissenschaftliche Aspekte. Will man das Phänomen als Ganzes auch in seinem jeweiligen pragmatischen Rahmen erfassen, schneidet die Analyse auch unweigerlich Dynamiken der Fachgebiete, denen die Kampagnenakteure zuzurechnen sind: Medizin, Recht, Religion, Ökonomie, Bildung etc.

Die Vielfalt der Zugriffsmöglichkeiten auf das Phänomen Kampagne zeigt sich bereits in der breiten Auswahl von Definitionen aus unterschiedlichen Disziplinen: So versteht etwa die Betriebswirtschaft (Werbe-)Kampagnen vor allem als profitsteigernde Marketinginstrumente, während die Kommunikationsforschung auf Dispositionen und Dynamiken von Gesellschaft und Öffentlichkeit abstellt. Die Politikwissenschaft wiederum betrachtet die

Kampagne in erster Linie als strategische Einheit politischen Handelns zur Herstellung von Legitimation (vgl. Speth 2007a, S. 4), zur Formulierung und Durchsetzung von Interessen und der grundsätzlichen Beeinflussung „(des) gesellschaftliche[n] Meinungsklima[s]" (ders. 2009, S. 215). Dass „Kampagnenpolitik [...] so alt wie die Politik selbst" (Leggewie 2009, S. 119) ist, ist in der politischen Kommunikationsforschung unbestritten. So müsse seit jeher in einer sich fortschreitend individualisierenden Gesellschaft „wer die freie Wahl hat, [...] von einer guten Wahl erst überzeugt bzw. dazu überredet werden." (ebd. 121). Folglich sei die Kampagne zur aktuell wichtigsten Figur politischer Mobilisierung (vgl. Speth 2007b, S. 21) geworden. Speth sieht dabei die inhaltlichen und methodischen Grenzen zwischen klassischen Sozialkampagnen und Profit-Marketing verschwimmen (vgl. ebd. S. 18): „Unternehmen und Wirtschaftsakteure eignen sich die Formen der sozialen Bewegungen an und diese und andere Akteure adaptieren Marketingmethoden" (ebd. 19). Darüber hinaus wird ein Trend zur Vermeidung von Komplexität und zugleich der Hinwendung zu einer diffusen Inszenierung moralischer Grundfragen beschrieben (vgl. Baringhorst 2009, S. 250). Grundsätzlich wandle sich die Kampagne vom zielgruppenspezifischen Mobilisierungs- und Integrationsappell zum unverbindlicheren Wertbindungsangebot (vgl. Jarren und Arlt 1997, S. 481), bei dem versucht würde, „am kollektiven Selbstbild Veränderungen vorzunehmen" (Speth 2009, S. 214).

In den meisten Fällen wurde und wird die Kampagnenforschung in der Regel als Teilgebiet der Theorie und Praxis der Public Relations behandelt (u. a. Althaus 2005, Avenarius 2008, Lies 2008, Bentele 2011, Röttger et al. 2011). In diesem Fachgebiet besteht Einigkeit darüber, dass „Kampagnen die hohe Schule der PR" (Avenarius 2008, S. 196) sind.

2.2   Kampagne sprachwissenschaftlich

Im Anschluss an die konstruktivistisch-kulturwissenschaftliche Perspektive Rademachers lassen sich Kampagnen auch als akteursspezifische ‚Erzählungen' von Gesellschaft verstehen – als Trägerinnen „kollektive[r] Konstruktionsprozess[e] von sozialen Gefügen und ihren Regularien[,] von Welt- und Wirklichkeitsmodellen und ihren Alternativen" (Rademacher 2009, S. 90). Von der ‚Gesellschaftserzählung' erscheint der gedankliche Schritt in die Sphäre der Germanistik, insbesondere der Sprachwissenschaft, als Selbstläufer. So lässt sich Kampagne aus linguistischer Sicht als Menge von Texten verstehen, die sich anhand der Vielfalt sprachwissenschaftlicher Methoden mit Blick auf verschiedenste Erkenntnisinteressen bearbeiten lässt. Dazu allerdings muss die Sprachwissenschaft einen multimodalen Pfad einschlagen, denn Kampagnen erstrecken sich über ein breites Spektrum von Zeichensystemen – von der Sprache über Bild, Film, Audio bis hin zu Skulpturen, Installationen, Architektur sowie auch symbolisches Handeln etc. Entsprechend bedarf es eines systemübergreifenden (semiotischen) Textbegriffs, wie ihn u. a. Eckkramer (2002) beschreibt.

Die linguistische Auseinandersetzung mit Kampagnen verlangt zunächst einmal eine sprachwissenschaftliche Definition, die die Linguistik bisher nicht vorgelegt hat. Die zentrale Herausforderung einer solchen Definition ist, dass Kampagnen aus mehreren aufeinander bezogenen Texten bestehen, die aber alle im Rahmen eines bestimmten Themas und Kommunikationsinteresses entstanden sind ('Polytextualität'). So vereinen Kampagnen eine Vielzahl verschiedener Textsorten[1] und Kommunikationsformen[2] in sich, wie etwa Reden, Newslettertexte, Slogans, Plakate, Grundsatzprogramme und Chartas und vieles mehr. Die Diversität der in Kampagnen anzutreffenden Kommunikationssituationen scheint schier unendlich. Und auch die Vielfalt der genutzten medialen Kanäle ist beachtlich: Neben den klassischen PR-Formen wie der Kampagnenzeitung, der Pressemitteilung, Film- und Buchprojekten sowie verschiedenen Anzeigenformaten und Merchandisingprodukten sind Angebote in elektronischen Medien inzwischen ein unverzichtbarer Baustein. Grundsätzlich umfassen Kampagnen verschiedene multimodale Produkte, die zugleich mehrere Wahrnehmungskanäle ansprechen: Text-Bild-Zusammenhänge, Erklärfilme oder Gaming-Formate. Darüber hinaus kommt spektakulären Inszenierungen der Kampagnenbotschaft in der realen Welt (symbolisches Handeln) wie etwa die Preis-Verleihungen und das Skulpturenprojekt der Kampagne Deutschland – Land der Ideen oder Formaten wie der IG Metall Arena eine eigenständige Bedeutung zu. Gleichzeitig nehmen vor allem Formate mit beteiligungsoffenem, integrierendem Charakter (Ideenwettbewerbe, Webforen, Umfragen) in den untersuchten Kampagnen eine herausragende Position ein. Zusammenfassend lässt sich festhalten: Kampagnen sind gleichzeitig 'polytextuell', multimedial, multimodal und 'textsorten-intertextuell' (vgl. Adamzik 2001 mit Bezug auf Klein 1991 und 2000).

Ein weiteres zentrales Merkmal der Kampagne ist ihre zeitliche Befristung, die sie von kontinuierlicher Öffentlichkeitsarbeit unterscheidet. Zwar erstrecken sich Kampagnen zuweilen über eine lange Zeitspanne und können dabei auch in Ausrichtung und Umfang variieren. Es liegt in der Natur der Sache, dass Kampagnen als *besondere kommunikative Kraftanstrengungen* nur befristet angelegt sein können – zumindest, wenn sie hohe Erwartungen an ihre Wirksamkeit haben wollen. Zugleich wohnt der Kampagne auch innerhalb ihres Ablaufs eine essentielle Dynamik inne. Diese entsteht zum einen aus der strategischen Dramaturgie der Kampagnenplanung und zum anderen aus dem nur schwer vorhersehbaren Impact und den Reaktionen in der Öffentlichkeit.

Insgesamt ist die Kampagne aus linguistischer Sicht wie folgt zu definieren:

Kampagnen sind im Rahmen einer strategischen Kommunikationsanstrengung erstellte Mengen von Kommunikaten, die sich in Gestalt verschiedener Textsorten und Kommunikationsformen an die Öffentlichkeit (bzw. Teilöffentlichkeiten) richten und

---

1   Zum Verständnis von *Textsorte* sei hier unter anderem auf Heinemann 2000 verwiesen: „Textsorten werden als sprachliche Manifestationen von – auf Textganzheiten bezogenen – kognitiven Mustern gefaßt [sic!] (als finite Mengen von – durch Übereinstimmung bestimmter Merkmale gekennzeichneten – Textexemplaren), die sich zur Erreichung spezifischer Interaktionsziele als effektiv erwiesen haben" (Heinemann 2000, S. 523). Eine weitere gängige Textsortendefinition findet sich bei Fix (2008, S. 71). Zur Textsortenklassifikation durch Textfunktion und Themenentfaltung ist bei Brinker (2010) nachzulesen.

2   Nach Holly (2011, S. 155)

vom Kampagnenakteur klar definierte Kernbotschaften zu einem bestimmten Thema transportieren. Kampagnen sind dabei unbedingt zeitlich befristet und von variierender kommunikativer Intensität. Insgesamt reichen sie deutlich über das alltägliche kommunikative Engagement eines Akteurs bezüglich eines Themas hinaus.

2.2.1 ‚Jonglage' mit Texten

Kampagnen bedienen sich nicht nur einer großen Vielfalt verschiedener Textsorten. Darüber hinaus ist eine wichtige Säule politischer Kampagnenführung auch das Spiel mit der Uneindeutigkeit von Textsorten – die Jonglage mit ihren Erkennungsmerkmalen und Images. Tatsächlich lassen sich in vielen Kampagnen Texte identifizieren, in denen ein Appell nicht direkt, sondern durch eine deskriptive, informative oder auch narrative Themenentfaltung realisiert wird: So kann in einem stilistisch als journalistischer Beitrag gekennzeichneter Text über den Alltag einer ehrenamtlich Engagierten ein starker Appell für mehr zivilgesellschaftliche Beteiligung stecken. Ein Appell, den ein Journalist nicht unbedingt intendiert – eine NGO im Rahmen einer Kampagne in diesem Feld aber schon. Rademacher spricht in diesem Zusammenhang vom Bestreben der PR-Akteure „ihre Texte den kulturell dominierenden Texten einzuschreiben" (Rademacher 2009, S. 91).

Es lässt sich als Grundprinzip des PR-Schreibens klassifizieren, einen politischen Appell in eine Textsorte einzubetten, die eben diese appellative Textfunktion möglichst nicht auf der Oberfläche trägt, bisweilen sogar nur subtil verfolgt. Dies zeigt sich vor allem an den klassischen journalistischen Textsorten, die allein schon mit Blick auf das Format Kampagnenzeitung in allen Kampagnen einen außergewöhnlich hohen Stellenwert einnehmen. So verschwimmen – je nach Kampagne – in unterschiedlicher Intensität die Grenzen zwischen neutralem journalistischem Schreiben (Bericht, Reportage, Nachricht, Interview, Beschreibung) und Meinung oder auch konkreten Forderungen. Eigene Inhalte und Botschaften werden im Rahmen eines nachrichtlichen oder berichtenden Stils und der entsprechenden grafischen Aufmachung in ein journalistisches Gesamtbild gerückt. Auf diesem Weg werden sie mit Relevanz versehen und profitieren letztlich vom positiven Image der journalistischen Textsorten und das ihnen entgegengebrachte ‚Textsorten-Vertrauen'. Diese Brechung des redaktionellen Stils geht in manchen PR-Texten so weit, dass journalistischen Merkmale bisweilen zu bloßen Textsorten-Hüllen degradiert werden.

Neben dem wohl wichtigsten Referenzobjekt der journalistischen Darstellungsform imitieren die Kampagnen jedoch auch andere Textsorten – etwa durch wissenschaftliche Dossiers, die jenseits fachlicher Expertise auch eine argumentative Dominanz in der Themenentfaltung aufweisen. In vielen Kampagnen finden sich darüber hinaus immer wieder Schicksalserzählungen, hinter deren narrativem Charakter sich sehr subtile Appelle (des Bewunderns, des Nacheiferns, des Mitleidens etc.) verbergen.

Mit Blick auf diese ‚Textsorten-Mimikry' kann es bei der wissenschaftlichen Auseinandersetzung mit politischen Kampagnen nicht nur darum gehen, die verwendeten Textsorten aufzuzählen und zu beschreiben. Vor allem muss eine Untersuchung von Kampagnen zeigen, welche Textsorten ein Kommunikat am ehesten zu imitieren versucht.

2.2.2 Wie Kampagnen Sprache einsetzen

Kampagnentexte weisen die gleichen kommunikativ-pragmatischen Rahmenbedingungen auf wie die Mehrzahl der öffentlichen politischen Texte. Die Annahme, es gäbe so etwas wie eine spezifische Kampagnensprache, wäre daher ein Irrtum. So zeichnet auch die Sprache in Kampagnen sich durch zahlreiche sprachliche Modi aus, die in der politischen Semantik schon lange bekannt sind und empirisch beschrieben wurden: Schlagwörter, Metaphern, Text-Bild-Bezüge oder argumentative Spannungsfelder. Das zentrale Unterscheidungsmerkmal der Sprachverwendung von Kampagnen ist lediglich ihr übergeordnetes Überzeugungsziel, auf das alle eingesetzten sprachlichen Elemente einzahlen. Bei der Untersuchung von Sprache in Kampagnen stehen entsprechend die Wahl, die Kombination und die Verteilung sprachlicher Mittel im Vordergrund. In diesem Zusammenhang lassen sich sehr wohl sprachliche Dispositionen beschreiben, die für Kampagnen durchaus charakteristisch – wenn auch nicht obligatorisch – sind: die Aktualisierung – bzw. die strategische Genese und Positionierung – von Schlagwörtern, argumentative Positiv- und Negativ-Fokussierungen, Konstruktionen kollektiver Identität, Freund-Feind-Gefüge, Raum-Zeit-Gefüge, Vagheiten und letztlich die Argumentation in Spannungsfeldern.

Bevor im Folgenden auf eben diese besonders charakteristischen sprachlichen Dispositionen eingegangen wird, sei ein semantisches Spezifikum von Kampagnen angesprochen, das sich letztlich übergeordnet aus ihrer Polytextualität ergibt: die flächige Bedeutungsbildung. In diesem Sinne wird ein Schlagwort nicht zu einem Schlagwort, in dem man es einmal als solches gebraucht. Erst die textübergreifende Wiederholung eines Schlagwortkonzepts aktualisiert, variiert oder konstituiert es überhaupt erst. Gleiches gilt auch für Metaphern, die sich in Kampagnen textübergreifend zu Metaphernfeldern verdichte. Darüber hinaus lassen sich einzelne Wörter netzartig zu semantischen Feldern zusammenordnen, argumentative Oppositionen prallen nicht nur intra-, sondern auch intertextuell aufeinander. Texte innerhalb von Kampagnen sind formal, inhaltlich und sprachlich fester miteinander verwoben als anlassbezogene Einzeltexte. Sie referieren aufeinander, pflegen einen gemeinsamen Stil und verfolgen letztlich alle ein und dasselbe kommunikative Ziel. In Abgrenzung zum politischen Einzeltext – z. B. einer Rede, die als rhetorische Momentaufnahme argumentativ und emotional dichter gestaltet ist – erzeugen Kampagnen vor allem durch flächige Kontinuität Durchschlagskraft, Schärfe und argumentative Nachhaltigkeit.

Schlagwörter

Wie in allen politischen Texten nehmen Schlagwörter auch in Kampagnen eine herausgehobene Position ein. Durch ihren starken Bedarf nach Aufmerksamkeit sind Kampagnen auf diese verkürzten und eingängigen Formen der Argumentation besonders angewiesen. So verdichten Schlagwörter das zentrale Anliegen, die gesamte Programmatik, von Kampagnen in sich und machen damit einen wesentlichen Anteil des Wiedererkennungswertes von Kampagnen aus. In der aktuellen deutschen Kampagnenlandschaft lässt sich eine starke Hinwendung zur Neu- oder Umprägung von Schlagwörtern feststellen. Jüngere Kampagnen distanzieren sich weitgehend von klassischen politischen Schlagwortbeständen

(Freiheit, Gerechtigkeit, Solidarität etc.) und streben danach, neuere Konzepte aufzunehmen oder auch eigene – noch nicht als solche eingesetzte – Schlagwörter positionieren und damit ihren diskursiven Impact und ihren Wiedererkennungswert zu verbreitern. Schlagwörter liefern aber nicht nur einen erhöhten Wiedererkennungswert. Indem sie ganze Argumentationslinien in sich gerinnen lassen, erlauben sie Kampagnen, die sich um sie herumranken, auch eine erhöhte Komplexitätsreduktion: So kann eine ständige Durchdeklination von Argumenten häufig ausbleiben, da Schlagwörter Wirklichkeit quasi durch sich selbst als Wahrheit voraussetzen. Über einen guten strategischen Umgang mit Schlagwörtern können Kampagnen den zentralen Balanceakt zwischen sprachlicher Prägnanz und inhaltlicher Tiefe meistern.

Positiv- und Negativ-Fokussierungen

Die sprachliche Umsetzung von Idealvorstellungen von Gesellschaft kennt in der politischen Kommunikation im Wesentlichen zwei Ausprägungsformen:

Einerseits die Ausrichtung an der Nichterfüllung eines Ideals – also die Formulierung von Appellen ‚ex negativo‘ (z. B. die Kritik an gesellschaftspolitischer Verantwortungslosigkeit) – andererseits die Positiv-Orientierung, zuweilen auch Lobpreisung richtigen Verhaltens im Sinne der Kampagnenbotschaft (z. B. Ikonisierung ehrenamtlich Engagierter). Tatsächlich bewegen sich Kampagnen grundsätzlich zwischen einem Vokabular des Bemängelns und Ermahnens bzw. einem Semantik der Zuversicht und Anerkennung.

Konstruktionen kollektiver Identität

Angesicht ihrer längerfristigen Laufzeit müssen Kampagnen ihren Adressaten eine nachhaltig wirksame Identifikationsfläche anbieten, an die sie über verschiedene Kanäle immer wieder anknüpfen können. Häufig besteht dieses Angebot in einem diffusen ‚Wir‘ bzw. ‚Uns‘ als maximalinklusive Identifikationsofferte. Oft werden dabei die Grenzen zwischen einem ‚Gesellschafts-Wir‘ und dem ‚Akteurs-Wir‘ unscharf. Dadurch gelingt eine Überblendung der Positionen der Kampagnenurheber mit allgemein anerkannten Gemeinwohlinteressen. Die konkrete Kampagnenurheberschaft gerät letztlich zu Gunsten des Gemeinwohls aus dem Fokus. Dieser Überblendungseffekt ist Teil eines grundsätzlichen Bedürfnisses von Kampagnen, eine soziale Handlungsnotwendigkeit aufzuzeigen und sich selbst zu legitimieren. In der Regel ist damit ein starker Bezug auf eine große Masse oder sogar die Mehrheit der Menschen gegeben, die die Kampagnen zu vertreten beanspruchen.

Raum-Zeit-Gefüge

Die Argumentationen politischer Kampagnen basieren grundsätzlich auf einem Raum-Zeit-Gefüge. Räumlich eröffnen sie eine lokale/regionale, eine globale und eine dazwischen liegende gesamtgesellschaftliche (nationale) Ebene. In vielen Fällen liegt der räumliche Fokus auf der Einflusssphäre des Individuums. Es scheint sehr häufig, als habe die gute Gesellschaft ihren Ausgang vor Ort – auf der sozialen Mikroebene. Ob eine Gesellschaft wahrhaft gut bzw. auch erfolgreich ist, ergibt sich häufig erst aus vergleichender

Sicht. Der Blick über die Landesgrenzen hinaus ist ein sehr verbreiteter argumentativer Modus. Die Mesoebene der Gesamtgesellschaft geht wiederum häufig in diffusen Totalitätsbezeichnungen auf: *Die Menschen, Die Gesellschaft, Wir.* Obwohl die Meso-Ebene dadurch sehr vage bleibt und mehr als ‚Kollektivitäts-Fiktion' erscheint, steht *die Gesellschaft* als zentrales Telos am Ende aller anderen räumlichen Argumentationslinien.

Ebenfalls dreidimensional ist das zeitliche Gefüge von kampagnenförmiger Argumentationsstrukturen. Aus dem Blick in die Vergangenheit und Mutmaßungen über die Zukunft wird eine Handlungsnotwendigkeit im ‚Hier und Jetzt' abgeleitet. Dabei ist zunächst unwichtig, ob die Vergangenheit als Chronik des Versagens oder als Erfolgsgeschichte gedeutet wird – oder die Zukunft als Drohkulisse des Untergangs oder als vielversprechendes ‚Morgen' konstruiert werden.

Freund-Feind-Gefüge

Nicht immer brauchen politische Akteure in ihren Kampagnen einen Gegner, an dem sie sich abarbeiten können. Manchmal brauchen sie auch Helden, die sie als Vorbilder im Sinne der eigenen Botschaft präsentieren können. Und manchmal kontrastieren sie beide Gruppen miteinander. Solche Freund-Feind-Gefüge lassen sich auch in den untersuchten Kampagnen antreffen. Häufig ist es die Politik, die ihrer Verantwortlichkeit für das gemeine Wohl nicht ausreichend nachkommt – was bei Nicht-Regierungs-Kampagnen zunächst nicht verwundert. Bisweilen ist es aber auch die Wirtschaft, die stets mit einem oder beiden Beinen im Dunstkreis von Ausbeutung und Dehumanisierung steht. Dem gegenüber stehen die Helden, die in der Regel der zivilgesellschaftlichen Sphäre entstammen. Sie werden vor allem durch Stärke, Unermüdlichkeit und Partizipationswilligkeit konkretisiert. Eine dritte, wichtige Akteurssphäre in diesem Gefüge ist wiederum unmittelbar von den beiden anderen – Freund und Feind – abhängig: Es sind die Verletzlichen, die einerseits unter den Feinden zu leiden haben und deren Schwäche andererseits erst durch die Starken in der Gesellschaft überwunden werden kann. Wer den Wirklichkeitsentwurf einer Kampagne differenziert erfassen will, muss einen Blick auf diese Akteurssphären und ihre semantischen Umsetzungen werfen.

Vagheiten

Was Kampagnentexte mit vielen politischen Kommunikationsformen teilen, ist die Produktion sprachlicher Unbestimmtheitsstellen: „Deutschland wird es schaffen" (Deutschland. Land der Ideen/LDI). Das Beispiel zeigt, dass das *Es* häufig eine tiefer gehende Wirkung hat, nämlich implizite Betonung von Kampagnenbotschaften, die sich oft erst aus der Fläche aller Kampagnentexte ergibt: Hinter dem *Es* steht der Anspruch auf eine globale Vorreiterrolle und der redundante Wachstumsimperativ für den Wissenschafts- und Wirtschaftsstandort Deutschland.

Darüber hinaus ziehen sich durch Kampagnen viele Passivkonstruktionen und Substantivierungen: „Anstand und Moral sind auf der Strecke geblieben" (Gemeinsam für ein gutes Leben/GL). Diese ‚Agens-Ausblendung' bewahrt die Texte davor, sich in einer

gebetsmühlenartigen Anklage fehlender Moral zu verlieren, ohne dabei auf die stetige
Aktualisierung von Feindbildern und Verbesserungsimperativen verzichten zu müssen:

Eine ebenfalls sehr häufige Vagheits-Strategie ist der häufige Einsatz von Totalitätsausdrü-
cken. So inszenieren Ausdrücke wie *Die Gesellschaft, die Politik, die Wirtschaft, Deutschland*
– auch durch die häufige Verbindung mit dem bestimmten Artikel – eine Absolutheit, die
zugleich sehr ‚schwammig‘ und inhaltlich variabel ist. Totalitätsausdrücke sind notwendige
Formen der Komplexitätsreduktion in Kampagnen. Ein angenehmer Nebeneffekt ist zuweilen
die Möglichkeit, allzu kräftiges politisches ‚Farbe-Bekennen‘ zu vermeiden.

Argumentation in Spannungsfeldern

Kampagnentexte sind klassische Vertreter der politischen Rhetorik. Das bezeugt vor allem
die von Spannungsfeldern durchzogene Argumentation, die ihnen erlaubt divergierende
Identifikationsentwürfe anzubieten und dabei gleichzeitig Brücken zwischen ihnen zu bauen.
Auf diese Weise wird es möglich, immer wieder rationale und versöhnliche Argumentati-
onslinien zu produzieren und sich damit diskursive Offenheit zu bewahren. Jenseits dieser
Argumentationslinien ziehen sich durch Kampagnen auch viele unüberwindbare Antagonis-
men. Die bunderepublikanische Selbsterzählung befindet sich in vielerlei Hinsicht in einem
Wechselbad der Gefühle. *Schwäche* und *Stärke*, *Furcht* und *Zuversicht*, *Feindseligkeit* und
Freundschaft treffen im selben Atemzug einer politischen Rede aufeinander und zwingen
die Zuhörer unweigerlich, zwischen ihnen zu vermitteln. Dabei soll das Negative immer zu
Gunsten des Positiven überwunden werden. So besteht beispielsweise das argumentative
Potenzial von Feindseligkeit darin, das Fehlen von Freundschaft sichtbar zu machen. Die
emotionale Kraft der Furcht ergibt sich aus dem Wunsch, sie in Mut und Zuversicht zu
verkehren, während man Schwäche schließlich in Stärke zu verwandeln versucht. Sehr
ähnlich verhalten sich die Antagonismen *Vergangenheit* und *Zukunft*, *Region* und *Welt* zu
einander: Aus ihrem Aufeinanderprallen ergibt sich letztlich ein wirkungsstarkes Pathos.

Argumentative Spannungsfelder sind tatsächlich kein Alleinstellungsmerkmal von
Kampagnen. Dennoch ist es ein Charakteristikum, das ihre innere Dynamik ausgesprochen stark prägt.

3   Kampagnen empirisch untersuchen

In ihren Kampagnen konstruieren und transportieren NGOs subjektive Wirklichkeitsentwürfe – von sich selbst und der gesamten Gesellschaft. Als originäre Wirklichkeitswissenschaft kennt die Linguistik Mittel und Wege, diese Konstruktionen empirisch zu
erfassen und zu beschreiben.

Die empirische arbeitende Linguistik ist sich darüber einig, dass es zur Erfassung von
Wissensbeständen und Wirklichkeitsentwürfen keinen methodischen Königsweg gibt.
Die Darstellung der Forschungsansätze und Zugriffsweisen bei Gardt (2012) zeigt, wie
vielfältig das potenzielle Instrumentarium auf den verschiedenen linguistischen Betrach-

tungsebenen ist. Der für eine Untersuchung zusammengestellte Werkzeugkasten (vgl. ausführlich Bartels 2015) kann entsprechend immer nur eine Auswahl von Instrumenten enthalten. Ausgewählt wurde hier zum einen die Schlagwortanalyse inklusive deontischer Bedeutungen, Fahnen- und Stigmawörtern, wie von Hermanns (1994) und Klein (1989) dargestellt. Darüber hinaus spielt die Methapernanalyse – verstanden nach Pohl (2002) und Böke (2005) eine Rolle in dieser Arbeit, ebenso wie die Analyse von Text-Bild-Beziehungen, wie sie von Klug und Stöckl (2014) vertreten wird. Hinzu kommt schließlich die Toposanalyse – nach Wengeler (2003) – die in der gewählten methodischen Ausgangsbasis eine ganz zentrale, eine übergeordnete und bündelnde Rolle ausfüllt.

Alle hier genannten Zugriffsweisen orientieren sich an einer reichen Semantik oder auch Tiefensemantik nach Busse und Teubert (1994): Kern einer solchen Semantik ist, dass sie Bedeutung nicht einem Baukastenprinzip entsprechend, additiv aus einzelnen Teilkomponenten (Wörter, propositionale Inhalte) zusammengefügt sieht, sondern als komplexes, multilaterales Produkt versteht, das sich erst [...] in der Fläche der „semantischen Beziehungen der Wörter und Sätze untereinander, d[er] struktuelle[n] Anlage des Texts [...] und seine[r] gesamte[n] stilistische[n] Gestaltung vollends erfassen lässt" (Gardt 2005, S. 151).

3.1 Von punktuell zu flächig

Der Schritt von der punktuellen Betrachtung eines einzelnen sprachlichen Phänomens hin zu seiner Erfassung in der Fläche einer Textmenge soll am folgenden Beispiel des Schlagwortkonzepts *Idee* aus der Kampagnen „Deutschland. Land der Ideen" skizziert werden.

Ideen werden hier beschrieben als „Beiträge [...], die auf die Zukunft unseres Landes einzahlen". Von „Ideenreichtum" ist die Rede. „Gerade in der Krise braucht ein Land Ideen" oder „Deutschland lebt von seinen Ideen", wird hier postuliert. Diese Beispiele zeigen, dass *Ideen* im Rahmen dieser Kampagne nicht weniger sind als das Kapital, das der Bundesrepublik jetzt und in Zukunft das Überleben sichert. Ein Kapital, das vermehrt und angehäuft werden muss. Diese implizite Handlungsaufforderung (Deontik) des Vermehrens funktioniert dabei über eine sehr starke Argumentation mit Blick auf das gesellschaftliche Wohl. So verbirgt sich etwa hinter der Aussage „Deutschland lebt von seinen Ideen", die hier allgemeingültig vorausgesetzte, abstrakte Formel, dass es Gesellschaften dann gut geht, wenn sie über viel mentales Kapital und Innovationsressourcen verfügen.

Bei dieser dem Schlagwort immanenten Argumentation, kommt die Perspektive der Argumentations- oder Topos-Analyse ins Spiel. Die Topos-Analyse eignet sich laut Wengeler (2003) dazu, punktuelle Erkenntnisse in eine flächige Betrachtung zu überführen und damit verschiedene interessensgebundene Argumentationsstränge aufzuzeigen. Kern der Topos-Analyse ist der Nachvollzug eines enthymemischen Dreischritts – wie ihn Toulmin (1975) beschrieben hat. Toulmin geht davon aus, dass zwischen einem Argument und einer daraus abgeleiteten Konklusion eine so genannte Schlussregel – oder Topos – die verbindende Brücke schlägt. Ein Beispiel:

Die Behauptung, viele Migranten seien in Deutschland schlecht integriert, weil sie die deutsche Sprache nur unzureichend beherrschten, beruht auf der Vorannahme, dass Integration im Wesentlichen durch Sprache erfolgt. Dieses Schlussregelmuster lässt sich im Rahmen der Toposanalyse als ‚Integration durch Sprache-Topos' bezeichnen.

Nach Wengeler ist die Toposanalyse insbesondere dafür geeignet, implizite Kausalitäten hinter Behauptungen sichtbar zu machen, die in der Regel für selbstverständlich gehalten oder gegebenenfalls auch als selbstverständlich fingiert werden. Argumentationen – selbst wenn sie in einem einzigen Kompositum aus *Idee* und *Reichtum* gleich *Ideenreichtum* kondensieren, transportieren ein implizites Wenn-dann-Gefüge, wie es auch dem Ideen-Konzept zu Grunde liegt: Die bundesrepublikanische Gesellschaft ist intakt, wenn sie über viel mentales Kapital und Innovationsressourcen verfügt.

Dieser Innovations- und Fortschritts-Topos wird in der Kampagne „Deutschland – Land der Ideen" auch durch die immer wiederkehrende Metapher des *Kopfes* getragen: „Kopf der Zukunft", „kluge Köpfe braucht das Land", „die Summe guter Köpfe" sind nur einige Beispiele dafür. Diese Metapher konkretisiert den Ideen-Topos schließlich in Richtung eines Leistungsträger-Topos: Die bundesrepublikanische Gesellschaft ist intakt, wenn ihr viele kluge und qualifizierte Menschen agieren.

Im vorliegenden Beispiel wird der Innovations- und Fortschritts-Topos auch durch die häufige Verwendung von Superlativen im Umfeld von *Idee* bzw. *Innovation* und Wissenschaft betont: „der größte private Energiedienstleister der Welt", „Förderung innovativster Technologien", „die leistungswilligsten Studenten". Hieraus lässt sich ein Exzellenz- oder Elitentopos ableiten, der den Leistungsträger-Topos konkretisiert: Die bundesrepublikanische Gesellschaft ist intakt, wenn sie Exzellenz hervorbringt und Eliten fördert.

Anhand dieses Beispiels lässt sich eine – wenn auch sehr kleine – hierarchisch aufgebaute topische Struktur skizzieren:

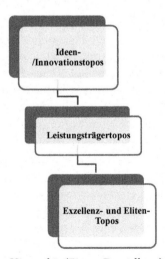

Abb. 1 Beispiel einer topischen Hierarchie (Eigene Darstellung)

Abb.1 zeigt, dass der Fortschrittstopos durch einen Leistungsträgertopos konkretisiert wird, der wiederum durch einen Exzellenz- und Elitentopos spezifiziert wird. Diese Beispiele zeigen, dass sich Erkenntnisse auf unterschiedlichen sprachlichen Betrachtungsebenen – wie etwa der hier nur angedeuteten Schlagwortbetrachtung oder der Metaphernanalyse in eine zusammenhängende argumentative Struktur überführen lassen.

Dadurch, dass die Toposanalyse solche inhaltlichen Zusammenhänge zwischen verschiedenen sprachlichen Strukturen aufzeigt, eignet sie sich besonders als Werkzeug für den Methodenmix einer an Wissensbeständen und Wirklichkeitsentwürfen interessierten sprachwissenschaftlichen Forschung.

Zugleich lassen sich dabei auch bestimmte politische und ideologische Grundhaltungen dokumentieren. So findet sich beispielsweise kein Exzellenz- und Elitentopos in der IG-Metall-Kampagne „Gemeinsam für ein gutes Leben". Dafür zum Beispiel aber einen Topos der sozialen Spaltung.

4   Subjektive Wirklichkeitserzählungen von Kampagnen

Die drei untersuchten Kampagnen präsentieren sehr subjektive Wirklichkeitsentwürfe der bundesrepublikanischen Gesellschaft: So ist vor allem „Deutschland. Land der Ideen" als Angebot der Selbstvergewisserung über die Bedeutung der deutschen Gesellschaft in der Welt und ein Aufruf zu mehr nationalem Selbstbewusstsein zu verstehen. Die kollektiven Appelle der Kampagne speisen sich aus einem akteursspezifischen Idealbild: Hervorragend ausgebildet, leistungsfähig und leistungsbereit sollen die Mitglieder der Gesellschaft demnach idealerweise sein – zugleich innovationshungrig und wissensdurstig. Ihre Aufgabe ist es, im permanenten internationalen Vergleich zu gewinnen und die Sicherung des Standortes und damit der Position auf dem Weltmarkt zu gewährleisten. Verantwortlich ist hierfür vor allem der technisch-naturwissenschaftliche Fortschritt, auf den Wissenschaft, Bildung und Wirtschaft einzahlen. Grundsätzlich postuliert die Kampagne eine ausgesprochene Wettbewerbs- und Fortschrittsethik. Eine Gesellschaft von Egoisten ist jedoch nicht gewünscht – vielmehr eine, die sich an Nachhaltigkeit und sozialer Hilfs- und Ausgleichsbereitschaft orientiert. Hier gilt es, (Eigen)Verantwortung zu übernehmen, Gestaltungsansprüche erfolgreich umzusetzen und sich selbst als Vorbild zu betrachten. Grundsätzlich ist es unerheblich, in welchem Bereich ein Individuum, eine soziale Gruppe oder die Gesellschaft als Ganze exzellent ist. Entscheidend ist, dass sie es ist und immer das Maximum an Leistung aus sich selbst heraus generiert und ihre Möglichkeiten voll ausschöpft.

Als entscheidende handelnde Größe der Gesellschaft erscheint die Wirtschaft – als Förderungs- und Umsetzungsinstanz wissenschaftlichen Fortschritts und Nachhaltigkeit, sowohl der Begabten als auch der Benachteiligten, als Partner der Zivilgesellschaft und Kumpan der politischen Elite.

Die Kampagne zeichnet sich durch eine vorrangig positive und zuversichtliche Grundstimmung bezüglich der deutschen Gesellschaft und ihrer Zukunft aus.

Alles andere als ein Loblied auf die Verhältnisse ist hingegen die IG-Metall-Kampagne „Gemeinsam für ein Gutes Leben". Sie entwickelt einen gesellschaftlichen Soll-Zustand aus der Umkehrung vergangener und aktueller Fehlentwicklungen. Die Zukunft erscheint weniger verheißungsvoll, sondern vorrangig als Bedrohungsszenario. Werteverfall, Unvernunft, Unmoral, und Verantwortungslosigkeit erscheinen als zentrale Handlungsweisen von Arbeitgebern und Politik Die Menschen als solche stehen ihnen weitestgehend hilflos gegenüber. Sie werden vor allem als Abhängige, als Opfer und Stimmlose konstruiert. Stark sind sie in dem Moment, in dem die IG Metall sich ihrer Interessen als Sprachrohr und Verteidigungsmacht annimmt.

Als besonders relevante Akteursgruppen im Gesellschaftsbild der Kampagne erscheinen auch hier trotz einer immer wieder kritisierten Verantwortungslosigkeit Wirtschaft und Politik. Ihr gegenüber steht eine starke und wehrhafte als Stimme aller Menschen. In den Hintergrund gerät vor allem die individuelle Leistungsfähigkeit sowie bürgergesellschaftliches Engagement.

Jenes bildet wiederum den thematischen Kern der Kampagnen „Die Gesellschafter. de". Bürgerschaftlich Engagierte sind Idealtypen sozialer Gestaltungskräfte, derer die Gesellschaft bedarf, um Benachteiligung auszugleichen. Durch sie lässt sich auch der scheinbar unüberbrückbare Gegensatz zwischen subjektiver Interessenwahrnehmung und kollektiver Verantwortung überwinden oder zumindest neutralisieren. Aus dem Lob des Engagements ergibt sich schließlich ein Manifest der Zivilgesellschaft, die sich nicht nur auf Augenhöhe mit Wirtschaft und Politik/Staat befindet, sondern gleichzeitig die wahre ethisch-moralische Autorität darstellt.

5   Schnittmengen von Gemeinwohlidealen

Jenseits dieser akteursspezifischen Divergenzen weisen die topischen Strukturen aller untersuchten Kampagnen eine zentrale Gemeinsamkeit auf: Ausnahmslos alle Argumentationslinien laufen auf ein Ur-Argument des allgemeinen Wohls zu. So wird schließlich jede Forderung im Rahmen der Kampagnen damit begründet, dass sie schließlich zu einer intakten Gesellschaft beiträgt. Die kampagnenspezifischen Gesellschaftsbilder sind damit nichts anderes als Idealkonstruktionen des Gemeinwohls.

Dort, wo diese Gemeinwohlideale sich miteinander überschneiden, lässt sich das erkennen, was in Soziologie und Politikwissenschaft als „kollektive Identität" bezeichnet wird. So gibt es Argumentationslinien, ohne die keine der Kampagnen auszukommen scheint, und die sich entsprechend als Kern unserer gesellschaftlichen Selbsterzählung begreifen lassen.

Es scheinen die Aspekte zu sein, über die immer zu reden ist, wenn die Gesellschaft über sich selbst redet:

Da sind zum einen die Selbstverwirklichung, die Selbstbehauptung und die Partizipation des Einzelnen als unhinterfragbarer Maßstab des guten Lebens. Denn gutes Leben ist idealerweise frei von Verletzlichkeit und Ausgeliefertsein und überwindet Unmündigkeit und Schwäche. Und zum anderen ist da die Bildung, deren Mangel schließlich Unmündigkeit und Rückschritt bedeutet. Der alternativlos geforderte Zugang zu ihr ist jedoch Fortschritt, Exzellenz und Teilhabe. Ebenfalls zwischen Unmündigkeit und Teilhabe bewegt sich das Thema Integration.

Darüber hinaus kommt die bundesrepublikanische Selbsterzählung nicht ohne die Thematisierung der Familie aus, die sich hier in einem Spannungsfeld zwischen einen Ausgangsort sozialer Benachteiligung und einem Sehnsuchtsort der emotionalen Reproduktion befindet. Eine ebenfalls sehr wichtige Rolle spielen in allen Kampagnen Sicherheit und Stabilität – der individuellen Lebensverhältnisse, der Arbeit, der Infrastruktur und vor allem der wirtschaftlichen Situation des Landes.

Zweifelsfrei belegen in diesem Zusammenhang alle Kampagnen ihre Affirmation gegenüber dem marktwirtschaftlichen Prinzip und der Demokratie. Auch, wenn ALLE Kampagnen sich mit Blick auf Politik und Wirtschaft in Spannungsfeldern zwischen Ausbeutungsvorwürfen und Kooperationswünschen, Vertrauen und Misstrauen, sogar Freundschaft und Freundschaft bewegen.

6   Gesellschaft durch Sprache ‚aufschließen'

Solche Dynamiken zu finden, ist es letztlich, was die kultur- und mentalitätsorientierte Sprachwissenschaft sich auf die Fahnen geschrieben hat. In Kampagnen findet sie nicht nur einen einzigartig reiches Untersuchungsfeld dafür – sie ist ob ihrer wirklichkeitsaufschließenden Fähigkeit auch eine, vielleicht die Wissenschaft, die Kampagnen in ihrer gesellschaftspolitischen Bedeutung umfassend zu erschließen vermag.

Dies setzt allerdings eine disziplinäre Haltung voraus, die in der Linguistik keineswegs selbstverständlich ist: Nämlich die Überzeugung, dass sozial relevante Erkenntnisse keinesfalls ein beiläufiges Nebenprodukt der Sprachwissenschaft sind. Vielmehr impliziert jenes Paradigma, dass die Auseinandersetzung mit Sprache als sozialer Grundeinheit ohne eine grundsätzliche soziale Achtsamkeit gar nicht erst zustande kommen kann. Entsprechend sollten sprachwissenschaftliche Erkenntnisinteressen – wenn auch in unterschiedlicher Stärke – grundsätzlich an ein gesellschaftliches Problembewusstsein und an eine empirische Neugier an gesellschaftliche Zusammenhänge gebunden sein. Damit wird die Sprachwissenschaft zur Wirklichkeitswissenschaft. Aus diesem Zusammenhang ergibt sich letztlich auch die Aussagekraft, die linguistische Forschungsvorhaben gesellschaftlich relevant und interdisziplinär respektabel macht.

Literatur

Adamzik, K. (2001). Die Zukunft der Text(sorten)linguistik. Textsortennetze, Textsortenfelder, Textsorten im Verbund. In U. Fix, S. Habscheid, J. Klein (Hrsg.), *Zur Kulturspezifik von Textsorten*, (S. 15-30). Tübingen: Stauffenberg.

Althaus, M. (2005). Kampagne/Campaigning. In M. Althaus, M. Geffken, S. Rawe (Hrsg.), *Handlexikon Public Affairs*, (S. 114-119). Münster: LIT.

Avenarius, H. (2008). *Public Relations. Die Grundform der Gesellschaftlichen Kommunikation*, 3. Aufl. Darmstadt: WBG.

Baringhorst, S. (2009). Sweet Charity. Zum moralischen Ethos zeitgenössischer Sozialkampagnen. In U. Röttger (Hrsg.), *PR-Kampagnen. Über die Inszenierung von Öffentlichkeit*, 4. überarb. und erw. Aufl. (S. 247-263). Wiesbaden: VS Verlag für Sozialwissenschaften.

Bartels, M. (2015). *Kampagnen. Zur sprachlichen Konstruktion von Gesellschaftsbildern*. Berlin: de Gruyter.

Bentele, G. (2011). Kampagne. In I. Sjurts (Hrsg.), *Gabler Lexikon Medienwirtschaft*, 2. Aufl. (S. 315-317). Wiesbaden: Gabler Verlag.

Böckenförde, E. W. (2006). *Recht, Staat, Freiheit. Studien zur Rechtsphilosophie, Staatstheorie und Verfassungsgeschichte*. Frankfurt am Main: Suhrkamp.

Böke, K. (2005). Überlegungen zu einer Metaphernanalyse im Dienste einer „parzellierten" Sprachgeschichtsschreibung. In M. Wengeler (Hrsg.), *Sprachgeschichte als Zeitgeschichte*, (S. 194-223). Hildesheim: Olms.

Brinker, K. (2010). *Linguistische Textanalyse. Eine Einführung in Grundbegriffe und Methoden*, 7. durchges. Aufl. Berlin: Erich Schmidt Verlag.

Busse, D. (2000). Historische Diskurssemantik. Ein linguistischer Beitrag zur Analyse gesellschaftlichen Wissens. *Sprache und Literatur in Wissenschaft und Unterricht 86*, 39-53.

Busse, D. und Teubert, W. (1994). Ist Diskurs ein sprachwissenschaftliches Objekt? Zur Methodenfrage der historischen Semantik. In D. Busse, F. Hermanns, W. Teubert (Hrsg.), *Begriffsgeschichte und Diskursgeschichte. Methodenfragen und Forschungsergebnisse der historischen Semantik*, (S. 10-28). Opladen: Westdeutscher Verlag.

Dubiel, H. (1997). Unversöhnlichkeit und Demokratie. In W. Heitmeyer (Hrsg.), *Was hält die Gesellschaft zusammen?* (S. 425-444). Frankfurt am Main: Suhrkamp.

Eckkramer, E. M. (2002). Brauchen wir einen neuen Textbegriff? In U. Fix, K. Adamzik, G. Antos, M. Klemm (Hrsg.), *Brauchen wir einen neuen Textbegriff? Antworten auf eine Preisfrage*, (S. 31-57). Frankfurt am Main: Peter Lang.

Gardt, A. (2005). Begriffsgeschichte als Praxis kulturwissenschaftlicher Semantik: „die Deutschen" in Texten aus Barock und Aufklärung. In D. Busse, T. Niehr und M. Wengeler (Hrsg.), *Brisante Semantik. Neuere Konzepte und Forschungsergebnisse einer kulturwissenschaftlichen Linguistik*, (S. 151-168). Tübingen: Niemeyer.

Gardt, A. (2012). Textsemantik. Methoden der Bedeutungserschließung. In J. A. Bär, M. Müller (Hrsg.), *Geschichte der Sprache – Sprache der Geschichte. Probleme und Perspektiven der historischen Sprachwissenschaft des Deutschen. Oskar Reichmann zum 75. Geburtstag*, (S. 61-82). Berlin: Akademie Verlag.

Hacke, J. (2008). *Die Bundesrepublik als Idee. Zur Legitimationsbedürftigkeit politischer Ordnung*. Hamburg: Hamburger Edition.

Hacke, J. (2009). Wir-Gefühle. Repräsentationsformen kollektiver Identität bei Jürgen Habermas. *Mittelweg 36 6*, 12-32.

Hermanns, F. (1994). *Schlüssel-, Schlag- und Fahnenwörter. Zu Begrifflichkeit und Theorie der lexikalischen „politischen Semantik"*. Heidelberg, Mannheim: Sonderforschungsbereich 245.

Holly, W. (2011). Medien, Kommunikationsformen, Textsortenfamilien. In S. Habscheid (Hrsg.), *Textsorten, Handlungsmuster, Oberflächen. Linguistische Typologien der Kommunikation*, (S. 144-163). Berlin: de Gruyter.

Jarren, O., Arlt, H.-J. (1997). Kommunikation Macht Politik. Konsequenzen der Modernisierungsprozesse für die politische Öffentlichkeitsarbeit. *WSI Mitteilungen 7*, 480-486.

Klein, J. (2000). Textsorten im Bereich politischer Institutionen. In K. Brinker, G. Antos, W. Heinemann. S. F. Sager (Hrsg.), *Handbücher zur Sprach- und Kommunikationswissenschaft (HSK) – Text- und Gesprächslinguistik*, (S. 732-755). Berlin: de Gruyter.

Klein, J. (1991). Politische Textsorten. In K. Brinker (Hrsg.), *Aspekte der Textlinguistik*, (S. 245-278). Hildesheim, New York: Olms.

Klein, J. (1989). Wortschatz, Wortkampf, Wortfelder in der Politik. In J. Klein (Hrsg.), *Politische Semantik. Bedeutungsanalytische und sprachkritische Beiträge zur politischen Sprachverwendung*, (S. 3-50). Opladen: Westdeutscher Verlag.

Klug, N.-M., Stöckl, H. (2014). Sprache im multimodalen Kontext. In E. Felder, A. Gardt (Hrsg.), *Handbuch Sprache und Wissen*, (S. 242-265). Berlin: de Gruyter.

Leggewie, C. (2009). Kampagnenpolitik. Eine nicht ganz neue Form politischer Mobilisierung. In U. Röttger (Hrsg.), *PR-Kampagnen. Über die Inszenierung von Öffentlichkeit*, 4. überarb. und erw. Aufl. (S. 119-134). Wiesbaden: Springer.

Lies, J. (2008). Kampagne. In J. Lies (Hrsg.), *Public Relations. Ein Handbuch*, (S. 195-202). Konstanz: UTB.

Merten, K., Westerbarkey, J. (1994). Public Opinion und Public Relations. In K. Merten, S. J. Schmidt, S. Weischenberg (Hrsg.), *Die Wirklichkeit der Medien. Eine Einführung in die Kommunikationswissenschaft*, (S. 188-211). Opladen: Springer Fachmedien.

Pohl, I. (2002). Kognitive Metapherntheorie inklusive Frameansatz als Beschreibungsinstrumente metaphorischer Projektion, dargestellt an Metaphern aus meinungsbildenden Texten. In I. Pohl (Hrsg.), *Semantische Aspekte öffentlicher Kommunikation* (S. 105-143). Frankfurt am Main: Peter Lang.

Rademacher, L. (2009). PR als ‚Literatur' der Gesellschaft? Plädoyer für eine medienwissenschaftliche Grundlegung des Kommunikationsmanagements. In U. Röttger (Hrsg.), *Theorien der Public Relations Grundlagen und Perspektiven der PR-Forschung*, 2. akt. und erw. Aufl. (S. 87-113). Wiesbaden: VS Verlag für Sozialwissenschaften.

Röttger, U., Preusse, J., Schmitt, J. (2011). *Grundlagen der Public Relations. Eine kommunikationswissenschaftliche Einführung*. Wiesbaden: VS Verlag für Sozialwissenschaften.

Rousseau, J.-J. (1996 [1762]). *Vom Gesellschaftsvertrag oder Grundlagen des politischen Rechts*. Frankfurt am Main: Suhrkamp.

Speth, R. (2007a). Kampagne aller Orten. Die Inszenierungsstile von NGOs, Politik und Wirtschaft gleichen sich an. *Forschungsjournal Neue Soziale Bewegungen 3*, 2-4.

Speth, R. (2007b). Über die Inszenierung von Öffentlichkeit durch Kampagnen. *Forschungsjournal Neue Soziale Bewegungen 3*, 18-25.

Speth, R. (2009). Wirtschaftskampagnen und kollektive Selbstbilder: Von der Initiative Neue Soziale Marktwirtschaft bis zu Du bist Deutschland. In H. Münkler, J. Hacke (Hrsg.), *Wege in die neue Bundesrepublik Politische Mythen und kollektive Selbstbilder nach 1989* (S. 213-240). Frankfurt am Main: Campus.

Toulmin, S. (1975). *Der Gebrauch von Argumenten*. Kronberg: Beltz.

Wengeler, M. (2003). *Topos und Diskurs. Begründung einer argumentationsanalytischen Methode und ihre Anwendung auf den Migrationsdiskurs*. Tübingen: Niemeyer.

NGO-Kampagnen im Vergleich

Aileen Barz, Carolin Reinert und Julia Hartmann

Zusammenfassung

Als von Wirtschaft und Politik unabhängige, zivilgesellschaftliche Akteure bestreben Nichtregierungsorganisationen (kurz: NGOs) die Förderung von sozialen Anliegen und progressivem Wandel auf nationaler oder internationaler Ebene. Gerade im Bereich Umwelt und Klima ist es von Bedeutung, in welchem Kontext sowie mit welchen Akteuren NGOs kommunizieren und welche Strategien sie dementsprechend mit ihrer Kommunikation, speziell ihrer Kampagnenarbeit, verfolgen. Auf Grundlage theoretischer Modelle zu Kommunikationsstrategien von Kampagnen wurden qualitative Interviews mit Fachreferenten bestimmter Umwelt-NGOs durchgeführt, um herauszufinden, ob die Theorie Anwendung in der Praxis findet.

1 NGOs und Öffentlichkeitsarbeit

Der Ausdruck Non-Govermantal Organizations (NGOs oder auf Deutsch NRO) ist in den vergangenen Jahren zu einem Sammelbegriff für verschiedenste zivilgesellschaftliche Organisationen, Netzwerke und informelle Zusammenschlüsse mutiert. Derzeit gibt es weltweit rund 25.000 NGOs. Als „bunter Haufen" (Unmüßig 2011: 46) betitelt, wird die Heterogenität des Phänomens und der fehlende Konsens über den Begriff deutlich. In unserem Verständnis sind NGOs staats- und weitestgehend wirtschaftsunabhängige, gemeinwohlorientierte, nicht-kommerzielle Organisationen, die durch ihre Kompetenz Themensetzung und -anwaltschaft betreiben, politische Öffentlichkeit und Transparenz herstellen und somit einen Beitrag zu Demokratie und Völkerverständigung leisten. Eine NGO verfolgt demnach nicht profitorientierte Ziele und ist im Idealfall sowohl finanziell als auch moralisch unabhängig. Sie kann dabei weder dem Staat, noch dem Markt zugeordnet werden, sondern ist als zivilgesellschaftlicher Akteur zu betrachten, als wichtiger Baustein des sogenannten „Dritten Sektors" (vgl. Buchner et al. 2005: 21f.).

© Springer Fachmedien Wiesbaden GmbH 2018
N. Remus und L. Rademacher (Hrsg.), *Handbuch NGO-Kommunikation*,
https://doi.org/10.1007/978-3-531-18808-9_9

Die Aufgaben von NGOs innerhalb des (inter-)nationalen politischen Systems setzen sich unter anderem neben Lobbying aus zielgerichteter Projektarbeit, Expertise und der Information und Aufklärung der Öffentlichkeit zusammen (vgl. Frantz/ Martens 2006: 57 ff.).[1]

Insbesondere seit den 1990er Jahren zeigt sich der Trend eines quantitativen und qualitativen Bedeutungszuwachess von Nichtregierungsorganisationen im Allgemeinen und NGOs in der Umweltpolitik im Speziellen (vgl. Bieth 2011: 15). Ihr Einmischen ins offizielle Verhandlungsgeschehen ist spätestens seit 1992 im Zuge der Verhandlungen unter der Klimarahmenkonvention der UN (United Nations Framework Convention on Climate Change – UNFCCC) zur Normalität geworden.

Wichtiges Mittel von NGOs ist die Öffentlichkeitsarbeit. Sie ermöglicht es, durch gezielte Aktionen und Informationen Themen in den Medien zu verbreiten und diese so auf die Tagesordnung der Gesellschaft zu bringen. Diskussionen werden angestoßen, in neue Richtungen gelenkt und dadurch (öffentlicher) Druck auf Regierungen ausgeübt. Voss (2009) befragte deutsche Umwelt-NGOs zu ihrer Öffentlichkeitsarbeit:

	Ziele der Öffentlichkeitsarbeit	Durchschnittsbewertung[1]
1	Themen in die öffentliche Debatte bringen	1,19
2	Politische Entscheidungen beeinflussen	1,26
3	Themen in den politischen Prozess bringen	1,26
4	Qualitativ hochwertige Medienresonanz	1,30
5	Meinungsänderung in der Bevölkerung bewirken	1,33
6	Meinungsänderungen bei Entscheidungträgern in Politik und Wirtschaft bewirken	1,38
7	Hohe Medienresonanz, viele Veröffentlichungen	1,44
8	Mobilisierung der Bevölkerung	1,78
9	Spenden einwerben / Fundraising	1,85
10	Mobilisierung / Aktivierung der Mitglieder	1,92
11	Meinungsänderungen bei Journalisten bewirken	2,00
12	Entscheidungen in Unternehmen beeinflussen	2,00
13	Mitglieder werben	2,07
14	Verbesserung der internen Kommunikation	2,41

Abb. 1   Ziele der Öffentlichkeitsarbeit von umweltorientierten NGOs

Quelle: Voss 2009: 80. Die Angaben von Durchschnittsnoten beruhen auf folgendem Schema: 1=sehr wichtig, 2=eher wichtig, 3=weniger wichtig, 4=unwichtig.

In den letzten Jahren gehen NGOs hierbei zunehmend professioneller und marktorientierter vor. Sie bedienen sich spezieller Kommunikationsstrategien, wie sie auch in Werbung und Unternehmensmanagement genutzt werden. Diese Sicht bestätigt auch Voss (2009: 80f.). Strategische Entscheidungen bestimmen maßgeblich die jeweiligen Formen der Kommunikation.

---

1   Dirk Messner (2004: 6) beschreibt den Auftrag von Nichtregierungsorganisationen treffend als „Frühwarnsysteme".) Dabei bringen NGOs lebensweltliche und gemeinwohlorientierte Argumentationen und Sichtweisen in den Politikprozess ein.

Die Wahl einer Kommunikations- bzw. PR-Strategie bestimmt die Wege und Mittel der Öffentlichkeitsarbeit. Wie Voss' Studie zeigt, zählt der klassische Weg über Presse und einzelne Journalisten immer noch zu den beliebtesten Mitteln, während die Einwirkung auf Unternehmen bei NGOs weit hinten steht, wenn es darum geht konkrete Ziele der Kommunikationsstrategie zu formulieren (vgl. Voss 2009: 97f.). Die folgende Abbildung soll einen Überblick zu Kommunikationsinstrumenten von NGOs geben und die spätere Analyse stützen.

	PR-Mittel	Durchschnittsbewertung
1	Pressemitteilungen	1,31
2	Direkte Ansprache einzelner Journalisten	1,52
3	Kontakte/Zusammenarbeit mit staatlichen Stellen oder Politikern	1,52
4	Beratung von Vorstand/Geschäftsführung	1,54
5	Allgemeines Informationsmaterial erstellen (Broschüren, Flyer etc.)	1,55
6	Konzeption/Planung	1,58
7	Kontakte/Zusammenarbeit mit anderen Organisationen	1,59
8	Spezielles Info-Material für die Werbung neuer Mitglieder erstellen	1,61
9	Beratung von anderen Abteilungen	1,76
10	Foto- /Videomaterial erstellen	1,88
11	Erstellen von Texten etc. für die interne Kommunikation/Intranet	1,91
12	Kontakte/Veranstaltungen für spezielle Zielgruppen (Wissenschaftler, Unternehmen)	2,04
13	Pressekonferenzen	2,08
14	Allgemeine öffentliche Veranstaltungen	2,16
15	Spezielle Veranstaltungen für die Werbung neuer Mitglieder	2,50

Abb. 2 Eingesetze PR-Instrumente umweltorientierter NGOs

Quelle: Voss 2009: 86. Die Angaben von Durchschnittsnoten beruhen auf folgendem Schema: 1=sehr wichtig, 2=eher wichtig, 3=weniger wichtig, 4=unwichtig.

Aus dieser Liste wird ersichtlich, wie abhängig Umweltorganisationen mittlerweile von Medien und Themenkonjunkturen sind. Gerade der Themenkomplex Klimawandel verdeutlicht dieses Phänomen. Strukturiert wird die Öffentlichkeitsarbeit von NGOs zumeist in abgegrenzte Blöcke – Projekte, Aktionen und Einsatzfelder. Um nachhaltig Veränderungen zu erzielen, setzen NGOs vermehrt auf Kampagnen. In ihrer bereits erwähnten Studie befragte Voss deutsche Umweltorganisationen daher auch zu ihrer Kampagnenarbeit. 81,5 % aller befragten NGOs gaben an, dass sie Kampagnen durchführen. Im Durchschnitt machen Kampagnen 46,6 % der Öffentlichkeitsarbeit von NGOs aus, wobei eine Organisation sogar behauptete, dass die ganze Organisation eine Kampagne sei. Ihre Bedeutung für die Arbeit von NGOs wurde von diesen insgesamt überwiegend hoch eingeschätzt. Die Hälfte aller befragten Organisationen gaben an, dass Kampagnen „sehr wichtig" für sie sind (Voss 2007: 100). So wird deutlich, dass die Öffentlichkeitsarbeit von NGOs „zu einem erheblichen Anteil von gezielt konzipierten und zeitlich begrenzten Kommunikationsaktivitäten geprägt ist." (Voss 2009: 80).

2   Kampagnen in der Theorie

Kampagnenarbeit im öffentlichen Sinne zielt vor allem darauf, eine große Masse der Bevölkerung zu erreichen. Die Medienöffentlichkeit bildet also eine weitreichende Ebene der Öffentlichkeit für Kampagnen im speziellen auch für NGOs. Nicht immer werden Kampagnen in sich geschlossen geplant, sondern zielen auf eine gewisse Eigendynamik ab. Der Kampagnenbegriff nach Röttger impliziert eine Doppelstrategie d.h. einerseits wird eine Kampagne so aufgebaut, um Aufmerksamkeit zu erlangen, andererseits wird die Eigendynamik der Medien genutzt, die das Thema dann weiterentwickeln (Röttger 2009: 10). Kampagnen werden nicht komplett neu inszeniert, sondern können als Reaktion einer schon vorhandenen Kampagne gelten oder durch gesellschaftliche Reaktionen von in der öffentlichen Auseinandersetzung bekannt gewordenen Sachverhalten ausgelöst werden und sich erst im Nachhinein als Kampagne entwickeln (Bürker 2011: 26). Dabei ist die Kommunikation über Kampagnen längst zu einem zentralen Moment von Kampagnen geworden, wobei hier die Leistungssteigerung im Zentrum liegt, die Kommunikation zu einer Kampagne macht (Bürker 2011: 27).

Aufmerksamkeit ist folglich ein wichtiges Tool, um den Erfolg einer Kampagne zu fördern. Röttger (2009: 9) beschreibt hierbei die Notwendigkeit einer Dramaturgie innerhalb der Kampagne. Sie beschreibt wichtige Charakteristika einer Kamoagne in ihrer Definition, dass unter Kampagnen „dramaturgisch angelegte, thematisch begrenzte, zeitlich befristete kommunikative Strategien zur Erzeugung öffentlicher Aufmerksamkeit verstanden [werden], die auf ein Set unterschiedlicher Mittel, marketingspezifische Instrumente und klassische PR-Maßnahmen zurückgreifen" (ebd.). Röttger benennt dabei das entscheidende Kriterium bei einer Kampagnenkonzeption: die dramaturgische Zuspitzung. Diese meint die aus einer sauber erarbeiteten Analyse abgeleiteten Strategien in einem inhaltlich und zeitlich exakt aufeinander abgestimmten Mix von Instrumenten und Maßnahmen (Röttger 2007: 391, Steigerung, Durchdringung, Konkretisierung). So sei bei aller Unterschiedlichkeit der Aufgabenstellungen und kommunikativen Lösungen eine gewisse Systematik in Konzeption, Planung und Durchführung erkennbar (ebd.).

Schaut man sich tatsächlich verschiedene Modelle zur Kampagnenkonzeption an, dann erkennt man schnell ihre Parallelen zueinander. Beispielsweise veranschaulicht das 7-Stufen-Modell nach Bonfadelli die Grundlagen von Kommunikationskampagnen. Nach Bonfadelli beschreibt das Kampagnenumfeld als Basis einer Kampagnenentwicklung (vgl. Bonfadelli 2006). Darauf bauen sich die theoriebasierte und empirisch gestützte Problemanaylse, der expliziten, verhaltensbezogenen und realistischen Zieldefinition, der Zielgruppenanalyse (und ihrer spezifischen Ansprache) und daraus folgenden Strategieauswahl auf (ebd.). Auf Grundlage dieser vier ineinander greifenden Analyseebenen beschreibt sich das Kampagnen-Output, bei der die Botschaft als Produkt der Kampagne öffentlich sichtbar ist und das erwünschte Verhalten bei der Zielgruppe bewirken soll. Dafür werden die Kampagnen in den meisten Fällen über unterschiedliche Medienkanäle ausgespielt (Mediamix). Am erfolgreichsten stellt sich ein Mix aus unterschiedlichen Medien, die möglichst viel Aufmerksamkeit erzeugen. Dieses Kampagnen-Output wird dann evaluiert, denn den Erfolg einer Kampagne kann man nur mit bestimmten Verfahren der Evaluation messen (ebd.).

Auch das flexible 9-Stufen-Modell nach Buchner et al. (2005) impliziert diese Ebenen, welche sich in ihren Kernaspekten und Fragestellungen ähneln. Ergänzt wird es durch den Baustein Lobbying. Nach Alemann und Eckert (2006: 4) ist Lobbyismus „die systematische und kontinuierliche Einflussnahme von wirtschaftlichen, gesellschaftlichen, sozialen oder auch kulturellen Interessen auf den politischen Entscheidungsprozess". Erreicht werden soll dies durch die Verbreitung bestimmter Informationen, „in richtigen Dosierungen, zur richtigen Zeit, an die richtigen Personen" (Buchner et al. 2005: 218). Die Lobbyarbeit von NGOs unterscheidet sich grundsätzlich vom Lobbying eines Unternehmens. Nichtregierungsorganisationen besitzen keine großen finanziellen Mittel oder Entscheidungsgewalt. Aufgrund dessen funktioniert Lobbying von NGO nur mithilfe guter Allianzen (vgl. Buchner et al. 2005: 221).

Auch an Röttgers vierstufigen Phasenmodell, welches sich in Analysephase, strategische Phase, Umsetzungsphase, Evaluationsphase definiert (Röttger 2007: 391), lassen sich die Modelle nach Bonfadelli und Buchner et al. übertragen. So wird deutlich, dass sich die theoretischen Grundlagen trotz der Definitionsvielfalt in der Theorie zusammenführen lassen können (Vgl. Schäfer 2011: 72). Schäfer erläutert in Anlehnung an Röttgers Phasenmodell genaue Schritte für die Kampagnenkonzeption in der Praxis. Die Analysephase, genauer also die Situationsanalyse (vgl. Schäfer 2011: 73ff.) beginnt mit dem Briefing. Dabei wird eine zum bekannten Thema vorangestellte Recherche über Organisation, Umfeld, Markt, Wettbewerb und bisherige Kommunikation veranlasst, die dann im De-Briefing durch noch offene Fragen ergänzt wird. Hierbei geht es vor allem auch um die Klärung der Zielsetzung oder Eingliederung der Kampagne in mögliche bestehende Organisationsstrategie oder Kommunikationskonzepte (ebd.).

Dem angeschlossen folgt eine Ist-Analyse mit dem Ziel, ein umfassendes Bild von der Organisation und ihrem Umfeld d. h. alle kommunikationsrelevanten Themen und Bereiche innerhalb und außerhalb zu bekommen. Daraufhin folgt eine Verdichtung dieser Informationen auf die für Kampagnenkommunikation wesentlichen Erkenntnisse mit Hilfe einer SWOT-Analyse (ebd.).

Nun wird der Soll-Zustand und das ‚Gap' zwischen den beiden Zuständen beschrieben: Dabei werden Stärken und Chancen der SWOT-Analyse zum Soll zusammengeknüpft mit einer gleichzeitigen Verifizierung der Aufgabenstellung, Modifizierung und Neudefinition. Aus dem Gap wird die erforderliche Intensität der Kommunikation hergeleitet, was für die spätere Instrumentenwahl und Dramaturgie des Instrumenteneinsatzes ausschlaggebend ist (ebd.).

Nun folgt die Formulierung der kommunikativen Ziele und Bestimmung der Zielgruppen durch die Orientierung am vorher analysierten Soll-Zustand unter Berücksichtigung der Wirkungsebenen. Die Zielgruppe sollte ausdifferenziert werden (z. B. auch Freund-Feind-Konstellationen, Profile für Multiplikatoren, Unterstützer, Aktivisten, Gegner). Ihr Kommunikations-, Informations-, und Medienverhalten sind unerlässlich für die spätere Festlegung der Dramaturgie und Auswahl der Kommunikationsinstrumente.

Es folgt die Ausformulierung der Botschaften, deren Inhalt mit Hilfe der Stärken und Chancen und ihren Entsprechungen auf der Soll-Seite verdeutlicht werden.

Erst danach schließt sich die Strategie d.h. die Entscheidung der Intensität und Stoßrichtung der Kampagne an. Die vorherigen Schritte sind notwendig, wobei die Entscheidung, welche Strategie gewählt wird, individuell zu treffen ist (ebd.).

Die Umsetzung sollte sich nach Schäfer an einem Zyklus orientieren: Auftakt/Eröffnung – Durchdringung – Steigerung/Zuspitzung – Konkretisierung – Abschluss (vgl. Röttger 2007: 391). Der Kampagnenauftakt sollte dabei aufmerksamkeitsstark, massenmedial und flächendeckend gestaltet sein. In der Durchdringungsphase ist häufige Präsenz in der Öffentlichkeit und eine Emotionalisierung zum Thema wichtig. Die Steigerungsphase stellt eine Zuspitzung dar, bei der sich an Meinungsbildner gewandt wird. In dieser Phase erfolgt eine differenzierte und sachliche Beschäftigung mit Thema. Im Mittelpunkt der darauffolgenden Konkretisierungsphase steht die Vermittlung von Informationen und Beantwortung von Fragen, was die Zielgruppe zur Unterstützung tun kann. Der Abschluss einer Kampagne sollte nicht unbemerkt gelassen werden und soll zur Motivation der Befürworter dienen (Schäfer 2011: 73ff.).

Auch wenn es viele Parallelen der drei vorgestellten Theorien gibt, so gibt Schäfer einen detailreichen und praxisbezogenen Leitfaden, wie eine Kampagnenkonzeption in welchen Schritten erfolgen sollte. Es lässt sich vermuten, dass ohne vorherige Schritte wie die SWOT-Analyse oder die genaue Definition von Zielgruppe auch die Strategie unklar wird. Vielmehr ist aber die Frage, ob der Begriff der Kampagne auch in der Praxis so inflationär genutzt wird und sich die betrachteten NGOs den verschiedenen Bausteinen und das Ineinandergreifen dieser überhaupt bewusst sind.

3   Forschungsfragen und Forschungsmethode

Im Falle der vorliegenden Unterscuchung, die 2014 durchgeführt wurde, stellt die Kampagnenarbeit von NGOs zu zwei UN-Klimakonferenzen den Forschungsgegenstand dar. Es wurden ein vergangenes, die UN-Klimakonferenz 2013 in Warschau und ein zukünftiges Ereignis, die UN-Klimakonferenz 2015 in Paris gewählt. Zum einen um die mögliche Lücke an Informationen einer aktuellen Kampagnenkonzeption zu überbrücken und zum anderen um mögliche Rückschlüsse durch schon durchgeführte Evaluationen ziehen zu können. Die UN-Klimakonferenz findet seit 1995 jährlich in verschiedenen Städten der Welt statt. Es ist die Vertragsstaatenkonferenz (Conference of Parties, kurz: COP) der Klima-Rahmenkonvention der Vereinten Nationen (United Nations Framework Convention on Climate Change, kurz: UNFCCC). Die UNFCCC ist ein internationales Umwelt-Abkommen, dass sich das Ziel gesetzt hat, die Klimabedingungen zu verbessern, um somit einer globalen Erderwärmung entgegenzuwirken (UNFCCC 1992: 5).

Aufgrund der theoretischen Grundlagen über Nichtregierungsorganisationen im Allgemeinen, NGOs und ihre Öffentlichkeitsarbeit, die Definition des Kampagnenbegriffs sowie
über Kampagnenkonzeption lassen sich folgende übergeordnete Forschungsfragen ableiten:

1. Ist der Begriff der Kampagne aus der Theorie deckungsgleich mit dem Verständnis der
   Nichtregierungsorganisationen in der Praxis?
2. Nutzen NGOs die Bausteine einer Kampagnenkonzeption für die Erstellung einer
   Kampagne zur UN-Klimakonferenz 2015 in Paris?
3. Gibt es aufgrund gemachter Erfahrungen Unterschiede in den Kampagnen zur Klimakonferenz 2013 in Warschau und 2015 in Paris?

Für die Beantwortung der Forschungsfragen können zwei unterschiedliche Forschungs-
methoden genutzt werden: die quantitative und die qualitative Forschung. Da NGOs
einen speziellen Bereich der Wirtschaft und Gesellschaft darstellen und die Thematik der
vorliegenden Arbeit einen internen Einblick in die Arbeitsweisen von NGOs erfordert,
wurde sich für diese Projektarbeit für eine qualitative Forschungsmethode in Form von
Experteninterviews entschieden. NGO-Mitarbeiter können so ihre Arbeitsweisen und
Erfahrungen im Bezug auf Kampagnenarbeit von NGOs subjektiv darstellen.

Die Auswahl der Interviewpartner ist von beträchtlicher Bedeutung für den weiteren
Verlauf des Forschungsprozesses, denn sie „entscheidet über die Art und Qualität der
Informationen", die man durch die Befragung erlangt (Gläser und Laudel 2010: 117). Für
die vorliegende Arbeit wurden zwei Nichtregierungsorganisationen, eine national und
eine international agierende, befragt. Dies ermöglichte eine breitere und differenziertere
Betrachtung der ausgewählten Ereignisse. Aus Datenschutzgründen und Wunsch nach
Anonymität kann hier nicht detaillierter auf die beiden Organisationen eingegangen werden.
Um die Erkenntnisse der Befragungen nochmals von einer anderen Seite zu beleuchten und
sie auf die theoretischen Grundlagen zu beziehen, wurde zusätzlich ein Experten-Interview
mit Dr. Kathrin Voss geführt. Voss beschäftigt sich speziell mit Öffentlichkeitsarbeit und
Kommunikationsstrategien von NGOs und verfügt über langjährige Erfahrung im Bereich
Beratung, Recherche und Evaluation.

3.1   Auswertung der Interviews

3.1.1   Erkenntnisse aus den Interviews mit den NGOs

Beide Interviews mit der nationalen und internationalen NGO wurden nachfolgend miteinander abgeglichen und auf die zum Kampagnenbegriff als auch zur Kampagnenarbeit
erarbeitete Theorie untersucht.

Zunächst galt es zu überprüfen, ob der Kampagnenbegriff aus Theorie und Praxis
deckungsgleich ist. Wir sind davon ausgegangen, dass eine Klimakonferenz ein wichtiges
Ereignis ist, das dementsprechend von einer Kampagne begleitet wird. Diese Annahme hat
sich im Verlauf der Interviews als falsch herausgestellt. In den Interviews wurde ersichtlich,

dass es den NGOs im Hinblick auf die Klimakonferenz als politisches Ereignis vor allem um Lobbying geht und somit keine Kampagnenarbeit vorgesehen ist. Auch die speziellen Beraterfunktionen fallen laut den befragten NGO-Vertretern nicht in den Bereich Kampagnenarbeit. Es gestaltet sich somit schwierig, die Kampagnenarbeit der beiden NGOs genau zu bewerten und mit der erarbeiteten Theorie zu verknüpfen. Auch die in der vorliegenden Arbeit genutzte Definition einer Kampagne bezeichnet diese Form der NGO-Arbeit als Lobbying, nicht als Kommunikationsstrategie im Sinne der Informationsverbreitung oder Ansprache der zivilen Öffentlichkeit.

Für die nationale NGO spielt es eine große Rolle, wie viel Personal für eine Kampagnenschaltung überhaupt vorhanden ist. Die Organisation gibt an, Kampagnenarbeit zu machen, kann dies aber auf den Klimakonferenzen aus Kapazitätsgründen nicht leisten. Auch setzt die besagte NGO ihren inhaltlichen Themenfokus nicht auf internationale Klimakonferenzen, sondern nationale und regionale Belange. Internationale Ereignisse mit einer Kampagne zu begleiten liegt demnach nicht in ihrem primären Arbeitsfeld. Zudem ist herauszustellen, dass die Klima-Abteilung der nationalen NGO generell kaum Kampagnenarbeit betreibt. Sie kooperiert vielmehr mit anderen Organisationen. Es ist jedoch fraglich, warum die internationale NGO für ein internationales Event von solcher klima-politischen Bedeutung keine Kampagne schaltet. Für sie selbst sind Kampagnen mehrwöchige Aktionen oder Aktivitäten zu einem bestimmten Thema, aber nicht die Klimakonferenz in diesem Verständnis.

Da die NGO-Vertreter es ablehnen, die Arbeit auf den Klimakonferenzen als Kampagnenarbeit zu bezeichnen, stellt sich die Frage, wie man ihre Tätigkeiten stattdessen einordnen kann. Mit Fokus auf den für den Betrachtungsgegenstand relevanten Ort der UN-Klimakonferenz soll nun geklärt werden, wie sich die Arbeit der NGOs für die Klimakonferenz gestaltet.

Beide NGOs konzentrieren sich vor allem auf Vorgänge vor Ort, wobei es sich dabei um die Vorbereitung, Begleitung und Nachbereitung der Konferenz handelt. Beispielsweise veranstaltet die internationale NGO im Vorfeld große Vorbereitungsaktionen und bringt Positionspapiere, die ihre politischen Forderungen beschreiben, heraus. Außerdem bedienen sie ein Kommunikationskonzept, was sie sowohl vor, während als auch nach der Klimakonferenz bespielen. Dies schließt soziale Medien, wie Twitter und Facebook ein, auf denen die Kernbotschaften kommuniziert werden. Außerdem betont sie, dass die Arbeit zu einer Klimakonferenz fast zwei Jahre im Vorfeld geplant wird, bei der nationalen NGO hingegen nur ein Jahr im Voraus.

Die internationale NGO betont, wie wichtig die Rolle der Pressearbeit während aber auch vor der Klimakonferenz ist. Zum Beispiel veranstalten sie Presse-Briefings vor und täglich während der UN-Klimakonferenz oder bieten im Vorfeld Journalistenreisen sowie Pressekonferenzen und -workshops an. Die Arbeit der nationalen NGO beschränkt sich im Hinblick auf die Klimakonferenzen auf die Berichterstattung im Vorfeld, währenddessen vor Ort und im Nachgang. Hierbei begleitet die Organisation die Konferenz thematisch, stellt Forderungen auf, formuliert ihre Erwartungen und was nächste wichtige Schritte im Bereich Klimapolitik und Umweltschutz sein können.

Eine große Rolle während der Klimakonferenz spielen aus Sicht der befragten NGOs verschiedene internationale Dachorganisationen, in welchen NGOs organisiert sind. Die Größte ist das Climate Action Network (CAN), das während der gesamten Konferenz sowie in der Zeit dazwischen die Konferenzen vorbereitet und medial unterstützen. In täglich stattfindenden Pressekonferenzen und Briefings werden gemeinsame Aktivität geplant, organisiert und durchzuführt. Solche Aktionen bezeichnet der Vertreter der nationalen NGO als Kampagnen-Elemente. Darunter fällt beispielsweise auch die Vergabe des „Fossil of the Day-Award", der jeden Tag für ein Land vergeben wird, das sich besonders unkooperativ verhält. Die Organisation fungiert ebenfalls als Berater und Plattform der Vernetzung. In Zwiegesprächen zwischen Delegationen und NGOs versuchen die Nichtregierungsorganisationen mit Hilfe ihrer Experten, ihre Aspekte einzubringen und die Verhandlungen voranzutreiben. Die zu Anfang beschriebene Selbsteinschätzung und Definition von NGO deckt sich mit diesem Bild als beratendem Akteur.

Daraus lässt sich schließen, dass nicht nur die (klima-)politische Arbeit auf der Konferenz eine Rolle spielt, sondern auch das klassische Networking von großer Bedeutung für die NGOs ist.

Neben der Einflussnahme und dem Ziel, etwas zu bewegen, geht es im Bezug auf ihre Öffentlichkeitsarbeit sowohl der internationalen wie auch der nationalen NGO während der Klimakonferenz darum, Informationen zu den Verhandlungen an die breite Öffentlichkeit zu tragen. Hierbei haben sich klassische Kanäle wie Pressemitteilungen, Newsletterbeiträge oder Artikel auf den eigenen Websites etabliert. Daneben spielen modernere Kanäle im Bereich Social Media eine Rolle. Besonders die nationale NGO sieht Twitter als nützliches Instrument. Gerade dann, wenn es um wichtige Entscheidungen geht, um kurze prägnante Informationen, die an die Öffentlichkeit getragen werden sollen. Allerdings betont sie, dass die Arbeit auf Twitter an Eigenengagement und Überzeugung einzelner Mitarbeiter gebunden ist. Nicht jeder hätte dies in solchem Umfang gemacht – es sei „eine Frage der Affinität", so einer der Befragten. Von der Öffentlichkeitsarbeit vorgesehen oder strategisch geplant war dies im Falle der nationalen NGO nicht.

Es kristallisiert sich insgesamt heraus, dass sich die Öffentlichkeitsarbeit auf schlichte Pressearbeit beschränkt. Man arbeite bei der nationalen NGO „nicht so viel mit Kampagnen-Elementen, die über die klassische Pressearbeit hinausgehen". Die Arbeit auf der Klimakonferenz als Projekt innerhalb der gesamten Klimaarbeit zu fassen, erscheint uns daher schlüssiger.

Schon aus der Struktur der Konferenz folgt, dass es keinen genauen Ablaufplan gibt. Jede UN-Klimakonferenz ist an sich sehr flexibel in ihren täglichen Ereignissen, Entscheidungen und Beschlüssen. So werden seitens der NGOs zwar mit großer Wahrscheinlichkeit Pläne gemacht, aber es gibt keinen strikten Ablaufplan, der angewandt wird. So wird der im Theorieteil benannte Faktor x (bezogen auf einen Kampagnenverlauf) also fest einkalkuliert.

Die vorher erläuterten Sachverhalte implizieren auch, dass die NGOs keine explizite Theorie nutzen, sondern nur Theorieelemente aus verschiedenen Bereichen der Kommunikationswissenschaft. Beispielsweise wurde im Interview mit der internationalen NGO deutlich, dass sehr wohl Theorien bezüglich zielgruppenspezifischer Analysen oder SWOT-Analysen, um Möglichkeiten und Herausforderungen abzubilden, ihre Anwendung finden. Auf ein umfangreiches theoretisches Modell im Sinne der in der vorliegenden Arbeit vorgestellten Modelle zur Kampagnenkonzeption wird sich aber nicht explizit bezogen. Dennoch gibt es Parallelen zu den Bausteinen der erarbeiteten Theorie. Beispielsweise bedient sich die internationale NGO eines langen und ausführlichen Kommunikationspapiers, in dem die Botschaften, Ziele sowie Maßnahmen detailreich aufgegliedert sind. Es wird jedoch betont, dass es hier je nach Veranstaltungsort, immer eine Anpassung geben muss. So ist es eine Kombination aus beiden – einer strategischen Herangehensweise und einer Flexibilität je nach Anlass und Aufgabe.

Die internationale NGO setzt als erstes ihre inhaltlichen Botschaften, in denen sich auch die Zielforderungen spiegeln; dann ihre Maßnahmen, um diese Ziele zu erreichen, und dann welche Partner dazu passen und mit welcher Kommunikationsstrategie gearbeitet werden soll. Diese Herangehensweise spiegeln sich auch in der Baustein-Systematik wider (wenn auch nur vage) und werden im Folgenden genauer vorgestellt.

Einer der Bausteine in der Theorie ist zum Beispiel der Aspekt der Botschaften. Hierbei ist herauszustellen, dass Botschaften und Ziele für die NGOs deckungsgleich zu sein scheinen. Sie werden somit auch in den weiteren Ausführungen verknüpft vorgestellt. Beispielsweise geht es für die internationale NGO nicht nur um die Bereitstellung von Informationen, sondern vor allem um Veränderung. Die Botschaften formulieren also vor allem die inhaltlichen Forderungen, die an die politischen Entscheider gerichtet sind. Um ihre Ziele zu definieren, bedarf es zunächst einer Definition des inhaltlichen Themas. Die internationale NGO beschreibt auch, dass es gewisse Meta-Botschaften als übergeordnete Aussagen und Zielsetzungen gibt, die jede NGO vertritt (gerade auch durch das Netzwerk und die Zusammenarbeit verschiedener NGOs). Neben diesen allgemein gültigen Meta-Botschaften betont die internationale NGO aber, dass es auch NGO-spezifische Botschaften gibt. Diese sind abhängig vom Themenfeld, in dem sich eine jeweilige NGO bewegt. Es lässt sich leicht erkennen, dass die Zielsetzungen und die damit verbundenen Botschaften einer NGO im Bezug auf die COP so komplex sind, dass es eine Herausforderung darstellt, diese Komplexität an die breite Öffentlichkeit zu kommunizieren.

Bezogen auf Paris 2015 äußert sich die nationale NGO verantwortungsbewusst und betont die Aufgabe Deutschlands und die Wichtigkeit der kommenden Klimakonferenz. Generell schwingt jedoch aufsteigender Zweifel an der Form einer internationalen Klimakonferenz und internationalen Abkommen mit. Es herrscht eine gewisse Unzufriedenheit an dem System, welches blockiert zu sein scheint.

Von Bedeutung ist in diesem Zusammenhang jedoch auch die Verbesserung interner Strukturen und Vernetzung. So regt die befragte nationale NGO an, eine bessere Absprache der NGOs im Vorfeld zu initiieren und die Profile aufeinander abzustimmen, um effektivere Botschaften auszusenden.

Wie schon erwähnt, ist bei der Klimakonferenz besonders die Arbeit vor Ort wichtig, sodass es so scheint, dass die politischen Entscheidungsträger einer Klimakonferenz als Zielgruppe im Vordergrund stehen. Im Interview stellt die internationale NGO heraus, dass es für sie vor allem um eine inhaltliche Einteilung und Differenzierung bezüglich ihrer Zielgruppen geht, d. h. dass sie die Verhandlungsteilnehmer anders adressieren als das breite Publikum. So findet eine Zielgruppenanalyse der Öffentlichkeit nicht statt. Die internationale NGO betont zwar, dass sie stetig daran arbeitet, ihre Kommunikation den verschiedenen Zielgruppen anzupassen. Dennoch ist es auffällig, dass sich die Inhalte nicht groß unterscheiden.

Um Journalisten aber mehr Information anzubieten, wird neben den Presse-Briefings während einer Klimakonferenz auch vor einer Klimakonferenz ein eintägiger, intensiver Workshop angeboten, bei dem verschiedene Themen der COP und mögliche Diskussionspunkte vorgestellt werden und die Möglichkeit geboten wird, Fragen zu stellen – um den eigenen Anspruch eines regen Informationsaustauschs mit der Öffentlichkeit zu entsprechen.

Es scheint jedoch auch aufschlussreich, dass eine genaue Einteilung der Zielgruppen schwer zu erfassen ist, nach Theorie dennoch notwendig erscheint. Die Disktinktion zwischen Verhandler und Öffentlichkeit macht für das Hauptziel, Einfluss vor Ort auf die Verhandlungen zu nehmen Sinn. Dennoch wäre dies von hohem Stellenwert, wenn vor allem eine Kampagne der NGOs zur UN-Klimakonferenz geschaltete werden würde.

Neben den Maßnahmen der Medienarbeit und Arbeit mit den Journalisten trägt die internationale NGO auch zur Mobilisierung der Menschen bei. Der im Rahmen der Klimaverhandlungen stattfindende „people march", bei dem Menschen auf die Straße gehen, spielt mit dieser Intention zusammen. Dies wird durch kleine „stunts" untermauert: Ein Beispiel hierfür benennt die internationale NGO während der Klimakonferenz in Warschau, bei dem ein Kohlehaufen aufgeschüttet wurde und Vertreter mit Plakaten ihre Botschaften kommunizierten.

Diese beispielhafte Mobilisierungsaktion in Warschau 2013 fällt nach unserer Definition in die Rubrik „Kampagnenarbeit", wird von der internationalen NGO selbst jedoch nicht als solche bezeichnet. Daraus lässt sich schließen, dass es Definitionslücken gibt, welche in den Theorien nicht aufgefangen werden.

Definitionslücken in der Theorie sowie individuelle Arbeit und Konzeption auf das Event selbst bringen das Problem mit sich, die Ergebnisse einer genauen Evaluation zu unterziehen. Bei der nationalen NGO gibt es im Anschluss der Klimakonferenz lediglich eine Nachberichterstattung im Internet und ein Newsletterbeitrag für die Mitglieder. In Zukunft möchte man die Evaluation jedoch ausweiten, um eine bessere Zusammenarbeit der NGOs zu ermöglichen.

Zusammenfassend lässt sich feststellen, dass zum einen die Unterschiede im Vorgehen internationaler und nationaler Umwelt-Organisationen groß sind. Dies wird insbesondere im Hinblick auf personelle und finanzielle Kapazitäten sowie thematische Ausrichtungen deutlich.

Die internationale NGO selbst bezeichnet ihre Arbeit zum Klimagipfel als breit angelegt, sei es die Kommunikation durch die Medien und mit Medienvertretern, verschiedene Kommunikationskanäle oder die Mobilisierung von Menschen verknüpft mit ihren Kernbotschaften und Ansprache der verschiedenen Zielgruppen.

Die nationale NGO sieht ihre Rolle auf der Klimakonferenz als Berater und Beobachter, welche die Verhandlungen kommentieren und für die Öffentlichkeit aufarbeiten. Aufgrund eines Mangels an Kapazitäten sind eigene Kampagne zukünftig nicht geplant.

3.1.2 Erkenntnisse des Experten-Interviews

Die Erkenntnisse aus den Interviews mit den Fachreferenten der beiden NGOs haben ergeben, dass keine Kampagnenarbeit zu den Klimakonferenzen stattfand bzw. -findet. Der Forschungsgegenstand Klimakonferenz erfordert aufgrund seiner Komplexität auch eine ebenso komplexe und umfangreiche Anpassung der Kommunikationsmittel. Um die Ergebnisse dennoch richtig einordnen zu können, werden im Folgenden die Aussagen von Dr. Kathrin Voss im Bezug auf die theoretischen Grundlagen und die Erkenntnisse aus den Interviews analysiert.

Grundsätzlich ist zu sagen, dass Voss mit unserem Kampagnenbegriff übereinstimmt und ihrer Arbeit die Theorie von Röttger zu Grunde liegt. Sie betont drei Merkmale, die für eine Kampagne als Kernelemente zu definieren sind: zeitliche Begrenzung, klare Zielgebung, darauf abgestimmte Kommunikationsmittel. Dennoch ist ihr auch bewusst, dass sich Themen dauerhaft im Portfolio der Organisation befinden und nur mit kleinen einzelnen Kampagnen zu einem bestimmten Ereignis daraufhin beworben werden. Ganz klar vom Begriff der Kampagne abzugrenzen ist für Voss der Begriff der Projektarbeit. Traditionsbewusste Organisationen wie der BUND oder der NABU distanzieren sich teilweise von Kampagnenarbeit und fokussieren sich auf Projektarbeit vor Ort in den betroffenen Gebieten. Im Gegensatz dazu stehen beispielsweise Greenpeace oder Campact, bei denen die Kampagnen im Mittelpunkt ihrer Arbeit stehen. Aus Sicht der Expertin ist keine Aussage darüber zu treffen, ob und in welchem Umfang die Theorien der Kampagnenarbeit in der Praxis von den Mitarbeitern einer NGO umgesetzt werden. Sie ist sich jedoch sicher, dass im Laufe der vergangenen 20 Jahre bei den Organisationen eine Professionalisierung im Bereich Öffentlichkeitsarbeit stattgefunden hat.

Auch wenn es eine Vielzahl von Möglichkeiten gibt seine Kampagne auszurichten, unterscheidet Voss die Kampagnenarbeit von NGOs vor allem in zwei Strategien: die konfrontative und dialogorientierte. Als Paradebeispiel für eine Organisation, die die konfrontative Strategie nutzt, nennt Voss Greenpeace, die mit ihrer Kampagne gegen den Lebensmittelhersteller Nestlé weltweit für Aussehen sorgte. Für die dialogorientierte Strategie, nennt Voss den WWF als Vorbild, welcher häufig Kooperationen mit Unternehmen eingeht und die Bekanntheit dieser nutzt um Aufmerksamkeit zu generieren. So ist eine grundsätzliche Ausrichtung der Strategie bei den meisten NGOs zu erkennen. Voss betont jedoch auch, dass Organisationen jederzeit von dieser Ausrichtung Abstand nehmen können. Welche Gründe zu der einen oder anderen Strategie oder generell überhaupt zu einer Kampagne führen, sieht Voss in den historischen Wurzeln der jeweiligen NGO verankert. Auf Grund der nicht vorhandenen Kampagnenarbeit unser zwei befragten NGOs im Bezug auf die Klimakonferenz, lässt sich bedauerlicherweise nicht feststellen welche der beiden Strategien diese bevorzugen.

In Bezug auf die Ergebnisse der Interviews mit den Fachreferenten der befragten NGOs reagierte Voss überrascht, sieht sie doch klar die Vorteile einer gut strukturierten und überzeugenden Kampagne. Dennoch nennt sie viele Gründe die gegen eine Kampagne zum Ereignis Klimakonferenz sprechen. Die Klimakonferenz ist ein Event das jährlich stattfindet und im Laufe der vergangenen Jahre wahrscheinlich an medialer Aufmerksamkeit verloren hat und dazu am Ende oft ergebnislos blieb. Nichtregierungsorganisationen haben in der Vergangenheit Kampagnen zu diesem Ereignis gestartet. Der WWF beispielsweise hatte im Zuge der Klimakonferenz in Kopenhagen eine große Kampagne. Unzureichende mediale Aufmerksamkeit und unbefriedigende Ergebnisse können ein Grund für die Entscheidung gegen zukünftige Kampagnen zur Klimakonferenz sein. Zumal beispielsweise eine internationale NGO „Kampagnen schon sehr genau evaluiert und genau weiß was [sie] damit erreicht". Vergangene Misserfolge und Erfahrungen können dementsprechend ein Grund für die Entscheidung der befragten NGOs sein. Hinzu kommen noch finanzielle oder personelle Engpässe. Für jede einzelne NGO ist es „eine Abwägungssache, mit welchen Themen sie sich in einem Jahr beschäftigt und für welche Kampagne sie Geld ausgibt".

Trotzdem hält Voss die Kampagnenarbeit von NGOs im Bezug auf Klimapolitik für wichtig, bemerkt aber, dass der Fokus nicht unbedingt auf dem Ereignis Klimakonferenz selbst liegen sollte, da die Klimakonferenzen doch sehr umfangreich und komplex sind und zusätzlich noch mit einem eher negativen Image belegt sind. Großes Potenzial sieht die Expertin in den Bundestagswahlen, wo die Entscheider einer solchen Klimakonferenz gewählt werden. Sie empfiehlt demnach eine Kampagne vor den Bundestagswahlen, die die Wähler in ihrer Wahlentscheidung beeinflussen soll. Ein weiterer Vorschlag von Voss wäre das gesamte Thema Klimawandel mit Hilfe von einzelnen Kampagnen wieder stärker in die Öffentlichkeit zu bringen und so Aufmerksamkeit und Bewusstsein dafür zu schaffen. Sie betont jedoch immer wieder, dass diese Entscheidungen individuell von einer NGO zu treffen sind.

4   Schlussbetrachtung

Schon zu Beginn dieser Untersuchung wurde deutlich, welchen hohen Stellenwert die Tätigkeit von Nichtregierungsorganisationen im Bereich Umwelt hat. Ihre wichtige Rolle in Umwelt- und Klimapolitik ergibt sich so nicht nur aus ihrer Aufgabe, die Gesellschaft auf Missstände hinzuweisen oder bestimmte Entscheidungsprozesse und Informationen für die Öffentlichkeit aufzuarbeiten. Gerade ihre Tätigkeit als Experten und Kontrollinstanzen ist von erheblicher Bedeutung. Dies wurde auch im Hinblick unseres Forschungsgegenstandes, die Arbeit für die internationalen Klimakonferenzen, deutlich.

In der anfangs erwähnten Studien zur Kampagnenarbeit deutscher Umweltorganisationen von Voss (2007, 2009), gaben zwar 81,5 % aller befragten NGOs an, dass sie Kampagnen durchführen. Auch die Bedeutung von Kampagnen für die Arbeit von NGOs wurde in den Interviews hoch bewertet. Doch stellte sich zugleich heraus, dass es erhebliche Unterschiede zwischen klassischer Kampagnenarbeit und den Tätigkeiten der NGOs auf den Klimakonferenzen gibt.

Bei der Kampagnenarbeit im theoretischen Sinne geht es vor allem um dramaturgisch angelegte, thematisch begrenzte, zeitlich befristete kommunikative Strategien zur Erzeugung öffentlicher Aufmerksamkeit. Die in der Arbeit vorgestellten Theorien stellen Bausteine, die sich gegenseitig ergänzen und bedingen, für eine erfolgreiche Kampagnenkonzeption vor.

Als wichtige Erkenntnis ist jedoch zu verzeichnen, dass die internationalen Klimakonferenzen zwar als wichtigste politische Ereignisse im Einsatzgebiet der NGOs zu sehen sind, eine Kampagnenschaltung jedoch trotzdem nicht erfolgt. Die in der Theorie erarbeiteten Strategien werden von unseren zwei befragten Umwelt-Organisationen in der Praxis nicht umgesetzt. Dies lenkte unsere Forschung in eine neue Richtung.

Es hat sich herausgestellt, dass sich das Wirken der befragten NGOs insbesondere auf dem Gebiet politischer Ereignisse vor allen Dingen auf die Beeinflussung von Entscheidungsträgern beschränkt. Die klassische Öffentlichkeitsarbeit verliert dabei zwar nicht ihre Bedeutung, hat aber nur einen untergeordneten Stellenwert. Sie fokussiert sich auf traditionelle Pressearbeit in Zusammenarbeit mit Journalisten, die weiterführend die breite Öffentlichkeit informieren sollen. Soziale Medien werden zwar bespielt, machen aber unserer Meinung eine differenziertere Zielgruppenanalyse notwendig. Auch die Expertin Frau Dr. Kathrin Voss betont, dass die Medienaufmerksamkeit abgenommen hat, da das Thema der Klimakonferenzen von einer gewissen Unzufriedenheit mit den Verhandlungsergebnissen begleitet wurde.

Wir sehen das Potenzial von Kampagnenarbeit zu den Klimakonferenzen, um nicht nur Aufmerksamkeit von Fachpublikum, sondern auch von der breiten Öffentlichkeit für das Ereignis zu generieren und somit den Druck auf die Entscheidungsträger der UN-Klimakonferenzen zu erhöhen. Dabei ist uns die Komplexität eines solchen Events durchaus bewusst und dass dies nicht mithilfe einer Kampagne widerzuspiegeln ist. Daher ist die Fokussierung auf einen bestimmten Themenkomplex notwendig. Dieser einzelne Themenkomplex sollte als Aufhänger dienen, um Bewusstsein für die Klimakonferenz zu schaffen.

Dies wird unserer Meinung nach bisher nur bedingt durch die veranstalteten Aktionen und Mobilisierungsmaßnahmen erreicht. Wir stellen uns die Frage, ob diese genug angeworben werden oder nur durch Engagement des Fachpublikums nach außen dringen. – Kommen die Leute zur Information oder kommt die Information zu den Leuten? Eine Einbindung dieser Maßnahmen in eine Kampagne könnte unserer Meinung nach zu einem größeren Erfolg für eine Bewusstseinsschaffung beim Publikum führen.

Diese Schlussfolgerungen und die immer wichtigere Position von NGOs im politischen Gefüge machen deutlich, dass weiterer Forschungsbedarf im Themenfeld der Kampagnenarbeit von Nichtregierungsorganisationen besteht.

In der bisherigen Forschung wurden interne Arbeitsprozesse weitgehend vernachlässigt. Doch gerade aus diesen inneren Strukturen und Kommunikationsprozessen der NGOs lassen sich wichtige Erkenntnisse im Feld der Kommunikationsstrategien ableiten. Sei es im Bezug auf Öffentlichkeitsarbeit, interne oder auch externe Kommunikation, PR oder Lobbying. Die Theorien können nur in Relation zur Praxis als Hilfestellung dienen. Insbesondere im komplexen Bereich politischer Kommunikation wird es notwendig sein, NGOs auch in Bezug auf interne Arbeitsweisen, Organisations- und Entscheidungsstrukturen zu untersuchen. Unverzichtbar ist hierbei eine interdisziplinäre Verknüpfung von PR- und NGO-Forschung, die zum Ziel hat, bestehende Definitionslücken zu schließen.

Literatur

Alemann, U., Eckert, F. (6.4.2006). Lobbyismus als Schattenpolitik. Bundeszentrale für Politische Bildung. URL: http://www.bpb.de/apuz/29795/lobbyismus-als-schattenpolitik?p=all.

Bieth, T. (2011). *NGOs und Medien. Eine empirische Studie zum Verhältnis von Public Relations und Journalismus.* Münster: VS Verlag für Sozialwissenschaften.

Bonfadelli, H., Friemel, T. (2006). *Kommunikationskampagnen im Gesundheitsbereich. Grundlagen und Anwendungen.* Konstanz: UVK Verlagsgesellschaft.

Buchner, M., Friedrich, F., Kunkel, D. (2005). *Zielkampagnen für NGO. Strategische Kommunikation und Kampagnenmanagement im Dritten Sektor.* Münster: LIT Verlag.

Bürker, M. (2011). Zum Management von Kampagnen auf Basis von Theorien der Öffentlichkeit und öffentlichen Meinung. In R. Spiller, C. Vaih-Baur & H. Scheurer (Hrsg), *PR-Kampagnen* (S. 25-58). Konstanz: UVK Verlagsgesellschaft.

Frantz, C., Martens, K. (2006). *Nichtregierungsorganisation (NGOs).* Wiesbaden: VS Verlag für Sozialwissenschaften.

Gläser, J., Laudel G. (2010). *Experteninterviews und qualitative Inhaltsanalyse* (4. Ausg.). Wiesbaden: VS Verlag für Sozialwissenschaften.

Messner, D. (2004). Keimzellen der Demokratie – Historische und aktuelle Betrachtungen zum Thema Zivilgesellschaft und Entwicklung. URL: http://www.venro.org/fileadmin/Publikationen/zivilgesellschaft/Z&E2004.pdf.

Röttger, U. (2007). Kampagnen planen und steuern. Inszenierungsstrategien in der Öffentlichkeit. In M. Piwinger, Manfred & A. Zerfass (Hrsg.), *Handbuch Unternehmenskommunikation* (S. 381-396). Wiesbaden: VS Verlag der Sozialwissenschaften.

Röttger, U. (2009). Campaigns for a better world. In U. Röttger (Hrsg.), *PR-Kampagnen. Über die Inszenierung von Öffentlichkeit* (S. 9-24). Wiesbaden: VS Verlag der Sozialwissenschaften.

Schäfer, K. (2011). Konzeption, Durchführung und Bewertung von Kampagnen – ein Praxisleitfaden. In R. Spiller, C. Vaih-Baur & H. Scheurer (Hrsg): *PR-Kampagnen* (S. 71-84). Konstanz: UVK Verlagsgesellschaft.

UNFCCC (1992). Rahmenübereinkommen der Vereinten Nationen über Klimaveränderungen. URL: http://unfccc.int/resource/docs/convkp/convger.pdf.

Unmüßig, B. (2011). NGOs in der Klimakrise Fragmentierungsprozesse, Konfliktlinien und strategische Ansätze. In A. Brunnengräber (Hrsg.), *Zivilisierung des Klimaregimes. NGOs und soziale Bewegungen in der nationalen, europäischen und internationalen Klimapolitik.* Wiesbaden: VS Verlag der Sozialwissenschaften.

Voss, K. (2007). Öffentlichkeitsarbeit von Nichtregierungsorganisationen. Mittel, Ziele, interne Strukturen. Wiesbaden: VS Verlag der Sozialwissenschaften.

Voss, K. (2009). NGOs und ihre Öffentlichkeitsarbeit. In J. Böhm, F. Albersmeier & A. Spiller (Hrsg.), *Die Ernährungswirtschaft im Scheinwerferlicht der Öffentlichkeit* (S. 77-93). Köln: EUL Verlag.

Voss, K. (2015). Dr. Kathrin Voss – Beratung, Recherche und Evaluation. URL: http://www.kathrinvoss.de/kompetenz.html.

Die Einflussnahme von NGOs auf den politischen Prozess: Lobbying als Kommunikationsinstrument

Andreas Köhler

Zusammenfassung

NGOs streben nach Umsetzung ihrer politischen Ziele. Sie versuchen über Lobbying Einfluss auf politische Akteure zu nehmen, um ihre Ziele zu realisieren. Lobbying ist eine Kommunikationsstrategie und ist als solche in ihrem Erfolg abhängig von zahlreichen Einflussfaktoren und Grundbedingungen. Relevante Akteure können mit unterschiedlichen Lobbying-Instrumenten angesprochen werden, die sich aus kommunikationswissenschaftlicher Perspektive bezüglich ihrer Öffentlichkeit, ihrer Formalität und des Kontakts differenzieren lassen. Mittels dieser Differenzierung können bestimmte Instrumente systematisch bestimmten Situationen und Akteuren zugeordnet werden.

1 Einleitung: NGOs und politische Kommunikation

Nichtregierungsorganisationen (NRO, oder aus dem englischen und gebräuchlicher: NGOs) sind, rein semantisch gesehen, keine festgeschriebenen Akteure im politischen Prozess. Sie stehen außerhalb des politischen Prozesses und zielen doch ganz eindeutig auf diesen ab. NGOs lassen sich nach Glagow (1993, S. 311) „als formalisierte Gebilde außerhalb von Staat und Markt, die ihre Ressourcen […] zur Bearbeitung von gesellschaftlichen Problemlagen in Kollektivgüter uniformieren", beschreiben. Genauer bestimmt Take (2002, S. 40) deren Gemeinwohlorientierung so, dass NGOs keine privaten Interessen verfolgen, sondern sich politisch für öffentliche Belange einsetzen. Sie sind unabhängig von der Regierung bzw. dem Staat und streben keine regierungsamtlichen Ressourcen und staatlichen Ämter an (Take 2002, S. 42). Sie entdecken nach Habermas (1989, S. 30) Themen von gesamtgesellschaftlicher Relevanz und steuern Beiträge zur möglichen Problemlösung bei. Mit diesen Zielen ist nicht nur ein normativer Anspruch, wie ihn Baur (2006) beschreibt, sondern auch eine organisatorische und kommunikative Aufgabe verbunden. Möchten NGOs im Interesse ihrer Mitglieder Problemlösungen für öffentliche Anliegen umsetzen, müssen sie einen

© Springer Fachmedien Wiesbaden GmbH 2018
N. Remus und L. Rademacher (Hrsg.), *Handbuch NGO-Kommunikation*,
https://doi.org/10.1007/978-3-531-18808-9_10

Zugang zur Macht finden, da sie selbst zur Veränderung des Status Quo nicht gesamtge-sellschaftlich legitimiert sind. Das Streben nach Legitimität und/oder Macht durch NGOs kann nur gepaart mit diversen Techniken der Einflussnahme betrachtet werden. Legitimität kann in einem deliberativen Politikmodell durch öffentliche Auseinandersetzung mit den Themen von NGOs in Form eines Meinungs- und Willensbildungsprozesses erfolgen. In diesen Zusammenhang muss die Kommunikation von Nichtregierungsorganisationen eingeordnet werden, sie dient der Steigerung der Legitimität durch eine öffentliche Diskussion der Ziele einer NGO. Doch eine Legitimität der Ziele bedeutet noch keine Legitimität für deren Umsetzung. Diese obliegt politischen Akteuren. NGOs müssen ihre Ziele also über politische Akteure, wie Parteien und Ministerien, verwirklichen. Sie müssen diese überzeugen – also mit ihnen kommunizieren. Folgt die NGO-Kommunikation mit der Öffentlichkeit den Regeln des Mediensystems, so muss die Kommunikation mit der Politik den Regeln des politischen Systems folgen. NGOs müssen also politische Kommunikation betreiben (vgl. Reuter 2008).[1]

Zentrale Strategie der Einflussnahme auf die Politik ist das Lobbying. Es geht darum, relevante Informationen an die richtigen Adressaten zu vermitteln (Arntz 2004, S. 502). Dabei ist jedoch für NGOs von elementarer Bedeutung, mittels welcher Kommunikations-instrumente sie ihre Positionen den relevanten politischen Akteuren vermitteln können, um erfolgreich im Sinne ihrer Mitglieder an einer Problemlösung mitzuwirken.

In diesem Beitrag soll das Verhältnis von NGOs zur politischen Macht aus kommuni-kationswissenschaftlicher Perspektive betrachtet werden und Lobbying als Strategie zur Einflussnahme beschrieben werden. Diese Form der Kommunikation läuft selten öffentlich ab – bei langen Verhandlungsrunden und Absracheprozessen im Vorfeld politischer Entscheidungen bleiben die Medien häufig ausgeschlossen. Entsprechend lässt sich die Lobbyarbeit von NGOs auch nicht durch Medienberichte nachzeichnen, daher soll in diesem Beitrag auf wissenschaftliche und praktische Fachliteratur zurückgegriffen werden, um die zentralen direkten Einflussmöglichkeiten von NGOs auf den politischen Prozess durch Lobbying zu benennen, zu beschreiben und einzuordnen. Dabei geht es insbesondere um die Frage, welche politischen Akteure für das Lobbying von NGOs relevant sind, welche Lobbying-Instrumente verwendet werden können und welche Grundvoraussetzungen dafür erfüllt sein müssen. Als Beitrag zur Systematisierung des Forschungsfeldes NGO-Kommu-nikation sollen die bekannten Lobbying-Instrumente auf Basis kommunikativer Aspekte differenziert und den relevanten Akteuren zugeordnet werden. So können Einflusskanäle konkret benannt und Techniken zugeordnet werden, was für alle betroffenen Akteure (Regierungen, Parteien, Abgeordnete, NGOs) ein hilfreiches Tool sein kann.

---

1   Politische Kommunikation als wissenschaftliche Forschungsrichtung kennt jedoch keine spe-zielle NGO-Kommunikation und spricht allgemeiner von Verbandskommunikation oder der Kommunikation von Interessensgruppen (vgl. Schulz 2008, S. 309ff.). Erkenntnisse aus diesem Fachbereich sollen aber in diesem Beitrag auf NGOs übertragen werden, auch wenn die unter-schiedlich bezeichneten Gruppierungen nicht hundertprozentig deckungsgleich sind.

2 NGOs und politischer Einfluss

In der Bundesrepublik Deutschland wird ein Einfluss von frei organisierten Gruppen auf die staatliche Willensbildung als legitim akzeptiert. Eine parlamentarische Demokratie ist auf Menschen und Organisationen angewiesen, die öffentliche Interessen an Politiker herantragen. Das Grundgesetz beschränkt in Art. 21 GG das Ausmachen von Themen und Entscheidungsvorschlägen nicht allein auf die Parteien. In einer pluralistischen Demokratie gilt Gemeinwohl nicht als vorgegeben von der Staats-, bzw. Parteiführung, sondern als Resultat von Gruppenauseinandersetzung. Die freie Artikulation von Interessen stärkt so auch die demokratische Legitimität politischer Entscheidungen (Rudzio 2006, S. 56).

Das Streben nach Macht ist ein vielfach unterschätzter Faktor bei der Betrachtung von NGOs. Dabei spielt Macht eine zentrale Rolle beim Erreichen von Problemlösungen. In repräsentativen Demokratien, wie der Bundesrepublik, liegt die Macht jedoch nur bei wenigen Akteuren. Es sind jene, die an Entscheidungen nicht nur beteiligt sind, sondern diese auch verhindern können. Tsebelis (1995, S. 301f.) definiert sämtliche Akteure als Vetospieler, deren Zustimmung für einen Politikwechsel notwendig ist. Er unterscheidet zwischen individuellen und kollektiven Vetospielern sowie zwischen Institutionen (institutional veto players), wie Bundesregierung, Bundesrat, Bundestag und Parteien (partisan veto players). Zwar können NGOs durch das korporatistische und pluralistische System der Bundesrepublik an der Politikformulierung vielfach mitwirken, sie können aber keineswegs Gesetzesinitiativen beschließen oder verhindern. Sie fallen daher nicht unter Tsebelis' Definition eines Vetospielers, da ihre Zustimmung zu einem Politikwechsel nicht notwendig ist. Auch Strohmeier (2005, S. 31f.) sieht sie nicht als direkte und ständige Vetospieler. Da sie keinen Anspruch auf Mitsprache haben, seien sie auch nicht als Vetospieler zu zählen, so Abromeit und Stoiber (2006, S. 236f.). Vielmehr seien sie mit Parteien und Institutionen verknüpft und üben auf diese ihren Einfluss aus. Pannowitsch (2012, S. 47f.) bezeichnet nicht-staatliche Akteure als Vetospieler vierter Ordnung, bzw. unsichere Vetospieler, die weder über unmittelbare Entscheidungsmacht verfügen, noch über sichere Möglichkeiten der inhaltlichen Einflussnahme. Je nach Situation besitzen sie jedoch das Potential, durch ihre Zustimmungsverweigerung eine Entscheidung zu erschweren.

Die Grenze zwischen Macht und Einfluss ist jedoch nicht immer deutlich gezogen. Besitzt ein Akteur keine Möglichkeit durch Weisung Macht auszuüben, versucht er durch Argumente zu überzeugen. Es ist allerdings nicht allein die Kraft des Arguments, welche eine Überzeugungswirkung herstellt. Die Möglichkeit zur Überzeugung und Durchsetzung eines eigenen Interesses durch Kommunikation ist auch davon abhängig, wer Empfänger der Botschaft ist und ob der Empfänger die Argumente hört und zulässt. So verläuft die Kommunikation zwischen Politik und NGOs auf unterschiedlichen Hierarchieebenen: Die Politik, als Machtinhaber hierarchisch über den NGOs, ist hier Empfänger, während NGOs als Sender mit verschiedenen Mitteln und Instrumenten mit politischen Institutionen kommunizieren, um Einfluss auf deren Entscheidung zu erlangen. Der Erfolg dieser Kommunikation ist abhängig von den Einflussmöglichkeiten der NGOs. Sie streben in ihrer Kommunikation mit politischen Akteuren nach Hierarchiefreiheit, d. h. nach einer

Kommunikation ohne übergeordnete Instanzen, die einen gleichberechtigten Austausch erlaubt. Der Wegfall formaler Hierarchien begünstigt dialogorientiere interpersonale Kommunikation. Diese muss das Ziel von NGOs sein, damit ihre Argumente erfolgreich politische Entscheidungen beeinflussen können. Je größer die Einflussmittel einer NGO sind, umso eher können NGOs das Hierarchieproblem in der Kommunikation mit politischen Institutionen überwinden und umso erfolgreicher können sie ihre Interessen durchsetzen.

3   Lobbying als Kommunikationsstrategie

Zur Überwindung des Hierarchieunterschieds gehen NGOs strategisch vor. Eine Strategie der Kommunikation von NGOs mit politischen Akteuren ist das Lobbying. Lobbying versucht dabei, die genannten Barrieren zu überwinden und dient der Einflussnahme auf den politischen Prozess (Althaus 2007, S. 797). NGOs kommunizieren hierbei direkt mit politischen Entscheidungsträgern. Lobbying erfüllt dabei nach Althaus, Geffken und Rawe (2005, S. 194) drei wesentliche Funktionen: (1) Es dient der punktuellen und systematischen Interessensvertretung zugunsten eines Auftraggebers, (2) ist der Austausch von relevanten Informationen in Verbindung mit legitimen Interessen, die beiden Seiten nützlich sind und (3) zeichnet sich durch informelles Vorgehen aus.

Reuter (2008, S. 34) ordnet Lobbying als ein Instrument einer Public-Affairs-Strategie ein, bei der eine NGO neben öffentlicher Presse- und Medienarbeit auch eine adressaten-bezogene Kommunikation wählt. Public Affairs bündelt alle Kontakte in den öffentlichen, speziell den politischen Raum (Schönborn und Wiebusch 2002, S. 24ff.).

Es lassen sich mit dem Beschaffungs- und dem Gesetzes-Lobbyismus (Lianos und Hetzel 2003, S. 16) zwei Arten von Lobbying unterscheiden. Der Beschaffungs-Lobbyismus befasst sich vorwiegend mit der Akquirierung öffentlicher Aufträge. Beim Gesetzes-Lobbyismus dagegen wird versucht, Einfluss auf die Ausgestaltung rechtlicher Rahmenbedingungen zu nehmen. Diese Form des Lobbyings soll in den weiteren Betrachtungen im Mittelpunkt stehen, da von ihr eine höhere Relevanz für die Frage nach gestaltendem Einfluss von NGOs ausgeht.

Immer mehr Verbände versuchen auf den verschiedenen Politikebenen und in verschiedenen Politikfeldern ihre Interessen durchzusetzen. Das Lobbying hat sich in den vergangenen Jahren stark professionalisiert und zum Boomgeschäft entwickelt (Machning 2011). Als zentrale Trends gelten Pluralisierung und Individualisierung (Wehrmann 2007, S. 53). Das Parlament als Gesetzgeber (Beyme 1997) steht dabei im Fokus der Bemühungen von Lobbyisten, insbesondere im Zusammenhang mit Gesetzes-Lobbyismus. Der ehemalige Bundestagspräsident Norbert Lammert machte 2011 die Dimensionen deutlich:

> „Die Anzahl der Lobbyisten hat sich gegenüber den Bonner Verhältnissen explosionsartig vermehrt. Die Lobbyliste des Deutschen Bundestages umfasst aktuell 2160 registrierte Interessenverbände. Rein rechnerisch kommen auf jedes Mitglied des Deutschen Bundestages

mehr als drei Interessenverbände – wohlgemerkt nicht Personen, sondern Verbände, die je nach Selbstverständnis, Organisationskapazität und finanziellen Möglichkeiten Größenordnungen kleiner Ministerien haben und, ohne jeden Zweifel legal, mit geballter Wucht einzelne Interessen vertreten." (Lammert 2011)

Die dargestellte Intensivierung der Lobbyingprozesse kann jedoch nicht nur in der Professionalisierung der Interessensvertretung begründet werden, sondern auch in einer Personalisierung des Regierungshandelns (Korte 2003; Grande 2000, S. 311). Und so ist es auch nicht verwunderlich, dass Interessensvertreter mit Ihren Zielen nicht mehr nur an Ministerien, Fraktionen und Parteien, sondern vermehrt direkt an einzelne Abgeordnete oder Referenten, in Regierung und Parlament, herantreten (Sebaldt 2002, S. 289). Der Kontakt wird mehrheitlich von Lobbyisten aufgebaut und ist in den meisten Fällen mit einer Erwartungshaltung verbunden (Sebaldt 1997, S. 266). Die Lobbyinglandschaft hat sich zudem in den vergangenen Jahren stark gewandelt: Die starren Netzwerke zwischen Politik, Verbänden und wissenschaftlichen Experten haben sich gelockert, die Bedeutung professioneller Berater und vor allem der Firmenlobbyismus dehnen sich aus (Heinze 2009).

4   Grundbedingungen erfolgreichen Lobbyings

Zwischen den verschiedenen NGOs und Interessengruppen gibt es Unterschiede hinsichtlich ihres Einflusses und ihrer Einflussmittel, welche nicht allen NGOs gleichermaßen zur Verfügung stehen: So ist die Finanzkraft bei Unternehmensorganisationen relativ hoch, bei politisch-ideellen Verbänden eher niedrig. Die Mitgliederzahl ist im Gegensatz dazu bei den Unternehmensverbänden eher gering. Unterschiede gibt es auch im Bezug auf die Stellung im System der Interessensorganisationen, z. B. in der Frage, ob es konkurrierende oder gegnerische NGOs gibt. Außerdem werden einige Organisationen vom Staat privilegiert behandelt, z. B. durch Zwangsmitgliedschaften in Ärzte-Verbänden, andere wiederum nicht, z. B. durch ein Streikverbot für Beamtenorganisationen (Rudzio 2006, S. 80f.). Dies führt zu einer Ungleichheit des Druckpotentials, welches nötig ist, um als NGO auch von politischen Akteuren als ausreichend wichtig wahrgenommen zu werden. Der Aufbau einer Drohkulisse ist dabei jedoch eher unüblich (Maldaner 2003, S. 151f.), das Potential dazu allerdings relevant. Ein hohes Druckpotential ist ein Machtfaktor, der eine Verschiebung der Hierarchieebenen zugunsten der NGO ermöglicht. Diese eher statischen Grundbedingungen entscheiden jedoch nicht allein über den Erfolg von politischer NGO-Kommunikation durch Lobbying.

Eine zentrale Voraussetzung für erfolgreiche direkte Kommunikation ist die Zuverlässigkeit und Glaubwürdigkeit des Kommunikators. Zuverlässigkeit hängt unweigerlich mit Vertrauen zusammen. Vertrauen ist bereits bei McGregor (1938) als eine zentrale soziale Einstellung beschrieben, die auf der inhaltlichen Ebene mit der Annahme verbunden ist, dass ein Interaktionspartner sich wohlwollend verhalten wird. Es kommt also zu einer positiven Bewertung des Vertrauensobjekts, woraus auch eine Handlungstendenz im Sinne einer Vertrauenshandlung resultiert. Zudem besitzt Vertrauen nach Luhmann (1968) eine komplexitätsreduzierende Funktion. Erst durch Vertrauen werden Handlungsentwürfe, wie zum Beispiel die Wahl eines Akteurs für ein Regierungsamt, möglich.

Vertrauen wiederum ist die Folge von Glaubwürdigkeit und in seiner Implementation von ihr abhängig. Glaubwürdigkeit ist ein zentrales Thema der Kommunikationsforschung. Sie setzt sich aus den unterstellten Absichten des Kommunikators und der ihm zugeschriebenen Kompetenz zusammen. Glaubwürdigkeit wird durch die Kommunikation vertrauenswürdiger Handlungen hergestellt, also durch Handlungen die Wohlwollen gegenüber dem Rezipienten, eine Orientierung an ethisch-moralischen Grundsätzen und Verteilungsgerechtigkeit erkennen lassen (vgl. Schweer und Thies 2005, S. 48, 56ff.).

Je größer die Glaubwürdigkeit des Kommunikators ist, desto größer ist auch die Wahrscheinlichkeit, dass diese wirksam wird. Dies gilt auch für das Lobbying (Purtschert 2001, S. 257, 487f.). Verfügen NGOs über eine hohe Glaubwürdigkeit, ist es ihnen möglich, die öffentliche Meinung durch das ihr entgegengebrachte Vertrauen so zu mobilisieren, wie es der Staat nicht kann. Dies liegt im Interesse des Staates, da er für die Legitimierung seiner Entscheidungen auch die Zustimmung der Öffentlichkeit benötigt. Denn NGOs sind von der „Legitimationskrise der politischen Akteure" nicht betroffen (Schicha 2001, S. 6), sie können sogar von dieser profitieren. Glaubwürdige NGOs, die auch dank erfolgreicher Öffentlichkeitsarbeit ein hohes Maß an Popularität in der Bevölkerung haben, gewinnen daher an Einfluss.

Da Extrempositionen wenig Aussicht auf Erfolg haben, sollten NGOs die Normen und Handlungslogiken des politischen Systems nicht in Frage stellen und sich auch daran anpassen können (Take 2002, S. 66). Insbesondere die Fähigkeit zum Kompromiss stellt viele NGOs vor einen schwierigen Balanceakt, wenn sie sich innerhalb der Politik bewegen. Kompromissbereitschaft und Anpassung führen schnell zu Vereinnahmung und zu einem Verlust der Glaubwürdigkeit, da NGOs zwar zur Durchsetzung ihrer Ziele auf staatliche Akteure angewiesen sind, andererseits aber als Gegenspieler von Staaten angelegt sind (Beck 2002, S. 362). Die Machbarkeit der Forderungen ist jedoch für politische Akteure eine Grundvoraussetzung für deren Umsetzung. Maximalforderungen bringen Lobbyisten leicht um die Chance einer konstruktiven Mitwirkung im Gesetzgebungsprozess (Bender und Reulecke 2003, S. 53f.).

NGOs verfügen aufgrund ihrer thematischen Fokussierung meist über Expertenwissen, welches für die Lösung spezieller Sachprobleme für den Staat von großer Bedeutung ist. Sie haben zudem Zugang zu lokalen Bedürfnissen und Gegebenheiten, kennen Interventionsmöglichkeiten und den richtigen Umgang mit bestehenden Strukturen. Sie besitzen also einen Informationsvorsprung, der von politischen Entscheidungsträgern nachgefragt wird. Aufgrund der steigenden Komplexität von Problemen, sind Staaten und politische Institutionen zunehmend auf NGOs angewiesen, die über spezielle Fachkenntnisse verfügen (Take 2002, S. 57).

Das richtige Timing ist eine weitere Grundvoraussetzung für erfolgreiches Lobbying. NGOs müssen die parlamentarischen Prozesse kennen und ihre Argumente vorbringen, bevor es zu spät ist für eine Implementierung. Interessengruppen werden nach von Beyme (1997, S. 207) in verschiedenen Stadien des Gesetzgebungsprozesses aktiv:

1. bei der Initiative zur Regulierung,
2. im Referentenstadium bei der Vorbereitung von Gesetzen,
3. im Ausschussstadium,
4. bei der Implementierung,
5. bei der Evaluation,
6. bei Politikreformulierung.

Die Phaseneinteilung von Beymes deckt sich im Wesentlichen mit anderen Phasenmodellen der Policy-Forschung, die grundsätzlich bei der Produktion von Politikinhalten jeweils von einer Phase der Problemdefinition, des Agenda-Settings, der Politikformulierung, der Implementierung und der Evaluierung ausgeht (Jann und Wegrich 2009, S. 85). Von Beyme hat die Phase der Formulierung in Referentenstadium und Ausschussstadium unterteilt, um die auch an dieser Stelle relevante Differenzierung zwischen dem Einfluss von Verwaltung und Parlament abzubilden.

Teilweise stoßen NGOs Gesetzesinitiativen selbst an, teilweise werden ihre Interessen auch schon im Referentenentwurf mitgeliefert. Die Einflussnahme im vorparlamentarischen Stadium hat den Vorteil, dass sie weitestgehend im Halbdunkel verborgen bleibt. Um hier bereits erfolgreich über Lobbying Einfluss nehmen zu können, bedarf es guter Kontakte, die bereits über das Planungsstadium zu einer Gesetzesinitiative informieren können. Im Ausschussstadium ist die Verbandskommunikation dagegen öffentlich. Auch NGOs, die bereits erfolgreich im Vorstadium interveniert haben, stellen hier ihre Position vor. Die Einflussmöglichkeit ist jedoch begrenzt, da politische Akteure einen bereits öffentlich bekannten Entwurf nur noch sehr begrenzt zugunsten von NGO-Interessen verändern. Beteiligen sich NGOs an der Evaluation über den Erfolg eines Gesetzes, so hat dies häufig das Ziel, bereits hiermit Eckpunkte für eine Reformulierung zu setzen und auf diese mehr Einfluss zu haben, als es beim ersten Versuch der Fall war (von Beyme 1997, S. 208).

Zudem bedarf es fundierter Kenntnisse über das politische System, dessen Entscheidungsprozesse und der gängigen Austauschprozesse. Die relevanten Akteure, ihre Bedürfnisse, Kompetenzen, Beschränkungen, Stärken und Schwächen müssen bekannt sein (Reuter 2008, S. 62). Um erfolgreich Lobbying betreiben zu können, muss eine NGO, bevor sie kommuniziert, die Akteurskonstellation in ihrem Politikfeld also genau analysieren und kann erst auf Basis dieser Analyse die Kommunikationsadressaten und -techniken auswählen. Welche Akteure in welcher Phase der Gesetzesproduktion und -umsetzung relevant sind, soll das folgende Kapitel zeigen.

5   Relevante Akteure und Ansatzpunkte

Wichtigster Ansprechpartner für Vertreter von NGOs ist die Regierung. Die meisten Gesetzentwürfe werden von ihr eingebracht und von der Ministerialbürokratie vorbereitet. Ist richtiges Timing eine Grundvoraussetzung von erfolgreichem Lobbying, so versuchen NGO-Lobbyisten bereits in der Vorbereitungsphase eines Gesetzentwurfs Einfluss zu nehmen. Die Ministerialbürokratie ist dabei wichtigster Adressat für Lobbyisten. Hier bestehen die besten informellen Chancen für Lobbyisten, die Vorhaben eines politischen Akteurs gezielt zu beeinflussen. Ministerialverwaltungen haben erheblichen Spielraum und können Gesetzesvorhaben prägen. Sie formulieren faktisch die Gesetze, sind dabei jedoch dem Einblick der Öffentlichkeit entzogen (Jarren und Donges 2006, S. 159). Auch für Jann und Wegrich (2009, S. 77) ist klar, dass die Verwaltung eine entscheidende Rolle in der Politikformulierung spielt und der Verwaltungsapparat seine Entscheidungsprämissen keineswegs allein durch offizielle demokratische Institutionen bekommt, sondern auch durch intensive Beziehungen mit Interessensvertretern. Sie können eigenständig Informationen sammeln und mit Interessengruppen Kontakt aufnehmen, um Auswirkungen von Gesetzesvorhaben im Vorfeld abzuklären. Noch erheblichere Entscheidungsfreiheit kommt den Ministerien bei der Klarstellung, Anpassung und Änderung von Gesetzen zu, oben als Implementierung und Politikreformulierung bezeichnet. Die Herstellung und Pflege von Kontakten zu Referenten und anderen Beamten in den Ministerien ist also von zentraler Bedeutung für NGOs (Speth 2006, S. 99f.). Einflussreiche NGOs schaffen sich sogenannte „Brückenköpfe" in den Ministerien. So ist es beispielsweise im Verbraucherschutz- und Landwirtschaftministerium kaum möglich, Staatsekretäre einzusetzen, die nicht das Vertrauen des zugewandten Verbandes genießen (von Beyme 1997, S. 209).

Und dies gilt nicht nur auf Bundesebene. Da die Bundesrepublik als Föderalstaat in wichtigen Politikfeldern von den Bundesländern aus getragen wird, ist auch die Bedeutung der Ministerialbeamten in den Ländern nicht zu unterschätzen. Die Länder haben in bestimmten Politikfeldern eigene Kompetenzen, in anderen beteiligen sie sich aktiv an der Politikgestaltung oder müssen zumindest bestimmten Vorhaben zustimmen. Dem geht in jedem Fall eine Prüfung der Gesetzesinitiative durch die Ministerialbürokratie der Länder voraus. Es hängt also im Wesentlichen vom Politikfeld ab, in dem sich die NGO bewegt, ob Lobbying auf Länderebene auf für bundespolitische Ziele Sinn macht. Beispiele hierfür wären die Hochschul- und Bildungspolitik, die Gesundheitspolitik, die Verkehrspolitik, die Umweltpolitik oder das Politikfeld Innere Sicherheit.

Der Deutsche Bundestag ist ein weiterer wichtiger Akteur in der Bundespolitik. Parteien bestimmen, wie oben bereits dargestellt, die allgemeinen Linien der Politik. Im Deutschen Bundestag sind sie als Fraktionen organisiert. Berichterstatter oder Fraktionssprecher für bestimmte Politikfelder werden bevorzugt von Lobbyisten angesprochen, da sie in den zuständigen Ausschüssen und Fraktionsarbeitsgruppen sitzen. Hier werden Gesetzesinitiativen aus der Mitte des Bundestags entworfen oder im Ausschussstadium Gesetzesinitiativen besprochen und Änderungsvorschläge erarbeitet (Wehrmann 2007, S. 43). Um als NGO-Vertreter selbst in einen Ausschuss eingeladen zu werden, bedarf es einer professionellen und kontinuierlichen Kommunikationsarbeit, guter Kontakte mit wichtigenen Funktionsträgern in den Ausschüssen und einer hohen Reputation (Reuter 2008, S. 72).

Auch Enquete-Kommissionen bilden einen wichtigen Ansatzpunkt für NGOs. Bedeutsame gesellschaftliche und naturwissenschaftlich-technische Entwicklungen werden hier systematisch aufbereitet. Hierfür finden, ähnlich wie in Ausschüssen, Anhörungen mit Interessenvertretern statt. Außerdem sind externe Sachverständige analog zur Anzahl der Abgeordneten auch Mitglieder dieser Kommissionen. Enquete-Kommissionen erstellen nach Abschluss ihrer Tätigkeit einen Abschlussbericht, der als Empfehlung für weiteres politisches Handeln an die Regierung gilt (Andersen und Woyke 2003, S. 168).

Abgeordnete der Regierungsfraktionen sind für NGO-Lobbyisten dabei von besonderem Interesse, da ihre Gesetzesvorhaben und Änderungsvorschläge aufgrund der Mehrheitsverhältnisse größere Chancen auf Umsetzung haben, als jene der Oppositionsfraktionen. Geht es nur um die Benennung eines Problembereichs und dessen Einbringung in die politische Debatte, ist auch die Opposition ein relevanter Ansprechpartner (Sebalt 2002, S. 289).

Die Partei als Adressat selbst spielt im Vergleich zu den bereits genannten Akteuren nur eine untergeordnete Rolle für Lobbyisten. Die Parteizentralen sind eher auf langfristige programmatische Arbeit ausgerichtet, so Ismayr (2000, S. 95ff.). Zwar gibt es keine organisatorische Verbindung zwischen Parteien bzw. Fraktionen und NGOs, dennoch sind sich diese nahe. Da keine Partei permanent regiert, baut eine NGO nicht nur auf eine Partei allein. Abgeordnete werden so an Verbände gebunden und verdanken Ihnen zum Teil auch ihren politischen Aufstieg. Interessenpolitische Bindungen zwischen NGOs und Politikern erhöhen die Erfolgschancen für Lobbyisten der NGO. Als zuverlässiges Indiz hierfür gelten nach Rudzio (2006, S. 74) hauptberufliche oder ehrenamtliche Funktionen von Politikern in Interessensorganisationen. In diesem Sinne engagierte Verbandsmitglieder finden sich in allen Fraktionen und ihre Anzahl ist insbesondere bei sozialen Organisationen, Gewerkschaften und kirchlichen Organisationen sehr hoch. Auch wenn es kein einzelner Verband schafft, die Mehrheit der Abgeordneten fest an sich zu binden, kann durch die Arbeitsteilung des Parlaments durch Ausschüsse und Fraktionsarbeitsgruppen auch mit einer geringen Zahl an Abgeordneten eine relevante Gruppe für ein bestimmtes Politikfeld gewonnen werden. Landwirtschaftliche Interessensgruppen stellten 1991 beispielsweise 34,3 Prozent der Mitglieder des Bundesausschusses für Ernährung. Allerdings nimmt die Verbandsfärbung des Deutschen Bundestages ab. Immer weniger Abgeordnete kommen aus den Verbänden, was ein Zeichen für die Professionalisierung der Politik ist. Politische Karrieren laufen nicht mehr ausschließlich über die Verbände (vgl. Speth 2009).

6 Spezifische Wege und Techniken der Kommunikation beim Lobbying

Wie oben bereits dargestellt, geht es beim Lobbying um mehr als nur die Kontaktpflege. Es handelt sich um das strategische Management der Kommunikation von Information. Köppl (2001, S. 221) betont, dass es sich bei Lobbying-Instrumenten um Kommunikationsinstrumente handelt. Lobbying beruht also auf Kommunikation. Unterschieden wird zwischen direktem Lobbying, bei dem persönlich kommuniziert wird, und indirektem Lobbying, bei dem die Kommunikation über Dritte verläuft, beispielsweise die Medien. Professionelle Interessenvertreter vermeiden indirektes Lobbying, da es nur geringe Aussichten auf Durchsetzung des eigenen Interesses hat und nur für NGOs lohnt, die im direkten Lobbying keinen Erfolg hatten (Zumpfort 2003, S. 94f.).

Gleichermaßen haben informelle Wege der Einflussnahme auf politische Entscheidungen und Entscheidungsträger in Politik und Verwaltung außerhalb der Öffentlichkeit einen unangenehmen Nachgeschmack. Der Verdacht von Medien und Bürgern lautet häufig Korruption, wenn unklar ist, wer in welcher Weise Einfluss hatte (von Alemann und Eckert 2006). Insbesondere NGOs, die mit ihrer Unabhängigkeit und ethischen Correctness verbunden werden, sollten subtile Arten der direkten Einflussnahme auf Entscheidungsträger, wie zum Beispiel durch Partiespenden, Bestechung, Erpressung, Ämterpatronage u. ä. unbedingt vermeiden.

Bevor Lobbyisten aktiv mit Politikern oder Beamten kommunizieren, betreiben sie klassisches Informationsmanagement. Sie identifizieren wichtige Sachverhalte und Themen, verfolgen und verwalten diese. Die Einrichtung eines funktionierenden Monitoringsystems ist also erforderlich. Eine Definition von Zielen durch die NGO kann bereits generell im Vorfeld erfolgen oder themenspezifisch, wenn beispielsweise eine Gesetzesinitiative zu einem für die NGO relevanten Thema absehbar wird. In beiden Fällen werden Positionen bestimmt, die eine solche Gesetzesinitiative enthalten muss oder nicht enthalten sollte. Dies mündet in einer Strategie, welche die relevanten Akteure identifiziert, Kommunikationsadressaten und geplante Instrumente benennt (Wehrmann 2007, S. 46). Die Wahl des Strategieschwerpunkts hängt Leif und Speth (2006, S. 20) zufolge davon ab, ob ein Thema gesetzt, verhindert oder verzögert werden soll. Soll ein Thema erst auf die Agenda gehoben werden, so agieren Lobbyisten bereits im Vorfeld der Formulierungs- und Initiativphase und gehen mit ihren Anliegen auf relevante politische Akteure, meist in den Regierungsfraktionen, zu. Soll ein Thema inhaltlich gestaltet oder verändert werden, so sind die Ministerialbürokratie, die Abgeordneten in den Regierungsfraktionen und die Ausschüsse die relevantesten Akteure. Ist es das Ziel, ein Thema zu verhindern oder zu verzögern, lohnt sich der Umweg über Ministerien in den Bundesländern, aber auch ein Vorsprechen bei Abgeordneten in der Regierungsfraktion und der Oppositionsfraktion oder das vehemente Äußern von Bedenken in Ausschüssen. Direktes Lobbying versucht, durch persönliche Kommunikation von Analysen, Argumenten und Meinungen den Adressaten zu einem bestimmten Verhalten zu motivieren (Buchholzer 1998, S. 59).

Dabei kann direktes Lobbying auf unpersönlichem Weg erfolgen, zum Beispiel durch die Zusendung von Positionspapieren, wissenschaftlichen Studien, Stellungnahmen (die teilweise auch angefordert werden von Parteien, Fraktionen u. Ministerien), oder Gutachten, und ist dann meistens als formelle Kommunikation einzuordnen. Als Kommunikationsweg für unpersönliche direkte Lobbying-Instrumente dienen Brief, Fax und in den meisten Fällen E-Mail. Persönliches direktes Lobbying erfolgt, abhängig von der Brisanz der Situation (Sebalt 1997, S. 348f.), bei Beamten und Abgeordneten, die man bereits persönlich kennt, im Rahmen von Abendessen und persönlichen Gesprächen.

Kontakt			
Formalität	**persönlich**	**nicht-persönlich**	
formell	• Teilnahme an Ausschusssitzung • Teilnahme an Enquete-Kommissionen • Teilnahme an Parlamentarischen Abenden • Vorträge • Teilnahme an Tagungen	• Offener Brief • Versand von Infomaterial • Gutachten • Wissenschaftliche Studien • Stellungnahmen	*öffentlich*
	• Gesprächsrunden in Ministerien	• Positionspapiere • Gutachten • Stellungnahmen	**Öffentlichkeit**
			nicht-öffentlich
informell	• Gespräche • Abendessen	• Überarbeitungsvorschläge für Gesetzesinitiativen • E-Mails	

Abb. 1 Systematik direkter Lobbying-Instrumente
Quelle: Eigene Darstellung

Diese Kommunikationsinstrumente können formell oder informell sein, wobei das Informelle häufiger im Interesse der NGO ist, während Politiker und Beamte aufgrund von Transparenzbestrebungen eher zu formellen Gesprächen tendieren. Klassische Wege der formellen direkten persönlichen Kommunikation von Lobbyisten und politischen Akteuren sind parlamentarische Abende, die den Kommunikationsfluss zwischen Lobbyisten und Politikern aufrecht erhalten und ein erstes persönliches Kennenlernen ermöglichen, Vorträge, Tagungen, die Teilnahme an öffentlichen Anhörungen, z. B. in Ausschüssen oder Expertenkommissionen in Fraktionen und Ausschüssen des Parlaments (zu denen man eingeladen wird) oder Gesprächsrunden in Ministerien (Reuter 2008: 68). Üblich ist Maldaner (2003, S. 150) zufolge, ein solches persönliches Gespräch durch eine kurze und verständliche Zusammenfassung aller relevanten Informationen und Positionen auf einer Seite (sog. Onepager) zu ergänzen und dem Adressaten so für später eine Erinnerungshilfe zu geben.

Direkte Lobbying-Instrumente können demnach, wie hier bereits ausgeführt, bezüglich der Art ihrer Ansprache in verschiedenen Dimensionen unterschieden und systematisiert werden: Der Öffentlichkeit (öffentlich oder nicht-öffentlich), der Formalität (formell oder informell) und der Art des Kontakts (persönlich oder nicht-persönlich). Je nach Ziel können eines oder mehrere dieser Instrumente in unterschiedlichen Dimensionen zum Einsatz kommen, wie Abb. 1 zeigt. Der Einsatz dieser Instrumente hängt auch von der Brisanz der Situation ab. Sie nimmt in Abb. 1 von der oberen rechten Ecke zur linken Ecke unten zu.

Indirektes Lobbying nimmt eher eine unterstützende Funktion ein. Oftmals haben Dritte, wie Freunde, Bekannte oder Prominente) einen einfacheren oder schnelleren Zugang zu relevanten Politikern (Buchholzer 1998, S. 61). Sollen die Medien einen Lobbyingprozess unterstützen, so fällt dies eher in eine gesamtheitliche Public-Affairs-Strategie und ist keine spezifische Lobbying-Strategie mehr.

Aufbauend auf die hier erstellte Systematik von Lobbying-Instrumenten kann im folgenden abschließenden Fazit eine Zuordnung zu bestimmten Akteuren und Stadien der Gesetzgebung erfolgen und daran die Stufen eines strategischen Lobbyings durch NGOs gezeigt werden.

7   Fazit

Um die Umsetzung ihrer politischen Positionen voranzutreiben, müssen NGOs legislatives Lobbying betreiben. Dabei kommt es neben Grundvoraussetzungen, die generell für eine erfolgreiche Kommunikation mit politischen Institutionen gelten, vor allen Dingen darauf an, in der richten Situation den richtigen Akteur mit dem richtigen Lobbying-Instrument anzusprechen, um erfolgreich die eigenen Ziele kommunizieren zu können.

Im Rahmen dieses Beitrags konnte herausgestellt werden, dass es in verschiedenen Stadien der für das legislative Lobbying relevanten Gesetzgebung innerhalb des politischen Betriebs unterschiedlich relevante Akteure gibt. Jeder Akteur und jede dieser Phasen verlangt nach bestimmten Typen von Lobbying-Kommunikation.

Stadium im Gesetzgebungsprozess						
	Initiative zur Regulierung	Referentenstadium	Ausschussstadium	Implementierung	Evaluation	Reformulierung
Adressaten	Regierungsfraktionen Oppositionsfraktionen Enquetekommissionen Parteien	Ministerialbürokratie Regierungsfraktionen	Ausschüsse Regierungsfraktionen	Ministerialbürokratie	Ministerialbürokratie Regierungsfraktionen	Ministerialbürokratie Regierungsfraktionen

Lobbying-Instrumente		Initiative zur Regulierung	Referentenstadium	Ausschussstadium	Implementierung	Evaluation	Reformulierung
	Öffentlichkeit	öffentlich	nichtöffentlich	öffentlich	nichtöffentlich	öffentlich/nichtöffentlicht	öffentlich/nichtöffentlicht
	Formalität	formell	informell	formell	informell	formell	informell/formell
	Kontakt	nichtpersönlich	persönlich	persönlich	persönlich/nichtpersönlich	nichtpersönlich	persönlich

Abb. 2   Adressaten und Instrumente des NGO-Lobbyings in verschiedenen Phasen der Gesetzgebung

Quelle: Eigene Darstellung

Durch eine Systematisierung und Typisierung dieser Instrumente können diese nun erfolgreich den einzelnen Stadien zugeordnet werden, wie in Abb. 2 geschehen, und daraus ein strategischer Einsatzplan von Lobbying-Instrumenten in der NGO-Kommunikation abgeleitet werden. Die für ein sinnvolles NGO-Lobbying relevante Frage „*Wann* muss man *wie* mit *wem* kommunizieren?" lässt sich auf dieser Basis einfach beantworten. Zielt eine NGO bspw. darauf, eine bereits geplante Gesetzesinitiative vor Einbringung in den öffentlichen Gesetzgebungsprozess (Referentenstadium) inhaltlich zu beeinflussen, so wendet sie sich an die Regierungsfraktionen und die Ministerialbürokratie mit nicht-öffentlichen, informellen und persönlichen Lobbying-Instrumenten, wie direkten Gesprächen mit Funktionsträgern. Geht es jedoch darum, eine Gesetzesinitiative erst einmal anzustoßen (Initiative zur Regulierung), so sind die Adressaten mit Fraktionen, Kommissionen und

Parteien deutlich vielfältiger und die Instrumente sind öffentlich, formell und nicht-persönlich, wie bspw. Offene Briefe, Infomaterialien, Studien und Stellungnahmen.

Es lassen sich dabei wichtige Züge einer Strategie im NGO-Lobbying erkennen und eine
Reihe von Erkenntnissen zum Verhältnis der Kommunikationsinstrumente zwischen den
einzelnen Stadien der Gesetzesproduktion ableiten: So dominiert öffentliche Kommunikation
in der Initiativ- und Ausschussphase immer dann, wenn Teile des Bundestages betroffen
sind, allerdings jeweils mit unterschiedlichen Formen des Kontakts zwischen NGOs und
politischen Akteuren. Außerdem ist erkennbar, dass Kommunikation mit der Ministerialbürokratie immer nicht-öffentliche, informelle und persönliche Instrumente beinhaltet.

Diese konkrete Benennung und Zuordnung von Instrumenten und Techniken, kann
für Regierungen, Parteien, Abgeordnete und natürlich NGOs ein hilfreiches Tool darstellen, um Kommunikation sinnvoll zu steuern und damit Problemlösungen rechtzeitig zu
ermöglichen sowie illegitime Einflussnahmen zu erkennen.

Literatur

Abromeit, H., Stoiber, M. (2006). *Demokratien im Vergleich*. Wiesbaden: VS Verlag für Sozialwis-
senschaften.
Alemann, U. v., Eckert, F. (2006). Lobbyismus als Schattenpolitik. *APuZ* 15-16, 3-10.
Althaus, M. (2007). Public Affairs und Lobbying. In M. Piwinger & A. Zerfaß (Hrsg.), Handbuch
Unternehmenskommunikation (S. 797-816). Wiesbaden: Gabler.
Althaus, M., Geffken, M., Rawe, S. (2005). *Handlexikon Public Affairs*. Münster: Lit.
Arntz, D. (2004). Lobbying als Public-Affairs-Instrument. In V. J. Kreyher (Hrsg.), *Handbuch po-
litisches Marketing: Impulse und Strategien für Politik, Wirtschaft und Gesellschaft* (S. 499-506).
Baden-Baden: Nomos.
Andersen, U., Woyke, W. (2003). *Handwörterbuch des politischen Systems*. Opladen: Leske u. Budrich.
Baur, D. (2006). NGOs als legitime Repräsentanten der Zivilgesellschaft. Was macht NGOs zu
,Organized Citizens'? *Zeitschrift für Wirtschafts- und Unternehmensethik* 1, 105-113.
Beck, U. (2002). *Macht und Gegenmacht im globalen Zeitalter. Neue weltpolitische Ökonomie*.
Frankfurt a. M.: Suhrkamp.
Bender, G., Reulecke, L. (2003). *Handbuch des deutschen Lobbyisten. Wie ein modernes transparentes
Politikmanagement funktioniert*. Frankfurt a. M.: FAZ Buch.
Beyme, K. v. (1997). *Der Gesetzgeber. Der Bundestag als Entscheidungszentrum*, Opladen: West-
deutscher Verlag.
Buchholzer, R. P. (1998). Legislatives *Lobbying in der Europäischen Union. Ein Konzept für Interes-
sengruppen*. Bern u. a.: Haupt.
Glagow, M. (1993). Die Nichtregierungsorganisationen in der internationalen Entwicklungszusam-
menarbeit. In D. Nohlen & F. Nuscheler (Hrsg.), *Handbuch der Dritten Welt* (S. 304-326). Bonn: BpB.
Grande, E. (2000). Charisma und Komplexität: Verhandlungsdemokratie, Mediendemokratie und
der Funktionswandel politischer Eliten. In R. Werle & U. Schimank (Hrsg.), *Gesellschaftliche
Komplexität und kollektive Handlungsfähigkeit* (S. 297 ff.). Frankfurt: Campus.

Habermas, J. (1989). Ist der Herzschlag der Revolution zum Stillstand gekommen? Volkssouveränität als Verfahren. Ein normativer Begriff der Öffentlichkeit?. *Forum für Philosophie* Bad Homburg (Hrsg.), Die Ideen von 1789 in der deutschen Rezeption (S. 7-36), Frankfurt a. M.: Suhrkamp.

Heinze, R. G. (2009). Staat und Lobbyismus: Vom Wandel der Politikberatung in Deutschland. *Zeitschrift für Politikberatung* 2, 5-25.

Ismayr, W. (2000). *Der Deutsche Bundestag im politischen System der Bundesrepublik Deutschland.* Stuttgart: Leske u. Budrich.

Jann, W., Wegrich, K. (2009). Phasenmodelle und Politikprozesse: Der Policy-Cycle. In K. Schubert & N. C. Bandelow (Hrsg.), *Lehrbuch der Politikfeldanalyse* 2.0 (S. 75- 114), München: Oldenbourg.

Jarren, O., Donges, P. (2006). *Politische Kommunikation in der Mediengesellschaft*, 2. Aufl.. Wiesbaden: VS Verlag.

Köppl, P. (2001). Die Macht der Argumente. Lobbying als strategisches Interessenmanagement. In M. Althaus (Hrsg.), *Kampagne! Neue Strategien für Wahlkampf, PR und Lobbying* (S. 215-225). Münster: Lit.

Korte, K.-R. (2003). Maklermacht. Der personelle Faktor im Entscheidungsprozess von Spitzenakteuren. In G. Hirscher & K.-R. Korte (Hrsg.), *Information und Entscheidung. Kommunikationsmanagement der politischen Führung* (S. 15ff.). Wiesbaden: Westdeutscher Verlag.

Lammert, N. (2011). Rede an der Universität Passau am 31.3.2011. http://www.bundestag.de/bundestag/ praesidium/reden/2011/006.html. Zugegriffen: 14. März 2012.

Lianos, M, Hetzel, R. (2003). Die Quadratur der Kreise. So arbeitet die Firmen-Lobby in Berlin. *politik & kommunikation* 2, 14-17.

Leif, T., Speth, R. (2006). Die fünfte Gewalt – Anatomie des Lobbyismus in Deutschland. In Dies. (Hrsg.), *Die fünfte Gewalt. Lobbyismus in Deutschland* (S. 10-36). Bonn: BpB.

Luhmann, N. (1968). *Vertrauen. Ein Mechanismus der Reduktion sozialer Komplexität.* Stuttgart: Enke.

Maldaner, K. (2003). Lobbyismus ist Politikberatung. In T. Leif & R. Speth (Hrsg.), *Die stille Macht. Lobbyismus in Deutschland* (S. 144-156). Wiesbaden: Westdeutscher Verlag.

McGregor, D. (1938). The major determinants of the prediction of social events. *Journal of Abnormal and Social Psychology* 37, 179-204.

Pannowitsch, S. (2012). *Vetospieler in der deutschen Gesundheitspolitik. Ertrag und Erweiterung der Vetospielertheorie für qualitative Fallstudien.* Baden-Baden: Nomos.

Purtschert, R. (2001). *Marketing für Verbände und weitere Nonprofit-Organisationen.* Bern u. a.: Haupt.

Reuter, H. (2008). *Politische Kommunikation von NGOs. Strategien gemeinnütziger Interessenvertretung.* Saarbrücken: VDM.

Schwer, M. K. W., Thies, B. (2005). Vertrauen durch Glaubwürdigkeit – Möglichkeiten der (Wieder-) Gewinnung von Vertrauen aus psychologischer Perspektive, In B. Dernbach & M. Meyer (Hrsg.), *Vertrauen und Glaubwürdigkeit. Interdisziplinäre Perspektiven* (S. 47-63), Wiesbaden: VS Verlag für Sozialwissenschaften.

Schicha, C. (2001). Kommunikationsstrategien von Greenpeace. Eventmanagement zwischen dramatisierender Symbolik und konstruktivem Engagement. *Zeitschrift für Kommunikationsökologie* 1, 22-26.

Schönborn, G., Wiebusch, D. (2002). *Public Affairs Agenda. Politikkommunikation als Erfolgsfaktor.* Neuwied: Luchterhand.

Schulz, W. (2008). *Politische Kommunikation. Theoretische Ansätze und Ergebnisse empirischer Forschung.* 2. Aufl.. Wiesbaden: VS Verlag.

Sebaldt, M. (1997). *Organisierter Pluralismus. Kräftefeld, Selbstverständnis und politische Arbeit deutscher Interessengruppen*, Wiesbaden: Westdeutscher Verlag.

Sebaldt, M. (2002). Parlamentarische Demokratie und gesellschaftliche Modernisierung: Der Deutsche Bundestag im Gefüge organisierter Interessen seit Mitte der siebziger Jahre. In M. Sebald,

H. Oberreuter, U. Kranenpohl (Hrsg.), *Der Deutsche Bundestag im Wandel. Ergebnisse neuerer Parlamentarismusforschung* (S. 280-302). Wiesbaden: Westdeutscher Verlag.

Speth, R. (2006). Die Ministerialbürokratie: Erste Adresse der Lobbyisten. In T. Leif & R. Speth (Hrsg.), *Die fünfte Gewalt. Lobbyismus in Deutschland* (S. 99-110). Bonn: BpB.

Speth, R. (2009). Machtvolle Einflüsterer. Lobbyisten sind ein wichtiger Teil unserer Demokratie – solange ihr Einfluss bekannt ist. *Das Parlament* 15-16.

Strohmeier, G. (2005). *Vetospieler – Garanten des Gemeinwohls und Ursachen des Reformstaus. Eine theoretische und empirische Analyse mit Fallstudien zu Deutschland und Großbritannien.* Baden-Baden: Nomos.

Tsebelis, G. (1995). Decision Making in Political Systems: Veto Players in Presidentialism, Parliamentalism, Muliticameralism and Multipartyism. *British Journal of Political Science* 25, 289-325.

Take, I. (2002). *NGOs im Wandel. Von der Graswurzel auf das diplomatische Parkett.* Wiesbaden: Westdeutscher Verlag.

Wehrmann, I. (2007). Lobbying in Deutschland – Begriffe und Trends. In R. Kleinfeld, A. Zimmer, U. Willems (Hrsg.), *Lobbying: Strukturen, Akteure, Strategien* (S. 36-64). Wiesbaden: VS Verlag.

Zumpfort, W.-D. (2003). Getrennt marschieren, vereint schlagen. Lobbyismus in Berlin zwischen Mythos und Realität. In T. Leif & R. Speth (Hrsg.), *Die stille Macht. Lobbyismus in Deutschland* (S. 85-97). Wiesbaden: Westdeutscher Verlag.

Themenanwälte für die Benachteiligten
Zur Pressearbeit von NGOs in der Entwicklungspolitik

Tina Bieth

Zusammenfassung

Zunehmend schlechter werdende Rahmenbedingungen machen eine professionelle Pressearbeit zum kritischen Erfolgsfaktor. Dabei verstehen sich die PR-Praktiker von Entwicklungs-NGOs als Themenanwälte für die Benachteiligten in der Dritten Welt und als Dienstleister der Journalisten. Ihr zentrales Ziel, für entwicklungspolitische Themen eine mediale Öffentlichkeit herzustellen und sich als glaubwürdige Quelle zu positionieren, erreichen sie vor allem mit der Strategie der Anpassung, an die Bedürfnisse der Journalisten und die Medienlogik. Neben klassischen Instrumenten der Pressearbeit unterstützen PR-Praktiker Journalisten mit ihrer Infrastruktur vor Ort bei Recherchereisen und organisieren Journalistenreisen und -workshops. Während der relative Glaubwürdigkeitsbonus tendenziell abnimmt, werden Entwicklungs-NGOs generell als glaubwürdige Recherchequelle wahrgenommen und zunehmend als solche nachgefragt. Neben der Professionalität der Pressearbeit entscheiden unter anderem das Selektionskriterium der Thematisierung, die Qualität der persönlichen Beziehungen zu Journalisten und die Glaubwürdigkeit einer NGO über ihren Erfolg.

1   Hinführung

Die Textilindustrie lässt in Bangladesch – von Kindern und unter gesundheitsschädlichen Bedingungen – Kleider produzieren, um Kosten zu sparen und den Gewinn zu steigern. Oder Verbraucher kaufen Billigrosen aus Äthiopien, wo die Arbeiter für einen Hungerlohn arbeiten und nur unzureichend gegen die Pestizide im Spritzmittel geschützt sind. Diese moralischen Probleme sind systemtheoretisch und wertfrei betrachtet in der wirtschaftlichen Logik so lange kein Problem, bis sie öffentlich werden und durch Imageschäden und Konsumboykotte ggf. wirtschaftliche Konsequenzen haben. Und genau hier setzen Entwicklungs-NGOs als Protestorganisationen an, indem sie diese moralischen Proble-

163

© Springer Fachmedien Wiesbaden GmbH 2018
N. Remus und L. Rademacher (Hrsg.), *Handbuch NGO-Kommunikation*,
https://doi.org/10.1007/978-3-531-18808-9_11

me z. B. in die Logik des Wirtschaftssystems übersetzen und sich so dafür einsetzen, die Lebensbedingungen in den Entwicklungsländern zu verbessern. Sie versuchen u. a. für entwicklungspolitische Themen medial Aufmerksamkeit zu gewinnen, um öffentlich Druck auszuüben. NGOs beobachten Folgeprobleme funktionsspezifischer Teilsysteme, hier beispielsweise der Wirtschaft, die für die Funktionssysteme selbst keine sind (siehe 2. Begriffe). Aufgrund der immensen Profilierung und des Wandels der NGOs und der bisher mangelnden Berücksichtigung dieses zivilgesellschaftlichen Akteurs in der kommunikationswissenschaftlichen Forschung wendet der vorliegende Beitrag die Erkenntnisse zur Pressearbeit auf den Akteur der Entwicklungs-NGO an (vgl. Frantz 2005, S. 28ff.; Lenzen 2001, S. 1f.; Voss 2007, S. 14). Leitend ist die Frage, was die Pressearbeit von NGOs in der Entwicklungspolitik[1] charakterisiert.

2   Begriffe: NGO, Public Relations, Pressearbeit

Dabei versteht dieser Beitrag Presse als Gesamtheit aller journalistischen Printmedienangebote (vgl. Pürer und Raabe 2007, S. 9) und wählt die funktional-strukturelle Systemtheorie als theoretische Grundlage (vgl. Bieth 2012, S. 39ff., 148f.)[2]. Deshalb soll der folgenden strukturellen Definition des NGO-Begriffes im Sinne der theoretischen Stringenz nachstehende, wenngleich ob ihrer Exklusivität strittige gesellschaftliche Funktion nach Hellmann (1996, S. 62) vorangestellt werden:

> „Die neuen sozialen Bewegungen [oder die NGOs; TB] [springen] – funktional betrachtet – dort ein, wo funktionale Differenzierung funktional aussetzt und quasi dysfunktional wird: Bei der Beobachtung von Folgeproblemen funktionsspezifischer Teilsysteme, die für die Funktionssysteme selbst keine sind, weil sie sie als Probleme, deren ‚Verursachung' ihnen zurechenbar ist, aufgrund ihrer operationalen Geschlossenheit nicht wahrnehmen."

---

1   Während der Begriff der Entwicklungszusammenarbeit als Instrument der Entwicklungspolitik primär „das operative Geschäft [und; TB] die praktische Durchführung von entwicklungspolitischen Programmen und Projekten [bezeichnet]" (Ihne und Wilhelm 2006, S. 4), bezieht sich Entwicklungspolitik auf den Politikbereich und die Summe aller Maßnahmen zur Verbesserung der Lebensbedingungen in den Entwicklungsländern (vgl. Bornhorst 1989, S. 11f.; Ihne und Wilhelm 2006, S. 4; Kaiser und Wagner 1991, S. 196f.).
In Anlehnung an Sen (1999, S. 36) wird ein breites Verständnis von Entwicklung als „a process of expanding the real freedoms" zugrunde gelegt. Die fünf „instrumental freedoms" – „political freedom", „economic facilities", „social opportunities", „transparency guarentees", „protective security" – seines Entwicklungsbegriffes sind sowohl entscheidende Voraussetzung als auch Ziel von Entwicklung (vgl. Sen 1999, S. 38ff.). So können auch im Bereich Menschenrechte sowie humanitäre Hilfe tätige NGOs im Feld der Entwicklungspolitik verortet werden (vgl. Kuhn 2005, S. 48f.).
2   Zur Begründung dieser Theoriewahl siehe Bieth (2012, S. 39, 151f.).

Zugleich sind Organisationen im Allgemeinen und NGOs im Konkreten als multireferentielle soziale Systeme in der Umwelt von Funktionssystemen zu verstehen, die an mehrere Funktionssysteme operativ und strukturell gekoppelt sind (vgl. Kneer 2001, S. 415ff.). NGOs sind folglich insofern ‚mehrsprachige‘ soziale Systeme, als sie sich an den symbolisch generalisierten Kommunikationsmedien, den binären Codes und Funktionen unterschiedlicher Funktionssysteme orientieren (vgl. Simsa 2001, S. 210). Während Entwicklungs-NGOs nach Hellmann primär die Folgeprobleme der funktionalen Differenzierung beobachten und bearbeiten, geht es in diesem Sinne u. a. auch darum, die Einnahmen aus Spenden und Subventionen zu steigern (wirtschaftliche Referenz) sowie allgemein verbindliche Regeln zur Verbesserung der Lebensbedingungen in den Entwicklungsländern herzustellen oder zu beeinflussen (politische Referenz). „Die organisationale Herausforderung der ‚Multireferentialität‘ stellt sich somit in besonderem Maße für Nonprofit-Organisationen [und NGOs; TB]“ (Hoffmann 2007, S. 563). Wie das Entscheidungsprogramm und die Rangfolge der Referenzen konkret ausgestaltet sind, variiert jedoch von NGO zu NGO und ist letztlich nur empirisch zu beobachten (vgl. Simsa 2001, S. 215).

Die Definition von Frantz und Martens (2006, S. 49f.) soll für die weiteren Ausführungen die strukturelle begriffliche Grundlage bilden: „NGOs sind formale (professionalisierte), unabhängige gesellschaftliche Akteure, deren Ziel es ist, progressiven Wandel und soziale Anliegen auf der nationalen oder der internationalen Ebene zu fördern.“ Wesentliche Dimensionen des NGO-Begriffs sind damit 1. die Verortung in der Zivilgesellschaft, 2. die Fremdhilfe als gemeinnützige Zielsetzung, 3. die Unabhängigkeit von Staat und Regierung und 4. eine stetige formale Struktur (ausführlich vgl. Bieth 2012, S. 23ff.).

Die vorliegende Untersuchung beobachtet PR und ihre Teilsegmente der Medienarbeit, des Fundraisings, der internen Kommunikation und des Lobbyings des Weiteren mit dem Ansatz von Hoffjann (2007) auf der Mesoebene als Organisationsfunktion. Zugleich werden PR und Journalismus[3] mit Görke (1999, 2008) als Teilsysteme des Funktionssystem Öffentlichkeit und folglich auf der Makroebene betrachtet.[4] PR konstruiert damit Aktualität und leistet funktional einen Beitrag zur Synchronisation der Gesellschaft, indem sie gesellschaftliche Wirklichkeit selbstbeobachtet, während Journalismus gesellschaftliche Wirklichkeit fremdbeobachtet. Auf Organisationsebene haben PR und Pressearbeit darüber

---

3   Während der Begriff des Journalismus folglich auf ein soziales System (hier: Teilsystem der Öffentlichkeit) und damit auf eine spezifisch sinnhafte gesellschaftliche Kommunikation (hier: ±Aktualität) verweist, bezieht sich der Begriff der Presse oder der Printmedien auf technisch verbreitete journalistische Mitteilungs- oder Kommunikationsangebote, die durch die jeweiligen Redaktionen systemrelativ konstruiert werden. Zur strukturellen Definition der relevanten Teilsegmente der deutschen Presse siehe Bieth (2012, S. 58ff.).

4   Die mesotheoretische Perspektive von Hoffjann eignet sich, um die Charakteristika der NGO-Pressearbeit zu untersuchen (hier: Ziele, Arbeitsweise und Instrumente). Die makrotheoretische Perspektive von Görke wird zugleich immer dann hinzugezogen, wenn es übergeordnet um das Verhältnis zwischen PR (bzw. Pressearbeit) und Journalismus geht (hier: Erfolg Pressearbeit, Leistungen NGO-PR).

hinaus die Aufgabe den Organisationszweck zu legitimieren und so den Handlungsspielraum der Organisation zu erhöhen (vgl. Bieth 2012, S. 47ff.).

3   Externe und interne Rahmenbedingungen von Entwicklungs-NGOs

„Die Umwelt der NPOs [und NGOs; TB] [hat sich] maßgeblich verändert" (Lahusen 2002, S. 259): Beispielhaft für die zunehmend schwierigen Rahmenbedingungen sind ein eher schwieriger Zugang zu politischen Foren und Entscheidungsträgern sowie eine wahrscheinlich in einen Verdrängungswettbewerb mündende, stagnierende Entwicklung des Spendenaufkommens zu nennen (vgl. Bieth 2012, S. 91).[5] Aufgrund dieser Entwicklung wird die professionelle PR und Pressearbeit gerade angesichts komplexer entwicklungspolitischer Themen und trotz eines eher schmalen Budgets zum kritischen Erfolgsfaktor:

> „Diese Entwicklung bedeutet für die NPOs [und NGOs; TB] dass ihre Handlungsfähigkeit in größerem Ausmaße auch von ihrer Kommunikationsfähigkeit abhängt [...]. Nicht zufälligerweise lässt sich seit den 90er Jahren eine deutliche Aufwertung und Professionalisierung der Öffentlichkeitsarbeit einerseits, des Fundraisings andererseits ausmachen." (Lahusen 2002, S. 268)

Die Übersicht 1 nutzt das betriebswirtschaftliche Instrument der Analyse der internen Stärken und Schwächen sowie der externen Chancen und Risiken (SWOT-Analyse) und zeigt die externen und internen Rahmenbedingungen von Entwicklungs-NGOs und ihrer Pressearbeit.

Angesichts dieser schwierigen Rahmenbedingungen stehen die Entwicklungs-NGOs vor einem gewissen Anpassungs- oder Veränderungsdruck (vgl. Cattacin und Passy 1993, S. 421; Lahusen 2002, S. 257, 271). Und auch Zimmer und Priller (2007, S. 212) bescheinigen NGOs in der Entwicklungspolitik im Speziellen und Organisationen des Dritten Sektors im Allgemeinen aus organisationslogischer Sicht eine generelle Transformationstendenz:

> „Aufgrund ihrer Multifunktionalität sind Dritte-Sektor-Organisationen [und NGOs; TB] in hohem Maße adaptionsfähig an gesellschaftliche Veränderungen. Aus dem gleichen Grund sind sie auch in beachtlichem Umfang manipulierbar [...]. Aus organisationslogischer Sicht laufen sie stets Gefahr, ihren Kurs, der sich als Balance oder Ausgleich zwischen ökonomischer, zivilgesellschaftlicher und gemeinschaftlicher Logik charakterisieren lässt, zu verlieren und sich zu sehr in die eine oder andere Richtung zu bewegen."

---

5   Für eine ausführliche Darstellung der externen und internen Rahmenbedingungen siehe Bieth (2012, S. 81ff).

Übersicht 1 Stärken, Schwächen, Chancen und Risiken der Pressearbeit von Entwicklungs-NGOs (Eigene Darstellung)

Stärken (Strengths)	Schwächen (Weaknesses)
• Experten- und Betroffenenwissen (als wissensbasierte Ressourcen) • Mitarbeiter, Sympathisanten, Mitglieder und Spender i. w. S. (als personelle Ressourcen)	• geringes Budget für PR • gewisser Rechtfertigungsdruck bei der Mittelverwendung für PR (insbesondere seit dem UNICEF-Skandal) • Komplexität der zu kommunizierenden entwicklungspolitischen Inhalte und Problemlagen
Chancen (Opportunities)	**Risiken (Threats)**
• geringe, jedoch erstarkende Durchsetzungskraft entwicklungspolitischer Interessen • zunehmende Kooperationsbereitschaft von Staat und Privatwirtschaft (mit potentiell folgenden Identitätsproblemen) • gewisser, jedoch tendenziell abnehmender Vertrauens- und Glaubwürdigkeitsbonus • angesichts einer sinkenden Zahl an Auslandskorrespondenten, einer durchschnittlichen abnehmenden Zeit für Recherche sowie eines relativ begrenzten journalistischen Fachwissens zur Dritten Welt steigende Relevanz als Recherchequelle	• zunehmende Konkurrenz um (mediale) Aufmerksamkeit durch die „Social"-PR von Unternehmungen • stagnierende Entwicklung des Spendenaufkommens sowie zunehmend punktuelles und kurzfristiges ehrenamtliches Engagement • hohe Vergleichbarkeit des Leistungsprofils • (mediales) Aufmerksamkeitsproblem • sinkende staatliche Zuwendungen

In Bezug auf diesen zu erwartenden Wandel entwicklungspolitischer NGOs können in der Literatur folgende mitunter kritisch diskutierte Entwicklungstrends identifiziert werden:[6] die Professionalisierung der Organisationsstruktur sowie der PR und Pressearbeit, die steigende Kooperation mit Staat und Privatwirtschaft, die Medialisierung (hier: die zunehmende Anpassung an die journalistische Wirklichkeitskonstruktion), die zunehmende intrasektorale Vernetzung, eine steigende Markt- sowie Problemlösungsorientierung sowie die Entpolitisierung[7] und Bürokratisierung. Krüger (2002, S. 100) und Ludermann (2004, S. 88) prognostizieren darüber hinaus auch eine abnehmende Relevanz der Anhängerschaft und eine zunehmende Emotionalisierung im Rahmen der Mitteleinwerbung. Die entwicklungspolitischen NGOs stehen vor „[der] schwierigen Frage, wie viel (notwendige)

---

6 Diese Veränderungstendenzen entwicklungspolitischer NGOs wurden aus der folgenden Forschungsliteratur zusammengestellt: siehe Appel 2005, S. 43; Appel 2009, S. 116, 119; Beloe et al. 2003, S. 7, 21; Brunnengräber und Walk 2001, S. 107, 109; Curbach 2003, S. 36ff.; Debiel und Sticht 2005, S. 136ff.; Debiel und Sticht 2007, S. 168f.; Frantz und Martens 2006, S. 62ff.; Lahusen 2002, S. 262ff.; Ludermann 2004, S. 88, 90; Niermann 1996, S. 84ff.; Take 2002, S. 366ff.

7 Diametral entgegengesetzt beobachtet Eberlei (2005, S. 388f.) in dem zunehmenden Einsatz von Kampagnen zur Beeinflussung politischer Entscheidungen eine zunehmende Politisierung der (deutschen) Entwicklungs-NGOs.

Anpassung der eigenen Mission zuträglich ist, ohne die Glaubwürdigkeit und Legitimität der Organisation zu untergraben" (Lahusen 2002, S. 274).

4   Ergebnisse[8]: Pressearbeit von Entwicklungs-NGOs

Die folgenden Ergebnisse entstammen einer umfassenderen empirischen Studie zum Verhältnis zwischen der deutschen Presse und der PR von Entwicklungs-NGOs (Bieth 2012). In diesem Rahmen wurden einerseits PR-Praktiker (PR=22) von entwicklungspolitischen NGOs und NGO-Netzwerken und andererseits Journalisten (J=18) der überregionale Qualitätspresse, von Regional- und Boulevardzeitungen, Nachrichtenmagazinen, Nachrichtenagenturen und entwicklungspolitischen Fachzeitschriften sowie ein auf Entwicklungspolitik spezialisierter freiberuflicher Journalist in telefonischen Leitfadeninterviews (hier: Experteninterviews) befragt: N=40, Ø 43 min, von 15. Februar bis 28. März 2007, von 12. August bis 5. Dezember 2008 sowie von 7. Dezember 2009 und 5. Januar 2010. Die Teilergebnisse bzw. Aussagen der Journalisten und PR-Praktiker zur Pressearbeit von Entwicklungs-NGOs sind im Folgenden zur Beantwortung der Leitfrage darzustellen. Unterschiede zwischen den Antworten der Journalisten und der PR-Praktiker und Gruppierungen entlang der im Rahmen der Fallauswahl variierten unabhängigen Variablen (u. a. Größe, Politikfeld und Organisationssitz einer NGO oder redaktionelle Linie und Verbreitungsgebiet einer Zeitung oder Zeitschrift) werden an entsprechender Stelle skizziert.

4.1   Ziele und Selbstverständnis

Berufsverständnis: Im Sinne der Dominanz des gemeinnützigen Sachziels unterstreichen die PR-Praktiker, dass sie den Benachteiligten in der Dritten Welt als Themenanwälte Gehör verschaffen wollen, sodass in ihrer PR folglich die entwicklungspolitischen Themen und nicht etwa die NGO selbst im Vordergrund stehen. Während einige Journalisten und PR-Praktiker PR im Allgemeinen als die Vertretung der Organisationsinteressen nach außen begreifen, verstehen insbesondere die PR-Praktiker von multinationalen oder großen Entwicklungs-NGOs sich und ihre Arbeit als eine Art Servicestelle oder Dienstleistung für Journalisten. Dies, so lässt sich vermuten, ist ein Indiz für die Relevanz der übergeordneten Strategie der Anpassung an die journalistische Operationsweise, was im Rahmen der Kategorie Arbeitsweise und Instrumente der NGO-PR notwendig zu überprüfen ist.

Medienorientierte Ziele: Da sich PR-Praktiker von Entwicklungs-NGOs als Themenanwälte verstehen und die befragten PR-Praktiker alle auch mit Pressearbeit betraut

---

8   Weiterführende Informationen zur Methodenwahl, zur Datenauswertung, zur Operationalisierung der Leitfrage, zur Stichprobenziehung und -zusammensetzung sowie zu den Interviewleitfäden und dem Kodierbuch der Studie siehe Bieth (2012, S. 151ff., 300ff.).

waren, darf es nicht überraschen, dass alle befragten Journalisten und PR-Praktiker übereinstimmend das Herstellen einer medialen Öffentlichkeit für entwicklungspolitische Themen und ihre Organisation als zentrale Zielsetzung verstehen. Zugleich ist auf die Schlüsselrolle der Medien als Multiplikatoren hinzuweisen, so dass eine Resonanz in der Berichterstattung als direkte Zielsetzung weiteren indirekten Zielen wie der Steigerung des Spendeneinkommens oder der Beeinflussung des politisch-administrativen Ziels dient (vgl. Vowe 2003, S. 109f.): Daher werden auch die Journalisten als wesentliche Zielgruppe benannt und die PR-Praktiker streben zunächst an, sich als glaubwürdige Recherchequelle und sachverständigen Ansprechpartner zu positionieren.

Für die Auswahl der anzusprechenden Redaktionen und Journalisten spielen zum einen die Reichweite und die Leserschaft des Medienangebotes eine Rolle und zum anderen die politische Tendenz und die Erfolgsaussichten auf die angestrebte Medienresonanz. Demnach gilt: Je größer die Reichweite ist, je mehr die Leserschaft der anvisierten Zielgruppe der NGO-PR entspricht oder je ähnlicher die politische Orientierung ist und damit je größer die Erfolgschancen sind, desto relevanter sind die mit der Entwicklungspolitik betrauten Fachjournalisten und Auslandskorrespondenten der entsprechenden Redaktion als Zielgruppe: Gemäß dieser Selektionskriterien der PR sind in erster Linie die Journalisten der überregionalen Qualitätspresse (hier: Reichweite) und insbesondere der linksorientierten überregionalen Presse (hier: Erfolgschancen) von Relevanz. Darüber hinaus spielen auch die Journalisten der Regionalpresse und der Fachpresse (hier: Erfolgschancen) sowie die Journalisten der Nachrichtenagenturen und vom Fernsehen (hier: Reichweite) eine wichtige Rolle. Dennoch unterstreichen auch die Journalisten der regionalen und konservativen Presse den Stellenwert der Printmedien für die PR von Entwicklungs-NGOs, weil diese dem komplexen Themenfeld durch den entsprechenden Raum besonders gerecht werden können. Im Antwortverhalten der Journalisten ist darüber hinaus in der Form ein Muster zu identifizieren, dass die befragten Journalisten insbesondere sich selbst und das ihrem Medienangebot zuzuordnende Pressesegment als relevante Zielgruppe der NGO-PR benennen.

Weitere Ziele: Zur Erreichung dieser medienorientierten Ziele sowie auch ressourcenorientierter Zielsetzungen geht es den PR-Praktikern zunächst grundlegend darum, den Bekanntheitsgrad ihrer Organisation zu steigern und sich im Wettbewerb um Spenden i. w. S., öffentliche Zuwendungen und Medienresonanz (als Marke) zu profilieren. Während die PR-Praktiker im Rahmen des Lobbyings darüber hinaus versuchen, wirtschaftliche und im Besonderen politische Entscheidungsträger im Sinne des inhaltlichen Sachziels bestmöglich zu beeinflussen, verfolgen sie zugleich das Ziel, über die Situation in den Entwicklungsländern, über die Hintergründe und Ursachen sowie über die globalen Zusammenhänge aufzuklären, um so ein entwicklungspolitisches Problembewusstsein zu schaffen und im Idealfall, tendenziell mit Ausnahme der PR-Praktiker von humanitären NGOs, auch das Verhalten im Sinne des gemeinnützigen Sachziels zu ändern. So heben die befragten PR-Praktiker abschließend die hohe Relevanz der Sympathisanten, Spender i. w. S. und Mitarbeiter als Zielgruppe der internen Kommunikation hervor und die Vertreter bekenntnisgebundener NGOs ergänzen den Stellenwert von Gemeinden und kirchlichen Entscheidungsträgern in ihrer PR.

4.2   Arbeitsweise und Instrumente

Koorientierung am Journalismus: Zunächst benennen die Befragten beider Berufsgruppen die Koorientierung am Journalismus und den alltäglichen Bedürfnissen der Journalisten sowie die übergeordnete Strategie der Anpassung an die Medienlogik in Form der Simulation der journalistischen Operationsweise und Selektionskriterien. Dabei heben sie vorrangig die Simulation der Nachrichtenfaktoren[9] der Thematisierung, der Emotionalisierung, der Nähe und des Ethnozentrismus sowie der Überraschung und der Ungewissheit hervor und betonen im Besonderen den Stellenwert der Thematisierung, sodass die PR-Praktiker häufig versuchen, das jeweilige Thema oder Ereignis möglichst in einen medial aktuellen Kontext zu stellen. Ferner unterstreichen die PR-Praktiker von Entwicklungs-NGOs, wie gerade Journalisten der linksorientierten überregionalen Presse betonen, exemplarisch in Krisen, Katastrophen und Konflikten die Nachrichtenfaktoren der Aggression, der Betroffenheit und der Tragweite und neigen dementsprechend zu Überzeichnungen und Zuspitzungen des Geschehens. Zugleich haben die NGO-Vertreter die Absicht, sich zu entwicklungspolitischen Ereignissen wie großen Konferenzen oder Krisensituationen mit kritischen Stellungnahmen als medialer Sprecher zu positionieren, um das komplexe Geschehen möglichst zu vereinfachen oder kontroverser zu gestalten. Zugleich versuchen die PR-Praktiker die Medienaufmerksamkeit mit der Inszenierung von Ereignissen (Frequenz, Kontroverse, Überraschung, Ungewissheit), der Verleihung von Preisen, wie z. B. dem Menschrechtspreis, (Erfolg, Frequenz, Stereotypie, Vorhersehbarkeit) oder, was insbesondere die Vertreter von großen oder multinationalen Entwicklungs-NGOs betrifft, mit dem Einsatz von Prominenten (Elite-Person) zu gewinnen.

Ferner bemühen sich die PR-Praktiker die Journalisten möglichst frühzeitig zu informieren, möglichst zielgruppendifferenziert anzusprechen und ihnen in Abhängigkeit ihres Medienangebots, dem Verbreitungsgebiet, der Erscheinungsfrequenz oder der redaktionellen Linie z. B. einen interessanten Themenvorschlag zu machen. Nicht zuletzt bereiten PR-Praktiker die Materialien für die Medien so auf, dass sie alle notwendigen Informationen inklusive des Kontaktes zu dem zuständigen Ansprechpartner in der NGO enthalten und möglichst schnell zu erfassen sind. Allerdings hält nur jeder sechste der im Rahmen der Studie Journalismus in Deutschland II befragten Journalisten (17 Prozent) generell Pressemitteilungen für gut aufbereitet (vgl. Weischenberg et al. 2006, S. 127). Außerdem beabsichtigen PR-Praktiker von Entwicklungs-NGOs, wie einige Befragte ergänzen, wegen des zunehmenden ökonomischen Drucks und einer großen intermedialen Konkurrenz mit möglichst exklusiven Angeboten von Themen oder Interviewpartnern an die Medienvertre-

---

9   Diese Darstellung der Ergebnisse nutzt den Nachrichtenfaktorenkatalog nach Schulz (vgl. 2011, S. 91) als Basis.

ter heranzutreten. Die befragten PR-Praktiker betonen jedoch übereinstimmend, dass die Grenzen dieser Koorientierung am Journalismus und den journalistischen Bedürfnissen in ihrer Vereinbarkeit mit dem gemeinnützigen Sachziel liegen und exemplarisch in der Bezahlung von prominenten Unterstützern, in der zu emotionalen Darstellung der Menschen in den Entwicklungsländern oder in der Kostenübernahme bei Journalistenreisen zum Ausdruck kommen können.

Exkurs Leistungen NGO-PR: Die Journalisten verstehen die Leistungen der PR-Praktiker von Entwicklungs-NGOs zunächst als jene eines speziellen Nachrichtendienstes, der sie zu aktuellen Entwicklungen im Themenfeld der Entwicklungspolitik auf dem Laufenden hält. Um den Journalisten wegen der relativ begrenzten und tendenziell abnehmenden Ressourcen und Fachkompetenzen für die entwicklungspolitische Berichterstattung den Arbeitsalltag zu erleichtern, fungieren die PR-Praktiker als eine Art Servicestelle der Redaktionen und stellen verschiedene Dienstleistungen zur Verfügung: So machen die PR-Praktiker den Journalisten Themenvorschläge, können Interviewpartner vermitteln, stellen entwicklungspolitisches Experten- und Betroffenenwissen bereit, u. a. in Form von Studien und Statistiken, sowie deutschsprachige und journalistisch geschulte Ansprechpartner vor Ort und gegebenenfalls Foto- und Filmmaterialien. Obendrein fungieren die Entwicklungs-NGOs und ihre Vertreter im Rahmen der entwicklungspolitischen Berichterstattung als Komplement oder Korrektiv zur staatlichen Politik einerseits und zur Privatwirtschaft andererseits. Da Entwicklungsländer und Entwicklungs-NGOs in erster Linie im Zusammenhang mit akuten Krisen, Konflikten, Katastrophen und internationalen Konferenzen thematisiert werden, fragen die Journalisten viele Leistungen der PR-Praktiker, wie z. B. die Ansprechpartner und die Infrastruktur vor Ort sowie das Bereithalten von Betroffenenwissen und Bildmaterial insbesondere in diesen Situationen nach.

Pressearbeit: Ein wesentliches Instrument der Pressearbeit ist neben der Organisation von Pressekonferenzen oder von informelleren Hintergrundgesprächen mit einem kleineren Kreis von Journalisten noch immer das Verfassen von Pressemitteilungen, die in Form eines Verteilers oder Newsletters an die mit Entwicklungspolitik betrauten Redakteure und interessierte Journalisten versendet werden. Neben diesem allgemeinen Verteiler versuchen die PR-Praktiker im Rahmen der Kontaktpflege die Interessen und Selektionskriterien oder die jeweilige Arbeitssituation der Journalisten in Erfahrung zu bringen, um die Journalisten auch möglichst gezielt ansprechen zu können und ihnen mitunter druckfertige Artikel oder Gastbeiträge anzubieten.

Darüber hinaus unterstützen die PR-Praktiker von Entwicklungs-NGOs mit ihrer Infrastruktur Journalisten bei Recherchereisen in die Entwicklungsländer oder organisieren sogenannte Journalistenreisen für ausgewählte Medienvertreter, was jedoch nicht zwangsläufig auch die Kostenübernahme beinhaltet. Überwiegend und unabhängig von der Größe, der ideologischen Ausrichtung oder dem Organisationssitz der Entwicklungs-NGO beschreiben die PR-Praktiker ferner die Evaluation ihrer Medienresonanz als wesentliches Instrument, welches häufig in der Zusammenstellung aller Berichte zu der jeweiligen Entwicklungs-NGO und den durch sie bearbeiteten Themen- und Problemfeldern in sogenannten Presseclippings besteht. Abschließend ergänzen einige Befragte mit dem

Einspeisen von Pressemitteilungen in Presseportale im Internet, informellen Treffen mit Journalisten oder sogenannten Redaktionsbesuchen und dem Veranstalten von Workshops für Journalisten einige weitere Instrumente der Pressearbeit.

Übergeordnete Strategien und Instrumente: Angesichts eines hohen Rechtfertigungsdruckes bei der Mittelverwendung für PR und des relativ begrenzten Budgets der Öffentlichkeitsarbeit betonen einige PR-Praktiker die Relevanz eines effizienten Instrumenteneinsatzes, um mit möglichst wenig Mitteln möglichst viel zu erreichen. Darüber hinaus werden der PR von Entwicklungs-NGOs unterschiedliche Attribute zugeschrieben: Aufgrund der von außen vorgegebenen konjunkturellen Schwankungen und des tendenziell schmalen PR-Budgets beschreiben die Befragten allgemein und insbesondere PR-Praktiker von NGOs im Bereich humanitäre Hilfe und Menschenrechte ihre PR zum einen zunächst als aktualitätsgeleitet und reaktiv, und zum anderen beurteilen die Befragten und vorrangig die Journalisten der linksorientierten Qualitätspresse und der Fachpresse die NGO-PR als sehr sachlich und differenziert. Diese Sachlichkeit manifestiert sich auch darin, dass Studien und Berichte häufig eine wichtige Grundlage der Öffentlichkeits- und Pressearbeit bilden. Außerdem zeichnet sich die PR und die Pressearbeit von Entwicklungs-NGOs den befragten Journalisten zufolge, nicht jedoch den Journalisten der Fachpresse zufolge, durch eine relative Hartnäckigkeit oder gar Penetranz aus, während primär PR-Praktiker von kleinen NGOs oder von NGOs im Bereich humanitäre Hilfe ihre PR wegen des schmalen PR-Budgets oder wegen des Zugangs zu Betroffenen dem entgegenstehend als relativ zurückhaltend beschreiben.

4.3   Erfolg

Erfolgsfaktoren: Berücksichtigt man, dass mit der Glaubwürdigkeit, der Nutzung als Recherchequelle und der Resonanz in der Berichterstattung drei in der Regel aufeinander aufbauende Erfolgsdimensionen unterschieden werden, identifizieren die Befragten beider Berufsgruppen im Wesentlichen sechs Faktoren für den Erfolg der Pressearbeit von entwicklungspolitischen NGOs: (1) die Professionalität der Pressearbeit, hier verstanden als die Koorientierung am Journalismus und der journalistischen Operationsweise, (2) das Selektionskriterium der Thematisierung, (3) die Qualität der persönlichen Beziehungen zwischen Journalisten und PR-Praktikern, (4) die Glaubwürdigkeit der Entwicklungs-NGOs, (5) die Bekanntheit oder Größe der Entwicklungs-NGOs und (6) die redaktionelle Linie des Medienangebots.

So steigen die Erfolgchancen der Pressearbeit und in erster Linie die Glaubwürdigkeit von Entwicklungs-NGOs und ihrer PR zunächst, wie hauptsächlich die PR-Praktiker betonen, proportional zu der Qualität der persönlichen Beziehungen und der Erfahrungen mit der bisherigen Zusammenarbeit einerseits sowie mit zunehmender Größe, Multinationalität und insbesondere Bekanntheit der Organisation andererseits. Mit zunehmender Glaubwürdigkeit einer Entwicklungs-NGO bei den Journalisten steigt wiederum die Wahrscheinlichkeit ihrer Nutzung als Recherchequelle oder ihrer Resonanz in der Berichterstattung. Anders formuliert ist die Glaubwürdigkeit ein notwendiges, jedoch kein hinreichendes Kriterium für die weiteren Dimensionen des Erfolgs. Während darüber hinaus in erster Linie auch die Anpassung an den Journalismus und damit die Professionalität der Pressearbeit die drei Dimensionen des Erfolgs positiv beeinflussen, stellt insbesondere das Selektionskriterium der Thematisierung für die Pressearbeit der Entwicklungs-NGOs ein notwendiges Erfolgskriterium dar, weil es entwicklungspolitischen NGOs in der Regel nicht möglich ist, ein Thema ohne aktuellen Bezug selbst auf die mediale Agenda setzen. Demnach gilt: Je stärker die Affinität eines entwicklungspolitischen Ereignisses oder Themas zu den wichtigsten und medial aktuellsten Themen der Zeit ist, desto höher ist die Wahrscheinlichkeit, als Quelle genutzt zu werden oder die Berichterstattung zu irritieren. Abschließend stellen die PR-Praktiker obendrein folgenden Zusammenhang her: Je weiter links das Medienangebot in das politische Links-Rechts-Spektrum einzuordnen ist, desto größer sind die dreidimensionalen Erfolgschancen (hier: 1. Glaubwürdigkeit, 2. Nutzung als Recherchequelle, 3. Resonanz in der Berichterstattung) der Pressearbeit von Entwicklungs-NGOs.

Glaubwürdigkeit der Entwicklungs-NGOs – Dimension eins: Zunächst beschreiben die Befragten mit Ausnahme der Journalisten der konservativen Presse die Entwicklungs-NGOs und ihre Öffentlichkeitsarbeit als glaubwürdig, sodass die Journalisten der Presse den Informationen der PR-Praktikern grundsätzlich zu vertrauen scheinen. Dieses Ergebnis ist deshalb als NGO-spezifisch hervorzuheben, weil der Studie Journalismus in Deutschland II folgend 76 Prozent der Journalisten Pressemitteilungen allgemein als nicht zuverlässig beschreiben (vgl. Weischenberg et al. 2006, S. 127). Während zwei Redakteure der konservativen Presse indes angeben, nicht zu wissen, inwiefern entwicklungspolitische NGOs eine glaubwürdige Recherchequelle darstellen und damit ihre Zweifel zum Ausdruck bringen, schreiben hauptsächlich die PR-Praktiker von großen, multinationalen oder Organisations-NGOs den Entwicklungs-NGOs im Vergleich zu Staat und Privatwirtschaft einen gewissen Glaubwürdigkeitsbonus bei den Journalisten zu.

Inwiefern zivilgesellschaftliche Akteure tatsächlich über diesen Glaubwürdigkeitsbonus verfügen, ist jedoch fraglich, weil insbesondere die Journalisten ihrerseits unterstreichen, dass auch entwicklungspolitische NGOs sich finanzieren müssen und damit ein wirtschaftliches Formalziel verfolgen, das punktuell auch immer wieder in den Vordergrund geraten kann. Zugleich fügen einige Journalisten hinzu, dass NGOs wegen ihres gemeinnützigen Sachziels mitunter auch die kritische Distanz zu ihrer Arbeit verlieren, tendenziell zu einseitigen Argumentationen neigen und ihre Arbeit nicht hinreichend transparent machen.

Nutzung der Entwicklungs-NGOs als Recherchequelle – Dimension zwei: In Analogie zur Glaubwürdigkeit stellt die Nutzung der Entwicklungs-NGOs und ihrer PR als Recherchequelle zwar ein notwendiges, jedoch kein hinreichendes Kriterium für die Resonanz in der Berichterstattung dar. Dennoch werden die Entwicklungs-NGOs und ihr Betroffenen- und Expertenwissen von den Journalisten der Presse in verschiedenen Formen als Recherchequelle nachgefragt. Bei der Frage, wie häufig das vorkommt – häufig, regelmäßig, selten oder zu bestimmten Fragen – scheinen sich die von den Befragten genannten Erfolgsfaktoren tendenziell zu bestätigen: So werden kleine NGOs seltener als Quelle genutzt als multinationale Organisationen und Journalisten der linksorientierten Presse und der Fachzeitschriften greifen relativ regelmäßig auf NGOs und ihr Hintergrundwissen zurück. Dennoch sind die Gruppierungen entlang der Größe oder Bekanntheit der NGO oder entlang der redaktionellen Linie des Medienangebotes als Erfolgsfaktoren viel weniger stark ausgeprägt als erwartet. Berücksichtigt man zugleich, dass ausschließlich PR-Praktiker angeben, im Rahmen der Recherche häufig angefragt zu werden, und die Journalisten die Frequenz entweder gar nicht präzisieren oder aussagen, sich nur zu bestimmten Fragen an die Entwicklungs-NGOs zu wenden, stellt sich die Frage, ob die Journalisten die Relevanz des Hintergrundwissens von NGOs etwas relativieren, ob die PR-Praktiker ihren Stellenwert etwas überschätzen oder ob beides zutrifft.

Gleichwohl besuchen die Journalisten von Entwicklungs-NGOs organisierte Pressekonferenzen und informelle Hintergrundgespräche, lesen v. a. die Publikationen der Menschenrechts-NGOs und generell insbesondere die Pressemitteilungen, und nutzen, wie hauptsächlich PR-Praktiker von multinationalen NGOs betonen, das Internetangebot und insbesondere den Pressebereich online. Während vorrangig die Journalisten der überregional relevanten (linksorientierten) Presse und seltener Journalisten der Fachpresse Projekte der Entwicklungs-NGOs vor Ort besuchen oder sich bei ihrer Recherche in den Entwicklungsländern von den NGOs und insbesondere von NGOs im Bereich humanitäre Hilfe unterstützen lassen, besuchen in erster Linie Journalisten der Fachpresse und der linken Presse im Rahmen ihrer Recherche auch NGO-Veranstaltungen wie Konferenzen, Ausstellungen oder Kongresse. Ansonsten greifen die Journalisten und erneut bevorzugt die Journalisten linker Medienangebote bei Krisen, Katastrophen oder großen internationalen Konferenzen auf die Informationen oder das Hintergrundwissen der Entwicklungs-NGOs zurück und zugleich werden Entwicklungs-NGOs von Lokaljournalisten relativ häufig als Recherchequelle nachgefragt.

Resonanz der Entwicklungs-NGOs in der Berichterstattung – Dimension drei: Während der Großteil der NGO-Publikationen den Journalisten der Fachpresse und der linken Presse zufolge ohne Erfolg ist und im (digitalen) Papierkorb landet,[10] werden die Themenvorschläge und die inhaltlichen Impulse der PR-Praktiker, obgleich in unterschiedlicher Frequenz (hier: häufig, regelmäßig oder selten), aufgegriffen. Wenn überraschenderweise insbesondere die PR-Praktiker überwiegend und unabhängig von der Größe oder dem Politikfeld der NGO aussagen, dass ihre Themenvorschläge von den Journalisten lediglich selten oder manchmal aufgegriffen werden, tritt die redaktionelle Linie als unabhängige Variable und Erfolgsfaktor hier schon deutlicher zu tage. Demnach gilt erneut: Je weiter links die politische Orientierung des Medienangebotes ist, desto häufiger werden die Themenvorschläge von Entwicklungs-NGOs in der Berichterstattung aufgegriffen, sodass insbesondere auch die linke Presse und die entwicklungspolitischen Fachzeitschriften Gastbeiträge von NGO-Vertretern veröffentlichen. Zwei Redakteure der Regionalpresse fügen

---

10 So werden immerhin 60 Prozent der im Rahmen der Studie Journalismus in Deutschland II befragten Journalisten zufolge zu viele Pressemitteilungen produziert (vgl. Weischenberg et al. 2006, S. 127).

differenzierend hinzu, dass die Themenvorschläge von Entwicklungs-NGOs im Lokalteil häufig oder regelmäßig, jedoch im überregionalen Mantelteil eher selten Erfolg haben.

Dabei scheint die Pressemitteilung als klassisches und zugleich zentrales Instrument der Pressearbeit von Entwicklungs-NGOs insofern weniger erfolgsversprechend zu sein, als vorrangig die Journalisten unabhängig von dem Verbreitungsgebiet oder der redaktionellen Linie unterstreichen, Pressemitteilung selten oder fast nie aufzugreifen. Obgleich auf den ersten Blick der Schluss nahe liegt, dass die Medienvertreter den Erfolg von Pressemitteilung wegen ihrer gesellschaftlichen Funktion relativieren, ist dies deshalb relativ unwahrscheinlich, weil die Journalisten zugleich angeben, dass die thematischen Impulse der Entwicklungs-NGOs ihre Berichterstattung durchaus zu irritieren vermögen.

Im Allgemeinen beurteilen die PR-Praktiker ihre Resonanz in der Berichterstattung der Presse als sehr gut oder gut sowie angesichts der relativ begrenzten Ressourcen für PR und der eher marginalen Rolle der entwicklungspolitischen Berichterstattung zumindest als in Ordnung. Zwei PR-Praktiker fügen hinzu, dass entwicklungspolitische NGOs in der Berichterstattung der Presse häufig zitiert werden. Insbesondere Vertreter kleiner NGOs beschreiben ihre Medienresonanz indessen tendenziell als mäßig oder schlecht. Über diese relativ pauschalen Bewertungen hinaus[11] erzielen die PR-Praktiker analog zu der zweiten Erfolgsdimension bei Krisen, Katastrophen und großen internationalen Konferenzen insbesondere in der Berichterstattung der linken Presse einerseits und in der Lokalberichterstattung der regionalen Presse andererseits eine Resonanz, z. B. auch in der Form, dass die Journalisten ein Interview mit einem NGO-Vertreter als Experten oder einem Betroffenen aus den Entwicklungsländern ins Blatt heben.

Exkurs: Wandel PR und Pressearbeit: Im Wesentlichen prägen zwei Entwicklungen den Wandel der PR und Pressearbeit von entwicklungspolitischen NGOs: erstens die Professionalisierung und zweitens die Digitalisierung. Obwohl einige Journalisten das auch in Frage stellen, scheint es sich bei der Professionalisierung um einen allgemeinen Trend zu handeln, der in einer Vielzahl von Veränderungen zum Ausdruck kommt: in dem wachsenden organisationsinternen Stellenwert der PR und Pressearbeit sowie damit einhergehend in der besseren Ausbildung der PR-Praktiker einerseits und der zunehmenden Verdrängung von PR-Beauftragten zugunsten von PR-Experten andererseits, in dem häufigeren Einsatz von externen Dienstleistern, in der verstärkten Evaluation der Medienresonanz oder der fortschreitenden Ausdifferenzierung des Fundraisings. Hervorzuheben ist jedoch, dass die Professionalisierung der NGO-PR von einer zunehmenden Medienorientierung und folgerichtig von einer zunehmenden Simulation der journalistischen Operationsweise begleitet wird. Inwiefern dieser Wandel der NGO-PR und primär ihre Professionalisierung vor dem Hintergrund der Dominanz des gemeinnützigen Sachziels jedoch zu einer inhaltlichen Verflachung oder gar zu einer Entpolitisierung beitragen wird, ist hier nicht abschließend zu entscheiden. Mit der fortschreitenden Professionalisierung der NGO-PR nähern sich

---

11 Zwei PR-Praktiker ergänzen, dass sich ihre Resonanz in der Berichterstattung der Presse insofern nicht pauschal beurteilen lässt, als sie starken Konjunkturen unterliegt und von vielen unterschiedlichen Faktoren abhängt.

die Öffentlichkeitsarbeit von Entwicklungs-NGOs und ihre privatwirtschaftlichen und politischen Pendants zunehmend an, sodass NGOs im Zuge dieser Entwicklung nach und nach ihren Glaubwürdigkeitsbonus einbüßen. So scheinen in der Wahrnehmung der Journalisten Dilettantismus und Gemeinnützigkeit näher beieinander zu liegen als Professionalität und Gemeinnützigkeit. Diese auch durch den UNICEF-Skandal zusätzlich verstärkte kritische Distanz zu den NGOs spiegelt sich auch in einer zunehmend kritischen Berichterstattung über Entwicklungspolitik und NGOs wider, sodass NGOs ihre mediale Unschuld verlieren.

5   Zusammenfassung und Fazit

Die sich zunehmend verschärfenden Rahmenbedingungen und ein damit einhergehender Anpassungsdruck führen dazu, dass eine professionelle Pressearbeit (und PR) zum kritischen Erfolgsfaktor wird. Dabei verstehen sich die PR-Praktiker primär als Themenanwälte für die Benachteiligten in der Dritten Welt sowie als Servicestelle und Dienstleister der Journalisten. Ihr zentrales Ziel, für entwicklungspolitische Themen eine mediale Öffentlichkeit herzustellen und sich dazu als glaubwürdige Recherchequelle zu positionieren, erreichen sie vor allem mit der übergeordneten Strategie der Anpassung. Die Pressearbeit von Entwicklungs-NGOs koorientiert sich an den alltäglichen Bedürfnissen der Journalisten und der Medienlogik. So simulieren sie zum Beispiel die journalistischen Selektionskriterien, fungieren als Dienstleister der Journalisten und positionieren sich mit kritischen Stellungnahmen als mediale Sprecher zu entwicklungspolitischen Ereignissen. Neben klassischen Instrumenten der Pressearbeit – Pressekonferenzen, Pressemitteilungen, Kontaktpflege, Presseclippings, Redaktionsbesuche – unterstützen PR-Praktiker Journalisten mit ihrer Infrastruktur vor Ort bei Recherchereisen, organisieren Journalistenreisen und Workshops für Journalisten. Während der relative Glaubwürdigkeitsbonus der Entwicklungs-NGOs tendenziell abnimmt, werden sie generell als glaubwürdige Recherchequelle wahrgenommen und zunehmend als solche nachgefragt. Außerdem konnten im Wesentlichen sechs Faktoren für den Erfolg der Pressearbeit von entwicklungspolitischen NGOs: identifiziert werden: (1) die Professionalität der Pressearbeit, hier verstanden als die Koorientierung am Journalismus und der journalistischen Operationsweise, (2) das Selektionskriterium der Thematisierung, (3) die Qualität der persönlichen Beziehungen zwischen Journalisten und PR-Praktikern, (4) die Glaubwürdigkeit der Entwicklungs-NGOs, (5) die Bekanntheit oder Größe der Entwicklungs-NGOs und (6) die redaktionelle Linie des Medienangebots.

Abschließend können die Ressourcen für die PR und Pressearbeit und Alternativen zur journalistischen Berichterstattung, um die relevanten Zielgruppen zu erreichen als zentrale Einflussfaktoren auf die Pressearbeit und das Verhältnis zur Presse identifiziert werden (ausführlich vgl. Bieth 2012, S. 270ff.). So zeigen sich unter anderem folgende Zusammenhänge:

1. Je größer eine Entwicklungs-NGO ist oder je stärker die begrenzte Größe durch Vernetzungen oder eine Mutter-Organisation kompensiert werden kann, desto besser ist im Vergleich die Ressourcenausstattung für PR und Pressearbeit: z. B. in Form der Ausbildung der PR-Praktiker, von PR-Experten statt PR-Beauftragten, der Größe und Differenzierung der PR-Abteilung(en), des Einsatzes externer Dienstleister oder der Evaluation der Pressearbeit. Dennoch stehen Entwicklungs-NGOs aufgrund der Dominanz des gemeinnützigen Sachziels immer unter einem gewissen Rechtfertigungsdruck, was die Mittelverwendung für PR betrifft, und damit unter dem Druck, so effizient wie möglich zu arbeiten.

2. Je mehr Ressourcen für die Pressearbeit zur Verfügung stehen, desto größer ist die Koorientierung am Journalismus und damit die Anpassungsfähigkeit und Medialisierbarkeit oder desto stärker ausgeprägt ist die Differenzminimierung zwischen den beiden systemrelativen Wirklichkeitskonstruktionen: z. B. in Form des Einsatzes von Prominenten, der Ausdifferenzierung von Sprecherrollen, der Medialisierung von Ereignissen oder einer zielgruppendifferenzierten Ansprache der Journalisten. Und umgekehrt gilt entsprechend: Je weniger Ressourcen für die Pressearbeit zur Verfügung stehen, desto geringer ist die Koorientierung am Journalismus.

3. Je mehr Ressourcen für die Pressearbeit zur Verfügung stehen, desto differenzierter werden die Journalisten angesprochen und desto mehr werden die persönlichen Beziehungen zu den Medienvertretern gepflegt. Und: Je besser die persönlichen Beziehungen sind und je häufiger Journalisten und PR-Praktiker schon erfolgreich zusammengearbeitet haben, desto offener sind sie gegenüber dem jeweiligen Gegenpart und desto stärker orientieren sie sich gegebenenfalls am jeweils anderen System.

4. Je mehr Ressourcen für die Pressearbeit zur Verfügung stehen, desto professioneller und digitalisierter ist die Öffentlichkeitsarbeit und desto mehr potentielle Alternativen zur journalistischen Öffentlichkeit stehen zur Verfügung: z. B. in Form der Ausdifferenzierung der eigenen Webseite, einer Mitgliederzeitschrift oder der Nutzung von Social-Media-Angeboten. Bis dato scheinen NGOs den als wichtig erachteten eigenen Internetauftritt jedoch primär als kostengünstigen und alternativen Kanal zur Verbreitung von Hintergrundinformationen zu nutzen und das interaktive und partizipative Potential des Internets auch und gerade für neue Formen des Protestes noch kaum auszuschöpfen.

5. Je schlechter der Zugang zu den politischen und wirtschaftlichen Entscheidungsträgern einerseits und zu der eigenen Klientel sowie potentiellen Spendern im weiteren Sinne andererseits ist, desto wichtiger ist es, diese relevanten Zielgruppen durch eine Resonanz in der journalistischen Berichterstattung indirekt zu erreichen.

6. Je wichtiger das Ziel ist, eine Resonanz in der journalistischen Berichterstattung zu erzielen, desto größer sind die Koorientierung am journalistischen System und die Serviceorientierung: z. B. in Form der Vermittlung von Interviewpartnern, von Ansprechpartnern vor Ort, Themenvorschlägen oder von entwicklungspolitischem Hintergrundwissen.

Literatur

Appel, A. (2005). Internationale Kampagnen als strategisches Instrument für Strukturveränderungen in entwicklungspolitischen NGOs. *Forschungsjournal Neue Soziale Bewegungen 18*, 1, 43-50.

Appel, A. (2009). *Strategieentwicklung bei NGOs in der Entwicklungszusammenarbeit.* Wiesbaden: VS.

Beloe, S., Elkington, J., Hester, K. F., Newell, S., Kell, G., Larderel, J. A. D. (2003). *The 21st Century NGO. In the Market for Change.* London: SustainAbility.

Bieth, T. (2012). *NGOs und Medien. Eine empirische Studie zum Verhältnis von Public Relations und Journalismus.* Wiesbaden: Springer VS.

Bornhorst, B. (1989). *Möglichkeiten und Grenzen nichtstaatlicher-kirchlicher Entwicklungszusammenarbeit. Dargestellt am Beispiel der Zusammenarbeit zwischen Misereor und Incupo innerhalb eines multisektoralen Entwicklungsprogrammes in Nordargentinien.* Münster: LIT Verlag.

Brunnengräber, A., Walk, H. (2001). NGOs unter Ökonomisierungs- und Anpassungsdruck. Die Dritte-Sektor-Forschung und ihr Beitrag zur Analyse des NGO-Phänomens. In A. Brunnengräber, A. Klein, H. Walk (Hrsg.), *NGOs als Legitimationsressource. Zivilgesellschaftliche Partizipationsformen im Globalisierungsprozess.* (S. 95-111). Opladen: Leske + Budrich.

Cattacin, S., Passy, F. (1993): Der Niedergang von Bewegungsorganisationen. Zur Analyse von organisatorischen Laufbahnen. *Koelner Z.Soziol.u.Soz.-Psychol 45*, 3, 419-438.

Curbach, J. (2003). *Global Governance und NGOs. Transnationale Zivilgesellschaft in internationalen Politiknetzwerken.* Opladen: Leske + Budrich.

Debiel, T., Sticht, M. (2005). Entwicklungspolitik, Katastrophenhilfe und Konfliktbearbeitung. NGOs zwischen neuen Herausforderungen und schwieriger Profilsuche. In A. Brunnengräber, A. Klein, H. Walk (Hrsg.), *NGOs im Prozess der Globalisierung. Mächtige Zwerge – Umstrittene Riesen.* (S. 129-171). Wiesbaden: Bundeszentrale für Politische Bildung.

Debiel, T., Sticht, M. (2007). (Ohn-)Mächtige Samariter. Humanitäre NGOs zwischen Intervention, Kommerz und Barmherzigkeit. In A. Klein, S. Roth (Hrsg.), *NGOs im Spannungsfeld von Krisenprävention und Sicherheitspolitik.* (S. 165-178). Wiesbaden: VS.

Eberlei, W. (2005). Entwicklungspolitik fair-ändern. Zivilgesellschaftliche Kampagnen in Deutschland. In A. Brunnengräber, A. Klein, H. Walk (Hrsg.), *NGOs im Prozess der Globalisierung. Mächtige Zwerge – Umstrittene Riesen.* (S. 386-416). Wiesbaden: Bundeszentrale für Politische Bildung.

Frantz, C. (2005). *Karriere in NGOs. Politik als Beruf jenseits der Parteien.* Wiesbaden: VS.

Frantz, C., Martens, K. (2006). *Nichtregierungsorganisation (NGOs).* Wiesbaden: VS.

Görke, A. (1999). *Risikojournalismus und Risikogesellschaft. Sondierung und Theorieentwurf.* Opladen, Wiesbaden: Westdeutscher Verlag.

Görke, A. (2008). Perspektiven einer Systemtheorie öffentlicher Kommunikation. In C. Winter, A. Hepp, F. Krotz (Hrsg.), *Theorien der Kommunikations- und Medienwissenschaft. Grundlegende Diskussionen, Forschungsfelder und Theorieentwicklungen.* (S. 173-191). Wiesbaden: VS.

Hellmann, K. U. (1996). *Systemtheorie und neue soziale Bewegungen. Identitätsprobleme in der Risikogesellschaft.* Opladen: Westdeutscher Verlag.

Hoffjann, O. (2007). *Journalismus und Public Relations. Ein Theorieentwurf der Intersystembeziehungen in sozialen Konflikten.* (2., erweiterte Auflage). Wiesbaden: VS.

Hoffmann, J. (2007). Mitgliederpresse: Journalismus für die Organisation, PR für die Gesellschaft. *Medien und Kommunikationswissenschaft 55*, 4, 555-574.

Ihne, H., Wilhelm, J. (2006). Einführung in die Entwicklungspolitik. Hamburg, Münster: LIT Verlag.

Kaiser, M., Wagner, N. (1991). *Entwicklungspolitik. Grundlagen – Probleme – Aufgaben.* Bonn: Bundeszentrale für Politische Bildung.

Kneer, G. (2001). Organisation und Gesellschaft. Zum ungeklärten Verhältnis von Organisations- und Funktionssystemen in Luhmanns Theorie sozialer Systeme. *Z. Soziol. 30*, 6, 407-428.

Krüger, S. (2002). *Nachhaltigkeit als Kooperationsimpuls. Sozial-ökologische Bündnisse zwischen NGOs und Gewerkschaften.* Münster: Westfälisches Dampfboot.

Kuhn, B. (2005). Entwicklungspolitik zwischen Markt und Staat. Möglichkeiten und Grenzen zivilgesellschaftlicher Organisationen. Frankfurt am Main, New York: Campus Verlag.

Lahusen, C. (2002). Institutionelle Umwelten und die Handlungsfähigkeit von NGOs. In C. Frantz, A. Zimmer (Hrsg.), *Zivilgesellschaft international. Alte und neue NGOs.* (S. 257-278). Opladen: Leske + Budrich.

Lenzen, M. (2001). *Zur Rolle der NGOs in der Entwicklungszusammenarbeit. Arbeitsstelle Aktive Bürgerschaft.* Münster: Universität Münster.

Ludermann, B. (2004). Wettstreit um die milden Gaben. Um Spenden müssen die Hilfswerke heute professionell werben. *Der Überblick. Zeitschrift für ökumenische Begegnung und internationale Zusammenarbeit* 40, 2, 174-199.

Niermann, I. (1996). Öko- und Sozialsponsoring. Neue Chancen für gemeinnützige Organisationen? *Forschungsjournal Neue Soziale Bewegungen* 9, 4, 84-89.

Pürer, H., Raabe, J. (2007). *Presse in Deutschland.* (3., völlig überarbeitete u. erweiterte Auflage). Konstanz: UKV.

Schulz, W. (2011). *Politische Kommunikation. Theoretische Ansätze und Ergebnisse empirischer Forschung.* (3., überarbeitete Auflage). Wiesbaden: VS.

Sen, A. K. (1999). *Development as freedom.* Oxford, New York: OXFORD.

Simsa, R. (2001). *Gesellschaftliche Funktionen und Einflussformen von Nonprofit-Organisationen. Eine systemtheoretische Analyse.* Frankfurt am Main et al: Lang.

Take, I. (2002). *NGOs im Wandel von der Graswurzel auf das diplomatische Parkett.* Wiesbaden: Westdeutscher Verlag.

Voss, K. (2007). Öffentlichkeitsarbeit von Nichtregierungsorganisationen. Mittel – Ziele – interne Strukturen. Wiesbaden: VS.

Vowe, G. (2003). Interessenkommunikation. Lobbyismus als „Fünfte Gewalt" im Interaktionsfeld von Politik und Medien. In: U. Sarcinelli, J. Tenscher (Hrsg.), *Machtdarstellung und Darstellungsmacht. Beiträge zu Theorie und Praxis moderner Politikvermittlung.* (S. 105-112). Baden-Baden: Nomos.

Weischenberg, S., Malik, M., Scholl, A. (2006). *Die Souffleure der Mediengesellschaft. Report über die Journalisten in Deutschland.* Konstanz: UVK.

Zimmer, A., Priller, E. (2007). *Gemeinnützige Organisationen im gesellschaftlichen Wandel. Ergebnisse der Dritte-Sektor-Forschung.* (2. Auflage).Wiesbaden: VS.

Teil III
NGOs als Marken

Kooperative Markenkommunikation von Unternehmen und NGOs

Jörg Tropp

Zusammenfassung

Die heutigen Bedingungen des sozio-ökonomischen Wirtschaftssystems, sich de-radi-kalisierender NGOs und der Mediengesellschaft führen zu mehr Berührungspunkten bis hin zu Überschneidungen von Handlungsfeldern der Unternehmen und NGOs. Entsprechend werden von beiden Organisationstypen vermehrt Strategien der Koope-ration verfolgt. Damit stellt sich auch die Frage nach der Gestaltung der kooperativen Markenkommunikation: Wie können die Marken von Unternehmen und NGOs in einer Allianz Erfolg versprechend kommuniziert werden?

Diese Frage gibt die Zielsetzung des vorliegenden Beitrages vor. Unter Rückgriff auf markentheoretische Grundannahmen sollen in komprimierter Form die Charakteristika kooperativer Markenkommunikationen von Unternehmen und NGOs anwendungso-rientiert präsentiert werden.

Nach einer kurzen Klärung des Markenbegriffs im Kontext gesellschaftlicher Ver-antwortung von Unternehmen werden zunächst unterschiedliche Formen kooperativer Markenkommunikationen von Unternehmen und NGOs identifiziert und systematisiert. Dem schließt sich die Analyse der Risikofaktoren an, die sich aus der Allianz für Unter-nehmen wie für NGOs ergeben. Auch werden die Gründe der Kooperationspartner für ihre jeweilige Risikobereitschaft herausgearbeitet. Es folgt die Diskussion des Erfolgs-faktors des Marken-Fits, bevor abschließend die Anforderungen an die gemeinsame Kommunikation dargelegt werden. Ein Fazit schließt den Beitrag ab.

1 Gut sein und Geld verdienen

Geld zu verdienen, ohne dabei gut zu sein, kann sich heute – so hat es zumindest den öffentlichen Anschein – kein Unternehmen mehr leisten. Der neoliberale Ansatz (Fried-man 1962) mit seinem festen Glauben an den Markt und an Shareholder-Value verliert

© Springer Fachmedien Wiesbaden GmbH 2018
N. Remus und L. Rademacher (Hrsg.), *Handbuch NGO-Kommunikation*,
https://doi.org/10.1007/978-3-531-18808-9_12

zunehmend an Akzeptanz. Die nicht erwünschten Nebenwirkungen der Globalisierung und der Dynamik freier Marktkräfte wie Massenentlassungen bei Rekordgewinnen, Standortverlegungen und die Schließung hiesiger Betriebe sowie die Finanzkrise des Jahres 2008 und die anschließende europäische Schuldenkrise haben das Vertrauen in dieses Gesellschaftsmodell schwer erschüttert (Söllner und Mirković 2009). Die Maximierung des Gewinns im Interesse der Shareholder kann demnach nicht die einzige gesellschaftliche Verantwortung eines Unternehmens sein. Stattdessen führen im Rahmen von Corporate Social Responsibility-Programmen (CSR-Programmen) die Unternehmen zunehmend Zielsetzungen aus den Bereichen Wirtschaft, Soziales und Umwelt zusammen. Dies schlägt sich im Markenmanagement nieder. Marktunabhängig werden Marken heute auch anhand der Dimension „sozio-ökologische Verantwortung/nachhaltiges Wirtschaften" positioniert. Um die Ernsthaftigkeit und Glaubwürdigkeit ihres gesellschaftlichen Engagements zu unterstreichen und letztlich das öffentliche Vertrauen in die Gemeinwohl-Absichten des Unternehmens zu erlangen, werden dabei vermehrt Kooperationen mit NGOs eingegangen (Oloko und Balderjahn 2009, Mögele und Tropp 2009). Diese sollen aus Sicht der Unternehmen dazu dienen, die Soll-Position ihrer Marken in puncto Verantwortungsbewusstsein und Nachhaltigkeit zu erreichen beziehungsweise zu festigen.

Unvermeidbar ist die Nennung des Beispiels „Krombacher Regenwaldprojekt". Die im Jahr 2002 erstmals öffentlich kommunizierte Kooperation der beiden Marken Krombacher und WWF ist in Deutschland die bekannteste kooperative Markenkommunikation einer For-Profit- und Non-Profit-Organisation (Oloko 2008). Typisch für dieses, wie auch für vergleichbare Beispiele, ist, dass sie auf einer organisatorischen Beziehung zwischen einem Unternehmen und einer NGO basieren, aus der sich jeder Kooperationspartner die Erlangung eines Vorteils für seine eigene Marke verspricht.

Für eine erste markenstrategische Verortung derartiger Kooperationen dient hier ein kommunikationsorientierter Ansatz, der von einem integrativen und prozessualen Verständnis des Markenphänomens ausgeht. Dieses resultiert aus der Auffassung von Kommunikation als Prozess der Bedeutungsvermittlung, wodurch in der Interaktion von Organisation (z. B.: Unternehmen, NGO) und Stakeholdern (z. B.: Konsumenten, Spendern) das markenkonstituierende Momentum gesehen wird. Folglich entsteht das wichtigste Kennzeichen einer spezifischen Marke, nämlich ihr symbolischer Nutzen – in der Markentheorie auch als „emotionale Produktdifferenzierung" (Kroeber-Riel 1984, S. 116) oder „Zusatznutzen" (Esch/Wicke 2000, S. 19) bezeichnet – erst aus dem Zusammenspiel von Bedeutungs- und Sinnzuschreibung sowie Verwendung der Marke durch die Stakeholder einerseits und durch das Markenmanagement in den Unternehmen, NGOs und ihren Agenturen andererseits. Die Marke kann dann als ein in Kommunikation entstandenes einzigartiges, emotional aufgeladenes semantisches Netzwerk betreffend einen Gegenstand der öffentlichen Kommunikation (Organisation, Unternehmen, Produkt, Dienstleistung etc.) verstanden werden. Dieses Netzwerk wird von einer Menge hochgradig komplexitätsreduzierender Kommunikationsangebote konsistent symbolisiert. Bei diesen Kommunikationsangeboten handelt es sich um jegliche semiotische Materialisierungen – sei es ein TV-Spot, eine Anzeige, ein Logo, eine Tonfolge/Melodie, der Markenname in einem Zeitungsbericht etc. –, die dieses spezifische semantische Netzwerk ganz oder teilweise, bewusst oder unbewusst zur Bedeutungskonstruktion aktivieren. Die Bedeutungskonstruktion unterliegt dabei situativen Bedingungen. Sie variiert in Abhängigkeit vom jeweiligen kognitiv-affektiven Zustand des Individuums (z. B. Produktkategorie-Involvement) und von Charakteristika der Rezeptionssituation (z. B. Modalitäten des Mediums).

Durch ihre Symboleigenschaft reduziert die Marke Komplexität, weil sie ordnend in den Kommunikationsprozess eingreift. Sie ermöglicht als sinnstiftender Kontext in unübersichtlichen Umwelten selektives Handeln der Stakeholder (z. B.: konsumieren, spenden) und dämmt gleichzeitig auch die Kontingenz der Informations- und Mitteilungsproduktion seitens der Organisationen ein (Tropp 2004).

Definition: Kooperative Markenkommunikation von Unternehmen und NGO

Unter kooperativer Markenkommunikation eines Unternehmens und einer NGO wird hier der Prozess der Bedeutungsvermittlung zwischen einem Unternehmen und einer NGO als Kooperationspartner einerseits und definierten Stakeholdern andererseits verstanden. Dieser Prozess beruht auf dem Aufbau und der situationsabhängigen Aktivierung spezifischer, emotional aufgeladener semantischer Netzwerke der Kooperationspartner. Durch die Verknüpfung dieser Netzwerke sollen für das Unternehmen wie für die NGO Vorteile erzielt werden.

Die Vorteile kooperativer Unternehmens-/NGO-Markenkommunikation können aus den Vorteilen, wie sie für die Kooperation zwischen Unternehmen wirksam sind (Bronder 1993), abgeleitet werden:

Zeitvorteile: Durch die Kooperation kann das Unternehmen schnell auf CSR-Erwartungen im Markt und in der Öffentlichkeit reagieren und seine Marke entsprechend adjustieren. Die NGO kann in einem kurzen Zeitraum hohe Spendenbeträge einnehmen.

Kostenvorteile: Die NGO kann beispielsweise Markenmanagement-Kosten im Bereich der öffentlichen Kommunikation, vor allem Media- und Agenturkosten, und das Unternehmen im Bereich Know-how-Aufbau für ein Nachhaltigkeitsthema senken.

Zugang zu Märkten und Ressourcen: Die NGO erhält Zugang zum Markt des Unternehmens und bekommt von diesem Finanzmittel und Ressourcen zur Umsetzung ihres Gemeinwohlanliegens. Das Unternehmen erhofft sich für seine Marke eine Nutzung der NGO-Ressource der moralischen Legitimität im Sinne von Suchman (1995).

Erwerb von Kompetenzen: Als langfristiges Ziel wird mit der Marke des Unternehmens die Assoziation „Nachhaltiges Wirtschaften" verknüpft, wohingegen die NGO Lerneffekte im Markenmanagement erzielen kann.

2 Formen kooperativer Markenkommunikationen von Unternehmen und NGOs

Markenkooperationen können grundsätzlich sehr verschiedene Formen annehmen. In der Literatur werden häufig genannt (s. z. B.: Baumgarth 2004, Huber 2004, Koncz 2005, Peuser 2008):

- Ingredient Branding (z. B.: „Intel inside")
- Co-Branding (z. B.: Design Handy von Siemens und Bogner)
- Werbeallianzen/Co-Advertising (z. B.: Gerry Weber/Bekleidung und Hülsta/Möbel)
- Co-Promotion (z. B.: Bei Eröffnung eines Kontos bei der ING-DiBa Bank erhält man einen Aral-Tankgutschein im Wert von EUR 25,–)
- Bundling von Markenprodukten/-leistungen (z. B.: Telekom und iPhone).

Von diesen Markenkooperationen können für den spezifischen Fall der Markenkooperation von einem Unternehmen und einer NGO grundsätzlich alle in Betracht kommen, wenngleich sie auch (noch) nicht alle und nicht in gleicher Intensität realisiert werden. So spielt beispielsweise das Ingredient Branding in Allianzen von Unternehmen und NGOs bislang noch eine untergeordnete Rolle. Für eine Unterscheidung hinsichtlich der Kommunikation derartiger Markenkooperationen bietet sich eine Systematisierung anhand der Dimensionen Absender, Adressat und Zeit an.

In der Dimension „Absender" geht es um die Markenstrategie und die damit zusammenhängende schlüssige Auswahl des Markentyps für die kooperative Markenkommunikation, von dem sich die Partner versprechen, ihre jeweiligen angestrebten Vorteile realisieren zu können (Becker 1993, Schiele 1999). Von den grundsätzlich in Frage kommenden strategischen Optionen, die die Markentheorie bereithält (Übernahme der Marketing-Führerschaft, länderübergreifender Standardisierungsgrad der Markenkonzeption, Anzahl der Marken in einem Produktbereich), ist für die Unterscheidung unterschiedlicher Kooperationsformen das Kriterium der Anzahl der unter einer Marke geführten Produkte/Leistungen hilfreich. Die Kernfrage lautet dann: Soll in der Kooperation einer integrierten oder isolierten Markierung von Unternehmen und NGO Vorrang gegeben werden? Rein formal betrachtet geht es um die Frage, ob NGO und Unternehmen beziehungsweise der Marketing-Gegenstand des Unternehmens mit der jeweils eigenen Marke in der Kooperation als Absender auftreten (kooperative Monomarkenkommunikation) oder einer Bündelung dieser unter einer Kooperationsmarke (kooperative Dachmarkenkommunikation) Vorrang gegeben werden soll. Aus der Perspektive der Stakeholder wird damit die wichtige Option des markenübergreifenden Image- oder Goodwill-Transfers angesprochen, also die reziproke Übertragung von Wissen und Assoziationen von einer Marke auf eine andere. Die Mehrzahl der Kooperationen realisiert sich heute als kooperative Monomarkenkommunikation, als „House of Brands" (Aaker und Joachimsthaler 2000, S. 105). Versprechen sich doch gerade die Unternehmen aus der unmittelbaren Wahrnehmbarkeit ihrer Allianz mit einer NGO einen Spill-over-Effekt, also die Übertragung von Imageeigenschaften der NGO-Marke auf die eigene Marke. Konkret: Die hohe Reputation der NGO in puncto Legitimität soll sich positiv auf das Image der Unternehmensmarke auswirken (Abb. 1).

Abb. 1

Beispiel einer kooperativen Monomarkenkommunikation eines Unternehmen und einer NGO (Volvic und Unicef)

Quelle: www.volvic.de/unicef; Zugriff: 13.03.2013

Bei der kooperativen Dachmarkenkommunikation wird hingegen ein „Branded House" (ebd.) geschaffen. Die neu kreierte Kooperationsmarke ist der Absender der gemeinsamen Kommunikationsangebote und die Marken der NGO und des Unternehmens bleiben im Hintergrund. Als Beispiel kann eine von Unilever und dem WWF gegründete gemeinnützige Organisation dienen, die sich als Joint Venture unter der Marke Marine Stewardship Council für nachhaltige Fischerei in den Weltmeeren einsetzt (Abb. 2).

Abb. 2

Beispiel einer kooperativen Dachmarkenkommunikation eines Unternehmen und einer NGO (Unilever und WWF)

Quelle: www.msc.org/; Zugriff: 18.03.2013

Die Wahl dieser markenstrategischen Kooperationsform erfordert von beiden Partnern ein deutliches Commitment zur Kooperation, die über Ziele der Art der kurzfristigen Erlangung von Vorteilen weit hinausgeht. Weitere Beispiele kooperativer Dachmarkenkommunikationen sind das Unternehmen AkzoNobel als Mitglied des Forest Stewardship Council oder das World Resources Institute mit seinen diversen Mitgliedsunternehmen.

Mit der zweiten Dimension „Adressat" werden kooperative Markenkommunikationen danach unterschieden, ob sich NGO und Unternehmen vorrangig an den Markt des Unternehmens oder an die Öffentlichkeit wenden. Im ersten Fall kommen Cause-related-Marketing-Kampagnen (CrM-Kampagnen) zum Einsatz, bei denen transaktionsgebunden ein bestimmter Betrag für das Gemeinwohl-Anliegen des NGO-Partners zur Verfügung gestellt wird (Varadarajan und Menon 1988). So spendete beispielsweise das Unternehmen Procter & Gamble über seine Marke blend-a-med 2006 zehn Cent pro verkaufter Zahnpastatube an das brasilianische SOS-Kinderdorf Bahia. Ist der Adressat der Kooperationspartner hingegen eher die Öffentlichkeit, wird auf Co-Advertising und Co-Promotion weitestgehend verzichtet. Stattdessen wird ein zweistufiger Kommunikationsprozess angestoßen. Im ersten Schritt informieren die Partner CSR-Experten über die Kooperation, beispielsweise anlässlich eines Sponsorings der NGO durch das Unternehmen. Diese Experten agieren als Meinungsführer (Politiker, Journalisten etc.), denen Vertrauenswürdigkeit zugesprochen wird. In einem zweiten Schritt kommunizieren diese die Kooperation befürwortend und glaubwürdig an die Öffentlichkeit weiter (Morsing et al. 2008).

Schließlich können kooperative Markenkommunikationen von NGOs und Unternehmen in zeitlicher Dimension differenziert werden. Entsprechend lassen sich eher strategische von eher taktischen Allianzen unterscheiden. Zeitlich befristete Co-Promotions sind eher taktischer Natur und können in Form einer CrM-Kampagne in einem kurzen Zeitraum durchaus beachtliche Gelder für eine NGO generieren. Strategisch angelegten kooperativen Markenkommunikationen liegt eine langfristige Planung zugrunde, in der die Partner auch in organisatorischer Hinsicht eine enge Bindung eingehen. So hat beispielsweise Siemens das Programm „Caring Hands" aufgelegt, in dem der Konzern zielgerichtet und kontinuierlich mit NGOs, zum Beispiel dem DRK, zusammenarbeitet. Bei humanitären Notlagen kann so auch international schnell und effektiv Hilfe geleistet werden (Teetz 2009).

In der Abbildung 3 finden sich gemäß der hier vorgestellten Systematisierung Beispiele für die unterschiedlichen Formen kooperativer Markenkommunikationen von NGOs und Unternehmen.

3 Risikofaktoren: Moralisierungsunterstellung und Autonomieverlust

Die kooperative Markenkommunikation von Unternehmen und NGOs wird stets von zwei beachtlichen Risikofaktoren begleitet: die Moralisierungsunterstellung seitens der Unternehmen und der Autonomieverlust seitens der NGOs.

Die Moralisierungsunterstellung geht zurück auf die heute zunehmende Orientierung der Unternehmen an einem modernen, integrativen CSR-Konzept, das eine Komplementarität von Geld und Moral postuliert. Dies wird auch spätestens seit der Herausgabe des Grünbuchs durch die EU-Kommission (2001) seitens der Politik so eingefordert. Dieses

Dimension:	Absender		Adressat		Zeitliche Ausrichtung	
	kooperative Monomarken	kooperative Dachmarke	Markt des Unternehmens	Öffentlichkeit	Taktisch	Strategisch
Ausprägung:	▓	▓	▓		▓	

Kooperationsprofil: brasilianisches Kinderdorf Bahia (blend-a-med und SOS-Kinderdörfer)

Dimension:	Absender		Adressat		Zeitliche Ausrichtung	
	kooperative Monomarken	kooperative Dachmarke	Markt des Unternehmens	Öffentlichkeit	Taktisch	Strategisch
Ausprägung:			▓		▓	

Kooperationsprofil: Marine Stewardship Council (Unilever und WWF)

Lesebeispiel: Die Kooperation des Unternehmens Procter & Gamble (Marke: blend-a-med) und der NGO SOS-Kinderdörfer hat die Form einer kooperativen Monomarkenkommunikation, die stärker den Absatzmarkt des Unternehmens als die Öffentlichkeit fokussiert und die stark taktisch geprägt ist

Abb. 3 Beispiele unterschiedlicher Formen kooperativer Markenkommunikationen von Unternehmen und NGOs

Quelle: Eigene Abbildung

CSR-Verständnis konfligiert jedoch im Alltag des Konsumenten mit der Unterstellung der Instrumentalisierung von Moral zu ökonomischen Zwecken (Tropp 2009). Durch die Kooperation mieten oder kaufen sich die Unternehmen ein gutes Gewissen und waschen sich so moralisch rein („Greenwashing"). So schätzen beispielsweise, entgegengesetzt zu den Angaben der Unternehmen, nur 20 Prozent der Konsumenten das altruistische Motiv als für die Unternehmen bedeutsam ein. Hingegen halten knapp 97 Prozent der Konsumenten die Verbesserung des Markenimages, gefolgt von der Absatzsteigerung mit 85 Prozent für die wichtigsten Motive für die Initiierung von CrM-Kampagnen (Oloko 2008, S. 7). Die Beziehung von Geld und Moral stellt sich also keinesfalls so problemlos dar, wie es gemäß dem modernen CSR-Konzept den Anschein haben könnte. Die Unternehmen stehen bedingt durch diese problematische Geld-Moral-Beziehung und der resultierenden Moralisierungsunterstellung der Konsumenten in ihrer Kommunikation mit einer NGO vielmehr vor der Herausforderung, in einem Spannungsfeld zu kommunizieren. Dieses ist von der Paradoxie geprägt, Gutes zu tun und davon zu profitieren, ohne dass die Konsumenten dies negativ bewerten und damit die Marke in Mitleidenschaft gezogen wird. Den meisten Managern wird nämlich zugeschrieben, dass sie bei ihrem wirtschaftlichen Handeln vor allem an ihre eigenen Interessen und eher nicht an das Gemeinwohl der Gesellschaft denken (Behnke et al. 2006, S. 83). Verschärft wird die Situation durch das in der deutschen Gesellschaft ohnehin ausgeprägte Misstrauen gegenüber großen Unternehmen im Vergleich zu anderen Organisationen und Institutionen sowie durch die überwiegende Wahrnehmung des Wirtschaftssystems als grundsätzlich ungerecht (ebd., S. 45, 57).

Andererseits sehen sich auch die NGOs betreffend Kooperationen mit Unternehmen mit einem beachtlichen Risikofaktor konfrontiert. Ihnen droht Autonomieverlust. Die Legitimität, die den NGOs von der Öffentlichkeit zugeschrieben wird, verdankt sich vor allem ihrem zentralen Markenkernwert der Unabhängigkeit. Auch wenn es sich dabei, wie Curbach (2008) betont, um eine normative Verzerrung handelt, da in der Realität nur wenige NGOs vollkommen unabhängig von der Wirtschaft und dem öffentlichen Sektor sind und tatsächlich in reiner Stellvertreterfunktion gemeinwohlorientierte Interessen vertreten, ist unstrittig, dass das Kriterium der Unabhängigkeit alle NGO-Marken entscheidend prägt. Es ist Voraussetzung für deren Glaubwürdigkeit und Legitimität. In der kooperativen Kommunikation mit einem Unternehmen wird diese Zuschreibung von Unabhängigkeit jedoch gefährdet. Denn dort wird explizit oder implizit stets die direkte oder indirekte finanzielle Unterstützung der NGO durch das Unternehmen (Spenden, Sponsoring, Corporate Volunteering, Payroll Giving etc.) mitgeteilt. Dies birgt die Gefahr eines Autonomieverlustes – nicht nur in der Wahrnehmung der Öffentlichkeit, vor allem auch bei privaten Spendern und freiwilligen Mitarbeitern. Auch seitens der NGO kann daher von einem möglichen Spill-over-Effekt der Kooperation ausgegangen werden. Dieser wird hier aber nicht wie seitens des Unternehmens erhofft, da er sich negativ für die NGO-Marke in Richtung einer Kommerzialisierung auswirken und damit ihren wichtigen Markenwert der Unabhängigkeit untergraben kann. Große NGOs beugen dem vor, indem sie international verbindliche Richtlinien, wie beispielsweise die „Policy for Corporate Sector Partnerships" des Roten Kreuzes (DRK o. J.), verabschieden. Diese beinhalten ein umfassendes Prüfraster für die Begutachtung, ob eine Kooperation mit einem Unternehmen eingegangen werden kann oder nicht.

4   Gründe für die Risikobereitschaft

In Anbetracht der genannten Risiken, die beide Partner in einer Kooperation eingehen, drängt sich die Frage auf, wieso derartige Allianzen überhaupt eingegangen werden. Denn den in Aussicht stehenden Vorteilen, die aus der Kooperation resultieren können, steht ein möglicher beachtlicher Schaden für die Marke gegenüber, wie er aus der Moralisierungsunterstellung oder dem Autonomieverlust resultieren kann. Ein Blick auf die Gründe zeigt jedoch auf, dass derartige Kooperationen für die Beteiligten heute unvermeidbar sind. Unternehmen wie NGOS werden gewissermaßen dazu gezwungen aufeinander zuzugehen.

Die Gründe sind primär auf der gesellschaftlichen Makro-Ebene und damit außerhalb des unmittelbar beeinflussbaren Entscheidungs- und Gestaltungsspielraumes des einzelnen Unternehmens beziehungsweise der einzelnen NGO zu verorten. Erklärungen, die nur auf der Meso-Ebene ansetzen und argumentieren, dass Marken über eine moralische Positionierung Wettbewerbsvorteile erlangen können, oder die nur auf der Mikro-Ebene mit Effekten der kooperativen Markenkommunikation beim Konsumenten oder Spender argumentieren, greifen daher zu kurz. Vor allem ist davon auszugehen, dass sich die von Matten und Moon (2004) diagnostizierte Verschiebung in der Balance von impliziter und expliziter CSR in Europa in Richtung explizite CSR mittlerweile deutlich bemerkbar macht. Die Unternehmen übernehmen demnach gemäß ihrer Corporate Policy zunehmend explizit Verantwortung für gesellschaftliche Themen, wohingegen gleichzeitig der formelle und informelle institutionelle Bezugsrahmen des politischen Systems zur Regelung der unternehmerischen Verantwortung, die implizite CSR, an Bedeutung verliert. Gesellschaftliche Verantwortung wird also stärker als in der Vergangenheit der individuellen Entscheidungsfreiheit der Unternehmen überlassen, so wie es in den USA traditionell der Fall ist. Unternehmen finden sich damit heute zunehmend in der Rolle als globale Weltbürger wieder, an die hohe Erwartungen bezüglich ihres gesellschaftspolitischen Engagements gestellt werden. Die Konsequenz ist eine Überschneidung der Handlungsspielräume von Unternehmen und NGOs, in der verstärkt partnerschaftlich an der Lösung sozio-ökologischer Herausforderungen gearbeitet wird – was aber nicht heißt, dass die Konfliktstrategien radikaler NGOs überhaupt nicht mehr existieren würden (Curbach 2008).

Hinzu kommen soziostrukturellen Veränderungen und Marktentwicklungen. Stichpunktartig können genannt werden (Stehr 2007, S. 49f.):

- Das Wachstum des Wissens, nicht zuletzt auch dank des Internet, lässt die Konsumenten nicht länger als passive und hilflose, sondern als aktive und kritische Akteure erscheinen, deren Handlungsoptionen, soziale Bindungen, Bedürfnisse, Werte und Interessen sich verbessert und verändert haben.
- Die soziale Extension der Märkte erfasst zunehmend Aktivitäten und Dinge, die traditionell nicht unter dem Einfluss der Wirtschaftslogik standen, wie z. B. das Gesundheits- und Bildungssystem.
- Die Globalisierung bringt einen zunehmenden Einfluss transnationaler Organisationen (z. B.: EU, OECD, Weltbank, NAFTA) mit sich, die weltweit relevante Marktregeln verabschieden.
- Marktentwicklungen wie die materiellen Erfolge der Marktwirtschaft, Fehlentwicklungen und Fehlverhalten einzelner Marktteilnehmer (z. B. im Bereich der Bilanzierung) und die demographische Strukturverschiebung der Marktteilnehmer führen zu einer Veränderung der Interessen, Wertevorstellungen und Geldverteilung mit Konsequenzen für die moralischen Ansprüche und Erwartungshaltungen der Marktakteure.

Schließlich ist aus kommunikations- und medienbezogener Perspektive auf Medialisierungseffekte im Wirtschaftssystem zu verweisen (Krotz 2005, Meyen 2009). Die Akteure

im Wirtschaftssystem richten ihr Handeln zunehmend an der Logik und den Erfolgsbe-
dingungen des Mediensystems aus, wodurch im Kern eine Überformung dieses Gesell-
schaftssystems durch das Mediensystem resultiert. In der Konsequenz orientieren sich die
Unternehmen in ihrem Handeln verstärkt an den Nachrichtenfaktoren des Mediensystems,
mit denen die Medienorganisationen die Selektivität der Rezipienten überwinden. Für
das Wirtschaftssystem kann mittlerweile sogar eine „kommunikative Neukonstitution
der Ökonomie" (Imhof 2006, S. 206) diagnostiziert werden, die aus seiner Medialisierung
resultiert.

Im Kontext von Überlegungen zur Entwicklung von CSR als Thema der Markenkommunikation ist besonders der Nachrichtenfaktor der Skandalisierung zu nennen (Boetzkes
2007, Maier et al. 2010, Schranz 2007). Die Aufladung der Unternehmenskommunikation in
Richtung Nachhaltigkeit, Moralität und gesellschaftliche Verantwortung durch die kooperative Markenkommunikation mit einer NGO kann dann als Reaktion auf die präferierte
Skandalierungskommunikation der Medien aufgefasst werden. Korruption, Manipulation
und intransparentes Handeln seitens der Unternehmen sind bei den Medien willkommene
Themen der Berichterstattung, die diese angereichert mit moralisch aufgeladenen Begriffen
und Urteilen wie „Abzocker" und „Manager-Boni" der Gesellschaft präsentieren. Die Unternehmen werden bedingt durch die Reflexivitätsverhältnisse der Kommunikation so indirekt
durch die Medien dazu gezwungen, ihre Marken um die Imagefacette „gesellschaftliche
Verantwortung" zu bereichern, indem sie sich mit den NGOs vernetzen. Sie versuchen mit
diesen Allianzen, das Risiko zu reduzieren, dass ihre Marke(n) Opfer der Skandalorientierung
des Mediensystems werden. Kooperative Markenkommunikationen von Unternehmen und
NGOs sind somit stets auch Ausdruck der seitens der Unternehmen erwarteten Erwartungen
der Öffentlichkeit betreffend nachhaltiges und moralisch korrektes Wirtschaften.

5   Erfolgsfaktor: Marken-Fit

In der Analyse der kooperativen Markenkommunikation von Unternehmen und NGOs
steht den beiden beschriebenen Risikofaktoren der Moralisierungsunterstellung und des
Autonomieverlusts der Erfolgsfaktor des Marken-Fits gegenüber.

Der Fit ist Ausdruck der Beurteilung der Passung der kooperierenden Marken. Im Falle
eines positiven Fits liegt entsprechend eine Passung zwischen For-Profit- und NGO-Marke vor.

In der Markenforschung werden Marken häufig als Schemata konzipiert (z. B.: Esch und
Wicke 2000, Kroeber-Riel und Weinberg 2003, Sommer 1998) und entsprechend steht dann
die Frage nach der Kongruenz der an einer Kooperation beteiligten Markenschemata im
Raum. Die jedoch unscharfe Verwendung des Schema-Begriffs in der Markenforschung –
und in der Schema-Theorie schlechthin (Brosius 1991) – erfordert zunächst ein paar kurze
theoretische Anmerkungen.

Schemata sind kognitive Strukturen, die top-down die Rezeption steuern. Es handelt
sich um komplexe Wissenseinheiten, die typische Merkmale und standardisierte Vorstel-

lungen von Objekten, Ereignissen und Situationen enthalten (Esch 2011). Sie organisieren Einzelheiten zu Gesamtheiten, die von den Elementen einer bestimmten Kategorie geteilt werden. Schemata dienen damit im Prozess der Bedeutungskonstruktion der schnellen Kategorisierung und Interpretation des gerade Wahrgenommenen, da sie die Fülle der Sinnesreize, Erfahrungen und Erlebnisse gliedern und beherrschbar machen. Sie reduzieren damit die Komplexität des Wahrgenommenen und sorgen für ein effizientes Erleben. Zu beachten ist, dass Schemata stets auch einen gefühlsmäßigen, affektiven Aspekt haben, der beispielsweise besonders auffällig beim Vaterschema, Kindchenschema oder auch Heimatschema ist (Brosius 1991, Schweiger 2007).

Übertragen auf das Markenphänomen ist ein Markenschema dann die Gesamtheit der Vorstellungen, die mit einer Marke verbunden werden. Sie steuern die selektive Wahrnehmung und erleichtern damit den Konsumenten ihre Kaufentscheidung. Es handelt sich um ein hierarchisch organisiertes, in sich vernetztes System von Assoziationen, das aus dem dominierenden Produktschema und diversen in sich verschachtelten Subschemata (Marken) besteht. Abbildung 4 stellt einen Auszug aus dem Schema der Produktkategorie Schokolade inklusive von Marken-Subschemata dar.

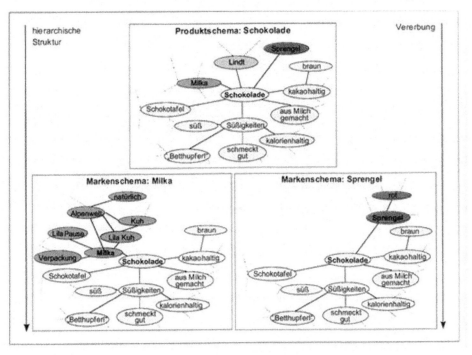

Abb. 4   Auszug aus dem Schema der Produktkategorie Schokolade inklusive Marken-
Subschemata
Quelle: Esch und Wicke 2000: 49

Von einer starken Marke kann dann gesprochen werden, wenn sie ein einzigartiges Wissen repräsentiert, das über das zur Produktkategorie hinausgeht und das relevant für die Kaufentscheidung des Konsumenten ist. Beachtet werden muss, dass die für eine Produktkategorie typischen Konnotationen und Assoziationen auch für ihre Subschemata gelten, was besonders bei der Einführung neuer Produkte/Marken eine wichtige Rolle spielt. So sollte Schemainkongruenz vermieden werden. Das heißt, dass die Attribute des neuen Produktes – von physikalisch-chemisch-technischen Produktmerkmalen bis hin zu assoziierten symbolischen Nutzen und Emotionen – konsistent mit denen der übergeordneten Schemata sein sollten (Regier et al. 2008).

Ob es jedoch überhaupt gerechtfertigt ist, von Markenschemata zu sprechen, kann bezweifelt werden. Wenn die Marke als kognitives Schema die Rezeption top-down steuert, dann müsste sie gemäß dem Gesamtheitspostulat der Schematheorie Attribute besitzen, die für alle Marken gelten. So gilt beispielsweise für das Wahrnehmungsschema „Vogel", dass alle Objekte dieser Kategorie Federn und einen Schnabel haben oder für das Medienschema „Krimi", dass sich die Handlung in einem Krimi um einen Gesetzesverstoß dreht. Bislang konnte sich jedoch der merkmalsorientierte Ansatz, nach dem jede Marke anhand von bestimmten allgemeingültigen Merkmalen beschrieben werden kann (z. B.: breite Erhältlichkeit, Herkunft kennzeichnendes Merkmal, Kontinuität) in der Markenforschung nicht durchsetzen. Die vorgestellten Merkmalskataloge, sei es der bekannte von Mellerowicz (1963) oder auch der vom Deutschen Markenverband (1994, s. Sandler 1994), können nicht für die von ihnen als markentypisch postulierten Merkmale tatsächlich markenübergreifende Geltung beanspruchen. Alleine schon die Vielzahl der unterschiedlichen Markenarten – seien es Organisationsmarken wie Hersteller-, Handels- oder Medienmarken, Parteien, NGOs und Hochschulen oder Produkt- und Personenmarken – führen den merkmalsorientierten Ansatz an seine Grenzen. Anstelle von Markenschemata ist es daher angebrachter, wie auch in obiger Definition des Begriffs der kooperativen Markenkommunikation formuliert, schlicht von semantischen Netzwerken zu reden, die von einer Marke organisiert werden, indem sie bereits vorhandene unterschiedliche Schemata spezifischer emotional-kognitiver Wissensbereiche verknüpft.

Der Fit ist in der Wirkungsforschung zur kooperativen Markenkommunikation der bislang am häufigsten untersuchte Einflussfaktor (Baumgarth 2004). Es werden unterschiedliche Fit-Arten unterschieden. Der Transfer-Fit als Thema der Markentransferforschung bezieht sich auf die Beziehung der einzelnen Marke zum kooperativen Markenauftritt (Co-Branding). Die wechselseitige Passung der einzelnen Marken wird hingegen vom Partnerfit ausgedrückt, bei dem der Marken- vom Produktfit unterschieden wird. Letzterer bezieht sich auf die Frage der Passung des Leistungsangebotes (z. B. Produkte) der beteiligten Marken. Der Markenfit ist das Resultat der Beurteilung der beteiligten Marken. Hier geht es um die Frage, ob die jeweiligen semantischen Netzwerke, die die Marken repräsentieren, zueinander passen. Besonders hinsichtlich des Kriteriums der Kompetenzen, die den Marken zugesprochen werden, ist der Markenfit von Bedeutung. So liegt ein positiver, komplementärer Markenfit im Beispiel einer Kooperation des Öko-Strom-Anbieters

NaturEnergie und Greenpeace vor (Peuser 2008). Beide Marken stehen für Kompetenz im Ökologiebereich.

Das Beispiel zeigt, dass auch in der Markenforschung zum CSR-Engagement von Unternehmen dem Fit-Ansatz eine prominente Rolle zukommt. Die Kongruenz zwischen Marke und CSR-Engagement wird als zentraler Erfolgsfaktor eingestuft (s. den Studienüberblick bei Fries 2010). Anstelle des Produktfits interessiert hier die Passung zwischen dem Geschäftsfeld des Unternehmens und dem Gemeinwohlanliegen (company-cause-fit). Für die kooperative Markenkommunikation von Unternehmen und NGOs ist entsprechend die Beziehung zwischen den Kernkompetenzen, die der For-Profit-Marke zugeschrieben werden, und der von der NGO-Marke symbolisierten sozio-ökonomischen Kompetenz erfolgskritisch. Als weiteres Beispiel für einen solchen sehr guten Fit gilt die 2005 von Volvic und Unicef gemeinsam ins Leben gerufene Trinkwasser-Initiative „1 Liter für 10 Liter". Mit jedem Kauf einer Flasche Volvic Naturelle wurde der Brunnenbau in Äthiopien gefördert (Blumberg und Conrad 2006).

6   Anforderungen an die Kommunikation

Ein hoher Fit von For-Profit- und NGO-Marke darf aber nicht als Erfolgsgarantie für die Kommunikationsallianz interpretiert werden. Die Passung ist eher als eine zentrale Erfolgsvoraussetzung zu verstehen. Dabei ist für das Unternehmen wichtig, sich darüber im Klaren zu sein, dass die Beziehung von Fit und Konsumentenbeurteilung der Kommunikationsallianz maßgeblich von dem Risikofaktor der Moralisierungsunterstellung beeinflusst wird. Im Falle, dass Konsumenten eine Instrumentalisierung von Moral für rein unternehmensdienliche Zwecke vermuten, kann ein hoher Marken-Fit nicht nur ineffektiv sein, sondern sogar dem Unternehmen schaden (Fries 2010). Das übergeordnete Ziel ist es daher, der Moralisierungsunterstellung durch Stakeholder zu entgehen. Andererseits ist es gleichzeitig das Ziel der NGO dem Eindruck eines Autonomieverlusts vorzubeugen. Die Anforderungen an die Gestaltung des gemeinsamen Kommunikationsauftritts eines Unternehmen und einer NGO sind entsprechend hoch, vor allem in puncto Glaubwürdigkeit.

Das Unternehmen und die NGO stehen somit vor der Aufgabe, einen Kommunikationsprozess zu gestalten, der möglichst keinen Raum für die Unterstellung der Instrumentalisierung von Moral für wirtschaftliche Zwecke lässt und keinen Grund zum Zweifeln an der Unabhängigkeit der NGO gibt. Dafür empfiehlt sich ein ausgewogener dialogischer Kommunikationsprozess mit den Stakeholdern beider Partner, der auf Achtung, Vertrauen und Verständnis setzt (Grunig und Hunt 1984). Kommunikative Aufdringlichkeit in Form herkömmlicher Marketing-kommunikativer Mechanismen – beispielsweise viele einseitig erzwungene Kontakte der Zielgruppe mit einem Kommunikationsangebot – sollten vermieden werden. Bei der CSR-Kommunikation gilt es also, immer auch größtes Augenmerk auf die Konzeption des Prozesses zu legen, der selbst bereits Ausdruck vertretener moralischer Überzeugungen ist. Es dürfen nicht nur Aspekte des Kommunikationsinhalts fokussiert werden. Zusammenfassend ließe sich sagen, dass die dem CSR-Kommunikationsthema innewohnende konfliktäre Geld-Moral Beziehung nicht nur auf inhaltlicher, sondern auch auf prozeduraler Kommunikationsebene eine äußerst feinfühlige und Empathie-basierte Konzeption bedarf.

Vor diesem Hintergrund sind Unternehmen und NGO nicht gut beraten, ihre Markenallianz kommunikativ schlicht mit einer taktischen, Markt gerichteten, werblich geprägten CrM-Kampagne umzusetzen. Denn wenn Unternehmen, unterstützt durch eine NGO, mit ihrem gesellschaftlichen Engagement werben, verschärfen sie das Risiko, dass ihnen Moralisierung unterstellt wird. Der Werbung ist strukturell per se ein Glaubwürdigkeitsproblem immanent, wodurch sich die Moralisierungsunterstellung bei CrM-Kampagnen weiter verfestigen kann. Jeder weiß, dass es der Werbung doch eigentlich nur darum geht, folgenreiche Aufmerksamkeit zu erlangen. In den Worten von Luhmann (1996, S. 85): „Die Werbung sucht zu manipulieren, sie arbeitet unaufrichtig und setzt voraus, daß das vorausgesetzt wird": Weshalb sollte man also den von einer NGO unterstützen, werblichen Deklarationen der Vertretung von Gemeinwohlinteressen der Unternehmen glauben und ihnen nicht vielmehr unterstellen, dass es ihnen einzig und allein um ihren eigenen ökonomischen Vorteil geht? So überrascht es nicht, dass Mayerhofer et al. (2008) in ihrer Untersuchung zum Einfluss von CSR-Kommunikationsangeboten auf die Einstellung zu Unternehmen und Marken unter anderem zu dem Ergebnis kommen, dass Werbung mit der Übernahme sozio-ökonomischer Verantwortung – knapp hinter der Erwähnung des CSR-Engagements im Beitrag einer Tageszeitung – zwar die auffälligste CSR-Kommunikationsform, aber unter den siebzehn untersuchten CSR-Informationsquellen auch die unglaubwürdigste ist (Abb. 5).

Auch die Ergebnisse einer skandinavischen CSR-Studie (Morsing et al. 2008) haben diese Notwendigkeit kommunikativer Sensibilität aufgedeckt, die die Autoren als „the catch 22 of communicating CSR" bezeichnen. Die Unternehmen in Dänemark sind in der paradoxen Situation, dass auf der einen Seite die Öffentlichkeit erwartet, dass sich Unternehmen im CSR-Bereich engagieren. Auf der anderen Seite lehnt die Mehrheit der dänischen Bevölkerung es aber gleichzeitig ab, dass die Unternehmen ihr CSR-Engagement in einer auffallenden Art kommunizieren beziehungsweise es überhaupt kommunizieren.

Als Beispiel kann das Unternehmen Danfoss in Dänemark dienen. Ole Daugbjerg, Vice President Corporate Communications and Reputation Management dieses Unternehmens, beschreibt, wie Danfoss in Dänemark eine führende Stellung im CSR-Bereich erlangen konnte folgendermaßen:

> „I do not think the general public minds that something is said about CSR – they just do not want us to say it. If the media communicates it, then it is okay. The evident part is third party endorsement – that it is not you who say you are good, but someone else. That is a key factor that we are highly aware of in our CSR communication. Reactions depend on the communication channels. When an international company makes an advertising campaign on their corporate trucks explaining how they bring out medicine to the poor and suffering people in Africa, it makes the Danes feel sick. If WHO made a documentary from Africa where it was mentioned, then it would have been great!" (zit. n. Morsing et al. 2008, S. 107)

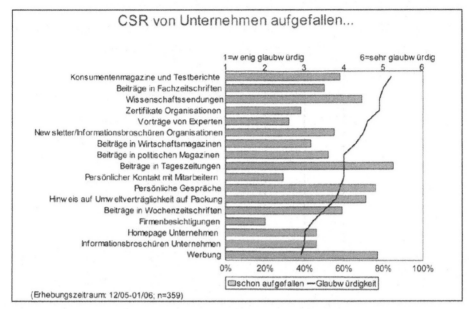

Abb. 5 CSR-Kommunikationsangebote und deren Glaubwürdigkeit
Quelle: Mayerhofer et al. 2008: 99

Neben der Anforderung der Glaubwürdigkeit kommt auch der thematischen Relevanz der Kooperation für definierte Stakehoder hohe Bedeutung zu. Dies gilt besonders für die Zielgruppe des Unternehmens im Absatzmarkt. Das Thema sollte zur unmittelbaren Lebenswelt, zum Alltag der Konsumenten passen. Als Beispiel für hohe thematische Relevanz gilt die Initiative für wahre Schönheit, mit der die Marke Dove die für die Zielgruppe der Mädchen wichtigen Themen des Schönheitsideals und des Selbstwertgefühls nutzt, um die Marke als sozial verantwortungsvoll zu positionieren (Blumberg und Conrad 2006).

Mit der Anforderung der Integrität soll sichergestellt werden, dass die Kommunikation nicht aufgesetzt wirkt, sondern von einer Inside-Out-Perspektive entwickelt wird und zur Unternehmens- wie zur NGO-Kultur passt. Zu diesem Zweck werden die Mitarbeiter als aktiv Handelnde in das CSR-Engagement des Unternehmens (z. B. mittels Corporate Volunteering beim NGO-Partner) und in die Entwicklung der Kommunikation eingebunden und konstituieren beides damit. Gleichzeitig sind auch NGO-Mitarbeiter in die Konzeption des gemeinsamen kommunikativen Markenauftritts involviert. So wird sichergestellt, dass die gemeinsam mit der NGO nach innen und außen kommunizierte unternehmensspezifische sozio-ökonomische Position unstrittig ist (Tropp 2011). Voraussetzung dafür ist ein organisationskultureller Partner-Fit zwischen Unternehmen und NGO, der sich in vertrauensvollen Interaktionen und Kommunikationen der Akteure von NGO und Unternehmen äußert (Meffert und Holzberg 2009).

Schließlich kann noch Commitment als wichtige Anforderung kooperativer Markenkommunikation genannt werden. Der Marke des Unternehmens kann nur dann eine
positive sozio-ökonomische Imageeigenschaft addiert werden, wenn das Unternehmen
sich strategisch diesem Thema annimmt. Der Grund dafür ist, dass der Aufbau und die
Verfestigung eines semantischen Netzwerks, das spezifische gewünschte Vorstellungen zu
einer Marke vorhält, als Lernprozess bei den Stakeholdern aufzufassen ist, der als solcher
Zeit braucht. Aber auch seitens der NGO ist Commitment für die Allianz notwendig.
Auch sie kann die oben genannten Vorteile, die sie sich aus der Kooperation verspricht
beispielsweise das Erzielen von Lerneffekten im Markenmanagement – nicht durch eine
einmalige gemeinsame Kampagne mit einem Unternehme erzielen. Das heißt, anstelle
eines halbherzigen Engagements sollten Unternehmen und NGO ihre Allianz sowohl über
mehrere Jahre planen als auch mit einem ausreichenden Budget ausstatten (Blumberg und
Conrad 2006).

7   Fazit

Unternehmen finden sich heute in einer neuen Rolle als globaler Weltbürger wieder. Damit einhergehend müssen sie sich in der Mediengesellschaft an den Nachrichtenfaktoren
des Mediensystems – unter anderem Skandalisierung – orientieren, wollen sie im Markt
und in der Öffentlichkeit reüssieren. Gleichzeitig tauschen die NGOs vermehrt ihre traditionellen Konfliktstrategien aufgrund der Überschneidung von Handlungsfeldern mit
Unternehmen zugunsten Strategien der Kooperation ein. Es resultieren unausweichlich
neue Interaktionsverhältnisse der beiden Organisationstypen, die sich auch in kooperativen
Markenkommunikationen unterschiedlichster Typik äußern. Diesen Markenallianzen haftet
seitens der Unternehmen der Risikofaktor an, dass Stakeholder die Instrumentalisierung
von Moral zu rein ökonomischen Zwecken unterstellen. Andererseits sehen sich die NGOs
in der Kooperation dem Risiko des Autonomieverlustes gegenüber, den besonders Spender
und freiwillige Mitarbeiter vermuten könnten.

Zwar kann der Fit der Marken von NGO und Unternehmen als wichtiger Erfolgsfaktor
der Kooperation betrachtet werden, er ist aber kein Garant für das Gelingen der gemeinsamen Kommunikation. Die Verantwortlichen in Unternehmen und NGOs sind nämlich mit
enorm hohen Anforderungen an die Konzeption und Umsetzung ihrer Kommunikation
konfrontiert. Besonders zu nennen sind Glaubwürdigkeit, Relevanz, Integrität, organisationskultureller Partner-Fit sowie das Commitment zu einer strategisch ausgerichteten
Kooperation.

Auf der Ebene des operativen Kommunikationsmanagements resultiert daraus die Notwendigkeit einer äußerst vorausschauenden und qualitativ anspruchsvollen Konzeption. Nur
mit einem integrativen Ansatz, der die unterschiedlichen Stärken und Zieldimensionen der
einzelnen Kommunikationsdisziplinen (Werbung, PR, Word-of-Mouth etc.) und Medien
(Medien der öffentlichen Kommunikation, Individualmedien, Social Media) aufeinander

abstimmt und miteinander vernetzt, kann den hohen Anforderungen an die kooperative Markenkommunikation von NGOs und Unternehmen begegnet werden. Monodisziplinär und -instrumentell angelegte Kommunikationsallianzen wie reine CrM-Kampagnen oder der alleinige Versand von Pressemitteilungen sind dazu nicht geeignet.

Literatur

Aaker, D. A., Joachimsthaler, E. A. (2000). *Brand Leadership*. New York: The Free Press.

Baumgarth, C. (2004). Co-Branding – Bedeutung, Begriff und Erfolgsfaktoren. In: Boltz, D. M., Leven, W. (Hrsg.): *Effizienz in der Markenführung* (S. 228-243). Hamburg: Gruner + Jahr.

Becker, J. (1993): *Marketing-Konzeption. Grundlagen des strategischen Marketing-Managements*. 5. Aufl., München: Vahlen.

Behnke, J., Hergert, S., Bader, F. (2006). Ethik-Monitor. Tabellenband. Bamberg: Wertvolle Zukunft. Stiftung für ethisches Handeln. http://www.stiftung-wirtschaftsethik.de/uploads/media/1159542993_Tabellenband.pdf. Zugegriffen: 13.März.2013.

Blumberg, M., Conrad, C. (2006). *Good Brand 2006. Gutes Tun und davon profitieren*. Bremen: o. V.

Boetzkes, C.-E. (2007). *Organisation als Nachrichtenfaktor. Wie das Organisatorische den Content von Fernsehnachrichten beeinflusst*. Wiesbaden: VS Verlag für Sozialwissenschaften.

Bronder, C. (1993). *Kooperationsmanagement: Unternehmensdynamik durch Strategische Allianzen*. Frankfurt am Main, New York: Campus.

Brosius, H.-B. (1991). Schema-Theorie – ein brauchbarer Ansatz in der Wirkungsforschung? In: *Publizistik, 36. Jg., 3*, 285–297.

Curbach, J. (2008). *Die Corporate-Social-Responsibility-Bewegung*. Wiesbaden: VS Verlag für Sozialwissenschaften.

DRK (o. J.). *Deutsches Rotes Kreuz: Jahrbuch 2005/06*. Berlin: DRK.

Esch, F.-R. (2011). *Strategie und Technik der Markenführung*. 7. Aufl. München: Vahlen.

Esch, F.-R., Wicke, A. (2000). Herausforderungen und Aufgaben des Markenmanagements. In: Esch, F.-R. (Hrsg.): *Moderne Markenführung. Grundlagen, innovative Ansätze, praktische Umsetzungen* (S. 3–55). 2. aktual. Aufl. Wiesbaden: Gabler.

EU-Kommission (2001). Kommission der Europäischen Gemeinschaften: Grünbuch Europäische Rahmenbedingungen für die soziale Verantwortung der Unternehmen. http://eur-lex.europa.eu/LexUriServ/site/de/com/2001/com2001_0366de01.pdf. Zugegriffen: 18.07.2012.

Friedman, M. (1962). *Capitalism and freedom*. Chicago: University of Chicago Press.

Fries, A. J. (2010). The Effects of Cause-Related Marketing Campaign Characteristics. In: *Marketing. Journal of Research and Management, Vol. 6, 2*, 145-157.

Grunig, J. E., Hunt, T. T. (1984). *Managing Public Relations*. Belmont, CA: Wadsworth.

Huber, F. (2004). *Erfolgsfaktoren von Markenallianzen: Analyse aus der Sicht des strategischen Markenmanagements*. Wiesbaden: DUV.

Imhof, K. (2006). Mediengesellschaft und Medialisierung. In: *Medien und Kommunikationswissenschaft, 54. Jg., 2*, 191–215.

Koncz, J. (2005). *Markenallianzen in der Werbung. Eine empirische Analyse der Wirkung ausgewählter Kooperationsformen zwischen bekannten Marken*. Aachen: Shaker.

Kroeber-Riel, W. (1984). *Konsumentenverhalten*. 3. wesentl. erneu. u. erw. Aufl., München: Vahlen.

Kroeber-Riel, W., & Weinberg, P. (2003). *Konsumentenverhalten*. 8. Aufl., München: Vahlen.

Krotz, F. (2005). Einführung: Mediengesellschaft, Mediatisierung, Mythen – Einige Begriffe und Überlegungen. In: Rössler, P., Krotz, F. (Hrsg.): *Mythen der Mediengesellschaft – The Media Society and its Myths* (S. 9-30). Konstanz: UVK.

Luhmann, N. (1996). *Die Realität der Massenmedien*. 2. erw. Aufl. Wiesbaden: Westdeutscher Verlag.

Maier, M., Stengel, K., Marschall, J. (2010). *Nachrichtenwerttheorie*. Baden-Baden: Nomos.

Matten, D., Moon, J. (2004). A conceptual framework for understanding CSR. In: Habisch, A., Jonker, J., Wegner, M., & Schmidpeter, R. (Hrsg.): *Corporate Social Responsibility Across Europe: Discovering National Perspectives of Corporate Citizenship* (S. 335-356). Berlin: Springer.

Mayerhofer, W., Grusch, L., Mertzbach, M. (2008). *Corporate Social Responsibility. Einfluss auf die Einstellung zu Unternehmen und Marken*. Wien: Facultas.

Meffert, H., Holzberg, M. (2009.: Cause-related Marketing: Ein scheinheiliges Kooperationskonzept? In: *Marketing Review St. Gallen, 2,* 47–53.

Mellerowicz, K. (1963). *Markenartikel – die ökonomischen Gesetze ihrer Preisbildung und Preisbildung*. 2. Aufl. München, Berlin: Beck.

Meyen, M. (2009). Medialisierung. In: *Medien & Kommunikationswissenschaft, 57. Jg., 1,* 23-38.

Mögele, B., Tropp, J. (2009). Werben mit der Übernahme gesellschaftlicher Verantwortung. In: Schmidt, S. J., Tropp, J. (Hrsg.): *Die Moral der Unternehmenskommunikation. Lohnt es sich, gut zu sein?* (S. 348–361), Köln: Herbert von Halem.

Morsing, M., Schultz, M., & Nielsen, K. U. (2008). The „Catch 22" of communicating CSR: Findings from a Danish study. In: *Journal of Marketing Communications, Vol. 14, 2,* 97–111.

Oloko, S. (2008). *Cause related Marketing. Der Status Quo in Deutschland*. Potsdam: Universität Potsdam.

Oloko, S., Balderjahn, I. (2009). Cause related Marketing in Deutschland: Eine kritische Bestandsaufnahme. In: Schmidt, S. J., & Tropp, J. (Hrsg.): *Die Moral der Unternehmenskommunikation. Lohnt es sich, gut zu sein?* (S. 362–379), Köln: Herbert von Halem.

Peuser, M.-M. (2008). *Kompetenzorientierte Markenkooperationen von Energieversorgungsunternehmen im B2B-Kundenbereich*. Wiesbaden: Gabler.

Regier, S., Huber, F., Herrmann, A. (2008). Ein schema- und einstellungstheoretischer Ansatz zur Erklärung der Kaufabsicht von radikalen Innovationen. In: *Marketing. Zeitschrift für Forschung und Praxis*, 30. Jg., 4, 205–219.

Sandler, G. (1994). Herstellermarken. In: Bruhn, M. (Hrsg.): *Handbuch Markenartikel. Anforderungen an die Markenpolitik aus Sicht von Wissenschaft und Praxis*, Bd. 1: Markenbegriffe, Markentheorien, Markeninformationen, Markenstrategien (S. 43–56). Stuttgart: Schäffer-Poeschel.

Schiele, T. P. (1999). *Markenstrategien wachstumsorientierter Unternehmen*. Wiesbaden: DUV.

Schranz, M. (2007). *Wirtschaft zwischen Profit und Moral*. Wiesbaden: VS Verlag für Sozialwissenschaften.

Schweiger, W. (2007). *Theorien der Mediennutzung. Eine Einführung*. Wiesbaden: VS Verlag für Sozialwissenschaften.

Söllner, A., Mirković, S. (2009). Die neue Tugendhaftigkeit von Unternehmen und die Gefahren falscher Versprechen. In: Schmidt, S. J., Tropp, J. (Hrsg.): *Die Moral der Unternehmenskommunikation. Lohnt es sich, gut zu sein?* (S. 85–100), Köln: Herbert von Halem.

Sommer, R. (1998). *Psychologie der Marke. Die Marke aus der Sicht des Verbrauchers*. Frankfurt am Main: Deutscher Fachverlag.

Stehr, N. (2007). *Die Moralisierung der Märkte. Eine Gesellschaftstheorie*. Frankfurt/Main: Suhrkamp.

Suchman, M. C. (1995). Managing Legitimacy: Strategic and Institutional Approaches. In: *The Academy of Management Review, Vol. 20, 3,* 571-610.

Teetz, A. (2009). Strukturvertrieb trifft Selbsthilfegruppe – Die Moral der Corporate Sector Partnerships liegt im Ergebnis. In: Schmidt, S. J., Tropp, J. (Hrsg.): *Die Moral der Unternehmenskommunikation. Lohnt es sich, gut zu sein?* (S. 229-242), Köln: Herbert von Halem.

Tropp, J. (2004). *Markenmanagement. Der Brand Management Navigator – Markenführung im Kommunikationszeitalter.* Wiesbaden: VS Verlag für Sozialwissenschaften.

Tropp, J. (2009). License to Communicate Corporate Social Responsibility. In: Schmidt, S. J.,Tropp, J. (Hrsg.): *Die Moral der Unternehmenskommunikation. Lohnt es sich, gut zu sein?* (S. 243–259), Köln: Herbert von Halem.

Tropp, J. (2011). Corporate Social Responsibility: Wie kann ein Unternehmen nachhaltig kommunizieren? In: Bald, T., Keuper, F. (Hrsg.): *Innovative Markenführung und -implementierung* (S. 457-476). Berlin: Logos.

Varadarajan, R. P., Menon, A. (1988). Cause Related Marketing: A Co-Alignment of Marketing Strategy and Corporate Philanthropy. In: *Journal of Marketing, Vol. 52, 3,* 58–74.

Interne Markenerfolgskette mitgliedsbasierter NGOs

Marcus Stumpf

Zusammenfassung

Der vorliegende Beitrag überträgt den Ansatz der internen Markenführung auf mitgliedsbasierte Non Governmental Organizations (NGO) und betrachtet die Faktoren, die den internen Markenerfolg determinieren, sowie deren Wirkungsbeziehungen untereinander. Dazu wird die so genannte *interne Markenerfolgskette* als konzeptionelle Grundlage für ein geeignetes Mess- sowie Steuerungsinstrument der internen Markenführung gewählt. Die einzelnen Faktoren der Erfolgskette, die dabei als interne mitgliederrelevante Markenziele zu interpretieren sind und deren Erreichung durch die Mitgliedsorganisation anzustreben ist, werden erläutert und vorliegende empirische Ergebnisse aufgeführt. Eine Darstellung des weiteren Vorgehens sowie Managementimplikationen schließen den Beitrag ab.[1]

1 Einleitung

Als zentraler Werttreiber für Unternehmen steht die Marke seit Jahren im Zentrum des Interesses der Marketingforschung und -praxis (vgl. z. B. Esch et al. 2005b, S. 5). Die Marke drückt sich dabei nicht nur extern über ein Produkt oder dessen Kommunikation aus, sondern auch über das Verhalten ihrer Repräsentanten (vgl. z. B. Kernstock 2008). Daher ist in den letzten Jahren auch zunehmend die Bedeutung der *internen Markenführung*, d. h. die Vermittlung der Marke an die Mitarbeitenden eines Unternehmens, als Voraussetzung für den externen Markenerfolg erkannt worden (vgl. z. B. Zeplin 2006): Als „*Markenbotschafter*" kommuniziert und repräsentiert jeder einzelne Mitarbeitende die Marke nach außen (vgl. Joachimsthaler 2002, S. 29; Tomczak und Brexendorf 2003, S. 58).

---

[1] Dieser Beitrag stellt – mit freundlicher Genehmigung der Gabler Springer Fachmedien – eine Überarbeitung des Beitrags von Stumpf und Sautter (2013) dar.

© Springer Fachmedien Wiesbaden GmbH 2018
N. Remus und L. Rademacher (Hrsg.), *Handbuch NGO-Kommunikation*,
https://doi.org/10.1007/978-3-531-18808-9_13

Der vorliegende Beitrag überträgt den Ansatz der internen Markenführung auf moderne Nicht-Regierungs-Organisationen bzw. Non Governmental Organizations (NGO) und deren Mitglieder, stellen diese doch eine zentrale Anspruchsgruppe der Organisation dar. Die interne Markenführung hat dabei das Ziel, die Marke einer NGO glaubhaft und konsistent gegenüber den Mitgliedern zu vermitteln, so dass diese die Markenidentität kennen und sich verpflichtet fühlen, im Einklang mit der Marke zu handeln. Um mit interner Markenführung die *Mitglieder-Marken-Beziehung* beeinflussen und verbessern zu können sowie die Markenziele der NGO zu erreichen, ist die Kenntnis derjenigen Faktoren, die den internen Markenerfolg determinieren, sowie ein grundlegendes Verständnis der Wirkungsbeziehungen zwischen diesen Faktoren zwingend notwendig.

Im Folgenden wird die so genannte *interne Markenerfolgskette* (vgl. Bruhn 2005a, S. 1043; 2008, S. 162) als konzeptionelle Grundlage für ein geeignetes Mess- sowie Steuerungsinstrument der internen Markenführung in mitgliedsbasierten NGOs gewählt. Hierbei handelt es sich um ein verhaltenswissenschaftliches Modell für ein innengerichtetes Markenmanagement, das die Wirkungszusammenhänge veranschaulicht und dessen Perspektive sich besonders gut zur Markensteuerung und Wahrung der Markenkontinuität eignet (vgl. Esch und Geus 2005, S. 1270). Die einzelnen Faktoren der Erfolgskette, die dabei als interne mitgliederrelevante Markenziele zu interpretieren sind und deren Erreichung durch die Mitgliedsorganisation anzustreben ist, werden erläutert und vorliegende empirische Ergebnisse aufgeführt. Eine Darstellung des weiteren Vorgehens mit den vorliegenden Erkenntnissen sowie Managementimplikationen schließen den Beitrag ab.

2   Rolle der Mitglieder in NGOs

Im Mittelpunkt dieses Beitrags stehen mitgliedsbasierte NGOs, deren Zustandekommen auf freiwilliger Mitgliedschaft beruht. Dies bedeutet, dass die Organisationen aus Mitgliedern gebildet werden, die sich bewusst für eine Mitgliedschaft entschieden haben („Opt-In"). Heinemann (2004, S. 85) benennt die freiwillige Mitgliedschaft als eines von vier *konstitutiven Merkmalen*. Daneben sind die Unabhängigkeit von Dritten, die Freiwilligenarbeit sowie demokratische Entscheidungsstrukturen weitere Merkmale der Organisation (Heinemann 2004, S. 85). Alle diese Merkmale deuten auf eine hohe Orientierung der NGOs am Mitgliedernutzen hin und zeigen, wie sehr die Organisation einerseits von den Mitgliedern und deren Beitrag zur Organisation abhängig ist. Andererseits liegt der Schluss nahe, dass eine Mitgliedschaft auch zugleich der Ausweis einer besonderen Identifikation mit der Organisation darstellt (Heinemann 2004, S. 85; Dürr 2008, S. 29).

Bei der Frage, ob der *Begriff der „Internen Markenführung"*, wie in der Einleitung beschrieben, in Bezug auf Mitarbeitende und Mitglieder gleichzusetzen ist, ist zunächst die Gemeinsamkeit festzustellen, dass es sich bei beiden Beziehungsformen zu Organisationen um eine interne Einbindungsstruktur handelt. Mitarbeitende sind ebenso wie Mitglieder Teil des Systems; sie bilden durch ihre Teilhabe die Organisation. Ihre Handlungen und ihre Einstellungen innerhalb sowie außerhalb der Organisation prägen letztlich deren Erscheinungsbild. Daneben sind jedoch auch folgende *Unterschiede zwischen den Bezugsobjekten* festzuhalten (vgl. Stumpf und Rücker 2008, S. 247):

- Das Verhältnis der Mitglieder beruht auf einem Gesellschaftsvertrag von Individuen mit gleichgerichteter Zielsetzung im Gegensatz zu einer punktuellen, bilateralen Tauschbeziehung bei erwerbswirtschaftlichen Betrieben. Die „Ziele der Organisation und Mitgliedschaftsmotivation der Mitglieder sind nicht wie in Betrieben oder Behörden voneinander getrennt" (Heinemann 2004, S. 82). Kann eine *Identität zwischen den Zielen der Organisation und den Interessen der Mitglieder* hergestellt werden, ist dies aus Sicht der Mitglieder das Motiv zu Mitgliedschaft und Engagement innerhalb der Organisation.
- Auch in der Position des Mitglieds und des Mitarbeitenden sind Unterschiede festzustellen. So ist das Mitglied oftmals zugleich Konsument, Produzent, Finanzier und Entscheidungsträger, woraus sich eine *organisationsspezifische Rollenidentität* ergibt. Die unterschiedlichen Rollen des Mitglieds lassen sich aus den konstitutiven Merkmalen der Organisation ableiten: der Freiwilligkeit, der Ehrenamtlichkeit, den demokratischen Entscheidungsstrukturen und der Unabhängigkeit von Dritten (Heinemann 2004). Vielfach wird bei Mitgliedern daher auch von *„Prosumenten"* gesprochen. Dieser Kunstbegriff drückt die ambivalente Rolle des Mitglieds in der Struktur der Organisation aus.
- Den Mitgliedern stehen im Vergleich zu Mitarbeitenden einer Organisation *vielfältige Steuerungsmechanismen* zur Verfügung, um eine Mitgliederorientierung zu erzielen. Sie haben die Möglichkeit, durch Abwanderung, Widerspruch und Engagement die Ziele der Mitgliedsorganisation entsprechend ihren Interessen auszurichten. Die Bereitschaft zum Widerspruch – statt zur Abwanderung – steht dabei in Zusammenhang mit der Verbundenheit und Treue zu einer Organisation (vgl. Hirschmann 1974). Da mitgliedsbasierte NGOs sich zumeist durch demokratische Entscheidungsstrukturen und kollektive Kontrolle charakterisieren lassen (vgl. Horch 1992), haben die Mitglieder bei Leistungsverschlechterung und Unzufriedenheit nicht nur die Möglichkeit auszutreten, sondern Sie können versuchen, die Situation zu verbessern (vgl. Hirschmann 1974). Neben der direkten Beschwerde oder dem Protest über das Stimmrecht sind in NGOs insbesondere das freiwillige Engagement und die Eigeninitiative der Mitglieder von Bedeutung (vgl. Braun und Nagel 2005). Wenn z. B. das Sportangebot in einem Verein nicht den eigenen Vorstellungen entspricht, ergreifen die Mitglieder unter Umständen selbst die Initiative und sorgen dafür, dass neue oder verbesserte Sportangebote eingerichtet und angeboten werden.

Diese Möglichkeiten stehen einem Mitarbeitenden in dieser Form nicht zur Verfügung. Dennoch kann davon ausgegangen werden, dass ein sehr enger Zusammenhang zwischen der internen Markenführung gegenüber Mitarbeitenden und Mitgliedern besteht, allerdings unter Berücksichtigung der *Besonderheiten der Mitgliedsorganisation und der Mitgliedsbeziehung.*

3   Struktur und Konstrukte einer internen Markenerfolgskette

Um mit interner Markenführung die Mitglieder-Marken-Beziehung beeinflussen und
verbessern zu können sowie die Markenziele der NGO zu erreichen, ist ein grundlegendes Verständnis der Wirkungsbeziehungen notwendig. Diese Wirkungszusammenhänge
lassen sich anhand der so genannten internen Markenerfolgskette veranschaulichen. Die
Grundstruktur einer internen Markenerfolgskette für Mitgliedsorganisationen besteht aus
vier Gliedern (in Anlehnung an Bruhn 2005a, S. 1042; vgl. Abb. 1):

1. Input der Mitgliedsorganisation, die interne Markenführung der Organisation sowie
    die gemeinsame Leistungserstellung der Mitgliedsorganisation und seiner Mitglieder,
2. Psychologische Wirkungen, v. a. die Markenbeurteilung durch die Mitglieder,
3. Verhaltenswirkungen, v. a. das tatsächliche Markenverhalten der Mitglieder,
4. Output der Organisation, das Erreichen der Markenziele sowie die soziale Wertschöp-
    fung der internen Markenführung.

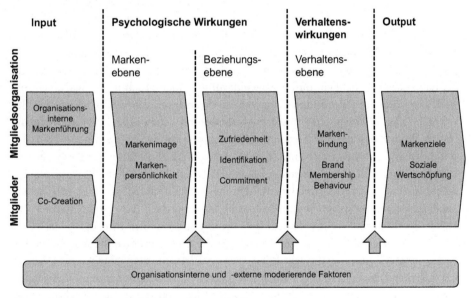

Abb. 1   Interne Markenerfolgskette für Mitgliedsorganisationen
Quelle: Eigene Darstellung

Die interne Markenführung der Mitgliedsorganisation sowie die gemeinsame Leistungs-
erstellung mit den Mitgliedern stellen im vorliegenden modelltheoretischen Fall die
Inputvariablen dar. Diese Inputvariablen erzielen bei den Mitgliedern psychologische
Wirkungen – sowohl auf Marken- als auch auf Beziehungsebene. Aus der Beurteilung und

den psychologischen Wirkungsgrößen einer Marke resultieren die Verhaltenskonsequenzen der Mitglieder. Das Verhalten der Mitglieder hat schließlich Auswirkungen auf die Markenziele sowie die soziale Wertschöpfung der Mitgliedsorganisation. Die so formulierte Wirkungsweise der internen Markenerfolgskette stellt jedoch keinen Automatismus dar. Vielmehr liegen aufgrund so genannter organisationsinterner und -externer moderierender Faktoren zwischen den verschiedenen Kettengliedern nicht immer eindeutige Zusammenhänge vor (vgl. zu moderierenden Faktoren z. B. Giering 2000).

Auf Basis der dargestellten internen Markenerfolgskette werden in den folgenden Abschnitten die einzelnen Konstrukte sowie die jeweils zwischen ihnen postulierten Zusammenhänge erläutert.

3.1 Organisationsinterne Markenführung und Co-Creation als Input

3.1.1 Organisationsinterne Markenführung

Durch den Einsatz der *Instrumente des innengerichteten Markenmanagements* gibt die Mitgliedsorganisation ein Leistungs- und Qualitätsversprechen gegenüber ihren Mitgliedern ab. Als Instrumente der internen Markenführung sind insbesondere leistungspolitische Maßnahmen, Maßnahmen der internen Kommunikation sowie der mitgliederbezogene Einsatz externer Marketinginstrumente anzusehen (vgl. auch Wittke-Kothe 2001, S. 11; Stauss 1995, Sp. 1049ff.):

- Beispiele für den Einsatz *leistungspolitischer Maßnahmen* sind in Sportvereinen beispielsweise Auswärtsfahrten zu Pflicht-, Freundschafts- und Länderspielen oder auch Diskussionsrunden mit Vorstand, Trainer und Spieler. Verbunden mit diesen mitgliederbezogenen Maßnahmen ist das Ziel, eine emotionale Beziehung zur NGO aufzubauen sowie ein Gemeinschaftsgefühl zu entwickeln.
- Mitgliederversammlungen stellen klassische *Maßnahmen der internen Kommunikation* in NGOs dar, die zum einen die Möglichkeit bieten, die Markenwerte konkret zu vermitteln. Zum anderen kann im Zuge der Veranstaltung auch ein Verständnis für die Markenpolitik der Mitgliedsorganisation insgesamt erreicht werden. Darüber hinaus wirkt beispielsweise der Einsatz einer Mitgliederzeitung identitätsstiftend, wenn Erfolge, Vereinsaktivitäten sowie allgemeine Informationen zur Organisation speziell für Mitglieder dargestellt werden.
- Neben diesen innengerichteten Kommunikationsmaßnahmen sind die Mitglieder als „Second Audience" auch Rezipienten der *externen Kommunikation*, wenn sie Medienberichte über die NGO wahrnehmen. Zudem besteht weitergehend die Möglichkeit, dass die Mitglieder die Ziele der Markenführung aktiv unterstützen, indem sie beispielsweise in die externen Kommunikationsmaßnahmen der Mitgliedsorganisation eingebunden werden und in Werbeanzeigen Aussagen zum Markenversprechen der Organisation treffen. Abb. 2 zeigt hierzu ein Beispiel des Freizeitsportvereins „sportspaß" aus Hamburg.

Darüber hinaus scheint der Ansatz des *Brand-Experience-Managements* „fan"-förderlich. Dieser Ansatz geht davon aus, dass die Marke durch die systematische Vermittlung von positiven Erlebnissen, beispielsweise durch spezifische Markenevents, emotional aufgeladen wird und so einen Beitrag zur Steigerung der Mitgliederzufriedenheit und -bindung leistet. Im Hinblick auf die Neigung von Marken-„Fans", ihre Marke zu ritualisieren (vgl. Hellmann et al. 2009, S. 62), ist darüber nachzudenken, durch welche Maßnahmen eine Regelmäßigkeit der Erlebnisvermittlung erreicht werden kann.

Abb. 2   Werbung des Freizeitsportvereins „sportspaß" aus Hamburg
Quelle: www.sportspass.de

3.1.2   Co-Creation

Bereits mit den aufgeführten Beispielen wird deutlich, dass die letztendlich für die NGO bedeutsame Wertschöpfung nur gemeinsam, d.h. in Kooperation mit den Mitgliedern generiert werden kann und dass die Leistungserstellung einen *interaktiven Prozess zwischen der NGO und ihren Mitgliedern* darstellt. Auch Morrow (1999) betont die wichtige Rolle von Mitgliedern, wenn sie die Leistung, die sie konsumieren auch produzieren. So ist beispielsweise die Atmosphäre in einem Sportstadion, die durch die Zuschauer erzeugt wird, ein wichtiger Bestandteil der Attraktivität eines Sportereignisses. In dieser Weise lassen sich die Zuschauer, darunter insbesondere die Mitglieder und Fans eines Sportvereines, als Co-Produzenten eines Events bezeichnen.

Diese Denkweise der gemeinsamen Leistungserstellung (Co-Creation), die in hohem Maße in Mitgliedsorganisationen gegeben ist, spiegelt auch das Konzept der so genannten

Service-Dominat Logic wider, die seit einigen Jahren in der Marketingwissenschaft und mittlerweile auch darüber hinaus intensiv diskutiert wird (vgl. Vargo und Lusch 2004, 2008). Hier wird insbesondere ein Wechsel weg von einer starken Anbietersicht (z. B. im Sinne von: „das Deutsche Rote Kreuz (DRK) bietet einen Blutspendedienst an") hin zu einer gemeinsamen Schaffung von bleibenden Werten propagiert (z. B. im Sinne von: „die Zusammenarbeit von DRK und Blutspendern sichert die Versorgung von Patienten mit Blutkonserven") (Michalski und Helmig 2009, S. 237f.).

Durch die Implementierung der internen Markenführung sowie die Umsetzung der Co-Creation werden bei den Mitgliedern dauerhafte und werthaltige Wirkungen erzielt. Die *psychologischen Wirkungsgrößen*, die aufgrund der Aktivitäten der NGO beim Mitglied entstehen, werden im Folgenden diskutiert. Als ein zentrales Konstrukt wird auf der Markenebene das Markenimage sowie die Markenpersönlichkeit angesehen.

3.2 Markenimage und Markenpersönlichkeit als Konstrukte der Markenebene

3.2.1 Markenimage

Das Markenimage wird beschrieben als stabile und wertende Summe aller perzipierten und im Gedächtnis gespeicherten Assoziationen, die Menschen mit einer Marke verbinden (vgl. Esch et al. 2005a, S. 1235). Im Gegensatz zur Markenidentität, die das Selbstbild der Marke aus Sicht des Absenders definiert, ist das Markenimage das *Bild der Marke bei seinen Zielgruppen* (Fremdbild). Dieses Bild entsteht auf Basis der von der Marke gesendeten Signale (z. B. im Rahmen der Kommunikationspolitik) und eigener Erfahrungen im Umgang mit der Marke (vgl. Burmann und Meffert 2005, S. 53). Unterteilt wird das Markenimage in die Komponenten *Markenwissen* sowie daraus abgeleitet den funktionalen und den symbolischen *Nutzen der Marke* (vgl. Burmann und Maloney 2008, S. 74). Es wird angenommen, dass Handlungen des Konsumenten im Hinblick auf Kauf bzw. Nutzung der Marke im Wesentlichen durch das Markenimage beeinflusst werden. Zudem spielt aus Sicht des Markennutzers das Markenimage eine wesentliche Rolle, um sich selbst über die Nutzung der Marke auszudrücken bzw. einen Imagetransfer von der Marke auf die eigene Persönlichkeit zu erzielen.

Im Kontext von Mitgliedsorganisationen bietet insbesondere der *symbolische Nutzen*, den das Mitglied aus dem Markenimage zieht, Ansatzpunkte für die interne Markenführung. Burmann und Meffert (2005) nennen u. a. die Vermittlung von Prestige, die Gruppenzugehörigkeit und die Verknüpfung von individuell wichtigen Erlebnissen sowie Erinnerungen mit der Marke als symbolische Nutzenkomponenten. Demzufolge gilt es für die NGO in der Markenführung und im Aufbau der Markenidentität vor allem diese Dimensionen zu beeinflussen. Im Kontext von z. B. Sportvereinen können dies die Herausstellung der ehrenamtlichen Vereinsleistung, der Erfolg im sportlichen Wettbewerb sowie die Zugehörigkeit zum Verein als Gruppe sein. Gelingt es der Mitgliedsorganisation, diese Werte glaubhaft als eigene Identität zu vermitteln, können die Rezipienten – in diesem Fall die Mitglieder – durch das Image ihre Bedürfnisse nach Zugehörigkeit oder Engagementbereitschaft als erfüllt sehen. Die anzunehmende Folgewirkung daraus ist, dass die Mitglieder bereit sind, sich mit der Organisation stärker zu identifizieren, sich zu engagieren oder weiteres NGO- bzw. markenkonformes Verhalten an den Tag zu legen. Basierend auf diesen Annahmen wird davon ausgegangen, dass aus einem positiv wahrgenommenen Markenimage sich weitere psychologische Wirkungen auf der Beziehungsebene wie Zufriedenheit, Identifikation sowie Commitment ergeben und zu diesen Konstrukten ein positiver Kausalzusammenhang besteht.

3.2.2 Markenpersönlichkeit

Nach Aaker ist die Markenpersönlichkeit *„the set of human characteristics associated with a brand"* (Aaker 1997, S. 347). Sie resultiert aus Unternehmensaktivitäten (vorwiegend kommunikativer Art) sowie der Wirkung und Verarbeitung beim Kunden (vgl. Burmann und Stolle 2007, S. 47). Gleichzeitig gilt die Markenpersönlichkeit als wichtige Determinante für die Identifikation des Kunden mit der Marke. Es wird davon ausgegangen, dass Konsumenten mit dem Kauf und der Nutzung einer Marke ihre eigene Persönlichkeit zum Ausdruck bringen, was als *Selbst-Kongruenz* bezeichnet wird. „Durch die Bereitstellung ‚menschlicher' Identität unterstützt eine Markenpersönlichkeit die Identifikation des Konsumenten mit einer Marke und erhöht so die persönliche Bedeutung von Marke und Produkt für den Konsumenten" (Bauer et al. 2002, S. 688). Zudem gilt der Zusammenhang zwischen positiv empfundener Markenpersönlichkeit und der Identifikation mit der bzw. Loyalität zur Marke als unbestritten (vgl. Sattler 2001, S. 142).

Für NGOs, im Speziellen für Profi-Sportvereine, wurde von Burmann und Schade (2009) dargelegt, wie die Markenpersönlichkeit determiniert wird. Dabei ist zwischen *direkten und indirekten Determinanten* zu differenzieren. Direkte Bestimmungsfaktoren sind dabei Vertreter und Nutzer des Vereins, also Trainer, Manager, Sportler sowie Fans. Indirekte Faktoren sind dagegen eher im Vereinsumfeld zu finden, beispielsweise die Sportart, sportliche Leistung, Vereinspolitik/-kultur, Infrastruktur oder regionale Herkunft (vgl. Burmann und Schade 2009, S. 6). Die Rolle der Mitglieder für die Markenpersönlichkeit ist dagegen noch nicht hinlänglich untersucht. Es kann jedoch davon ausgegangen werden, dass diese einen hohen Einfluss auf das Persönlichkeits- und Erscheinungsbild der NGO nach außen haben. So sind die Mund-zu-Mund-Propaganda von Mitgliedern oder deren Verhalten nicht zu unterschätzende Faktoren bei der Meinungsbildung über eine NGO.

An anderer Stelle wurde bereits hervorgehoben, dass die Mitglieder zu ihrer NGO eine Beziehung aufbauen. Im Folgenden werden die in diesem Zusammenhang relevanten Konstrukte aufgezeigt.

3.3 Zufriedenheit, Identifikation und Commitment als Konstrukte der Beziehungsebene

3.3.1 Zufriedenheit

Der Begriff „Mitgliederzufriedenheit" beschreibt das Resultat eines komplexen Informationsverarbeitungsprozesses. Zur Erklärung der allgemeinen Zufriedenheitsentstehung kann das sogenannte *Confirmation-Diskonfirmation-Paradigma (C/D-Paradigma)* einen wertvollen Betrag leisten. Es lässt sich als Grundmodell ebenso für die Arbeitszufriedenheit wie für die Mitgliederzufriedenheit heranziehen (vgl. Ungern-Sternberg 2002, Giloth 2003). Zwar verzichten Nagel et al. (2004) in ihrer Studie zur Mitgliederzufriedenheit in Vereinen auf eine exakte Begriffsbestimmung, verweisen bzgl. der Entstehung aber auf die Nähe zum C/D-Paradigma.

Übertragen auf den mitgliederbezogenen Kontext erfolgt entsprechend dem Confirmation-Diskonfirmation-Paradigma ein Abgleich zwischen den Erwartungen an die Mitgliedschaft im Verein (Soll-Leistung) und der subjektiven Wahrnehmung der Leistungen. Das Ergebnis dieses Vergleichs ist ein bestimmtes Niveau der Zufriedenheit bzw. Unzufriedenheit des einzelnen Mitglieds. Stimmen die Erwartungen mit den wahrgenommenen Leistungen der Mitgliedsorganisation überein (Konfirmation und positive Diskonfirmation), entsteht Zufriedenheit, während bei negativer Diskonfirmation (Untererfüllung der Erwartungen) Unzufriedenheit die Folge ist (vgl. Homburg und Stock 2001, S. 20). Fällt die Bewertung des Mitglieds positiv aus oder werden seine Erwartungen sogar übertroffen, so hat dies Loyalität zum Verein zur Folge (vgl. hierzu sowie zu den Teilaspekten für die Gesamtzufriedenheit Nagel 2006, S. 4). In diesem Fall wird auch von *„Fans" des Vereins* gesprochen (vgl. Stumpf 2007, S. 28).

Ein zufriedenes Mitglied wird eine stärkere Beziehung zur NGO aufbauen und sich aus diesem Grund vergleichsweise seltener mit dem Austritt beschäftigen als ein unzufriedenes Mitglied. Zudem fühlen sich zufriedene Mitglieder der Organisation stärker verpflichtet, sind resistenter gegenüber Konkurrenzangeboten, engagieren sich möglicherweise stärker im ehrenamtlichen Bereich, können als „Botschafter" für die Organisation angesehen werden und haben eine wesentliche Funktion für die Mitgliederneugewinnung. Mitgliederzufriedenheit ist damit nicht nur entscheidender Faktor für die Entstehung von Bindung an die Mitgliedsorganisation, sondern – wie nachfolgend noch aufgezeigt wird – auch für die Erreichung der übergeordneten Ziele der NGO. Aus diesem Grund wird ein positiver *Kausalzusammenhang zwischen der Zufriedenheit und der Bindung der Mitglieder zur Marke* erwartet.

3.3.2 Identifikation

Im Kontext mit NGOs ist nicht nur das klassische Beziehungskonstrukt „Zufriedenheit" von Bedeutung, sondern auch die Identifikation von Personen mit dem Zweck der nichtgewinnorientierten Organisation (vgl. Michalski und Helmig 2008; im Forprofit-Kontext auch Homburg et al. 2009, S. 39). Empirische Studien bestätigen die Relevanz der Identifikation im Nonprofit-Bereich (vgl. z. B. Arnett et al. 2003). Für die Verwendung von *Identifikation als Konstrukt der Beziehungsebene* spricht, dass Mitglieder durch ihr persönliches Engagement für die NGO (z. B. Teilnahme an Veranstaltungen, ehrenamtliche Tätigkeit usw.) ihre Identifikation zum Ausdruck bringen. Auch der Kauf von Merchandising- bzw. Fan-Artikeln durch das Mitglied drückt seine Identifikation mit der Organisation aus.

3.3.3 Commitment

Das Markencommitment lässt sich beschreiben als eine psychologische Bindung bestimmter Anspruchsgruppen, d. h. in diesem Falle Mitgliedern, an die Marke (vgl. Zeplin 2006, S. 85 und zu einer ähnlichen Definition des Markencommitments Chauduri und Holbrook 2002, S. 38; Esch et al. 2006, S. 420). Das Commitment-Konstrukt wurde in den letzten Jahren aus der *Organisational Behavior-Forschung* auf die Marke adaptiert (vgl. Meyer und Allen 1997). Entsprechend der prominentesten Klassifikation des organisationalen Commitments nach Meyer und Allen (1991) werden in der Literatur folgende drei *Komponenten des Commitments* differenziert (vgl. Esch et al. 2006, S. 419f.):

- Das *fortsetzungsbezogene Commitment* beruht auf rationalen Kosten-Nutzen-Überlegungen der Mitglieder hinsichtlich ihres Verbleibs in der NGO. In Bezug auf die Marke können ökonomische Vorteile einer Mitgliedschaft (z. B. Rabatte im Zuge von Einkaufsgemeinschaften von Berufsverbänden) oder ein angesehenes Image einer NGO die Kosten des Austritts bzw. des Wechsels erhöhen und das fortsetzungsbezogene Commitment fördern.
- Mitglieder, die ein hohes *affektives Commitment* aufweisen, empfinden eine emotionale Bindung an die Marke und bleiben demzufolge ihrer Mitgliedsorganisation treu, weil sie dies gerne möchten (vgl. Meyer und Allen 1984, S. 373). Eine der wichtigsten Determinanten des affektiven Commitments ist das Ausmaß, in dem die Mitglieder ihre eigenen Werte als zu denen der Organisation bzw. der Marke kongruent wahrnehmen.
- Fühlt sich ein Mitglied der Organisation aus moralisch-ethischen Gründen verbunden sowie verpflichtet, sich weiterhin für die Organisation zu engagieren (vgl. Meyer und Allen 1991, S. 67), liegt *normatives Commitment* vor. Diese Commitment-Komponente wird beispielsweise in folgenden Aussagen eines Mitglieds eines Sportvereins deutlich: „Der Verein hat mich sportlich immer gefördert, ich darf ihn nicht enttäuschen" oder „Ich habe den Aufstieg meines Vereins miterlebt, nun darf ich ihn in sportlich schlechten Zeiten nicht verlassen".

Da *empirische Untersuchungen* zum Markencommitment bei Mitgliedern bisher nicht vorliegen, ist bezüglich entsprechender Studien bei Konsumenten Rekurs zu nehmen. Hier bestehende empirische Ergebnisse belegen bei Konsumenten, die über ein hohes Markencommitment verfügen, ein positives Weiterempfehlungsverhalten sowie eine höhere Bereitschaft, die Marke wiederzukaufen (vgl. z. B. Fullerton 2005, S. 105f.). Ähnliche Wirkungen werden für das Markencommitment bei Mitgliedern erwartet.

Die bisherigen Ausführungen gehen davon aus, dass eine als positiv empfundene Beziehung zwischen den Mitgliedern und der NGO als Marke auf Seiten der Mitglieder zu einer Erhöhung der Markenbindung führt. Auf die Markenbindung sowie das so genannte Brand Membership Behavior als *Konstrukte der Verhaltensebene* wird im Folgenden eingegangen.

3.4 Markenbindung und Brand Membership Behavior als Konstrukte der Verhaltensebene

3.4.1 Markenbindung

Für die dauerhafte Mitgliedschaft in Organisationen sind über die Zufriedenheit hinaus auch die emotionale und normative Bindung von Bedeutung (vgl. Chen 2004, S. 111ff.; Knoke 1988, S. 311 ff.). In der Logik der internen Markenerfolgskette hat eine hohe Zufriedenheit mit der Marke einen positiven Einfluss auf die Bindung der Mitglieder an ihre Organisation. Überträgt man die im gewinnorientierten Kontext oftmals eingesetzten Kriterien Wiederkaufabsicht, Cross-Buying-Absicht und Weiterempfehlungsabsicht (vgl. Bruhn und Homburg 2008) auf den Nonprofit-Bereich, so lässt sich das Konstrukt Bindung anhand von *vier Indikatoren* operationalisieren: (1) Wiederwahlentscheidung (z. B. ein Mitglied nutzt ein Kursangebot im Sportverein und entscheidet sich ein Jahr später, den Kurs erneut zu belegen), (2) Ausweitung der Beziehung (z. B. ein Mitglied nutzt weitere Kursangebote des Sportvereins oder entscheidet sich, darüber hinaus freiwillig im Sportverein ein Ehrenamt anzunehmen), (3) Weiterempfehlung (z. B. ein Mitglied wirbt eine Nachbarin für ein Probetraining oder empfiehlt ihr, ihre Tochter im Kindertraining des Sportvereins anzumelden) sowie (4) Bereitschaft zur Zahlung eines höheren Mitgliedsbeitrags. Michalski und Helmig (2009, S. 238f.) ergänzen entsprechend in ihrer Arbeit für den Nonprofit-Bereich die Bereitschaft zu einer Geld-, Sach- oder Zeitspende als weiteren Bindungseffekt.

Die funktionale Beziehung zwischen Mitgliederzufriedenheit und Mitgliederbindung ist bereits seit einiger Zeit Gegenstand intensiver Diskussionen; *empirische Ergebnisse* sind jedoch in der Nonprofit-Forschung noch vergleichsweise rar (vgl. Polonsky und Garma 2006; Sargeant und Woodlife 2007; Dürr 2008). Nagel (2006) hat für Sportvereine ermittelt, dass bei sehr hoher solidargemeinschaftlicher Bindung, die sich durch Verbundenheit oder Identifikation mit dem Verein ausdrückt, die Mitglieder nur sehr selten über einen Austritt nachdenken und die dauerhafte Mitgliedschaft selbstverständlich ist.

Im Mitgliederfocus Deutschland 2005, einer Studie, die die forum!-Marktforschungs GmbH erstellt hat und bei der 7.070 Mitglieder aus 34 Organisationen telefonisch befragt wurden, konnte ermittelt werden, dass sehr zufriedene Mitglieder deutlich häufiger den Verband weiterempfehlen als unzufriedene Mitglieder. Ein weiterer Indikator für diesen Zusammenhang konnte bei der gleichen Untersuchung mit der Frage „Warum sind Sie Mitglied geworden?" gefunden werden. So sind 52 Prozent der Mitglieder in der entsprechenden Organisation mit der höchsten Mitgliederzufriedenheit aufgrund von Weiterempfehlung Mitglied geworden, während im Durchschnitt über alle befragten Mitglieder aller berücksichtigten Organisationen nur 17 Prozent über Weiterempfehlung den Weg zu der Organisation gefunden haben. Abb. 3 zeigt beispielhaft empirische Ergebnisse dieser Studie zum Zusammenhang von Zufriedenheit und Weiterempfehlung für den Verbandsbereich.

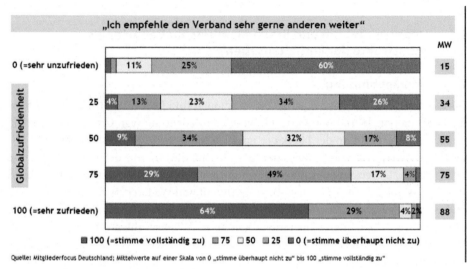

Abb. 3   Zusammenhang zwischen Zufriedenheit und Weiterempfehlung in Verbänden
Quelle: Eser 2006

3.4.2   Brand Membership Behavior

Im Zuge der Diskussion um die innengerichtete Markenführung wird hier das Konstrukt des *Organizational Citizenship Behavior* (OCB), das freiwillige Verhaltensweisen von Personen außerhalb von Rollenerwartungen beschreibt, die nicht durch das formale Entlohnungssystem anerkannt werden, und die in ihrer Gesamtheit die Leistungsfähigkeit der Organisation steigern (Smith et al. 1983; Organ 1988; Podsakoff et al. 1990), wie folgt auf die Mitglieder-Markenführung adaptiert:

Brand Membership Behavior beinhaltet markenkonforme Mitgliederverhaltensweisen, die freiwillig und außerhalb der formalisierten Erwartung an die Mitgliederrolle (d. h. beispielsweise Beteiligung am Angebot der Organisation und am demokratischen Willensbildungsprozess) gezeigt werden und einen Beitrag zur Stärkung der Markenidentität der Mitgliedsorganisation leisten.

Diese Verhaltensweisen können analog zum Konstrukt des Organizational Citizenship Behavior zu verschiedenen Dimensionen gebündelt werden. Bei Einhaltung führen sie dazu, dass ein markenkonformes Verhalten über alle Mitgliederkontaktpunkte hinweg gewährleistet und dadurch ein geschlossenes sowie konsistentes Markenbild nach außen transportiert wird. Die von Burmann und Zeplin (2005, S. 1026) vorgeschlagenen Dimensionen Hilfsbereitschaft, Markenbewusstsein, Markeninitiative, Sportsgeist, Markenmissionierung, Selbstentwicklung und Markenentwicklung lassen sich mit leichten Adaptionen auch als *Determinanten einer Brand Membership Behavior* einsetzen. So sind z. B. die Markeninitiative (d. h. das besondere Engagement) oder die Markenmissionierung (d. h. die Empfehlung der Marke gegenüber anderen) erstrebenswerte Mitgliederverhaltensweisen im Sinne einer internen, mitgliedergerichteten Markenführung.

3.5 Markenziele und soziale Wertschöpfung als Output

3.5.1 Markenziele

Der *Stand der Forschung* zur Erreichung von Markenzielen von Mitgliedsorganisationen bietet kaum nennenswerte Erkenntnisse. Eine Schwierigkeit ist die Definition konkret messbarer Ziele, da Zielgrößen wie Gewinn oder Umsatz keine oder wenig Relevanz im NGO-Kontext haben. Daher erfolgt im Hinblick auf die mitgliedergerichtete Markenführung der Rückgriff auf die Marketingziele von NGOs. Als Marketingziele werden die Ziele verstanden, die eine NGO in der strategischen Marketingplanung für sich selbst definiert. Bruhn (2005b, S. 159ff.) unterscheidet dabei nach Leistungszielen, Beeinflussungszielen, ökonomischen Zielen, potenzialorientierten Ziele, Marktstellungszielen, Imagezielen, sozialen Zielen sowie ökologischen Zielen. Für die mitgliederorientierte Markenführung bieten sich vor allem ökonomische Ziele, potenzialorientierte Ziele, Imageziele und *soziale Ziele* als Bezugsgrößen an.

Die aus der Markenbindung der Mitglieder resultierenden ökonomischen Ziele lassen sich nach direkten und indirekten Zielen differenzieren. *Direkte Ziele* beziehen sich auf denjenigen Teil des ökonomischen Erfolgs, der direkt den Mitgliedern zuzuschreiben ist. Als direkte, markenbezogene Erlösziele sind beispielsweise die Zahl der Mitglieder sowie die Summe der erzielten Mitgliedsbeiträge anzusehen, die den Mitgliedern als Nutzer der Marke zuzuordnen sind. Direkte, organisationsbezogene Wirkungen hingegen sind z. B. Spendenerlöse, die aufgrund der hohen Identifikation der Mitglieder zustande kommen. Zudem kann die ehrenamtliche und freiwillige Arbeitsleistung für Aufgaben oder Projekte der Mitgliedsorganisation als Maß des ökonomischen Erfolgs herangezogen werden. Im Gegensatz dazu ist unter *indirekte Ziele* derjenige Teil des ökonomischen Erfolgs zu subsumieren, der direkt anderen Personen und nur indirekt den Mitgliedern zuzuordnen ist. Indirekte, markenbezogene Wirkungen stellen bspw. Umsätze dar, die dadurch generiert werden, dass Mitglieder in privaten Situationen durch positive Mund-zu-Mund-Kommunikation andere Personen zu Geld-, Sach- oder Zeitspenden für die Organisation persuadieren.

Unter den *Potenzialzielen* kann die ehrenamtliche und freiwillige Arbeitsleistung für Aufgaben oder Projekte der Mitgliedsorganisation als Maß des Erfolgs herangezogen werden. Ebenso kann dabei die Bereitstellung von Sachmitteln oder Dienstleistungen für die Arbeit der NGO subsumiert werden. Im Hinblick auf *Imageziele* und der zuvor dargestellten Bedeutung des Images für die interne Markenführung ist es wichtig, auf dieser Ebene ein einzigartiges und unverwechselbares Bild in den Köpfen der Mitglieder zu schaffen. Als Messgrößen können bspw. die mit der Marke verbundenen Attribute oder der wahrgenommene funktionale und symbolische Nutzen dienen.

3.5.2 Soziale Wertschöpfung

Neben einer ökonomischen Wirkung spielt gerade in NGOs zumeist die Erreichung einer *langfristigen sozialen Wertschöpfung* eine bedeutsame Rolle (vgl. Powell und Steinberg 2006), da diese vorrangig keine Gewinnziele verfolgen, sondern sich bedarfswirtschaftlich an den Organisationszielen orientieren (vgl. Horch 1992).

Dabei spielt die *Erzeugung immaterieller, nicht marktfähiger Kollektivgüter und sozialer Werte* eine vergleichsweise wichtige Rolle (vgl. Nagel 2006). Als soziale Werte können etwa Gesundheit (vgl. Whitman 2008) oder Jugendarbeit, Geselligkeit und soziale Gemeinschaft bezeichnet werden. In NGOs scheinen deshalb nicht nur rationale Abwägungen und individuelle Nutzenüberlegungen für die Mitgliedschaftsentscheidung bedeutsam, sondern es dürfte auch die spezifische Organisationskultur in Form von Handlungsorientierung und Werten, wie die Identifikation mit der NGO und das gemeinschaftliche Interesse, eine wichtige Rolle spielen (vgl. Braun und Nagel 2005, S. 123ff.). Demnach wurde hier die soziale Wertschöpfung in die Überlegungen der internen Markenerfolgskette integriert.

3.6   Moderierende Variablen

Zwar erscheinen die Wirkungszusammenhänge zwischen den Konstrukten der internen Markenerfolgskette nachvollziehbar und teilweise auch empirisch belegt. Allerdings liegen zwischen den verschiedenen Kettengliedern aufgrund so genannter *moderierender Faktoren* nicht immer eindeutige Zusammenhänge vor.

So können beispielsweise die persönliche Situation oder das persönliche Umfeld des Mitglieds als *organisationsexterne Faktoren* die Wirkungsweise der Markenerfolgskette in der Art beeinflussen, dass zwar eine Markenzufriedenheit beim Mitglied vorliegt, aber aufgrund eines Wohnungsumzugs keine Markenbindung zu der nur regional vertretenen NGO aufgebaut werden kann, oder dass negative Reaktionen sowie Vorurteile bzgl. der NGO dazu führen, dass die Markenbeurteilung durch das Mitglied negativ beeinflusst wird. Auch das Phänomen des „Variety Seeking" kommt hier zum Tragen, wenn das Mitglied zwar eine hohe Markenzufriedenheit empfindet, jedoch die Abwechslung z. B. in einer anderen Sportart und entsprechend in der Mitgliedschaft in einem anderen Sportverein sucht.

Das Klima innerhalb einer NGO oder deren Strukturen sind hingegen als Beispiele für *organisationsinterne Faktoren* aufzufassen, die ebenfalls auf die Erfolgskette wirken. So führt ein schlechtes Organisationsklima dazu, dass die Unzufriedenheit der Mitglieder in Bezug auf die Marke steigt, obwohl die Marke an sich als positiv wahrgenommen wird. Auf Seiten der organisationsinternen moderierenden Faktoren können zudem unflexible, traditionelle Ehrenamtsstrukturen (z. B. Ehrenamt auf Zeit, fehlende Projektarbeit) dazu beitragen, dass ein empfundenes positives Markenimage bei einer NGO nicht zu einem

Markenengagement der Mitglieder und damit nicht zur gewünschten sozialen Wertschöpfung führt.

4   Fazit und zukünftiger Handlungsbedarf

Mitglieder stellen eine strategische Ressource für eine NGO dar, da sie wesentlich zur Gestaltung der Marke nach innen und außen beitragen sowie auf diese Weise den Markenerfolg einer NGO bestimmen. Die Herausforderung des Markenerfolgs besteht in einem Markenmanagement, das sowohl die *Besonderheiten der internen als auch die der externen Markenführung* berücksichtigt (vgl. in Anlehnung an Bruhn 2005a, S. 1059f.).

Das Denken in der dargestellten internen Markenerfolgskette findet im Zusammenhang mit NGOs bisher jedoch kaum, und wenn dann eher in isolierter Form statt. Bei den im entwickelten Modell enthaltenen Größen handelt es sich um *theoretische Konstrukte*, deren Bedeutsamkeit zwar erkannt ist und zu deren Verbesserung in den NGOs einzelne Maßnahmen ergriffen werden. Dies erfolgt jedoch in der Regel nicht in der Gesamtschau der Zusammenhänge.

Hierfür hat der vorliegende Beitrag einen ersten Denkansatz geliefert. Für die *Marketingforschung* gilt es nun, die aufgeführten Konstrukte der internen Markenerfolgskette empirisch erfassbar zu machen sowie die Beziehung zwischen den Konstrukten und den jeweils dazugehörigen beobachtbaren Variablen, d. h. den so genannten Indikatorvariablen, zu ermitteln (vgl. Homburg und Giering 1996, S. 6). Dabei ist zu eruieren, mit welchen Maßnahmen (Input) welche psychologischen Wirkungen bei den Mitgliedern erreicht werden. Zudem ist zu untersuchen, welche psychologischen Wirkungen bei den Mitgliedern zu welchen Verhaltenswirkungen führen. Schließlich ist der Einfluss des Markenverhaltens der Mitglieder auf den ökonomischen und sozialen Erfolg der Marke zu ermitteln (vgl. in Anlehnung an Bruhn 2005a, S. 1043). Eine entsprechende empirische Erhebung kann beispielsweise in Form einer Mitgliederbefragung erfolgen. Zur Überprüfung der postulierten Beziehungszusammenhänge bietet sich nach der Erhebung der Ausprägungen der Indikatorvariablen bei den Mitgliedern die Erstellung eines Strukturmodells mit Hilfe der Kausalanalyse an, das die Beziehung zwischen den latenten Variablen beschreibt und die Beziehung zu den dazugehörigen Indikatoren ausdrückt.

Für das *Markenmanagement in NGOs* gilt es zu berücksichtigen, dass bei den Mitgliedern ein Wissen über die Inhalte und Charakteristika der Marke geschaffen wird. Zudem hat das Management den Mitgliedern ihre Bedeutung für den Erfolg der Marke zu vermitteln, so dass diese sich im Sinne der Marke verhalten und engagieren. Ein markenkonformes Verhalten ist dabei als Aufgabe der Gesamtorganisation zu sehen. Das dargestellte Modell der internen Markenerfolgskette kann dafür einen Beitrag leisten und ein Verständnis der Wirkungszusammenhänge der einzelnen Erfolgsgrößen liefern.

Literatur

Aaker, J. L. (1997). Dimensions of Brand Personality. *Journal of Marketing Research 3*, 347-356.

Arnett, D. B.,German, S. D.,Hunt, S. D. (2003). The Identity Salience Model of Relationship Marketing Success. The Case of Nonprofit Marketing. *Journal of Marketing 2*, 89-105.

Bauer, H. H., Mäder, R., Huber, F. (2002). Markenpersönlichkeit als Determinante von Markenloyalität. *Zeitschrift für betriebswirtschaftliche Forschung 8*, 687-709.

Braun, S., Nagel, M. (2005). Zwischen Solidargemeinschaft und Dienstleistungsorganisation. Mitgliedschaft, Engagement und Partizipation im Sportverein. In T. Alkemeyer, Rigauer, B., Sobiech, G. (Hrsg.), *Organisationsentwicklung und De-Institutionalisierungsprozesse im Sport* (S. 123-150). Schorndorf: Karl Hofmann.

Bruhn, M. (2005a). Interne Markenbarometer – Konzept und Gestaltung. In F.-R. Esch (Hrsg.), *Moderne Markenführung. Grundlagen – Innovative Ansätze – Praktische Umsetzungen* (S. 1037-1060). Wiesbaden: Gabler.

Bruhn, M. (2005b). *Marketing für Nonprofit-Organisationen: Grundlagen-Konzepte-Instrumente.* Stuttgart: Kohlhammer.

Bruhn, M., Homburg, C. (2008). *Handbuch Kundenbindungsmanagement. Strategien und Instrumente für ein erfolgreiches CRM.* Wiesbaden: Gabler.

Burmann, C., Maloney, P. (2008). State-of-the-art der identitätsbasierten Markenführung. In H. H. Bauer, Huber, F., Albrecht, C.-M. (Hrsg.), *Erfolgsfaktoren der Markenführung. Know-how aus Forschung und Management* (S. 74-86). München: Vahlen.

Burmann, C., Meffert, H. (2005). Theoretisches Grundkonzept der identitätsorientierten Markenführung. In H. Meffert, Burmann, C., Koers, M. (Hrsg.), *Markenmanagement. Identitätsorientierte Markenführung und praktische Umsetzung* (S. 37-72). Wiesbaden: Springer Gabler.

Burmann, C., Schade, M. (2009). *Determinanten und Wirkungen der Markenpersönlichkeit professioneller Sportvereine – eine konzeptionelle Analyse unter besonderer Berücksichtigung der „regionalen Herkunft", Arbeitspapier Nr. 41 des Lehrstuhls für innovatives Markenmanagement (LiM).* Bremen: Universität Bremen, Fachbereich Wirtschaftswissenschaft.

Burmann, C., Stolle, W. (2007). *Markenimage: Konzeptualisierung eines komplexen mehrdimensionalen Konstrukts, Arbeitspapier Nr. 28 des Lehrstuhls für innovatives Markenmanagement (LiM).* Bremen: Universität Bremen, Fachbereich Wirtschaftswissenschaft.

Burmann, C., Zeplin, S. (2005). Innengerichtetes identitätsbasiertes Markenmanagement als Voraussetzung für die Schaffung starker Marken. In F.-R. Esch (Hrsg.), *Moderne Markenführung. Grundlagen – Innovative Ansätze – Praktische Umsetzungen* (S. 1021-1036). Wiesbaden: Gabler

Chauduri, A., Holbrook, M. B. (2002). Product-Class Effects on Brand Commitment and Brand Outcomes: The Role of Brand Trust and Brand Affect. *Brand Management 1*, 33-58.

Chen, L. (2004). Membership Incentives: Factors Affecting Individuals' Decisions About Participation in Athletics-Relation Professional Associations. *Journal of Sport Management 2*, 111-131.

Dürr, F. (2008). *Faktoren der Mitgliederzufriedenheit im Sportverein: Bedeutsamkeit von Vereinsbewertungs-Merkmalen für die globale Zufriedenheit sportlich aktiver Mitglieder ohne ehrenamtliches und berufliches Engagement.* Heidelberg: Universität Heidelberg.

Esch, F.-R., Geus, P. (2005). Ansätze zur Messung des Markenwerts. In F.-R. Esch (Hrsg.), *Moderne Markenführung. Grundlagen – Innovative Ansätze – Praktische Umsetzungen* (S. 1263-1305). Wiesbaden: Gabler.

Esch, F.-R., Langner, B., Brunner, J. E. (2005a). Kundenbezogene Ansätze des Markencontrolling. In F.-R. Esch (Hrsg.), *Moderne Markenführung. Grundlagen – Innovative Ansätze – Praktische Umsetzungen* (S. 1227-1261). Wiesbaden: Gabler.

Esch, F.-R., Wicke, A., Rempel, J. E. (2005b). Herausforderungen und Aufgaben des Markenmanagements. In F.-R. Esch (Hrsg.), *Moderne Markenführung. Grundlagen – Innovative Ansätze – Praktische Umsetzungen* (S. 3-55). Wiesbaden: Gabler.

Esch, F.-R., Strödter, K., Fischer, A. (2006). Behavioral Branding – Wege der Marke zu Managern und Mitarbeitern. In A. Strebinger, Mayerhofer, W., Kurz, H. (Hrsg.), *Werbe- und Markenforschung: Meilensteine – State of the Art – Perspektiven* (S. 403-433). Wiesbaden: Gabler.

Esch, F.-R., Rutenberg, J., Strödter, K., Vallaster, C. (2005). Verankerung der Markenidentität durch Behavioral Branding. In F.-R. Esch (Hrsg.), *Moderne Markenführung. Grundlagen – Innovative Ansätze – Praktische Umsetzungen* (S. 985-1008). Wiesbaden: Gabler.

Eser, S. (2006). *Zufriedenheit und Weiterempfehlung.* Vortragsfolien anlässlich der Expertenrunde der Initiative „Zukunftsforum Verbände 2006" am 04. Mai 2006. http://www.dvt-net.de/fileadmin/downloads/Vortrag_Eser_forumMaFo2.pdf. Zugegriffen: 27. Juni 2013.

Fullerton, G. (2005). The Impact of Brand Commitment on Loyalty to Retail Service Brands. *Canadian Journal of Administrative Sciences 2*, 97-110.

Giering, A. (2000). *Der Zusammenhang zwischen Kundenzufriedenheit und Kundenloyalität: eine Untersuchung moderierender Effekte.* Wiesbaden: Gabler.

Giloth, M. (2003). *Kundenbindung in Mitgliedschaftssystemen.* Frankfurt a. M.: Internationaler Verlag der Wissenschaften.

Hellmann, K.-U., Eberhardt, T., Kenning, P. (2009). Gelebte Leidenschaft. *Absatzwirtschaft Sonderheft*, 62-64.

Heinemann, K. (2004). *Sportorganisationen: Verstehen und gestalten.* Schorndorf: Karl Hofmann.

Hirschman, A. O. (1974). *Abwanderung und Widerspruch.* Tübingen: Mohr Siebeck.

Homburg, Ch., Giering, A. (1996). Konzeptualisierung und Operationalisierung komplexer Konstrukte – Ein Leitfaden für die Marketingforschung. *Marketing ZFP 1*, 5-24.

Homburg, Ch., Stock, R. (2001). Theoretische Perspektiven zur Kundenzufriedenheit. In C. Homburg (Hrsg.), *Kundenzufriedenheit. Konzepte – Methoden – Erfahrungen* (S. 17-50). Wiesbaden: Gabler.

Homburg, Ch., Wieseke, J., Hoyer, W. D. (2009). Social Identity and the Service Profit Chain. *Journal of Marketing 2*, 38-54.

Horch, H.-D. (1992). *Geld, Macht und Engagement in freiwilligen Vereinigungen. Grundlage einer Wirtschaftssoziologie von Non-Profit-Organisationen.* Berlin: Duncker & Humblot.

Joachimsthaler, E. (2002). Mitarbeiter. Die vergessene Zielgruppe für Markenerfolge. *Absatzwirtschaft 11*, 28-34.

Kernstock, J. (2008). Behavioral Branding als Führungsansatz. Mit Behavioral Branding das Unternehmen stärken. In T. Tomczak, Esch, F.-R., Kernstock, J., Herrmann, A. (Hrsg.), *Behavioral Branding* (S. 3-33). Wiesbaden: Gabler.

Knoke, D. (1988). Incentive in Collective Action Organizations. *American Soziological Review 3*, 311-329.

Lenhard, M. (2002). *Vereinsfußball und Identifikation in Deutschland – Phänomen zwischen Tradition und Postmoderne.* Hamburg: Dr. Kovac.

Meyer, J. P., Allen, N. J. (1984). Testing the "Side-Bet Theory" of Organizational Commitment: Some Methological Considerations. *Journal of Applied Psychology 3*, 372-378.

Meyer, J. P., Allen, N. J. (1991). A Three-Component Conceptualization of Organizational Commitment. *Human Resource Management Review 1*, 61-89.

Meyer, J. P., Allen, N. J. (1997). *Commitment in the Workplace: Theory, Research and Application.* Thousand Oaks: Sage Publications.

Michalski, S., Helmig, B. (2008). Zur Rolle des Konstruktes Identifikation zur Erklärung von Spendenbeziehungen: Eine qualitative Untersuchung. In B., Stauss (Hrsg.), *Fokus Dienstleistungsmarketing, Tagungsband zum 13. Workshop Dienstleistungsmarketing* (S. 237-251). Wiesbaden: Gabler.

Michalski, S., Helmig, B. (2009). Management von Non-Profit-Beziehungen. In D. Georgi, Hadwich, K. (Hrsg.), *Management von Kundenbeziehungen. Perspektiven – Analysen – Strategien – Instrumente* (S. 229-249). Wiesbaden: Gabler.

Morrow, S. (1999). *The New Business of Football – Accountability and Finance in* Football. London: Palgrave Macmillan.

Nagel, S. (2006). Mitgliederbindung in Sportvereinen – Ein akteurtheoretisches Analysemodell. *Sport und Gesellschaft 1*, 33-56.

Nagel, S., Conzelmann, A., Gabler, H. (2004). *Sportvereine. Auslaufmodell oder Hoffnungsträger? Die WLSB-Vereinsstudie.* Tübingen: Attempto.

Organ, D. W. (1988). *Organizational Citizenship Behavior: The Good Soldier Syndrome.* Lexington, MA: The Free Press.

Podsakoff, P. M., MacKenzie, S. B., Moorman, R. H., Fetter, R. (1990). Transformational Leader Behaviors And Their Effects On Followers' Trust In Leader, Satisfaction, And Organizational Citizenship Behavior. *Leadership Quarterly 2*, 107-142.

Polonsky, M. J., Garma, R. (2006). Service Blueprinting: A Potential Tool for Improving Cause-Donor Exchanges. *Journal of Nonprofit & Public Sector Marketing 1*, 1-20.

Powell, W. W., Steinberg, R. (2006). *The Non-Profit Sector: A Research Handbook.* New Haven, CT/London: Yale University Press.

Sargeant, A., Wodliffe, L. (2007). Building Donor Loyalty: The Antecedents and Role of Commitment in the Context of Charity Giving. *Journal of Nonprofit & Public Sector Marketing 2*, 47-68.

Sattler, H. (2001). *Markenpolitik.* Stuttgart u. a.: Kohlhammer.

Smith, C. A., Organ, D. W., Near, J. P. (1983). Organizational Citizenship Behavior: It's Nature and Antecedents. *Journal of Applied Psychology 4*, 653-663.

Stauss, B. (1995). Internes Marketing. In B. Tietz, Köhler, R., Zentes J. (Hrsg.), *Handwörterbuch des Marketing* (Sp. 1045-1056). Stuttgart: Schäffer-Poeschel.

Stumpf, M. (2007). Ein Plädoyer für Member Relationship Marketing (MRM). *Verbändereport 9*, 25-28.

Stumpf, M., Rücker, V. (2008). Mitgliederorientierung im Sportverein – Ansätze eines Member Relationship Marketing (MRM). In S., Braun, Hansen, St. (Hrsg.), *Steuerung im organisierten Sport* (S. 245-253). Hamburg: Feldhaus.

Stumpf, M., Sautter, D. (2013). Erfolgskette der internen Markenführung in mitgliedsbasierten Sportorganisationen. In H., Preuß, Huber, F., Schunk, H. (Hrsg.), *Marken im Sport* (S. 255-272). Wiesbaden: Gabler Springer Fachmedien.

Tomczak, T., Brexendorf, O. (2003). Wie viel Brand Manager hat ein Unternehmen wirklich? *persönlich – Die Zeitschrift für Marketing und Unternehmensführung Januar/Februar*, 58-59.

von Ungern-Sternberg, H. (2002). *Mitgliederzufriedenheit in regionalen genossenschaftlichen Prüfungsverbänden: Konzeption – Messung – Management.* Göttingen: Vandenhoeck & Ruprecht.

Vargo, S. L., Lusch, R. F. (2004). Evolving to a New Dominant Logic for Marketing. *Journal of Marketing 1*, 1-17.

Vargo, S. L., Lusch, R. F. (2008). Service-Dominant Logic: Continuing the Evolution. *Journal of the Academy of Marketing Science 1*, 1-10.

Whitman, J. R. (2008). Evaluating Philanthropic Foundations According to Their Social Values. *Nonprofit Management & Leadership 4*, 417-434.

Wittke-Kothe, C. (2001). *Interne Markenführung. Verankerung der Markenidentität im Mitarbeiterverhalten.* Wiesbaden: Deutscher Universitäts-Verlag.

Zeplin, S. (2006). *Innengerichtetes identitätsbasiertes Markenmanagement.* Wiesbaden: Gabler.

Die Markenstärke von Umweltschutz-NGOs in Deutschland
Eine conjointanalytische Untersuchung

Holger Schunk, Stefanie Regier, Ann Christine Stähler, Elke Kronewald

Zusammenfassung

Marken haben auch im Bereich von Umweltschutz-NGOs eine wichtige Bedeutung. Dabei kann der Erfolg von Marken unterschiedlich gemessen werden. Eine Möglichkeit, den Erfolg zu messen, ist die Operationalisierung mittels eines verhaltenswissenschaftlichen Konstruktes, der Markenstärke bzw. der Markenpersönlichkeit als Teil der Markenstärke, eine andere Möglichkeit ist die Eruierung der Mehrzahlungsbereitschaften, des so genannten Preispremiums. Eine geeignete Methode, dieses zu berechnen, ist die Conjoint-Analyse. Im vorliegenden Beitrag werden neben den theoretischen Grundlagen zu Marke, Markenstärke und Markenwert den Forschungsfragen nachgegangen, welche Markenstärke unterschiedliche NGOs besitzen und wie hoch die Spendenbereitschaften resp. das Preispremium für die unterschiedlichen NGOs ist. Die Daten dazu wurden mittels einer Online-Befragung und Online-Conjoint-Analyse erhoben. Es konnte gezeigt werden, dass die Markenpersönlichkeit der Umweltschutz-NGOs deutlich unterschiedlich eingeschätzt werden und dass darüber hinaus sehr unterschiedliche Spendenbereitschaften bzw. Preispremien für die NGOs existieren.

1   Einleitung

„Die Marke ist das Megathema schlechthin – zu Recht!" (Esch 2010, S. 4). Der Nutzen von Marken ist vielschichtig und erstreckt sich auf Unternehmen, Handel, Nachfrager und Gesellschaft. Für *Nachfrager bzw. Konsumenten* besteht der Nutzen insbesondere in der Orientierungs-, Entlastungs-, Qualitätssicherungs-, Identifikations-, Vertrauens- und Prestigefunktion (Meffert et al. 2002, S. 9 ff.). Der *Handel* profitiert sowohl durch das reduzierte Absatzrisiko bei vorverkauften Marken mit starker Nachfrage als auch durch einen positiven Imagetransfer von der Marke auf das eigene Unternehmen (Homburg und Krohmer 2003, S. 518). Darüber hinaus haben Marken einen positiven Effekt für die

© Springer Fachmedien Wiesbaden GmbH 2018
N. Remus und L. Rademacher (Hrsg.), *Handbuch NGO-Kommunikation*,
https://doi.org/10.1007/978-3-531-18808-9_14

Gesellschaft: 400 Milliarden Euro Umsatz und 1,5 Millionen Arbeitnehmer konstatiert der Markenverband für die Markenartikelindustrie (Markenverband 2012).

Jedoch muss sich auch die Markenartikelindustrie mit den globalen Bedrohungen Klimawandel, Rohstoffknappheit und Umweltverschmutzung auseinandersetzen. Um sicher zu stellen, dass Entscheidungen nicht nur zu Gunsten ökonomischer Ziele, sondern auch im Sinne des nachhaltigen Schutzes von Mensch, Tier und Natur erfolgen, nehmen unabhängige Umweltschutzorganisationen zunehmend Einfluss auf die internationale Politik und Wirtschaft: Sie sind Berater, Diskussionsleiter und Überwachungsinstanz in einigen der wichtigsten Entscheidungsinstitutionen der Welt, beispielsweise dem UN-Wirtschaftsrat ECOSOC und dem United Nations Environment Programme (United Nations 2011, S. 7ff.). Dementsprechend hat die Zahl der weltweit agierenden Nichtregierungsorganisationen (Non-Governmental Organisations, kurz NGOs[1]) in den vergangenen Jahren stark zugenommen (Yaziji und Doh 2009, S. 15f.; Zürn 2006, S. 31) und somit auch der Wettbewerb um Spenden und Mitglieder. NGOs würden daher vermutlich selbst von einer starken Wahrnehmung als Marke profitieren. Während jedoch die Marke in der Privatwirtschaft seit Langem als wichtiger Bestandteil des Unternehmenserfolges gilt[2], gibt es bislang kaum Studien darüber, ob dieser Zusammenhang auch für Umweltschutzorganisationen besteht.

Eine erste Antwort auf diese Fragestellung will die folgende Pilotstudie geben, indem zunächst auf Marken im Allgemeinen (Kapitel 2) sowie NGOs als Marken im Speziellen (Kapitel 3) eingegangen wird. Die daraus resultierenden Forschungsfragen (Kapitel 4) sind Grundlage für das Untersuchungsdesign (Kapitel 5) und die Ergebnisdarstellung zu Markenbekanntheit, -persönlichkeit und -stärke von NGOs sowie die Spendenbereitschaft für diese Organisationen (Kapitel 6).

2   Marke, Markenwert und Markenstärke

Um klären zu können, inwiefern es sich bei NGOs um Marken handelt, erfolgt zunächst ein Überblick über Definitionen von Marke, Markenwert und -stärke.

2.1   Marke

In der wissenschaftlichen Literatur findet sich eine Vielzahl unterschiedlicher Markendefinitionen. Konstitutive Merkmale von Marken sind nach Mellerowicz (1963, S. 39) markierte

---

1   Im Zuge der Globalisierung hat sich in Deutschland der englische Begriff NGO eingebürgert (Frantz und Martens 2006, S. 21). Die deutsche Abkürzung NRO für Nichtregierungsorganisation wird heute kaum noch verwendet.

2   91 Prozent der befragten Manager in Deutschland glauben laut einer Studie von PwC, dass die Marke zu den wichtigsten Erfolgsfaktoren ihrer Unternehmen zählt (PwC 2012).

Fertigware, gleichbleibende Qualität, Menge und Aufmachung, größerer Absatzraum, starke Verbraucherwerbung und hohe Anerkennung im Markt. Bruhn versteht unter Marke diejenigen Leistungen, „[…] die neben einer unterscheidungsfähigen Markierung durch ein systematisches Absatzkonzept im Markt ein Qualitätsversprechen geben, das eine dauerhaft werthaltige, nutzenstiftende Wirkung erzielt und bei der relevanten Zielgruppe in der Erfüllung der Kundenerwartungen nachhaltigen Erfolg im Markt realisiert bzw. realisieren kann" (Bruhn und GEM 2002, S. 18). Eine wirkungsbezogene Markendefinition offeriert Esch (2010, S. 22): Marken sind „Vorstellungsbilder in den Köpfen der Anspruchsgruppen, die eine Identifizierungs- und Differenzierungsfunktion übernehmen und das Wahlverhalten prägen." Das Markengesetz legt in § 3, Abs. 1 ebenfalls den Fokus auf die Unterscheidbarkeit: „Als Marke können alle Zeichen, insbesondere Wörter […], dreidimensionale Gestaltungen […] sowie sonstige Aufmachungen einschließlich Farben und Farbzusammenstellungen geschützt werden, die geeignet sind, Waren oder Dienstleistungen eines Unternehmens von denjenigen anderer Unternehmen zu unterscheiden." Eine Synthese zwischen juristischer und wirkungsbezogener Perspektive findet sich in der Markendefinition der DIN/ISO-Norm 10668 des Deutschen Instituts für Normung e. V. zu Anforderungen an die Markenbewertung. Demnach ist die Marke ein „auf das Marketing bezogener immaterieller Vermögenswert, der insbesondere Namen, Begriffe, Zeichen, Symbole, Logos, Bilder oder eine Kombination aus diesen umfasst, aber nicht auf diese beschränkt ist und dem Zweck dient, Waren, Dienstleistungen und/oder Rechtsträger zu kennzeichnen, unterscheidungsfähige innere (kognitive) Bilder und Assoziationen bei den interessierten Parteien hervorzurufen und ökonomischen Nutzen/Wert zu erzeugen" (DIN 2011, S. 5). Marken dienen somit nicht nur der Unterscheidbarkeit, sondern haben auch einen wirtschaftlichen Nutzen. Dieser ökonomische Wert wird im Markenwert abgebildet.

2.2 Markenwert und Markenstärke

Der Markenwert stellt die elementare Zielgröße der Markenführung dar. Zweckmäßig und in der Literatur weit verbreitet ist die Unterscheidung zwischen der Markenstärke als verhaltenswissenschaftlichem Konstrukt und dem Markenwert als monetärer Größe (Kapferer 2008).

Die *Markenstärke* umfasst „die Kraft einer Marke, in den Köpfen der Verbraucher positive Assoziationen auszulösen und diese in Verhalten umzuwandeln" (Fischer et al. 2002, S. 9). Markenstärke ist also häufig lediglich eine Messgröße für das *Markenimage* (Meffert et al. 2002, S. 6). Dieser Zusammenhang wird von den meisten Institutionen, die sich mit der Messung der Markenstärke befassen, anerkannt (Kranz 2002, S. 436).

Eine breit akzeptierte und investitionstheoretisch abgeleitete *Markenwert*definition bietet Sattler (2001, S. 145) an: „Der Markenwert (Brand Equity) besteht in den zukünftigen Ein- und Auszahlungen, die spezifisch (d.h. ursächlich) auf die Marke zurückzuführen sind. Die Summe der abgezinsten zukünftigen Überschüsse der markenspezifischen Einzahlungen über die markenspezifischen Auszahlungen definiert den Markenwert in Form eines Kapitalwertes." Markenspezifische Einzahlungen setzten sich aus den sogenannten

Preisprämien (höhere Zahlungsbereitschaft für die Marke) und Mengenprämien (höherer Absatz aufgrund der Marke) zusammen. Aufgrund dieser hohen Komplexität der Markenwertberechnung messen jedoch viele Verfahren nicht den Markenwert in Form einer monetären Größe, sondern die Markenstärke in Form eines Indexwertes.

3   NGOs als Marken

Diese Ausführungen geben bereits erste Hinweise darauf, dass es sich bei NGOs ebenfalls um Marken (Unterscheidbarkeit) mit einer gewissen Markenstärke (Image) handeln könnte. Da der Begriff NGO jedoch nicht einheitlich verwendet wird, erfolgt zunächst eine Arbeitsdefinition, welche die Basis für die anschließende Markendiskussion bildet.

3.1   Definition NGOs

Die international sehr unterschiedlichen Definitionen des Begriffs „Nichtregierungsorganisation" sind teilweise sehr vage formuliert und können dementsprechend breit ausgelegt werden (Oberthür et al. 2002, S. 22ff.). Grundsätzlich werden unter dem Begriff NGO „[...] alle Verbände oder Gruppen, die nicht von Regierungen oder staatlichen Stellen abhängig sind und gemeinsame Interessen vertreten, ohne dabei kommerzielle Ziele zu verfolgen [...]" (BMZ o. J.) zusammengefasst. Darüber hinaus setzen UN-Institute eine Übereinstimmung der Ziele und Aktivitäten der NGOs mit der UN-Charta voraus, während verschiedene Länder zum Teil die Übereinstimmung mit dem jeweiligen Grundgesetz verlangen – beispielsweise Deutschland (Oberthür et al. 2002, S. 23). Hier wird also lediglich nach rechtlich-demokratischer Ausrichtung differenziert, wodurch der Begriff NGO eine ausgesprochen große Anzahl und Vielfalt von Akteuren und Interessensgruppen umfasst.[3]

Die daraus resultierende Problematik einer übersichtlichen Gliederung der NGOs stellt unter anderem auch Institute und die Rechtsprechung auf internationaler Ebene vor eine Herausforderung. Das deutsche Bundesministerium für wirtschaftliche Zusammenarbeit und Entwicklung (BMZ o. J.) schränkt den Begriff bereits etwas stärker ein, indem es ein gesellschaftspolitisches Engagement voraussetzt. Ein weiterer Ansatz hebt den nichtstaatlichen Charakter der NGOs hervor, indem die Entstehungsgeschichte, Finanzierung und Mitgliedschaft ausschließlich durch Privatpersonen geprägt sein dürfen (Frantz und Martens 2006, S. 42). Da viele NGOs wirtschaftsnahe (Gründungs-)Mitglieder haben oder finanzielle

---

3   Bei einer sehr breiten NGO-Definition würden demnach auch „[...] internationale Gewerkschaften, Wirtschaftsverbände, Verbände von wissenschaftlichen Einrichtungen, Wohlfahrtsverbände, Hilfsorganisationen, Stiftungen, Kirchen, Selbsthilfegruppen und Bürgerinitiativen [...]" (Bundeszentrale für politische Bildung 2010) unter diese Bezeichnung fallen.

Kooperationen mit wirtschaftlichen Unternehmen[4] eingehen, schließt diese Definition allerdings einen Großteil der allgemein als NGOs anerkannten Organisationen aus. Ein etwas anderer, weithin anerkannter Ansatz wird von der Union of International Associations (UIA o. J.) vertreten: Sie definiert NGOs als international operierende Organisationen, deren Mitglieder und Finanzierung aus mindestens drei unterschiedlichen Ländern stammen. Diese vergleichsweise rigide Formulierung beschränkt sich somit auf die globale Ebene und lässt sämtliche national tätigen Verbände und Gemeinschaften unberücksichtigt.

Da keine dieser Definitionen die strukturellen Unterschiede von NGOs im Hinblick auf eine Kategorisierung fokussiert, werden in der Fachwelt eine Reihe feinerer Untergliederungsmöglichkeiten diskutiert. Diese bauen in der Regel auf der beschriebenen Grunddefinition auf. So differenzieren Yaziji und Doh (2009, S. 5) NGOs nach dem *Begünstigten* (Kriterien: selbst oder andere) und der *Aktivitätsart* (Service/Dienst oder Fürsprache/ Anwaltschaft). Die auf diese Weise entstehenden sechs Kategorien inklusive hybriden NGOs[5] sorgen für eine übersichtliche Darstellung der variantenreichen Organisationen. Sie können mit differenzierenden Eigenschaften sowie Vor- und Nachteilen beschrieben werden, die für eine grobe Klassifizierung einzelner Verbände völlig ausreicht (Yaziji und Doh 2009, S. 6ff.). Eine noch detailliertere, wenn auch ungleich komplexere Gliederung wurde von der UIA entwickelt und in einem Kriterienkatalog zusammengefasst, der weltweit als Referenz dient (Frantz und Martens 2006, S. 40). Dieser Katalog unterteilt NGOs u. a. nach Zielsetzung, Mitgliedschaft, Organisationsstruktur, Repräsentativitätsmechanismen sowie Finanzierung (Frantz und Martens 2006, S. 37ff.).

Aufgrund der großen Fülle an Definitionen wird im Folgenden der zu Beginn vorgestellte gemeinsame *Grundkonsens* verwendet, nach dem NGOs Non-Profit Organisationen sind, die sich *durch staatliche Unabhängigkeit* und ein von allen Mitgliedern *gemeinsam verfolgtes Interesse* auszeichnen. Zur Unterscheidung verschiedener Arten von NGOs erscheint der als internationale Referenz dienende Kriterienkatalog der UIA am besten geeignet.

3.2   Markeneigenschaften von NGOs

Nach dieser Definition stellt sich die Frage, ob im Nonprofit-Bereich von den gleichen Entscheidungsmechanismen ausgegangen werden kann wie auf dem freien Markt. Nur, wenn dies der Fall ist, können NGOs als Marken gelten und somit ein Markenimage besitzen, das sich durch Kommunikationsmaßnahmen beeinflussen lässt.

---

4   So weist beispielsweise der WWF wirtschaftsnahe Gründungsmitglieder auf und wurde seit Beginn seiner Gründung häufiger durch Spenden großer Wirtschaftsunternehmen finanziert (Hofmann 2011).

5   Hybride NGOs sind eine Mischung aus Service- und Anwalts-NGO bzw. NGOs, die sich in einer Übergangsphase befinden. Beispiele für eine solche Mischung sind laut den Autoren Ärzte ohne Grenzen und der WWF (Yaziji und Doh 2009, S. 9).

In der klassischen Marketing-Literatur werden NGOs meist als Anspruchsgruppen der Unternehmen und weniger als Akteure auf dem Markt gesehen (Meffert et al. 2008, S. 66). Der Nonprofit-Bereich kann auch nicht als Markt im traditionellen Sinne bezeichnet werden, da hier weder Güter noch dem Kunden direkt dienliche Dienstleistungen verkauft werden, also keine Transaktion stattfindet (Meffert et al. 2008, S. 49ff.). Aus diesem Grund erscheint es zunächst unpassend, von NGOs als Marken zu sprechen, denn nach dem derzeit gängigen Modell der identitätsbasierten Markenführung muss eine Marke „[...] *als ein in der Psyche des Konsumenten und sonstiger Bezugsgruppen der Marke fest verankertes, unverwechselbares Vorstellungsbild von einem Produkt oder einer Dienstleistung definiert werden. Die zu Grunde liegende Leistung wird dabei in einem möglichst großen Absatzraum über einen längeren Zeitraum in gleichartigem Auftritt und in gleich bleibender oder verbesserter Qualität angeboten*" (Meffert et al. 2002, S. 6).

Eine Transaktion bzw. das Angebot einer gewissen qualitativ definierbaren Leistung sind demnach Voraussetzung für die Existenz von Marken. Definiert man die Arbeit einer NGO allerdings als indirekte Dienstleistung, beispielsweise im Bereich Umweltschutz als langfristige Verbesserung der Lebensumstände der Spender, kann durchaus von einem Markt gesprochen werden. Allerdings ist diese Art des Nutzens sehr abstrakt und nicht allein auf die Spender beschränkt. Der direkte Kundennutzen muss vielmehr in dem mit der Spende oder Mitgliedschaft ausgelösten *Gefühl*, etwas Gutes und Richtiges getan zu haben, gesehen werden. Aufgrund des Spendenvolumens kann davon ausgegangen werden, dass NGOs durchaus auf einem wirtschaftlich nicht unerheblichen Markt agieren[6]. Somit können sie von den Möglichkeiten der Markenkommunikation profitieren, um sich von der Konkurrenz zu differenzieren und Bekanntheit sowie die Sympathie der Spender zu gewinnen.

Im Hinblick auf die Marke ergibt sich also die Frage, ob ihre Bedeutung für den Erfolg der NGOs und im speziellen bei Umweltschutz-NGOs überhaupt von Relevanz ist. Angesichts der vergleichbaren Angebote und der damit zusammenhängenden polypolistischen Marktstruktur ist zu erwarten, dass sie relativ hoch ist.

Hierzu wird der Zusammenhang zwischen dem Erfolg einer Umweltschutz-NGO (hier gemessen an der Spendenbereitschaft der Bevölkerung) und der Marke erhoben. Zunächst muss allerdings geklärt werden, welche Faktoren eine starke Marke ausmachen, welche Methoden für deren Messung geeignet sind und wie der Bezug zur Spendenbereitschaft hergestellt werden kann.

---

6   Das Spendenvolumen in Deutschland betrug 2010 knapp 2,3 Milliarden Euro (Adler 2011).

4   Forschungsfragen

Diese Ausführungen münden in die Fragen, ob NGOs ebenfalls eine Markenstärke sowie Markenpersönlichkeiten aufweisen und inwiefern sich diese auf die Spendenbereitschaft auswirken.

Forschungsfrage 1: Welche Markenstärke besitzen unterschiedliche NGOs?
Forschungsfrage 2: Welche Markenpersönlichkeitseigenschaften weisen die unterschiedlichen NGOs auf?
Forschungsfrage 3: Wie hoch ist die Spendenbereitschaft resp. das Preispremium für die unterschiedlichen NGOs?

5   Methode und Konzeption der Online-Befragung

Diese Forschungsfragen sollten im Rahmen einer Befragung mit einer Choice Based Conjoint Analyse (CBC; Görts und Behringer 2003, S. 286f.) beantwortet werden, die im Folgenden genauer dargestellt wird.

5.1   Ausgewählte NGOs

Aus forschungsökonomischen Gründen musste sich diese Pilotstudie auf einige ausgewählte NGOs beschränken. Aufgrund der Aufgabenstellung und der Anforderung der CBC, die als Präferenzanalyse eine gewisse Vergleichbarkeit der abgefragten Produkte voraussetzt, wurden fünf zentrale Kriterien bestimmt:

1. *Vergleichbares Aktivitätsspektrum:* Im Rahmen dieser Befragung wurde der Fokus auf das Thema Umwelt und somit Umweltschutzorganisationen gelegt.
2. *Vergleichbare Größe bzw. Bekanntheit:* Die Bekanntheit einer Umweltschutzorganisation weist auf eine hohe Markenstärke hin. Da zum Zeitpunkt dieser Arbeit keine Studie über die Bekanntheit einzelner Umweltschutzorganisationen vorlag, wurde alternativ auf die Größe der Organisation, gemessen anhand der Spender- und Fördererzahl, zurückgegriffen. Ein Vergleich der entsprechenden Daten der größten NGOs hat ergeben, dass ein nationaler Verband(-szweig) ab 400.000 Spendern bzw. Förderern als groß gelten kann[7].
3. *Vergleichbarer Aktivitätsradius:* Da Umweltschutz per se eine globale Aufgabe ist, stellt Internationalität die dritte Voraussetzung dar. In Kombination mit dem fünften Krite-

---

7 Für die Analyse wurde auf verfügbare NGO-Listen zurückgegriffen, wie z. B. Listen vom Economic and Social Council (ECOSOC 2011), von Deutschland.de (o. J.) oder Green 10 (o. J.).

rium bedeutet dies, dass die Themenstellung der NGOs international ausgerichtet sein muss. Der Hauptfokus der Spender-Akquise ist hingegen national.

4. *Direkter Spenderkontakt:* Dieses Kriterium ist eine Grundvoraussetzung in Bezug auf die Fragestellung dieser Studie. Eine Analyse der Spendenbereitschaft setzt voraus, dass die Befragten auch unabhängig von einer Mitgliedschaft Geld an die jeweilige NGO spenden können. NGOs, die sich ausschließlich aus Beiträgen ihrer NGO-Mitglieder finanzieren, sind demnach nicht von Relevanz.

5. *Einheitliche Nationalität:* Die Umweltschutzorganisationen müssen im selben Land ansässig sein und somit dieselben potenziellen Spender besitzen (hier: Deutschland).

Anhand dieser Auswahlkriterien konnten vier Umweltschutzorganisationen identifiziert werden, die für die Aufgabenstellung geeignet sind:

- Greenpeace
- NABU (Naturschutzbund)
- BUND (BUND für Umwelt und Naturschutz)
- WWF (World Wide Fund For Nature).

Neben diesen ausgewählten NGOs wurden sowohl eine ausschließlich national orientierte Umweltschutzorganisation (Robin Wood), ein Dachverband (Friends of the Earth International, FoEI) sowie eine „Dummy"-NGO in die Befragung aufgenommen[8] (NUD).

5.2   Fragebogenaufbau

Der Fragebogen gliedert sich in vier Teile:

1. *Einstellung und Kenntnisstand bezüglich Umweltschutzorganisationen:* Gefragt wurde nach der allgemeinen Einstellung zum Umweltschutz, einer etwaigen Mitgliedschaft in den ausgewählten Umweltschutzorganisationen, dem bisherigen Spendenverhalten und der eigenen Aktivität in Umweltschutzorganisationen.

2. *Markenbekanntheit und Markenstärke der ausgewählten NGOs:* Die Markenbekanntheit wurde in drei Stufen erhoben („kenne ich gut", „kenne ich vom Namen her", „kenne ich überhaupt nicht"). Die Markenstärke wurde mithilfe der Persönlichkeitsattribute ermittelt, die nach Hieronimus (2003, S. 50) ein wichtiger Teil des Markenimages sind und somit als Indikator und Vergleichsgrundlage besonders aussagekräftige Schlüsse auf die Markenstärke zulassen. Als Persönlichkeitsattribute diente die aus den ameri-

---

8   Auf diese Weise wurde zum einen der Kenntnisstand der Befragten in Bezug auf den Markt der Umweltschutz-NGOs getestet, zum anderen wurde durch die Aufnahme einer erfundenen NGO das Antwortverhalten auf soziale Erwünschtheit bzw. allgemein auf Ehrlichkeit überprüft.

kanischen „Big Five" der Markenpersönlichkeit[9] entstandene und für den deutschen Markt adaptierte Zwei-Faktoren-Lösung von Hieronimus (2003, S. 143ff.). Der eher rational begründete Faktor *Vertrauen* und *Sicherheit* besteht hierbei aus den Adjektiven zuverlässig, unverfälscht, ehrlich, bodenständig und erfolgreich. Der emotionale Faktor *Temperament und Leidenschaft* umfasst die Adjektive temperamentvoll, leidenschaftlich, phantasievoll, fröhlich und wagemutig.[10] Beide Faktoren wurden mithilfe einer 5er-Skala von „trifft sehr gut zu" bis „trifft gar nicht zu" erhoben.

3. *Spendenbereitschaft und Präferenz für die ausgewählten NGOs:* Um die Spendenbereitschaft bezüglich der einzelnen Marken zu bestimmen, findet die Präferenzanalyse Choice Based Conjoint Anwendung.[11] Sie misst gleichzeitig die Präferenz der Spender für die einzelnen Marken. Die Spendenbereitschaft im Vergleich zu anderen Organisationen entspricht dem Mehrpreis der Marke, der auch „Preispremium" genannt wird. Für eine bessere Übersichtlichkeit umfasst eine CBC in der Regel nie mehr als sechs verschiedene Eigenschaften (auch Stimuli genannt; Görts und Behringer 2003, S. 287), die für die vorliegende Studie in Tabelle 1 dargestellt werden.

4. *Soziodemografische Daten:* Neben Alter, Geschlecht und Bildungsabschluss wurden hier auch die Haupttätigkeit, das durchschnittliche Haushaltsnettoeinkommen[12] und die Anzahl der im Haushalt lebenden Personen abgefragt.

---

9   Die „Big Five" der Markenpersönlichkeit (Brand Personality Scale) repräsentieren fünf Grundhaltungen: Sincerity , Excitement, Competence, Sophistication und Ruggedness (Aaker 1997, S. 352).

10 Da die Studie von Hieronimus auf Basis der extrahierten Faktoren der bereits bestehenden, landesspezifischen Studien für die USA, Japan und Spanien aufbaut, ist eine Vollständigkeit der Adjektiv-Assoziationen bzw. Indikatoren und somit der überbegrifflichen Faktoren nicht sichergestellt. Als reiner Indikator für den Zusammenhang zwischen Markenstärke und Spendenbereitschaft sind die Faktoren dennoch durchaus geeignet. Ebenso lassen sie Rückschlüsse auf wichtige Persönlichkeitsmerkmale von Umweltschutzorganisationen zu.

11 „Mit Hilfe der Conjoint Analyse wird untersucht, welche Merkmale bzw. Merkmalskombinationen von Produkten oder Produktkonzepten aus Kundensicht am stärksten präferiert werden" (Görts und Behringer 2003, S. 285). Die Präferenzanalyse Conjoint ist ein dekompositionelles Verfahren. Das bedeutet, dass das erhobene Gesamturteil über ein Produkt (die Entscheidung für oder gegen den Kauf) für die Auswertung in einzelne Teilpräferenzen zerlegt wird (Baier und Brusch 2009, S. 3). So lassen sich Rückschlüsse auf den tatsächlichen Kaufgrund ziehen, z. B. ob die Farbe eines Autos eine größere Rolle bei der Kaufentscheidung spielt als die Automarke. Neben der Kombination nur zweier Eigenschaften (Trade-off-Ansatz) haben sich zwei Methoden durchgesetzt, die (zumindest theoretisch) alle kaufrelevanten Eigenschaften eines Produkts gleichzeitig präsentieren (Full-Profile-Ansatz). Diese beiden nicht-metrischen, multivariaten Verfahren sind die Adaptive Conjoint Analyse (ACA) und die Choice Based Conjoint Analyse (CBC) (Görts und Behringer 2003, S. 286f.). Aus diesem Grund ist die CBC-Analyse recht umfangreich, allerdings auch aussagekräftiger und realitätsnäher (Balderjahn et al. 2009, S. 134f.).

12 Zur Vermeidung von Reaktanz wurde an dieser Stelle eine Non-Option (Keine Angabe) angeboten (Bosnjak 2003, S. 65)

Tab. 1   Struktur der Choice Based Conjoint Analyse

Marke (jeweils mit Logo)	• Greenpeace • BUND • NABU • WWF • NUD
Art der Beteiligung	• Reine/keine Geldspende • aktive Teilnahme • beratende Tätigkeit
Fokus der Beteiligung	• allgemein • ortsbezogen • themenbezogen • projektbezogen
Zusatzangebot	• Newsletter • Vergünstigungen • Ökologischer Shop
Spendenhöhe	• 0 € (keine Spende) • bis 80 € in Zehnerschritten

5.3   Erhebungsmethode und Durchführung

Die Umfrage wurde mithilfe eines *Online-Fragebogens* durchgeführt. Das Internet vereint die Vorteile einer hohen Reichweite mit einer schnellen und bequemen Durchführung, geringen Interviewereffekten und geringen Kosten (Brosius et al. 2008, S. 124, S.130f.). Zudem können die Befragten zeitlich und räumlich unabhängig antworten, was positiv auf die Antwortbereitschaft wirken sollte (Batinic 2003, S. 148; Zerr 2003, S. 13). Allerdings hat diese Art der Umfrage auch Nachteile: Die Selbstselektion der Teilnehmer, Mehrfachteilnehmer und die unkontrollierte Antwortsituation erschweren eine repräsentative und valide Befragung (Zerr 2003, S. 10f.). Die Auswertung von Soziodemographie und Kenntnisstand erlaubt es jedoch, zumindest eingeschränkte Aussagen in Bezug auf bestimmte Bevölkerungsgruppen treffen zu können. Auf die Umfrage wurde per E-Mail sowie via Facebook, unter anderem über die Hochschule Macromedia, aufmerksam gemacht. Der Erhebungszeitraum erstreckte sich vom 6. Juni 2012 bis zum 11. Juli 2012.

Zur Programmierung der Choice Based Conjoint Analyse wurde die Software SSI Web der Firma Sawtooth genutzt, die, ebenso wie der Server, von der Hochschule Karlsruhe zur Verfügung gestellt wurde.

5.4   Stichprobe

Von 86 Teilnehmern füllten 64 den Fragebogen komplett aus und gingen somit in die Auswertung ein.

5.4.1   Soziodemographie

Die Stichprobe weist die online-typischen sozidemographischen Verzerrungen auf; zudem wirkt sich die Verbreitung des Links via Facebook aus: Die Befragten sind jünger, höher gebildet, leben vermehrt in Mehrpersonenhaushalten (Familie, WGs), befinden sich entweder in einem Angestelltenverhältnis oder im Studium und verdienen somit (noch) unterdurchschnittlich. Letzteres Merkmal könnte möglicherweise Auswirkungen auf die Höhe der präferierten Spendensummen haben und ist daher bei der Bewertung des Preispremiums zu berücksichtigen.

Aufgrund dieser Stichproben-Verzerrungen sind die nachfolgenden Ergebnisse nicht repräsentativ für die deutsche Bevölkerung. Da es sich jedoch um eine Pilotstudie handelt, können unter Berücksichtigung dieses Umstands durchaus Rückschlüsse auf die basalen Zusammenhänge von Marke und Spendenbereitschaft gezogen werden, welche die Ausgangslage für eine repräsentative Folgestudie bilden können.

5.4.2   Einstellungen und Kenntnisse zum Thema Umweltschutz

Die *Einstellung zum Umweltschutz* ist bei den Befragten überwiegend positiv: 59 % bewerten ihn als sehr wichtig, 31 % als wichtig und nur 3 % als völlig unwichtig. Damit entsprechen sie der allgemeinen Haltung der deutschen Bevölkerung (BMU und UBA 2010, S. 10).

Die *Kenntnisse über Umweltschutzorganisationen* in Deutschland sind relativ hoch. Während die ausgewählten international agierenden NGOs durchschnittlich zu 80 % bekannt sind, kennen immerhin 57 % die nationale Umweltschutzorganisation Robin Wood. Allerdings ist Friends of the Earth International als Dachverband (FoEI) des BUND lediglich 15 % der Befragten ein Begriff. Dies erscheint vor dem Hintergrund, dass 19 % die erfundene „Dummy"-NGO NUD zu kennen glauben, ausgesprochen wenig. Es liegt nahe zu vermuten, dass das Interesse der Bevölkerung hauptsächlich den in Deutschland ansässigen und hier aktiven sowie damit medial präsenten Organisationen gilt; der Großteil der Teilnehmer scheint sich demnach noch nicht näher mit dem Thema des internationalen Umweltschutzes befasst zu haben. Dass soziale Erwünschtheit an dieser Stelle eine Rolle spielt, ist aufgrund der geringen Bekanntheit des FoEI weitgehend auszuschließen. Vielmehr könnte es sich bei der Bekanntheit der Dummy-NGO NUD um eine Verwechslung mit einer anderen Umweltschutzorganisation, beispielsweise dem DNR[13], handeln.

Spender und Nicht-Spender sind in der Stichprobe zu fast gleichen Teilen enthalten. Diejenigen, die sich beteiligten, taten dies ausschließlich durch Geldspenden, davon 73 % für allgemeine Zwecke, die restlichen 27 % projekt- oder themenbezogen. Bei der Angabe,

---

13 DNR steht für Deutscher Naturschutzring. Der DNR bezeichnet sich selbst als Dachverband der deutschen Umweltschutz-NGOs (DNR o. J.).

in welcher Form die nächste Spende erfolgen soll, wählte jedoch beinahe die Hälfte der Befragten die projekt- oder themenbezogene Spende. 23 % würden sich für eine allgemeine Spende entscheiden, die übrigen bevorzugen allgemeine oder spezifische Sachspenden.

15 % der Befragten sind *Mitglied in einer Umweltschutzorganisation*, die Hälfte davon bei Greenpeace. Somit übertreffen sie den Bevölkerungsdurchschnitt um ca. 5 % (BMU und UBA 2010, S. 58). Aktiv beteiligt haben sich bereits 19 % der Befragten; auch hier ist Greenpeace am stärksten vertreten. Erwartungsgemäß verzeichnet der WWF weder Mitglieder noch Aktive, da er diese Möglichkeiten nicht anbietet.

Obwohl in der Stichprobe die Soziodemographie teilweise recht stark vom Bevölkerungsdurchschnitt abweicht, sind die Einstellungen gegenüber dem Umweltschutz und das diesbezügliche Verhalten recht nahe an der bundesdeutschen Bevölkerung, wobei – vermutlich aufgrund der Selbstselektion der Befragten – eine Tendenz zu einer größeren Informiertheit und einem höheren Engagement besteht.

6 Ergebnisse

Im Folgenden werden die Ergebnisse der CBC sowie die Markenpersönlichkeiten der ausgewählten NGOs dargestellt.

6.1 Bekanntheit von NGOs, Markenpräferenz und -stärke

Als wichtiges Kriterium starker Marken differiert die Markenbekanntheit[14] der Umwelt-NGOs deutlich. Allen Teilnehmern bekannt sind Greenpeace und WWF, immerhin 87 % kennen den NABU und 80 % den BUND. Die Aufteilung zwischen den Antworten „kenne ich gut" und „kenne ich nur vom Namen her" entspricht diesen Werten beinahe zu gleichen Teilen.

Diese Ergebnisse korrelieren weitgehend mit den in der CBC gemessenen Präferenzwerten für Unterstützung bzw. Spendenzuwendungen. Hier liegt Greenpeace als Zuwendungsziel für die eigene Unterstützung / Spende mit 34 % eindeutig vorne, dicht gefolgt vom WWF mit 29 %. Im unteren Mittelfeld steht der NABU mit 20 %, wohingegen der BUND eine Spendenpräferenz von nur rund 13 % aufweist. Die Bevorzugung der Dummy-NGO NUD ist mit 4 % zu vernachlässigen.

Diese Ergebnisse weisen darauf hin, dass die Bekanntheit der NGO Einfluss auf die Entscheidung hat, welche NGO man zukünftig unterstützen wird. Somit scheint die Bekanntheit auch bei Umweltschutz-NGOs die Basis für *Markenstärke* zu sein. Greenpeace und WWF als Interessensgruppen mit der höchsten Bekanntheit und Präferenz stellen

---

14 Hier ist die Gesamtbekanntheit gemeint, die sich aus den Antworten „kenne ich gut" und „kenne ich nur vom Namen her" zusammensetzt.

besonders starke Marken dar. Der NABU mit einer durchgehend mittelmäßigen Beurteilung besitzt zwar Potenzial, schöpft dieses jedoch bislang nicht aus, während der BUND mit den niedrigsten Werten eine vergleichsweise schwache Marke ist.

6.2 Markenpersönlichkeiten

Die Markenpersönlichkeit wurde mithilfe der zwei Faktoren Vertrauen und Sicherheit (primär rationale Faktoren) sowie Temperament und Leidenschaft (primär emotionale Faktoren) erhoben. Bei der Auswertung wurden lediglich die Antworten derjenigen Personen berücksichtigt, die angaben, die Marken zu kennen.

6.2.1 BUND

Mit der geringsten Bekanntheit und Spendenpräferenz scheint der BUND zunächst auch die geringste Markenstärke der untersuchten NGOs aufzuweisen. Bei einer genaueren Betrachtung der Markenpersönlichkeit (siehe Abbildung 1) fällt jedoch auf, dass er in Bezug auf rationale Aspekte jeweils von über 50 % der Teilnehmer als eher positiv bewertet wird. Dahingegen liegen die emotionalen Aspekte überwiegend im neutralen bis negativen Bereich. Vor allem bei den Merkmalen temperamentvoll (Durchschnittswert 3,39) und wagemutig (Durchschnittswert 3,38) sind sich die Befragten zu über 80 % einig, dass sie nicht auf den BUND zutreffen, während ihn über 70 % für besonders bodenständig (Durchschnittswert 2,02) halten. Somit liegt dem BUND eher eine rationale Markenpersönlichkeit zugrunde. Da der BUND auch im Wettbewerbsvergleich bei vier der fünf rationalen Merkmale die höchste (mit Ausnahme von erfolgreich, hier liegen die Werte von Greenpeace und WWF höher), bei den emotionalen jedoch stets die wenigste Zustimmung erzielt, lässt sich in Bezug auf die geringe Spendenpräferenz für den BUND vermuten, dass emotionale Faktoren bei der Auswahl einer NGO für eine Spende eine entscheidende Rolle spielen.

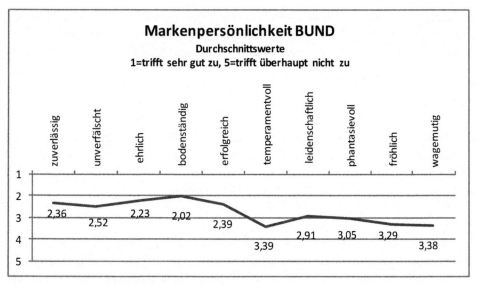

Abb. 1   Markenpersönlichkeit BUND (n=56)

6.2.2   Greenpeace

Gemessen an der Präferenz und der Bekanntheit ist Greenpeace die erfolgreichste der vier untersuchten Umweltschutz-NGOs und steht somit im direkten Gegensatz zum BUND (siehe Abbildung 2). Dieser Umstand spiegelt sich auch in der Markenpersönlichkeit wider. Besonders stark ist die Ausprägung der emotionalen Eigenschaften: Mit einer Spanne von 30 % bei fantasievoll bis über 60 % bei wagemutig erhält die Organisation stets den höchsten Wert aller ausgewählten NGOs und wird von maximal 6 % der Befragten negativ beurteilt. Ähnlich positiv verhält es sich bei den rationalen Eigenschaften, wobei die Polarisierung hier weit weniger deutlich ausgeprägt ist und Greenpeace nur vergleichsweise mittlere Werte aufweist. Erfolg scheint ein Merkmal von Greenpeace zu sein (Durchschnittswert 2,09), Bodenständigkeit (Durchschnittswert 2,88) weniger. Dies unterstützt die Vermutung, dass emotionale Eigenschaften besonders großen Einfluss auf die Spendenpräferenz haben. Aufgrund des großen Unterschieds zwischen den Präferenzen für Greenpeace und BUND erscheint es naheliegend, dass dabei vor allem die Merkmale wagemutig und temperamentvoll ausschlaggebend sind, da sich hier die Marken am stärksten unterscheiden,. Es lässt sich vermuten, dass der Erfolg der Marke Greenpeace durch die kommunikationsstrategische Berücksichtigung von emotionalen (z. B. durch wagemutige Aktionen mit spektakulären Bildern) sowie rationalen Elementen (z. B. Positionierung als Experte für Umweltfragen) erklärt werden kann.

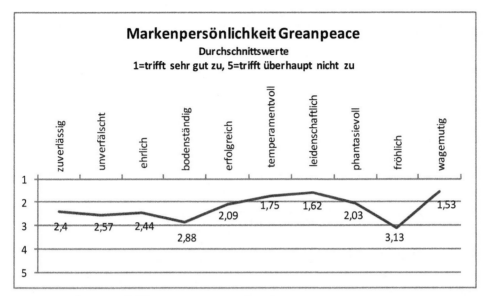

Abb. 2 Markenpersönlichkeit von Greenpeace (n=68)

6.2.3 NABU

Im Vergleich zu BUND und Greenpeace scheint die Markenpersönlichkeit des NABU weit weniger stark ausgeprägt zu sein: Viele Befragten haben keine dezidierte Meinung zu dieser NGO (siehe Abbildung 3). Vor allem in Bezug auf die emotionalen Merkmale weist er nahezu keine Tendenzen in eine positive oder negative Richtung auf. Lediglich bei den beiden Eigenschaften leidenschaftlich und fantasievoll, die auch bei den anderen Umweltschutzorganisationen ausgeprägt sind, bewerten ihn über 30 % positiv. Dagegen repräsentiert er für über 50 % der Befragten v. a. rationale Eigenschaften, teilweise sogar stärker als der WWF. Lediglich als erfolgreich scheint er nicht wahrgenommen zu werden (Durchschnittswert 2,58), denn hier stimmen nur knapp 40 % der Befragten zu, während die anderen ausgewählten NGOs über 60 % positive Bewertungen erhalten. Der NABU wird kaum mit emotionalen Aspekten in Verbindung gebracht (Durchschnittswerte 2,90 bis 3,27) – er weist bei den als wichtig identifizierten Eigenschaften temperamentvoll und wagemutig sogar besonders niedrige Werte auf –, besitzt jedoch eine höhere Spenderattraktivität als der BUND. Daher lässt sich schließen, dass die eher negative Bewertung der emotionalen Eigenschaften des BUND einer Spendenpräferenz im Weg stehen. Eine neutrale bzw. unbekannte emotionale Markenpersönlichkeit erscheint somit für die Unterstützungspotenziale förderlicher als eine zögerliche oder gar langweilige Persönlichkeit.

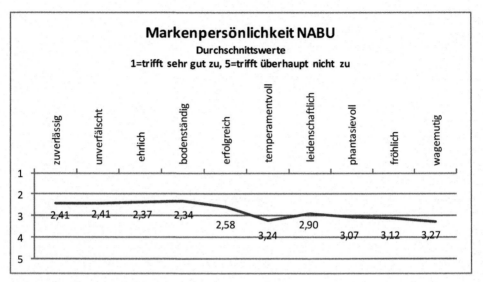

Abb. 3   Markenpersönlichkeit des NABU (n=59)

6.2.4   WWF

Der WWF liegt sowohl bei den rationalen als auch bei den emotionalen Eigenschaften im NGO-Vergleich im relativen Mittelfeld (siehe Abbildung 4). Während er bei den emotionalen Merkmalen

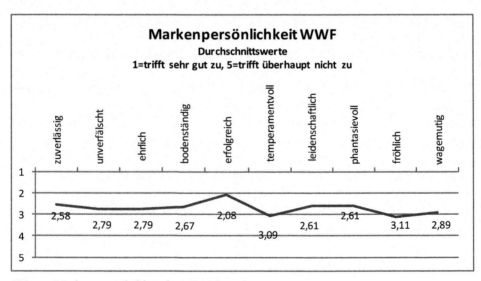

Abb. 4   Markenpersönlichkeit des WWF (n=66)

hauptsächlich neutrale Bewertungen erhält, jedoch noch emotionaler als BUND und NABU eingeschätzt wird, weist er einen Fokus auf die rationalen Eigenschaften auf. Sein herausragendes Merkmal ist der Erfolg, den ihm ca. 71 % der Befragten zuschreiben, während – vermutlich aufgrund seiner umstrittenen Wirtschaftsnähe und der diversen Skandale (Eck 2011) – seine Ehrlichkeit und Unverfälschtheit am geringsten eingestuft wird. Somit stellt der WWF das eher rational ausgelegte Gegenstück zur emotional fokussierten NGO Greenpeace dar.

6.2.5   Zusammenfassung

Eine positive emotionale Markenpersönlichkeit von NGOs scheint das Unterstützungs- und Spendenverhalten positiv zu beeinflussen. Es ergeben sich jedoch auch erste Hinweise darauf, dass eine neutrale bzw. unbekannte emotionale Persönlichkeit im Hinblick auf die Präferenz förderlicher ist als eine negativ assoziierte emotionale Markenpersönlichkeit.

Rationale Faktoren scheinen hingegen kaum eine Rolle für die Spendenbereitschaft zu spielen, zumindest bei der Abfrage einer zukünftigen Verhaltensintention. Vermutlich fallen die rationalen Elemente der Markenpersönlichkeit bei tatsächlichen Spenden stärker ins Gewicht. Da die Markenpersönlichkeit lediglich *einen* Faktor der Markenstärke darstellt, kann an dieser Stelle lediglich der Zusammenhang zwischen Markenpersönlichkeit und Spendenpräferenz, nicht aber dessen Stärke festgestellt werden.

6.3   Bedeutung der Merkmale für die Spendenentscheidung

Abbildung 5 zeigt die Ergebnisse zur Präferenzstruktur der CBC. Mit 42 % ist die *Marke das wichtigste Auswahlkriterium* für die Spende, dicht gefolgt vom *Preis* mit 37 %. Alle anderen dargebotenen Faktoren können demgegenüber vernachlässigt werden, sodass die Marke hier als Hauptdifferenzierungsfaktor fungiert. Inwieweit diese Aussage verallgemeinerbar ist, bleibt fraglich, da weder ein Beleg für die Vollständigkeit der Faktorenauswahl existiert, noch eine repräsentative Stichprobe vorliegt. Aufgrund der recht deutlichen Ergebnisse lässt sich allerdings vermuten, dass die Marken von Umweltschutz-NGOs auch im Bevölkerungsdurchschnitt eine große Rolle bei der Spendenwahl spielen.

Ein dritter Faktor, der zwar eine bei weitem geringere Bedeutung hat als Marke und Preis, jedoch mit 12 % durchaus Einfluss auf das Spendenverhalten nimmt, ist die *Art der Beteiligung*. Das Ergebnis deckt sich mit dem der Einstellungsbefragung: Über 40 % der Befragten bevorzugen eine reine (Geld-)Spende. An zweiter Stelle steht die beratende Tätigkeit, während die aktive Teilnahme mit lediglich rund 23 % eher gemieden wird. Bezogen auf den bereits erwähnten Bevölkerungsdurchschnitt der Engagierten von 9 % (BMU und UBA 2010, S. 58), der auch beratende Tätigkeiten umfasst, ist dieses Ergebnis außergewöhnlich hoch. Es ist also anzunehmen, dass aufgrund des hohen Umweltengagements in der Stichprobe eine Ergebnisverzerrung aufgetreten ist: Der Anteil der Geldspender in Deutschland ist womöglich weitaus größer.

Mit 5 % hat der *Fokus der Beteiligung* kaum Auswirkungen auf die Spendenpräferenz. Somit gibt es zwar eine Tendenz zu projekt- und themenbezogener Unterstützung, die allgemeine Präferenzspanne von lediglich 7 % lässt jedoch keine großen Unterschiede erkennen und spielt in der konkreten Auswahlsituation keine herausragende Rolle. Dies lässt den Schluss zu, dass die Entscheidung für eine Spendenart bei der Einstellungsbefragung weitgehend kognitiv bedingt ist (d. h., dass der Spender aktiv überlegt, welche Spendenart die sinnvollste wäre), während die vorwiegend auf das Unterbewusste ausgelegte CBC die tatsächliche Entscheidungssituation unter Einbezug weiterer (und stärkerer) Präferenzfaktoren reflektiert.

Bezogen auf das *Zusatzangebot* weisen die Ergebnisse darauf hin, dass dieses mit nur knapp 4 % so gut wie keine Bedeutung für die Spendenwahl besitzt. Im Gegenteil: Die ökonomisch ausgerichteten Angebote „Vergünstigungen" und „Ökologischer Shop" wirken sich in der Regel sogar nachteilig auf die Präferenzbewertung aus, was die Vermutung bestätigt, dass wirtschaftliche Kooperationen einen negativen Einfluss auf das Image von NGOs haben.

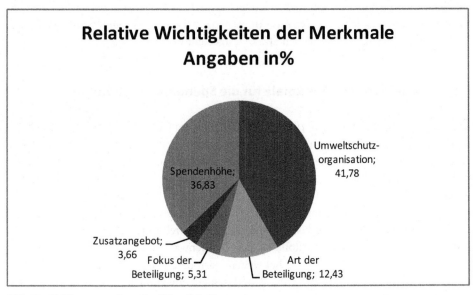

Abb. 5   Präferenzstruktur der Stimuli in Prozent

6.4 Preispremium

Um die Spendenbereitschaft in Form des Preispremiums zu ermitteln, wurde zunächst der am stärksten präferierte Spendensatz als Berechnungsgrundlage bestimmt. Um die Bestimmung des Mehrpreises möglichst realitätsnah zu gestalten, wurde der BUND als die am wenigsten präferierte Marke als Vergleichsgrundlage genutzt. Die Spendenhöhe an die jeweils anderen Marken wurde so lange variiert, bis eine annähernde Präferenzgleichheit erreicht war.[15] Der Mehrpreis der stärkeren Marke wurde anschließend durch Subtraktion des als Basis gewählten Betrags näherungsweise ermittelt. Abbildung 6 bildet den allgemeinen Verlauf der Preispräferenz ab:

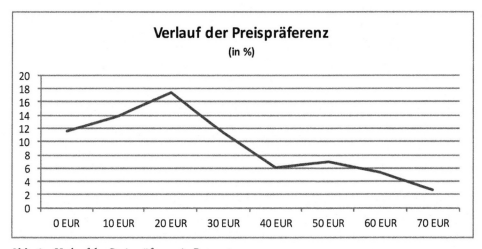

Abb. 6   Verlauf der Preispräferenz in Prozent

Die Präferenzkurve weist einen nicht-linearen bi-modalen Verlauf auf. Der absolute Modus liegt bei 20 Euro und wird im Folgenden als Grundlage für die Berechnung des Mehrpreises verwendet. Der relative Modus liegt bei 50 Euro und ist Hinweis auf eine zweite Preisschwelle (Pechtl 2005, S. 35). Abbildung 7 zeigt die Preispremien im Überblick:

---

15 Die Berechnungen wurden mit Hilfe der Software SSI Web der Firma Sawtooth durchgeführt.

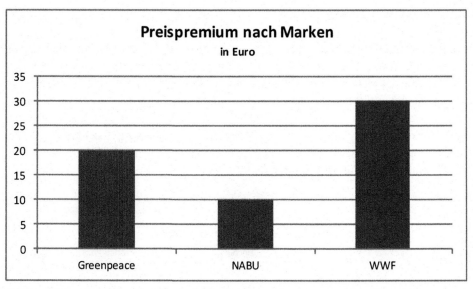

Abb. 7   Betrag des Preispremiums nach Marken

Das Preispremium reflektiert die Höhe der jährlichen Einnahmen: Erwartungsgemäß hält der NABU mit 10 Euro das kleinste Preispremium. In dieser Hinsicht wenig überraschend, jedoch in Bezug auf die Markenpräferenzen zunächst erstaunlich, ist der Mehrwert des WWF gegenüber Greenpeace. Der WWF hat somit ein Preispremium von 30 Euro (50 Euro abzüglich 20 Euro). Der WWF könnte demnach als Premiummarke bezeichnet werden, was sich bei einem Spendenanteil von 54 % mit dem durchschnittlichen Beitrag von 63 Euro pro Person decken würde (eigene Berechnung nach WWF Jahresbericht 2010/11, S. 38). Angesichts dessen, dass Greenpeace eine durchschnittliche Spende von 25 Euro bis 100 Euro deklariert, ist aufgrund des Preispremiums anzunehmen, dass die meisten Spender einen niedrigeren Betrag bevorzugen, während ein kleiner Prozentsatz – 9,4 % laut eigenen Angaben – zwischen 100 Euro und 500 Euro aufwärts spendet und so den durchschnittlichen Beitrag erhöht (Greenpeace Jahresrückblick 2010, S. 6). Auch im Vergleich der beiden NGOs zeigt sich, dass Greenpeace kein Preispremium gegenüber dem WWF besitzt, was zum einen den geringen Präferenzabstand widerspiegelt, zum anderen darauf hindeutet, dass Greenpeace eher ein Mengen- denn ein Preispremium besitzt.[16] Diese Theorie spräche für die Existenz einer zweiten, den WWF favorisierende Personengruppe, die bevorzugt 50 Euro spendet. Ob die entsprechenden Spender die NGO im Hinblick auf die Markenpersönlichkeit besser bewerten, lässt sich aufgrund der aggregierten Präferenzdarstellung

---

16 Beide Arten sind Hinweise auf starke Marken, fordern allerdings jeweils eine andere Kommunikationsstrategie (Esch 2010, S. 350).

der CBC nicht feststellen und wäre im Rahmen einer weiterführenden Studie zu klären.[17] Das Preispremium bestätigt jedoch, dass eine starke Marke auch im Nonprofit-Bereich einen ökonomischen Vorteil gegenüber schwächeren Konkurrenten bietet.

6.5 Zusammenfassung

Allgemein lässt sich feststellen, dass auch bei NGOs eine hohe Markenpräferenz mit einer starken Markenpersönlichkeit sowie mit einem höheren Preispremium einhergeht. Aufgrund des starken Zusammenhangs zwischen Markenstärke und Spendenbereitschaft innerhalb der Stichprobe ist anzunehmen, dass sich diese Tendenz vermutlich auch in der Gesamtbevölkerung finden ließe.

Dass der Zusammenhang zwischen Markenstärke und Preispremium bei vergleichbaren Präferenzen nicht vollständig linear mit der Ausprägung der Markenpersönlichkeit verläuft, weist auf einen Mangel in der Faktorenauswahl hin: Offenbar spielen neben den in der CBC angebotenen Merkmalen weitere Image- und eventuell nicht-markenbezogene Aspekte bei der Wahl einer Organisation für die eigene Spende eine Rolle. Image-Merkmale könnten beispielsweise unter Anwendung des von Aaker entwickelten Identitätsmodells überprüft werden (Aaker und Joachimsthaler 2000, S. 46). Um nicht-markenbezogene Aspekte zu identifizieren und anhand einer detaillierteren, repräsentativen Erhebung zu prüfen, müsste zunächst eine vertiefende qualitative Studie durchgeführt werden.

Es lässt sich lediglich festhalten, dass die Markenpersönlichkeit als ein nachgewiesen wichtiger Faktor wettbewerbsrelevante Differenzierungsmöglichkeiten für die NGOs bietet, die vorwiegend auf positiven, emotionalen Assoziationen aufbauen sollten. Das Vertrauen in Umweltschutz-NGOs, das in Studien gerne als Vergleichsparameter untereinander und mit anderen Umweltinstitutionen herangezogen wird,[18] gibt demnach nur bedingt Auskunft über den Erfolg der Organisation. Nach Meffert und Burmann bildet es zwar eine solide Grundlage, kann jedoch in diesem Fall aufgrund des geringen Einflusses der rationalen Faktoren nicht als vom Wettbewerb differenzierendes Merkmal verwendet werden (Meffert und Burmann 2002, S. 67). Vergleicht man unter dieser Annahme die einzelnen Faktorenausprägungen, so stellt man fest, dass vor allem hohe Assoziationen mit den Attributen temperamentvoll und wagemutig mit einer höheren Spendenpräferenz einhergehen.

Mit der höchsten Bekanntheit, Präferenz und über beide Faktoren am stärksten positiv geprägten Markenpersönlichkeit stellen Greenpeace und WWF in dieser Pilotstudie die

---

17 Da es auch denkbar wäre, dass die Markenpersönlichkeit nach Hieronimus unvollständig ist und unter Berücksichtigung der Tatsache, dass es sich hierbei um eine nur teilweise Darstellung der psychologischen Markenstärke handelt, wäre ggf. eine qualitative Studie, bspw. im Rahmen einer Gruppendiskussion mit Mitgliedern, Nicht-Mitgliedern und NGO-Kommunikationsstrategen, zur Identifikation weiterer entscheidungsrelevanter Merkmale zielführend.

18 Beispielsweise in der regelmäßigen Studie des Bundesministeriums für Umwelt, Naturschutz und Reaktorsicherheit BMU (BMU 2010, S. 82).

Umweltschutz-NGOs mit der größten Markenstärke dar, wobei Greenpeace bei allen drei Faktoren die höchsten Werte aufweist. Der WWF scheint ein qualitatives Preispremium, Greenpeace hingegen ein vorwiegend quantitatives Mengenpremium zu besitzen. Unter dieser Annahme ist es denkbar, dass die Markenpräferenz des WWF bei Filterung der entsprechenden Spender der von Greenpeace gleichkommt.[19] Der NABU mit einer durchgehend neutralen bzw. mittelmäßigen Bewertung besitzt zwar Potenzial, schöpft dieses bislang jedoch nicht aus, und der BUND ist mit den niedrigsten Werten eine vergleichsweise schwache Marke.

7   Fazit und Ausblick

Abschließend lässt sich festhalten, dass die Markenstärke international agierender Umweltschutz-NGOs in Deutschland von existentieller Bedeutung für die Spendenbereitschaft der Bevölkerung ist. Sie stellt als Differenzierungs- und Orientierungsmerkmal das wichtigste Entscheidungskriterium bei der Auswahl einer Organisation dar. Allgemein gelten für den Markt der Umweltschutz-NGOs also dieselben Regeln wie für den Wirtschaftssektor: Informationsüberlastung und Zeitdruck sorgen für geringe Aufmerksamkeit für einzelne Werbemaßnahmen. Um klare Imagebotschaften zu vermitteln, ist daher eine hohe mediale Präsenz nötig. Diese wird von den international stark eingebundenen NGOs Greenpeace und WWF bereits im Rahmen professioneller Marketingstrategien eingesetzt, während die föderal aufgebauten Organisationen NABU und BUND die Imagekommunikation erst langsam in ihre Strategie integrieren. Die Umfrage hat ergeben, dass alle vier untersuchten NGOs die Grundvoraussetzungen starker Marken erfüllen. Somit besitzen auch NABU und BUND das Potenzial, ihre Marke als spendenrelevanten Faktor weiter auszubauen. Für die Spendenbereitschaft sind dabei vor allem eine weitgehend positive Beurteilung der Persönlichkeitsattribute sowie die Assoziation mit emotionalen Eigenschaften, allen voran temperamentvoll und wagemutig, entscheidend. Daneben spielen weitere Imagefaktoren eine Rolle, die in einer vertiefenden Studie genauer bestimmt werden müssten. Neben der NGO (Marke) nimmt die Spendenhöhe die zweithöchste relative Wichtigkeit für die Spendenbereitschaft ein, während die Art der Beteiligung, ökonomische Zusatzangebote sowie die Entscheidung über den Verwendungszweck der Spende kaum von Bedeutung sind. Bezogen auf die NGO-Strategien bedeutet dies, dass eine emotionale, medienstarke Zielgruppenansprache, die Fokussierung auf differenzierende Wettbewerbskriterien und eine Reduktion des ökonomischen Zusatzangebots vor allem für NABU und BUND zu einer Erhöhung der Markenpräferenz und somit zu einer Steigerung der Spendeneinnahmen führen könnten. Da es sich bei der vorliegenden Studie um eine Pilotstudie

---

19 Dies ist aufgrund der Erhebungsmethodik CBC nicht möglich. Um eine entsprechende Filterung zu ermöglichen, wäre die umfangreichere, individuell auswertbare Adaptive Conjoint Analyse (ACA) anzuwenden.

handelt, die weder Vollständigkeit bei den abgefragten Einflussfaktoren noch allgemeine Repräsentativität aufweist, sind diese Schlussfolgerungen als Basis zu verstehen, auf denen weiterführende Detailstudien aufbauen können. So wären qualitative Studien zur Identifizierung aller spendenrelevanten Einflussfaktoren im Rahmen von Diskussionsrunden und Experteninterviews denkbar. Daran anknüpfend könnten repräsentative Umfragen dazu genutzt werden, unter Anwendung der individuell auswertbaren Adaptive Conjoint Analyse markenspezifischer Zielgruppen zu identifizieren.

Literatur

Aaker, D. A., Joachimsthaler, E. (2000). *Brand Leadership*. New York: The Free Press.

Aaker, J. L. (1997). Dimensions of Brand Personality. *Journal of Marketing Research 34*, 347-356.

Adler, R. (2011). Spendenaufkommen legt 2010 deutlich zu. Pressemitteilung des GfK Panel Services Deutschland. http://www.gfkps.com/imperia/md/content/ps_de/consumerscope/mobility/110401_pm_spenden_dfin.pdf. Zugegriffen: 07. Mai 2012

Baier, D., Brusch, M. (2009). Erfassung von Kundenpräferenzen für Produkte und Dienstleistungen. In: D. Baier, M. Brusch (Hrsg.). *Conjointanalyse: Methoden, Anwendungen, Praxisbeispiele* (S. 3-18). Heidelberg: Springer.

Balderjahn, I., Hedergott, D., Peyer, M. (2009). Choice-Based-Conjointanalyse, In: D. Baier, M. Brusch (Hrsg.). *Conjointanalyse: Methoden, Anwendungen, Praxisbeispiele* (S. 129-146). Heidelberg: Springer.

Batinic, B. (2003). Datenqualität bei internetbasierten Befragungen. In: A. Theobald, M. Dreyer, T. Starsetzki (Hrsg.). *Online-Marktforschung: Theoretische Grundlagen und praktische Erfahrungen* (S. 143-160), 2. Aufl., Wiesbaden: Dr. Th. Gabler/GWV.

Bosnjak, M. (2003). Teilnahmeverhalten bei Web-Befragungen. Nonresponse und Selbstselektion. In: A. Theobald, M. Dreyer, T. Starsetzki (Hrsg.). *Online-Marktforschung: Theoretische Grundlagen und praktische Erfahrungen* (S. 55-72), 2. Aufl., Wiesbaden: Dr. Th. Gabler/GWV.

Brosius, H.-B., Koschel, F., Haas, A. (2008). *Methoden der empirischen Kommunikationsforschung. Eine Einführung*, 4. überarb. und erw. Aufl., Wiesbaden: VS.

Bruhn, M., GEM (2002). Was ist eine Marke? Aktualisierung der Markendefinition, http://www.gem-online.de/pdf/gem_publikation/WasisteineMarke2002.pdf Zugegriffen: 05. März 2013.

Bundesministerium für Umwelt, Naturschutz und Reaktorsicherheit (BMU) (2010). Umweltbewusstsein in Deutschland 2010. Ergebnisse einer repräsentativen Bevölkerungsumfrage. http://www.umweltdaten.de/publikationen/fpdf-l/4045.pdf Zugegriffen: 29. April 2012.

Bundesministerium für Umwelt, Naturschutz und Reaktorsicherheit (BMU), Umweltbundesamt (UBA) (2010). Umweltbewusstsein in Deutschland 2010. Ergebnisse einer repräsentativen Bevölkerungsumfrage. http://www.umweltdaten.de/publikationen/fpdf-l/4045.pdf. Zugegriffen: 03. Mai 2012.

Bundesministerium für wirtschaftliche Zusammenarbeit und Entwicklung (BMZ) (o. J.). Nichtregierungsorganisationen. http://www.bmz.de/de/was_wir_machen/wege/bilaterale_ez/akteure_ez/nros/index.html. Zugegriffen: 01. April 2012.

Bundeszentrale für politische Bildung (bpb) (2010). Nicht-Regierungsorganisationen (NGOs). http://www.bpb.de/nachschlagen/zahlen-und-fakten/globalisierung/52808/ngos. Zugegriffen: 05. März 2013.

Curry, J. (1996). Understanding Conjoint Analyses in 15 Minutes. http://www.sawtoothsoftware. com/download/techpap/undca15.pdf. Zugegriffen: 17. Juli 2012.

Deutscher Naturschutzring (DNR) (o. J.). Homepage des Deutschen Naturschutzrings. http://www. dnr.de. Zugegriffen: 04. Juli 2012.

Deutschland.de (2007). Umweltorganisationen. https://www.deutschland.de/de/topic/umwelt/ erde-klima/umweltorganisationen Zugegriffen: 04. Juli 2012.

DIN Deutsches Institut für Normung e. V. (2011). *Markenbewertung – Anforderungen an die monetäre Markenbewertung* (ISO 10668:2010). Berlin

Eck, K. (2011). Krisen-PR. Der WWF & der Panda in der Transparenz. http://pr-blogger.de/2011/06/29/ krisen-pr-der-wwf-der-panda-in-der-transparenz. Zugegriffen: 06. März 2013.

Economic and Social Council (ECOSOC) (2011). List of non-governmental organizations in consultative status with the Economic and Social Council as of 1 September 2011. http://csonet.org/ content/documents/E2011INF4.pdf. Zugegriffen: 03.06.2012.

Esch, F.-R. (2010). *Strategie und Technik der Markenführung*, 6. überarb. und erw. Aufl., München: Franz Vahlen GmbH.

Fischer, M., Hieronimus, F., Kranz, M. (2002). *Markenrelevanz in der Unternehmensführung – Messung, Erklärung und empirische Befunde für B2C-Märkte*, MCM/McKinsey-Reihe zur Markenpolitik, Arbeitspapier Nr. 1. Münster.

Frantz, C., Martens, K. (2006). *Nichtregierungsorganisationen (NGOs)*. Wiesbaden: VS.

Görts, T., Behringer, T. (2003). Online Conjoint. Chancen und Grenzen. Ein Fallbeispiel aus dem Telekommunikationsmarkt. In: A. Theobald, M. Dreyer, T. Starsetzki (Hrsg.). *Online-Marktforschung: Theoretische Grundlagen und praktische Erfahrungen* (S. 283-296), 2. Aufl., Wiesbaden: Gabler.

Green 10 (o. J.). Homepage. http://www.green10.org. Zugegriffen: 04. Juli 2012.

Greenpeace (2010). Jahresrückblick 2010. Kampagnen, Struktur, Bilanz, Erträge und Aufwendungen. http://www.greenpeace.de/fileadmin/gpd/user_upload/wir_ueber_uns/jahresrueckblick/20110601-Greenpeace-Jahresrueckblick-2010.pdf. Zugegriffen: 06. März 2013.

Hieronimus, F. (2003). *Persönlichkeitsorientiertes Markenmanagement. Eine empirische Untersuchung zur Messung, Wahrnehmung und Wirkung der Markenpersönlichkeit*. Frankfurt a. M.: Peter Lang.

Hofmann, M. (2011). Umweltschutz auch als Business. In: Neue Züricher Zeitung Online (19.04.2011). http://www.nzz.ch/aktuell/zuerich/stadt_region/umweltschutz_auch_als_business_1.10302753. html. Zugegriffen: 31. Mai 2012.

Homburg, C., Krohmer, H. (2003*). Marketingmanagement*. Wiesbaden: Gabler.

Kapferer, J.-N. (2008). *The New Strategic Brand Management*, 4. überarb. Aufl. London: Kogan Page.

Kranz, M. (2002). Markenbewertung. Bestandsaufnahme und kritische Würdigung. In: H. Meffert, C. Burmann, M. Koers (Hrsg.). *Markenmanagement – Grundfragen der identitätsorientierten Markenführung* (S. 429-458). Wiesbaden: Gabler.

Markenverband (2012). Imagefilm, http://wwwmarkenverband.de. Zugegriffen: 20. Februar 2013.

Meffert, H., Burmann, C. (2002). Theoretisches Grundkonzept der identitätsorientierten Markenführung. In: H. Meffert, C. Burmann, M. Koers (Hrsg.). *Markenmanagement – Grundfragen der identitätsorientierten Markenführung* (S. 35-72). Wiesbaden: Gabler.

Meffert, H., Burmann, C., Koers, M. (2002). Stellenwert und Gegenstand des Markenmanagement. In: H. Meffert, C. Burmann, M. Koers (Hrsg.). *Markenmanagement – Grundfragen der identitätsorientierten Markenführung* (S. 3-16), Wiesbaden: Gabler.

Meffert, H., Burmann, C., Kirchgeorg, M. (2008). *Marketing. Grundlagen marktorientierter Unternehmensführung*, 10. Aufl., Wiesbaden: Gabler.

Mellerowicz, K. (1963). *Markenartikel – Die ökonomischen Gesetze Ihrer Preisbildung und Preisbindung*, München: Beck.

Oberthür, S., Buck, M., Müller, S., Pfahl, S., Tarasofsky, R. G., Werksman, J., Palmer, A. (2002). Participation of Non-Governmental Organisations in International Environmental Governance. Legal

Basis and Practical Experience. Berlin. http://www.ecologic.eu/download/projekte/1850-1899/1890/report_ngos_en.pdf. Zugegriffen: 06. März 2013.

Pechtl, H. (2005). *Preispolitik*. Stuttgart: Lucius & Lucius.

PwC Deutschland (2012). *Markenstudie 2012*. München.

Sattler, H. (2001). *Markenpolitik*. Stuttgart: Kohlhammer.

Union of International Assocations (UIA) (o. J.). Civil Society Glossary. Non-Governmental Organization (NGO). http://www.uia.be/civil_society_glossary. Zugegriffen: 02. April 2012.

United Nations (2011). Working with ECOSOC – An NGOs Guide to Consultative Status. New York. http://csonet.org/content/documents/BrochureLite.pdf. Zugegriffen: 13. März 2013.

World Wide Fund for Nature (WWF) (2011). Jahresbericht WWF Deutschland 2010/2011. http://www.wwf.de/fileadmin/fm-wwf/Publikationen-PDF/WWF_Jahresbericht_2010-11_small.pdf. Zugegriffen: 09. April 2012.

Yaziji, M., Doh, J. (2009). *NGOs and Corporations. Conflict and Collaboration*. Cambridge: Cambridge University Press.

Zerr, K. (2003). Online-Marktforschung. Erscheinungsformen und Nutzenpotentiale. In: A. Theobald, M. Dreyer, T. Starsetzki (Hrsg.). *Online-Marktforschung: Theoretische Grundlagen und praktische Erfahrungen* (S. 7-26), 2. Aufl., Wiesbaden: Gabler.

Zürn, M. (2006). Global Governance as an Emergent Political Order – The Role of Transnational Non-Governmental Organisations. In: Schuppert, Gunnar Folke (Hrsg.). *Global Governance and the Role of Non-State Actors, Schriften zur Governance-Forschung*. Baden-Baden: Nomos.

Teil IV
NGOs und Social Media

Empörungsbewegungen: Der Einfluss von sozialen Medien auf die Protestbewegungen seit 2011

Marianne Kneuer und Saskia Richter (†)[1]

Zusammenfassung

Auch wenn Proteste kein neues politisches Phänomen sind, so verkörpern die Bewegungen von 2011 (und auch die der folgenden Jahre) einige Spezifika, die in der Wahrnehmung von Politik und Öffentlichkeit als etwas „Neues" verbucht wurden. Dabei rückte vor allem die Nutzung sozialer Medien – zuvorderst Facebook und Twitter – in den Blickpunkt. Der Beitrag macht zunächst ein Definitionsangebot für das Phänomen Empörungsbewegung. Untersucht wird dann, inwieweit die digitalen Kommunikationstechnologien als distinktives Merkmal der Empörungsbewegungen von 2011 zu verstehen sind. Ein zentraler Aspekt dabei ist die Frage nach der Transnationalität der Online-Kommunikation.

1 Einleitung

Möglicherweise wird das zweite Jahrzehnt des 21. Jahrhunderts als Jahrzehnt der Protestbewegungen in die historische Betrachtung eingehen. Das Jahr 2011 stellt zweifelsohne einen Markstein dar. Nicht ohne Grund kürte das New Yorker Time Magazine „The Protester" zur Person des Jahres. Auch wenn Proteste kein neues politisches Phänomen sind, so verkörpern die Bewegungen 2011 (und auch die der folgenden Jahre) einige Spezifika, die in der Wahrnehmung von Politik und Öffentlichkeit als etwas „Neues" verbucht wurden. Bemerkenswert war allein die Akkumulation von Protesten weltweit durch die schnelle Diffusion der Idee, der Unzufriedenheit Luft zu machen. Ebenso bemerkenswert aber war die Verbreitung von markanten Protestelementen, die hohen Wiedererkennungs- und Iden-

---

1 Dieser Beitrag wurde von den beiden Autorinnen gemeinsam im Frühjahr 2015 verfasst. Saskia Richter verstarb noch im selben Jahr. Dieser Text ist der letzte in einem viel zu kurzen, bemerkenswerten wissenschaftlichen Leben.

© Springer Fachmedien Wiesbaden GmbH 2018
N. Remus und L. Rademacher (Hrsg.), *Handbuch NGO-Kommunikation*,
https://doi.org/10.1007/978-3-531-18808-9_15

tifikationswert erlangten wie etwa die Besetzung von zentralen Plätzen, die Übernahme bestimmter Symbole und Memes[2] und schließlich die Übernahme des versammlungsdemokratischen Elementes nach athenischem Vorbild, den in Madrid erstmals praktizierten *asambleas*, die insbesondere auch Merkmal der Occupy-Bewegung wurden. Vor allem aber rückten die sozialen Medien – zuvorderst Facebook und Twitter als meist genutzte Anwendungen – in den Blickpunkt als diejenigen Kommunikationstechnologien, die den Unterschied zu anderen vorherigen Bewegungen zu machen schienen, also transnationaler Kommunikation in den Netzwerken (Gerbaudo 2012, S. 3).

Seit 2010/11 sind überall auf der Welt partizipative Schübe zu beobachten. Ausgelöst wurde diese Phase breiter Bürgerproteste in Tunesien im Dezember 2010, von wo aus sie in die arabische Welt hinwirkten mit freilich ganz unterschiedlichen Resultaten (Albrecht und Demmelhuber 2013). Bei den Aufständen des Arabischen Frühlings erwiesen sich vor allem zwei Protestformen als charakteristisch und besonders effektiv sowohl, um die autoritären Machthaber unter Druck im Land und der Region zu setzen als auch, um internationale Aufmerksamkeit zu erlangen: das Besetzen zentraler urbaner Plätze und die intensive Nutzung sozialer Medien durch die Aktivisten. Das Zusammenkommen der Bürger[3] auf den wichtigen Plätzen der Städte wie dem Tahir-Platz in Kairo wurde zu einem symbolgeladenen Akt des Kampfes für einen freien öffentlichen Raum. Zugleich schufen die Protestierenden einen virtuellen Raum über digitale Medien und nutzen vor allem die sozialen Netzwerke Facebook und Twitter, um jenseits der institutionalisierten Wege und jenseits der Wege traditioneller Willensbildung zu kommunizieren, Aktionen zu koordinieren und dafür zu mobilisieren.

Die Proteste im arabischen Raum strahlten rasch in den Kreis etablierter Demokratien aus und inspirierten zunächst im nahen Südeuropa Bürgerbewegungen, die sich vor allem in Bezug auf die beiden prägenden Formen – die Versammlung der Massen auf zentralen Plätzen sowie die Nutzung sozialer Medien – an die arabischen Antagonisten anlehnten. So fanden sich in Portugal am 12. März 2011 rund 200.000 Menschen auf dem Rossio-Platz in Lissabon zusammen, um ihre Unzufriedenheit gegenüber der politischen Klasse im Allgemeinen, der Regierungspolitik im Zuge der Verschuldungskrise und ihrer Verzweiflung ob der fehlenden Zukunftsperspektiven Ausdruck zu geben (Fonseca 2012). Den Namen, den sich die Bewegung gab – „Geração à rasca" (Generation in Bedrängnis) –, verdichtete die Perspektivlosigkeit insbesondere der jüngeren Generation. Prominenter wurde allerdings die Zeltstadt – für die das spanische Wort *Acampada* inzwischen sprichwörtlich geworden ist – auf dem zentralen Platz Puerta del Sol in Madrid. Sowohl das „Besetzen" der Plätze

---

2   Memes sind allgemein gesprochen unterscheidbare kulturelle Sinneinheiten, die sich durch Kommunikation verbreiten. Sie können auch in Online-Communities definiert und benutzt werden (Underwood und Welser 2011, S. 305). Memes können als kleine Einheiten Symbole, (witzige) Sentenzen u. ä. enthalten.

3   Um die Lesbarkeit unseres Textes zu erleichtern, verwenden wir ein grammatikalisches Geschlecht, beziehen uns aber immer auf alle biologischen Geschlechter.

als auch die Zeltlager wurden in anderen spanischen und portugiesischen Städten[4] sowie darüber hinaus nachgeahmt – so in Griechenland auf dem Syntagma-Platz in Athen, in Italien und in Tel Aviv auf dem Rothschild-Boulevard, wo im September 2011 die größten Massenproteste in der Geschichte des Landes stattfanden (Nathanson 2011) –, bevor die Idee dann im Oktober in die USA schwappte. Dort lehnte sich die Occupy-Bewegung mit der Besetzung des New Yorker Zucotti-Platzes im Wall Street-Bezirk an das spanische Vorbild der Acampada an (Mörtenböck und Mooshammer 2012; Motha 2012; Gamson 2013). Die spanische Bewegung nannte sich „¡Democracia real Ya!", übersetzt: „Endlich echte Demokratie!". Ihre Motive waren ähnlich wie in Portugal die Perspektivlosigkeit der vor allem jüngeren Bürger, zugleich bestand aber auch der Wunsch nach alternativen demokratischen Verfahren, denn das praktizierte repräsentative Modell wurde kritisiert und als reformbedürftig angesehen. Die Occupy-Bewegung griff mit ihrem Namen das Motiv der Besetzung auf und machte dies sozusagen zum Appell, der transnational diffundierte in viele Teilen der Welt – so etwa nach Frankfurt, London, Paris, aber auch Tokio und Sidney. Mit ihrem Slogan „We are the 99%!" wollte Occupy symbolisch ausdrücken, dass eine Mehrheit der Bevölkerung in der Auseinandersetzung mit etablierter Politik und Bankensystem hinter den Demonstranten stand (Kraushaar 2012, S. 81ff.).

Nach dem Arabischen Frühling, dem Europäischen Sommer und dem Amerikanischen Herbst, wie Gerbaudo (2012, S. 11) es ausdrückte, setzte sich das Muster fort, öffentliche Räume – offline wie online – „einzunehmen", um dem Protest Ausdruck zu geben. So flammten 2013 neue Bewegungen auf: gegen das Bauprojekt auf dem Gezi-Park, die mit der Besetzung des Taksim-Platzes in Istanbul beantwortet wurden, die Auseinandersetzungen über den Bau von Stadien vor der Fußball-WM in Brasilien seit dem Sommer 2013. Auch die Besetzung des Majdan in Kiew, mit dem die pro-europäischen Ukrainer im Herbst 2013 gegen die Nichtunterzeichnung des Assoziierungsabkommen mit der EU protestierten, wurde zu einem Synonym des politischen Widerstandes gegen eine autokratische Regierung (Rühle 2014). Im Laufe des Jahres 2014 zeigte sich im Ringen um demokratische Wahlen in Hongkong, wie wiederum Elemente der vorherigen Proteste eingesetzt wurden, wie etwa die Besetzung zentraler Plätze durch Zelte.

Innerhalb dieses Tableaus an inzwischen entstandenen Protestbewegungen scheinen die Empörungsbewegungen des Jahres 2011 – damit sind die Acampadas in Südeuropa und die Occupy-Bewegung gemeint – ein transnationales Phänomen zu sein und sich insofern von solchen Protesten zu unterscheiden, die wie die deutschen (Stuttgart 21), türkischen (Gezi-Park) oder brasilianischen (Bau von Fußballstadien) Proteste ausgelöst wurden durch den Widerstand gegen lokale Infrastrukturmaßnahmen, wenngleich hinter diesem „begrenzten" Anliegen jeweils grundsätzlichere Motive lagen. Bei den Gegnern von

---

4 In Portugal wurden weniger Plätze in den Städten besetzt als vielmehr Häuser, wie etwa die Grundschule im Stadtteil Fontinha in Porto, wo ein „kollektiv selbstverwalteter Raum" (Espaço Colectivo Autogestionado – Es.Col.A) gegründet wurde. Ähnliche Besetzungen gab es in Lissabon und Coimbra. Vgl. dazu Ismail Küpeli 2013, S. 58 sowie das Interview mit Gui Castro Falge, S. 75-79.

Stuttgart 21 ging es – nicht ausschließlich, aber auch – um das Gefühl der Bürger, nicht genug in politische Entscheidungsprozesse involviert zu sein. Bei den Protesten gegen den Gezi-Park ging es um Widerstand gegen die zunehmend autoritär agierende Regierung, und in Brasilien handelte es sich um eine ebenfalls gegen die Regierung gerichtete Unzufriedenheit bei der Gewichtung öffentlicher Ausgaben.

Drei Aspekte scheinen dennoch die Empörungsbewegungen gegen frühere Protestbewegungen abzuheben. Zum einen der Hintergrund der Empörungsbewegungen in den europäischen und amerikanischen Demokratien, nämlich die globale Finanz- und Bankenkrise, die einen generellen Widerstand gegen das als Übel erkannte neoliberale Denken im Allgemeinen und gegen die Sparmaßnahmen der Regierungen als Reaktion auf die Verschuldungskrisen auslöste. Zum zweiten ist das globale Diffundieren der Proteste und auch einzelner Elemente (wie die Zeltlager und *asambleas*) zu nennen, in denen Demonstranten sich physisch vereinen und Basisdemokratie vor Ort praktizieren. Drittens schließlich verbindet sich mit dieser globalen Dimension der Empörungsbewegungen auch die Annahme, dass sich die Kommunikation transnational gestaltete. Soziale Medien spielten bei all den genannten Protesten eine zentrale Rolle, insbesondere bei der Organisation der Proteste vor Ort, für die Mobilisierung der Bürger und ganz offensichtlich in Bezug auf das – auch grenzüberschreitende Verbreiten – von Informationen, aber auch Symbolen und affektiven Botschaften.

Da soziale Medien eine transnationale Vernetzung ermöglichen, lag die Vermutung nahe, dass auf diesem Wege auch transnational kommuniziert wurde oder gar transnationale Diskurse oder Deliberation entstanden. Das Kennzeichen der Transnationalität ist gleichwohl differenziert zu betrachten, denn während der Anlass (Banken- und Finanzkrise), die Entstehung der Bewegungen und auch die Diffusion bestimmter Protestelemente globalen Charakter hatten, so stellt sich die Frage, inwieweit die thematische Auseinandersetzung, die Adressierung von Akteuren, der inhaltliche Austausch oder die Verbreitung emotionaler Botschaften (wie Empörung, Wut oder Solidarität) ebenfalls transnational angelegt waren.

Die Forschung diskutiert zu Recht und durchaus kontrovers, inwieweit man nach der Post-Seattle-Ära mit den Protestbewegungen des digitalen Zeitalters eine neue Phase ansetzen kann. Es stellt sich die Frage, ob sich die aktuellen Proteste von ihren Vorgängern wie den Neuen Sozialen Bewegungen der 1970er und 1980er Jahre und der globalisierungskritischen Bewegung der 1990er Jahre unterscheiden oder ob sie ein Teil dessen sind. Und wenn ja, wie sie sich unterscheiden und welche Merkmale für sie kennzeichnend sind. Denn die Wucht der emotionalen Erregung scheint heftiger zu sein, das Überschreiten der nationalstaatlichen Grenzen schneller, und die Kraft der Bilder stärker zu sein als noch Jahrzehnte vorher. Politikwissenschaftler und Soziologen kategorisieren die Proteste der Jahre 2011 und 2012 als neue Welle (Tejerina et al. 2013, S. 377ff.; Benski et al. 2013, S. 545ff.), eine mögliche neue Generation sozialer Bewegungen (Roth 2012, S. 36ff.) oder in Bezug auf die Rolle des Internets als „networked social movements" (Castells 2012, S. 246) und insofern als neue Form demokratischer Bewegungen wie „digital network activism" Bennett und Segerberg 2012, S. 743). Etliche Studien, die die Empörungsbewegungen seit 2011 untersuchen, sind dabei oft an Einzelfällen orientiert und phänomenologisch. Die stärker theoriebasierten

Arbeiten lassen sich grob in zwei Ansätze differenzieren: diejenigen, die zum einen eine Transformation sozialer Bewegungen konstatieren und zum anderen dabei der digitalen Technologie die zentrale Relevanz einräumen – ja teils gar einen Techno-Determinismus erkennen lassen (wie Bennett und Segerberg 2012, S. 739ff.; Bennett und Segerberg 2013) –, während andere noch skeptisch sind bezüglich einer Veränderung des Aktivismus und/ oder der Technologie eine wichtige, aber keine determinierende Rolle zuweisen (Rucht 2014, S. 115; Rucht 2013, S. 111; Roth 2012, S. 36ff.).

Auch wenn die Empörungsbewegungen viel Aufmerksamkeit in der Öffentlichkeit, der Politik und der Politikwissenschaft hervorgerufen haben, so bedarf es weiterer Studien – insbesondere auch vergleichender Art –, um zu prüfen, inwieweit es sich bei dem jungen Phänomen tatsächlich um einen neuen Typus sozialer Bewegung handelt. Eine wichtige Frage wird dabei sein, ob das technologische Potenzial der Vernetzung allein das distinktive Merkmal darstellt, das folglich auch die Interaktionsmuster und die Handlungslogiken dieser Bewegungen determiniert. Im Laufe dieses Textes fließen die Ergebnisse einer Studie der Autorinnen ein, die auf dem Forschungsprojekt „Globale Krisen – nationale Proteste. Empörungsbewegungen nach dem Zusammenbruch der Finanzmärkte und die Rolle des Internets" basieren. Dabei wurde die Online-Kommunikation der Facebook und Twitter-Seiten der portugiesischen „Geracao a Rasca", der spanischen „¡Democracia Real Ya!" und von Occupy New York, Frankfurt und London zu drei Zeitpunkten in 2011 und drei Zeitpunkten in 2012 ausgewertet (Kneuer/Richter 2015). Im Folgenden wird zunächst die Begrifflichkeit Empörungsbewegung und der politische und gesellschaftliche Hintergrund skizziert (Kap. 2). Danach steht die Rolle sozialer Medien im Mittelpunkt, wobei hier Ergebnisse des Forschungsprojektes einfließen (Kap. 3). Abschließend werden tentative Schlussfolgerungen präsentiert und Forschungsdesiderate benannt (Kap. 4).

2   Begriff und Hintergrund der Empörungsbewegungen

Den Hintergrund der Empörungsbewegungen stellt die globale Banken-, Finanz- und Verschuldungskrise dar.[5] Die krisenhaften Rückwirkungen der in den USA durch die Immobilienblase ausgelösten Verwerfungen auf den Kapitalmärkten hatten in etlichen Mitgliedsstaaten der Europäischen Union (EU) die Verschuldung so sehr verschärft, dass es in mehreren Fällen ab 2010 zu einer dramatischen Gemengelage von hohen Haushaltsdefiziten, drohender Zahlungsunfähigkeit, Rezession, steigender Arbeitslosigkeit und

---

5   Wenn im Laufe dieses Textes von „der Krise" die Rede ist, dann ist damit korrekterweise die Differenzierung in eine Bankenkrise (Kreditvergabepraxis), eine Fiskalkrise oder Krise der Staatsfinanzen (fiskalische Disziplin, öffentliche Verschuldung) und eine Krise der Realökonomie (stagnierende Wirtschaftsleistung, niedrige bzw. Verlust der Wettbewerbsfähigkeit, steigende Arbeitslosigkeit) gemeint, die miteinander zusammenhängen (Streeck 2013, S. 29-32).

sinkenden Produktionsraten kam, mit verheerenden Folgen sowohl für die nationalen Volkswirtschaften als auch für die Bevölkerung.

Die Proteste in 2011 artikulierten einerseits die Empörung der Bürger über die als verantwortungslos empfundene Banken- und Finanzwelt, zugleich machten sie aber auch ihrem Unmut über die Reaktionen der Regierungen Luft, die in den südeuropäischen Ländern insbesondere in Maßnahmen zum Abbau des Schuldenstandes durch massive Sparprogramme und Einschnitte sozialer Leistungen bestanden. Vieles deutet darauf hin, dass die sozialen Bewegungen in Südeuropa zwar im Kontext einer wirtschaftlichen Krise entstanden, letztlich aber Ausdruck einer politischen Wertekrise waren, die bereits länger in den Gesellschaften schwelte (Kneuer 2014, S. 470). Das spanische Sozialforschungsinstitut CIS kam zu dem Schluss, dass die Wirtschaftskrise in Wirklichkeit „zur Demaskierung einer profunden politischen Krise" beigetragen habe (CIS 2011, S. 5). In Spanien wirkte die Wirtschaftskrise also als Katalysator für die längst erfolgte Diskreditierung und das Misstrauen gegen Politiker, ebenso wie für die Unzufriedenheit mit dem Funktionieren des politischen Systems (Kneuer 2014, S. 470). So wurde etwa das Wahlsystem als ungerecht empfunden; zudem gab es einen Wunsch nach anderen, alternativen Parteien (Alvarez 2011, Manifiesto Democracia Real ya). Darüber hinaus war das Vertrauen in die Lösungs-kompetenz, auch das Vertrauen in den als notwendig erachteten Wandel, erschreckend gering (Kneuer 2014, S. 470).

Der Begriff Empörungsbewegung greift die Selbstzuschreibung dieser Bewegungen auf, die sich in dem Begriff der *Indignados* in Spanien und Portugal sowie der *Outraged* in den USA kristallisierte. Eine Art Folie intellektueller Legitimierung bildete die Schrift des Franzosen Stéphane Hessels „Indignez-vous!". Hessel ruft in seinem kurzen, aber leidenschaftlichen Essay zum politischen Widerstand gegen den Finanzkapitalismus auf, den er heftig kritisiert (Hessel 2011, S. 10ff.). Die Aktivisten der spanischen Bewegung „¡Democracia Real Ya!" oder 15-M nannten sich in expliziter Anlehnung an Hessel „Los Indignados"[6], die Empörten, und bezogen sich auf die Aufforderung Hessels. „Wir sind heute hier, weil wir uns täglich anstrengen und eine würdige Zukunft verdienen", so das Manifest der portugiesischen „Geração à rasca" (Protesto da Geração A Rasca. Manifesto). Und im Manifest der spanischen "¡Democracia Real Ya!" heißt es: „Aber wir sind alle be-sorgt und empört wegen des politischen, wirtschaftlichen und sozialen Panoramas, das uns umgibt." (Manifiesto Democracia Real Ya) Auch für die Occupy-Bewegung, die sich einige Monate später gründete und sich auf die spanischen Indignados bezog, wurde Hessel zur Ikone. In den USA erschien sein Buch unter dem Titel „Time for Outrage" (Washington Post 4.11.2011). In New York kamen die Menschen zusammen, um ihre Solidarität mit einem Gefühl von massenhafter Ungerechtigkeit auszudrücken (Declaration Of The Oc-cupation Of New York City). Innerhalb der konsens-basierten General Assembly fühlten

---

6   Im Spanischen steht „indignado" für das Adjektiv empört, das Substantiv der Empörte; zudem ist „indignaos" der Imperativ Plural zu empören und heißt also: Empört euch! Alle Überset-zungen in diesem Text aus dem Portugiesischen und Spanischen wurden von Marianne Kneuer vorgenommen.

sich die Teilnehmer „welcome, heard, and important" (Rowe 2014, S. 163). Gleichzeitig wurde Empörung zur Emotion, die die Occupy-Bewegung nach außen kennzeichnete (Terjerina et al. 2013, S. 378).

Die bisherige Aufarbeitung der Empörungsbewegung bezieht sich meist auf deskriptive, auf einzelne Fälle beschränkte Darstellungen. Das definitorische oder konzeptuelle Erfassen dieses Phänomens dagegen ist eher rar. Wir machen daher hier ein Definitionsangebot, das maßgeblich auf vier Komponenten abzielt: 1) die Dominanz emotionaler Handlungs-motive; 2) die Konstruktion von Autonomie[7] gegenüber anderen gesellschaftlichen und politischen Akteuren und anderen Kommunikationsmitteln; 3) der Wunsch nach Um-setzung versammlungsdemokratischer Verfahren; 4) die Besetzung öffentlicher Räume durch Demonstranten, die über emotionale Motive in Verbindung stehen (Gerbaudo 2012, S. 12-15) und die Besetzung virtueller Räume, bei der neben den Funktionen von Organisation und Mobilisierung eine wichtige Komponenten hinzukommt: die Vernet-zung von Menschen mit ähnlichen persönlichen Ideen, Plänen, Bildern und Ressourcen. Die Hybridität der Besetzung von Räumen – real und virtuell – stellt ein Merkmal dar, das zudem wiederum von einer starken emotionalen Komponente geleitet ist: das Teilen der Empörung – entweder im Sinne des Miteinander im Zeltlager oder als „sharing" im Netz, bei dem sich offline- und online-Formen dieses Teilens offenbar nicht trennen lassen, denn die reale (körperliche) Präsenz erlangte eine ebenso große Relevanz wie die virtuelle Viralität[8] geteilter Ideen und Emotionen. Schließlich senkt das Internet die Transaktionskosten für Protestmobilisierung und vervielfältige die Einstiegsoptionen in soziale Gruppen; selbst Einzelakteure können im Internet große Resonanz erzeugen (Baringhorst 2014, S. 96).

Die *Dominanz emotionaler Handlungsmotive* bezieht sich zum einen auf jenen Appell Hessels', Widerstand zu leisten. Als Auslöser galten die globale Finanzkrise und deren Folgen. Darüber hinaus mischten sich gleichwohl in diese durch die Finanzkrise induzierte Empörung aber auch eine tieferliegende und bereits länger gärende Unzufriedenheit vieler Bürger, die den Vertrauensverlust in die politischen Eliten und Parteien, das Gefühl der Entfremdung zwischen Regierung und Regieren sowie die zunehmend geringer betrach-teten Einflussmöglichkeiten auf die politischen Entscheidungen – oder umgekehrt: den Wunsch nach mehr Teilhabe – manifestierten. Bei den Protesten liefen somit verschiedene Motivstränge zusammen: die Empörung über die Finanz- und Bankenwelt; Ängste in Be-zug auf die eigene Zukunft angesichts fehlender Perspektiven; die Opposition gegen den Kapitalismus, der als grundlegendes Problem ausgemacht wurde; Kritik an bestimmten

---

7   Diese Konstruktion von Autonomie ist ein Gedanke, den Castells insbesondere mit dem Internet
     verbindet, insofern die netzbasierte Kommunikation solch eine Autonomie verschaffe (Castells
     2012, S. 228-234).

8   Viralität meint im Kontext sozialer Medien die virusartige Verbreitung von Inhalten. Für De-
     tails, insbesondere aus der Marketingperspektive, siehe Kaplan, A.M. und Haeinlein, M. (2011),
     Two hearts in the three-quarter time. How to waltz the social media/ viral marketing dance, in:
     Business Horizons 54.3, 253-263.

Mustern der Repräsentation und das Ringen um alternative Wege politischer Beteiligung und politischer Entscheidungsfindung. Die Emotionen wurden zum einen im Netz verbreitet. Zum anderen versicherten sich die Demonstranten gegenseitig ihrer Zusammengehörigkeit bei den Demonstrationen und physischen Präsenzveranstaltungen. Beide Elemente wurden elementar wichtig für die Empörungsbewegungen.

Emotionen sind generell ein vernachlässigter Bereich der Politikwissenschaft. In den letzten Jahren hat sich das Fach dem Thema Gefühle vereinzelt zugewandt (Weber 2007; Heidenreich und Schaal 2012).[9] In der Bewegungsforschung ebenso wie in der politischen Leadership-Forschung liegen einige Studien zur Rolle von Gefühlen im Protestverhalten vor (Flam und King 2005; Goodwin et al. 2001; Jasper 1998; Etzersdorfer 1997). Flam (2005, S. 19) stellt die Bedeutung von Emotionen für die makropolitische Ebene heraus. Auf der mikropolitischen und individuellen Ebene können Gefühle ebenso elementar sein, da insbesondere Protest sehr emotional ist (Stekelenburg und Klandermans 2010, S. 171; Jasper 1998, S. 397ff.). Hier geht es um Ängste, Leidenschaften, Sorgen und natürlich um Empörung. Die Kategorie „Vertrauen" wird hingegen, wie oben deutlich geworden ist, von der politischen Kulturforschung genutzt. Man könnte die festgestellte Unruhe als Gegenteil von Vertrauen betrachten, auf dem politisches Handeln in der Demokratie aufbaut.

Gary Schaal und Felix Heidenreich erklären, dass die demokratische Öffentlichkeit ein ambivalentes Verhältnis gegenüber Emotionen in der Politik habe (Schaal und Heidenreich 2013, S. 3ff.). Einerseits sollen politische Entscheidungen sachlich hergeleitet und objektiv mit möglichst viel wissenschaftlicher Expertise beurteilt werden. Andererseits sollen Politiker möglichst authentisch handeln und menschliche Züge behalten. Die genannten Autoren erklären den Unterschied beider Ansätze mit den Differenzen zwischen Republikanismus und Liberalismus: Während der Republikanismus den Menschen als Ganzes anspreche und dessen Leidenschaften als Stärken in sein politisch-öffentliches Handeln integriere, sei der Liberalismus dazu übergegangen, Leidenschaften als Interessen umzudeuten und Gefühle nur noch im Privaten zuzulassen; in einem Zuviel an Emotionen werde eine Bedrohungen für den rationalen demokratischen Prozess gesehen. Da moderne Kenntnisse der Verhaltensökonomie jedoch belegten, dass jede Entscheidung auf die eine oder andere Weise emotional mitbestimmt sei, komme symbolischer Politik eine zentrale Bedeutung zu. Denn sie werde zu einem „Akt politischen Gefühlsmanagements, der Unsicherheiten zerstreuen und Vertrauen herstellen soll (Schaal und Heidenreich 2013, S. 8)."

Die *Konstruktion von Autonomie* basiert auf der Tatsache, dass netzbasierte Kommunikation jenseits des institutionalisierten Einflusses politischer Akteure und Organisationen stattfindet, dass der Bürger als *content provider* zum Journalisten wird und so direkten Zugang zu den klassischen Medien erlangen kann. Castells unterstreicht diesen Raum der Autonomie als Spezifikum der „networked social movements" (Castells 2012, S. 222), als

---

9 Vgl. die DGfP-Tagung zum Thema „Emotionen und Politik" im Juli 2014 sowie das PVS-Sonderheft 2015 zum Schwerpunkt Politische Psychologie. Schon vorher haben sich Historiker mit Emotionen beschäftigt; siehe hier den Forschungsschwerpunkt „Geschichte der Gefühle" seit 2008 am MPI für Bildungsforschung in Berlin.

neue räumliche Form eines Hybrids von Cyberspace und städtischem Raum. Sowohl die südeuropäischen Bewegungen als auch Occupy distanzierten sich explizit von etablierten Kanälen und Institutionen politischer Einflussnahme wie Parteien und Gewerkschaften. „Geração A Rasca" und „¡Democracia Real Ya!" definieren sich als den bestehenden Parteien und Gewerkschaften nicht zugehörig und betonen den Wunsch nach direktdemokratischen Alternativen (Alvarez 2011, S. 11; Apresentação do M12M; Manifiesto Democracia Real Ya). Zwar verorteten sich die Bewegungen politisch-ideologisch eher auf der linken Seite, lehnten aber eine Kooperation – etwa auch gemeinsame Demonstrationen – mit Parteien dieses Spektrums ebenso ab wie mit den teils ebenfalls protestierenden Gewerkschaften. Im Manifest von „¡Democracia Real Ya!" wird von „dictadura partitocrática", von Parteien-diktatur, gesprochen und die Abkürzungen der beiden großen Volksparteien PP und PSOE in ein Wort PPSOE gefasst, um zu signalisieren, dass es sich um das Gleiche handelt (Ma-nifiesto „Democracia Real Ya").[10] Ähnlich distanzierte sich auch die Occupy-Bewegung von den Parteien. Im ersten Flyer der Occupy-Bewegung in den USA, die zur General Assembly am 8. August 2011 aufrief, hieß es: „We, the 99%, don't feel represented by any political party and so we call for an open general assembly" (nach Graeber 2012, S. 37). So erklärte Occupy New York City am 29. September 2011 anlässlich einer solidarischen Zusammenkunft: „Exercise your right to peacebly assemble; occupy public space; create a process to address the problems we face, and generate solutions accessible to everyone. To all communities that take action and form groups in the spirit of direct democracy, we offer support, documentation, and all of the resources at our disposal." (Declaration Of The Occupation Of New York City)[11] Castells spricht davon, dass die *Indignados* eine politische, aber keine parteiliche Bewegung waren, denn sie sympathisierten mit keiner Partei (Castells 2012, S. 197). Es war auch nie das Ziel, eine politische Partei zu gründen.[12] Vielmehr be-stand das Ziel darin, Alternativen aufzuzeigen, wobei sehr konkrete Vorschläge in Bezug auf die Veränderungen von politischen Prozessen (wie etwa das Wahlsystem, Einführung partizipativer Elemente) mit eher utopischen Gedankengängen einhergingen (ethische Revolution). Dabei gab es einen ideologischen und politischen Pluralismus. Auch Occupy Wall Street hatte sehr schnell eine Erklärung zur Besetzung der Stadt herausgegeben, in der die Bedeutung direkter Demokratie betont wurde (Declaration Of The Occupation Of New York City). Im Fokus der Kritik standen Unternehmen und wirtschaftliche Prozesse.

---

10 Andere Parolen, die das widerspiegeln waren: „PSOE y PP la misma mierda es" (PSOE und PP – die gleiche Scheiße), „Ni PSOE ni PP" (Weder PSOE noch PP), „Esto no es cuestión de izquierdas contra derechas, es una cuestión de lo de abajo contra los de arriba" (Es geht nicht um Linke gegen Rechte, sondern um die von unten gegen die von oben).

11 https://wbabiak.wordpress.com/2011/09/29/the-occupy-wall-street-folks-have-spoken/ [abge-rufen am 20.01.2015]; zentrale Dokumente finden sich zudem in Lang und Lang-Levitsky 2012, Dreaming in Public. Building the Occupy Movement, S. 47 ff.

12 Inzwischen ist aus einem Teil der M-15-Bewegung die Partei „Podemos" (Wir können) entstan-den. Das Manifest der Partei heißt „Die Empörung in politische Veränderung verwandeln".

Es sei keine wahre Demokratie möglich, wenn der [politische] Prozess von ökonomischer Macht bestimmt werde.

Ein weiteres Moment der Autonomie bestand in der Tatsache, dass sich die Kommunikation unabhängig von den Massenmedien und den aus Sicht der Protestierenden von der politischen und wirtschaftlichen Elite dominierten öffentlichen Kanälen entwickeln konnte. Occupy Wall Street schreibt in der Erklärung: „They purposefully keep people misinformed and fearful through their control of the media." (Declaration Of The Occupation Of New York City) Daher sollte hergestellt werden, was Castells einen Raum autonomer Kommunikation nennt: „The autonomy of communication is the essence of social movements because it is what allows the movements to be formed, and what enables the movement to relate to society at large beyond the control of the power holders over communication power." (Castells 2012, S. 11) Andererseits bedeutete dies, dass die zunächst nur in den sozialen Netzwerken ablaufende Kommunikation von den Massenmedien unbeachtet blieb und daher auch keine größere Verbreitung in der Bevölkerung fand. Javier Toret, einer der ersten Aktivisten von ¡Democracia Real Ya! beschrieb, dass – obwohl alle Medien angeschrieben worden waren – in Barcelona nur ein Fernsehsender einen Vertreter zu der Pressekonferenz zu den Demonstrationen des 15. Mai schickten (Toret in Castells 2012, S. 116-121). Insgesamt hätten sowohl die Fernsehsender als auch die Presse die Bewegung ignoriert. Als Begründung führt Toret an, dass es schwierig sei für Medien mit einer Netzwerk-Bewegung umzugehen, die keine Führungspersönlichkeiten aufweist. Daher richteten die Medien ihre Aufmerksamkeit erst auf die Bewegung, als die Plätze besetzt wurden. Das mag freilich auch mit der Funktionslogik des Fernsehens zusammenhängen: der Visualisierbarkeit. Erst mit der Möglichkeit der Bebilderung wurde der Protest zu einem Ereignis für die Sender. Virtueller Protest bedarf also letztlich der Aufnahme auf die Agenda der klassischen Medien, um in die über die Netzgemeinde hinausgehende Öffentlichkeit zu wirken. Es besteht also durchaus eine wechselseitige Abhängigkeit klassischer Medien und neuer digitaler Medien, die nicht unterschätzt werden sollte.

Der Wunsch nach Umsetzung versammlungsdemokratischer Verfahren ergibt sich aus der gerade beschriebenen Ablehnung des praktizierten Demokratiemodells. Repräsentative Demokratie wird als falsche, quasi verkommene Form demokratischer Verfahren betrachtet, die dazu geführt hat, dass sich Politiker und Bürger voneinander entfernt haben (Alvarez 2011, S. 17; Gándara 2011, S. 37; Apresentação do M12M). Parteien und Gewerkschaften werden als Teil dieses Spiels daher ebenfalls nicht akzeptiert. In Madrid entstanden recht bald die ersten Versammlungen in Stadtteilen. Die Idee war: „…die Bewegung 15M auszuweiten, den lokalen Bereich direkter, partizipativer Demokratie zu verbreiten, die Methode der Versammlung, die Wiedergewinnung des öffentlichen Raums und des kritischen Denkens." (Asamblea Popular de Madrid 2011) Auch in Portugal wurden in besetzten Häusern „selbstverwaltete" bzw. „selbstermächtigte" Räume geschaffen, in denen direktdemokratische Formen praktiziert wurden (Küpeli 2013, S. 58-64). Diese Form der Versammlungen wurde von der Occupy-Bewegung übernommen. Die Ziele von Acampada und der Occupy-Bewegung waren „to *democratize power in more participatory ways*" (Terjerina et al. 2013, S. 381- H. i. O.). Die Teilnehmer der Camps experimentierten mit Techniken partizipativer Demokratie. In New York wurde Anfang August 2011 zu einer „General Assembly" – einer Generalversammlung – aufgerufen (Kraushaar 2012, S. 72). Damit sollte deutlich gemacht werden, dass innerhalb der Bewegung die Kommunikation und die Demokratie auf möglichst direktem Wege stattfinden sollte. Auch das Londoner Camp traf Entscheidungen in einer Generalversammlung im Konsens; Hierarchien und Strukturen sollten vermieden werden (Sotirakopoulos und Rootes 2014, S. 176). In Deutschland bildete sich in den Camps eine Struktur aus drei Zelten heraus: das Küchenzelt, das Informationszelt und das Asamblea-Zelt als jeweils größtes Zelt (Geiges 2014, S. 125f.). Neben den Versammlungen gab es auch themenspezifische Kommissionen und „Mengen" (*mareas* in Spanien und Portugal). Die Occupy-Bewegung initiierte ebenfalls Arbeitsgruppen und Arbeitskreise; in London wurden zudem in einer „Tent City University" Ideen ausgetauscht (Sotirakopoulos und Rootes 2014, S. 176).

Diese Idee der Umsetzung des athenischen Modells von Direktdemokratie implizierte auch Hierarchiefreiheit bzw. flache Strukturen und die Absage an Führungspersonen. Castells beschreibt, es bestand allgemeiner Konsens, dass die Bewegung ohne Führungsfunktionen oder -personen organisiert werden sollte. Dies betraf sowohl die offline- als auch die online-Strukturen; bei letzteren liege es besonders nahe, denn im Netz gebe es keinen Bedarf an Führung, Koordination könne durch das Netz selbst ausgeführt werden (Castells 2012, S. 128f.). Dieser Aspekt muss allerdings zumindest partiell eingeschränkt werden. Einerseits kennen wir Erfahrungen der Generalversammlungen oder auch verschiedener Treffen zwischen Occupy Frankfurt und Vertretern des deutschen Bankenverbandes, bei denen tatsächlich diese völlige Hierarchie- und Führungslosigkeit umgesetzt wurde.[13] Andererseits gab es sehr wohl Führungspersonen in den Bewegungen, Aktivisten, die zum Beispiel als Ansprechpartner für die Presse zur Verfügung standen oder Aktivisten, die Facebook-Seiten pflegten bzw. ihre persönlichen Netzwerke für die Bewegung nutzten. So waren es vier junge Erwachsene[14], die Geracao a Rasca gründeten und das Manifest öffentlich verkündeten, was dazu führte, dass sie von Anfang als Ideengeber und Führungszirkel identifiziert waren. Und auch in der spanischen Bewegung kristallisierten sich bald zentrale Personen heraus, wie etwa die Sprecherin von ¡Democracia Real Ya!, Klaudia Alvarez. Insofern scheint die Umsetzung der hierarchiefreien Versammlungen einerseits nur teilweise und im Übrigen auch nicht immer konfliktfrei gelungen, dennoch muss andererseits konstatiert werden, dass manche Autoren – darunter auch Castells – doch zu optimistisch in ihrer Bewertung waren.

Die Besetzung realer Räume stellte somit ein wichtiges Element innerhalb der Empörungsbewegung dar; nicht nur wegen der medialen und damit bereiteren öffentlichen

---

13 Der Geschäftsführer des Deutschen Bankenverbandes berichtete, dass allein die Entscheidung innerhalb der Gruppe der Occupy-Vertreter, wer für die Bewegung spreche, ein längerer und komplizierter Prozess gewesen sei. So Andreas Krautscheid bei der Abschlussveranstaltung „Globale Krisen. Nationale Proteste" der Autorinnen am 4. November 2014 in Berlin.

14 Alexandre Cavalho, António Frazão, Paula Gil, Joao Labrincha. Siehe etwa die Meldung des Fernsehsenders TVI24, 15.4.2011.

Wahrnehmung. Dieses Element stellt gleichwohl kein neues Phänomen dar; die Besetzung öffentlicher Räume zieht sich durch die Geschichte sozialer Bewegungen – siehe etwa die Sitzblockaden der Anti-Atomkraft- und der Friedensbewegung oder auch von Umsturz-bewegungen – siehe die Kerzenrevolution in der Slowakei 1989, die Menschenkette durch die baltischen Staaten. Besetzte Räume schaffen Gemeinschaft, so Castells, und ein Zu-sammengehörigkeitsgefühl. Zugleich seien sie mit einer symbolischen Kraft belegt, denn es handle sich darum, in Räume staatlicher Macht einzudringen (Castells 2012, S. 10f.). Auch Gerbaudo betont das Gefühl des Miteinanders (Gerbaudo 2012, S. 12, 14). Er misst diesen Versammlungen eine besondere Bedeutung zu als symbolischer Prozess der Kon-struktion öffentlichen Raums, wobei eine emotionale Choreographie greife „sustained by a *popular reunion*, which revolves around a re-composition or ‚fusion' of individuals in a collective subject with majoritarian ambitions." (Gerbaudo 2012, S. 14) Gerbaudo argu-mentiert, dass in der kollektiven Aggregation dieser Versammlungen zugleich auch eine gegenläufige Bewegung zu der Diversität und Dispersion erkennen ist, die die individu-alistische Gesellschaft kennzeichnet. Die gegenwärtigen Protestbewegungen haben eine neue Erfahrung öffentlichen Raums geschaffen auf dem Hintergrund einer dispersiven Gesellschaft (Gerbaudo 2012, S. 17). Dieses Verständnis von Mobilisierung basiert eher auf dem Begriff des Versammelns als auf dem des Netzwerkes. Trotz oder gerade wegen der räumlichen Dispersion und der Individualisierung auch in der Kommunikation scheint es ein Bedürfnis der Aggregation von Menschen um gemeinsame Symbole zu geben und ein Bedürfnis nach realer Nähe gegenüber virtueller Konnektivität (Gerbaudo 2012, S. 32-35).

Man kann sogar noch einen Schritt weiter gehen und feststellen, dass die realen Ver-sammlungen, ihre Umstände, Verläufe, Probleme etc. zudem ein zentrales Thema der Online-Kommunikation waren. Unsere Studie zeigt, dass die Kommunikation der un-tersuchten Protestbewegungen auf Facebook und Twitter sich überwiegend mit Aspekten der Protest-Organisation beschäftigte. Das heißt, dass eine starke Verknüpfung zwischen den realen Protesten auf den Plätzen und deren Vorbereitung, Begleitung und Nachbe-reitung im Netz besteht. Besonders auffällig war zum Beispiel, dass die Frage der Gewalt bei Polizeieinsätzen einen wichtigen Stellenwert hatte, oft begleitet von Video-Posts, die ausführlich das – auch gewaltsame – Eingreifen der Polizisten gegenüber Demonstranten zeigten. So ist es ebenfalls bemerkenswert, dass die massenmediale Berichterstattung der US-Medien sowie der internationalen Presse erst Ende September bzw. Anfang Oktober 2011 die Aufmerksamkeit auf die Occupy Wall Street Bewegung lenkte. Anlass waren auch hier zwei umstrittene Polizeieinsätze (Kraushaar 2012, S. 74ff.; so auch bei Lingk 2013, S. 24ff).

Die Konstruktion virtueller Räume ist eine Besonderheit der Empörungsbewegungen. Soziale Netzwerken erfüllten mehrere Zwecke für die Protestbewegungen: die Organi-sation der Proteste selbst, die Mobilisierung auf emotionaler Ebene und die Vernetzung von Menschen mit ähnlichen *persönlichen* Ideen, Plänen, Bildern und Ressourcen. Die Funktionslogik von Facebook basiert zum Beispiel auf dem Teilen von persönlichen Ge-meinsamkeiten. Weniger geht es um Austausch von sogenannten „dicken" Inhalten oder ideologische Debatten. Unsere Studie bestätigt, dass Facebook und Twitter nur in einem geringen Ausmaß als Plattform für inhaltlich orientierte Debatten, Diskurs oder gar zur Deliberation genutzt worden ist. Die Verbreitung von emotionalen Botschaften dagegen war deutlich wichtiger. Am meisten aber dienten die sozialen Plattformen als Instrument der Organisation. Insbesondere diese schwache inhaltliche Komponente wird verständlich, wenn man die Netzkommunikation als eine personalisierte und „dünne" Kommunikation begreift, die dafür reich an Identitäts- und *lifestyle*-Narrativen ist (Bennett 2003a, S. 145-151). Castells betont zwei zentrale Charakteristika des Internets, nämlich zum einen eher schwache als starke Verbindungen zu entwickeln und zu fördern sowie zum anderen die „Privatisierung der Soziabilität" (Castells 2000, S. 389) – Entwicklungen, die Wellmann als „vernetzten Individualismus" (Wellmann 2000) und Bennett als Personalisierung von politischer Kommunikation (Bennett 2003a; siehe auch Bennett und Segerberg 2011) beschreiben. Zwar können ideologische Motivationen weiterhin globale Aktivitäten anleiten oder anstoßen, aber diese müssen nicht auf einem gemeinsamen und geteilten ideologischen Verständnis beruhen, nicht einmal auf gemeinsamen Zielen. Virtuelle Aktivisten müssen sich weder am gleichen Ort befinden, noch von dem gleichen Grundproblem bedroht sein (Bennett 2003b, S. 28). Die zentrale Logik in einer netzbasierten Interaktion in Protestbewegungen besteht demnach im Teilen persönlicher Ideen, Emotionen und Plänen (Bennett und Segerberg 2012, S. 760).

Zusammengefasst: Empörungsbewegungen weisen einige klare Merkmale auf. Inwieweit diese distinktiv sind und somit einen eigenen Typus bilden, steht zur Debatte. Insbesondere, da ein mögliches Merkmal kontrovers gesehen werden muss. Die Annahme, dass die Empörungsbewegungen per se transnational sind und damit eine neue Form transnationalen Aktivismus herausbilden, muss bezweifelt werden. Die Ergebnisse unserer Studie können dies zumindest im Hinblick a) auf die transnationale Adressierung, b) die transnationale Verbreitung von Inhalten der Kommunikation ebenso wie c) im Hinblick auf die transnationale Interaktion und Folgekommunikation auf Facebook und Twitter (liking/favoriting, sharing, retweeting/commenting, answering) nicht bestätigen.

3 Transnationalität und Web 2.0-Medien im Konzept der Empörungsbewegungen

Durch die Verwendung von sozialen Medien ist die Kommunikation innerhalb der Protestbewegungen und an ihren Rändern um ein Vielfaches vereinfacht worden, zudem preisgünstiger und zeitgleich übertragbar. Skeptiker sagen, dass es auch in den Neuen Sozialen Bewegungen der 1970er-Jahre Elemente der Protestmobilisierung wie 1) face-to-face Kontakt, 2) selbst erstellte Medien wie Flugblätter und Rundbriefe, sowie 3) und den Zugang zu Massenmedien gegeben habe (Rucht 2014, S. 116) und dass digitale Formen den Offline-Protest nicht ersetzen werden (Rucht 2014, S. 127). Eine pragmatische Deutung ist, dass soziale Medien ein zeitgenössisches Äquivalent dessen sind, was Zeitungen, Poster, Flugblatt oder Post für die Arbeiterbewegung waren (Gerbaudo 2012, S. 4). Andere, eher kommunikationswissenschaftlich orientierte Politikwissenschaftler gehen davon aus, dass die Logik der kollektiven Handlungen den Kommunikationsmöglichkeiten digitaler Medien folgen. So sah Bennett schon 2003 den Aufstieg globaler Protest-Netzwerke, die soziale Gerechtigkeit fordern und ihre Aktivitäten über neue digitale Medien planen und damit die konventionellen Massenmedien herausfordern, als Zukunftstrend (Bennett 2003b, S. 18). Kurz nach der Jahrtausendwende hatte Bennett die Post-Seattle-Bewegung im Blick. Möglicherweise aber prägen Acampada und Occupy einen neuen Typus sozialer Bewegungen, eine neue politische Formation und/oder Dynamik, die erst mit der digitalen Verbreitung von Inhalten, Organisationsanweisungen und Emotionen entstehen konnte.

Transnationale Politik bezeichnet klassischerweise „jene Prozesse zwischen nationalstaatlichen Regierungen und/oder zwischen transnationaler Gesellschaft und Regierung(en), deren Anstoß von Interaktionen in der transnationalen Gesellschaft gegeben werden" (Kaiser 1969, S. 95). Das heißt, transnationale Beziehungen beziehen sich auf grenzüberschreitende Interaktionen, bei denen mindestens ein Akteur nicht staatlich ist oder nicht für eine nationale Regierung oder eine intergouvernementale Organisation handelt (Risse-Kappen 1999, S. 3). Voraussetzung für transnationale Politikprozesse ist somit, dass die transnationale Gesellschaft (oder Teile einer solchen) miteinander in Verbindung steht, kommuniziert und interagiert und Anstöße in das nationalstaatliche System hinein gibt. Dies kann Veränderungen in der nationalen Gesellschaft zur Folge haben, genauso aber auch den Entscheidungskontext der Regierung beeinflussen, wenn es sich um Fragen handelt mit einer entsprechenden politischen oder sozialen Relevanz, und schließlich die Regierung möglicherweise sogar zum Handeln zwingen.

Anders als mit dem Begriff „international", der die Beziehungen zwischen Staaten als Akteuren mit völkerrechtlicher Souveränität meint, kann man mit als „transnational" jene Interaktionen zwischen Individuen, Gruppen, Organisationen fassen, „die über Grenzen hinweg agieren und dabei gewisse über den Nationalstaat hinausgehende Strukturmuster ausbilden." (Kaelble et al. 2002, S. 9) Damit sind staatliche Akteure weitgehend ausgeschlossen, zumindest in der der Form von ausschließlicher Kommunikation von staatlichen Akteuren untereinander.

> „Das ‚trans' in ‚transnationale Kommunikation' weist darauf hin, dass sich grenzüberschreitende Kommunikationsprozesse im Zeitalter der Globalisierung *nicht mehr nur zwischen* Ländern abspielen (‚inter'), *sondern auch jenseits von und quer* zu Nationalstaaten und Nationalkulturen (‚trans')." (Wessler und Brüggemann 2012, S. 3; H. i. O.)

Zweifelsohne hat das technologische Potenzial die transnationale Vernetzung innerhalb sozialer Bewegungen erheblich gefördert. Grundsätzlich sind der Konnektivität keinerlei Grenzen gesetzt. Ähnlich wie hinsichtlich der Vorstellung einer transnationalen Öffentlichkeit, der in der Literatur erhebliche Skepsis entgegengebracht wird[15], ist auch in der Literatur zu global activism durchaus offen, inwieweit tatsächlich von *globalen* Strukturen

---

15 Dies soll im Rahmen dieses Textes nicht diskutiert werden. Siehe dazu Kaelble et al. 2012.

und Prozessen gesprochen werden kann. Tarrow jedenfalls ist diesbezüglich skeptisch und meint „much of transnational activism is rooted in domestic resources and networks" (Tarrow 2002, S. 243). Deswegen werden wir im folgenden Abschnitt einen Blick auf die Debatte zur Transnationalität werfen.

Wie geht die Literatur über soziale Bewegungen mit den konstituierenden Merkmalen „Transnationalität" und Web 2.0-Medien um? Van Seter und James nennen zunächst vier Merkmale zur Identifikation sozialer Bewegungen[16]: 1.) die kollektive Identität, 2.) die Entwicklung einer gemeinsamen normativen Orientierung, 3.) ein gemeinsames Ziel, den Status quo zu verändern, 4.) Momente gemeinsamer Aktion, die das Wandlungsanliegen ausdrücken (van Seter und James 2014, S. xi).[17] Eine globale soziale Bewegung habe ein fünftes Minimalmerkmal: 5.) globale Reichweite (van Seter und James 2014, S. xi). Eine transnationale soziale Bewegung könne globalisiert sein oder nicht; eine transnationale soziale Bewegung sei eine soziale Bewegung, die die Grenzen von mindestens zwei Nationalstaaten überquere (van Seter und James 2014, S. xi).

Obwohl die Forschung über soziale Bewegungen lange nationalstaatlich orientiert war, sind mittlerweile zahlreiche Studien über transnationale soziale Bewegungen oder allgemeiner über Collective Action erschienen, um grenzüberschreitende Phänomene globalen Protests zu erklären. Zu nennen sind hier in erster Linie Jackie Smith und Hank Johnston „Globalization and Resistance. Transnational Dimensions of Social Movements" (2002), die Theorien und Kategorien transnationaler Mobilisierung, Diffusion und Netzwerke aufzeichnen. Und selbst als noch mit dem Konzept der Neuen Sozialen Bewegungen zur Beschreibung von Umwelt-, Friedens- und Frauenbewegung der 1970er- und 1980er-Jahre gearbeitet wurde, sind schon transnationale Elemente zu erkennen und herausgearbeitet worden. Zumindest Hanspeter Kriesi, Ruud Koopmans, Jan Willem Dyvendak und Marco G. Giugni beschreiben in ihrem Buch „New Social Movements in Western Europe. A Comparative Analysis" die „Cross-national Diffusion of Protest" (1995), die als Element im Konzept der Empörungsbewegungen ebenfalls nachgewiesen werden kann. Dabei beziehen sie sich auf die Transnationalität der Demonstrationen gegen den NATO-Doppelbeschluss 1983 (Kriesi et al. 1995, S. ixff.), denn die Demonstrationen vom 22. Oktober 1983 gingen über Bonn, Stuttgart und Frankfurt hinaus und fanden auch in Rom, London, Brüssel und Madrid statt mit dem Ziel, Solidarität und Protest innerhalb der Friedensbewegung auszudrücken. Dieser internationale Demonstrationstag ist mit dem internationalen Aktionstag von Acampada und der Occupy-Bewegung durchaus vergleichbar, der über das Web 2.0

---

16 Van Aelst und Walgrave nennen ebenfalls vier Merkmale sozialer Bewegungen: ein Netzwerk von Organisationen, auf der Basis einer geteilten kollektiven Identität, werden Menschen zu (friedlichen bis gewalttätigen) Aktionen mobilisiert, um soziale oder politische Ziele zu erreichen (2004, S. 98). Auch sie erweitern das Konzept vor dem Hintergrund der Globalisierungs-Proteste um die Merkmale transnational und global (TSMO und GSM).

17 „Thus we define a social movement as a form of political association between persons who have at least a minimal sense of themselves as connected to others in common purpose and who come together across an extended period of time to effect social change in the name of that purpose."

organisiert wurde und weltweit am 15. Oktober 2011 stattfand. Kriesi et al. untersuchen den sogenannten Kontext politischer Mobilisierung, die „Political Opportunity Structure" – zunächst auf nationaler Ebene, anschließend auf transnationaler Ebene. Hier betrachten sie die Diffusion von Protest zwischen einzelnen Ländern anhand der Studentenbewegung der 1960er-Jahre und der Antiatombewegung der 1970er-Jahre und gehen von einer Diffusion über nationalstaatliche Grenzen aus (Kriesi et al. 1995, S. 181ff.). Zwei Faktoren seien für internationale Protestwellen relevant: 1) bestimmte Themen überspringen nationale Grenzen und lösen ähnliche Reaktionen aus, 2) Protestwellen sind möglicherweise Ergebnis von Reaktionsketten länderspezifischer Mobilisierung, die sich gegenseitig beeinflussen (Kriesi et al. 1995, S. 182). Gleichzeitig müssten vor Ort, die Gelegenheitsstrukturen stimmen, damit ein Protest stattfinden kann. Für die Empörungsbewegungen lässt sich mit diesem Konzept erklären, warum die Proteste in Spanien vergleichsweise groß waren, die Demonstrationen der Occupy-Bewegung in den USA, in Großbritannien und in Deutschland zwar stattfanden, jedoch vergleichsweise klein blieben.

Unter den Entwicklungen der Globalisierung betonen Smith und Johnston, dass globale Prozesse beides gestalten, die lokale („domestic") und die transnationale politische Mobilisierung (Smith und Johnston 2002, S. 3). Transnationale Aktivitäten sozialer Bewegungen seien zwar nicht neu (Smith und Johnston 2002, S. 5), gleichzeitig werden jedoch neue Untersuchungs- und Interpretationsmöglichkeiten angeboten. So identifiziert Marco G. Giugni sechs Aspekte sozialer Bewegungen, die auf transnationaler Ebene bzw. im Ländervergleich ähnlich sein könnten: 1) Probleme, Themen und Ziele, 2) das rein quantitative Mobilisierungslevel (Anzahl der Proteste, Anzahl der Demonstranten), 3) Strategien, Taktiken und Aktionsformen, 4) Organisationsstrukturen, 5) kulturelle Rahmen („frames"), Ideen und Diskurse, sowie 6) die zeitliche Steuerung des Protestes (Giugni 2002, S. 27). Übertragen auf die Empörungsbewegung ergibt sich:

1) Probleme, Themen und Ziele von Acampada und Occupy gleichen sich, auch wenn die Hintergründe innerhalb der Länder jeweils sehr unterschiedlich sind. Die gesellschaftlichen Probleme Südeuropas sind gravierender als die Probleme Großbritanniens oder Deutschlands. Zweifelsohne war der Anlass der Proteste transnational, nämlich die globale Finanzkrise. Auch die generelle Kritik an Banken, Bankenmanagern, dem Bankensystem kann man als transnational betrachten. Andererseits adressierten die nationalen Occupy-Gruppen so wie auch die Protestierenden in Südeuropa auch sehr spezifisch ihre eigenen Regierungen und deren Umgang mit der Krise. 2) Das Mobilisierungslevel spricht eher nicht für eine transnationale Mobilisierung: Sowohl in Portugal und Spanien gingen vor allem die eigenen Landsleute auf die Straße als auch in den USA, Großbritannien und Deutschland. Einige wenige blickten z. B. aus Deutschland auf die Zeltlager in Spanien und fanden hier Vorbilder.[18] Dies führte dazu, dass 3) Strategien, Taktiken und Aktionsformen wiederum grenzübergreifen sehr ähnlich waren. Insbesondere das

---

18 Hintergrundgespräch mit zwei Occupy-Aktivisten im Rahmen der Abschlussveranstaltung „Soziale Medien in Protestbewegungen. Neue Wege für Diskurs, Organisation und Empörung?" am 4. November 2014 in Berlin.

Aktionsrepertoire verbreitete sich innerhalb der Empörungsbewegungen. Hier konnte man eine transnationale Diffusion von Protestelementen beobachten (Zeltlager oder Symbole). Aber auch 4) Organisationsstrukturen, wie die *Asambleas* sind transnational verbreitet worden und zudem zu einem zentralen Merkmal der Empörungsbewegungen geworden. 5) Die kulturellen Rahmen und „frames" sind bei den Empörungsbewegungen z. B. im Slogans „We are the 99%" zu finden. Der Slogan verbreitete sich weltweit und stellte die von den Demonstranten empfundene Ungleichheit im Verhältnis von ökonomischen und politischen Eliten und Entscheidungsträgern gegenüber dem Volk dar. Er ist aus dem Motiv sozialer Ungerechtigkeit abgeleitet und schließt somit an die globalisierungskritische Bewegung der 1990er-Jahre an.[19] 6) Zwar ist die zeitliche Steuerung von Protestaktionen über soziale Medien einfacher geworden, dennoch gab bei Acampada und in der Occupy-Bewegung nur wenige solch zentral organisierter Events. Darüber hinaus funktionierten die lokalen Organisationsstrukturen und die lokalen oder nationalen Protestaktionen getrennt voneinander: So wurde in Frankfurt am Main das Camp im Sommer 2012 geräumt; in Hamburg bestand das Occupy-Camp bis Frühjahr 2014 und somit über zwei Jahre (Spiegel-Online 06.01.2014).

Welche Schlüsse lassen sich daraus ziehen? Die grobe Prüfung der Kriterien ergibt ein ambivalentes Bild. Maximal drei der sechs der genannten Kriterien, mit denen Transnationalität nachgewiesen werden kann, treffen auf Acampada und die Occupy-Bewegung zu (Strategien, Taktiken und Aktionsformen; Organisationsstrukturen; kulturelle Rahmen, Ideen und Diskurse). Je nach dem, unter welchen Kriterien die Empörungsbewegungen betrachtet werden, kann man nicht von einer zentralen Steuerung der Proteste ausgehen, jedoch von einer stark transnational kommunikativ vernetzten Koordination der Empörung, die länderübergreifend stattfand und in der ähnliche *frames* bedient sowie gemeinsame Symbole und Vorgehensweisen genutzt wurden. So handelt es sich bei Acampada und Occupy um einen gemeinsamen Protest- und Bewegungszusammenhang, der auf transnationaler Ebene lose miteinander verknüpft bzw. verkoppelt war. Dennoch waren die Einzelbewegung überwiegend im nationalen bzw. lokalen Kontext verortet. So war die globale Krise zwar der Hintergrund und auch die Mobilisierung zum Protest vor Ort geschah transnational – der Gründungsaufruf für die Occupy-Bewegung kam zum Beispiel über Twitter aus Kanada (Kraushaar 2012, S. 71). Doch motiviert wurden die Teilnehmer der Bewegung durch Missstände vor Ort. Menschen artikulierten – auch über soziale Medien, die international einsehbar waren – ihre eigene Arbeitslosigkeit, fehlende Sozialversicherungen und Zukunftsängste innerhalb der Bewegung. Und dabei ging es ganz konkret um Probleme, die sie in ihrem eigenen Land oder ihrer eigenen Stadt hatten. Offensichtlich war die Empörung die gemeinsame Emotion und der Rahmen, in den sich alle lokalen und nationalen Bewegungen stellen konnten.

Es lässt sich festhalten, dass neben dem Anlass der Proteste, der zweifelsohne global war, der transnationale Charakter der Empörungsbewegungen vor allem in der Diffusion

---

19 Zu inhaltlichen Hintergründen von Occupy siehe zudem Byrne 2012.

von Strategien, Taktiken, Protestelemente oder Organisationstrukturen bestand, deren Ausrichtung und Umsetzung wiederum sehr stark differierte und oft von nationalen Bedingungen oder Themen bestimmt waren. Die Ergebnisse unserer Untersuchung unterstützt diese Schlussfolgerung, denn in der Kommunikation der Empörungsbewegung wurden eher nationale Themen und Akteure adressiert als transnationale. Transnationale Netzwerke sind zuvorderst kommunikative Strukturen. Neben dem Austausch und Teilen von Informationen kreieren Bewegungen Kategorien und *frames*, in denen sie Information generieren und organisieren, auf denen sie dann ihre Kampagnen gründen. Insofern bezeichnen Keck und Sikkink, die Fähigkeit, Informationen schnell, akkurat und effektiv zu verbreiten als „most valuable currency" (Keck und Sikkink 1998, S. 10). Die sogenannten Seattle und Post-Seattle-Phase der globalisierungskritischen seit den späten 1990er-Jahren war bereits vom Internet beeinflusst. E-Mail-Listen, Indymedia Websites und Web-Foren gehörten zum neuen Werkzeugkasten der Kommunikation (Smith 2002, S. 216). Interessant ist, was die prominente Aktivistin der globalisierungskritischen, Naomi Klein, beschreibt:

> "Thanks to the Net, mobilizations are able to unfold with sparse bureaucracy and minimal hierarchy; folded consensus and labored manifestos are fading into the background, replaced instead by a culture of constant, loosely structures and sometime compulsive information swapping." (Klein 2002, S. 4)

Das Web 1.0 wurde also nicht nur zur Kommunikation innerhalb der sozialen Bewegungen genutzt, sondern auch zur Erweiterung des Protest-Repertoires der Bewegungen. Die Informations- und Kommunikationstechnologien haben völlig neue Möglichkeiten für die Kommunikation innerhalb sozialer Bewegungen geschaffen, gleichzeitig werden sie das alte Protestrepertoire sozialer Bewegungen nicht ersetzen (van de Donk et al. 2006, S. 1, 18). Die Autoren van de Donk et al. sehen Kommunikation als zentralen Aspekt für die Ressourcenmobilisierung innerhalb sozialer Bewegungen an, und diese Ressourcenmobilisierung sei nun rund um den Globus möglich (van de Donk et al. 2006, S. 8, 18). Aktivisten seien nun zudem weniger gebunden an die Berichterstattung der Massenmedien, da sie sich ebenfalls über die neuen Informations- und Kommunikationstechnologien eigene Nachrichten beschaffen könnten (van de Donk et al. 2006, S. 19). Innerhalb sozialer Bewegungsorganisationen erleichtere das Internet die Kommunikation (van de Donk et al. 2004, S. 19). Da jedoch nicht nur soziale Bewegungen, sondern auch ihre Gegner von den Vorteilen der neuen Informations- und Kommunikationstechnologien profitierten, nehmen die Autoren jedoch nicht an, dass sich existierende Machtverhältnisse fundamental wandeln werden (van de Donk et al. 2004, S. 19).

Bereits im Zusammenhang mit den globalisierungskritischen Bewegungen kam die Frage auf, inwieweit das Internet globale kollektive Bewegungen beeinflusst; und zwar nicht nur im Sinne einer Reduzierung von Kommunikationskosten und der Überwindung geographischer und zeitlicher Grenzen, die klassische Massenmedien prägen. Vielmehr lautete die Annahme, dass die neuen, durch das Internet ermöglichten und geförderten

Kommunikationsnetzwerke Eigenschaften sozialer Bewegungen veränderten. In diese Richtung argumentierte neben Castells auch Bennett, der in den Bewegungen der 2000er Jahre eine Verschiebung innerhalb globaler Bewegungen feststellte, bei der sich diese wegbewegten von ideologischer Integration hin zu eher persönlichen und fluiden Formen des Zusammenschlusses, von klarer Rahmung kollektiver Identitäten hin zu persönlichen Identitätsnarrativen und von starker organisatorischer Führung hin zu polyzentrischen, nicht-hierarchischen und flexiblen Netzwerken (Bennett 2003a, S. 146-149; siehe dazu auch Bennett 2003b; auch Tarrow 2005, S. 210f.). Diese neuen, durch das Internet indu-zierten Organisationsstrukturen zeichnen sich demnach durch folgende Merkmale aus a) permanente Kampagnen, denn die fehlende zentrale Kommandostruktur erschwere das Beginnen oder Beenden von Kampagnen; b) eine ideologische „dünne" Kommunikation, die jedoch reich ist an individuellen und lifestyle-Narrativen sei, wobei dies einerseits breite Diffusion in elektronischen Netzwerke nach sich zieht, weniger aber das Rahmen ideologischer, inhaltlicher oder identitätsorientierter Aspekte; c) die interne Struktur der Organisationen kann sich schnell entsprechende dem Kommunikationsfluss ändern; und d) neue Medien können den Informationsfluss in Massenmedien verändern, insofern Aktivisten unabhängig von den klassischen Medien kommunizieren, zudem diese aber auch *culture jams* oder Logo-Kampagnen meist wohlwollend in ihrer Berichterstattung aufnehmen (Bennett 2003a, S. 150f.). Das Internet in dieser Argumentation wird somit nicht nur als kommunikative, sondern als wichtige organisatorische Ressource für glo-balen Aktivismus betrachtet, die folglich nicht nur die Kommunikation innerhalb dieser Bewegungen beeinflusst, sondern auch die Organisationsform der Bewegungen selbst.

Die Frage, welche Rolle digitale Medien für die Post-Krise-Protestbewegungen, also insbesondere unsere Fälle der Empörungsbewegungen von 2011 spielten, knüpft an diese These direkt an. Der neue Typus sozialer Plattformen wie Facebook und Twitter hat die Möglichkeiten der Vernetzung nochmals potenziert. Es steht außer Frage, dass diese Vernetzung in sozialen Medien die Bedingungen der Kommunikation und Interaktion für Protestbewegungen weitergehend verändert haben: Sie haben nun alternative Wege, sich zu artikulieren, können eigene Inhalte produzieren und verbreiten und sich über Plattformen wie Facebook, Twitter etc. an Politiker wenden, die sich ebenfalls in diesen Netzgemeinschaften bewegen, und in einen Austausch treten. Folglich kann netzbasierte Kommunikation von Protestbewegungen die Anpassung an die Funktionslogik etablier-ter Medien umgehen. Es entstehen autonome Räume der Kommunikation jenseits der Kontrolle von Regierungen und Konzernen (Castells 2012, S. 2). Digitale soziale Medien ermöglichen die Autonomie kollektiver sozialer Akteure – auch in Bezug auf Deliberati-on. Castells argumentiert, da der institutionelle öffentliche Raum, der verfassungsmäßig abgrenzte Raum für Deliberation durch die Interessen der dominanten Eliten und ihrer Netzwerke besetzt sein, müssten soziale Bewegungen sich einen neuen öffentlichen Raum für Deliberation erkämpfen (Castells 2012, S. 10f.).

Das technische Potenzial von Web 2.0 – also vor allem soziale Medien und die damit verbundene interaktive und ortlose many-to-many-Echtzeit Kommunikation sowie die Multimodalität, aber auch die Weiterentwicklung der Endgeräte (internetbasierte

Mobilgeräte) – spitzt die Frage nach der Bedeutung des Internets für globale Bewegungen zusätzlich zu: Haben wir es mit einem neuen Typus von sozialer Bewegung zu tun? Manuel Castells bejaht dies eindeutig und bewertet die Empörungsbewegungen als eine „new species of social movement" (Castells 2012, S. 15). Er macht dies zuvorderst an den technischen Möglichkeiten des Internets fest, die auf Grund digitaler Netzwerke horizontaler Kommunikation eine nie dagewesene Schnelligkeit, Autonomie, Interaktivität und Selbstausbreitung erlaube. Weitere Merkmale, die Castells diesem neuen Typus sozialer Bewegung zuschreibt, sind die Hierarchiefreiheit und das hohe Partizipationspotenzial. Auch Bennett und Segerberg (2012) sehen die digitale Technologie als Wegbereiter für eine neue Form von Aktivismus, dem „digital network activism" – (Bennett und Segerberg 2012, S. 7), der ein aufgrund der Technik ermöglichtes personalisiertes öffentliches Engagement verkörpert. Im Gegensatz zu herkömmlichen „collective actions", bei denen ein hoher Grad an organisatorischen Ressourcen und kollektiven Identitäten wichtig seien und bei denen digitale Medien nicht die Kerndynamik der Handlungen veränderten, folge dieser neue Typus der „connective action" einer anderen Logik. Es handle sich um großräumige, flache und fluide Netzwerke, die keiner starken organisatorischen Kontrolle oder symbolischer Konstruktion von Identität bedürfen und in denen digitale Medien als „organizing agent" fungieren (Bennett und Segerberg 2012, S. 752).

4   Die Nutzung von Facebook und Twitter bei Acampada und Occupy

Am 12. März 2011 entstand in Portugal die Bewegung „Movimento 12 de Março". In Spanien formierte sich zwei Monate später die Bewegung 15. Mai („Movimiento 15-M"). Besondere Kennzeichen der Bewegungen waren das Zelten im öffentlichen Raum (auf dem zentralen Platz Puerta del Sol in Madrid), das Schaffen direktdemokratischer Strukturen nach athenischem Versammlungsprinzip, den *asambleas*, sowie die Herstellung öffentlicher Räume durch digitale Medien. Die Organisationsform in Zeltlagern gab den Bewegungen, die sich auf der iberischen Halbinsel formierten, den Namen *Acampada*. Diese regte nicht zuletzt auch in den USA die Idee zur Besetzung des Zuccotti Parks in Manhattan durch die Occupy Wall Street-Bewegung an, die im September 2011 begann (Mörtenböck und Mooshammer 2012; Motha 2012; Gamson 2013). Die Occupy-Bewegung lehnte sich dabei sowohl an die Vorbilder der spanischen Zeltlager und Versammlungen an. Gleichermaßen verkörperte auch Occupy die hybride Protestform, bei der offline- und online-Protest ineinandergriffen: sowohl die Organisation als auch die Mobilisierung wurde über soziale Medien angestoßen und durchgeführt; die zentralen Demonstrationen konnten ihre Wirkung jedoch nur mit der tatsächlichen Präsenz der Menschen auf den städtischen Plätzen und der massenmedialen Berichterstattung entfalten. Der weltweite Aktionstag am 15. Oktober 2011 führte in der Folge auch in anderen europäischen Staaten zur Mobilisierung und zur Formierung der Occupy-Bewegung, die sich von nun an als Protestbewegung gegen die Auswirkungen der Finanzkrise und für mehr Demokratie verstand. Es war nicht so, dass durch Occupy neuer Protest entstand. Jedoch gab die internationale Bewegung den bereits schwelenden Protesten und Aktionen für mehr Demokratie in den einzelnen Nationalstaaten einen Namen und ein Label.

Welche Rolle spielten nun die Web 2.0-Medien und wie kam es zur transnationalen Vernetzung zwischen den Ländern? Innerhalb der sozialen Bewegungen wurden von den Aktivisten zahlreiche Seiten auf Facebook und Twitter genutzt. Davon waren viele unter dem eigenen Namen registriert, einige unter falschem Namen. Darüber hinaus gab es einige zentrale Seiten der Bewegungen, die von informellen Koordinatoren angelegt wurden. Diese Seiten haben wir in unserem Projekt genauer analysiert. Wir haben die Seiten „Fórum das Gerações" für Portugal, „¡Democracia Real Ya!" für Spanien sowie die Seiten von Occupy Frankfurt/Main, Occupy London und Occupy Wall Street ausgewählt. Als Untersuchungszeiträume haben wir drei Zeiträume in 2011 ausgewählt, und zwar eine Woche vor den Hauptprotesten, die Woche der Hauptproteste und einen Monat danach. Die drei Zeitpunkte für 2012 wurden entsprechend ausgewählt. Insgesamt konnten so 595 Facebook-Posts und 469 Tweets mit einem entsprechend angelegten Code-Buch von zwei unabhängig voneinander arbeitenden Mitarbeitern analysieren werden.

Der Ausgangspunkt war die Beobachtung, dass die globale Finanz- und Verschuldungs-krise das Entstehen von transnationalen Protestbewegungen 2011 ausgelöst hat. Anders als vorherige Bewegungen nutzten diese intensiv soziale Medien, was zu der Vermutung führte, dass in den Bewegungen nach 2011 auf diese Weise mehr denn je globale Verbreitung, Kommunikation und Interaktion stattfanden. Wenig aber wissen wir darüber, auf welchen Ebenen (transnational oder national) tatsächlich kommuniziert wurde und welche Inhalte transportiert wurden. Daher widmen wir uns folgenden Fragen: Spielen soziale Medien – vor allem die relevanten Plattformen Facebook und Twitter – im Hinblick auf die transnationale Kommunikation dieser Empörungsbewegung eine Rolle? Oder mit anderen Worten: Verstärkt das technische Merkmal transnationaler Konnektivität und Vernetzung die transnationale Kommunikation von Empörungsbewegungen? Und wenn ja, in welchen Bereichen?

Die Fragen zielten auf die inhaltliche Ebene der Online-Kommunikation und werfen so ein Licht darauf, erstens, was kommuniziert wird (Inhalt, Organisatorisches oder affektive Botschaften) und zweitens, auf welcher Ebene (transnational oder national) sich die Inhalte und die Adressierungen bewegen. Nachdem sich etliche Studien überwiegend theoretisch mit den der digitalen Technik innewohnenden Möglichkeiten beschäftigen – Stichwort: globale Vernetzung und Interaktivität –, widmete sich unsere Studie dem empirischen Nachweis, inwiefern netzbasierte Kommunikation dazu führt, dass tatsächlich die trans-nationale Adressierung in transnationalen Protestbewegungen verstärkt wird. Es geht also nicht um die potenzielle technische Möglichkeit von grenzüberschreitender Vernetzung, sondern darum, welche Inhalte tatsächlich über soziale Medien transportiert wurden und welche Interaktion sich daraus ergab (liking/favoriting, sharing/retweeting, commenting/answering). Auch wenn wir in Bezug auf alle Facebook- und Twitter-Einträge, die in den Bewegungen vorgenommen wurden, mit 595 plus 469 Einträgen eine relativ kleine Anzahl

untersucht haben, so wurden diese doch auf Basis informationswissenschaftlicher Vorgehensweisen so ausgewählt, dass wir von repräsentativen Ergebnissen ausgehen.

Bei der Analyse der inhaltlichen Bezugsebene (national/transnational) kamen wir für
Facebook zu dem Ergebnis, dass 55 Prozent der Beiträge nationale Akteure, Probleme
oder auch Proteste thematisierten. Nur 33 Prozent der Beiträge konnten in einen transnationalen Kontext verortet werden. Zwölf Prozent der Beiträge waren nicht bestimmbar.
Bei Twitter waren 59 Prozent der Einträge national, 24 Prozent der Einträge konnten als
transnational erkannt werden, 17 Prozent der Einträge waren nicht bestimmbar. Wir gehen
deshalb davon aus, dass das globale Vernetzung fördernde Medium Internet nicht zu einer
überwiegend transnationalen Kommunikation der Empörungsbewegungen innerhalb der
sozialen Medien Facebook und Twitter führte. Zwar kann es durch die sozialen Medien
einfacher zu transnationalen Vernetzungen innerhalb der Bewegung kommen, ist die Mobilisierung über soziale Medien schnell und kostengünstig möglich, doch die technische
Möglichkeit transnationaler Konnektivität in sozialen Medien führt nicht automatisch zu
transnationalen Öffentlichkeiten (im Sinne transnationalen inhaltlichen Austauschs und
transnationaler Meinungs- und Willensbildung) oder zu transnationalem Aktivismus (im
Sinne von Aktivismus mit transnationalen Teilnehmern, die durch transnationale Ziele
und transnationale inhaltliche Diskurse mit transnationaler Adressierung). In den von uns
untersuchten Fällen blieben die nationalen Themen, die nationalen politischen Akteure
und Strukturen die wichtigeren Bezugspunkte.

5   Fazit und Problematisierung

Empörungsbewegungen, so lautete das Definitionsangebot, sind Protestbewegungen, die
besonders emotional argumentieren, vorhandene Partizipationsangebote ablehnen, und
sich mit ihrem Gefühl der Unzufriedenheit über soziale Medien an ein breites Publikum
wenden, um dies auf emotionaler Ebene zu mobilisieren. Wir gehen davon aus, dass Inhalte
nicht im Vordergrund standen und die Empörung zum kleinsten gemeinsamen Nenner
wurde. Fünf Merkmale sind als Kennzeichen zu nennen:

1. Die Dominanz emotionaler Handlungsmotive, festzumachen an der Empörung über
   die Banken- und Finanzkrise sowie die Selbstbeschreibung als *indignados*,
2. der Wunsch nach Umsetzung versammlungsdemokratischer Verfahren bzw. die Bildung gemeinsamer *asambleas* zur basisdemokratischen Verhandlung von politisch und
   gesellschaftlich relevanten Themen im Konsensverfahren,
3. die Konstruktion von Autonomie, die neue Wege der Kommunikation und Willensbildung jenseits institutionalisierter Formen anstrebt,
4. die Herstellung und Besetzung (transnationaler) virtueller Räume durch eine intensive
   Nutzung des Web 2.0,
5. das „reale" Besetzen urbaner Räume und zentraler Plätze mit Zelten und Personenpräsenz.

Neu an diesen Bewegungen ist, dass Sie sich mit dem Web 2.0 eines Mediums bedienen, mit dem die Aktivisten nicht nur in einer Richtung kommunizieren, Homepages erstellen oder E-Mails versenden, sondern virtuelle Räume produzieren und besetzen, indem Sie Freundschaftsnetzwerke mobilisieren und sich mit anderen über Begegnungen oder persönliche Interessen und Identitäten verknüpfen. Das Web 2.0 hat weltweit einen transnationalen Raum eröffnet, der zur internationalen Vernetzung führt und indem auch politische Themen – zumindest theoretisch – transnational debattiert werden können. Dies ist das Demokratie-Versprechen des Internets, das oft formuliert wurde und das jedoch mit einiger Skepsis betrachtet werden muss.

Kennzeichnend für die Empörungsbewegungen ist letztlich ihre Hybridität. Die physische Präsenz in den Zeltlagern und die Versammlungskultur waren gleich wichtig für die Handlungslogik der Bewegungen wie die transnationale Vernetzung und Verbreitung von Botschaften und Symbolen. Je mehr Diffusionskräfte in der Globalisierung und über das Internet wirken, je mehr Arbeit und Freizeit dezentral und virtuell vernetzt möglich wird, und je unsicherer die persönlichen Lebensumstände werden, desto größer wird womöglich das Bedürfnis nach einer physischen Präsenz und realen Zusammenkünften, bei denen das Gefühl von Zugehörigkeit und Gemeinsamkeit erlebt werden kann. Das Bedürfnis nach Versammlungen und dem gemeinsamen Umsetzen basisdemokratischer Elemente vor Ort – vergleichbar mit der Praxis der alternativen und grünen Bewegung in den 1970er- und 1980er-Jahren – scheint sogar gegenläufig zu den lockeren virtuellen Netzen. Das Potenzial alternativer Beteiligungsformen im Netz vermag offensichtlich nicht das Gefühl der Integration und politischer Beteiligung vor Ort zu ersetzen.

Obgleich die Relevanz sozialer Medien für die Empörungsbewegungen unbestreitbar ist, bleibt ihre Gewichtung doch kontrovers: Determiniert die Informations- und Kommunikationstechnologie den Charakter der Bewegung? Ist die Nutzung digitaler Medien bereits ein hinreichendes distinktives Merkmal? Oder stellen die sozialen Plattformen lediglich eine Fortsetzung der medialen Entwicklung dar, die die sozialen Bewegungen wie zuvor auch in ihre Funktionslogik aufnehmen und assimilieren?

Es bedarf weiterer und vor allem auch vergleichender und größer angelegten Studien, um diese Fragen beantworten zu können. Folgende tentative Schlussfolgerungen lassen sich formulieren:

1. Trotz der Möglichkeit, ein transnational funktionierendes Medium extensiv nutzen zu können, haben sich bei den Empörungsbewegungen von 2011 keine Hinweise darauf ergeben, dass die inhaltliche Ausrichtung der Kommunikation transnational war. Wir gehen nicht davon aus, dass sich neue transnationale Öffentlichkeiten gebildet haben. Im Gegenteil: Der Bezugsrahmen der Themen und die Adressaten der Kommunikation waren mehrheitlich national (Kneuer und Richter 2015).
2. Für die Empörungsbewegungen von 2011 konnte auf den von uns untersuchten Seiten in der Kommunikation auf Facebook und Twitter kein Raum für deliberative Prozesse beobachtet werden. Inhaltliche Diskurse machten nur einen marginalen Anteil der Online-Kommunikation aus (Kneuer und Richter 2014, 2015). Es gibt Hinweise da-

rauf, dass solche inhaltlichen Auseinandersetzungen an anderen Orten stattfanden (wie etwa in Wikis). Das würde aber bedeuten, dass wesentliche Merkmale, die soziale Medien verkörpern, wie die generelle Offenheit digitaler Netzwerkkommunikation, nicht mehr gegeben ist, denn bei Wikis handelt es sich um partiell geschlossene Kommunikationszirkel.

3. In den Empörungsbewegungen ist die Bedeutung der affektiven Dimension feststellbar. Emotionen scheinen eine wichtige Klammer darzustellen; zum einen für die Gemeinschafts- und Identitätsbildung und zum anderen für die offline- und online-Mobilisierung. Feststellbar ist hierbei eine Verschiebung von „dicken" Beweggründen ideologischer oder politisch-programmatischer Art zu „dünnen" personalisierten Narrativen, die *entry* und *exit*-Optionen zudem einfacher machen: Der Einstieg in das Protestnetzwerk ist einfach und wenig aufwändig, wenn Emotionen mobilisiert werden können. Den Schritt in die reale Demonstration vor Ort muss der Netzaktivist nicht machen. Ebenso ist die Schwelle zum Ausstieg niedrig: Je geringer die Intensität der Einbindung, desto weniger Rechtfertigungsdruck besteht beim Ausstieg. Die Kommunikations- und Interaktionslogik ist vom „Teilen" – von Emotionen ebenso wie von Inhalten – geprägt. Es scheint, als profitieren die Aktivisten im Moment der Partizipation von ihrem Engagement.

4. Engagement und auch Protest scheinen dadurch stärker von einer Logik von Fluidität geprägt, wenig ideologisch fixiert (Roth 2012, S. 43), dafür stark emotional affiziert. Die Intensität und auch die Breite der Kommunikation und Interaktion aber sind zumindest bei Acampada und Occupy wieder schnell abgeschmolzen. Nachhaltig engagiert bleibt nur ein Kern von Aktivisten.

Will man eine Prognose wagen, so kann diese lauten: Mit Hilfe sozialer Medien können sich solche Empörungswellen kurzfristig und dann sehr intensiv entfachen; sie können eine entsprechende konnektive und kommunikative Wucht entfalten, indem die Emotion für Mobilisierung sorgt, um dann ebenfalls wieder recht bald abzuflachen. Um politisch nachhaltig zu wirken, müssten die Empörungswellen den Schritt wagen, Bündnisse einzugehen oder gar Institutionen ausbilden. Denn nur wenn die Aktivisten dauerhafte Gespräche mit NGOs, Gewerkschaften sowie etablierten politischen Parteien oder Institutionen führen, könnte es zu einem entsprechenden Einfluss auf die gegenwärtigen politischen Systeme kommen. Dafür hätten grundlegende Organisationselemente der politischen Systeme zunächst akzeptiert werden müssen. Auch die Umsetzung basisdemokratischer Konzepte konnte vor Ort und für zeitlich begrenzte Phasen gut funktionieren, jedoch waren die dadurch entstehenden Aushandlungsprozesse langwierig, oftmals sogar kräftezehrend, so dass die Abhaltung von Generalversammlungen selten dauerhaft angelegt war. Schließlich: Eine Konstante von sozialen bzw. Protestbewegungen bleibt wohl, dass neue Entstehungszeitpunkte und neue Gegenstände kaum vorhersehbar sind. Klar ist aber, dass auch bei künftigen Empörungsbewegungen soziale Medien eine zentrale Rolle spielen werden. Wie sich dann die Gewichtung dieser Rolle darstellt – im Sinne von Organisationsvehikel, Diskursplattform oder Instrument der Emotionalisierung – ist künftigen Untersuchungen vorenthalten.

Literatur

Albrecht, H./Demmelhuber, Thomas (2013). *Revolution und Regimewandel in Ägypten*. Baden-Baden: Nomos.

Alvarez, K. (2011). No hay vuelta atrás. Vamos a más y major. In: Alvarez, K., Gallego, P., Gándara F./ Rivas, O. *Nosotros los indignados. Las voces comprometidas del '15-M*. (S. 9-23). Barcelona: Destino.

Apresentação do M12M (2011). https://geracaoenrascada.wordpress.com/2011/04/21/apresenta-cao-do-m12m-movimento-12-de-marco/. Zugegriffen: 15. Januar 2015.

Asamblea Popular de Madrid (2011). ¿Qué es la Comisión de Barrios? http://madrid.tomalosbarrios.net/%C2%BFque-es-la-comision-de-barrios/. Zugegriffen: 15. Januar 2015.

Babiak, W. (2011). *The Occupy-Wall-Street Folks Have Spoken* (Declaration of the Occupation of New York City). https://wbabiak.wordpress.com/2011/09/29/the-occupy-wall-street-folks-have-spoken/. Zugegriffen: 15. Januar 2015.

Baringhorst, S. (2014). Internet und Protest. Zum Wandel von Organisationsformen und Handlungsrepertoires – Ein Überblick. In: K. Voss (Hrsg.), *Internet und Partizipation. Bottom-up oder Tow-down? Politische Beteiligungsmöglichkeiten im Internet* (S. 91-113). Wiesbaden: Springer VS.

Baringhorst, S., Kneip,V., Niesyto, J. (Hrsg.). (2009). *Political campaigning on the Web*. Bielefeld: Transcript.

Bennett, L. W. (2003a). Communicating Global Activism. Strength and Vulnerabilities of Networked Politics. *Information, Communication & Society* 6 (2), S. 143-168.

Bennett, L. W. (2003b). New Media Power. The Internet and Global Activism. In: N. Couldry, J. Curran (Hrsg.), *Contesting Media Power* (S. 17-37). Lanham, London: Rowmann & Littlefield Puplishers.

Bennett, L. W., Segerberg, A. (2011). Digital Media and the Personalization of Collective Action. Social Technology and the Organization of Protest against the Global Economic Crisis. In: *Information, Communication & Society* 14 (6), S. 770-799.

Bennett, L. W., Segerberg, A. (2012). Digital Media and the Personalization of Collective Action. Social Technology and the Organization of Protest Against the Global Economic Crisis. In: Loader, Brian D., Mercea, Dan (Hrsg.), *Social Media and Democracy. Innovations in Participatory Politics*, London, S. 13-38.

Bennett, L. W., Segerberg, A. (2013). *The Logic of Connective Action. Digital Media and the Personalization of Contentious Politics*. Cambridge: Cambridge University Press.

Benski, T., Langman, L., Perugorria, I., Tejerina, B. (2013). From the streets and squares to social movement studies: What have we learned? *Current Sociology* 61 (4), S. 541-561.

Byrne J. (2012). *The Occupy Handbook*, New York: Hachette Book Group.

Castells, M. (2000). *The Information Age: Economy, Society, and Culture. Volume 1. The Rise of the Network Society*. Malden: Blackwell.

Castells, M. (2010). *The Rise of the Network Society*. (Second Edition) Chichester: Blackwell Publishing.

Castells, M. (2012). *Networks of outrage and hope. Social movements in the internet age*. Cambridge: Polity Press.

Centro de Investigaciones Sociológicas (CIS) (2011). Representaciones Políticas y Movimiento 15-M. Proyecto de Investgación cualitativo, Estudio No. 2921. http://www.cis.es/cis/export/sites/default/-Archivos/NotasdeInvestigacion/NI008_Cualitativo15M_Informe.pdf. Zugegriffen: 15. Januar 2015.

Dahlgren, P. (2013). *The Political Web. Media, Participation and Alternative Democracy*. Basingstoke: Palgrave Macmillan.

Etzersdorfer, I. (1997). ‚Persönlichkeit' und ‚Politik': Zur Interaktion politischer und seelischer Faktoren in der interdisziplinären „‚Political Leadership'-Forschung. Österreichische Zeitung für Politikwissenschaft 26, S. 377-391.

Flam, H. (2005). Emotions' map: a research agenda. In: H. Flam, D., King, *Emotions and social movements* (S. 19-41). London: Routledge.

Flam, H., King, D. (2005). *Emotions and social movements*. London: Routledge.

Fonseca, F. (2012). *Mapeamento da Responsabilidade Social em Portugal* (The Mapping of Social Responsibility in Portugal).

Fuchs, C. (2007). Cyberprotest und Demokratie. In: P. Fleissner, V. Romano (Hrsg.), *Digitale Medien – neue Möglichkeiten für Demokratie und Partizipation?* (S. 57-88). Berlin: Trafo.

Gándara, F. (2011). De un "¡ya basta!" En la red al 15-M. In: Alvarez, K., Gallego, P., Gándara F./Rivas, O. *Nosotros los indignados. Las voces comprometidas del '15-M.* (S. 36-50). Barcelona: Destino.

Gamson, W. A. (2013). The #Occupy Movement. An Introduction. *The Sociological Quarterly* 54, S. 159-163.

Geiges, L., (2014). *Occupy in Deutschland. Die Protestbewegung und ihre Akteure.* Bielefeld: Transcript.

Gerbaudo, P. (2012). *Tweets and the streets: social media and contemporary activism.* London, New York: Pluto Press.

Giugni, M. G. (2002). Explaining Cross-national Similarities among Social Movements In: J. Smith, H. Johnston (Hrsg.) *Globalization and Resistance. Transnational Dimensions of Social Movements* (S. 13-29). Lanham, Maryland: Rowman & Littlefield Publishers.

Goodwin, J., Jasper, J. M., Polletta, F. (Hrsg.) (2001). *Passionate Politics: Emotions and Social Movements.* Chicago, London: University of Chicago Press.

Graeber, D. (2012). *Inside Occupy.* Frankfurt a. M.: Campus.

Heidenreich F., Schaal, G. S., (Hrsg.) (2012). *Politische Theorie und Emotionen.* Baden-Baden: Nomos.

Hessel, S. (2011). *Empört Euch!* Berlin: Ullstein.

Jasper, J. M. (1998). The Emotions of Protest: Affective and Reactive Emotions in and around Social Movements. *Sociological Forum* 13, S. 397– 424.

Kaelble, H., Kirsch, M., Schmidt-Gerning, A. (2002). *Transnationale Öffentlichkeiten und Identitäten im 20. Jahrhundert.* Berlin: Campus.

Kaiser, K. (1969). Transnationale Politik. Zu einer Theorie der multinationalen Politik. *Politische Vierteljahresschrift* 10, S. 80-109.

Kaplan, A. M., Haeinlein, M. (2011). Two hearts in the three-quarter time: How to waltz the social media/ viral marketing dance, in: *Business Horizons* 54 (3), 253-263.

Keck, M. E., Sikkink, K. (1998). *Activists beyond Borders. Advocacy Networks in International Politics.* Ithaca, London: Cornell University Press.

Klein, N. (2002). *No logo: no space, no choice, no jobs.* New York: Picador.

Kneuer, M. (2014). Südeuropa im Vergleich. In: H.-J. Lauth (Hrsg.), *Politische Systeme im Vergleich. Formale und informelle Institutionen im politischen Prozess* (S. 435-481). München: Oldenbourg.

Kneuer, M., Richter, S. (2014). Indignation-Movements and the Role of the Internet. The Quality of Online Participation and Deliberation, *Paper prepared for the 23th IPSA World Congress of Political Science*, Montreal, July 19-24.

Kneuer, M., Richter, S. (2015). *Soziale Medien in Protestbewegungen. Neue Wege für Diskurs, Organisation und Empörung?* Frankfurt am Main, New York: Campus.

Kraushaar, W. (2012). *Aufruhr der Ausgebildeten. Vom Arabischen Frühling zur Occupy-Bewegung.* Hamburg: Hamburger Edition.

Kriesi, H., Koopmans, R., Duyvendak, J. W., Giugni, M. G. (1995). *New Social Movements in Western Europe. A Comparative Analysis.* Minneapolis: University of Minnesota Press.

Küpeli, I. (2013). *Nelkenrevolution reloaded? Krise und soziale Kämpfe in Portugal.* Münster: Ed. Assemblage.

Lang A. S., Lang-Levitsky (2012). *Dreaming in Public. Building the Occupy Movement,* New Internationalist Publications: Peoria.

Levingston, S. (2011). The book that inspires Occupy Wall Street. *Washington Post*. http://www.washingtonpost.com/entertainment/books/the-book-that-inspires-occupy-wall-street/2011/11/01/gIQA7LlUnM_story.html. Zugegriffen: 18. Januar 2015.

Lingk, A. (2013). *Der Aufstand der „99 Prozent". Kapitalismuskritik in ökonomischen Krisenzeiten am Beispiel der Occupy-Bewegung*. Berlin: Wissenschaftlicher Verlag Berlin.

Manifiesto Democracia Real Ya. http://www.democraciarealya.es/manifiesto-comun/. Zugegriffen: 15. Januar 2015.

Motha, S. (2012). The Debt Crisis as Crisis of Democracy. *Law, Culture and the Humanities* 8, S. 390-397.

Mörtenböck, P., Mooshammer, H. (2012). *Occupy. Räume des Protests*. Bielefeld: Transcript.

Nathanson, R. (2011). *Von den Schwarzen Panthern zum Zeltprotest auf dem Rothschild-Boulevard. Ursachen und Hintergründe der sozialen Proteste in Israel*. Berlin: Friedrich-Ebert-Stiftung.

Risse-Kappen, T. (1999). Bringing transnational relations back. In: Introduction. In: T. Risse-Kappen (Hrsg.), *Bringing transnational relations back in. Non-State actors, domestic structures and international institutions* (S. 3-37). Cambridge, New York: Cambridge Univ. Press.

Romano, V. (2007). Informations- und Kommunikationstechnologien und Demokratie. In: P. Fleissner, V. Romano (Hrsg.), *Digitale Medien – neue Möglichkeiten für Demokratie und Partizipation?* (S. 21-40). Berlin: Trafo.

Roth, R. (2012). Occupy und Accampada. Vorboten einer neuen Protestgeneration? *Aus Politik und Zeitgeschichte* 25-26, S. 36-43.

Rowe, J. K. und Carroll M. (2014). Reform or Radicalism. Left Social Movements from the Battle of Seattle to Occupy Wall Street, in: *New Political Science* (S. 149-171), 36: 2, http://dx.doi.org/10.1080/07393148.2014.894683. Zugegriffen: 22.01.2015.

Rucht, D. (2014). Die Bedeutung von Online-Mobilisierung für Offline-Proteste. In: K. Voss (Hrsg.), *Internet und Partizipation. Bottom-up oder Top-down? Politische Beteiligungsmöglichkeiten im Internet* (S. 115-128).Wiesbaden: Springer VS.

Rucht, D. (2013). Aufstieg und Fall der Occupy-Bewegung. In: K. Sonntag (Hrsg.), *E-Protest. Neue soziale Bewegungen und Revolutionen* (S. 111-136). Heidelberg: Winter.

Rühle, A. (2014). Die Platzhalter. *Süddeutsche Zeitung*. http://www.sueddeutsche.de/politik/orte-der-proteste-die-platzhalter-1.1895713. Zugegriffen: 14. Januar 2015.

Schaal G. und Heidenreich, F. (2013). Zur Rolle von Emotionen in der Demokratie. *Aus Politik und Zeitgeschichte* 32-33, S. 3-11.

Seyd, B. C. (2013). Gegenwart des Unbehagens. Gefühle und Globalisierung. *Aus Politik und Zeitgeschichte* 32-33, S. 20-26.

Smith, J. (2002). Globalizing Resistance. The Battle of Seattle and the Future of Social Movements. In: J. Smith, H. Johnston (Eds.), *Globalization and Resistance: Transnational Dimensions of Social Movements* (S. 207-227). Lanham, New York: Rowman & Littlefield Publishers.

Smith, J., Johnston, H. (2002). *Globalization and Resistance: Transnational Dimensions of Social Movements*. Lanham, New York: Rowman & Littlefield Publishers.

Sotirakopoulos, N., Rootes, C., (2014). Chapter Eight: Occupy London in International and Local Context. In: D. della Porta und A. Mattoni (Eds.), *Spreading Protest. Social Movements in Times of Crisis* (S. 171-192). Colchester: ECPR Press.

Spiegel-Online (2014). Protestbewegung. Occupy-Camp in Hamburg aufgelöst. http://www.spiegel.de/wirtschaft/occupy-camp-in-hamburg-aufgeloest-a-941991.html. Zugegriffen: 14. Januar 2015.

Stekelenburg, J. van, Klandermans, P. G. (2010). Inidividuals in movements: A social psychology of contention. In: P. G. Klandermans und C. M. Roggeband (Eds.), *The Handbook of Social Movements Across Disciplines* (S. 157-204). New York: Springer.

Streeck, W. (2013). *Gekaufte Zeit. Die vertagte Krise des neuen Kapitalismus. Mit einem neuen Nachwort*. Berlin: Suhrkamp.

Tarrow, S. (2002). From Lumping to Splitting. Specifying Globalization and Resistance, in: J. Smith, H. Johnston (Eds.). *Globalization and Resistance. Transnational Dimensions of Social Movements*, Rowman & Littlefield: Lanham et al., S. 229-249.

Tarrow, S. (2005). *The New Transnational Activism*. Cambridge: Cambridge Univ. Press.

Tejerina, B., Perugorría, I., Benski, T., Langman, L. (2013). From Indignation to Occupation. A New Wave of Global Mobilization. *Current Sociology* 61, S. 377-392.

TVI24 (2011). Geração à Rasca cria o „Movimento 12 de Março". 4http://www.tvi24.iol.pt/politica/m12m/geracao-a-rasca-cria-o-movimento-12-de-marco. Zugegriffen: 15. Januar 2015.

Underwood, P., Welser, H. T. (2011). 'The Internet is here': Emergent coordination and innovation of protest forms in digital culture. In: *AC. proceedings of iConferences* (S. 304-311). Seattle WA.

Van Aelst, P., Walgrave, S. (2004). New Media, new movements? The role of the internet in shaping the 'antiglobalization' movement. In: W. Van de Donk, B. D. Loader (Eds.), *Cyberprotest* (S. 97-122). London: Routledge.

Van de Donk, W., Loader, B. D., Nixon, P. G., Rucht, D. (Eds.). (2004). *Cyberprotest. New Media, Citizens, and Social Movements*. London, New York: Routledge.

Van Seters, P., James, P. (2014). Global Social Movements and Global Civil Society. A Critical Overview. In: P. van Seters, P. James (Eds.), *Globalization and Politics* (S. vii-xxx). Volume II. Global Social Movements and Global Civil Society. London, Los Angeles: Sage.

Voss, K. (2014). *Internet und Partizipation: Bottom-up oder Top-down? Politische Beteiligungsmöglichkeiten im Internet*. Wiesbaden: Springer VS.

Weber, F. (2007). Emotionalisierung, Zivilität und Rationalität: Schritte zu einer politischen Theorie der Emotionen. *Österreichische Zeitschrift für Politikwissenschaft* 36, S. 7-21.

Wellmann, B. (2000). The Rise of Networked Individualism. In: L. Keeble (Hrsg.), Community Networks Online, London: Taylor and Francis.

Wessler, H., Brüggemann, M. (2012). *Transnationale Kommunikation. Eine Einführung*. Wiesbaden: Springer VS.

NGOs im Netz: Tendenzen hin zu massenpersönlicher Kommunikation

Mundo Yang

Zusammenfassung

Besonders mit dem Aufkommen des Social Web, also z. B. sozialer Netzwerke, Blogs und Videoplattformen, haben sich im NGO-Bereich neue Kommunikationsformen herausgebildet. Der Beitrag konzentriert sich dabei auf die Tendenz hin zu „massenpersönlicher Kommunikation" (O'Sullivan 2005). Damit lässt sich erfassen, dass im Netz vermeintlich private Kommunikationen im Zuge dynamisch schwarmförmiger Mobilisierung auch einen öffentlich-politischen Charakter erhalten können. Spezifische Formen wie Smart Mobs, Shit-Storms, die besser als Smart Storms zu bezeichnen wären, sowie Online-Unterschriftenaktionen und eigene Social Web-Communities werden bereits im deutschsprachigen Raum von NGOs eingesetzt. Massenpersönliche Kommunikation dient dabei vor allem im Bereich der Kampagnenführung dazu, jenseits festgefügter Mitgliederstrukturen, punktuell eine hohe Anzahl individuell Interessierter einzubinden. Abschließend zeigt der Beitrag auch die Grenzen massenpersönlicher Kommunikation auf. Diese scheint sich am ehesten für massentaugliche Themen zu eignen.

1   Zwei Kommunikationsformen im Internet

Bis heu
te werden öffentliche Diskussionen über die politische Bedeutung des Internets von drei Positionen dominiert (Donges 2000; Buchstein 1996). Zum einen wird die Hoffnung geäußert, das Internet werde zu mehr politischer Beteiligungsgerechtigkeit führen und den Zugang zur politischen Öffentlichkeit erweitern (Grossman 1995). Zum anderen gilt das Gegenteil als ausgemacht. Politische Partizipation und Interessenvermittlung hätten unter dem Internet (Sunstein 2001) zu leiden. Schließlich gehen manche schlicht davon aus, dass Online-Medien summa summarum das Politische nicht verändern werden (Margolis und Resnick 2000). Diese drei Positionen teilen dabei die Auffassung, das Internet sei als eine Art prägende Kraft aufzufassen und auch wenn sich die Sichtweise auf das Internet gerade

277

© Springer Fachmedien Wiesbaden GmbH 2018
N. Remus und L. Rademacher (Hrsg.), *Handbuch NGO-Kommunikation*,
https://doi.org/10.1007/978-3-531-18808-9_16

in der öffentlichen Auseinandersetzung über das Für und Wider des Internets bis heute breiter Beliebtheit erfreut, so gilt sie in der neueren Forschung als wenig ergiebig (vgl. Schönberger 2000; Eisenegger 2008; Katzenbach 2008, S. 17-29; Yang 2008; Schmidt 2012).

Das Internet wird stattdessen mehr und mehr als Singularetantum anerkannt, als Singularwort, das ähnlich wie die Bezeichnung „Gewässer" eine Vielzahl ständig im Wandel begriffener Phänomene bezeichnet. Mit dem Internet entsteht keine virtuelle Parallelwelt, sondern es machen sich verschiedene Medienkulturen in ihm breit, die jeweils auf ihre eigene Weise Online- und Offline-Sphären miteinander vernetzen und dabei sehr unterschiedlichen Gebrauch von sich ständig wandelnden Online-Anwendungen machen (Hamm 2006; Baringhorst et al. 2010; Chadwick 2007).

Dieser Beitrag fokussiert demgegenüber auf die zunehmende Bedeutung massenpersönlicher Online-Kommunikation im NGO-Bereich.[1] Das Konzept der massenpersönlichen Kommunikation geht dabei auf O'Sullivan (2005, zitiert nach Walther et al. 2011) zurück. Es beschreibt schon für herkömmliche Medien wie Presse, Rundfunk und Fernsehen das Phänomen, dass neben der massenmedialen Kommunikation, die sich durch wenige aktive Sender und viele passive Empfänger auszeichnet, auch Phänomene wie der Leserbrief oder die Hörermeinung anzutreffen waren. Über das dyadische Sender-Empfänger-Schema hinaus zeichnet sich massenpersönliche Kommunikation also durch eine trilaterale Struktur aus. Neben Sender und Empfänger tritt eine dritte Kommunikationsposition hinzu und dabei wechseln die Rollenfunktionen des Senden und Empfangens ebenso wie die jeweilige Publikumsreichweite. O'Sullivan (2005, S. 17) nennt hierbei das Beispiel des in den USA verbreiteten Heiratsantrags im Football-Stadion. Aus einem passiv zuschauenden Paar wird unvermittelt ein aktiv kommunizierendes Paar, das sich zugleich dem Feedback eines breiten Publikums aussetzt.

Auf breiter Front wurde diese Kommunikationsform mit dem Internet und insbesondere dem Social Web, also Blogs, Youtube oder sozialen Netzwerken wie Facebook populär. Bekannt war aber schon die Email-Kampagne von Jonah Peretti, der eine Marketing-Aktion von Nike persiflierte und dadurch einen persönlichen Streit mit dem Konzern anzettelte, um eben diesen Streit anschließend in Form seines Email-Verkehrs breitenwirksam öffentlich zu machen (vgl. Peretti und Micheletti 2004). Der Peretti-Vorfall deutet dabei schon die für NGOs relevante Politisierungsfähigkeit massenpersönlicher Kommunikation an. Für neuere Social Web-basierte Medienkulturen lassen sich im Einzelnen drei charakteristische Merkmale massenpersönlicher Kommunikation ausmachen, anhand derer sich deutliche Unterschiede zu dem eher punktuell und marginal bleibenden Vorkommen in herkömmlichen Medien charakterisieren lassen:

---

1 Unter NGOs werden dabei staatsunabhängige, selbstgesteuerte, dauerhaft institutionalisierte Organisationen verstanden, die auf den „freiwilligen Input" ihrer Anhänger in Form von Engagement und materiellen Zuwendungen angewiesen sind und dabei „nicht gewinnorientiert und gewinnverteilend" operieren (Seifer 2009: S. 33ff.; auch Salamon und Anheier 1997; Heins 2005).

Dynamik

Massenpersönliche Kommunikation weist im Netz häufig einen dynamischen Charakter auf. In der Blogossphäre werden kaskadenförmige Schübe massenpersönlicher Kommunikation beobachtet und mit dem Begriff „Streisand effect" belegt. Der Blogger Mike Masnick charakterisierte damit den Sturm der Empörung, der auftrat, nachdem die Prominente, Barbara Streisand einen Fotografen verklagt hatte, der im Internet ein Foto veröffentlicht hatte, das unter anderem auch ihr Haus abbildete (vgl. Baringhorst und Yang 2012, S. 190). Aus dem zunächst privaten Rechtsstreit wurde somit ein Politikum.

Erklärt wird die Dynamisierung massenpersönlicher Kommunikation mit der Ausnutzung massiv sinkender Transaktionskosten im Internet. Zieht ein zunächst persönlicher Vorfall das Interesse einer breiteren Masse auf sich, so kann diese sich ohne große Mühe per Internet einschalten (Shirky 2008). Wie schon Benkler (2006) vermutete, wird die Zentrierung öffentlicher Aufmerksamkeit dadurch möglich, dass Internetnutzer jeweils aufeinander und auf die für sie relevanten Themen Bezug nehmen. Die Dynamik massenpersönlicher Kommunikation überschreitet dabei im Sinne digital-analoger Medienkulturen (vgl. Winter 2010; Sassen 2012) die Grenzen der Online-Sphäre und breitet sich auch auf herkömmliche Massenmedien oder auf die Kommunikation unter Anwesenden aus.

Schwärme von Mikrobeiträgen

Massenpersönliche Kommunikationsverläufe weisen dabei typischerweise keine egalitären Beteiligungsstrukturen auf. Bei der Skandalisierung von Nike kam Peretti die Hauptrolle zu, das Unternehmen kommunizierte zumeist reaktiv und eine breitere Öffentlichkeit beobachtete und bewertete den Vorfall. Auch hier bewährt sich also die bekannte Faustregel begrenzter Partizipation nach dem 1-10-100 Muster.[2] Auf einen Hauptinitiator kommen demnach zehn dauerhaft aktive Mithelfer und gleichzeitig beteiligen sich etwa einhundert weitere Mediennutzer nur punktuell und reaktiv.[3]

In der Forschung wird diese nicht-egalitäre Form kollektiven Handelns als Netzwerk von Individuen beschrieben, die größtenteils nur schwach untereinander vernetzt sind (vgl. Baringhorst 2007, S. 87f.; Castells 2005, S. 145; Papacharissi 2010; Donath und Boyd 2004; Juris 2005, S. 191). Internetkollektive benötigen nur wenige, austauschbare Knotenpunkte, die gleichsam das flexibel austauschbare Rückgrat eines kollektiven Schwarms bilden (vgl. Barabási 2011). Die Schwarm-Metapher versucht dabei einzufangen, dass verschiedene Autoren davon ausgehen, dass im Internet neue Formen kollektiven Handelns entstehen (Segerberg 2012). Während Olsons (1965) Theorem kollektiven Handelns zufolge Individuen nur dann kollektiv handeln, wenn ihnen exklusive Nutzenvorteile durch feste Mitgliedschaft entstehen, argumentieren z. B. Lupia und Sin (2003), dass im Internet auch

---

2   Aus netzwerkanalytischer Perspektive zeigt sich im Internet häufig eine „power law distribution" (Barabási 2011, S. 3). Die meisten haben nur wenige Kontakte, während einige wenige hochgradig vernetzt sind. Dazwischen herrschen graduelle Übergänge im Sinne eines „long tail" (ebd. S. 4).

3   So zeigen Mehler und Sutter (2008, S. 269), dass auch bei Wikipedia einigen wenigen Daueraktiven viele eher passive NutzerInnen gegenüberstehen.

eine Masse handlungsfähig werden kann, die nur sehr geringe Beiträge ohne konkrete Nutzenerwartung tätigt (vgl. auch Shirky 2008). An die Stelle des Mitgliedschaftsinteresses tritt dann die Freude am aktiven Beisammensein (Bimber et al. 2005, S. 371).

Personalisierung von Beteiligung

Gerade durch die Optionalität und Niederschwelligkeit der individuellen Beteiligungen an stets nur potentiell möglichen Schwarmdynamiken zeichnen sich die zugrunde liegenden Medienkulturen durch eine starke Orientierung auf das Persönliche und Private aus. Das steht im Einklang mit allgemeinen Diagnosen, die gerade mit dem Aufkommen des Social Web auf die zunehmende Verschränkung privater und öffentlicher Anliegen im Internet verweisen (Lievrouw 2012; Boyd und Ellison 2007). Schon von ihrer trilateralen Grundstruktur her befördert massenpersönliche Kommunikation den Modus einer Inszenierung semi-privater bis öffentlicher Botschaften im Rahmen ansonsten individueller und privater Sphären (Regener 2009). So verwandelte sich der private Rechtsstreit zwischen dem Fotographen und Barbara Streisand rasch in eine politische Kontroverse über geistige Eigentumsrechte im Internet.

Die Personalisierung von Beteiligung ist dabei kein reiner Online-Trend, sondern steht im Einklang mit allgemeinen Diagnosen einer zunehmenden Politisierung und Problematisierung der eigenen Lebensführung (Bennett 1998) sowie einer schleichenden Auflösung von vormals unverbrüchlichen Bindungen zwischen Milieus und Verbänden (schon Streeck 1987) zugunsten von Engagementformen, die auf die persönlichen Belange der Beteiligten zugeschnitten sind. Im Internet setzt sich dieser Trend fort. Entscheidungen zur Beteiligung werden stärker als früher von individuellen persönlichen Ansprüchen und Bedürfnissen abhängig gemacht (z. B. Bennett 2008; Bennett und Segerberg 2012; Anduiza et al. 2012; Maireder und Schwarzenegger 2010).

2 Öffentliche Kampagnen und Bindung von Anhängerschaft – massenpersönlich oder massenmedial?

Im Einklang mit bisherigen Beobachtungen zur Latenz massenmedialer Kommunikationsformen in NGOs (vgl. z. B. Voss 2010) ist allerdings davon auszugehen, dass massenpersönliche Kommunikation von NGOs eher als Ergänzung der bestehenden Kommunikationsarbeit eingesetzt wird. Im Folgenden konzentriert sich dieser Beitrag darauf, zu untersuchen, wie sich die Erfüllung von zwei Kernaufgaben von NGOs verändert. Diese Herangehensweise, NGO-Funktionen zu analysieren, lehnt sich dabei an eine Reihe ähnlich gelagerter Vorbilder aus der Literatur über NGOs und soziale Bewegungen an.[4]

---

4 Insbesondere lehnt sich die Identifizierung von Hauptaufgaben von NGOs an Herangehensweisen aus den Forschungssträngen der NGO-, Verbands- und Dritte-Sektor-Forschung (Bieth 2012; Voss 2007, S. 55-84; Schütte 2010; Koch-Baumgarten 2010; Preusse und Zielmann 2010; Bode und

NGOs führen erstens öffentlichkeitswirksame Kampagnen durch. Sie suchen öffentliches Bewusstsein für Anliegen und Probleme zu schaffen, veranstalten symbolische Proteste oder sammeln Unterschriften für ihre Anliegen. Im Unterschied zu sozialen Bewegungen arbeiten NGOs dabei hoch professionalisiert und verfügen über spezialisierte Mitarbeiter, z. B. Pressesprecher oder Campaigner. Bislang spielten hierbei vor allem die herkömmlichen Massenmedien wie Presse, Rundfunk und Fernsehen eine entscheidende Rolle, wie z. b. am Beispiel der Umweltorganisation Greenpeace gezeigt wurde (Baringhorst 1998a, b; Bieth 2012). Gegenüber diesen planvoll, Schritt für Schritt durchgeführten Kampagnen stünden ereignisförmige, selbstläufig entstehende, politisch-öffentliche Thematisierungsdynamiken eher für eine massenpersönliche Öffentlichkeit. Eine Schar von lebensstilorientierten AnhängerInnen, die sich mit Hilfe persönlicher Netzwerke punktuell an NGO-Kampagnen beteiligen, bilden dann jenes tendenziell unabgeschlossene und schnelllebige Publikum dritter KommunikationsteilnehmerInnen, das typisch für massenpersönliche Kommunikation ist.

Mit einer wie auch immer gestalteten Kampagnenarbeit ist zweitens die Aufgabe verbunden, eine breite Anhängerschaft einzubinden. Mit Blick auf die Mediennutzung von NGOs ist festzustellen, dass herkömmlicher Weise örtliche Treffen im Bereich der Mitgliedereinbindung durch Mitgliederzeitschrift und internen Postverkehr flankiert werden, wobei der Einsatz von Email(-verteilern) mittlerweile als ubiquitär gelten kann. Ersichtlich sind vor allem bei größeren NGOs dauerhafte pyramidale Beteiligungsstrukturen, die von der Kreis- über die Landes- schließlich zur Bundesebene führen. Diese werden wiederum durch Botschaften an alle Mitglieder massenmedial flankiert. Im Rahmen einer massenpersönlich ausgestalteten Mitgliedereinbindung müssten demgegenüber an die Stelle von Dauermitgliedern, die den jeweiligen Strukturen fest zugeordnet sind, eher lose gebundene AnhängerInnen treten, die sich punktuell und je nach persönlichem Interesse an zeitlich begrenzten und ereignisorientierten Projekten beteiligen.

2.1 Kampagnen

Das Internet spielt in der heutigen Kampagnenarbeit von NGOs eine wichtige Rolle und mittlerweile existiert eine breite Palette von Anwendungsbeispielen. Im Folgenden konzentriert sich die Untersuchung massenpersönlicher Kommunikation auf drei Formen internetgestützter Kampagnenführung, nämlich Smart Mobs, Smart Storms und digitale Unterschriftenkampagnen. Somit werden im Folgenden rein digitale Protestformen (vgl. Köhler 2007), z. B. hacktivism oder die virtuellen Massenblockaden von Websites (DDoS-Attacken) außer Acht gelassen, da diese Aktionsformen kaum im NGO-Bereich zu beobachten sind. Auch werden mittlerweile selbstverständliche Praktiken, z. B. das

---

Frantz 2009) an. Gemeinhin anerkannt ist dabei, dass es hohe empirische Überschneidungen zwischen drittem Sektor, Verbänden, sozialen Bewegungen, Lobbygruppen oder NGOs gibt (vgl. Hoffjahn und Stahl 2010).

Veröffentlichen von digitalen Texten oder Kurzbotschaften auf der eigenen Website, auf Twitter oder Facebook etc., hier nicht näher erörtert.

2.1.1 Smart-Mobs

Etwa im Jahr 2003 breitete sich zunächst in den USA und dann später weltweit die internetbasierte Eventkultur der Flashmobs aus. Bei Flashmobs versammelt sich eine Masse von TeilnehmerInnen an einem bestimmten Ort, um für kurze Zeit einer auf den ersten Blick sinnfreien Tätigkeit nachzugehen. Der eigentliche Sinn von Flashmobs besteht dabei darin, ein überraschendes Ereignis zu inszenieren, indem Handlungen vorgenommen werden, die im Vor-Ort-Kontext unerwartet, weil nicht-konventionell sind. So verharren die TeilnehmerInnen von Flashmobs beispielsweise für eine exakte Zeitspanne an einem belebten Platz regungslos in ihrer zuletzt eingenommen Pose. Bei anderen Flashmobs werden z. T. aufwendige Choreographien aufgeführt.

Aus dieser vor allem bei jüngeren, internetaffinen Menschen beliebten Freizeitaktivität entstanden dann einige Jahre später, Smart Mobs, die den Sinn von Flashmobs, nämlich ihre Erlebnisorientierung, zusätzlich um eine politische bzw. im weiteren Sinne moralisch-ethische Botschaft erweiterten. Im deutschsprachigen Raum setzt vor allem die Umweltschutzorganisation Greenpeace die innovative Aktionsform Smart Mobs regelmäßig ein. So fielen in der Schweiz im Rahmen einer Kampagne gegen den Bau neuer Atomkraftwerke im Jahr 2010 Greenpeace-AnhängerInnen im öffentlichen Raum scheinbar tot um, um auf die Gefahren eines plötzlichen Atomunglücks aufmerksam zu machen.[5]

Betrachtet man allerdings die bisherigen Beispiele für Smart Mobs aus dem deutschsprachigen Raum, so fällt auf, dass sich diese Aktionsform nicht in der Breite etabliert hat. Eher sind Smart Mobs als regelmäßig auftretendes Nischenphänomen einzuschätzen. Der Grund ist vermutlich darin zu sehen, dass ein Smart-Mob eine recht voraussetzungsreiche Aktionsform ist. Zwar müssen nur einige Dutzend bis einige hundert Personen teilnehmen, um einen Smart Mob erfolgreich durchzuführen. Allerdings erfordert die Planung und choreographierte Umsetzung von Smart Mobs einiges an Organisationsarbeit, so dass es nicht verwundert, dass Smart Mobs vor allem von ressourcenstarken, hoch professionalisierten NGOs initiiert werden. Zudem sollten Smart Mobs nicht auf die bilaterale Kommunikation zwischen Aktivisten und Passanten reduziert werden. Sie basieren vielmehr auf der Idee, eine breitere öffentliche Aufmerksamkeit zu erreichen, indem beliebig viele Dritte die Nachricht von dem Smart Mob weiterverbreiten. Damit diese massenpersönliche Dynamik eines Smart-Mobs in Gang kommt, sind allerdings flankierende Maßnahmen notwendig. Im Falle des Schweizer Greenpeace Smart Mobs dient hierzu das auf Youtube veröffentlichte Internetvideo von Greenpeace, das bislang 1.054.563 Mal aufgerufen wurde.[6]

---

5 Siehe: www.sichererstrom.ch. Zugegriffen: 30.08.2013.
6 Siehe: http://bit.ly/db3FN5. Zugegriffen: 09.07.2017.

Smart Mobs von NGOs scheinen daher insgesamt eine Mischform zwischen massenmedialer Kampagnenführung und massenpersönlicher Mobilisierungsdynamik zu sein. Die massenhafte Betrachtung von Clips auf Video-Plattformen wie Youtube kommt dadurch zustande, dass sich Neuigkeiten massenpersönlich von Person zu Person übertragen und sich auf diese Weise wie ein Lauffeuer ausbreiten, ohne dass dabei die Mitgliedschaft in einer Organisation im Vordergrund stehen muss. Allerdings erfolgt die Initiierung nach wie vor nach massenmedialem Muster. Der Videoclip für Youtube war aus einer Hand geplant und steht selbst für eine Kommunikationsform, in der Greenpeace zunächst als einzelner Sender viele Empfänger adressiert. Im politisch-öffentlichen Bereich stoßen Smart-Mobs offensichtlich nur auf breite Resonanz, wenn hinter ihnen ein ausgeklügelter Plan und gutvorbereitetes Kampagnenteam, meist eine NGO, steht.

2.1.2   Smart Storms

Eine weitere öffentlichkeitswirksame Form der spontanen Schwarmmobilisierung wird vielfach unter dem Stichwort „shitstorm" diskutiert. Damit werden Fälle bezeichnet, in denen sich Individuen oder Köperschaften (Unternehmen, Staat, Zivilgesellschaft, Medien etc..) vor allem in sozialen Medien wie Blogs, Facebook oder Twitter plötzlich mit einem Ansturm kritischer, ja gehässiger Beiträge konfrontiert sehen. Für die Arbeit von NGOs ist die Begriffssetzung „shitstorm" allerdings unglücklich, da damit auch Mobbing im Internet bezeichnet wird. Vorzuschlagen ist vielmehr, spezifischer von Smart Storms zu sprechen, wenn gesellschaftspolitische Organisationen auf eine transparente, zivilisierte und argumentative Art und Weise kritisiert werden.

Damit lässt sich eine spezifische Form digitaler Negativkampagnen erfassen, die im Unterschied zu Smart Mobs weniger auf die positive Erfahrung außeralltäglicher Ereignisse setzen, sondern vielmehr von der Empörung einer individuell vernetzten Masse von BürgerInnen getragen wird und spezifisch gesellschaftspolitische Akteure adressiert. Smart Storms unterscheiden sich von herkömmlichen Kampagnen durch eine vergleichsweise geringe Vorabplanung und durch die Mobilisierung einer Schar von Individuen in spontaner Reaktion auf das Fehlverhalten der kritisierten Organisation.

Aufgrund ihres spontanen Charakters sind Smart Storms, die unmittelbar von NGOs initiiert werden, eher selten. Mit dem Smart Storms „Weg von der CO2-Liste" wird daher im Folgenden ein Fall dargestellt, bei dem ein Smart Storm jedoch aus dem Umfeld von NGOs heraus initiiert wurde.[7] Stein des Anstoßes war in diesem Falle eine Öffentlichkeitskampagne des Schweizer Unternehmensverbandes economiesuisse, um gegen ein Gesetzesvorhaben zur Senkung von CO2-Emissionen vorzugehen. Im Jahr 2011 veröffentlichte economiesuisse im Internet eine Liste von 200 Unternehmen, die die Kampagne unterstützten, um ihren Forderungen öffentlich Nachdruck zu verleihen.[8] In Reaktion

---

7   Die folgenden Ausführungen basieren auf einem aufgezeichneten Telefoninterview mit Andreas Freimüller am 6. Juni 2012.

8   Siehe: www.co2.ch. Zugegriffen: 30.08.2013.

auf diese Entwicklung regten sich gerade im Social Web vermehrt kritische Stimmen. In dieser Situation entschloss sich Andreas Freimüller als Privatperson eine gezieltere Social Media-Kampagne zu initiieren. Zugute kamen Freimüller dabei seine Fähigkeiten und Kontakte als Geschäftsführer von KampaWeb, ein Dienstleistungsunternehmen für Social-Media-Kampagnen, sowie seine Erfahrungen als ehemaliger Greenpeace-Campaigner. Zunächst gingen Freimüller und seine MitstreiterInnen gezielt gegen den Outdoor-Bekleidungshersteller Mammut vor, der sowohl auf der CO2-Liste stand als auch mit seinem besonderen Umweltengagement auf seiner Website warb. Am 22. August setzte Freimüller daher auf der Facebook-Pinnwand von Mammut, die eigentlich Fans der Marke anziehen sollte, folgenden kritischen Beitrag ab:

> „Liebes Mammut Team, unter: http://www.mammut.ch/de/cr_sustainable_ecological.html schreibt ihr zu Nachhaltigkeit und Klimaschutz. Wie kommt es nur, dass ihr gleichzeitig bei http://co2.ch/firmen-verbaende.php?id=m aktiv gegen die Einführung eines CO2-Gesetzes agitiert? Beschämend sowas!"[9]

Kurz darauf setzte er eine erste Kurznachricht auf Twitter ab, um Freunde und Bekannte dazu aufzurufen, es ihm gleich zu tun und bei Mammut kritische Nachfragen zu stellen. Der Smart Storm erhielt eine eigene Facebook-Seite „Weg von der CO2-Liste"[10]. Diese hatte zu Hochzeiten um die 500 Fans. Das erscheint wenig und dennoch verkündete Mammut bereits einen Tag nach Beginn des Smart Storms seinen Rückzug von der CO2-Liste. Als Erklärung bietet sich die spezifische Dreieckskommunikation an, die Freimüller hier einsetzte. Indem er seine Botschaft an Mammut zugleich vor den Augen eines breiteren, potentiell unabgeschlossenen Publikums im persönlichen Umfeld zum Ausdruck brachte, setzte er das Unternehmen unter Zugzwang. Denn angesichts der Möglichkeit, dass sich die zunächst rein persönlich formulierte Kritik zu einer öffentlichen Angelegenheit entwickelt könnte, musste das Unternehmen um seine Reputation bei seinen AnhängerInnen auf Facebook, seinen zumeist naturverbundenen KundInnen sowie in der breiteren Öffentlichkeit fürchten.

Freimüller übertrug anschließend dieses Modell massenpersönlicher Kritik auf weitere Unternehmen auf der CO2-Liste wie den Mobilfunkanbieter Sunrise sowie Swiss Life. Per Online-Video-Clip und mit Grafiken (siehe Abbildung 1) wurde z. B. zum Boykott von Sunrise aufgerufen:

---

9   Siehe: www.facebook.com/!/weg.von.der.CO2.Liste. Zugegriffen: 30.08.2012.
10   Siehe: www.facebook.com/!/weg.von.der.CO2.Liste. Zugegriffen: 30.08.2012.

Abb. 1 Aufruf auf Weg-von-der-CO2-Liste[11]

Nach Freimüllers Schätzungen reichte dabei das sporadische Engagement von 30-50 rein ehrenamtlicher MitstreiterInnen aus, um die Kampagne auf Laufen zu halten. Im Kern arbeiteten letztlich auch nur einige Bekannte und Freunde Freimüllers intensiv mit. Freimüller betont, dass der Erfolg des Smart Storms dabei im Wesentlichen auf der Verknüpfung von Social-Media-Aktivitäten mit klassischer Kampagnenarbeit in Form von Veranstaltungen und der Zusammenarbeit mit Presse, Rundfunk und Fernsehen zu verdanken ist. Letztlich nahm economiesuisse im September 2011 die CO2-Liste aus dem Netz und beendete damit den öffentlichkeitswirksamen Teil seiner Kampagne gegen das CO2-Gesetz.

Abschließend ist festzustellen, dass sich am Beispiel dieses Smart Storms durchaus einige Aspekte massenpersönlicher Kommunikation kenntlich machen lassen. So kam Freimüller gänzlich ohne Budget aus,[12] initiierte den Smart Storm kurzfristig und stützte sich lediglich auf die individuellen Netzwerke von sich und seinen MitstreiterInnen. Die

---

11 Siehe: www.facebook.com/!/weg.von.der.CO2.Liste. Zugegriffen: 30.08.2012.

12 Seiner Einschätzung verschwinden mit den digitale Medien auch wesentliche Hürden bezüglich der benötigten Ressourcen: „Es muss keiner 10.000 oder 50.000 Euro haben, um irgendwas da tun zu können."

Kampagne wurde nicht nach einem vorab festgelegten Plan durchgeführt, sondern jeweils von Moment zu Moment weiterentwickelt. Auch bedurfte es keiner NGO im Rücken, um den Smart Storm durchzuführen. Gleichzeitig bleiben aber wesentliche Muster der NGO-Kampagnenarbeit bestehen. So wäre der Erfolg des Smart Storms ohne das vorhandene professionelle Knowhow Freimüllers, ohne seine Vernetzung mit politisch engagierten MitstreiterInnen aber auch ohne seine bestehenden Kontakte zu den herkömmlichen Massenmedien kaum möglich gewesen.

2.1.3   Unterschriftenkampagnen

Unterschriftenkampagnen im Internet lassen sich zunächst als Ressourcen sparende Alternative zur herkömmlichen vor allem manuell gesammelten Unterschriftenaktionen darstellen, wobei das Internet zunächst wegen seiner quantitativen Vorteile in Sachen Transaktionskosten zum Einsatz kommt. Im Vergleich zur herkömmlicherweise üblichen Sammlung handschriftlich ausgefüllter Unterschriftenlisten, erleichtern digitale Plattformen die nötigen Arbeitsvorgänge, der Bündelung, des Auszählens und der Archivierung enorm. Im deutschsprachigen Raum sind online durchgeführte Unterschriftenaktionen mittlerweile in fast allen Themenbereichen zu einem festen Bestandteil der NGO-Arbeit geworden (vgl. Niesyto 2010, S. 283; Voss 2006, S. 72).

Die bekannteste Plattform ist hierbei Campact, ein gemeinnütziger Verein, der aus dem Umfeld der Umweltbewegung sowie der globalisierungskritischen Bewegung entstanden ist. Campact wurde im August 2004 gegründet (Niesyto 2010, S. 270, Fn 8). Die Plattform verfügt mittlerweile über einen Verteiler von 1.929.376 registrierten NutzerInnen, die bereit sind, sich an Unterschriftenaktionen zu beteiligen.[13] Das Muster, nach dem Campact Unterschriftensammlungen durchführt, ähnelt dabei zumindest in der Planung, Auswahl und Vorbereitung massenmedialer Kampagnenkommunikation. Ein zwanzigköpfiges Team bereitet die Aktionen thematisch auf und wählt auf Grundlage strategischer Gesichtspunkte eine begrenzte Anzahl von aktuell angebotenen Unterschriftenaktionen aus. Auch ist Campact intensiv mit anderen NGOs und allgemein mit sozialen Bewegungen vernetzt und kooperiert regelmäßig mit diesen bei gemeinsamen Unterschriftenaktionen.

Eine ebenfalls für den deutschsprachigen Raum relevante Plattform ist darüber hinaus die spendenfinanzierte Organisation Avaaz. Im Unterschied zu Campact handelt es sich dabei um eine global agierende Organisation, die weltweit etwa 44 Mio. registrierte NutzerInnen hat, die zu länderübergreifenden Unterschriftenaktionen mobilisiert werden.[14] Während Campact weitgehend wie eine herkömmliche NGO arbeitet, reduziert sich bei Avaaz das professionelle Team für alle Kampagnen weltweit auf ein 16-köpfiges, zentral koordinierendes Team.[15] Dieses bereitet die Kampagnenideen vergleichsweise kurzfristig

---

13   Siehe: www.campact.de. Zugegriffen: 10.07.2017.

14   Siehe: https://www.avaaz.org/page/de/community/#memberstories. Zugegriffen: 10.07.2017.

15   Laut Finanzbericht auf der Website: www.avaaz.org/de/avaaz_expenses_and_financial_information sowie www.avaaz.org/de/about.phphowwework. Zugegriffen: 30.08.2012.

und vereinfacht vor. Die Entscheidung über die Durchführung von Kampagnen wird hier gefällt, indem wöchentlich eine Stichprobe von 10.000 Mitgliedern nach ihren Vorlieben befragt wird.[16]

Die zunehmende Bedeutung von Plattformen wie Campact markiert also keinen grundlegenden Wandel hin zu massenpersönlicher Kommunikation. Es entsteht vielmehr eine neue Arbeitsteilung zwischen alten und neuen NGOs, wobei letztere sich auf Online-Kampagnen spezialisieren (vgl. auch Niesyto 2010, S. 309; Leitschuh 2011). Im Grunde ändert sich damit an der Durchführung von Unterschriftenaktionen viel, aber an der Planung und Vorbereitung sowie der politischen Verwendung wenig. Denn NGOs und ihre Expertise bleiben nach wie vor entscheidend. Fehlt deren Expertise, kommt es zu einem Verlust politischer Glaubwürdigkeit, wie Leitschuh (2011) am Beispiel der Kritik an Avaaz gezeigt hat oder wie von verschiedenen Seiten an der Kampagne Kony 2012 bemängelt wurde.[17]

2.2 Einbeziehung der Anhängerschaft

Mit der Popularisierung sozialer Netzwerke wie Facebook oder Twitter bestehen heute zusätzliche Möglichkeiten zur digitalen Einbindung von AnhängerInnen. Im Sinne einer nur noch unverbindlichen losen Einbeziehung individueller Anhänger verändert sich damit allerdings auch die Rolle der Einbezogenen. Im Unterschied zu herkömmlichen UnterstützerInnen, die im Rahmen einer Ortsgruppe an eine NGO gebunden werden und von denen mittelfristig auch eine feste Mitgliedschaft erwartet wird, verbinden sich Anhänger in sozialen Netzwerken nur unverbindlich als Fans (Facebook) oder Follower (Twitter) mit einer NGO. Damit löst sich auch zunehmend die Unterscheidung zwischen Binnen- und Außenkommunikation auf, da sich in sozialen Netzwerken durchaus auch kritische Außenstehende mit einer NGO vernetzten.

Von dieser Option, nämlich einen zusätzlichen Kanal zur Kommunikation mit AnhängerInnen in sozialen Netzwerken zu etablieren, machen vor allem größere NGOs Gebrauch, da zusätzliche Ressourcen benötigt werden, um den eigenen Auftritt auf Facebook oder Twitter zu pflegen und zu betreuen. So zeigt sich zum Beispiel im Umweltbereich, dass der WWF 341.189, Greenpeace 273.960, der NABU knapp 97.539 und der BUND 118.399 Facebookfans haben.[18] Folgt man einer gängigen Unterscheidung von NGO-Mitglieder-

---

16 Auch erfolgt eine jährliche Umfrage, mit deren Hilfe die allgemeinen Themenschwerpunkte von Avaaz festgelegt werden. Noch stärker bezieht die Plattform www.change.org die NutzerInnen mit ein. Siehe: www.avaaz.org sowie www.change.org. Zugegriffen: 10.07.2017.

17 Diese Internetkampagne setzte sich für die Strafverfolgung von Joseph Kony ein, dem Kriegsverbrechen in Uganda vorgeworfen werden. Zur Kritik am Vorgehen der Kampagne siehe die (Presse-)Mitteilungen des Instituts für Friedenssicherung und humanitäres Völkerrecht an der Ruhr-Universität Bochum (http://bit.ly/OjBAZV) sowie der Ethnologin Barbara Meier von der Universität Münster (http://bit.ly/Pltu3Q). Zugegriffen: 30.08.2012 und 10.07.2017

18 Ein breiteres Bild gibt das Social-Media-Barometer https://pluragraph.de ab. Zugegriffen: 10.07.2017.

rollen (Niesyto 2010, S. 275ff.), so lassen sich NABU und BUND als „mitgliedergehörende"
NGOs bezeichnen, die ihren Mittelbedarf durch die Beiträge ihrer stimmberechtigten
UnterstützerInnen decken, während WWF und Greenpeace „mitgliederunterstützte"
NGOs darstellen, weil sie von Dauerbeiträgen oder Spenden ihrer nicht stimmberech-
tigten Förderer abhängig sind. Die mitgliederunterstützten Organisationen WWF und
Greenpeace sind dabei breiter in sozialen Medien verankert, als die mitgliedergehören-
den Verbände NABU und BUND. Das hängt damit zusammen, dass sich kommerzielle
soziale Netzwerke wenig dazu eignen, eine voll stimmberechtigte Mitgliedergemeinde
einzubinden, weil soziale Netzwerke wie Facebook auf die persönlichen Mitteilungs- und
Vernetzungsbedürfnisse von InternetnutzerInnen ausgerichtet sind. Soziale Netzwerke
eignen sich nicht unmittelbar für die geschlossene Kommunikation mit BürgerInnen,
denen die Rolle von Verbandsmitgliedern zukommt. Für punktuelle, spontane, massenhaft auftretende Beteiligung von AnhängerInnen, die nur lose als Förderer an eine NGO
gebunden sind, sind soziale Netzwerke demgegenüber eher geeignet. Massenpersönliche
Kommunikation kann allerdings auch zum Problem für NGOs werden. So entwickelte
sich nach der Ausstrahlung einer kritischen Fernsehdokumentation über den WWF ein
Smart Storm im Internet, der vor allem dadurch möglich wurde, dass die herkömmliche
Sender-Empfänger-Kommunikation des Fernsehens im Internet Kaskaden kritischer
massenpersönlicher Kommunikation auslöste. Fernsehzuschauer diskutierten das Thema
in sozialen Netzwerken, verwiesen auf die auch online verfügbare Dokumentation, sodass
eine Art Smart Storm von persönlich motivierten, nicht organisationsgebundenen Empörten entstand, der den Umweltverband schon binnen einiger Stunden zu einer kritischen
Auseinandersetzung mit der Kritik an seiner Arbeit nötigte.[19]

Um die kaum kontrollierbaren Dynamiken massenpersönlicher Kommunikation besser
überschauen zu können, haben daher einige NGOs eigene soziale Netzwerke oder Plattformen entwickelt, die sich exklusiver an die eigene Anhängerschaft richten, als dies auf
Facebook oder Twitter der Fall ist. Bekannt ist vor allem die von Greenpeace betriebene
Plattform Greenaction. Hier geht es vor allem um die Einbindung von AnhängerInnen in
öffentlichkeitswirksame Kampagnen, wobei Greenpeace die Plattform bewusst für andere
Organisationen und Nicht-Mitglieder geöffnet hat. Mittlerweile verfügt Greenaction über
ca. 29.000 registrierte Nutzerinnen und im Monat werden um die 12.000 BesucherInnen
gezählt (vgl. z. B. Leitschuh 2011; Yang et al. 2011).

Wie an diesen Beispielen bereits deutlich wird, gehen NGOs häufig mit Blick auf die
Einbindung von AnhängerInnen dazu über, das Internet entsprechend ihren Bedürfnissen
anzupassen. Die Vision organisationsunabhängiger persönlicher Netzwerke, die spontan
zu eingegrenzten Anliegen aktiv werden, verwirklicht sich also im NGO-Bereich in modifi-
zierter Form. Es kommt also zu einer gesteuerten Öffnung für unverbindlich teilnehmende
AnhängerInnen oder Fans in sozialen Netzwerken. Diese nehmen die eher politsch-öf-
fentliche Kommunikation von NGOs mit in ihre persönlichen Online-Aufritte hinein.

---

19 Siehe: http://rivva.de/121433192. Zugegriffen: 10.07.2017.

3 Schluss

NGOs machen durchaus Gebrauch von massenpersönlicher Kommunikation im Internet. Sie unterwerfen sich dabei nicht den Konventionen unterhaltungsorientierter Spaßkulturen im Internet, sondern experimentieren mit verschiedenen modifizierten Formen massenpersönlicher Kommunikation. Mit Blick auf die drei identifizierten Besonderheiten dieser zwischen privatem und öffentlichem Raum operierenden Kommunikation fällt auf, dass NGOs seltener Gebrauch von der Möglichkeit machen, auf die Dynamik massenpersönlicher Kommunikation zu setzen. Im Bereich der Einbindung von AnhängerInnen kann Dynamik sogar zum Problem für NGOs werden. Kampagnen werden heute – dank des Internet – schnell in Gang gesetzt. Bei genauerer Betrachtung ändert sich aber an der zentralen Rolle professioneller Planung bei NGOs wenig. Ob neu hinzutretende Akteure wie der Kampagnendienstleister KampaWeb dynamischere Formen massenpersönlicher Kommunikation im NGO-Bereich etablieren werden, bleibt abzuwarten.

Die Merkmale einer stärkeren Ausrichtung auf AnhängerInnen, die nicht unbedingt Mitglieder werden müssen, lassen sich demgegenüber deutlich kenntlich machen. Insbesondere Online-Unterschriftenaktionen werden zunehmend dazu eingesetzt, um BürgerInnen einzubinden, die über ihr persönliches Interesse und auf Hinweis von Freunden und Bekannten im Netz aktiv werden, ohne damit eine enge dauerhafte Beziehung zu einer bestimmten NGO herausbilden zu müssen. Massenpersönlicher Internetkommunikation scheint sich also gut dazu eignen, um zusätzlich zu den dauerhaften Mitgliedern AnhängerInnen zu mobilisieren, denen es auch darum geht, sich online als Teil eines persönlichen Umfelds zu präsentieren, das gesellschaftliche Verantwortung mit der Freude am Beisammensein verbindet.

Gleichwohl hat der Einsatz massenpersönlicher Kommunikation auch Grenzen. Hier ist zum einen die Ressourcenfrage zu nennen. Viele NGOs scheuen den zusätzlichen Aufwand, das Social Web in die eigene Arbeit einzubinden, gerade weil der lose unverbindliche Charakter die Frage offen lässt, ob genug Ressourcen dafür eingeworben werden können. Entscheidend wird daher die Frage sein, inwieweit sich Crowdfunding als massenpersönliche Form der Finanzierung von NGO-Arbeit etablieren wird. Bei Crowdfunding-Plattformen wie www.startnext.de[20] legen NutzerInnen individuelle Profile an und unterstützen besonders gute Projektvorschläge finanziell. Allerdings spielt Crowdfunding bislang kaum eine Rolle für NGOs. Lediglich im Bereich von Wohlfahrts- und Sozialprojekten existieren mittlerweile Plattformen wie www.reset.to oder www.betterplace.org[21] und in der Internetpolitik konnten für die Anti-ACTA-Kampagne Ressourcen in Höhe 12.000 Euro über www.betterplace.org eingeworben werden.[22]

---

20 Zugegriffen: 10.07.2017.

21 Jeweils zugegriffen: 10.07.2017.

22 Diese europaweite Protestkampagne richtete sich erfolgreich gegen die Ratifizierung des Anti-Counterfeiting-Trade-Agreement (ACTA) im EU-Parlament. Im Mittelpunkt der Kritik standen zum einen die intransparente Art und Weise, auf die das Abkommen zwischen Re-

Grenzen weist massenpersönliche Kommunikation auch auf, wenn es um bestimmte Themenfelder geht. Es ist auffällig, dass die meisten Erfolge dort zu verzeichnen sind, wo sich InternetnutzerInnen öffentlich zu Anliegen bekennen, die auf große und positive gesellschaftliche Resonanz stoßen (z. B. Umweltschutz). NGOs hingegen, die sich z. B. für die Rechte von Flüchtlingen einsetzen oder die Arbeitsbedingungen in Ländern des Südens skandalisieren, haben es deutlich schwerer schwarmförmige Unterstützung zu mobilisieren. Massenpersönliche Kommunikation scheint sich also weniger anzubieten, wenn es um die Rechte von Minderheiten und sozial Schwachen geht. Auch Anliegen, die als hochgradig komplex angesehen werden, wie z. B. die politische Regulierung der Finanzmärkte, werden kaum Gegenstand massenpersönlicher Kommunikationsdynamiken, die sich ja gerade durch sporadische und niederschwellige Beteiligungsangebote auszeichnen.

Möchte man nicht in die eingangs behandelten Pauschalisierungen zum Zusammenhang von Internet und Partizipation zurückfallen, so ist abschließend festzustellen, dass die relativ neuen Phänomene massenpersönlicher Online-Kommunikation, z. B. Smart-Mobs oder Social-Web-Communities, in diesem Zusammenhang differenziert zu betrachten sind. Neue Zugänge zur Öffentlichkeit werden eher für individuelle, an Mitgliedschaft nicht interessierte InternetnutzerInnen sowie für größere oder internetspezialisierte NGOs eröffnet und zwar vor allem dann, wenn das dabei verfolgte Anliegen auf breiten spontanen Rückhalt im Netz hoffen kann.

Links zu den genannten Beispielen

Betterplace	www.betterplace.org
BUND, Bund für Umwelt und Naturschutz Deutschland	www.bund.net
Campact	www.campact.de
Digitale Gesellschaft	https://digitalegesellschaft.de
Greenaction	www.greenaction.de
Greenpeace Deutschland	www.greenpeace.de
NABU, Naturschutzbund Deutschland	www.nabu.de
Reset	www.reset.to
Startnext	www.startnext.de
WWF, World Wildlife Fund Deutschland	www.wwf.de

---

gierungsvertretern ausgehandelt wurde. Zudem wurde gerade von internetpolitischer Seite befürchtet, das Abkommen werde zu einer willkürlichen Verfolgung von BürgerInnen führen, die in den Verdacht geraten, im Internet gegen Urheberrechte verstoßen zu haben.

Literatur

Anduiza, E., Cristancho, C., Sabucedo, J. M. (2012). Mobilization through Online Social Networks: the political protest of the indignados in Spain. www.protestsurvey.eu/index.php?page=publications&id=10. Zugegriffen: 13. Mai 2013.

Barabási, A.-L. (2011). Introduction and Keynote to A Networked Self. In Z. Papacharissi (Hrsg.), *A Networked Self. Identity, Community, and Culture on Social Network Sites* (S. 1-14). New York: Routledge.

Baringhorst, S. (1998a). *Politik als Kampagne. Zur medialen Erzeugung von Solidarität*. Wiesbaden: Westdeutscher Verlag.

Baringhorst, S. (1998b). Zur Mediatisierung des politischen Protests. Von der Institutionen- zur „Greenpeace-Demokratie"? In U. Sarcinelli (Hrsg.), *Politikvermittlung und Demokratie in der Mediengesellschaft. Beiträge zur politischen Kommunikationskultur* (S. 326-342) Opladen/Wiesbaden: Westdeutscher Verlag.

Baringhorst, S. (2007). Konsumenten als Netizens. Das Internet als ambivalentes Medium für ein Empowerment von Verbrauchern. In S. Baringhorst, V. Kneip, A. März, J. Niesyto (Hrsg.), *Politik mit dem Einkaufswagen. Unternehmen und Konsumenten in der globalen Mediengesellschaft* (S. 81-108). Bielefeld: Transcript.

Baringhorst, S., Kneip, V., Niesyto, J. (2010). Transnationale Anti-Corporate Campaigns im Netz – Untersuchungsdesign und erste Ergebnisse. In S. Baringhorst, V. Kneip, A. März, J. Niesyto (Hrsg.), *Unternehmenskritische Kampagnen* (S. 32-62). Wiesbaden: VS-Verlag.

Baringhorst, S., Yang, M. (2012). Protestkulturen und Parteigründungen. In C. Bieber, C. Leggewie (Hrsg.), *Unter Piraten. Erkundungen in einer neuen politischen Arena* (S. 187-198). Bielefeld: transcript,.

Benkler, Y. (2006). *The Wealth of Networks. How Social Production Transforms Markets and Freedom*. New Haven: Yale University Press.

Bennett, W. L. (1998). Ithiel de Sola Pool Lecture: The UnCivic Culture: Communication, Identity, and the Rise of Lifestyle Politics. *PS: Political Science and Politics 31*, 41-61.

Bennett, W. L. (2008). Changing Citizenship in the Digital Age. In W. L. Bennett (Hrsg.), *Civic Life Online. Learning How Digital Media Can Engage Youth* (S. 1-24). Cambridge: MIT Press.

Bennett, W. L., Segerberg, A. (2012). The Logic of Connective Action. *Information, Communication & Society 15 (5)*, 739-768.

Bieth, T. (2012). *NGOs und Medien*. Wiesbaden: VS-Verlag.

Bimber, B., Stohl, C., Flanagin, A. J. (2005). Reconceptualizing Collective Action in the Contemporary Media Environment. *Communication Theory 15 (4)*, 365-388.

Bode, I., Frantz, C. (2009). Die Profis der Zivilgesellschaft Hauptamtliche in NGOs zwischen Strategie und Commitment. In I. Bode, A. Evers, A. Klein (Hrsg.), *Bürgergesellschaft als Projekt* (S. 172-192). Wiesbaden: VS-Verlag.

Boyd, D. M., Ellison, N. B. (2007). Social Network Sites: Definition, History, and Scholarship. *Journal of Computer-Mediated Communication 13 (1)*, Article 11.

Buchstein, H. (1996). Bittere Bytes: Cyberbürger und Demokratietheorie. *Deutsche Zeitschrift für Philosophie 44*, 583-607.

Castells, M. (2005). *Die Internet-Galaxie*. Wiesbaden: VS-Verlag.

Chadwick, A. (2007). Digital Network Repertoires and Organizational Hybridity. *Political Communication 24*, 283-301.

Donath, J., Boyd, D. (2004). Public displays of connection. *BT Technology Journal 22 (4)*, 71-82.

Donges, P. (2000). Technische Möglichkeiten und soziale Schranken elektronischer Öffentlichkeit. Positionen zur elektronischen Öffentlichkeit und ihr Bezug zu Öffentlichkeitsmodellen. In O.

Jarren, K. Imhof, R. Blum (Hrsg.), *Zerfall der Öffentlichkeit?* (S. 255-265). Opladen: Westdeutscher Verlag.

Eisenegger, M. (2008). Blogomanie und Blogophobie – Organisationskommunikation im Sog technizistischer Argumentationen. In C. Thimm, S. Wehmeier (Hrsg.), *Organisationskommunikation online. Grundlagen, Praxis, Empirie* (S. 37-59). Frankfurt am Main: Peter Lang.

Grossman, L. K. (1995). *Electronic Republic: Reshaping American Democracy for the Information Age.* New York: Viking.

Hamm, M. (2006). Proteste im hybriden Kommunikationsraum. *Forschungsjournal Neue Soziale Bewegungen 19 (2),* 77-90.

Heins, V. (2005). Mächtige Zwerge, umstrittene Riesen. NGOs als Partner und Gegenspieler transnationaler Unternehmen und internationaler Organisationen. In A. Brunnengräber, A. Klein, H. Walk (Hrsg.), *NGOs im Prozess der Globalisierung. Mächtige Zwerge – umstrittene Riesen.* (S. 172-213). Wiesbaden VS-Verlag.

Hoffjann, O., Stahl, R. (Hrsg.) (2010). *Handbuch Verbandskommunikation.* Wiesbaden: VS-Verlag.

Juris, J. S. (2005). The New Digital Media and Activist Networking within Anti-Corporate Globalization Movements. *The Annals of the American Academy of Political and Social Science 597,* 189-208.

Katzenbach, C. (2008). *Weblogs und ihre Öffentlichkeiten. Motiven und Strukturen der Kommunikation im Web 2.0.* München: R. Fischer.

Koch-Baumgarten, S. (2010). Verbände zwischen Öffentlichkeit, Medien und Politik. In O. Hoffjann, R. Stahl (Hrsg.), *Handbuch Verbandskommunikation* (S. 239-258). Wiesbaden: VS-Verlag.

Köhler, T. (2007). Netzaktivismus. Herausforderung für die Unternehmenskommunikation. In S. Baringhorst, V. Kneip, A. März, J. Niesyto (Hrsg.), *Politik mit dem Einkaufswagen. Unternehmen und Konsumenten in der globalen Mediengesellschaft* (S. 245-267). Bielefeld: Transcript.

Leitschuh, H. (2011). Neue Organisationen aktivieren die Zivilgesellschaft. In G. Altner, H. Leitschuh, G. Michelsen, U. E. Simonis, E. U. von Weizsäcker (Hrsg.), *Grüner Umbau. Neue Allianzen für die Umwelt – Jahrbuch Ökologie 2012* (S. 80-89). Stuttgart: S. Hirzel.

Lievrouw, L. A. (2012). The Next Decade in Internet Time. *Information, Communication & Society 15 (5),* 616-638.

Lupia, A., Sin, G. (2003). Which public goods are endangered? How evolving communication technologies affect "The Logic of Collective Action". *Public Choice 117,* 315-331.

Maireder, A., Schwarzenegger, C. (2010). A Movement of Connected Individuals. *Information, Communication & Society 15 (2),* 171-195.

Margolis, M., Resnick, D. (2000). *Politics as Usual: The "Cyberspace Revolution".* Thousand Oaks: Sage Publications.

Mehler, A., Sutter, T. (2008). Interaktive Textproduktion in Wiki-basierten Kommunikationssystemen. In A. Zerfaß, M. Welker, J. H. Schmidt (Hrsg.), *Kommunikation, Partizipation und Wirkungen im Social Web* (S. 267-300). Köln: Halem.

Niesyto, J. (2010). Integrieren/Vernetzen: Kampagnen im Zeichen des Netzwerkparadigmas – ein Paradoxon. In S. Baringhorst, V. Kneip, A. März, J. Niesyto (Hrsg.), *Unternehmenskritische Kampagnen* (S. 264-313). Wiesbaden: VS-Verlag.

Olson, M. (1965). *The Logic of Collective Action.* Cambridge: Harvard University Press.

O'Sullivan, P. B. (2005). Masspersonal Communication: Rethinking the Mass Interpersonal Divide. Paper presented at the Annual Meeting of the International Communication Association, Sheraton, New York. Online unter: www.allacademic.com. Zugegriffen: 13. Mai 2013.

Papacharissi, Z. (Hrsg.) (2010). *The Networked Self: Identity, Community, and Culture on Social Network Sites.* New York: Routledge.

Peretti, J., Micheletti, M. (2004). The Nike Sweatshop Email. Political Consumerism, Internet, and Culture Jamming. In M. Micheletti, A. Follesdal, D. Stolle (Hrsg.), *Politics, Products and Markets* (S. 127-142). New Brunswick/London: Transaction Press.

Preusse, J., Zielmann, S. (2010). Verbands-PR und Lobbying im Vergleich. In O. Hoffjann, R. Stahl (Hrsg.), *Handbuch Verbandskommunikation* (S. 239-258). Wiesbaden: VS-Verlag.

Regener, S. (2009). Editorial zum Heft: Amateure. Laien verändern die visuelle Kultur. *Fotogeschichte 29 (111)*, 5-10.

Salamon, L. M., Anheier, H. K. (1997). *Defining the nonprofit sector. A cross-national analysis.* Manchester: Manchester University Press.

Sassen, S. (2012). Interactions of the Technical and the Social. *Information, Communication & Society 15 (4)*, 455-478.

Schmidt, J.-H. (2012). Das demokratische Netz? *Aus Politik und Zeitgeschichte 7*, 3-8.

Schütte, D. (2010). Strukturen der Kommunikationsarbeit von Verbänden: Empirische Befunde. In O. Hoffjann, R. Stahl (Hrsg.), *Handbuch Verbandskommunikation* (S. 155-176). Wiesbaden: VS-Verlag.

Segerberg, A. (2012). Swarming. Imagining Creative Participation. In M. Micheletti, A. S. McFarland (Hrsg.), *Creative Participation. Responsibility – Taking in the Political World* (S. 34-49). Boulder: Paradigm.

Seifer, K. (2009). *Governance als Einfluss-System.* Wiesbaden: VS-Verlag.

Shirky, C. (2008). *Here Comes Everybody.* New York: Penguin Books.

Streeck, W. (1987). Vielfalt und Interdependenz. Überlegungen zur Rolle von intermediären Organisationen in sich ändernden Umwelten. *Kölner Zeitschrift für Soziologie und Sozialpsychologie 39 (3)*, 471-495.

Sunstein, C. R. (2001). *Republic.com.* Princeton: Princeton University Press.

Voss, K. (2006). Alles online? Über die Auswirkungen von Online-Medien auf die interne und externe Kommunikation von Nichtregierungsorganisationen. *Forschungsjournal Neue Soziale Bewegungen 19 (2)*, 68-76.

——— (2007). Öffentlichkeitsarbeit von Nichtregierungsorganisationen. Mittel – Ziele – interne Strukturen. Wiesbaden: VS-Verlag.

——— (2010). Online-Kommunikation von Verbänden. In O. Hoffjann, R. Stahl (Hrsg.), *Handbuch Verbandskommunikation* (S. 293-316). Wiesbaden: VS-Verlag.

Walther, J. B., Carr, C. T., Choi, S. S. W., DeAndrea, D. C., Kim, J., Tom Tong, S., Van Der Heide, B. (2011). Interaction of Interpersonal, Peer, and Media Influence Sources Online. In Z. Papacharissi (Hrsg.), *A Networked Self. Identity, Community, and Culture on Social Network Sites.* (S. 17-58). New York: Routledge.

Winter, R. (2010). Handlungsmächtigkeit und technologische Lebensformen. In M. Pietraß, R. Funiok (Hrsg.), *Mensch und Medien* (S. 139-157). Wiesbaden: VS-Verlag.

Yang, M. (2008). Jenseits des „Entweder-Oder" – Internet als konventioneller Teil der Demokratie. *kommunikation@gesellschaft 9*, Beitrag 3. www.soz.uni-frankfurt.de/K.G/B3_2008_Yang.pdf. Zugegriffen: 13. Mai 2013.

Yang, M., Niesyto, J., Baringhorst, S. (2011). Politische Partizipation im Social Web. Das Beispiel nachhaltiger Konsumkritik. *Forum Wissenschaft & Umwelt 14*, 144-149.

Spuren(losigkeit) Sozialer Medien
Veränderungen in der internen und externen Kommunikation intermediärer Organisationen

Olaf Hoffjann und Jeannette Gusko[1]

Zusammenfassung

Intermediäre Organisationen erleben seit langer Zeit einen enormen Strukturwandel: Einerseits klagen sie über sinkende Mitgliedszahlen, andererseits wird es durch die Pluralisierung organisierter Interessen schwieriger, Öffentlichkeit und damit öffentliche Unterstützung für die eigenen Interessen herzustellen. All dies wird begleitet von tiefgreifenden Veränderungen auf dem Medienmarkt. Vor dem Hintergrund dieser Entwicklungen stellt sich die Frage, *ob bzw. wie sich die interne und externe Kommunikation von intermediären Organisationen in den vergangenen Jahren verändert hat.* Zudem soll untersucht werden, wie intermediäre Organisationen soziale Medien nutzen, um nach Innen die Kommunikation mit den Mitgliedern und nach Außen die Artikulation der Verbandsinteressen zu stärken. Denn so intensiv die Nutzung Sozialer Medien in anderen Kontexten momentan erforscht wird, so wenige Erkenntnisse liegen bislang zu ihrer Relevanz für NGOs vor.

1   Einleitung

Intermediäre Organisationen erleben seit langer Zeit einen enormen Strukturwandel. Auf der einen Seite sind viele durch das „Aussterben des Stammkunden" (Streeck 1987, S. 474) bedroht, verbliebene Mitglieder klagen angesichts von Mitgliederbonusprogrammen à la *ADAC* mitunter über eine „affektive Verarmung" (ebd., S. 475) ihrer Mitgliedschaft. Ist man nicht mal aus ganz anderen Motiven eingetreten? Auf der anderen Seite wird auch die Artikulation bzw. erfolgreiche Legitimation von Interessen unwahrscheinlicher. Denn mit der Pluralisierung organisierter Interessen (vgl. Kleinfeld et al. 2007, S. 15) wird es schwieriger,

---

1   Die vorgestellten Ergebnisse sind entstanden im Rahmen eines von der Otto Brenner Stiftung geförderten Forschungsprojektes.

Öffentlichkeit und damit öffentliche Unterstützung für die eigenen Interessen herzustellen. All dies wird begleitet von tiefgreifenden Veränderungen auf dem Medienmarkt: Die Klassiker unter den journalistischen Massenmedien wie Tageszeitung und TV verlieren an Reichweite, so dass sie weniger dazu zu taugen scheinen, die gewünschten Publika zu erreichen. Als „Allheilmittel" werden in dieser Situation von vielen die Sozialen Medien gepriesen, die sowohl Diskussionen mit Mitgliedern wiederbeleben als auch erfolgreich öffentlich mobilisieren könnten.

Vor dem Hintergrund dieser aktuellen Entwicklungen stellt sich die Frage, *ob bzw. wie sich die interne und externe Kommunikation von intermediären Organisationen in den vergangenen Jahren verändert hat.* Zudem soll untersucht werden, wie intermediäre Organisationen Soziale Medien nutzen, um nach Innen die Kommunikation mit den Mitgliedern und nach Außen die Artikulation der Verbandsinteressen zu stärken. Denn so intensiv die Nutzung Sozialer Medien in anderen Kontexten momentan erforscht wird, so wenige Erkenntnisse liegen bislang zu ihrer Relevanz für NGOs vor. Wichtig ist uns dabei eine komparative Perspektive, mit der wir ihre Nutzung und ihre Relevanz immer im Kontext anderer Instrumente untersuchen werden.

In dem Beitrag soll dies am Beispiel von Verbänden untersucht werden. Während intermediäre Organisationen allgemein zwischen der privaten Sphäre der Bürger, Gruppen, soziales Milieus auf der einen und dem politisch-administrativen System auf der anderen Seite vermitteln (vgl. Rucht 1993, S. 257), unterscheiden sich Verbände als spezifische Form intermediärer Organisationen z. B. von Parteien dadurch, dass sie keine Übernahme politischer Verantwortung anstreben (vgl. Sahner 1993, S. 26). Folgt man einem weiten NGO- und Verbandsverständnis, so lässt sich eine hohe Affinität zwischen den Funktionen von Verbänden und NGOs finden (vgl. Zimmer 2007, S. 38). So lassen sich z. B. die Multinationalität und die Fremdhilfe, die u. a. als zentrale Dimensionen des NGO-Begriffes genannt werden (vgl. Bieth 2012, S. 23), auch in traditionellen Verbänden finden.

Zur Beantwortung der Forschungsfrage wollen wir einen systemtheoretischen Rahmen der Verbandskommunikation (Kap. 1) aufspannen, um die Ergebnisse der Mehrmethodenstudie verorten zu können. Auf dieser Basis werden wir jeweils getrennt theoretische Überlegungen und empirische Ergebnisse zur externen Interessenartikulation bzw. Legitimationskommunikation (Kap. 3) und zur internen Mitgliederbindungskommunikation (Kap. 4) vorstellen. Abschließend wagen wir in einem Ausblick eine Prognose, wie sich die Verbandskommunikation in den nächsten Jahren verändern könnte (Kap. 5).

2   Verbandskommunikation: ein systemtheoretischer Rahmen

Verbände stehen wie andere intermediäre Organisationen vor drei zentralen Problemen (vgl. dazu Hoffjann 2010). Bei der Bearbeitung aller drei Probleme zeigt sich schnell, dass der Einsatz Sozialer Medien – verstanden als soziale Netzwerke und Netzgemeinden zur Ermöglichung von sozialer Interaktion sowie als Plattformen zum gegenseitigen Austausch von zum Beispiel Meinungen, Eindrücken und Erfahrungen (vgl. Pleil 2010, S. 93) – sinnvoll sein kann.

Erstens ist dies das Problem, Unterstützung und Zustimmung zu generieren. Wenn man aktuelle sowie potenzielle Mitglieder und Unterstützer als interne Umwelt versteht, wird eine breite Inklusion angestrebt, um die Chancen externer Einflussnahme zu steigern. Denn erst eine breite Einbeziehung signalisiert die Legitimation der vertretenen Interessen und bietet damit zugleich Sanktionspotenzial, das für die Interessendurchsetzung in der politischen Kommunikation relevant ist. Dies wird mitunter als interne oder Mitgliederkommunikation bezeichnet. In der Studie soll es als Mitgliederbindungskommunikation bezeichnet werden. Soziale Medien könnten helfen, (potenzielle) Mitglieder zu informieren, mit ihnen zu diskutieren und sie an der Auswahl der Interessen partizipieren zu lassen.

Zweitens stehen Verbände vor dem Problem, die Voraussetzungen zu schaffen, um Entscheidungen des politisch-administrativen Systems beeinflussen zu können. Gegenüber dem politisch-administrativen System als externer Umwelt streben Verbände ebenfalls eine aktive und effektive Inklusion an, um so Einfluss auf Entscheidungen zu gewinnen (vgl. Steiner und Jarren 2009, S. 257-258). Diese Interessenartikulation soll als Legitimationskommunikation bezeichnet werden, mit der Verbände die Legitimation ihrer Interessen und die Interessendurchsetzung gegenüber dem politisch-administrativen System bearbeiten. Soziale Medien könnten helfen, die breite Legitimation eines Interesses sichtbar zu machen, politische Entscheidungsträger zu informieren bzw. mit ihnen zu diskutieren und damit an politischen Entscheidungen direkt zu partizipieren.

Drittens stehen Verbände vor dem Problem, die aus den ersten beiden Problemen resultierenden Widersprüche möglichst gering zu halten. Schmitter und Streeck haben schon vor mehr als drei Jahrzehnten auf den Widerspruch von Mitgliedschafts- und Einflusslogik hingewiesen (1981). Je stärker die Interessen der einzelnen Mitglieder berücksichtigt werden, desto geringer ist der Handlungsspielraum der Funktionäre. Je mehr Interessen eine Verbandsspitze jedoch „aussortiert", um ihren Handlungsspielraum zu sichern, desto mehr droht sie, die Unterstützung ihrer Mitglieder zu verlieren (vgl. Jarren und Donges 2002, S. 155). Hier offenbart sich das Dilemma von Repräsentation und Effektivität in voller Ausprägung. Wie wichtig beide Seiten sind, zeigt sich darin, dass eine gelungene oder eine misslungene Berücksichtigung eines Interesses schnell in eine Erfolgs- bzw. Misserfolgsspirale münden kann. Eine erfolgreiche Mitgliederinklusion – also zum Beispiel die erfolgreiche Mobilisierung der Mitglieder bei einer Demonstration – erhöht den externen Einfluss, während eine erfolgreiche Beeinflussung die Unterstützungsbereitschaft von Mitgliedern erhöht (vgl. Steiner und Jarren 2009, S. 258; Streeck 1987, S. 492). Soziale Medien können je nach Nutzung eine direktere bzw. nicht-öffentliche Kommunikation ermöglichen. Der Vorteil von solchen direkteren Formen ist, dass die Widersprüche nicht so schnell offenkundig werden und dann möglicherweise zu Problemen führen.

Auch wenn Verbände mitunter als „Kommunikations-Dienstleister" (Velsen-Zerweck 2001, S. 444) oder gar als „Kommunikationsorganisationen" (Szyszka et al. 2009, S. 193) bezeichnet werden, ist das Thema Verbandskommunikation bislang ein wissenschaftliches „Stiefkind" geblieben. Dies zeigt sich insbesondere in der geringen Zahl an Forschungsarbeiten zu diesem Thema (vgl. Hackenbroch 1998, S. 1; Vowe 2007, S. 466). Man könnte mitunter sogar meinen, dass es ein „übersehenes" Thema ist. So gelten zum Beispiel im Diskurs der politischen Kommunikation andere Intermediäre wie Parteien und Neue Soziale Bewegungen als intensiv erforscht, während Verbände hier bis heute nur wenig Berücksichtigung gefunden haben (vgl. Steiner und Jarren 2009, S. 252-253). Dieser ernüchternde Befund gilt umso mehr für empirische Untersuchungen zur Verbandskommunikation. Neben wenigen vergleichenden Studien zur Kommunikation verschiedener Verbände (z. B. Hackenbroch 1998; Dorer 1995), liegen hier vor allem Einzelfallstudien zu großen Verbänden wie Unternehmerverbänden (z. B. Müller-Vogg 1979; Rückel 1983; Berger 2004) und Gewerkschaften (Arlt 1998) vor. Erst in den vergangenen Jahren gab es vermehrt empirische Studien zur Verbandskommunikation – u. a. zu Mitgliederzeitschriften (vgl. Zeese 2010), zu den Strukturen der Kommunikationsarbeit von Verbänden (vgl. Schütte 2010), zu den Verbandskommunikatoren (vgl. Bentele und Seidenglanz 2010), zur Verankerung der Presse- und Medienarbeit (vgl. Preusse und Zielmann 2010) sowie zur Krisenkommunikation (vgl. Schwarz und Pforr 2010). Online-Kommunikation hat schwerpunktmäßig allein Voss untersucht, allerdings noch mit einem deutlichen Schwerpunkt auf das Web 1.0 (vgl. Voss 2010).

3   Anlage der Studie

Die Verbändelandschaft ist in Deutschland in hohem Maße vielfältig und unübersichtlich. Daher wurden die vier Verbandstypen Industrieverbände, Gewerkschaften, Berufsverbände und Public Interest Groups ausgewählt. Bei den vier Typen war einerseits zu erwarten, dass die Verbände sich als Wettbewerber bzw. als Organisationen eines gemeinsamen organisationalen Feldes sehen und mithin die anderen Organisationen wahrnehmen und mit ihnen interagieren (vgl. DiMaggio und Powell 1983, S. 150). Andererseits war auf Grund der spezifischen Mitgliederstruktur und der spezifischen Handlungsfelder zu erwarten, dass dies auch zu signifikanten Unterschieden in der Verbandskommunikation führt.

Da es relevant erschien zu fragen, wie sich die Prozesse der Planung von Aktivitäten in den Massenmedien und Sozialen Medien gestalten und wie Veränderungen hinsichtlich der Bedeutung von Massenmedien und Sozialen Medien wahrgenommen und begründet werden, wurde für die erste Phase die qualitative Methode des Leitfadeninterviews gewählt. Die Themenbereiche des Leitfadens haben sich einerseits aus den skizzierten theoretischen Vorüberlegungen, andererseits aus den noch zu erläuternden Dimensionen und Indikatoren der Medialisierung von Donges (2008) ergeben. Die 23 Gespräche mit den Leitern der Verbandskommunikation bzw. mit den für Soziale Medien zuständigen Spezialisten wurden zwischen Dezember 2011 und März 2012 geführt. Auf Basis der ausgewerteten Ergebnisse der Leitfadeninterviews wurde die Online-Befragung konzipiert. Die Stichprobe waren 921 beim Bundestag akkreditierte Verbände. Zunächst wurden Verbände ausgewählt, auf deren Website ein Pressesprecher genannt wurde, anschließend

Verbände, auf deren Website eine „presse@"-Adresse genannt wurde und schließlich wurden aus den verbliebenen Verbänden per Zufallsstichprobe weitere Verbände ausgewählt. Der Fragebogen umfasste 32 Fragen. Der Fragebogen war vom 12.06.2012 bis 26.09.2012 online. Insgesamt lagen 175 ausgefüllte Fragebogen vor, was einer Rücklaufquote von 19 Prozent entspricht. Diese Rücklaufquote ist vergleichbar mit anderen Befragungen im Feld der Verbandskommunikation. Nach der Datenbereinigung konnten insgesamt 160 Fragebögen in die Analyse einbezogen werden. Dazu zählten 44 Industrieverbände, 42 Berufsverbände, 16 Gewerkschaften und 29 Public Interest Groups.

4 Externe Interessenartikulation und Legitimationskommunikation

4.1 Theoretischer Rahmen

Als Legitimationskommunikation sind sämtliche Kommunikationen eines Verbandes definiert worden, mit denen Verbände die Rechtfertigung ihrer Interessen und die Interessendurchsetzung gegenüber dem politisch-administrativen System thematisieren. Legitimität ist für Verbände ein zu lösendes Problem, da sie spezifische Gruppeninteressen vertreten und daher besondere Anstrengungen unternehmen müssen, um ihre Forderungen zu legitimieren (vgl. Pfetsch 1996, S. 287). Die Legitimationskommunikation von Verbänden kann auch als Public Affairs und damit als spezifische Form der Public Relations bezeichnet werden (vgl. Hoffjann 2013). Public Affairs zielt dabei insbesondere auf die Interessendurchsetzung bei politischen Entscheidungen. Legitimationskommunikation ist somit primär politische Kommunikation, also Kommunikation im Medium des politischen Systems: der Macht.

In der Legitimationskommunikation kann im Wesentlichen zwischen öffentlichen und nicht-öffentlichen Formen unterschieden werden. *Public Campaigning als öffentliche Form der Legitimationskommunikation* versucht, die öffentliche Meinung so zu beeinflussen, dass diese das publizierte Interesse unterstützt und die Politik diese öffentliche Meinung nicht mehr ignorieren kann. In der Regel versucht Public Campaigning, eigene Themen zusammen mit dem favorisierten Deutungsmuster zu setzen. Dazu wird an relevante gesellschaftliche Werte wie soziale Gerechtigkeit oder Meinungsfreiheit appelliert. Hier wird die Dolmetscherfunktion von Verbänden deutlich: Im Falle von Wirtschaftsverbänden werden wirtschaftliche Interessen „politisch" übersetzt, indem die breite Unterstützung bzw. der Nutzen für große Teile der Gesellschaft herausgestellt werden.

Während Lobbying direkten Einfluss auf die Entscheidungsträger ausüben will, sollen im Public Campaigning der Druck durch die öffentliche Meinung im Allgemeinen und ihre Themenstruktur sowie die dominanten Interpretationsschemata im Speziellen wirken. Dazu werden Themen politisiert, ihr Entscheidungsbedarf wird sichtbar gemacht und etablierte Themen werden mit der eigenen Meinung besetzt. So sollen öffentliche Aufmerksamkeit und Akzeptanz in politische Zustimmung verwandelt werden. Im Rahmen des Public Campaigning werden die eigenen Interessen legitimiert, um ihre Durchsetzungschancen zu erhöhen. Eine alternative Strategie des Public Campaigning setzt explizit die eigene Macht ein. Mit offenen und impliziten Boykottdrohungen wird versucht, öffentlich Druck auf die Parteien, Regierungen und Verwaltung auszuüben. Damit können unterschiedliche Konfrontationsgrade des Public Campaigning unterschieden werden, die von einer grundsätzlichen Thematisierung und Legitimation der eigenen Position bis hin zu einer öffentlichen Machtdemonstration in Kombination mit Boykottdrohungen reichen können (vgl. Steiner 2009).

Unter *Lobbying* als der nicht-öffentlichen Form der Legitimationskommunikation wird in der Regel der direkte Versuch von Vertretern gesellschaftlicher Interessen verstanden, auf Akteure aus Parteien, Parlamenten, Regierungen und Verwaltungen konkret einzuwirken (vgl. z. B. Kleinfeld et al. 2007, S. 10). Dies kann entweder formell geschehen – also durch die Teilnahme an Anhörungen in den Bundestagsausschüssen und den Ministerien – oder informell z. B. durch persönliche Gespräche mit Entscheidungsträgern, Anfertigen von Positionspapieren und Stellungnahmen oder der Durchführung von parlamentarischen Abenden und Mittagsveranstaltungen.

4.2   Empirische Befunde

Bei der Frage nach beobachteten Veränderungen standen die vergangenen fünf Jahre im Mittelpunkt. Dieser Zeitraum begründet sich darin, dass in den vergangenen fünf Jahren in Deutschland relevante Soziale Medien wie Social Networking Communities (erst die *VZ-Gruppe*, später *Facebook*), File Sharing Communities wie *YouTube* und *Flickr* sowie Knowledge Communities wie *Wikipedia* ein exorbitantes Wachstum verzeichneten. Diese Entwicklung wurde darin bestätigt, dass 2007 ein einziger befragter Verband ein eigenes Weblog hatte – keine andere Social Media-Anwendung war damals häufiger vertreten.

4.2.1   Massenmedien

Schon früh ist vermutet worden, dass eine Zunahme der Online-Kommunikation in der politischen Kommunikation zu Lasten der Relevanz der klassischen Massenmedien geht (vgl. Leggewie und Maar 1998). Einer so genannten Sozialen Medialisierung würde damit eine Entmassenmedialisierung gegenüberstehen (vgl. Hoffjann und Gusko 2013). Bereits Zittel (2009) hat die These der Entmedialisierung untersucht – und nicht validieren können. In der Studie hat sich der Befund von Zittel voll und ganz bestätigt – und noch weiter: Es ist nicht einmal ein „Stopp" oder eine Verlangsamung der Massenmedialisierung zu beobachten. Massenmedien werden insbesondere von mitgliederstarken Verbänden zwar auch im Rahmen der internen Mitgliederbindungskommunikation eingesetzt, da ihre Relevanz in der externen Verbandskommunikation ohne Zweifel höher sein dürfte, sollen sie hier ausführlicher erläutert werden.

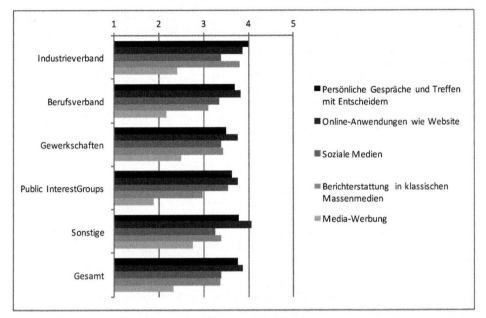

Abb. 1   Instrumente der Interessendurchsetzung / Legitimationskommunikation
Quelle: eigene Darstrellung; Mittelwerte; 1 = stark abgenommen bis 5 = stark zugenommen; N=160

Als Massenmedien sind klassische Massenmedien wie Tageszeitungen, TV- und Radio-Sender, aber auch Online-Medien wie die Internet-Ausgaben *Spiegel Online, faz.net* oder *sueddeutsche.de* verstanden worden. Für rund 40 Prozent hat die Bedeutung klassischer Massenmedien hier (stark) zugenommen (vgl. Abb. 1). Für wie wichtig die Massenmedien angesehen werden, zeigt die Frage nach den generellen Verbandszielen: Verbände wollen zu ca. 72 Prozent Meinungsänderungen bei Entscheidern beeinflussen und zu ca. 66 Prozent eine hohe Medienresonanz, aber nur zu 45 Prozent Meinungsänderungen in der Bevölkerung bewirken. Dies kann als Hinweis dafür gewertet werden, dass ihrer Meinung nach politische Entscheider sich bei ihren Entscheidungen direkt an den Medien und weniger am Meinungsbild der Bevölkerung orientieren.

Diese steigende Bedeutung der Massenmedien für Organisationen kann in den Medialisierungsdiskurs eingebettet werden. Dabei soll mit der Massenmedialisierung und der Sozialen Medialisierung zwischen unterschiedlichen Medialisierungstypen unterschieden werden (vgl. Hoffjann und Gusko 2013). Um zunächst die Massenmedialisierung als Prozess zu untersuchen, wurden die drei Medialisierungsdimensionen Wahrnehmung, Strukturen und Kommunikationsleistung sowie die entsprechenden Indikatoren von Donges (2008) genutzt. Wenn die Massenmedien für die Wahrnehmung eines Verbands wichtiger werden, wenn sich verbandliche Strukturen zunehmend an der Bearbeitung der Massenmedien orientieren und wenn die Kommunikationsleistung gegenüber den Massenmedien zunimmt bzw. sich ausdifferenziert, kann von einer Massenmedialisierung gesprochen werden.

Wie oben bereits gezeigt wurde, hat die Online-Befragung in der ersten Dimension Wahrnehmung ein einheitliches Bild ergeben. In der zweiten Dimension Strukturen und Ressourcen ergibt sich ein ähnliches Bild (s. Abb. 2). Das Personal zur Bearbeitung der Massenmedien ist bei rund 31 Prozent der Befragten (stark) gestiegen und nur bei weniger als 15 Prozent der Verbände (stark) gesunken. Beim Budget ist es bei 23,2 Prozent (stark) gestiegen und nur bei etwas über 15 Prozent (stark) gesunken. Die organisationale Verankerung und hierarchische Stellung ist in weiten Teilen unverändert geblieben.

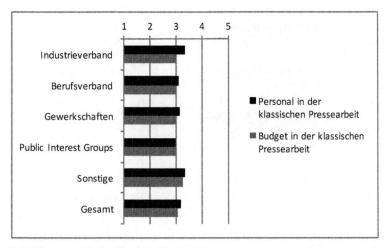

Abb. 2   Veränderungen in der Strukturdimension
Quelle: eigene Darstellung; Mittelwerte; 1= stark abgenommen bis 5 = stark zugenommen; N=154

Differenzierter sind die Ergebnisse in der dritten Dimension Kommunikationsleistung. In den Leitfadeninterviews hat sich gezeigt, dass bei den Industrie- und Berufsverbänden die Zahl der Pressemitteilungen leicht zugenommen hat, während mehrere Gewerkschaften und Public Interest Groups weniger Pressemitteilungen herausgegeben und statt dessen kurze aktuelle Statements veröffentlicht haben, um damit der von fast allen genannten Entwicklung des zunehmenden Tempos in der Berichterstattung zu entsprechen. Zudem setzen viele befragte Verbände zunehmend auf exklusive Kooperationen und reagieren damit auf eine vielfach registrierte Entwicklung – den zunehmenden Konkurrenzkampf zwischen Massenmedien.

Es mag paradox klingen: Die zunehmende Bedeutung der klassischen Massenmedien wird auch von den Sozialen Medien unterstützt. So hat sich gezeigt, dass Journalisten eine wichtige Zielgruppe sowohl der *Facebook*- als auch der *Twitter*-Aktivitäten sind. In den Leitfadeninterviews hat sich ergänzend zur Online-Befragung gezeigt, dass einige *Twitter*-Accounts sogar ausschließlich Journalisten ansprechen. „Wenn wir eine Presseerklärung rausgeben oder bevor wir eine Pressemitteilung herausgeben, kann man bei uns bei *Twitter* schon lesen, was passiert. Ein sehr schnelles Nachrichtenmittel also." (V2)

Ähnlich wie bereits Zittel (2009) für die persönlichen Homepages von Bundestagsabgeordneten gezeigt hat, wird hier deutlich, dass ein neues Medium – *Twitter* – zur Stärkung
eines alten Mediums – der Massenmedien – eingesetzt wurde. Dies ist dann als Zeichen
einer Massenmedialisierung zu interpretieren – Journalisten werden hier dann einfach
nur auf neuen Wegen angesprochen.

4.2.2 Mediawerbung

Angesichts der ungebremsten Massenmedialisierung, die immer mit Blick auf die redaktionelle Berichterstattung thematisiert wurde, überrascht ein anderes Ergebnis umso mehr:
Die Mediawerbung ist signifikant auf dem Rückzug. In den vergangenen Jahren haben einige
Verbände großangelegte Kampagnen gestartet: vom Arbeitgeberverband Gesamtmetall mit
ihrer Initiative „Neue Soziale Marktwirtschaft" über den Zentralverband des Handwerks
mit „Das Handwerk. Die Wirtschaftsmacht von nebenan." bis hin zu Gewerkschaften mit
Mindestlohnkampagnen. So unterschiedlich die Ziele und Zielgruppen der jeweiligen
Kampagnen gewesen sind – von der politischen Öffentlichkeit über den Nachwuchs bis
hin zu Kunden – so sehr war augenscheinlich, dass die Antwort auf ganz unterschiedliche
Kommunikationsprobleme oft Mediawerbung lautete.

   Dieser Trend hat sich augenscheinlich umgekehrt: Während alle Instrumente zur Interessenartikulation jeweils bei mindestens ca. 40 Prozent zugelegt haben, beträgt diese
Zahl bei der Mediawerbung nur 4,4 Prozent. Große Sprünge verzeichnen die klassische
Online-Kommunikation (sehr/zugenommen 65 Prozent) sowie die persönlichen Gespräche
mit Entscheidern (sehr/zugenommen 58,1 Prozent). Und: Für fast 50 Prozent der Befragten
hat die Relevanz der Mediawerbung zur Interessenartikulation (stark) abgenommen in
den vergangenen fünf Jahren. Im Gegensatz dazu hat sich das Budget für Media-Werbung
noch vergleichsweise moderat entwickelt: (stark) abgenommen hat es bei fast 35 Prozent,
(stark) zugenommen bei 7,5 Prozent der befragten Verbände.

4.2.3   Web 1.0

Es überrascht, dass das *Web 1.0* mit Anwendungen wie Websites und E-Mail bei 65 Prozent
zur Interessenartikulation den größten Bedeutungszuwachs erfahren hat. Insbesondere
bei den Public Interest Groups ist der klassische E-Mail-Versand das zentrale Mittel zur
Mobilisierung und zum Fundraising. Die Relevanz verdeutlicht das folgende Zitat:

> „Bei der Mobilisierung ist bei uns immer noch das Größte der klassische E-Mail Verteiler mit
> mittlerweile 500.000 Leuten. Wir sind wahrscheinlich die deutsche NGO mit dem größten
> E-Mail Verteiler. Das ist immer noch so das wichtigste bei uns für die Mobilisierung. Wenn
> wir vergleichen: 40.000 Fans bei Facebook, aber 500.000 Adressen im E-Mail Verteiler sieht
> man einfach die Gewichtung. Eine Mobilisierung über den E-Mail Verteiler funktioniert
> natürlich besser, wenn das Thema auch in den Medien ist. Und wenn die Leute etwas drüber
> gelesen haben, dann werden sie sich auch eher an einer Aktion beteiligen als wenn das Thema
> gerade Out-of-Topic ist. Insofern haben die klassischen Medien natürlich und auch das, was
> sich in den sozialen Medien zu dem Thema abspielt, natürlich auch Auswirkungen auf die
> Mobilisierung über den E-Mail Verteiler. Das jetzt prozentual zu gewichten ist schwierig."(V5)

4.2.4   Lobbying

Lobbying als Instrument der Interessenartikulation hat bei rund 58 Prozent (stark) zugenommen. Dieses Ergebnis zeigt, dass ein Ausbau von öffentlichen Maßnahmen, die alle
dem Bereich des Public Campaigning zugeordnet werden, keineswegs zum Rückgang
nicht-öffentlicher direkter Formen führen muss. Damit bestätigt die Studie das gegenseitige Stützungsverhältnis von Lobbying und der klassischen Pressearbeit. So erleichtern
eine medienöffentliche Präsenz und die daraus resultierende Bekanntheit den Zugang
zu Entscheidern (vgl. Preusse und Zielmann 2009, S. 66f). Hier kann auch von einem
integrativen Ansatz gesprochen werden, in dem personale und massenkommunikative
Persuasionsstrategien miteinander verschränkt werden. So wird in der Öffentlichkeit
das eigene Interesse als im Sinne des Gemeinwohls inszeniert und damit legitimiert, um
im Lobbying bessere Chancen zu haben (vgl. Münch 1991, S. 100-101). Diese Legitimati-
onsversuche des Lobbyings scheinen auch deshalb wichtiger zu werden, weil mit einem
wachsenden öffentlichen Interesse am Lobbying der Handlungsspielraum für informelle
Interessenpolitik abnimmt (vgl. Kleinfeld et al. 2007, S. 20).

4.2.5   Soziale Medien

Abschließend kommen wir zu den Sozialen Medien. Eine steigende Bedeutung der Sozialen
Medien für Organisationen kann ebenfalls in den Medialisierungsdiskurs eingeordnet werden. Um zunächst die Soziale Medialisierung als Prozess zu untersuchen wurden die drei
Medialisierungsdimensionen Wahrnehmung, Strukturen und Kommunikationsleistung
von Donges (2008) genutzt. Wenn Soziale Medien in der Wahrnehmung eines Verbands
wichtiger werden, wenn sich verbandliche Strukturen zunehmend an Aktivitäten in den
Sozialen Medien orientieren und wichtiger werden und wenn die Kommunikationsleistung
gegenüber den Sozialen Medien zunimmt bzw. sich ausdifferenziert, dann kann von einer
Sozialen Medialisierung gesprochen werden.

Die Studie hat gezeigt, dass in Deutschlands Verbänden eine Soziale Medialisierung
zu beobachten ist. In der ersten Dimension Wahrnehmung konstatierten in den Leitfadeninterviews alle befragten Verbandsvertreter eine grundsätzliche Bedeutungszunahme
Sozialer Medien – insbesondere bei der Ansprache und Beobachtung jüngerer Zielgruppen.
Die Online-Befragung bestätigte diese Ergebnisse: Die Bedeutung Sozialer Medien ist für
rund 51,2 Prozent der befragten Verbände in den vergangenen Jahren (stark) gestiegen. In
der Struktur-Dimension konstatieren die in den Sozialen Medien aktiven Verbände eine
leichte Zunahme an Stellen und Budgets für ihre Aktivitäten in den Sozialen Medien. In
jedem Verband werden die Aktivitäten in den Sozialen Medien von knapp einer ganzen
Mitarbeiterstelle betreut. Wie wenig Soziale Medien bislang in der strategischen Verbands-
planung verankert sind, zeigt sich daran, dass nur jeder dritte Verband ein Strategiepapier
zu den Sozialen Medien besitzt. Zwar kann der Begriff eines Strategiepapiers von den
Befragten sehr unterschiedlich interpretiert werden, wie gering der Anteil im untersuchten organisationalen Feld „Verbände" jedoch ist, demonstriert der Vergleich mit anderen
Studien. So ermitteln Fink et al. (vgl. 2011, S. 45) für Profit- wie Non-Profit-Organisatio-

nen, dass mehr als 80 Prozent eine Social Media-Strategie haben. In der Dimension der Kommunikationsleistung zeigt sich, dass Soziale Medien von der deutlichen Mehrzahl der befragten Verbände aktiv genutzt werden – bei 99 der 160 befragten Verbände. Die am häufigsten genutzte Anwendung ist *Facebook* – überraschender ist, dass nur knapp dahinter *Twitter* folgt. Während *Facebook* bei den Public Interest Groups schon als Standard zu bezeichnen ist, besitzt nur eine Minderheit der Industrieverbände ein *Facebook*-Profil. Personenverbände scheinen einen größeren potenziellen Nutzen aus Sozialen Medien zu ziehen. Die Leitfadeninterviews haben zudem gezeigt, dass Industrieverbände *Facebook* mitunter zeitlich begrenzt im Rahmen einer Kampagne nutzen und das entsprechende Profil inklusive aller Unterstützer nach dem Kampagnenende löschen. Weitere File Sharing Communities wie *Flickr* spielen ebenso wenig eine Rolle wie weitere Social Networking Communities wie die der *VZ-Gruppe* oder *Google+*.

Resümierend lässt sich grundsätzlich eine Soziale Medialisierung von Verbänden konstatieren. So beobachten Verbände eine gestiegene Bedeutung Sozialer Medien. Zudem wurden innerhalb weniger Jahre teilweise enorme Strukturen aufgebaut und Ressourcen aufgewendet. Wenn man sich die Unterschiede zwischen den Verbandstypen anschaut, überrascht es, dass sie nicht größer ausfallen. So konstatieren in der Wahrnehmungsdimension alle Verbandstypen einen Bedeutungszuwachs Sozialer Medien – auch Industrieverbände sehen folglich, dass Soziale Medien u. a. einen steigenden Einfluss darauf haben, welche Interessen sich durch eine (halb-)öffentliche Thematisierung am Ende durchsetzen. Deutliche Unterschiede sind hingegen bei den eigenen Aktivitäten in den Sozialen Medien zu beobachten. Hier sind Industrieverbände mit ihren Unternehmensmitgliedern deutlich weniger aktiv. Signifikant ist die Zurückhaltung der Berufsverbände, die wie Gewerkschaften und Public Interest Groups im Durchschnitt deutlich mehr Mitglieder haben und damit über ein größeres Potenzial verfügen.

Mit Blick auf die im Folgenden zu erläuternde interne Mitgliederbindungskommunikation überrascht ein weiteres Ergebnis: Verbände haben in der Regel keinen klaren Zielgruppenfokus pro Social Media-Plattform. So sind bei *Twitter* Mitglieder, potenzielle Mitglieder und Journalisten besonders wichtig, es folgen politische Entscheider, die „breite" Öffentlichkeit und andere Verbände mit z. T. deutlichem Abstand. Allenfalls bei *Facebook* zeigt sich eine etwas deutlichere Differenzierung: Hier sind Mitglieder und potenzielle Mitglieder signifikant wichtiger als Journalisten und die „breite" Öffentlichkeit. Die Zahlen zeigen, dass Verbände noch keine klare Fokussierung der beiden wichtigsten Anwendungen in den Sozialen Medien vorgenommen haben. Soziale Medien sind bei Verbänden ein „*Catch All*"-*Medium*.

Welche Relevanz bzw. Bedeutung haben die Sozialen Medien für die externe Verbandskommunikation? Die Mehrheit der in den Leitfadeninterviews befragten Verbandsvertreter hat darauf hingewiesen, dass Soziale Medien etwas „Zusätzliches" seien und bestehende Instrumente nicht ersetzen. „Ich denke, es ist was dazu gekommen mit den sozialen Medien, aber das schränkt die Bedeutung der klassischen Medien nicht ein." (V4) Damit hängen eng zwei Defizite zusammen, die sich gegenseitig verstärken:

- *Fehlende Funktion:* Nur wenige Verbände können bislang einen klaren Nutzen bzw. präzise Aufgabe der Sozialen Medien im Kontext der Interessenartikulation benennen.
- *Fehlende Relevanz:* Daraus folgt unmittelbar, dass Soziale Medien bislang allenfalls ein flankierendes Instrument sind. Wenn die Funktion und der Nutzen unklar sind, wird man auch nicht in entsprechende Aktivitäten investieren. Umgekehrt können halbherzig verfolgte Aktivitäten auch kaum erfolgreich sein.

Die *fehlende Funktion* bzw. fehlende klare Fokussierung der Aktivitäten in den sozialen Medien überrascht, da manche Verbandsvertreter in den Leitfadeninterviews durchaus klare Vorstellungen zum Einsatz der sozialen Medien äußerten. Sie erkannten die Bedeutung Sozialer Medien insbesondere bei der Mobilisierung von (potenziellen) Mitgliedern und der Öffentlichkeit. Dabei wurde auch herausgestellt, wie die Aufteilung zwischen Sozialen Medien und den klassischen Medien aussehen könnte: „Die klassischen Medien helfen uns vor allem, die Inhalte zu verbreiten und bekannt zu machen, wenn über unsere Themen berichtet wird. Alles, was online stattfindet, ist für uns insbesondere interessant, um einen Handlungsdruck zu erzeugen." (V1) Eine solche idealtypische Trennung zwischen klassischen Massenmedien und Sozialen Medien wurde von mehreren Verbänden skizziert. Während mittels klassischer Pressearbeit das Agenda Setting betrieben werden soll, könnten Soziale Medien aufbauend auf dieser Bekanntheit z. B. durch Online-Petitionen einen Handlungsdruck erzeugen, der auch wieder auf die klassische Medienagenda zurückwirken kann.

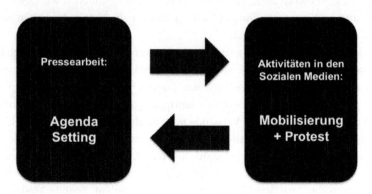

Abb. 3   Unterschiedliche Funktion von Sozialen Medien und klassischer Pressearbeit
Quelle: eigene Darstellung

Ein weiterer Vorteil im Kontext der Interessenartikulation ist die vereinzelt angesprochene Nutzung von *Twitter* zur Ansprache von politischen Entscheidungsträgern. Dies belegt auch die erstaunlich hohe Relevanz, die Entscheidungsträgern als Zielgruppe von *Twitter* zugewiesen wird – sie werden von allen Verbänden wichtiger eingestuft als die breite Öffentlichkeit. Diese Erwartungen dürften einerseits auf die Beobachtung zurückzuführen sein, dass viele Bundespolitiker *Twitter* nutzen – wenn auch vor allem zum „Absetzen" von Statements zu aktuellen Themen. Andererseits dürfte sich *Twitter* bei den jüngeren und nachwachsenden Referentengenerationen von Bundestagsabgeordneten und in den Ministerien zunehmend wichtiger werden. Die direkte Kommunikation mit Entscheidungsträgern würde hier eine neue Qualität erhalten.

Abschließend ein Blick auf die Unterschiede zwischen den Verbandstypen. *Industrieverbände* unterscheiden sich hier deutlich von anderen Verbänden. Weniger überrascht, dass hier das Lobbying am deutlichsten zugenommen hat. Industrieverbänden wird seit jeher zugeschrieben, dass sie nicht zuletzt wegen ihrer geringeren Mitgliederzahlen eher ‚auf das stille Lobbying' setzen, während Personenverbände wie Gewerkschaften eher ‚auf die Straße' setzen. Überraschender ist da schon, dass sich bei Industrieverbänden auch die Massenmedialisierung am deutlichsten fortsetzt. Sowohl in der Wahrnehmungsdimension als auch hinsichtlich der Zunahme von Ressourcen sind hier enorme Zuwächse zu beobachten.

Das Gegenteil zu den Industrieverbänden verkörpern die *Public Interest Groups*. Einerseits ist bei ihnen die Massenmedialisierung noch am ehesten zum Stillstand gekommen. Andererseits hat bei ihnen die Relevanz Sozialer Medien am Deutlichsten zugenommen. Sie scheinen bei der Interessenartikulation vor allem auf eine Mobilisierung ihrer Unterstützer zu setzen, um ihre Interessen breit zu legitimieren.

Es überrascht, dass *Berufsverbände* Public Interest Groups hinsichtlich ihrer Instrumente zur Interessenartikulation relativ ähnlich sind. Das Massenmedialisierungstempo ist ebenfalls sehr gering, Web 1.0-Anwendungen und die Zunahme des Lobbyings werden ähnlich eingeschätzt. Nur bei der Einschätzung Sozialer Medien zur Legitimation ihrer Interessen sind Berufsverbände zurückhaltender. Insgesamt ergibt sich bei den Berufsverbänden ein diffuses Bild, weil nicht erkennbar ist, auf welche Instrumente sie fokussieren, um ihre Interessen durchzusetzen. Es kann nicht ausgeschlossen werden, dass dies auch damit zusammenhängt, dass das Feld der Berufsverbände sicherlich der heterogenste Verbandstyp ist.

Die befragten *Gewerkschaften* bewerten die Bedeutungszunahme der Instrumente zur Interessenartikulation – mit Ausnahme der Media-Werbung – am homogensten. Alle Instrumente sind bei ihnen in den vergangenen fünf Jahren signifikant angestiegen. Dies spricht für einen grundsätzlichen Nachholbedarf, der dort offenkundig konstatiert wurde. Dass der Bedeutungszuwachs des Lobbyings von allen Verbandstypen am geringsten ausfällt, überrascht weniger als das geringe Wachstum Sozialer Medien.

Insgesamt zeigen die Ergebnisse zur externen Legitimationskommunikation, dass die deutsche Verbändelandschaft eine Wachstumsgemeinschaft ist. Vor dem Hintergrund der Verlagerung von politischen Kompetenzen auf die EU-Ebene überrascht dies. Es ist offenkundig, dass dieses Wachstum spieltheoretisch – wie in vielen Wettbewerbssituationen – eine Sackgasse ist: Der zu verteilende Kuchen wird durch das Aufrüsten nicht größer. Nur die Kosten zur Interessendurchsetzung steigen immer weiter.

5   Interne Mitgliederbindungskommunikation

5.1   Theoretischer Rahmen

Als Mitgliederbindungskommunikation wurden sämtliche Aktivitäten definiert, die das
Problem der Mitgliederbindung bearbeiten. Zielgruppen der Mitgliederbindungskommunikation sind (potenzielle) Mitglieder. Von der Mitgliederbindungskommunikation unterschieden werden können die interne bzw. Mitarbeiterkommunikation, deren Zielgruppe
hauptamtliche Funktionäre und angestellte Mitarbeiter beispielsweise einer Verbandsge-
schäftsstelle sind. Für diese Unterscheidung spricht, dass in solchen Fällen die Mitgliedschaft
mehr durch die finanzielle Abhängigkeit geprägt ist als durch das Motiv zur Teilnahme
an diskursiver Willensbildung (vgl. Wiesenthal 1993, S. 6). Hingegen können in einem
erweiterten Verständnis der Mitgliederbindungskommunikation auch Nicht-Mitglieder
einbezogen werden, wenn sie zur aktiven Unterstützung – z. B. in Form von Spenden – aufgefordert werden. Damit kann zwischen mehreren Graden der Unterstützung differenziert
werden: von einer aktiven Mitgliedschaft (z. B. als ehrenamtlicher Funktionär) über eine
passive Mitgliedschaft bis hin zur aktiven Unterstützung durch Spenden.

Während früher die Organisation innerverbandlicher Willensbildung das zentrale
Problem der Kommunikation mit Mitgliedern gewesen ist, ist es heute die Gewinnung und
Bindung von Mitgliedern. Ganz allgemein hat dies zunächst dazu geführt, dass die Pflege
der Mitgliedschaft sich als organisatorische Sonderfunktion in Verbänden herausgebildet
hat (vgl. Streeck 1987, S. 477). Dabei entstehen neue Formen der Mitgliederbindungskommunikation, deren Gemeinsamkeit darin liegt, dass sie Ersatz für verschwundene
Primärbeziehungen zwischen den Mitgliedern selber bzw. zwischen Mitgliedern und
Organisation zu schaffen versuchen. Es wird damit Ersatz für die persönliche Kommunikation vor Ort gesucht, der eine Nähe zum Mitglied suggerieren soll (vgl. Streeck 1987,
S. 477-478). Die affektive Bindung „zu erhalten und zu aktualisieren in einer Gesellschaft,
in der individuelles Kosten-Nutzendenken als einzige rationale Verhaltensmaxime gilt,
ist unmöglich ohne intensive organisationsinterne Kommunikation" (Arlt 1993, S. 181).
Verbände haben darauf u. a. mit dem Ausbau von nicht-öffentlichen Formen der Mitgliederbindungskommunikation reagiert. Mit Mitgliederzeitschriften, Mitgliederbriefen und
-newslettern werden Mitglieder in ihrer Mitgliedschaftsrolle angesprochen. Offen bleibt,
ob Mitglieder nicht mit solchen „bedruckten Papierfluten" (Arlt und Jarren 1996, S. 306)
von oben überfordert und abgeschreckt werden und daher nicht eher offene Kommu-
nikationsräume vielversprechender sind, die auf eine aktive Einbindung der Mitglieder
zielen. Bereits hier deuten sich die enormen Potenziale Sozialer Medien an, da sie besser
geeignet zu sein scheinen, die zurückgehenden persönlichen Gespräche zu ersetzen, als
die verschiedenen Papiermedien oder klassische Online-Angebote.

Die sich lockernde Bindung von Mitgliedern hat zudem zu einer heterogener gewordenen Mitgliedschaft geführt. Die Ansprüche und Interessen der Mitglieder sind vielfältiger
geworden. Grundsätzlich kann vermutet werden, dass „Überzeugungstäter" mit affek-
tiv-expressiven Motiven gegenüber nutzenorientierten Mitgliedern mit instrumentellen

Motiven auf dem Rückzug sind. Daraus folgt eine größere Komplexität in der inneren Umwelt der Mitgliedschaft (vgl. Streeck 1987, S. 475; Steiner und Jarren 2009, S. 260). So treten Verbände zusätzlich zu ihren Funktionen als klassische Intermediäre immer mehr als Dienstleister auf, Eine Vorreiterrolle dürfte hier sicherlich der ADAC einnehmen (vgl. Zimmer und Paulsen 2010).

Die zunehmende Relevanz der Medien bei der Wirklichkeitskonstruktion, die Flüchtigkeit und der zurückgehende Bindungswille vieler Unterstützer sowie die Pluralisierung organisierter Interessen haben in der Summe dazu geführt, dass die Mitgliederbindungskommunikation in der Vergangenheit zunehmend mehr öffentliche Formen eingesetzt hat. Solche öffentlichen Formen – insbesondere qua Pressearbeit und seltener auch qua Mediawerbung – ersetzen zunächst „nicht vorhandene oder zurückgehende Kommunikationswege" (Hackenbroch 1998, S. 8) zu (potenziellen) Mitgliedern. Öffentliche Formen der Mitgliederbindungskommunikation wie Pressearbeit sind preisgünstig und haben zudem den Vorteil, dass eine Berichterstattung (potenziellen) Mitgliedern und Unterstützern die Relevanz des Verbandes und der artikulierten Interessen suggeriert. Damit löst die Mitgliederbindungskommunikation qua Pressearbeit sowohl das Problem zurückgehender formaler als auch affektiver Mitgliederbindungen: Einerseits erreicht es potenzielle und noch unbekannte Unterstützer, die über die nicht-öffentlichen Mitgliederbindungskommunikationen nicht erreicht würden, andererseits signalisiert Medienberichterstattung passiven Mitgliedern die Relevanz des Interesses und kann so zur Mobilisierung beitragen. Arlt und Jarren vermuten für Gewerkschaften, dass heute schon viele Mitglieder organisationsrelevante Informationen ausschließlich über journalistische Medien beziehen – um den zusätzlichen Preis, dass Verbände ihre eigenen Interpretationen nicht mitliefern können (vgl. Arlt und Jarren 1996, S. 303).

Zudem erfordern die Pluralisierung organisierter Interessen und damit der zunehmende Konkurrenzkampf von Verbänden um Mitglieder eine öffentliche Präsenz. Eine solche Präsenz zielt dann weniger darauf, politische Interessen durchzusetzen, als die Bekanntheit und Attraktivität für potenzielle Mitglieder zu steigern. Es kann bislang nur vermutet werden, dass nicht wenige öffentliche Kommunikationsmaßnahmen von Verbänden nur vordergründig auf die Artikulation des politischen Interesses zielen, primär aber auf die (potenziellen) Mitglieder gerichtet sind. Solche Maßnahmen haben im Gegensatz zu erkennbaren Mitgliederwerbekampagnen – wie sie in der Vergangenheit u. a. von den Gewerkschaften durchgeführt wurden – den Vorteil, dass sie nicht die Botschaft drohender Bestandsgefährdung vermitteln (vgl. Arlt 1998, S. 240).

Relativ neu sind öffentliche Formen der Mitgliederbindungskommunikationen, in denen die Diskussion und der Willensbildungsprozess zu relevanten Verbandsentscheidungen in einem öffentlichen und basisdemokratischen Verfahren ausgetragen werden. Viele Parteien haben dies in den vergangenen Jahren mehrfach versucht. Ziel solcher Aktionen ist es, dem Input von unten mehr Artikulationsspielraum zu geben (vgl. Arlt und Jarren 1996, S. 306) – und dieses basisdemokratische Prinzip für (potenzielle) Mitglieder zu inszenieren.

5.2   Empirische Befunde

Die Bindung der Mitglieder ist für die befragten Verbände mit rund 71 Prozent eines der wichtigsten Ziele ihrer Kommunikationsaktivitäten – noch vor anderen Zielen wie die Beeinflussung von politischen Entscheidungen oder dem Werben neuer Mitglieder. Dies belegt noch einmal die Plausibilität des sperrigen Begriffs der Mitgliederbindungskommunikation. Wie Verbände dieses Problem bearbeiten, ist höchst unterschiedlich. Ähnlich wie bei den Instrumenten zur Interessenartikulation zeigt sich grundsätzlich, dass hier sogar alle Instrumente bei mindestens 27 Prozent der befragten Verbände an Bedeutung (sehr) stark gewonnen haben. Wie wichtig auch bzw. gerade in Zeiten der Online-Kommunikation *persönliche Gespräche* und Treffen mit Mitgliedern geworden sind, belegt, dass diese persönlichen Interaktionen den zweitgrößten Bedeutungszuwachs zu verzeichnen haben.

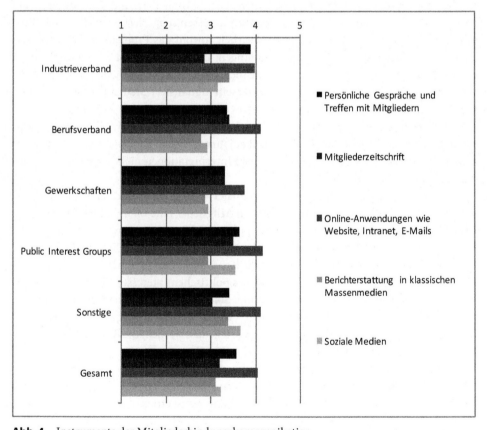

Abb. 4   Instrumente der Mitgliederbindungskommunikation
Quelle: eigene Darstellung; Mittelwerte; 1 = stark abgenommen bis 5 = stark zugenommen, N=160

Eine herausragende Bedeutung scheinen in der Mitgliederbindungskommunikation in den vergangenen Jahren *Online-Anwendungen des Web 1.0* wie Intranet, Extranet und E-Mail gewonnen zu haben. Dies dürfte vor allem darauf zurückzuführen sein, dass verschiedene Anwendungen des Web 1.0 mittlerweile klar fokussiert sind. Dies hat sich in den Leitfadeninterviews gezeigt. Online-Anwendungen wie Extranet bzw. Intranet und E-Mail werden insbesondere genutzt, um Mitglieder einerseits durch Mails bzw. Mail-Newsletter schnell zu informieren, andererseits um Mitgliedern und hier insbesondere Funktionären durch Intranet-Lösungen umfangreiches Material anzubieten. Extra- und Intranet werden folglich als Informations- und Wissensmanagement-Tool genutzt. Welche Funktionen bleiben da noch für die schon vielfach totgesagte Mitgliederzeitschrift? In vielen befragten Verbänden – und hier vor allem in den Personenverbänden – wird die Mitgliederzeitschrift inzwischen journalistischer und aufwändiger produziert. Sie dient damit insbesondere dem Ziel, Mitglieder emotional an den Verband zu binden.

> „Nein, unsere Mitgliederzeitschrift ist nach wie vor das Zentrale, die kriegen unsere Mitglieder einmal im Monat nach Hause geschickt. Wir haben auch gerade eine Leserbefragung gemacht und haben die Bewertung dieses Instrumentes nochmal vor Augen gehalten bekommen. Das wurde sehr positiv bewertet, viele haben gesagt, dass das das einzige ist, was sie im Monat von [Name des Verbandes] hören." (V11)

Insbesondere der Versand nach Hause erscheint vielen Personenverbänden wichtig. In der Summe hat dies dazu geführt, dass sich die Kosten für Mitgliederzeitschriften bei einigen Verbänden – und hier insbesondere bei Gewerkschaften – enorm erhöht haben. Während andere Papiermedien wie Infobrief Online-Lösungen zum Opfer gefallen sind, zählt die Mitgliederzeitschrift damit grundsätzlich zu den Gewinnern der „Online-Wende" – wenn auch z. T. mit anderen Zielen als noch vor zehn bis 20 Jahren.

Die zurückgehenden direkten Kontakte mit und zwischen Mitgliedern sind in Verbänden seit vielen Jahren als Problem erkannt worden. *Soziale Medien* könnten hier potenziell in eine Lücke stoßen und in zeitgemäßer Form eine interne Kommunikation ermöglichen. Dies ist hingegen bislang in nur ganz wenigen Verbänden zu finden – und dann meist nur in Ansätzen. Ganz grundsätzlich scheitert dies schon daran, dass nahezu alle Verbände mit ihren Aktionen in den Sozialen Medien sowohl auf die breite Öffentlichkeit, Journalisten und potenzielle Mitglieder bzw. Unterstützen zielen als auch auf bestehende Mitglieder. Exklusive Mitgliederangebote in den Sozialen Medien sind bislang kaum existent. „Wir wissen, dass sehr viele Unterstützer auf *Facebook* oder anderen Netzwerken sind, wir haben aber keine gesonderte Kommunikation mit denen" (V2).

Erste Ansätze sind bei eigenen Sozialen Netzwerken zu beobachten, wie sie der *Paritätische Gesamtverband* bereits realisiert und ein weiterer Verband zum Zeitpunkt des Leitfadeninterviews geplant hat. Gründe für ein verbandseigenes soziales Netzwerk sind eine größere Unabhängigkeit von *Facebook* – insbesondere vor dem Hintergrund von datenschutzrechtlichen Vorbehalten – sowie individuelle Anwendungen.

6   Ausblick

In dem Beitrag wurden die von Verbandsvertretern wahrgenommenen Veränderungen in der Verbandskommunikation in den vergangenen fünf Jahren beschrieben. Einerseits haben die noch jungen Sozialen Medien bereits enorme Spuren hinterlassen: Viele Verbände sind mit einer Vielzahl an unterschiedlichen Aktivitäten in den Sozialen Medien aktiv und haben teilweise erstaunliche Ressourcen aufgebaut. Andererseits überrascht die Spurenlosigkeit dieser Aktivitäten: Es sind weder klare Funktionen dieser Aktivitäten zu erkennen noch haben sie (teilweise) andere Instrumente abgelöst. Wie könnte diese Entwicklung weitergehen? Abschließend wollen wir drei Prognosen wagen.

Erstens ist grundsätzlich zu erwarten, dass sich der (fehlende) Nutzen Sozialer Medien in den kommenden fünf Jahren herausbilden wird. Denn bei aller kritischen Einschätzung der Aktivitäten vieler Verbände in den Sozialen Medien darf nicht vergessen werden, dass Soziale Medien in Deutschland immer noch ein relativ neues Phänomen sind. Und vergessen werden darf auch nicht: Klassische Verbände wie Industrieverbände, Berufsverbände und Gewerkschaften zählten in der Vergangenheit selten zu den Innovatoren strategischer Kommunikation. Warum sollten also gerade sie in der Nutzung Sozialer Medien besonders innovativ sein? Die Nutzung des Web 1.0 in Verbänden lässt erahnen, welche enormen Veränderungen in den kommenden Jahren zu erwarten sind. Die Mehrzahl der Websites insbesondere von Gewerkschaften und Public Interest Groups, aber mitunter selbst von Industrieverbänden weisen heute verschiedene Anwendungen jeweils mit einem klaren Nutzen auf: Während z. B. das Extranet von vielen zum Informations- und Wissensmanagement für Mitglieder genutzt wird, nutzen andere Verbände die Website zur Information und Mobilisierung von neuen Mitgliedern bzw. neuen Unterstützern. Die ersten verbandseigenen sozialen Netzwerke deuten an, dass einige Verbände die Phase des Ausprobierens und Testens bereits verlassen haben. Daher ist zu erwarten, dass in fünf Jahren die Nutzung Sozialer Medien in der Verbandskommunikation institutionalisiert sein wird: Regeln sind verhandelt, (fehlender) Nutzen ist bekannt. Soziale Medien sind dann eines von mehreren Kommunikationsinstrumenten – nicht mehr und nicht weniger.

Zweitens ist zu vermuten, dass Soziale Medien professionellen Journalismus und damit die klassische Pressearbeit nicht ersetzen, sondern sie stärken beides: Ohne Frage, einige Blogs können in Teilen als (Laien-)Journalismus bezeichnet werden (vgl. Engesser 2008, S. 61). Aber sind Soziale Medien mit vereinzelten journalistischen Angeboten von Laien und Amateuren deshalb eine Bedrohung für den ohnehin schon wirtschaftlich angeschlagenen professionellen Journalismus? Der Dschungel Sozialer Medien dürfte eher das Gefühl der Unübersichtlichkeit und damit den Wunsch nach bewerteten und geprüften Informationen stärken, die dem Nutzer Orientierung in einer zunehmend komplexen Welt verschaffen. Genau das leistet professioneller Journalismus. Daher dürfte der Bedarf nach Angeboten des professionellen Journalismus mittelfristig wieder ansteigen. Einerseits. Andererseits ist dies noch keine Lösung für die wirtschaftlichen Probleme des Journalismus. Aus diesen Gründen dürfte der Journalismus für Verbände im Kontext der Interessenartikulation eher weiter an Bedeutung gewinnen. Politische Entscheidungen beeinflusst man am Besten, wenn man zeigen kann – oder zumindest: den Eindruck erwecken kann –, dass viele Bürgerinnen und Bürger das Anliegen unterstützen. Der klassischen Medienberichterstattung wird immer noch unterstellt, dass sie hierzu besonders zuverlässig einen Überblick verschafft. Und deshalb werden Verbände sich auch in Zukunft auf sie fokussieren.

Drittens werden (eigene) Soziale Netzwerke vor allem zur Mitgliederbindung eingesetzt: Ein zentraler Nutzen insbesondere für Personenverbände sind (interne) soziale Netzwerke. Auch wenn *Facebook* heute ein Catch-all-Medium zu sein scheint, so zeigt sich bereits jetzt, dass auch hier eine Ausdifferenzierung stattfindet. Dazu zählen u. a. technische Lösungen, die Organisationen einkaufen und über die sie dann eigenständig verfügen können. Vereinzelt gibt es bereits Verbände wie den Paritätischen Gesamtverband, die solche eigenen sozialen Netzwerke nutzen, um sowohl die informelle als auch die formelle Kommunikation innerhalb und teilweise auch außerhalb des Verbands zu strukturieren. Es zeichnet sich ab, dass dies keine Insellösungen sein werden, sondern mit anderen Intranet- bzw. Extranet-Anwendungen kombiniert werden. Damit können die besonderen Vorteile Sozialer Medien im Kontext der Mitgliederbindung realisiert werden – von einer niedrigschwelligen Interaktion bis hin zu Möglichkeiten der Partizipation.

Literatur

Arlt, H.-J. (1993). Die PR der Gewerkschaften. In G. Kalt (Hrsg.), Öffentlichkeitsarbeit und Werbung. Instrumente, Strategien, Perspektiven (S. 181-186). Frankfurt/ Main: FAZ-Verlag.

Arlt, H.-J. (1998). *Kommunikation, Öffentlichkeit, Öffentlichkeitsarbeit. PR von gestern, PR für morgen – Das Beispiel Gewerkschaft.* Opladen: Westdeutscher Verlag.

Arlt, H.-J., & Jarren, O. (1996). Mehr PR wagen? Über Agitation, Öffentlichkeitswandel und Gewerkschaftsreform. *Gewerkschaftliche Monatshefte, 47* (5), 298-308.

Bentele, G., & Seidenglanz, R. (2010). Verbandskommunikatoren in Deutschland: empirische Befunde. In O. Hoffjann, & R. Stahl (Hrsg.), *Handbuch Verbandskommunikation* (S. 177-192). Wiesbaden: VS-Verlag.

Berger, U. (2004). *Organisierte Interessen im Gespräch. Die politische Kommunikation der Wirtschaft.* Frankfurt a. M.: Campus.

Bieth, T. (2012). *NGOs und Medien. Eine empirische Studie zum Verhältnis von Public Relations und Journalismus.* Wiesbaden: Springer VS.

DiMaggio, P. J., & Powell, W. W. (1983). The iron cage revisited: Instutional isomorphism and collective rationality in organizational fields. *American Sociological Review, 48,* 147-160.

Donges, P. (2008). *Medialisierung politischer Organisationen. Parteien in der Mediengesellschaft.* Wiesbaden: VS-Verlag.

Dorer, J. (1995). *Politische Öffentlichkeitsarbeit in Österreich. Eine empirische Untersuchung zur Public Relations politischer Organisationen.* Wien: Wilhelm Braumüller Verlag.

Engesser, S. (2008). Partizipativer Journalismus: Eine Begriffsanalyse. In A. Zerfaß, M. Welker, & J. Schmidt (Hrsg.), *Kommunikation, Partizipation und Wirkungen im Social Web* (S. 47-71). Köln: Halem.

Fink, S., Zerfaß, A., & Linke, A. (2011). Social Media Governance 2011 – Kompetenzen, Strukturen und Strategien von Unternehmen, Behörden und Non-Profit-Organisationen für die Online-Kommunikation im Social Web. Ergebnisse einer empirischen Studie bei Kommunikationsverantwortlichen. http://www.socialmediagovernance.eu. Zugegriffen: 31.Oktober 2012.

Hackenbroch, R. (1998). *Verbände und Massenmedien. Öffentlichkeitsarbeit und ihre Resonanz in den Medien.* Wiesbaden: DUV-Verlag.

Hoffjann, O. (2010). Verbandskommunikation und Kommunikationsmanagement: eine systemtheoretische Perspektive. In O. Hoffjann, & R. Stahl (Hrsg.), *Handbuch Verbandskommunikation* (S. 59-80). Wiesbaden: VS-Verlag.

Hoffjann, O. (2013). Public Affairs. In: G. Bentele, R. Fröhlich, & P. Szyszka (Hrsg.), *Handbuch der Public Relations. Theoretische Grundlagen und berufliches Handeln* (3. Aufl.). Mit Lexikon. Wiesbaden: Springer VS (i. V.).

Hoffjann, O., & Gusko, J. (2013). *Der Partizipationsmythos. Wie Verbände Facebook, Twitter & Co. nutzen.* Frankfurt am Main.

Jarren, O., & Donges, P. (2002). *Politische Kommunikation in der Mediengesellschaft. Eine Einführung. Band 1: Verständnis, Rahmen und Strukturen.* Wiesbaden: Westdeutscher Verlag.

Kleinfeld, R., Zimmer, A., & Willems, U. (2007). Lobbyismus und Verbändeforschung: eine Einleitung. In Dies. (Hrsg.), *Lobbying. Strukturen, Akteure, Strategien* (S. 7-35). Wiesbaden: VS-Verlag.

Leggewie, C. & Maar, D. (Hrsg.) (1998). *Internet & Politik. Von der Zuschauer- zur Beteiligungsdemokratie?* Köln: Bollmann.

Müller-Vogg, H. (1979). *Public Relations für die soziale Marktwirtschaft. Die Öffentlichkeitsarbeit der Bundesvereinigung der Deutschen Arbeitgeberverbände, des Bundesverbands der Deutschen Industrie und des Instituts der Deutschen Wirtschaft zwischen 1966 und 1974.* München.

Münch, R. (1991). *Dialektik der Kommunikationsgesellschaft.* Frankfurt am Main: Suhrkamp.

Pfetsch, B. (1996). Strategische Kommunikation als Antwort auf die Probleme der Politikvermittlung. *Gewerkschaftliche Monatshefte, 47* (5), 280-288.

Pleil, T. (2010). *Mehr Wert schaffen. Social Media in der B2B-Kommunikation.* Darmstadt.

Preusse, J., & Zielmann, S. (2009). Funktion und Stellenwert von PR in Interessenverbänden der Wirtschaft. *PR-Magazin, 40* (5), 63-68.

Preusse, J., & Zielmann, S. (2010). Verbands-PR und Lobbying im Vergleich. In O. Hoffjann, & R. Stahl (Hrsg.), Rucht, D. (1993). Parteien, Verbände und Bewegungen als Systeme politischer Interessenvermittlung. In O. Niedermayer, & R. Stöss (Hrsg.), *Stand und Perspektiven der Parteienforschung in Deutschland* (S. 251-275). Opladen: Westdeutscher Verlag.

Rückel, R. R. (1983). Öffentlichkeitsarbeit von Wirtschaftsverbänden. In F. Ronneberger, Franz (Hrsg.), *Public Relations des politischen Systems. Staat, Kommunen und Verbände* (S. 92-111). Wiesbaden.

Sahner, H. (1993). Vereine und Verbände in der modernen Gesellscaft. In H. Best (Hrsg.), *Vereine in Deutschland. Vom Geheimbund zur freien gesellschaftlichen Organisation* (S. 11-118). Bonn.

Schütte, D. (2010). Strukturen der Kommunikationsarbeit von Verbänden: empirische Befunde. In O. Hoffjann, & R. Stahl (Hrsg.), *Handbuch Verbandskommunikation* (S. 155-176). Wiesbaden: VS-Verlag.

Schmitter, P. C., & Wolfgang, S. (1981). The Organization of Business Interests: Studying the Associative Action of Business in Advanced Industrial Societies. *MPIfGD iscussion Paper,* IIM/LMP 81-13.

Schwarz, A., & Pforr, F. (2010). Krisenkommunikation deutscher Verbände. In O. Hoffjann, & R. Stahl (Hrsg.), *Handbuch Verbandskommunikation* (S. 353-377). Wiesbaden: VS-Verlag.

Steiner, A. (2009). *System Beratung. Politikberater zwischen Anspruch und Realität.* Bielefeld: transcript.

Steiner, A., & Jarren, O. (2009). Intermediäre Organisationen unter Medieneinfluss? Zum Wandel der politischen Kommunikation von Parteien, Verbänden und Bewegungen. In F. Marcinkowski, & B. Pfetsch, (Hrsg.), *Politik in der Mediendemokratie* (S. 251-269). Wiesbaden: VS-Verlag.

Streeck, W. (1987). Vielfalt und Interdependenz. Überlegungen zur Rolle von intermediären Organisationen in sich ändernden Umwelten. *Kölner Zeitschrift für Soziologie und Sozialpsychologie*, 39, 471-495.

Szyszka, P., Schütte, D., & Urbahn, K. (2009). *Public Relations in Deutschland. Eine empirische Studie zum Berufsfeld Öffentlichkeitsarbeit.* Konstanz: UVK-Verlag.

Velsen-Zerweck, B. von (2001). Verbandsmarketing. Grundlagen, Besonderheiten und Handlungsfelder. In D. K. Tscheulin, & B. Helmig (Hrsg.), *Branchenspezifisches Marketing* (S. 429-461). Wiesbaden: Gabler.

Voss, K. (2010). Online-Kommunikation von Verbänden. In O. Hoffjann, & R. Stahl (Hrsg.), *Handbuch Verbandskommunikation* (S. 293-316). Wiesbaden: VS-Verlag.

Vowe, G. (2007). Das Spannungsfeld von Verbänden und Medien: Mehr als öffentlicher Druck und politischer Einfluss. In T. v. Winter, & U. Willems (Hrsg.), *Interessenverbände in Deutschland* (S. 465-488). Wiesbaden: VS-Verlag.

Wiesenthal, H. (1993). Akteurkompetenz im Organisationsdilemma. Grundprobleme strategisch ambitionierter Mitgliederverbände und zwei Techniken ihrer Überwindung. *Berliner Journal für Soziologie*, 1, 3-18.

Zeese, J. (2010). Verbandszeitschriften: empirische Befunde. In O. Hoffjann, & R. Stahl (Hrsg.), *Handbuch Verbandskommunikation* (S. 223-236). Wiesbaden: VS-Verlag.

Zimmer, A. (2007). *Vereine – Zivilgesellschaft konkret* (2. Aufl.). Wiesbaden: VS-Verlag.

Zimmer, A., & Paulsen, F. (2010): Verbände als Dienstleister. In O. Hoffjann, & R. Stahl (Hrsg.), *Handbuch Verbandskommunikation* (S. 39-55). Wiesbaden: VS-Verlag.

Zittel, T. (2009). Entmedialisierung durch digitale Medien. In F. Marcinkowski, & B. Pfetsch, (Hrsg.), *Politik in der Mediendemokratie* (S. 366-389). Wiesbaden: VS-Verlag.

Wie und warum werden facebook-Profile von NGOs genutzt?

Befunde einer empirischen Rezipientenstudie

Joachim Preusse und Anne Schulze

Zusammenfassung

Das „Web 2.0" im Allgemeinen und Social Media-Plattformen im Besonderen stellten für die strategische Kommunikation intermediärer Organisationen von Beginn an eine große Herausforderung dar. PR-Praktiker sehen eine Bedeutungszunahme von Social Media für die strategische Kommunikation. Als eine der wesentlichsten Konsequenzen des „Web 2.0" für den Onlinekommunikationsprozess gilt die veränderte Rezipienten-rolle – vom Empfänger zum Kommunikator und Produzenten von Inhalten. Während bereits eine umfangreiche Debatte zur Anpassung der strategischen Kommunikation an neue Social Media-induzierte Rahmenbedingungen entstanden ist, bestanden zum Zeitpunkt der Studie große Forschungslücken hinsichtlich der Motive, Erwartungen und Ansprüche von Nutzern an Web 2.0-spezifische Angebote intermediärer Organisationen. Mit einer Analyse des Nutzerverhaltens konnten die Autoren die Vermittlungsleistungen intermediärer Organisationen zu ihren externen Bezugsgruppen im Web 2.0 aus einer bisher vernachlässigten Perspektive in den Blick nehmen und Prognosen anstellen, wie intermediäre Organisationen ihre Kommunikationsaktivitäten ausgestalten müssen, um ihrer politischen Funktion einer Vermittlungsinstanz zwischen der Bürgerschaft und dem politischen Entscheidungssystem unter Bedingungen des Web 2.0 erfolgreich nachkommen zu können.

1 Einleitung

Dieser Beitrag verfolgt zwei Ziele: Zum einen wird ein Überblick über die Themen und Thesen des anwendungsbezogenen Diskurses zur Online-PR gegeben, zum anderen wird eine Studie zu den Nutzungsmotiven, Erwartungen und Ansprüchen von Nutzern an die Auftritte von NGOs in sozialen Onlinenetzwerken vorgestellt. Damit wird eine Forschungslücke bearbeitet, die sowohl im Hinblick auf die wissenschaftliche Forschung

© Springer Fachmedien Wiesbaden GmbH 2018
N. Remus und L. Rademacher (Hrsg.), *Handbuch NGO-Kommunikation*,
https://doi.org/10.1007/978-3-531-18808-9_18

zur Onlinekommunikation intermediärer Organisationen (im Überblick: Steiner und Jarren 2009) als auch im Hinblick auf die Kommunikationspraxis von NGOs relevant ist. Die Forschung zur Online-PR konzentriert sich bisher – wie die Forschung zur PR im Allgemeinen – überwiegend auf Organisationen als Kommunikatoren. Mit Blick auf die Kommunikatorseite besteht eine stark praxisbezogene, auch von der Beratungspraxis befeuerte Debatte zur Anpassung der PR unterschiedlicher Organisationstypen an die vergleichsweise neuen Rahmenbedingungen des ‚Web 2.0'. Auch die wissenschaftliche Forschung zur Online-PR weist eine Kommunikatorzentrierung auf, die sich u. a. in einer Dominanz von Studien zur PR von Unternehmen sowie zur Entstehung von ‚Gegenöffentlichkeit' zeigt (Schultz und Wehmeier 2010, S. 425f.).[1] Forschungslücken bestehen hinsichtlich der Rezipientenperspektive auf organisationale Kommunikationsofferten im Internet im Allgemeinen und die Auftritte in Sozialen Onlinenetzwerken im Besonderen. Diese Forschungslücke ist aus Sicht der Kommunikationspraxis von NGOs problematisch, denn so simpel es klingt: Die ausdifferenziertesten Kommunikationsstrategien verfehlen ihr Ziel, wenn sie an den Erwartungen und Ansprüchen der Bezugsgruppen vorbeigehen. Mit Blick auf die Optimierung der PR-Praxis konstatiert Pleil:

> „Für die Entwicklung von Kommunikationsstrategien für das Internet sind die Werthaltungen, Erwartungen und Interessen der Nutzer von zentraler Bedeutung. Diese sind so heterogen wie die Gesamtheit der Nutzer selbst. […] Mehr als bisher sollten […] die Perspektive[n] der Stakeholder und nicht allein die Ziele des Unternehmens oder der Institution in der Planung von Kommunikationsmaßnahmen ins Zentrum rücken." (Pleil 2012, S. 34)

Forschung muss sich also dementsprechend stärker mit den Nutzungsmotiven, Erwartungen und Ansprüchen auseinandersetzen, die Rezipienten dazu veranlassen, sich einem Web 2.0-Angebot konkreter NGOs zuzuwenden. Welche Bedeutung messen Rezipienten konkreten NGO-Auftritten in sozialen Netzwerken als Informationsquellen zu? Was motiviert sie, derartige Angebote zu nutzen? Liegen der Nutzung derartiger Angebote bestimmte gesellschaftliche Wahrnehmungen von NGOs zugrunde? Steht der regelmäßige Besuch von NGO-Auftritten auf Web 2.0-Plattformen in Zusammenhang mit der allgemeinen Nutzung dieser Plattformen? Welchen Effekt hat die Nutzung konkreter NGO-Seiten in sozialen Netzwerken auf kommunikative und operative Anschlusshandlungen sowie Einstellungsänderungen bezüglich der NGO? Im Folgenden wird zunächst aus der Kom-

---

1   Gleichwohl zeigt ein differenzierter Blick auf die Forschung zu Sozialen Onlinenetzwerken, dass auch der Kommunikatoraspekt nicht hinreichend erforscht ist. Organisationsprofile in Sozialen Onlinenetzwerken, die im Rahmen der strategischen Kommunikation angelegt werden, sind gegenüber Profilen, die von Privatpersonen angelegt werden, bisher deutlich seltener Gegenstand von Studien: „Unterbelichtet bleibt die Rolle […] jener Akteure, die soziale Netzwerke professionell für das Erreichen partikularer Persuasionsziele (Werbung, ‚Public Relations') oder publizistischer Ziele (Journalismus, Unterhaltung etc.) verwenden. Dadurch kommt es zu einer Amalgamierung von Kommunikation mit privater Relevanz mit jener Kommunikation, die bislang für die massenmediale Öffentlichkeit typisch war." (Neuberger 2011, S. 35)

munikatorperspektive ein knapper Überblick über zentrale Aspekte der anwendungsbezogenen Auseinandersetzung mit Online-PR gegeben (Kapitel 2). Die Einsichten und Handlungsempfehlungen des anwendungsbezogenen Diskurses zur Online-PR liegen bereits systematisch aufbereitet in Handbuchform vor (Pleil 2012; Zerfaß und Pleil 2012a; Meckel und Stanoevska-Slabeva 2008; Meckel 2008; Pleil und Zerfaß 2007; Pleil 2007). Daher werden sie in Kapitel 2 kursorisch dargestellt. Im Anschluss werden wissenschaftliche Perspektiven auf die (Online-) PR von NGOs skizziert (Kapitel 3). In Vorbereitung der Darstellung der empirischen Studie werden in Kapitel 4 theoretische Zugänge und empirische Befunde zur Rezeption und Nutzung von strategischen Kommunikationsangeboten im Internet skizziert. Ausgewählte Befunde einer empirischen Studie der Verfasser zu den Nutzungsmotiven, Erwartungen und Ansprüche an die Auftritte von NGOs in sozialen Onlinenetzwerken (Kapitel 5) und schlussfolgernde Betrachtungen (Kapitel 6) folgen abschließend.

2 Themen und Thesen im Diskurs zur Online-PR

Der kommunikationswissenschaftliche Diskurs zur Online-PR ist zum größten Teil funktionalistisch geprägt. Mit dem Begriff ‚funktionalistischer‘ PR-Forschung wird hier mit Wehmeier und Röttger diejenige Tradition der PR-Forschung verstanden, die sich durch eine positivistische, unkritische und theoriearme Herangehensweise an das Phänomen PR auszeichnet (Wehmeier und Röttger 2011, S. 198, FN 2; Wehmeier 2006, S. 213f.). Funktionalistische PR-Forschung blendet aufgrund des weitgehenden Verzichtes auf sozialtheoretische Positionsbestimmungen die soziale Kontextuiertheit von PR-Kommunikation weitgehend aus und wird überwiegend als angewandte Forschung mit instrumenteller Orientierung betrieben. Der Terminus ‚funktionalistisch‘ ist insoweit nicht negativ konnotiert. Er beschreibt den Sachverhalt, dass dieser Forschungsstrang primär nicht der für die sozialwissenschaftliche Forschung typischen retrospektiven Methodik, sondern dem managementwissenschaftlichen Paradigma des Operations Research, das die auf die Zukunft gerichtete Optimierung von Prozessen zum Ziel hat, folgt. Ihr Ziel besteht darin, mit Hilfe wissenschaftlicher Forschung die Frage zu beantworten „wie PR möglichst effizient und effektiv die Organisation beim Erreichen ihrer Ziele unterstützen kann (vgl. etwa L. A. Grunig et al., 2002)." (Wehmeier und Röttger 2011, S. 199)[2] Sechs Themen sind zu nennen: Das Internet als Beobachtungs- und Selbstdarstellungsmedium, die Veränderung der Rahmenbedingungen der PR, das Internet und „Social Web" als Herausforderung für

---

2 Der funktionalistische Diskurs ist, darauf ist deutlich hinzuweisen, von einer kaum noch überschaubaren Vielzahl unmittelbar umsetzungsorientierter Handlungsleitfäden und Praxisempfehlungen zu unterscheiden, die entweder unmittelbar die Online-PR umfassen (Ruisinger und Jorzik 2008, S. 175ff.; Bogula 2007), eher instrumenten- bzw. technologiespezifisch argumentieren (Zerfaß und Pleil 2012b) oder von einzelnen Arbeitsfeldern der PR ausgehen (Pfannenberg 2011).

die PR-Praxis, internetbezogene Handlungsfelder der PR, die ambivalente Bewertung des Internet aus Sicht der PR-Praxis und eine Systematisierung von Typen der Online-PR. Diese Themen sind nicht NGO-spezifisch, betreffen NGOs aber gleichermaßen wie Unternehmen und andere Organisationstypen.

2.1   Internet als Beobachtungs- und Selbstdarstellungsmedium

Aus Organisationssicht kann das Internet grundsätzlich als Gegenstand organisationaler Umweltbeobachtung und als Selbstdarstellungsmedium zur Adressierung von Bezugsgruppen genutzt werden (Neuberger und Pleil 2006). Hinsichtlich der Nutzung als Selbstdarstellungsmedium sollten Onlineanwendungen, so die Empfehlung an die PR-Praxis, nicht ausschließlich und auch nicht primär als ein weiterer Kommunikationskanal betrachtet werden, der „mit dem bekannten Handwerkszeug […] bespielt werden kann." (Pleil und Zerfaß 2007, S. 517) Obgleich die Möglichkeit besteht, neben originär für das Internet entwickelten Inhalten auch Inhalte, die für andere Verbreitungswege konzipiert wurden, zu verbreiten, gilt es in der Praxis zunächst auf grundlegenderer Ebene zu berücksichtigen, dass das Internet die Beziehung zwischen Organisationen nahezu jedes gesellschaftlichen Handlungsfeldes und ihren Bezugsgruppen und damit die Rahmenbedingungen der PR selbst fundamental verändert. Klassischerweise wird davon ausgegangen, dass die technischen Eigenschaften des Internet dafür sorgen, dass die PR und darüber vermittelt Organisationen als Ganzes dialogischer, interaktiver authentischer und transparenter werden bzw. werden müssen.

2.2   Veränderung der Rahmenbedingungen der PR

Eine unter Schlagworten wie ‚Web 2.0', ‚Social Web' oder ‚Social Media' zusammengefasste Entwicklung beschreibt technische Anwendungen, die die individuelle und kollaborative Inhalteproduktion im Internet sowie die Vernetzung von Personen ohne oder nur mit geringen finanziellen und technischen Hürden ermöglichen.[3] Der zentrale Unterschied

---

3   Anwendungen des Web 2.0 bzw. Social Web zeichnen sich gesamthaft durch das Vorliegen mindesten eines der folgenden fünf Merkmale aus (Pleil 2012, S. 27f.; Pleil 2007, S. 12ff.): (1) Publizieren (Authoring): Ermöglichung des einfachen Editierens und Publizierens im Internet ohne besondere ökonomische Ressourcen oder technische Kenntnisse. (2) Teilen (Sharing): Textliche und audiovisuelle Informationen können prinzipiell jedem anderen Nutzer auf einfache Art und Weise zur Verfügung gestellt werden. (3) Zusammenarbeiten (Collaboration): Nutzer können – ebenfalls ohne besondere technische Kenntnisse – sowohl in definierten Arbeitsgruppen als auch in sich mehr oder weniger zufällig bildenden sozialen Gruppen zusammenarbeiten. (4) Vernetzen (Networking): Individuen und Organisationen können sich bzw. ihre digitalen Identitäten für andere sichtbar aufeinander beziehen. (5) Bewerten und Filtern (Scoring and Filtering): Nutzer können Informationsströme nach individuellen Kriterien selektieren, bewerten

zu den Anfangsjahren des Internet liegt darin, dass dieses nicht mehr wie ein klassisches Massenmedium genutzt wird, d. h. primär passiv, sondern ehemals auf eine Rezipientenrolle beschränkte Nutzer nun zu Produzenten werden können (Pleil 2012, S. 25ff.; Neuberger 2009; Neuberger und Gehrau 2011). Die Konsequenzen dieser durch technische Veränderungen ausgelösten Möglichkeiten der Online-Kommunikation für die PR-Praxis sind vielfältig: Neue Öffentlichkeiten entstehen (und verschwinden häufig auch recht schnell wieder), die Anzahl der von der PR zu beobachtenden Kommunikationsarenen steigt rapide, das Spektrum potentiell nutzbarer Kommunikationskanäle wird breiter u. v. a. m. Die Herausforderung für die PR besteht insoweit nicht allein in der „graduelle[n] Anpassung der Kommunikationskonzepte an das neue Internet" (Meckel 2008, S. 479). PR muss darüber hinaus erkennen, dass sie lediglich ein Kommunikator in einer Vielzahl an Kommunikatoren ist, dessen Informationsangebote im Prozess der sozialen Vernetzung sehr unterschiedlich und kaum vorhersagbar genutzt und verändert werden können (vgl. ebd.). Impliziert ist damit ein fundamentaler Rollenwechsel der PR. „Hierzu gehört auch die Überlegung, im Internet dort präsent zu sein, wo die Stakeholder sich ohnehin aufhalten, anstatt sie dazu bringen zu wollen, ein bestimmtes Angebot wie eine Corporate Website zu besuchen." (Zerfaß und Pleil 2012a, S. 66)

2.3 Internet und „Social Web" als Herausforderung für die PR-Praxis

Für die PR-Praxis scheint, schon weil das Hinzukommen neuer technischer Anwendungen und neuer Nutzungspraxen in einem kaum nachvollziehbaren Tempo vonstatten geht, zunächst weniger die Detailkenntnis der Funktionen aller Anwendungen bedeutsam, als vielmehr ein grundlegendes Verständnis der neuartigen Möglichkeiten der Online-Kommunikation und der (vermeintlich) notwendigen Veränderung des eigenen Selbstverständnisses (Pleil 2012, S. 26). Organisationstypübergreifende Berufsfeldstudien zeigen, dass das „coping with the digital evolution and the social web" (Zerfass et al. 2012, S. 54) tatsächlich als bedeutsamste Herausforderung der strategischen Kommunikation erkannt wird. Zugleich zeigt sich aber auch, dass eine große Lücke zwischen der wahrgenommenen Bedeutung von Social Media-Anwendungen einerseits und der tatsächlichen Implementierungsrate andererseits besteht; am größten ist die Lücke in Bezug auf mobile Applikationen („Apps", sonstige mobile Anwendungen) (Zerfass et al. 2012, S. 63ff.; Voss 2010, S. 305).

---

und filtern und bewertete bzw. gefilterte Informationen anderen Nutzern erneut zur Verfügung stellen – z. B. durch Mechanismen der manuellen Verschlagwortung und die Nutzung von Bewertungssystemen für Informationen.

2.4   Drei internetbezogene Handlungsfelder der PR

Nach Zerfaß und Pleil (2012a, S. 52f.; Pleil und Zerfaß 2007, S. 517ff.) können drei übergeordnete Handlungsfelder identifiziert werden, in denen die PR-Praxis sich systematisch mit
dem Internet auseinandersetzen muss. Zum Ersten gilt es, das Internet bzw. die Gesamtheit
seiner Anwendungen auf Unterstützungspotentiale für die, klassische PR-Arbeit bzw. das
PR-Management hin zu betrachten (z. B. Online-Stakeholderbefragungen, Onlineversand
von Pressemitteilungen) (ebd.). Insoweit liegt Online-PR quer zu klassischen Arbeitsfeldern
wie Medienarbeit, Finanzkommunikation, Mitarbeiterkommunikation, Public Affairs
u. a. m. Zum Zweiten gilt es, die Frage zu beantworten, ob und inwieweit das Potential zum
Aufbau eigener digitaler Öffentlichkeiten realisiert werden soll und inwieweit virtuelle
Zusammenschlüsse von Stakeholdern beobachtet und unterstützt werden sollen. Zum
Dritten ist es erforderlich, sich mit den Nutzungsmöglichkeiten von Social Media-Angebo-
ten und anderen Optionen des Internet auseinanderzusetzen: Bestimmte Bezugsgruppen
werden direkter ansprechbar, eigene Themenplattformen können aufgebaut werden und
Informationsbedürfnisse können zielgerichteter erfüllt werden (ebd.).

2.5   Ambivalente Bewertung des Internet aus Sicht der PR-Praxis

Die Bewertung des Internet bzw. der für die PR nutzbaren Anwendungen und Formate
ist aus Sicht der PR-Praxis ambivalent: Zum einen wird dem Internet das Potential zugeschrieben, „neue, direktere und effizientere Wege der Kommunikation zur Verfügung zu
stellen" (Schultz und Wehmeier 2010, S. 410), die es der PR ermöglichen, ihre Botschaften
auch ohne das Angewiesensein auf klassische Vermittlungsinstanzen wie Journalisten
bzw. Massenmedien an ihre Zielgruppen herantragen zu können (Neuberger 2009,
S. 36ff.), insofern also zu einer Verbesserung der Wirksamkeit und Zielgenauigkeit von
PR-Kommunikation beitragen. Zum anderen wird festgestellt, dass die zunehmende
Geschwindigkeit sowie das Potential der Partizipation und Gemeinschaftsbildung der
Nutzer dazu führt, dass Organisationen die Kontrolle sowohl über ihre selbstproduzierten
Medien und Inhalte als auch über ihre Fremdthematisierung noch umfassender als in
der Offline-Welt verlieren und auf ihre Reputation oder öffentliche Thematisierung keine
oder nur noch geringe Einwirkmöglichkeiten haben. Eher negativ dürfte aus Sicht der
PR-Praxis auch ins Gewicht fallen, dass der sprunghafte Zuwachs an Kommunikatoren
den Kampf um quantitative und qualitative Aufmerksamkeit und Resonanz verschärft hat.
Internetanwendungen können aus Sicht der PR folglich sowohl positiv als auch negativ
konnotiert werden. In positiver Deutung, die unterstellt, dass Organisationen bzw. ihre
PR-Abteilungen dem normativen Ideal symmetrischer Kommunikation bzw. dialogischer
Stakeholderbeziehungen (Grunig und Hunt 1984) tatsächlich entsprechen wollen, wird das
Internet bzw. Web 2.0 als Ermöglichungsfaktor einer im Vergleich zur Offline-Welt stärker
symmetrisch und dialogisch vorgehenden PR betrachtet. In negativer Deutung unterliegen
Organisationen einem durch das Internet bzw. Web 2.0 ausgelösten Zwang, in höherem

Maße symmetrisch bzw. dialogisch zu kommunizieren oder zumindest den Anschein zu erwecken, und zwar prinzipiell unabhängig von der Frage, ob sie dies wollen oder nicht.

Insbesondere ist zu bedenken, dass eine Organisation, deren Ressourcen nicht für eine konsequente und kontinuierliche Dialogorientierung ausreichen und / oder deren Organisationskultur nicht entsprechend ausgeprägt ist, nicht schon deshalb transparenter oder in ihrer Kommunikation dialogorientierter, symmetrischer oder gar verständigungsorientiert(er) wird, weil sie im Rahmen ihrer PR-Arbeit bestimmte Techniken und Anwendungen des Web 2.0 implementiert bzw. nutzt. In weiten Teilen der normativ geprägten PR-Theorie wird dem Internet „das Potenzial zugeschrieben, seine Nutzung und Wirkung direkt zu determinieren, statt die Entfaltung bestimmter Handlungs- und Nutzungsweisen vor dem Hintergrund ihres sozialen Gebrauches, individueller und kollektiver Bedeutungszuweisungen oder auch einschränkender rechtlicher oder finanzieller Faktoren zu spiegeln." (Schultz und Wehmeier 2010, S. 423; Eisenegger 2008) Aus Sicht der PR-Praxis ist davon auszugehen, dass ein ernsthafter Dialogversuch, wenn überhaupt, dann unternommen wird, wenn dies im Sinne der Organisationsziele als funktional und notwendig angesehen wird (Pleil 2012, S. 34).

2.6   Systematisierung: Drei Typen der Online-PR

Nach Pleil (2007, S. 16ff.; Zerfaß und Pleil 2012a, S. 53ff.) können drei Typen der Online-PR unterschieden werden. Sie gelten sowohl als aufeinander aufbauende historische Entwicklungsstufen, zugleich wird behauptet, dass sie in der Gegenwart parallel existieren und von Organisationen abhängig von den zur Verfügung stehenden Ressourcen und der jeweiligen Kommunikationskultur in Organisationen im Sinne eines Praxisschemas angewendet werden (können) (Zerfaß und Pleil 2012a, S. 57). (1) *Digitalisierte PR* umschreibt eine Situation, in der „das Internet von der PR-Praxis zunächst vor allem als weiterer Distributionskanal genutzt wurde" (Pleil 2007, S. 16). Der kommunikationsstrategische Fokus liegt im Wesentlichen auf der Bereitstellung von Informationen über die jeweilige Organisation, d. h. auf der Verlagerung des Corporate Publishing und der Pressearbeit ins Internet (Zerfaß und Pleil 2012a, S. 55). (2) *Internet-PR* bietet zusätzlich indirekte Rückkanäle, mittels derer (1) Bezugsgruppen in Kontakt zur Organisation treten können, beispielsweise durch Feedback- oder Kontaktformulare, und (2) die der kontinuierlichen Optimierung des Angebotes dienen (z. B. Nutzerbefragungen, Usability-Tests, statistische Auswertungen von Web-Servern) (ebd.). (3) *Cluetrain-PR* (in Anlehnung an das sog. Cluetrain-Manifest, Levine et al. 2000) ist demgegenüber in besonderem Maße dialogorientiert. Zwar wird nicht vorausgesetzt, dass Organisationen, die Cluetrain-PR betreiben, „zwangsläufig in jeder Kommunikationssituation Dialoge pflegen (müssen), doch sind sie hierzu zumindest bei Bedarf in der Lage oder sie beteiligen sich an Dialogen." (Zerfaß und Pleil 2012a, S. 56) Die Anerkennung der Parallelexistenz der drei Stufen in der Gegenwart verdeutlicht, dass mit Online-PR nicht per se eine stärkere Dialogorientierung einhergehen muss, sondern dass das Internet von Organisationen in unterschiedlicher Form – und das heißt auch im

Sinne asymmetrischer Kommunikation – eingesetzt werden kann. Es ist insoweit darauf hinzuweisen, dass Cluetrain-PR nicht pauschal als zielführender oder den anderen Typen grundsätzlich überlegen ist, sondern seine Sinnhaftigkeit in Abhängigkeit von situativen Voraussetzungen, insbesondere den zur Verfügung stehenden Ressourcen und der organisationalen Kommunikationskultur, geprüft werden muss (Pleil 2007, S. 20; Zerfaß und Pleil 2012a, S. 56f.; Pleil und Zerfaß 2007, S. 517).

3   Wissenschaftliche Perspektiven auf die Online-PR von NGOs

Generell gilt, dass die Ziele der Online-PR von NGOs sowie die eingesetzten Instrumente und Maßnahme (1) ebenso vielfältig sind wie die NGO-Szene selbst und insbesondere (2) mit den konkreten Organisationszielen und Handlungsspielräumen je spezifischer NGOs variieren. Genauso wenig, wie es ‚die' NGO gibt, lassen sich folglich ‚die' Besonderheiten der NGO-PR im Allgemeinen oder der Online-PR von NGOs im Besonderen identifizieren. Gleichwohl lassen sich drei übergeordnete, eng zusammenhängende Forschungsfelder identifizieren, innerhalb derer die Kommunikationsaktivitäten von NGOs und damit auch ihre Online-PR eine Rolle spielen: NGOs als Akteure der Gegenöffentlichkeit, der Zivilgesellschaft und als Träger von Protestkampagnen.

Als kollektive Akteure der Gegenöffentlichkeit (Wimmer 2007; Scholl 2009) gilt ihre PR im Allgemeinen und ihre Online-PR im Besonderen als Mittel der Information, der Mobilisierung und des Protestes (Zimmermann 2006; Emmer und Bräuer 2010, S. 322). Dem Internet bzw. der Online-Kommunikation werden in diesem Zusammenhang die Funktionen der Ermöglichung von Artikulation, Emanzipation und Identitätsbildung, die Möglichkeit zur Verbreitung von Information und Kommunikation sowie die Möglichkeit zur Mobilisierung, Organisation, Protestorganisation und Subversion zugeschrieben (Wimmer 2007, S. 215ff.). Die im Diskurs dominierende Basisannahme besagt, dass das Internet insbesondere ressourcenarmen Akteuren die Möglichkeit bietet, kostengünstig große Publika zu erreichen und dass vermeintlich marginalisierte Gruppen und Organisationen, die sich für (vermeintlich) vernachlässigte Themen einsetzen, ihre Positionen einer globalen Öffentlichkeit zugänglich machen können und im Internet effektive und effiziente Wege finden, Interessenten, Mitglieder und potentielle Neumitglieder anzusprechen (Emmer und Bräuer 2010, S. 322). In diesem Feld dominieren zahlreiche Einzelfallstudien, u. a. zum Beitrag von Angeboten der Online-PR zur politischen Mobilisierung, zu unterschiedlichen Nutzungsweisen des Internet im Rahmen der Unternehmenskritik oder zur Bildung einer Typologie von Taktiken des Online-Protestes (Emmer und Bräuer 2010, S. 323). Weiterhin ist der Diskurs stark durch prominent diskutierte und spektakuläre Beispielfälle, die überwiegend (vermeintliche) Erfolge der Online-PR von NGOs fokussieren, geprägt. Immer wieder wird in diesem Zusammenhang der geschickte Einsatz unterschiedlicher Online-Anwendungen durch Organisationen der Anti-Globalisierungsbewegung angeführt (Voss 2010, S. 294). In einer Übersicht über Studien zum Einsatz unterschiedlicher Instrumente der Online-PR von Unternehmen und NGOs gelangen Schultz und Wehmeier zu der Erkenntnis, dass „die Erwartungen hinsichtlich der neuen Wege der Machtausübung [durch (vermeintlich) ressourcenarme Akteure] und Befürchtungen um Verlust vorheriger Kontrollmöglichkeiten [auf Seiten ressourcen- bzw. PR-starker Akteure], welche den Diskurs um die Online-Kommunikation prägen, als übertrieben einzustufen [sind]." (Schultz und Wehmeier 2010, S. 423)[4] Als Kernergebnis einer jüngeren NGO-Studie[5] kann festgehalten werden, dass im Vordergrund der Online-PR die „ungefilterte Informationsvermittlung" (Voss 2010, S. 299) steht und interaktive Anwendungen von weniger als einem Drittel der Organisationen genutzt werden.

> „Die bisherige Forschung zeigt [...] ein differenziertes Bild zum Einsatz von neuen Medien durch Verbände und NGOs. Insbesondere positive Einzelbeispiele zeigen, dass das Internet die Kommunikation von Verbänden grundlegend verändern kann, ja sogar einen organisatorischen Wandel auslösen kann. Letztlich bleiben es aber vielfach Einzelbeispiele, die durch die wenigen übergreifenden Studien nicht bestätigt werden." (Voss 2010, S. 297)

Unter Social Web-Anwendungen sind RSS-Feeds, Online-Umfragen und die Nutzung von Twitter am weitesten verbreitet (Voss 2010, S. 302f.). Soziale Onlinenetzwerke, eigene Blogs und eigen YouTube-Kanäle haben nur eine untergeordnete Bedeutung (ebd.). Die von den NGOs beobachtete Resonanz auf organisationseigene YouTube- und Twitterkanäle ist – von prominenten Ausnahmen wie Greenpeace abgesehen – gering (Voss 2010, S. 310f.).[6]

In einer gewissen Nähe zur Perspektive auf NGOs als Akteure der Gegenöffentlichkeit steht ihre Betrachtung als Akteure der Zivilgesellschaft (Albers 2000). Zivilgesellschaftliche Akteure agieren mehr oder weniger eng an der Schnittstelle zum politisch-administrativen

---

4 Eine ähnlich ernüchternde Befundlage ergibt sich auch für die übergeordnete Frage nach Qualität und Diskursivität von Debatten innerhalb der Internetöffentlichkeit. Jarren und Donges fassen empirische Studien zusammen: „Ein Mehr an Möglichkeiten in der Netzöffentlichkeit bedeutet nicht automatisch eine höhere Qualität öffentlicher Diskurse." (Jarren und Donges 2011, S. 113; Emmer und Wolling 2010). Den Schluss, dass die Internetöffentlichkeit „demokratischer", diskursiver oder vielfältiger ist als die traditionelle Medienöffentlichkeit, lassen vorliegende empirische Studien nicht zu (ebd.; Beck 2010, S. 32). Neuberger (2009, S. 50ff.) weist in diesem Zusammenhang auf ein der Internetöffentlichkeit inhärentes Spannungsverhältnis zwischen Partizipation und Interaktion hin: „Im Internet kann jeder publizieren, doch je größer die Zahl derjenigen ist, welche diese Option nutzen, desto geringer ist die Chance auf tatsächliche Rezeption, Resonanz und Einflussnahme auf die öffentliche Meinungsbildung. Die Gleichheit im Diskurs, aber auch andere [diskurstheoretisch geforderte] Anforderungen an den Diskursverlauf [...] sind am ehesten im kleinen Rahmen für wenige Privilegierte realisierbar [...]." (Neuberger 2009, S. 52)

5 Befragt wurden in dieser Studie 65 Verbände und NGOs aus verschiedenen gesellschaftlichen Handlungsfeldern (Voss 2010, S. 298). Genauere Angaben zur Zusammensetzung des Samples und die organisationsstrukturelle Verortung der Befragten Mitarbeiter werden nicht gemacht.

6 Vgl. für weitere quantitative Daten zur NGO-PR im Allgemeinen und der Online-PR von NGOs im Besonderen die Arbeiten von Voss (2006; 2007; 2008). Die Thematisierung einer prominenten Ausnahme findet sich bspw. bei Gysel et al. (2012).

Entscheidungssystem, unterscheiden sich von Akteuren des politisch-administrativen Entscheidungssystems aber dadurch, dass sie keinen direkten bzw. formalen Einfluss auf politische Entscheidungen haben.[7] Daraus wird regelmäßig abgeleitet, dass sie darauf angewiesen sind, politischen Einfluss mittels des Aufbaus öffentlichen Drucks auszuüben (Emmer und Bräuer 2010, S. 322). Aus Sicht von NGOs und anderen zivilgesellschaftlichen Akteuren gewinnt (Online-) PR folglich im Zuge der Interessenvermittlung an das politische Entscheidungszentrum und Beeinflussung desselben sowie der Mobilisierung von Unterstützung an Bedeutung (Pleil 2005, S. 9).[8]

Weiterhin wird die Online-PR von NGOs im Rahmen der Analyse unternehmenskritischer Kampagnen bzw. der Kommunikation (transnationaler) Protestakteure untersucht Baringhorst (2009; Baringhorst 2010; Baringhorst et al., 2010; vgl. Ingenhoff und Meys 2012).[9] Internetbasierte Kommunikation wird in diesem Zusammenhang insbesondere im Hinblick auf folgende Aspekte diskutiert: (1) Logistische Vor- und Nachteile in der Protestmobilisierung (logistische Funktion), (2) die Wissensproduktion und -vermittlung in netzbasierten Öffentlichkeiten (kognitive Funktion), (3) die Nutzung des Internets als Waffe und / oder Zielscheibe politischen Protests (taktische Funktion), (4) die Ermöglichung transnationaler Netzwerkbildung (soziale Organisationsfunktion) sowie (5) die Ermöglichung virtueller Gemeinschaftsbildung (affektive Funktion) (Baringhorst 2009, S. 612ff.). Das Internet gilt in diesem Zusammenhang als „mediale Gelegenheitsstruktur"

---

7 Insofern können zivilgesellschaftliche Akteure auch als intermediäre Organisationen betrachtet werden (Rucht 1991).

8 Innerhalb der politikwissenschaftlichen Verbändeforschung wird die Kommunikation mit dem politisch-administrativen System (Ministerialbürokratie, Parteien, Bundesregierung und Mitglieder des Bundestags) zumeist in öffentliche („pressure") und nicht-öffentliche Kommunikationsformen („lobbying") differenziert. Ziel der öffentlichen Verbandskommunikation ist demnach die Entfaltung öffentlichen Drucks, u. a. über die Mobilisierung von Wählerstimmen, und die Durchführung von Demonstrationen; zum direkt-persönlichen Lobbying zählen u. a. die personelle Vertretung von Verbandsmitgliedern in politischen Organisationen und Gremien, die Weitergabe von Fachinformationen, aber auch die Einflussnahme über Geldzahlungen (von Alemann 1996; Weber 1977)

9 NGOs treten hier als Initiatoren politischen Protestes gegen verschiedene unternehmenspolitische Entscheidungen und Handlungen, die sie als Normverletzungen bewerten, in Erscheinung. Kritisiert werden insbesondere „als sozial ungerecht empfundene Handels- und Produktionspraxen ganzer Branchen" (Baringhorst 2010, S. 11) – jüngere Beispiele betreffen u. a. die Kritik an der (vermeintlichen) Verletzung von Normen nachhaltiger Nahrungsmittelproduktion, von tierrechtlicher Normen und von Normen des Umweltschutzes oder der Menschenrechte (vgl. ebd.). Ziel der entsprechend agierenden NGOs ist es insbesondere, „Konsumhandlungen moralisch und politisch aufzuladen" (Baringhorst 2010, S. 13), d. h. das Konsumverhalten möglichst großer Bevölkerungsteile an die Bürgerrolle zu knüpfen bzw. Protestpolitik über die Mobilisierung von Konsumentenmacht zu betreiben. „Durch medienwirksame Thematisierung von Menschenrechtsverletzungen oder Umweltproblemen kann es ihnen [NGOs] [...] gelingen, für skandalisierte Protestanlässe im nationalen wie transnationalen Raum Öffentlichkeit zu erzeugen und dadurch nationale Regierungen oder transnationale Konzerne unter Druck zu setzen." (Baringhorst 2010, S. 15)

(Baringhorst 2010, S. 17), die neben politischen und ökonomischen Gelegenheitsstrukturen bzw. Transformationsprozessen die Zielerreichung von NGOs, z. B. die Mobilisierung von Verbrauchern durch (transnationale) Anti-Corporate Campaigns, begünstigt. Insbesondere ressourcenarmen NGOs könnten, so die Annahme, großen Nutzen aus den Möglichkeiten der Onlinekommunikation ziehen. Von zahlreiche Autoren wird

> „die Einführung und Verbreitung digitaler Medien, insbesondere des Internets, als Chance zur Umkehrung des Trends zur professionellen Kampagnenpolitik [gedeutet]. Das Netz, so die Annahme, biete insbesondere ressourcenarmen Akteuren – wie vor allem Protestakteuren – die Möglichkeit, die Selektionsfilter massenmedialer Gatekeeper zu umgehen. Die technische Struktur des Web 2.0 trage zu einer Desintermediarisierung der Kommunikation bei und schaffe durch Wikis, Blogs und soziale Netzwerkportale neue Anreize, die Konsumentenhaltung von Medienrezipienten zugunsten einer autonomen, selbstbestimmten Medienproduktion zu durchbrechen [...].“ (Baringhorst 2010, S. 25)

Daraus ist jedoch nicht pauschal ein Bedeutungsverlust großer, professionell agierender NGOs und / oder ihrer auf die Herstellung von massenmedialer Aufmerksamkeit bzw. Medienöffentlichkeit gerichteter Kampagnenpolitik zu folgern, ist doch die wirksame Artikulation politischen Protestes ohne diese kaum möglich (Kneip 2010, S. 140ff.). Ziel einer jeden NGO muss insoweit vielmehr die „Vernetzung von Online- und Offline-Räumen" (Kneip 2010, S. 142) sein. Grundlegend kann mit Blick auf die Online-PR von NGOs zwischen „einer primär der Netzwerklogik folgenden egalitär ausgerichteten Protestkommunikation, die auf die Erzeugung einer alternativen Netzöffentlichkeit zielt, und einer eher hierarchisch organisierten Kampagnenkommunikation im Netz, deren Logik primär an den Selektionsfiltern einer massenmedial vermittelten Öffentlichkeit orientiert ist" (Baringhorst 2009, S. 610), unterschieden werden. In der Gesamtsicht auf die PR von NGOs bietet das Internet insbesondere Möglichkeiten der Etablierung interner, demokratisch organisierter bottom-up-Strukturen, z. B. im Rahmen der kollaborativen Produktion von Webseiten oder Blogs; damit ist jedoch eine Berücksichtigung in der Berichterstattung der Massenmedien keineswegs garantiert: Die erfolgreiche Ansprache eines massenmedialen Publikums hängt „noch immer primär von einem erfolgreichen top-down-strukturierten Kommunikationsmanagement ab." (Baringhorst 2009, S. 629) Im Protestzusammenhang erlangt die auf Onlinemedien gerichtete PR insbesondere auch vor dem Hintergrund Bedeutsamkeit, dass klassische Massenmedien i. d. R. von Werbegeldern der Wirtschaft abhängig sind, die es unternehmenskritischen Akteuren erschweren, in den Massenmedien positive Resonanz zu finden (Baringhorst et al. 2010, S. 32). Den Ausführungen zum anwendungsbezogenen Diskurs zur Online-PR folgt nun die wissenschaftliche Einordnung von Nutzungsmotiven, Erwartungen und Ansprüchen der Rezipienten, die die Zuwendung zu einem Web 2.0-Angebot konkreter NGOs erklären.

4 Theoretische Zugänge und empirische Befunde zur Rezeption und Nutzung strategischer Kommunikationsangebote im Internet

Ein grundlegendes Verständnis von Motiven der Mediennutzung, dem Selektionsverhalten bezüglich bestimmter Medieninhalte und weiterer Faktoren der Medienrezeption erlaubt eine Beurteilung der Funktionen von sozialen Netzwerken für den Rezipienten. Die Motive, die Menschen dazu bewegen, Medien zu nutzen, sind unterschiedlich und vielfältig. Nach Schweiger lassen sich vier Motivgruppen ausmachen: kognitive, affektive sowie soziale Motive und Motive der Identitätsbildung (Schweiger 2007, S. 92ff.).

4.1 Rezeption und Nutzung von Medieninhalten

Zu den kognitiven Motiven zählt insbesondere das Bedürfnis nach Information (Schweiger 2007, S. 92). Bei affektiven Motiven stellt die Unterhaltung die grundlegende Funktion dar. Das Verständnis für das zunächst einmal global gefasste Unterhaltungsmotiv hat sich in der Kommunikationswissenschaft weiter ausdifferenziert: Unterhaltung kann entweder als Motiv für eine Mediennutzung oder als Erlebnisqualität während der Mediennutzung verstanden werden. Bedeutsam für die medien- und kommunikationswissenschaftliche Motivforschung wurden auch affektive Bedürfnisse des Zeitvertreibs, des Eskapismus sowie das des kognitiven Stimulationshungers. Negative und positive Unterhaltungsmotive ergänzen sich also hinsichtlich der Affektivität (Schweiger 2007, S. 104ff.). Soziale Motive der Mediennutzung sind etwa Bedürfnisse nach medienvermittelter, interpersonaler Kommunikation, nach Kommunikation in Gruppen, das Bedürfnis zur Suche nach sozialen Kontakten sowie oder Bedürfnis, sich an Alltagsdiskursen zu beteiligen. Hier ist der Aspekt der Anschlusskommunikation angesprochen, der ein entscheidendes soziales Motiv für die Nutzung von sozialen Netzwerken darstellt. Soziale Motive sind generell entscheidend bei der Nutzung sozialer Onlinenetzwerke. Nach Gehrau stellen Soziale Onlinenetzwerke ein Konglomerat von interpersonaler und massenmedialer Kommunikation dar (Gehrau 2011, S. 30f.; Schweiger 2007, S. 120ff.). Die letzte Motivgruppe nach Schweiger stellen die Motive zur Identitätsbildung dar. Die in den Medien auftretenden Personen definieren Werte und Einstellungen, zu denen sich der Rezipient abgrenzen oder diese teilen kann. Motive der Identitätsbildung sind in der Medien- und Kommunikationswissenschaft allerdings verhältnismäßig wenig beforscht, da das Identitätskonstrukt in seiner Komplexität schwer zu erfassen ist (Schweiger 2007, S. 129ff.).

Motive bilden also die Grundlage, auf Basis derer Rezipienten Medieninhalte auswählen. Diese werden dabei meist in einer Niedrigkostensituation ausgewählt, d. h. gemäß den Nutzungsgewohnheiten des Rezipienten. Hier erfolgt die Entscheidung für einen Medieninhalt heuristisch und anhand von vorhandenen Medienschemata. Des Weiteren sind Entscheidungen hinsichtlich Medieninhalten an Medienfaktoren (analog zu Nachrichtenfaktoren), die im Laufe der Mediensozialisation erlernt wurden (Schweiger 2007,

S. 196). Entsprechende Medienfaktoren stellen etwa Gestaltungsmerkmale von Webseiten dar. Diese können die Selektion persönlich relevanter Medieninhalte beeinflussen. Es konnte beispielsweise festgestellt werden, dass die Gestaltung von Links oder der moderate Einsatz von Graphiken zu einer Selektion des entsprechenden Angebots durch den Rezipienten führte (Wandke und Hurtienne 1999, S. 288ff.).

Neben Motiven stellt das Involvement-Konzept einen weiteren relevanten Aspekt für eine Annäherung an die Rezeption und Nutzung von medialen Angeboten dar. Das Involvement-Konzept dimensioniert Informationsverarbeitung und Erleben, wobei Involvement auf der einen Seite als Voraussetzung für Rezeption verstanden wird (Informationsverarbeitung), auf der anderen Seite als Folge oder Funktion (Erleben). Involvement ist zu verstehen als „situative Interkation zwischen einem Rezipienten und dem Inhalt oder Objekt einer Medienbotschaft." (Schweiger 2007, S. 199). Es kann also als grundlegendes Interesse einer Person für bestimmte Medieninhalte, Medien oder Produkte verstanden werden. Hieraus ergibt sich der Grad der Motivation, sich mit einer Medienbotschaft auseinanderzusetzen. Die persönliche Relevanz für die Botschaft ist dabei entscheidend, diese kann individuell unterschiedlich sein (Schweiger 2007, S 196ff.).

4.2   Rezeption und Nutzung von Sozialen Onlinenetzwerk-Angeboten

Die Erkenntnisse über grundlegende Rezeptions- und Nutzungsprozesse lassen sich nun auf die Nutzung von Sozialen Onlinenetzwerk-Angeboten – und hier vor Allem auf die Nutzung von NGO-Angeboten in sozialen Netzwerken – übertragen. Regelmäßig erscheinende Studien, wie die ARD/ZDF-Online-Studie, betrachten zunehmend auch die Nutzung von sozialen Onlinenetzwerken und ihren Teilbereichen, indem sie beispielsweise die Nutzungsgewohnheiten von eher beruflich genutzten und eher privat genutzten Plattformen betrachten (Busemann und Gscheidle 2012, S. 380; van Eimeren und Frees 2012, S. 364ff.).

4.3   Zur Nutzung von Web 2.0-Angeboten

Generell wird deutlich: Jüngere Menschen unter 30 Jahren nutzen das Internet weitaus häufiger und intensiver als ältere Menschen. Sie nutzen das Medium fast täglich mit durchschnittlich 168 Minuten pro Tag. Auch nutzt die jüngere Generation Web-2.0-Angebote, zu denen neben den Sozialen Netzwerken auch Audio- und Videoportale zählen, in deutlich höherem Umfang als die älteren Nutzer. 75% der unter 30-Jähren nutzen Online-Communities mindestens einmal pro Woche. Demgegenüber werden die Communities nur von 30% der 30- bis 49-Jährigen, 12% der 50- bis 69-Jährigen und 4% der Nutzer ab 70 Jahren in diesem Maße genutzt. Der Austausch steht in sozialen Netzwerken zwar im Vordergrund, in erster Linie werden Communities und Soziale Onlinenetzwerke aber zur Kontaktpflege genutzt. Von der Option, selbst Content einzustellen, wird dabei eher wenig Gebrauch gemacht. Bei den jüngeren Nutzern scheint der Trend eher zum Passiv-Konsumierenden als zum Aktiv-Gestaltenden zu gehen. Nahezu 100% der 14- bis 29-Jährigen rezipiert beispielsweise Videos im Netz, aber nur 7% dieser Gruppe stellten selber Videos ins Netz. Lediglich 4% betätigen sich in Blogs oder twittern (3%) (van Eimeren und Frees 2012, S. 364, 369). In einer qualitativen Ergänzungsstudie zur ARD/ZDF-Onlinestudie 2012 zeigte sich, dass 60% der Internetnutzer Social-Web-Angebote nahezu gar nicht, und wenn, dann eher passiv und unregelmäßig nutzen. 25% nutzen entsprechende Angebote hingegen täglich und partizipieren aktiv und nur ein geringer Anteil von 1% nutzt neben sozialen Netzwerken auch Blogs und Twitter (van Eimeren und Frees 2012, S. 370). Hinsichtlich der Nutzer von Social-Web-Angeboten lässt sich mithin eine eher passiv-konsumierende Grundhaltung erkennen.

4.4   Motive der Nutzung von Web 2.0-Angeboten

In wesentlich stärkerem Maße als es für die klassischen Medien der Fall war, steht bei der Nutzung des Web 2.0 und von sozialen Netzwerken die Motivation zum Austausch mit anderen Nutzern im Vordergrund. Neuberger bezeichnet dieses Motiv als ,Kommunikationsmotiv'. Kommunikation mit bekannten Personen scheint hier vorrangig. Des Weiteren ist das Unterhaltungsmotiv dominant. Ebenfalls in viel größerem Maße als die klassischen Medien bieten Web 2.0-Applikationen die Möglichkeit zur Selbstdarstellung (Haferkamp 2010, S. 46ff.; Neuberger 2011, S. 56). Mit Blick auf das Web 2.0 eher unbedeutend ist demgegenüber das Nutzungsmotiv der Informationsbeschaffung.

Die Nutzung der Communities unterscheidet sich hinsichtlich der Nutzung beruflicher und privater Netzwerke. Die Beweggründe, sich in erstgenannten Netzwerken anzumelden, sind verbunden mit der Präsentation auf dem Arbeitsmarkt, im zweiten Fall sind es privater und persönlicher Kontakt und Austausch. 8% der in der ARD/ZDF-Onlinestudie Befragten, hochgerechnet 4,19 Millionen Internetnutzer, nutzen berufliche Communities wie Xing oder LinkedIn. Bei privaten Netzwerken, wie facebook oder studiVZ, ist die Zahl der Nutzer noch höher: 43% der Onliner, das sind hochgerechnet 22,88 Mio., nutzen private Netzwerke. Alleine facebook besitzt 19,77 Mio. Nutzer und damit 81% aller Communitynutzer (Busemann und Gscheidle 2012, S. 380).

Die Beweggründe, Communities[10] zu nutzen, liegen im Vernetzen und Kontakthalten. Hier werden in 73% der Fälle von den Nutzern mindestens einmal pro Woche Beiträge geschrieben oder kommentiert, gechattet und persönliche Nachrichten geschrieben. Alleine das Schreiben von Beiträgen umfasst dabei 52%. Wenn das Informationsmotiv angegeben wird, fällt hierunter zu 66% das Informieren über die Geschehnisse im Freundeskreis, was aber beispielsweise auch relativ passiv dadurch erfolgen kann, dass das eigene Profil aufgerufen wird. Eine aktive Suche nach Informationen erfolgt in 33% der Fälle. Informationen, die dann gesucht werden, beziehen sich in 27% der Fälle auf die eigenen Hobbies

---

10 Unter dem Begriff „Community" fassen die Autoren private und berufliche Soziale Online-Netzwerke.

oder relevante Spezialthemen der Nutzer, zu 15% auf tagesaktuelle Nachrichten aus Politik und Wirtschaft und in 10% der Fälle werden Verbraucherinformationen gesucht. 85% der erfassten Internetnutzer haben hingegen kein Interesse an Informationsangeboten aus Politik und Wirtschaft und 90% keines an Verbraucherinformationen (Busemann und Gscheidle 2012, S. 382). „Die private Community dient demnach vornehmlich der Beziehungspflege, die Rezeption von Information ist nachrangig." (Busemann und Gscheidle 2012, S. 382)

Die Ausführungen zu den Nutzungsgewohnheiten im Web 2.0 und sozialen Netzwerken zeigen, dass die Motive der Nutzung derartiger Angebote eher unterhaltend als informierend sind. Betrachtung fanden dabei im Forschungsdiskurs eher globale Motive. Nutzerstudien, die Teilfunktionen Sozialer Onlinenetzwerke und die unterschiedlichen organisierten Anbieter von Informationen (insbesondere verschiedenen Organisationstypen) berücksichtigen, sind bislang rar. Der spezifischen Frage, welche Erwartungen und Ansprüche Nutzer an den Auftritt von NGOs in Sozialen Onlinenetzwerken haben sowie welche Motive dieser Nutzung zu Grunde liegen, wurde in der deutschsprachigen akademischen Forschung bislang nicht hinreichend nachgegangen. An diesem Punkt setzt die im Folgenden präsentierte Studie an.

5 Nutzungsmotive der und Erwartungen an die Auftritte von NGOs in sozialen Onlinenetzwerken

Im Folgenden werden die aus den oben referierten Erkenntnissen abgeleiteten Hypothesen erläutert und die Befunde dargestellt. Die Befunde basieren auf einer standardisierten Online-Befragung, mittels derer die Nutzer der facebook-Auftritte von fünf deutschlandweit agierenden NGOs befragt wurden. Der Fragebogen wurde für den Befragungszeitraum – vom 12.07.2011 bis 15.09.2011 – auf den zentralen nationalen facebook-Seiten der teilnehmenden NGOs (WWF Deutschland, PETA Deutschland, Greenpeace Deutschland, foodwatch, BUND) verlinkt. Im Befragungszeitraum wurden die verlinkten Fragebögen regelmäßig neu eingestellt, so dass sie auf der Startseite der Pinnwände kontinuierlich sichtbar waren. Insgesamt konnte bei einer Ausschöpfungsquote von durchschnittlich 74% eine Stichprobe von n=1.666 erzielt werden. 66% der Befragten waren Frauen, 34% Männer. Es beteiligte sich eine verhältnismäßig große Gruppe junger Nutzer. 48% der Befragten waren zwischen 18 und 30 Jahren alt, 23% zwischen 31 und 40 Jahren, 15% zwischen 41 und 50 Jahren und 7% über 50 Jahre alt[11]. Da die Zielgruppe Sozialer Netzwerke eher die jungen Nutzer sind, ist davon auszugehen, dass die Altersverteilung repräsentativ ist. Der Bildungsabschluss der Befragten war im Mittel recht hoch. Rund zwei Drittel der Befragten hatten Abitur oder einen Hochschul- bzw. Fachhochabschluss.

---

11 8% der Befragten machten keine Altersangabe.

5.1   HI.1: Der Nutzer von NGO-facebook-Seiten schätzt die Bedeutung von sozialen Netzwerken als Informationsquelle höher ein als die Bedeutung anderer Informationsquellen.

In Hypothese HI.1 wurde überprüft, wie der Nutzer von NGO-facebook-Seiten die Bedeutung von sozialen Netzwerken als Informationsquelle gegenüber der Bedeutung anderer Informationsquellen einschätzt. Die Wichtigkeit der Nutzung von Quellen zur Beschaffung von Informationen über die NGO wurde dabei neben sozialen Netzwerken (auf einer Saka von 0=überhaupt nicht wichtig bis 3=sehr wichtig) abgefragt für klassische Offline-Medien und den Bereich persönlicher Gespräche. In einem t-Test für gepaarte Stichproben konnte ermittelt werden, dass sich die einzelnen Medien hinsichtlich der Bedeutsamkeit bei der Informationsbeschaffung jeweils signifikant unterscheiden. Erwartungsgemäß wird sozialen Netzwerken zur Informationsbeschaffung über NGOs also eine hohe Bedeutung zugemessen (AM=2.47, SD=.71, N=1666), eine noch höhere Bedeutung wird aber sogar der Homepage einer NGO zugesprochen (AM=2.73, SD=.54, N=1666). Anderen Informationsquellen der klassischen Offline-Medien sowie persönlichen Gesprächen, wird aber ebenfalls große Bedeutung zugemessen (nächst höchste Bedeutung: Zeitungen/Zeitschriften: AM=2.03, SD=.84, wenigste Bedeutung: Radio: AM=1,52, SD=,958, N=1666). Diese Tendenz zeigt sich auch bei der Unterscheidung in Viel- und Wenig-Nutzer. Viel-Nutzer (n=235) nutzen facebook mindestens 3-5 Mal pro Woche zwischen ein und acht Stunden. Wenig-Nutzer (n=1431) wurden erfasst als diejenigen, die facebook nur an ein bis zwei Tagen nutzen und dieses dann auch nur maximal eine Stunde tun. Viel-Nutzer messen dem Sozialen Netzwerk als Informationsquelle mit AM=2,6 (SD=.62, N=541) im Mittel signifikant mehr Bedeutung zu als die Wenig-Nutzer mit einem Mittelwert von AM=2.4 (SD=.741, N=1125).

5.2   HI.2: Das Informationsmotiv überwiegt bei der Nutzung von facebook-Seiten konkreter NGOs andere Nutzungsmotive.

Zur Prüfung der Hypothese HI.2 wurden anhand einer Itembatterie gängige Nutzungsmotive (Schweiger 2007, S. 80ff.) abgefragt[12]. In faktorenanalytischen Berechnungen konnten drei Faktoren (Information, Austausch, Selbstdarstellung) ausgemacht wurden, die manifest sind und rund 70% der Gesamtvarianz erklärten. Das Informationsmotiv überwiegt sowohl das Motiv des Austausches als auch das Motiv der Selbstdarstellung. Am größten ist die Differenz zwischen Information und Austausch. In Betrachtung der Häufigkeiten

---

12 Beispielhaft seien hier die Items ‚sich Informieren über bestimmte Themen und/oder die Organisation', ‚Meinungsmitteilung' oder das ‚Liken', ‚Kommentare Anderer kommentieren', oder auch ‚der explizite Austausch mit Menschen anderer oder gleicher Interessen' genannt. Das Problem der Motivforschung besteht generell in der unspezifischen Definierbarkeit und Eingrenzung der an der Nutzung beteiligten Motive. Allgemein gilt, dass die Nutzung eines Sozialen Netzwerkes durch Kommunikations-, Unterhaltungs- und Selbstdarstellungsaspekte motiviert ist (Haferkamp 2010, S. 46ff.).

zeigt sich, dass rund 90% Information als Motiv angeben, das Selbstdarstellungsmotiv nur bei 44% relevant erscheint und die Nutzer noch nicht einmal zu 20% das Austauschmotiv für sich selbst als relevant erachten. Das Ausmaß des Engagements für eine NGO ändert nichts an der relativen Bedeutsamkeit einzelner Nutzungsmotive[13]. Bei Engagement für eine NGO wird jedes Nutzungsmotiv bedeutsamer eingeschätzt als bei Nicht-Engagement, d. h. die Bedeutsamkeit einzelner Nutzungsmotive liegt bei Engagement immer höher als bei Nicht-Engagement.

5.3   HI.3: Je ausgeprägter die wahrgenommene gesellschaftliche Bedeutung des Organisationstypus NGO ist, desto intensiver ist die Nutzung konkreter NGO-Angebote in facebook.

Unterteilt man die Nutzer in die Gruppe der Viel-Nutzer, also jene Personen, die NGO-Seiten in facebook sehr häufig und häufig und auch stundenmäßig sehr intensiv nutzen, und Wenig-Nutzer, die entsprechende Seiten eher selten oder eher nie nutzen und wenig intensiv, zeigt sich, dass die Viel-Nutzer von NGO-facebook-Seiten die gesellschaftliche Bedeutsamkeit von NGOs signifikant höher einschätzen als Wenig-Nutzer von NGO-facebook-Seiten. Die Bedeutsamkeitszuschreibung ist aber bei beiden Gruppen verhältnismäßig hoch. Ist die Bedeutsamkeitszuschreibung für bestimmte Organisationstypen hoch, wird dieser Organisationstyp vermutlich aufmerksamer verfolgt als wenn die Bedeutsamkeit niedriger eingeschätzt wird. Das erscheint zunächst plausibel vor dem Gesichtspunkt, dass eine Einstellung bzgl. einer NGO vorliegt, die wiederum das Handeln beeinflusst.

5.4   HII: Je häufiger und intensiver der Rezipient das NGO-Angebot auf facebook nutzt, desto eher nutzt er auf der NGO-facebook-Seite angebotene Dialogoptionen.

Ferner galt es zu überprüfen, wie die Erwartungen und Ansprüche der Nutzer an die Dialogbereitschaft der NGOs in ihrem facebook-Auftritt gelagert sind. Unter der Annahme, dass die Häufigkeit und Intensität der Nutzung eines NGO-Angebots die Nutzung der auf der NGO-facebook-Seite angebotenen Dialogoptionen erhöht (HII), wurden einzelne Dialogoptionen erfasst und in Relation zueinander gesetzt. Unterschieden wurde hier zwischen NGO-Engagierten (n=1089), also jenen Personen, die beispielsweise Mitglied einer NGO sind und / oder an Veranstaltungen der NGO teilnehmen, und Nicht-NGO-Engagierten (n=577). Interessanterweise scheinen die NGO-Nicht-Engagierten über alle abgefragten Dialogmöglichkeiten hinweg williger, mit der NGO in Dialog zu treten als NGO-Engagierte. Der Nicht-NGO-Engagierte nutzt die angebotenen Dialogoptionen im

---

13   Allerdings konnten Signifikanzen nur hinsichtlich des Nutzungsmotivs ‚Information' festgestellt werden.

Mittel stärker. Erste Interpretationen lassen den Gedanken zu, dass sich Dialogoptionen, wie ‚an Unterschriftenaktionen teilnehmen' und ‚NGO in ihrer Meinung bestärken', vom Nutzer in facebook ohne Größeren Aufwand realisieren lassen (einen Button anklicken) und so die Bereitschaft zum Dialog in der Form gegeben ist.

5.5   HIII.1: Je häufiger und intensiver der Rezipient das NGO-Angebot auf facebook nutzt, desto eher findet bei ihm eine NGO-bezogene kommunikative Anschlusshandlung statt.

Tendenziell ist es bei allen erfragten Reaktionen so, dass Viel-Nutzer von NGO-facebook-Seiten eine höhere Bereitschaft zur kommunikativen Anschlusshandlung aufweisen als Wenig-Nutzer. Allerdings konnten nicht für alle Merkmale signifikante Unterschiede festgestellt werden. Hinsichtlich der folgenden Merkmale ließen sich jedoch signifikante Unterschiede zwischen den Gruppen erkennen: hinsichtlich dem ‚Sprechen mit Familie oder Freunden', den ‚Diskussionen/Gespräche mit Personen anderer Meinung', der ‚Teilnahme an Aktionen/Veranstaltungen', dem ‚Kommunizieren mit Anderen über geplante Aktionen' sowie dem ‚Planen von Treffen mit anderen facebook-Mitgliedern'.

5.6   HIII.2: Je häufiger und intensiver die Nutzung eines NGO-Angebots auf facebook, desto eher steigt die Bereitschaft des Nutzers, sein Engagement für die NGO in der „realen Welt" zu intensivieren (operative Anschlusshandlung).

Des Weiteren stellt sich die Frage, ob sich durch die Nutzung des Angebots die Wahrscheinlichkeit für operative Anschlusshandlung und das Tätigwerden für die NGO im Alltag erhöht. Hierzu sollten die Befragten (auf einer Skala von 1=eher gesunken bis 3=eher gestiegen) angeben, inwieweit die Bereitschaft zum Engagement seit Kenntnis des facebook-Profils der NGO gestiegen ist. Über alle Fälle hinweg liegt der Mittelwert bei AM=2,35 (SD=,66; N=1591). 51% sahen bei sich kein verändertes Engagement seit Kenntnis des facebook-Profils. Bei der Gruppe derer, bei denen sich etwas verändert hat, hat es sich nur bei 1% zum Negativen verändert, demgegenüber hat es sich aber bei 45% zum Positiven verändert. Differenziert nach Wenig- und Viel-Nutzern zeigt sich, dass die Nutzungsintensität keinen gravierenden Einfluss auf die Bereitschaft zum Engagement hat. Hier geben die Viel-Nutzer im Mittel an, dass sich die Bereitschaft, sich für die NGO zu engagieren, eher gleichgeblieben ist, sich aber tendenziell zu einer Steigerung hin bewegt, die Wenig-Nutzer geben im Mittel aber eher eine unveränderte Bereitschaft zum Engagement an. Hier zeigten die absoluten Zahlen die gleiche Tendenz. Ähnliche Ergebnisse zeigten sich auch bezüglich der Meinungsänderung (HIII.3). Die Kenntnis des facebook-Profils einer NGO führt zu einer Meinungsänderung über die NGO zum Positiven.

5.7   HIII.3: Die Kenntnis des facebook-Profils einer NGO führt zu einer Meinungsänderung über die NGO zum Positiven.

Im Gegensatz zum selbst zugeschriebenen Engagement zeigt sich ein höherer Mittelwert über alle Fälle hinweg, wenn die Befragten ihre potentiell durch das facebook-Profil ausgelöste Meinungsänderung beurteilen sollten (AM=2,44, SD=,7; N=1618). Eine Meinungsänderung schreibt sich der Nutzer also eher zu als für die NGO tätig zu werden oder sich zu engagieren. Aber auch hier zeigte sich in den Häufigkeiten, dass 59% der Befragten sich keine Meinungsänderung zuschreiben. In der Gegenüberstellung von positiven und negativen Veränderungen im Meinungsverhalten zeigt sich jedoch wiederum, dass nur ein geringfügiger Anteil der Befragten (2%) angibt, die Meinung habe sich zum Negativen verändert und immerhin 35% angeben, dass sich ihre Meinung über die NGO zum Positiven verändert hat. Unterschiede zwischen der Gruppe der Viel-NGO-facebook-Seiten-Nutzer und der Wenig-Nutzer sind wiederum signifikant feststellbar, aber eben auch nur recht minimal in ihrer Differenz. Abschließend lässt sich für den Bereich des Anschlusshandelns schlussfolgern: facebook-Profile scheinen den Erwartungen des Nutzers zu entsprechen, orientiert man sich an seiner Meinung über die NGO und der Bereitschaft, sich für die NGO zu engagieren. Die Nutzungsintensität eines Angebots scheint hingegen keinen gravierenden Einfluss auf die Meinungsänderung zu haben.

6   Fazit

Der Beitrag hat die Online-PR von NGOs sowohl im Hinblick auf ihren Status als Kommunikator als auch im Hinblick auf eine spezifische Rezipientengruppe analysiert. Mit der empirischen Analyse des Nutzerverhaltens wurde ein erster, jenseits der PR-Praktikerliteratur angesiedelter Vorschlag unterbreitet, wie die bisher vernachlässigte Perspektive auf die Rezipienten von Angeboten strategischen Kommunikation im ‚Web 2.0‘ und konkreter in sozialen Onlinenetzwerken in den Blick genommen werden kann.

In der empirischen Untersuchung konnte ermittelt werden, dass soziale Onlinenetzwerke zum einen in Bezug auf NGOs primär mit dem Ziel der Informationsbeschaffung genutzt werden, gefolgt von einem Selbstdarstellungsmotiv und einem Austauschmotiv. Selbstdarstellung, Austausch und Unterhaltung als Nutzungsmotiv spielen bei der Nutzung von NGO-Seiten in facebook eine vergleichsweise geringe Rolle. Soziale Onlinenetzwerke und andere Onlinemedien sind für Vielnutzer als Informationsquelle zu NGOs bedeutsamer als Offlinemedien. Bei Nutzern, die in oder für NGOs engagiert sind, ist jedes Nutzungsmotiv (Information, Selbstdarstellung, Austausch) bedeutender als bei nicht engagierten Nutzern. Allerdings bleibt die Reihenfolge der Bedeutsamkeit der Nutzungsmotive bei engagierten und nicht Engagierten gleich, d.h. auch Nutzer, die nicht für eine NGO engagiert sind, messen dem Informationsmotiv die höchste Bedeutsamkeit zu. Dialogwilligkeit ist bei Viel-Nutzern größer als bei Wenig-Nutzern. Erst wenn ein zeitlich vorgeschaltetes Engagement für die NGO in der realen Welt besteht, haben Nutzer ein hohes Maß an Dialogwilligkeit. Genutzte „Dialogoptionen" werden insbesondere dann genutzt, wenn lediglich eine einmalige Aktion (ein ‚Klick') erforderlich ist, beispielsweise die Teilnahme an Unterschriftenaktionen, und keine Folge von Aktionen vom Nutzer erwartet wird. Kommunikativen Anschlusshandlungen werden häufiger von Viel-Nutzern als von Wenig-Nutzern erbracht. Die Nutzungsintensität hat aber keinen Einfluss auf die Bereitschaft zum Engagement in der ‚realen Welt'.

7 Schlussfolgerungen für die strategische Kommunikation

Aus den Ergebnissen der Studie lassen sich einige Schlussfolgerungen für die strategische Kommunikation intermediärer Organisationen im Web 2.0 ableiten:

- Vor allem müssen die Informationsbedürfnisse der Nutzer befriedigt werden, da Austausch- und Selbstdarstellungsbedürfnisse tendenziell eine geringere Rolle spielen.
- Da kommunikative Anschlusshandlungen häufiger von Viel-Nutzern als von Wenig-Nutzern erbracht werden, ist es aus Sicht der NGOs entscheidend, dass ihre facebook-Seite häufig und intensiv genutzt wird. Weniger entscheidend scheint die Anzahl der Nutzer.
- Es sollte eine Konzentration auf „Ein-Klick-Optionen" stattfinden. Komplexere Dialogoptionen sollten nur zurückhaltend und nur bei angemessenem Aufwand-Ertrags-Verhältnis eingesetzt werden.
- Eine Veränderung der Einstellung zur NGO und eine Veränderung der Engagementbereitschaft via facebook-Auftritt ist nur schwer zu erzielen.
- Stellt man den Aspekt der Inhalteproduktion durch Nutzer dem des Konsums gegenüber, spielt der Konsum auch in sozialen Onlinenetzwerken eine größere Rolle als bisher gedacht bzw. in PR-praktischen Handlungsempfehlungen dargestellt.

Literatur

Albers, G. (2000). Nonprofit-Organisationen und Zivilgesellschaft. In A. Zimmer & E. Priller (Hrsg.), *Der deutsche Nonprofit-Sektor im gesellschaftlichen Wandel. Zu ausgewählten Ergebnissen der deutschen Teilstudie des international vergleichenden Johns Hopkins Projektes. Münsteraner Diskussionspapiere zum Nonprofit-Sektor. Nr. 3* (S. 85–100). Wiesbaden: VS Verlag für Sozialwissenschaften.
Alemann, U. von (1996). Aktionsformen der Verbände. *Informationen zur politischen Bildung (4. Quartal) (Nr. 253)*, 36–40.
Baringhorst, S. (2009). Politischer Protest im Netz – Möglichkeiten und Grenzen der Mobilisierung transnationaler Öffentlichkeit im Zeichen digitaler Kommunikation. In F. Marcinkowski & B.

Pfetsch (Hrsg.), *Politik in der Mediendemokratie. Politische Vierteljahresschrift (Sonderheft 42 / 2009)* (S. 609–634). Wiesbaden: VS Verlag für Sozialwissenschaften.

Baringhorst, S. (2010). Anti-Corporate Campaigning. Neue mediale Gelegenheitsstrukturen unternehmenskritischen Protests. In S. Baringhorst, V. Kneip, A. März & J. Niesyto (Hrsg.), *Unternehmenskritische Kampagnen. Politischer Protest im Zeichen digitaler Kommunikation* (S. 9–31). Wiesbaden: VS Verlag für Sozialwissenschaften.

Baringhorst, S., Kneip, V., & Niesyto, J. (2010). Transnationale Anti-Corporate Campaigns im Netz – Untersuchungsdesign und erste Ergebnisse. In S. Baringhorst, V. Kneip, A. März & J. Niesyto (Hrsg.), *Unternehmenskritische Kampagnen. Politischer Protest im Zeichen digitaler Kommunikation* (S. 32–62). Wiesbaden: VS Verlag für Sozialwissenschaften.

Beck, K. (2010). Soziologie der Online-Kommunikation. In W. Schweiger & K. Beck (Hrsg.), *Handbuch Online-Kommunikation* (S. 15–35). Wiesbaden: VS Verlag für Sozialwissenschaften.

Bogula, W. (2007). *Leitfaden Online-PR*. Konstanz: UVK.

Busemann, K., & Gscheidle, C. (2012). Web 2.0: Habitualisierung der Social Communitys. *Media Perspektiven 7-8*, 380–390.

Eimeren, B. van, & Frees, B. (2012). Ergebnisse der ARD/ZDF-Onlinestudie 2012: 76 Prozent der Deutschen online – neue Nutzungssituation durch mobile Endgeräte. *Media Perspektiven 7-8*, 362–379.

Eisenegger, M. (2008). Blogomanie und Blogophobie. Organisationskommunikation im Sog technizistischer Argumentationen. In C. Thimm & S. Wehmeier (Hrsg.), *Organisationskommunikation online. Grundlagen, Praxis, Empirie* (S. 37–59). Frankfurt a. M.: Peter Lang.

Emmer, M., & Bräuer, M. (2010). Online-Kommunikation politischer Akteure. In W. Schweiger & K. Beck (Hrsg.), *Handbuch Online-Kommunikation* (S. 311–337). Wiesbaden: VS Verlag für Sozialwissenschaften.

Emmer, M., & Wolling, J. (2010). Online-Kommunikation und politische Öffentlichkeit. In W. Schweiger & K. Beck (Hrsg.), *Handbuch Online-Kommunikation* (S. 36–58). Wiesbaden: VS Verlag für Sozialwissenschaften.

Gehrau, V. (2011). Team oder Gegner? Interpersonale Kommunikation und Massenmedien. In: Neuberger, C., & Gehrau, V. (Hrsg.): *StudiVZ. Diffusion, Nutzung und Wirkung eines sozialen Netzwerks im Internet.* (S. 20-32) Wiesbaden: VS.

Grunig, J. E., & Hunt, T. (1984). *Managing public relations.* Fort Worth u. a.: Holt, Rinehart and Winston.

Grunig, L. A., Grunig, J. E., & Dozier, D. M. (2002). *Excellent public relations and effective organizations: A study of communication management in three countries.* Mahwah/NJ: Lawrenve Erlbaum Associates.

Gysel, S., Michelis, D., & Schildhauer, T. (2012). Die sozialen Medien des Web 2.0: Strategische und operative Erfolgskatoren am Beispiel der facebook-Kampagne des WWF. In D. Michelis & T. Schildhauer (Hrsg.), *Social Media Handbuch. Theorien, Methoden, Modelle und Praxis. 2., akt.u. erw. Aufl.* (S. 259–274). Baden-Baden: Nomos Verlagsgesellschaft.

Ingenhoff, D., & Meys, B. (2012). Online-Kampagnen. In A. Zerfaß & T. Pleil (Hrsg.), *Handbuch Online-PR. Strategische Kommunikation in Internet und Social Web* (S. 351–364). Konstanz: UVK.

Jarren, O., & Donges, P. (2011). *Politische Kommunikation in der Mediengesellschaft. Eine Einführung. 3., grundl. überarb. u. akt. Aufl.* Wiesbaden: VS Verlag für Sozialwissenschaften.

Haferkamp, N. (2010). *Sozialpsychologische Aspekte im Web 2.0. Impression Management und sozialer Vergleich.* Stuttgart: Kohlhammer.

Kneip, V. (2010). Framing/Problemdeuten: (Gegen-)Öffentlichkeit online/offline. In S. Baringhorst, V. Kneip, A. März & J. Niesyto (Hrsg.), *Unternehmenskritische Kampagnen. Politischer Protest im Zeichen digitaler Kommunikation* (S. 137–176). Wiesbaden: VS Verlag für Sozialwissenschaften.

Levine, R., Locke, C., Searls, D., & Weinberger, D. (2000). *Das Cluetrain Manifest. 95 Thesen für die neue Unternehmenskultur im digitalen Zeitalter.* München: Econ Verlag.

Meckel, M. (2008). Unternehmenskommunikation 2.0. In M. Meckel & B. F. Schmid (Hrsg.), *Unternehmenskommunikation. Kommunikationsmanagement aus Sicht der Unternehmensführung. 2. Aufl.* (S. 471–492). Wiesbaden: Gabler.

Meckel, M., & Stanoevska-Slabeva, K. (Hrsg.). (2008). *Web 2.0. Die nächste Generation Internet.* Baden-Baden: Nomos.

Neuberger, C. (2011). Soziale Netzwerke im Internet. Kommunikationswissenschaftliche Einordnung und Forschungsüberblick. In: Neuberger, C., & Gehrau, V. (Hrsg.): *StudiVZ. Diffusion, Nutzung und Wirkung eines sozialen Netzwerks im Internet.* (S. 33-96) Wiesbaden: VS.

Neuberger, C. (2009). Internet, Journalismus und Öffentlichkeit. Analyse des Medienumbruchs. In C. Neuberger, C. Nuernbergk & M. Rischke (Hrsg.), *Journalismus im internet. Profession – Partizipation – Technisierung* (S. 19–105). Wiesbaden: VS Verlag für Sozialwissenschaften.

Neuberger, C., & Gehrau, V. (2011). StudiVZ als Forschungsgegenstand. Zur Einführung. In: Neuberger, C., & Gehrau, V. (Hrsg.): *StudiVZ. Diffusion, Nutzung und Wirkung eines sozialen Netzwerks im Internet.* (S. 7-19) Wiesbaden: VS.

Neuberger, C., & Pleil, T. (2006). Online-Public Relations: Forschungsbilanz nach einem Jahrzehnt. http://www.thomas-pleil.de/downloads/Neuberger_Pleil-Online-PR.pdf. Zugegriffen: 19.August 2012.

Pfannenberg, J. (2011). *Corporate Communications im Web 2.0. Relevanz und Legitimität für das Unternehmen.* Düsseldorf: Verlag PR Career Center.

Pleil, T. (2005). Non-Profit-PR: Besonderheiten und Herausforderungen. http://www.suk.h-da.de/fileadmin/dokumente/berichte-forschung/2004/Pleil_Nonprofit-PR.pdf. Zugegriffen: 19.August2012.

Pleil, T. (2007). Online-PR zwischen digitalem Monolog und vernetzter Kommunikation. In Ders. (Hrsg.), *Online-PR im Web 2.0* (S. 10–31). Konstanz: UVK.

Pleil, T. (2012). Kommunikation in der digitalen Welt. In A. Zerfaß & T. Pleil (Eds.), *Handbuch Online-PR. Strategische Kommunikation in Internet und Social Web* (S. 17–38). Konstanz: UVK.

Pleil, T., & Zerfaß, A. (2007). Internet und Social Software in der Unternehmenskommunikation. In M. Piwinger & A. Zerfaß (Hrsg.), *Handbuch Unternehmenskommunikation* (S. 511–532). Wiesbaden: Gabler.

Rucht, D. (1991). Parteien, Verbände und Bewegungen als Systeme politischer Interessenvermittlung. Wzb discussion paper FS III 91–107. Berlin: Wissenschaftszentrum Berlin für Sozialforschung.

Ruisinger, D., & Jorzik, O. (2008). *Public Relations. Leitfaden für ein modernes Kommunikationsmanagement.* Stuttgart: Schäffer-Poeschel.

Scholl, A. (2009). Vom Dissens zur Dissidenz. Die Bedeutung alternativer Gegenöffentlichkeit für die Gesellschaft. In K. Merten (Hrsg.), *Konstruktionen von Kommunikation in der Mediengesellschaft. Festschrift für Joachim Westerbarkey* (S. 83–95). Wiesbaden VS Verlag für Sozialwissenschaften.

Schultz, F., & Wehmeier, S. (2010). Online Relations. In W. Schweiger & K. Beck (Hrsg.), *Handbuch Online-Kommunikation* (S. 409–433). Wiesbaden

Schweiger, Wolfgang (2007). *Theorien der Mediennutzung. Eine Einführung.* Wiesbaden: VS.

Steiner, A., & Jarren, O. (2009). Intermediäre Organisationen unter Medieneinfluss? Zum Wandel der politischen Kommunikation von Parteien, Verbänden und Bewegungen. Sonderband der politischen Vierteljahrsschrift 42/2009. In F. Marcinkowski & B. Pfetsch (Hrsg.), *Politik in der Mediendemokratie.* (S. 251–269). Wiesbaden: VS-Verlag für Sozialwissenschaften.

Voss, K. (2006). Alles online? Über Auswirkungen von Online-Medien auf die interne und externe Kommunikation von Nichtregierungsorganisationen. *Forschungsjournal Neue Soziale Bewegungen, Jg. 19 (Nr. 2)*, 68–76.

Voss, K. (2007). Öffentlichkeitsarbeit von Nichtregierungsorganisationen. Mittel, Ziele, interne Strukturen. Wiesbaden: VS Verlag für Sozialwissenschaften.

Voss, K. (2008). Nichtregierungsorganisationen und das Social Web: Mittel der Zukunft oder Bedrohung? In A. Zerfaß, M. Welker & J. Schmidt (Hrsg.), *Kommunikation, Partizipation und Wirkungen im Social Web. Band 2. Strategien und Anwendungen: Perspektiven für Wirtschaft, Politik und Publizistik* (S. 231–247). Köln: von Halem.

Voss, K. (2010). Online-Kommunikation von Verbänden. In O. Hoffjann & R. Stahl (Hrsg.), *Handbuch Verbandskommunikation* (S. 293–316). Wiesbaden: VS Verlag für Sozialwissenschaften.

Wandke, H., & Hurtienne, J. (1999). Zum Navigationsverhalten von Anfängern im World Wide Web. *Zeitschrift für Arbeits- und Organisationspsychologie 43, 1*, 46-54.

Wehmeier, S. (2006). Dancers in the dark: The myth of rationality in public relations. *Public Relations Review 32*, 213–220.

Wehmeier, S., & Röttger, U. (2011). Zur Institutionalisierung gesellschaftlicher Erwartungshaltungen am Beispiel CSR. Eine kommunikationswissenschaftliche Skizze. In T. Quandt & B. Scheufele (Hrsg.), *Ebenen der Kommunikation. Mikro-Meso-Makro-Links in der Kommunikationswissenschaft* (S. 195–216). Wiesbaden: VS Verlag für Sozialwissenschaften.

Wimmer, J. (2007). *(Gegen-)Öffentlichkeit in der Mediengesellschaft. Analyse eines medialen Spannungsverhältnisses.* Wiesbaden: VS Verlag für Sozialwissenschaften.

Zerfaß, A., & Pleil, T. (2012a). Strategische Kommunikation in Internet und Social Web. In A. Zerfaß & T. Pleil (Hrsg.), *Handbuch Online-PR. Strategische Kommunikation in Internet und Social Web* (S. 39–82). Konstanz: UVK.

Zerfaß, A., & Pleil, T. (Hrsg.). (2012b). *Handbuch Online-PR. Strategische Kommunikation in Internet und Social Web.* Konstanz: UVK.

Zerfaß, A., Verčič, D., Verhoeven, P., Moreno, A., & Tench, R. (2012). European communication monitor 2012. Challenges and competencies for strategic communication. Results of an empirical survey in 42 countries (chart version). http://www.communicationmonitor.eu/. Zugegriffen: 19.August 2012.

Zimmermann, A. (2006). Online-Öffentlichkeiten und Zivilgesellschaft: Neue Chancen auf massenmediale Sichtbarkeit? *Forschungsjournal Neue Soziale Bewegungen, Jg. 19* (Nr. 2), 22–36.

Die internationale Öffentlichkeitsarbeit von NGOs im 21. Jahrhundert

Globale Koordination und lokale Differenzierung strategischer Kommunikation

Andreas Schwarz und Alexander Fritsch

Zusammenfassung

In den letzten Jahrzehnten etablierten sich NGOs als einflussreiche Akteure, um das Bewusstsein für internationale soziale, politische, ökologische und wirtschaftliche Belange der Weltgesellschaft maßgeblich zu beeinflussen. Trotz ihrer Bedeutung wurden NGOs im Forschungsfeld der internationalen Public Relations bislang kaum beachtet. Dieser Beitrag gibt einen Überblick über relevante Ansätze und Erkenntnisse zur Koordination und Organisation internationaler PR von NGOs. Darüber hinaus werden Befunde einer empirischen Studie vorgestellt, in der die Öffentlichkeitsarbeit internationaler NGOs vor dem Hintergrund der generischen Prinzipien exzellenter globaler Public Relations untersucht wurde. Eine Online-Befragung von leitenden Kommunikationsverantwortlichen in NGOs ergab zwei Exzellenz-Cluster (exzellente und nicht-exzellente NGOs) und vier Cluster von NGOs mit unterschiedlichen Zentralisierungsgraden ihrer PR-Funktion. Die Ergebnisse zeigen, dass exzellente NGOs mehr Ressourcen für ihre Öffentlichkeitsarbeit aufwenden und häufiger als nicht-exzellente NGOs den kulturellen Kontext in ihre Kommunikationsprogramme einbeziehen. Damit gibt der Beitrag relevante Einblicke in die Praxis und Organisation der internationalen Öffentlichkeitsarbeit im Sektor der globalen Zivilgesellschaft.

1 Einleitung

In den letzten Jahrzehnten etablierten sich NGOs (=Nongovernmental Organizations), als einflussreiche Akteure der globalen Gesellschaft, die das Bewusstsein für internationale soziale, politische, ökologische und wirtschaftliche Themen und Entwicklungen mit Hilfe strategischer Kommunikation beeinflussen. In der Management-Forschung werden sie daher inzwischen als „high profile actors within public policy landscapes at local, national and global levels" (Lewis 2003, S. 326) sowie „strategically mature organizations" (Lambell

© Springer Fachmedien Wiesbaden GmbH 2018
N. Remus und L. Rademacher (Hrsg.), *Handbuch NGO-Kommunikation*,
https://doi.org/10.1007/978-3-531-18808-9_19

et al. 2008, S. 75) beschrieben. Viele NGOs wie Oxfam oder Reporter ohne Grenzen operieren in kulturell heterogenen und institutionell komplexen Kontexten. Dies hat zu einer zunehmenden Bedeutung der Kommunikationsfunktionen dieser Organisationen geführt: „[A]s they have looked to expand their role in global governance, NGOs have faced mounting pressure to establish their legitimacy in the eyes of a range of stakeholders, including the media, governments, inter-governmental organizations and other civil society actors" (Lambell et al. 2008, S. 80). Demzufolge sollte der Einsatz strategischer Kommunikation entscheidend für NGOs sein, um die Legitimität ihrer Existenz und Ziele zu sichern. Trotz prominenten Stellenwerts in der aktuellen gesellschaftspolitischen Diskussion und ihrer Bedeutung wird NGOs im Forschungsfeld der internationalen Public Relations jedoch kaum Aufmerksamkeit zuteil (Tkalac und Pavicic 2009). NGOs wurden in der Regel in ihrer Rolle als Aktivisten beleuchtet. Dabei stand nicht die strategische Kommunikationspraxis der NGOs selbst, sondern meist die Perspektive von Unternehmen im Vordergrund, die mit aktivistischen Maßnahmen von NGOs im Rahmen ihres Reputationsmanagements umgehen müssen (Dozier und Lauzen 2000).

Das ist verwunderlich, da den Aktivitäten von NGOs enorme Auswirkungen auf die globale Gesellschaft zugesprochen werden (Lewis 2005) und sie zur Zielerreichung Kommunikation als Hauptinstrument einsetzen (Voss 2007). Meist sind diese Ziele wiederum mit einem öffentlichen Zweck oder sogar einem ‚guten Zweck' verbunden. Internationale NGOs (INGOs) erreichen dies durch die Förderung des freiwilligen Engagements auf globaler und lokaler Ebene, was sie vermutlich zu den wichtigsten Akteuren der globalen Zivilgesellschaft macht.

Daher steht in diesem Beitrag die Frage im Vordergrund, wie INGOs Öffentlichkeitsarbeit in einem internationalen Umfeld praktizieren und organisieren, um ihre Programm- und Kommunikationsziele zu erreichen. Dabei werden drei Hauptaspekte berücksichtigt: Erstens soll ermittelt werden, inwieweit die strategische Kommunikation von INGOs nach den von Verčič, Grunig und Grunig (1996) vorgeschlagenen Kriterien als exzellente globale Public Relations charakterisiert werden kann. Zweitens soll der Beitrag klären, wie INGOs die strategische Kommunikation zwischen ihrem Hauptsitz und ihren lokalen Niederlassungen im Hinblick auf Zentralisierung oder Dezentralisierung koordinieren. Dabei soll auch ermittelt werden, inwieweit INGOs ihre Kommunikationsprogramme an heterogene lokale Umgebungen anpassen oder dabei ethnozentrische und zentralisierte Ansätze verfolgen. Drittens sollen Unterschiede zwischen INGOs mit ‚exzellenten' und INGOs mit ‚nicht-exzellenter' PR-Strukturen identifiziert werden. Mangels relevanter empirischer Forschung zu diesen Fragen werden neben der Literaturdurchsicht Auszüge einer eigens durchgeführten Studie diskutiert (Schwarz und Fritsch 2014).

2 Definition von NGOs, Zivilgesellschaft und internationaler Öffentlichkeitsarbeit

Aus einer normativen Perspektive betrachtet, sollen NGOs zur globalen Entwicklung der Zivilgesellschaft und Demokratisierung beitragen (Taylor 2005). Dem sog. Nonprofit-Sektor zugerechnet, unterscheiden sie sich von Behörden (Staat) und Wirtschaftsorganisationen (Markt). Nach Salamon und Anheier (1999) haben Organisationen dieses Typs fünf gemeinsame Merkmale: (a) Sie sind organisierte Akteure und verfügen über eine gewisse institutionelle Realität; (b) sie sind privat und damit auch institutionell von Regierungen getrennt; (c) sie führen keine Gewinne an Direktoren oder Eigentümer ab; (d) sie sind unabhängig und verfügen über umfassende Kontrolle ihrer eigenen Aktivitäten und (e) sie verfügen über einen gewissen Grad an freiwilliger Beteiligung auf den Ebenen ihrer Programmaktivitäten und Governance.

NGOs bilden eine Teilmenge der größeren Kategorie der Nonprofit- oder gemeinnützigen Organisationen. Tkalac und Pavicic (2009) argumentieren, dass der Hauptunterschied das enorme Engagement der NGOs im Bereich der anwaltschaftlichen Vertretung bestimmter (gemeinnütziger) Interessen („Advocacy') sei. Allerdings existieren unter den NGOs auch Organisationen, die vor allem Dienstleistungen in den Bereichen der humanitären Hilfe oder der sozialen Wohlfahrt erbringen. „The principal point, however, is that service delivery organisations differ from advocacy organizations in the sense that the latter seek primarily to change the status quo" (Young 1992, S. 4). In vielen Fällen kombinieren NGOs jedoch Dienstleistungen und anwaltschaftliche Interessenvertretung (Lambell et al. 2008). Deshalb verstehen wir unter NGOs jene Organisationen, die die fünf von Salamon und Anheier (1999) definierten Merkmale erfüllen und ihren Schwerpunkt auf Dienstleistung und/oder Interessenvertretung legen. Davon abzugrenzen sind andere Nonprofitorganisationen, die beispielsweise komplett von Regierungen finanziert oder kontrolliert werden (z. B. Schulen).

In den letzten zwei Jahrzehnten standen NGOs bedingt durch Globalisierungsprozesse vor großen Herausforderungen, wie beispielsweise die gestiegene Komplexität von Krisen und Katastrophen, neue Formen der Weltarmut, geschwächte nationale Regierungen, veraltete globale Institutionen, die Internationalisierung von Wirtschaft und Handel sowie der zunehmende Druck, global zu agieren (Lindenberg und Bryant 2001). Darüber hinaus unternehmen autoritäre Regimes wie in der Türkei oder in Russland zunehmend Versuche die Arbeit internationaler NGOs zu kontrollieren oder einzuschränken. Auf der Agenda von NGOs stehen zahlreiche Themen, wie die globale Erwärmung, soziale Gerechtigkeit oder die Menschenrechte, die globalen Charakter haben und nur mit Programmen bzw. Kommunikation in mehr als einem Land zu bewältigen sind. Bei Young (1992) heißt es dazu: „If voluntary efforts are to have major impacts, they will require cooperation across national boundaries, suggesting the development of international associations" (S. 2). Während sich einige NGOs in einem einzigen Land niederlassen und versuchen, von dort aus internationale Themen zu behandeln, sind andere vollkommen global in ihrer Ausrichtung und Beteiligung (z. B. ‚Oxfam' und ‚Amnesty International'). Internationale Öffentlichkeitsarbeit spielt für diese NGOs daher vermutlich eine herausragende Rolle. Nachfolgend werden diese Organisationen als International Nongovernmental Organizations (INGOs) bezeichnet und bilden den zentralen Gegenstand dieses Beitrags.

Die Zivilgesellschaft kann als „space of uncoerced human association and also the set of relational networks – formed for the sake of family, faith, interest and ideology – that fill this space" (Walzer 1995, S. 7) definiert werden. Taylor (2011) schlägt einen rhetorischen Ansatz vor und konzeptualisiert Zivilgesellschaft als sozial konstruierten Prozess. Deshalb ist zu vermuten, dass Öffentlichkeitsarbeit einen wesentlichen Beitrag zur Entstehung, Aufrechterhaltung und Veränderung dieses Prozesses leistet, indem beispielsweise mittels Public Relations Beziehungen, Vertrauen und Sozialkapital aufgebaut werden. Da bereits Konsens darüber besteht, dass NGOs wichtige Akteure der Zivilgesellschaft sind (Duhé und Sriramesh 2009; Taylor 2011), ist davon auszugehen, dass auch internationalen NGOs und ihrer internationalen Kommunikationsfunktion ein erheblicher Anteil an der Ausformung der „building blocks of [global] civil society" (Taylor 2011, S. 441) zugesprochen werden muss.

Der Begriff der internationalen Public Relations wird in der Literatur als „the practice of public relations in an international or cross-cultural context" (Culbertson 1996, S. 2) definiert. Dies ist eine Form der strategischen Kommunikation u. a. von Unternehmen, Regierungen und gemeinnützigen Organisationen zur Etablierung von reziproken, vorteilhaften Beziehungen mit relevanten Anspruchsgruppen über nationale und/oder kulturelle Grenzen hinweg (Banks 1995; Wilcox et al. 2000).

3 Forschung zur internationalen Öffentlichkeitsarbeit von NGOs

In den letzten zwanzig Jahren haben INGOs nicht nur an Zahl, sondern auch an Relevanz zugenommen. Sie erlangten innerhalb der wichtigsten zwischenstaatlichen Organisationen wie den Vereinten Nationen oder der Welthandelsorganisation hohen Beraterstatus. Darüber hinaus zählen sie zu den wichtigsten Kommunikatoren zur Sensibilisierung und Beeinflussung der öffentlichen Meinung im Hinblick auf wichtige internationale soziale, ökologische und politische Belange (Lambell et al. 2008). Zwischen 1960 und 1980 verdoppelte sich die Zahl der INGOs (Boli und Thomas 1997), und zwischen 1990 und 2000 wuchs ihre Zahl um weitere 20% (United Nations Development Programme 2002). Obwohl Einigkeit darüber besteht, dass effektive Öffentlichkeitsarbeit zentral für den Erfolg von NGOs ist, wird die einschlägige PR-Forschung als defizitär eingeschätzt (Tkalac und Pavicic 2009).

Der Großteil der Forschung zur internationalen PR beschränkte sich auf Fallstudien, in denen die Öffentlichkeitsarbeit in einem bestimmten Land im Fokus stand. Studien zur Öffentlichkeitsarbeit von international operierenden Organisationen sind hingegen selten zu finden (Molleda und Laskin 2005), auch wenn die Zahl an Publikationen in den letzten Jahren zugenommen hat (Ki und Le 2017). Schwerpunktmäßig wurden NGOs nicht als eigenständige Organisationen, sondern als bedrohliche Anspruchsgruppe von Unternehmen untersucht. Erst seit der Jahrtausendwende gingen PR-Forscher dazu über, NGOs in ihrer idiosynkratischen Praxis strategischer Kommunikation zu untersuchen

(Dozier und Lauzen 2000; Taylor et al. 2001; Voss 2007). Diese Studien betrachten jedoch nicht vordergründig die internationale Dimension der Öffentlichkeitsarbeit von NGOs. Der Großteil sind Fallstudien größerer NGOs im Krisenkontext (u. a. Murphy und Dee 1992; Sisco et al. 2010) oder Analysen der Online-Kommunikation von NGOs (u. a. Ampofo Adjei et al. 2016, Naudé et al. 2004; Seo et al. 2009; Taylor et al. 2001).

Bezogen auf die internationale Wahrnehmung von NGOs scheinen sie diejenigen Institutionen zu sein, denen die Öffentlichkeit im Vergleich zu Unternehmen, Behörden oder Medien am meisten vertraut (Edelman 2017). NGOs werden inzwischen als professionelle Kommunikatoren eingestuft, die sich von eher unbedeutenden Aktivisten zu neuen ‚Super Brands' des globalen Marktes entwickelt haben (Wootliff und Deri 2001). Allerdings sind auch NGOs zunehmend mit Reputationsrisiken konfrontiert, die durch Fehlverhalten, Skandale und öffentliche Kritik entstehen. Unterschlagung, Veruntreuung von Spendengeldern und Betrug zählen zu den am häufigsten beobachteten Fällen (Gibelman und Gelman 2000). Weitere Probleme, wie zunehmende Bürokratisierung oder Unproduktivität, entstehen durch das Wachstum von INGOs und die damit verbundene organisatorische Komplexität. Reputationsrisiken ergeben sich auch aus Kooperationen mit multinationalen Konzernen, der Beteiligung von INGOs an kommerziellen Aktivitäten (z. B. der Fall Oxfam-Cafédirect) oder der Einflussnahme von Regierungsstellen durch partielle Finanzierung von INGOs (Tkalac und Pavicic 2009). Weitere Probleme können von den kulturell heterogenen Umwelten ausgehen, in denen INGOs operieren: „Large international NGOs from developed countries sometimes develop standards based on ‚western' traditions and expect these standards to be universally applicable. The so-called effect of ‚westernizing' can be observed as a serious image problem" (Tkalac und Pavicic 2009, S. 813).

Diese Reputationsrisiken und der wachsende globale Wettbewerb zwischen INGOs führen dazu, dass sie zunehmend auf professionelle und strategische Ansätze angewiesen sind, um internationale Öffentlichkeitsarbeit zu organisieren – dies gilt sowohl für die interne Effizienz von Managementprozessen als auch für die externe Effektivität von Kommunikationsprogrammen. Externe Effektivität meint hier, dass PR-Ziele im Hinblick auf relevante Anspruchsgruppen erreicht werden. Dies wird insbesondere im globalen Kontext zur zentralen Herausforderung, da INGOs Beziehungen zu einer Vielzahl an Anspruchsgruppen aus verschiedenen nationalen und kulturellen Regionen aufbauen müssen:

"Given these differences across cultures on various environmental variables, it seems logical that the publics in different countries may have different ways of deciding whom to trust, different levels of involvement toward the same cause, and so on. Considering the lack of relevant research in the area of international public relations of NGOs, this question remains unanswered." (Tkalac und Pavicic 2009, S. 817)

Obwohl Konsens darüber besteht, dass INGOs ihre Kommunikation an lokale Bedingungen anpassen müssen, um effektiv zu sein, ist nur wenig über ihre internen Strukturen und ihre strategische Kommunikationsplanung in der Praxis bekannt. PR-Forscher haben sich bislang eher auf multinationale Unternehmen und deren länderübergreifende Koordination, Steuerung und Durchführung von Kommunikationsaktivitäten konzentriert (Lim 2010; Molleda und Laskin 2010; Verčič 2003; Vetsch 2017; Wakefield 2001). Aus diesem Grund werden die Erkenntnisse dieser Forschung in den nächsten Abschnitten überblicksartig dargestellt. Während einerseits Vorsicht geboten ist, Annahmen und Erkenntnisse zur internationale PR von Unternehmen auf INGOs zu übertragen, argumentiert Blood (2005) andererseits, dass beide Organisationstypen bezogen auf einige Kriterien durchaus vergleichbar sind (z. B. hinsichtlich der internen Organisation oder des Grades der Internationalisierung). Daher werden die Erkenntnisse und Konzepte der internationalen PR-Forschung zu multinationalen Unternehmen als Heuristik und Ausgangspunkt für die Untersuchung von INGOs herangezogen.

4   Charakteristika exzellenter globaler Öffentlichkeitsarbeit

Grunig et al. (2002) führten mit der Exzellenztheorie einen normativen Ansatz ein, der Charakteristika von PR-Funktionen auf Programm-, Abteilungs- und Organisationsebene beschreibt, die die Effektivität der gesamten Organisation erhöhen sollen. Mit der sog. Exzellenzstudie, in der neben Nonprofitorganisationen und Behörden hauptsächlich Unternehmen in den USA, Großbritannien und Kanada untersucht wurden, identifizierten die Autoren 14 Charakteristika exzellenter PR. Später wurden die gewonnenen Erkenntnisse als Grundlage herangezogen, um den Ansatz auf die globale PR-Praxis zu übertragen. Zentrale Annahme war, „that the principles of excellent public relations provide the basis for a global set of public relations principles that can be applied in most cultures and political systems" (Verčič et al. 1996, S. 62).

Insbesondere von den folgenden neun Charakteristika wird angenommen, dass sie über nationale und kulturelle Kontexte hinweg als ‚generisch' gelten können:

1. Public Relations ist in das strategische Management involviert und strategisch geplant.
2. Der leitende PR-Manager ist Teil der dominanten Koalition der Organisation oder steht in einer direkten berichtenden Beziehung zum leitenden Management.
3. Alle PR-Funktionen sind in einer Abteilung integriert oder verfügen über einen übergeordneten Mechanismus, um die verschiedenen Abteilungen zu koordinieren.
4. Öffentlichkeitsarbeit ist getrennt von anderen Managementfunktionen (z. B. Marketing).
5. Mindestens ein leitender PR-Angestellter ist in der PR-Managerrolle.
6. Exzellente PR-Abteilungen bevorzugen das Modell symmetrischer zweiseitiger Public Relations gegenüber anderen Modellen.
7. Die Kommunikation innerhalb der Organisation ist partizipativ und symmetrisch ausgerichtet.
8. PR-Manager haben das Wissen, um Managerrollen zu übernehmen und um symmetrische Public Relations zu praktizieren.
9. Exzellente PR-Abteilungen bestehen aus Männern und Frauen sowie Praktikern verschiedener kultureller oder ethnischer Herkunft in allen Rollen.

Darüber hinaus argumentieren die Autoren, dass die konkrete Implementierung dieser Prinzipien von verschiedenen nationalen und kulturellen Kontextfaktoren eingeschränkt oder verbessert werden kann. Sriramesh und Verčič (2001) schlagen daher eine überarbeitete Liste von Kontextvariablen vor, die die PR-Praxis in verschiedenen Ländern beeinflussen. Diese Variablen wurden insgesamt drei Faktoren zugeordnet:

1. Infrastruktur eines Landes: das politischen System, der Grad der wirtschaftlichen Entwicklung, die rechtlichen Rahmenbedingungen und das Ausmaß an Aktivismus in einem Land
2. Mediensystem: die Medienkontrolle, Medienreichweite und der Medienzugang
3. Kultur: nationalkulturelle Werte sowie Organisationskultur

Einige dieser generischen Prinzipien wurden jedoch erheblich kritisiert, da bezweifelt wird, dass sie über Nationen und Kulturen hinweg als allgemeingültig gelten können. Taylor und Kent (1999; Kent und Taylor 2007) wiesen auf der Basis von qualitativen Studien zur PR-Praxis in Malaysia und Bosnien auf eine Reihe von Schwächen des sog. generischen Ansatzes hin. Sie argumentieren, dass „culture is far too complex for one set of principles (even ‚generic principles‘) to account for everything in every situation or culture" (Kent und Taylor 2007, S. 10). Basierend auf ihrer Neuformulierung des generischen Ansatzes für internationale Public Relations räumen Kent und Taylor (2007, S. 12) jedoch ein, dass einige der Exzellenzkriterien (insbesondere 1-5, 8 und 9) dennoch „reasonable generic questions" darstellen; das gleiche gilt für die Liste der Kontextfaktoren. Allerdings weisen die Autoren die Vorstellung eines normativen Modells der Public Relations, das rund um den Globus angewendet werden kann, als zu ethnozentrisch zurück. Besonders für die generischen Exzellenzkriterien 6 und 7 (zweiseitig symmetrische Kommunikation) wird bezweifelt, dass sie die Voraussetzung für effektive strategische Kommunikation in unterschiedlichen kulturellen Kontexten sind, da die Anwendung des zweiseitigen symmetrischen PR-Modells in einigen Ländern weder notwendig, nützlich noch möglich sei (Taylor und Kent 1999). Stattdessen wird die Effektivität internationaler PR vor allem auf ihre Fähigkeit zur Berücksichtigung der heterogenen kulturellen Umwelten und deren Einfluss auf die PR-Praxis zurückgeführt. Deshalb argumentieren Kent und Taylor (2007), dass die von Verčič et al. (1996) identifizierten Kontextvariablen eine nützliche Grundlage seien, um die spezifischen Einflussfaktoren des internationalen Umfelds auf die Öffentlichkeitsarbeit in verschiedenen Ländern zu bestimmen.

Wir folgen Kent und Taylors Kritik hier insofern, als dass wir die normativen Komponenten (symmetrische zweiseitige Kommunikation) des Modells aus unserer Untersuchung ausklammern. Vielmehr waren wir an der strategischen Anpassung der internationalen PR-Programme an lokale Kontexte und die internationale Koordination dieser Programme durch INGO-Kommunikatoren interessiert. Da in der Literatur weitgehend Konsens darüber besteht, dass die kontextspezifische Planung und Umsetzung von Kommunikation eine zentrale Herausforderung und gleichzeitig notwendige Voraussetzung für die Effektivität von PR-Programmen bei INGOs darstellen, plädieren wir dafür, dass die strategische

Berücksichtigung von kulturellen und nationalen Kontextfaktoren in PR-Programmen transnationaler Organisationen als zusätzliches generisches Prinzip behandelt wird, anstatt sie als Randbedingung zu betrachten, die die Anwendung der anderen Exzellenzkriterien einschränkt oder verbessert.

In der im Folgenden dargestellten Studie zur internationalen PR von INGOs beschränken wir uns daher auf diejenigen Prinzipien, die sich als tatsächlich relevant für die Erhöhung der Effektivität der Kommunikation mit Anspruchsgruppen in unterschiedlichen kulturellen Kontexten erwiesen haben (Kent und Taylor 2007; Wakefield 2000). Dazu gehören die Einbindung der Public Relations in das strategische Management, die strategische Planung von PR-Programmen, die hierarchiehohe Ansiedelung der PR-Funktion in der Organisation, die Institutionalisierung der PR als integrierte Kommunikationsfunktion getrennt von anderen Managementfunktionen sowie die vielfältige organisatorische Rollenstruktur („diversity'). Die erste Forschungsfrage der Studie lautete daher:

F1: Inwieweit können die PR-Funktionen von INGOs als ‚exzellent' in Bezug auf die generischen Prinzipien (1-4 und 9) charakterisiert werden?

Als Effekt der Umsetzung dieser Prinzipien erwarteten wir, dass INGOs mit höherer PR-Exzellenz ihrer Kommunikationsfunktion höhere Wertschätzung entgegen bringen und ihr mehr allokative Ressourcen (z. B. PR-Personal) zur Verfügung stellen als weniger exzellente INGOs. Darüber hinaus weist die Forschungsliteratur darauf hin, dass INGOs insbesondere die nationale und kulturelle Variabilität ihrer Anspruchsgruppen berücksichtigen müssen, um im Hinblick auf die strategische Zielerreichung effektiv zu sein und ihre Reputation in einem internationalen Umfeld schützen zu können. Die resultierenden Hypothesen lauten daher:

H1: INGOs mit exzellenter PR schreiben der PR-Funktion mehr Bedeutung zu und stellen ihr mehr Personalressourcen zur Verfügung als INGOs mit nicht-exzellenter PR.

H2: INGOs mit exzellenter PR legen im Rahmen ihrer Kommunikationsstrategien mehr Wert auf die Berücksichtigung von nationalen und kulturellen Kontextfaktoren als INGOs mit nicht-exzellenter PR.

5   Die Koordination von Öffentlichkeitsarbeit auf globaler und lokaler Ebene

Das Ausbalancieren zwischen globaler Integration auf der einen und der Anpassung an die spezifischen kulturellen Kontexte auf der anderen Seite ist eine der am intensivsten diskutierten Fragen in Wissenschaft und Praxis im Hinblick auf die strategischen Entscheidungen im Kommunikationsmanagement von multinationalen Unternehmen (Molleda und Laskin

2010). Dies zeigt die große Anzahl an Studien in den Feldern der PR-, Marketing- und der breiteren Managementforschung (Lim 2010).

Die Befürworter der globalen Integration bzw. Standardisierung von Kommunikationsprogrammen beziehen sich in der Regel auf die Notwendigkeit in multinationalen Unternehmen, höhere Kosteneffizienz zu erreichen und die Konsistenz von Markenstrategien bzw. bei der weltweiten Verbreitung von Botschaften zu sichern. Als Konsequenz müssen solche Organisationen starke Steuerungssysteme und Kontrollmechanismen zwischen ihrem Hauptsitz und den lokalen Niederlassungen etablieren (Bartlett und Ghoshal 2002; Lim 2010).

Andere Wissenschaftler kamen zu dem Schluss, dass multinationale Unternehmen die nationale und kulturelle Variabilität zwischen und innerhalb der Länder, in denen sie tätig sind, verstehen und in ihrer Kommunikationspraxis berücksichtigen müssten, da internationale Anspruchsgruppen unterschiedlich auf Botschaften und Maßnahmen reagieren. Beispielsweise zeigte Taylor (2000), dass Coca-Cola mit seinem ‚one market, one strategy‘-Ansatz scheiterte, als das Unternehmen versuchte, eine internationale Krise in Westeuropa zu bewältigen. Dies wurde vor allem auf die unflexiblen, zentralisierten Strukturen und den Mangel an Verständnis für die unterschiedlichen kulturellen Kontexte, die die öffentlichen Reaktionen in den verschiedenen europäischen Ländern prägten, zurückgeführt.

Darüber hinaus gibt es Konsens unter einigen Wissenschaftlern, dass die strategischen Entscheidungen für die globale Integration und die lokale Reaktionsfähigkeit in der internationalen PR keine Entweder-oder-Entscheidungen sind (Huck 2005; Lim 2010; Wakefield 2001). Vielmehr müssen multinationale Unternehmen zunehmend das Globale und Lokale mithilfe spezifischer Koordinations- und Steuerungsmechanismen zwischen Hauptsitz und lokalen Niederlassungen ausgleichen. Die Befunde von Wakefield (2000), der Interviews mit rund 80 Experten der internationalen PR aus mehr als 30 Ländern durchführte, stützen diese Annahme. Basierend auf der Exzellenztheorie und zwei qualitativen Studien schlug er ein normatives Modell der ‚world-class public relations‘ für multinationale Unternehmen vor und skizzierte die Grundelemente effektiver PR-Programme bzw. Organisationsstrukturen. Demnach verfügen effektive Organisationen über eine globale anstatt einer zentralistischen Philosophie. Kommunikation wird sowohl im Hauptsitz als auch international koordiniert. Das PR-Personal besteht aus Vollzeit beschäftigten Experten und spiegelt die Vielfalt der transnationalen Teilöffentlichkeiten wider. Zwischen Hauptsitz und lokalen Niederlassungen werden Berichterstattungsbeziehungen nach einer dualen Matrixstruktur organisiert und es bestehen Möglichkeiten zur häufigen formellen und informellen Interaktion. PR-Angestellte arbeiten als globales Team in horizontalen Berichterstattungsbeziehungen. Dabei fungiert eine zentrale Person als Teamleiter und nicht als autoritärer Weisungsbefugter.

Lim (2010) schlägt in diesem Zusammenhang vor, dass „coordinating between integration and responsiveness can be achieved by giving tactical autonomy to local subsidiaries within the boundary in which the MNC's mission, goals, and specific program's themes are kept" (S. 310). Damit wird angedeutet, dass ein Zusammenhang zwischen der Zentralisierung/Dezentralisierung der PR-Funktion auf der einen Seite und der Standardisierung/ Lokalisierung von Kommunikationsprogrammen auf der anderen Seite besteht. Indizien für diesen Zusammenhang hat Huck (2005) vorgelegt. Sie führte Leitfadeninterviews mit den PR-Managern von 20 multinationalen Unternehmen mit Sitz in Deutschland durch. Die Ergebnisse zeigten, dass je mehr die Unternehmen ihre Kommunikationsfunktion zentralisierten und je mehr die Niederlassungen vom Hauptsitz gesteuert wurden, desto weniger waren PR-Botschaften und Maßnahmen an den lokalen Kontext angepasst. Die meisten Unternehmen, die an der Studie teilnahmen, verfügten jedoch über dezentrale Strukturen und lokalisierten ihre PR-Programme zu einem gewissen Grad. Molledas Dissertation aus dem Jahr 2000 (zitiert nach Molleda und Laskin 2010) stützt diese Befunde. Sechzig Prozent der von ihm untersuchten multinationalen Unternehmen wiesen einen mittleren Zentralisierungsgrad auf, wobei der Hauptsitz jeweils für 50% der Koordination und Steuerung verantwortlich war und die lokalen Einheiten die übrigen 50% übernahmen.

Während also einige Studien zur internationalen PR von Unternehmen vorliegen, mangelt es an relevanten Befunden zu INGOs und der Frage, wie sie ihre internationalen Kommunikationsaktivitäten organisieren, koordinieren und lokalisieren. Daher war es Ziel dieser Arbeit, die Formen der Koordination zu analysieren, die INGOs für jeden Schritt im PR-Managementprozess (Strategie, Taktik, Evaluation, etc.) einsetzen:

F2: Wie koordinieren INGOs die strategische Kommunikation zwischen ihrem Hauptsitz und den lokalen Einheiten im Hinblick auf Zentralisierung/Dezentralisierung?

INGOs sind in Bezug auf ihre Mitgliedschaft und ihre Aktivitäten international. Deshalb müssen sie geeignete Strukturen finden, um Unterstützung und koordiniertes Handeln seitens ihrer Mitglieder in verschiedenen Ländern zu entwickeln bzw. sicherzustellen (Young 1992, S. 10). Darüber hinaus vermutet Young (1992), dass „those which succeed do so, in part, because they have found organisational structures that accommodate the unique challenges to organising at an international level" (S. 2). Dies lässt vermuten, dass ein Zusammenhang zwischen bestimmten Koordinierungsmodellen der internationalen PR (zentral/dezentral) und der Anwendung der in der vorliegenden Studie analysierten generischen Exzellenzkriterien besteht. Die resultierende Forschungsfrage lautete:

F3: Welcher Zusammenhang besteht zwischen bestimmten Koordinierungsmodellen der internationalen PR (zentral/dezentral) und der Umsetzung der generischen Exzellenzkriterien?

Nach Wakefields (2000) Erkenntnissen zu multinationalen Unternehmen beziehen exzellente Organisationen sowohl zentrale als auch dezentrale Einheiten in die Koordinierung der internationalen PR ein. Daraus leiteten wir folgende Hypothese ab:

H3: INGOs mit exzellenter PR beziehen häufiger zentrale und dezentrale Einheiten gemeinsam in die Koordinierung der internationalen PR ein als nicht-exzellente INGOs.

6 Empirische Befunde zur internationalen Öffentlichkeitsarbeit von INGOs

6.1 Methode

Um verschiedene Typen von INGOs und ihre Managementmodelle der internationalen Kommunikation zu identifizieren, wurde eine Online-Befragung von leitenden PR-Experten in INGOs durchgeführt. Die Grundgesamtheit der Studie bildeten NGOs mit erheblicher internationaler Ausrichtung. Das ‚Yearbook of International Organizations' – eine umfangreiche Datenbank mit Daten zu mehr als 63.000 INGOs und zwischenstaatlichen Organisationen in allen Tätigkeitsbereichen – wurde für die Stichprobenziehung genutzt, da es sich bereits in früheren Studien bewährt hat (Boli und Thomas 1997).

Im März 2010 wurden personalisierte E-Mail Einladungen an 4.477 Organisationen versendet (Vollerhebung). Davon konnten insgesamt 4.227 Einladungen zugestellt werden. Mit 485 ausgefüllten Fragebögen wurde eine Rücklaufquote von 11,5% erreicht. Obwohl solche Rücklaufquoten nicht unüblich in der Online-Umfrageforschung sind (Couper und Bosnjak 2010), schränkt die hohe Ausfallquote die Repräsentativität der Ergebnisse ein.

Der Online-Fragebogen enthielt im ersten Teil allgemeine Fragen zur Organisation, zur Struktur der PR-Funktion und zu Charakteristika exzellenter PR. Die Teilnehmer wurden gebeten, die Anzahl der Mitarbeiter in der PR- oder Kommunikationseinheit ihres Hauptsitzes anzugeben. Darüber hinaus sollten die Befragten die Bedeutung der Kommunikation für die Erreichung der übergeordneten Organisationsziele (5 – sehr wichtig; 1 – nicht wichtig) beurteilen.

Fragen zu den Koordinationsformen zielten darauf ab, wie der Hauptsitz und seine lokalen Niederlassungen die Verantwortung für jedes der folgenden Elemente im Planungs- und Implementierungsprozess der Öffentlichkeitsarbeit untereinander aufteilten: (a) die Durchführung von Forschungsarbeiten; (b) Zielformulierung; (c) Zielgruppendefinition; (d) Strategieentwicklung; (e) Entwicklung von Botschaften; (f) Maßnahmen (z. B. Pressemitteilungen); (g) Kommunikationskanäle und (h) die Evaluation von PR-Aktivitäten. Für jedes dieser Elemente wurden die Befragten aufgefordert anzugeben, wo jeweils die Hauptverantwortung in der INGO verortet ist (Hauptsitz, lokale Niederlassungen, beide unabhängig voneinander, beide gemeinsam, oder keiner von beiden).

Darüber hinaus sollten die Teilnehmer die Bedeutung von 21 Kontextvariablen und deren Einfluss auf strategische Entscheidungen zu internationalen PR-Aktivitäten beurteilen (1 – nicht wichtig; 5 – sehr wichtig). Diese wurden aus den Arbeiten von Sriramesh und Verčič (2001) abgeleitet, die eine Liste von Variablen vorschlagen und diese jeweils einem der drei folgenden Faktoren zuordnen: (Gesellschafts)Kultur, nationale Infrastruktur und das Mediensystem. Basierend auf einer explorativen Studie von Fritsch (2010), in der der Autor Leitfadeninterviews mit PR-Managern von vier großen INGOs führte, wurden dieser Liste zusätzliche Variablen hinzugefügt. Dazu gehörten (a) die Landesgeschichte, (b) die relative Bedeutung eines ‚Issues' in einem Land, (c) die Landessprache und (d) die Vielfalt der Sprachen in einem bestimmten Land. Weitere Details zu Methodik und Befunden dieser Studie finden sich bei Schwarz und Fritsch (2014).

6.2   Befunde

Nach der Datenbereinigung wurden insgesamt 440 INGOs in die Analyse einbezogen. INGOs mit Hauptsitz in Industriestaaten dominierten klar die Stichprobe (83%). Aus Entwicklungs- oder Schwellenländern stammen 14% und 5% hatten keinen festen oder einen rotierenden Hauptsitz. Die meisten der INGOs wurden von den Befragten als Berufsverbände eingeordnet oder waren im Handel sowie im Wirtschaftsbereich tätig (27%), gefolgt von Organisationen im Bereich der Forschung und Bildung (21%), dem Umweltschutz (7%), der Religion (6%), der Menschenrechte und des Friedens (6%), Kultur/Sport/Freizeit (6%) und dem Gesundheitswesen (5%). Weitere INGOs stammen aus den Bereichen Politik, Soziales, humanitäre Hilfe und Entwicklung (je 3%).

In Bezug auf ihre Position haben sich die meisten Befragten als Geschäftsführer/Präsident (26%), Leiter der Public Relations (12%) oder leitende PR-Angestellte (6%) eingeordnet. Allerdings gab es eine Vielzahl von Positionen und Titeln unter den Befragten, für deren Angabe die Befragten die offene Antwortmöglichkeit nutzten.

6.2.1   Die PR-Exzellenz von INGOs

Mehr als die Hälfte der Befragten (58%) gab an, dass ihre Kommunikationsfunktion zur strategischen Planung und Entscheidungsfindung der Organisation beiträgt. In 60% der INGOs gehört der leitende Kommunikationsverantwortliche zur dominanten Koalition und berichtet in 62% der Fälle an den ranghöchsten Manager. Die Integration der Öffentlichkeitsarbeit in einer Abteilung bzw. unter einen gemeinsamen Koordinierungsmechanismus war bei 42% der INGOs vorhanden. Nur 16% der INGOs verfügten über eine separate Abteilung für Public Relations. Die leitenden Kommunikationsverantwortlichen waren in den meisten INGOs die Geschäftsführer oder Präsidenten der Organisation (31%). In 12% der Fälle handelte es sich um einen einzelnen PR-Angestellten, während in 10% der INGOs jede Abteilung ihre Öffentlichkeitsarbeit selbst ausführte. Sieben Prozent integrierten die PR-Funktion in ihre Marketingabteilung. Eine relativ große Gruppe der INGOs (20%) überließ die Öffentlichkeitsarbeit einzelnen Teilzeitbeschäftigten. Die meisten der Befragten (83%) gaben an, dass in ihren Organisationen Chancengleichheit für Mitarbeiter verschiedener Geschlechter, Nationalitäten oder Ethnien gegeben wäre.

Um zu beurteilen, ob sich die Exzellenzwerte der INGOs systematisch unterscheiden, wurde eine zweistufige Cluster-Analyse unter Berücksichtigung aller Exzellenzvariablen durchgeführt. Der Algorithmus berechnete eine Lösung mit zwei Clustern. Die wichtigsten Variablen, die die beiden Gruppen von INGOs unterschieden, waren die Anbindung der Public Relations an die dominante Koalition und ihre Einbeziehung in das strategische Management. Die Organisationsstruktur der PR und die Integration aller Kommunikationsfunktionen hatten hingegen fast keinen Einfluss auf die Clusterbildung (Tab. 1).

Im ersten Cluster mit 254 Fällen (60%) befanden sich diejenigen INGOs, auf die die meisten Exzellenzkriterien zutrafen. Fast alle Befragten gaben an, dass ihre Kommunikationseinheit direkt an die Geschäftsleitung berichtet (99%) und Chancengleichheit für Mitarbeiter gegeben ist (97%). In 85% der INGOs dieser Gruppe war der leitende Kommunikationsverantwortliche Teil der dominanten Koalition und in 84% der Organisationen trug die Kommunikationsfunktion zur strategische Planung und Entscheidungsfindung bei. Jedoch koordinierte nur die Hälfte der INGOs (53%) in diesem Cluster alle Kommunikationsfunktionen durch eine einzige Abteilung oder einen übergeordneten Mechanismus. Die Organisationsstruktur der PR-Funktion war sehr heterogen. In den meisten Fällen war der Geschäftsführer/Präsident (25%) oder eine eigene Abteilung (24%) federführend. Fast ein Fünftel verfügte nur über eine Teilzeitkraft (18%) oder einen einzelnen PR-Angestellten (16%). Das zweite Cluster enthielt INGOs mit nicht-exzellenten Kommunikationsfunktionen (N = 167; 40%). Die entsprechenden Häufigkeiten sind in Tab. 1 ausgewiesen.

Tab. 1 Clusterlösung für die generischen Prinzipen der exzellenten Öffentlichkeitsarbeit (Schwarz und Fritsch 2014)

Exzellenzkriterien	Cluster 1 exzellente INGOs	Cluster 2 nicht-exzellente INGOs
Alle wichtigen Kommunikationsfunktionen werden in einer Abteilung integriert	53%	28%
Die Kommunikationseinheit trägt zur strategischen Planung und Entscheidungsfindung bei	84%	23%
Der/die leitende Kommunikationsverantwortliche ist Teil der gehobenen Managements	85%	28%
Die Kommunikationsabteilung hat eine direkte Berichterstattungsbeziehung zum gehobenen Management	99%	10%
Gleiche Chancen für Angestellte unabhängig von Geschlecht, Nationalität oder Ethnie	97%	65%
Organisationsstruktur der Öffentlichkeitsarbeit	25% Geschäftsführer/ Präsident 24% separate PR-Abteilung 18% ein einzelner Mitarbeiter (Teilzeit) 16% einzelner PR-Angestellter (Vollzeit)	44% Geschäftsführer/ Präsident 26% ein einzelner Mitarbeiter (Teilzeit) 16% jede Abteilung verantwortet selbst ihre PR
Gesamt (N = 421)[a]	254	167
Gesamt in %	60%	40%

[a] Die reduzierte Fallzahl geht auf fehlende Werte zurück.
Anmerkung: Two-step-Clusteranalyse; alle Prozentangaben (ausgenommen Gesamtangabe) beziehen sich auf Verteilungen im Cluster.

Hypothese 1 wurde mittels einer einfaktoriellen Varianzanalyse getestet. Die Zahl der Mitarbeiter in der Kommunikationseinheit der INGO-Zentrale sowie die wahrgenommene Bedeutung der Kommunikation für die strategische Zielerreichung der Organisation wurden als abhängige Variablen verwendet. Die Zwei-Cluster-Lösung mit den Ausprägungen exzellent/nicht-exzellent ging als unabhängige Variable (Faktor) in die Analyse ein.

Exzellente INGOs verfügten im Durchschnitt über vier Mitarbeiter in der zentralen Kommunikationseinheit (M = 4,1; s = 7,5), während in den nicht-exzellenten Organisationen zwei bis drei Mitarbeiter zuständig waren (M = 2,6; s = 4,9). Dieser Unterschied war signifikant (F (1, 369) = 4,7; p <.05). Darüber hinaus differierten die beiden Gruppen signifikant hinsichtlich des wahrgenommenen Beitrags der PR-Funktion zur strategischen Zielerreichung (F (1, 415) = 17.2, p <.01); allerdings auf hohem Niveau. Exzellente INGOs bewerteten diesen Beitrag als sehr wichtig (M = 4,7; s = 0,5), während INGOs in der Gruppe weniger exzellenter Organisationen diesen als etwas weniger wichtig ansahen (M = 4,4; s = 0,9). H1 wurde damit bestätigt.

Um Hypothese 2 zu testen, wurde die Liste der 21 Kontextvariablen zunächst durch eine Hauptkomponentenanalyse auf eine geringere Anzahl an Dimensionen reduziert. Das Verfahren ergab eine reliable 3-Faktorenlösung. Mit einigen Einschränkungen ist dieses Ergebnis vergleichbar mit den drei Kontextdimensionen, wie sie Sriramesh und Verčič (2001) vorschlagen (eine detaillierte Auswertung findet sich bei Schwarz und Fritsch 2014). Der erste Faktor enthielt überwiegend die Charakteristika des nationalen Mediensystems und der öffentlichen Kommunikation. Der zweite Faktor umfasste Variablen zur Gesellschafts- und Organisationskultur, die Bedeutung der Landessprache(n), die Entwicklung jüngster Themen und Ereignissen, die Landesgeschichte und das Ausmaß aktivistischer Engagements. Die wirtschaftliche und technologische Entwicklung, das politische System und die Regulierung öffentlicher Kommunikation bildeten den dritten Faktor. Dieser ist mit der von Sriramesh und Verčič (2001) beschriebenen nationalen Infrastruktur vergleichbar. Alle Faktorwerte (Regression) wurden schließlich als abhängige Variablen genutzt, um H2 zu testen.

Die Exzellenzcluster hatte keinen signifikanten Einfluss auf den Faktor Medien/öffentliche Kommunikation oder den Faktor nationale Infrastruktur. Allerdings bewerteten Befragte aus exzellenten INGOs den kulturell-gesellschaftlichen Kontext als signifikant wichtiger für ihre PR-Strategien als die Befragten nicht-exzellenter INGOs (F (1, 419) = 6,2; p <.05). H2 konnte damit nur für einen von drei Kontextfaktoren bestätigt werden.

6.2.2   Die Zentralisierung/Dezentralisierung der internationalen PR von INGOs

Um spezifische Modelle der Zentralisierung bzw. Dezentralisierung der internationalen PR von NGOs zu identifizieren (Forschungsfrage 2) wurden sämtliche Variablen, die sich auf die Elemente des PR-Management-Prozesses (z. B. Forschung, Strategie, Zielgruppen, Taktik, etc.) beziehen, einer zweistufigen Clusteranalyse unterzogen. Diese ergab eine Lösung mit vier Gruppen unterscheidbarer INGOs (Abb. 1).

Das erste Cluster umfasste 132 INGOs (33,6%) und war damit das größte Cluster. In dieser Gruppe dominierten stark zentralisierte PR-Funktionen. Für fast alle Schritte im Prozess des Kommunikationsmanagements war der Hauptsitz der jeweiligen INGO verantwortlich. Insbesondere Entscheidungen über Maßnahmen, die Entwicklung von Strategien und Botschaften, Zielsetzung und die Definition der Zielgruppen waren die Hauptaufgaben der Zentralen. Nur im Hinblick auf die Durchführung von Programmforschung war die Cluster-Zusammensetzung heterogener.

In der zweiten Gruppe mit insgesamt 85 INGOs (21,6%) wurde der größte Teil des PR-Managements vom Hauptsitz und den lokalen Einheiten gemeinsam übernommen. Insbesondere Zielgruppen, Strategien und Botschaften sowie die Entscheidung über Maßnahmen und Kanäle wurden hier kooperativ abgestimmt. Forschung war wiederum heterogen verteilt.

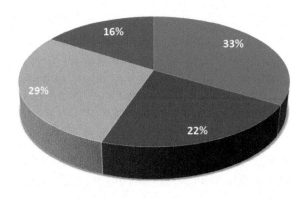

- hohe Zentralisierung der IPR
- kooperatives Modell der IPR
- hohe Dezentralisierung der IPR
- PR-Funktionen nicht implementiert oder nur in Verantwortung lokaler Büros

Abb. 1 Modelle der Zentralisierung/Dezentralisierung internationaler PR (IPR) von INGOs
Quelle: eigene Darstellung; zweistufige Clusteranalyse; N=393

Die dritte Gruppe mit insgesamt 113 INGOs (28,8%) setzte sich vor allem aus Organisationen zusammen, in denen sowohl der Hauptsitz als auch die lokalen Einheiten ihre Public Relations unabhängig voneinander koordinieren. Dies betraf vor allem taktische Entscheidungen, zum Beispiel über die Maßnahmen und Kanäle (ca. 80% der INGOs in dieser Gruppe), gefolgt von der Zielgruppendefinition (75%) und der PR-Evaluation (74%). Auch die Strategien, Ziele und Botschaften wurden überwiegend unabhängig voneinander entwickelt (Werte über 60%), während andererseits ein erheblicher Anteil der INGOs in dieser Gruppe diese mehr strategischen Aufgaben durch zentrale und lokale Einheiten gemeinsam oder allein durch den Hauptsitz koordinierte.

Das vierte Cluster mit 16% der untersuchten INGOs war hinsichtlich der Koordinierung internationaler PR am heterogensten. Es enthielt in erster Linie INGOs, in denen entweder ausschließlich lokale Einheiten für eine bestimmte PR-Funktion verantwortlich sind oder diese Funktion überhaupt nicht implementiert ist. Insbesondere Programmforschung (40%) und Evaluation (48%) wurden in keiner Niederlassung der INGOs eingesetzt. Taktische Entscheidungen über Kanäle (49%) und Maßnahmen (38%) werden in den meisten Fällen allein von den lokalen Einheiten getroffen. Entscheidungen über Strategien, Ziele und Botschaften waren hingegen fast gleichmäßig auf die verschiedenen Formen der Koordination verteilt.

6.2.3 Der Zusammenhang zwischen PR-Exzellenz und der Zentralisierung/ Dezentralisierung internationaler PR

Nach Wakefield (2000) sollte exzellente internationale PR sowohl zentrale als auch dezentrale Einheiten bei der Koordinierung von Kommunikationsstrategien einschließen. Um diese Annahme und Hypothese 3 zu testen, haben wir die Zwei-Cluster-Lösung für Exzellenz und die Vier-Cluster-Lösung für die Zentralisierung/Dezentralisierung einem Chi-Quadrat-Test unterzogen. Der Test ergab ein signifikantes Ergebnis (Chi ^{2} (3) = 11,4; p <.01). Allerdings zeigte der genaue Blick auf die Verteilung der Häufigkeiten von INGOs, dass sich die Cluster der zentralisierten, kollaborativen und dezentralisierten INGOs hinsichtlich ihrer PR-Exzellenz kaum unterschieden. In diesen drei Gruppen gehörten zwischen 60% und 70% der INGOs zu den Organisationen mit exzellenter PR. Lediglich im vierten Cluster mit Organisationen, in denen PR-Funktionen nicht implementiert oder ausschließlich von lokalen Niederlassungen koordiniert wurden, dominierten die nicht-exzellenten Organisationen (57%).

Dieser Befund legt nahe, dass der Grad der (De)Zentralisierung der internationalen PR keine Funktion der PR-Exzellenz ist und umgekehrt. Die Exzellenzkriterien scheinen lediglich mit der Ausprägung strategischer Kommunikationsplanung von INGOs zusammenzuhängen; Exzellenz trifft also mit höherer Wahrscheinlichkeit auf Organisationen zu, in denen der gesamte Prozess strategischer Kommunikationsplanung abgedeckt ist – unabhängig davon, ob dieser zentralisiert oder dezentralisiert organisiert wird. H3 konnte also nicht bestätigt werden.

7 Schlussfolgerungen zur internationalen Öffentlichkeitsarbeit von NGOs im 21. Jahrhundert

Das primäre Ziel dieses Beitrags war es, anhand des Forschungsstandes und einer eigens durchgeführten Studie zu ergründen, wie Organisationen im globalen zivilgesellschaftlichen Sektor ihre strategische Kommunikation über Ländergrenzen hinweg organisieren.

Die bislang vorliegenden Befunde legen nahe, INGOs als auf hohem strategischen Niveau internationaler Kommunikation operierende Organisationen zu betrachten. Ein hoher Anteil von INGOs verfügt über nach Verčič et al. (1996) exzellente PR-Funktionen. Diese messen ihren Kommunikationsfunktionen sehr hohe strategische Bedeutung bei und setzen deutlich mehr Personal für PR-Aufgaben ein als nicht-exzellente INGOs. Doch selbst in den nicht-exzellenten Organisationen dominiert die Auffassung, dass Kommunikation von entscheidender Bedeutung für ihre Zielerreichung sei.

Einschränkungen sind im Hinblick auf die Integration der Öffentlichkeitsarbeit unter einen Koordinationsmechanismus und ihre Trennung von anderen Managementfunktionen zu machen. Kommunikation in INGOs ist in den meisten Fällen Aufgabe der Geschäftsführer oder Präsidenten. In vielen Fällen sind lediglich einzelne Person (Teilzeit oder Vollzeit) verantwortlich. Da INGOs häufig unter Ressourcenknappheit leiden, haben sie offenbar nicht immer die Möglichkeit eigenständige Abteilungen zu etablieren, um darin alle Kommunikationsfunktionen zu integrieren. Daher wird diese Funktion meist dem hochrangigsten Manager der INGO zugeordnet. Obwohl INGOs die strategische Kommunikation als ein vorrangiges Gut für ihren Erfolg betrachten, könnte dieses strukturelle Defizit die Effektivität ihrer internationalen Kommunikation erheblich einschränken, da die PR-Funktion nicht hinreichend von anderen Funktionen getrennt wird und den Geschäftsführern bzw. Präsidenten in vielen Fällen vermutlich die notwendige Kompetenz und die zeitlichen Ressourcen fehlen, um professionelle internationale PR-Programme aufzubauen. INGOs sollten daher nach Möglichkeiten suchen, um den Mangel an Ressourcen zu kompensieren. Eine mögliche Lösung, die bereits von vielen INGOs wie dem World Wide Fund for Nature (WWF) praktiziert wird, ist die Bildung von Allianzen mit multinationalen Konzernen. Auf der anderen Seite versuchen Wirtschaftsunternehmen durch die Partnerschaft mit NGOs ihre Reputation zu verbessern und die Sichtbarkeit ihrer Corporate Social Responsibility-Programme zu verbessern. Dies kann jedoch auch zu Konflikten, erhöhten Reputationsrisiken und finanzieller Abhängigkeit führen, insbesondere für INGOs. In Anbetracht dieser Risiken, die beispielsweise im Falle des WWF bereits zu krisenähnlichen Situationen geführt haben, könnten INGOs besser beraten sein, Netzwerke mit anderen Organisationen der Zivilgesellschaft zu bilden, um sich PR-Funktionen bzw. Ressourcen zu teilen.

Angesichts der national und kulturell vielfältigen Anspruchsgruppen (Mitglieder, Spender, Partner, etc.), mit denen die INGOs Kommunikationsbeziehungen unterhalten und den zuvor thematisierten zunehmenden Reputationsrisiken, sollten INGOs die kontextuelle Vielfalt in ihren Kommunikationsprogrammen stärker berücksichtigen. Kulturelle Variablen sowie aktuelle und frühere Ereignisse bzw. Entwicklungen in bestimmten Zielländern werden in exzellenten INGOs tatsächlich stärker in die Kommunikationsplanung einbezogen als in weniger exzellenten INGOs. Die wahrgenommene Bedeutung der nationalen Infrastruktur und des Mediensystems unterscheidet sich hingegen kaum. Insgesamt haben diese Kontextfaktoren aber eine mittlere bis hohe Bedeutung aus Sicht der Kommunikationsverantwortlichen in INGOs.

Für einen generischen Ansatz internationaler Public Relations ist es nach Kent und Taylor (2007) zentral, die strategischen Überlegungen zu untersuchen, derer sich die Kommunikatoren bei der Erstellung ihrer Kommunikationsprogramme bewusst sind. Unsere Studie konnte zeigen, dass die Berücksichtigung des kulturellen Umfeldes verbunden ist mit der Umsetzung der meisten Exzellenzkriterien und sollte daher selbst als generisches Prinzip betrachtet werden. Um ihre Ziele zu erreichen, müssen sich transnationale Organisationen wie INGOs ihres komplexen kulturellen Umfeldes bewusst sein, was in vielen Fällen auch bedeutet, auf andere PR-Modelle als die symmetrische zweiseitige Kommunikation zurückzugreifen (Taylor und Kent 1999). In Kombination mit einer leistungsstarken und strategisch ausgereiften PR-Funktion sind INGOs, die der kulturellen Heterogenität ihrer Anspruchsgruppen Rechnung tragen, mit hoher Wahrscheinlichkeit effektiver – müssen aber andererseits mehr Ressourcen aufbringen, um diese kontextsensitive Kommunikation umsetzen zu können.

Ein weiteres Ziel des vorliegenden Beitrags war es, die vorherrschenden Typen von Strukturen und Koordinierungsmechanismen zu identifizieren, die von INGOs zur Organisation der internationalen strategischen Kommunikation eingesetzt werden. Unsere Erkenntnisse legen nahe, dass sich ähnlich den Annahmen der Managementforschung über Organisationsstrukturen von NGOs (Lindenberg und Bryant 2001) vier Typen von INGOs unterscheiden lassen:

1. INGOs mit stark zentralisierten PR-Funktionen, die lokale Niederlassungen nutzen, um ihre Entscheidungen lediglich umzusetzen
2. INGOs mit zentralen und lokalen Einheiten, die ihre internationale PR gemeinsam entwickeln und umsetzen
3. INGOs, die ihre lokalen Einheiten weitgehend autonom arbeiten lassen, aber immer noch erhebliche Anstrengungen unternehmen, ihre Aktivitäten international zu koordinieren
4. INGOs, die als strategisch unausgereift gelten müssen, da sie viele Schritte der strategischen Kommunikationsplanung nicht abdecken bzw. nicht international koordinieren

Während sich die ersten drei Typen von INGOs kaum im Hinblick auf die Ausprägung von PR-Exzellenz unterscheiden, wird die letzte Gruppe (4) von nicht-exzellenten Organisationen dominiert. Diese INGOs haben keinen konkreten strategischen Ansatz in ihren Kommunikationsprogrammen, was häufig auf einen Mangel an finanziellen Ressourcen oder Personal zurückzuführen ist. Dieser Befund deutet auch darauf hin, dass exzellente internationale Öffentlichkeitsarbeit von INGOs sowohl im Zusammenhang mit zentralisierten als auch dezentralisierten bzw. kooperativen Organisationsstrukturen entwickelt und implementiert werden kann.

Künftige Studien sollten den Zusammenhang zwischen den Koordinierungsmodellen der internationalen Öffentlichkeitsarbeit und der Umsetzung der Exzellenzkriterien für INGOs, aber auch multinationale Unternehmen und zwischenstaatliche Organisationen näher untersuchen. Dies könnte Aufschluss darüber geben, ob dieser Befund universell für alle international tätigen Organisationen gilt oder eine charakteristische Eigenschaft des Kommunikationsmanagements von INGOs darstellt.

8   Fazit und Ausblick

Dieser Überblick über die Forschung zur Kommunikationspraxis internationaler NGOs gibt Einblicke in die Strukturen und die strategischen Ansätze des internationalen Kommunikationsmanagements von Akteuren der Zivilgesellschaft im 21. Jahrhundert. Obwohl ihre Bedeutung u. a. in der Managementforschung betont wird (Lewis 2005), spielt die Analyse internationaler PR von INGOs über Einzelfallstudien größerer Organisationen hinaus in der Kommunikationswissenschaft bislang kaum eine Rolle. Erste empirische Befunde bestätigen, was Management- und Kommunikationsforscher bislang nur vermuteten: INGOs sollten als relevante Akteure mit einer starken strategischen Ausrichtung und Implementierung ihrer Kommunikationsfunktionen über nationale und kulturelle Grenzen hinweg betrachtet werden. Die meisten INGOs scheinen sämtliche Elemente der strategischen Planung, Durchführung und Evaluation internationaler PR abzudecken und ihren Kommunikationsfunktionen hohe Wertschätzung entgegen zu bringen (Schwarz und Fritsch 2014). Daher sollte die Forschung zur internationalen Öffentlichkeitsarbeit neben Regierungen, zwischenstaatliche Organisationen und multinationalen Unternehmen verstärkt INGOs als Organisationen „in and of their own right" (Lambell et al. 2008, S. 75) zum Untersuchungsgegenstand machen.

Die offenbar zunehmende Professionalisierung des Kommunikationsmanagements von INGOs und ihr Einfluss auf die öffentliche Wahrnehmung einer Reihe von global relevanten Themen (z. B. globale Erwärmung, Menschenrechte, freier Handel, Pressefreiheit) werden zukünftig zu einer größeren Bedeutung zivilgesellschaftlicher Akteure in der globalen Politik, der internationalen Wirtschaft und grenzüberschreitenden kulturellen Dynamiken führen. Auch im Kontext der zivil-militärischen Zusammenarbeit in Kriegs- und Krisengebieten oder im Feld der Public Diplomacy wird INGOs mehr und mehr eine Schlüsselrolle zugestanden. Dies unterstreicht den Bedarf an einer systematischeren Erforschung der Frage, wie INGOs ihre strategische Kommunikation organisieren; und zwar jenseits von „fashionable case studies" (Tkalac und Pavicic 2009, S. 812) bekannter INGOs. Studien dieser Art könnten zu einem besseren Verständnis der Rolle von Öffentlichkeitsarbeit im Prozess der Globalisierung und ihres Beitrags zu gesellschaftlich wünschenswertem Wandel im internationalen Umfeld (Sriramesh und Verčič 2007) beitragen.

Ordnet man INGOs als eine Unterkategorie zivilgesellschaftlicher Akteure ein, so dürfte die Professionalisierung ihrer internationalen Kommunikation auf die Stärkung der globalen Zivilgesellschaft hinweisen, in der bestimmte gesellschaftliche Gruppierungen künftig ggf. mehr Möglichkeiten haben, um sich in der internationalen politischen und wirtschaftlichen Arena – die traditionell eine Domäne von multinationalen Konzernen und politischen Institutionen war – Gehör zu verschaffen (Duhé und Sriramesh 2009).

Gleichzeitig kann es künftig zunehmend zur Aufweichung der klassischen Sektorgrenzen kommen, da INGOs Allianzen mit Unternehmen und staatlichen Organisationen eingehen. Dies kann einerseits den Einfluss von INGOs auf diese Organisationen stärken, andererseits aber auch einen stärkeren Einfluss von Wirtschafts- und Regierungsakteuren auf die Zivilgesellschaft nach sich ziehen. Aufgabe künftiger PR-Forschung sollte es daher sein, diese wechselseitigen Einflüsse und ihre Folgen für die Rolle der PR-Funktionen von INGOs als Stimmen einer facettenreichen globalen Zivilgesellschaft zu analysieren.

Taylor (2011) hat darauf hingewiesen, dass viele Organisationen innerhalb der Zivilgesellschaft „have structural and communication impediments that diminish their capacity to participate in creating social capital" (S. 442). Eines dieser Hindernisse ist eine strukturell und strategisch schwache PR-Funktion. Die in diesem Beitrag thematisierten Exzellenzkriterien stellen einen nützlichen Ausgangspunkt dar, um die potenzielle Effektivität der internationalen PR-Funktion bei INGOs beurteilen zu können. Wir gehen davon aus, dass starke PR-Abteilungen, gut koordinierte PR-Programme – sowohl auf zentraler als auch lokaler Ebene – sowie die Berücksichtigung der internationalen bzw. kulturellen Vielfalt ihrer Anspruchsgruppen entscheidend sein werden, um künftig eine nachhaltige Entwicklung von INGOs zu wichtigen organisatorischen Partnern (Taylor, 2011) der globalen Zivilgesellschaft und wachsendes freiwilliges soziales Engagement auf lokaler und globaler Ebene zu ermöglichen.

Literatur

Ampofo Adjei, D. K., Annor-Frempong, F., & Bosompem, M. (2016). Use of social networking websites among NGOs in the Greater Accra Region of Ghana. *Public Relations Review, 42*, 920-928.

Banks, S. P. (1995). *Multicultural public relations. A social-interpretive approach.* Thousand Oaks: Sage Publications.

Bartlett, C. A., & Ghoshal, S. (2002). *Managing across borders: the transnational solution* (2. Aufl.). Boston: Harvard Business School Press.

Blood, R. (2005). Should NGOs be viewed as "political corporations"? *Journal of Communication Management, 9*, 120-133.

Boli, J., & Thomas, G. M. (1997). World culture in the world polity: a century of international non-governmental organization. *American Sociological Review, 62*, 171-190.

Couper, M. P., & Bosnjak, M. (2010). Internet surveys. In: J. D. Wright, & P. V. Marsden (Hrsg.), *Handbook of survey research* (2. Aufl., S. 527-550). Bingley: Emerald.

Culbertson, H. M. (1996). Introduction. In: H. M. Culbertson, & N. Chen (Hrsg.), *International public relations: a comparative analysis* (S. 1-13). Mawah, New Jersey: Erlbaum.

Dozier, D. M., & Lauzen, M. M. (2000). Liberating the intellectual domain from the practice: public relations, activism, and the role of the scholar. *Journal of Public Relations Research, 12*, 3-22.

Duhé, S. C., & Sriramesh, K. (2009). Political economy and public relations. In: K. Sriramesh, & D. Verčič (Hrsg.), *The global public relations handbook: Theory, research and practice* (2. Aufl., S. 25-51). Mahwah, NJ: Lawrence Erlbaum.

Edelman. (2017). 2017 Edelman Trust Barometer: Global report. https://www.edelman.com/global-results/ Zugegriffen: 13. November 2017.

Fritsch, A. (2010). *Implementing specific principles of global public relations: the case of international non-governmental organizations*. Unpublizierte Diplomarbeit, Technische Universität Ilmenau, Ilmenau.

Gibelman, M., & Gelman, S. R. (2000). *Very public scandals: an analysis of how and why nongovernmental organizations get in trouble – a working paper*. Paper presented at the International Society for Third-Sector Research (ISTR) Fourth International Conference, Dublin, Ireland. http://www.istr.org/conferences/dublin/workingpapers/gibelman.pdf

Grunig, L. A., Grunig, J. A., & Dozier, D. M. (2002). *Excellent public relations and effective organizations: a study of communication management in three countries*. Mahwah, NJ: Lawrence Erlbaum.

Huck, S. (2005). *Internationale Unternehmenskommunikation: Ergebnisse einer qualitativen Befragung von Kommunikationsverantwortlichen in 20 multinationalen Großunternehmen*. Hohenheim: Univ., Lehrstuhl für Kommunikationswiss. und Journalistik.

Kent, M. L., & Taylor, M. (2007). Beyond excellence: Extending the generic approach to international public relations. The case of Bosnia. *Public Relations Review, 33*, 10-20.

Ki, E.-J. & Ye, L. (2017). An assessment of progress in research on global public relations from 2001 to 2014. *Public Relations Review, 43*, 235-245.

Lambell, R., Ramia, G., Nyland, C., & Michelotti, M. (2008). NGOs and international business research: progress, prospects and problems. *International Journal of Management Reviews, 10*, 75-92.

Lewis, D. (2003). Theorizing the organization and management of non-governmental development organizations: towards a composite approach. *Public Management Review, 5*, 325-344.

Lewis, L. (2005). The civil society sector: A review of critical issues and research agenda for organizational communication scholars. *Management Communication Quarterly, 19*, 238-267.

Lim, J. S. (2010). Global integration or local responsiveness? Multinational corporations' public relations strategies and cases. In: G. J. Golan, T. J. Johnson, & W. Wanta (Hrsg.), *International media communication in a global age* (S. 299-318). New York, NY: Routledge.

Lindenberg, M., & Bryant, C. (2001). *Going global: transforming relief and development NGOs*. Bloomfield, CT: Kumarian Press.

Molleda, J.-C., & Laskin, A. (2010). Coordination and control of global public relations to manage cross-national conflict shifts. In: G. J. Golan, T. J. Johnson, & W. Wanta (Hrsg.), *International media communication in a global age* (S. 319-344). New York, NY: Routledge.

Molleda, J.-C., & Laskin, A. V. (2005). Global, international, comparative and regional public relations knowledge from 1990 to 2005: A quantitative content analysis of academic and trade publications. http://www.instituteforpr.org/topics/pr-knowledge-2005/. 12. Mai 2011

Murphy, P., & Dee, J. (1992). Du Pont and Greenpeace: the dynamics of conflict between corporations and activist groups. *Journal of Public Relations Research, 4*, 3-20.

Naudé, A. M. E., Froneman, J. D., & Atwood, R. A. (2004). The use of the internet by ten South African non-governmental organizations: a public relations perspective. *Public Relations Review, 30*, 87-94.

Salamon, L. M., & Anheier, H. K. (1999). *The emerging sector revisited: a summary* (2. Aufl.). Baltimore, Md.: Johns Hopkins Univ., Inst. for Policy Studies, Center for Civil Society Studies.

Schwarz, A., & Fritsch, A. (2014). Communicating on behalf of global civil society: Management and coordination of public relations in international nongovernmental organizations. *Journal of Public Relations Research, 26*, 161-183.

Seo, H., Kim, J. Y., & Yang, S.-U. (2009). Global activism and new media: a study of transnational NGO's online public relations. *Public Relations Review, 35*, 123-126.

Sisco, H. F., Collins, E. L., & Zoch, L. M. (2010). Through the looking glass: A decade of Red Cross crisis response and situational crisis communication theory. *Public Relations Review, 36*, 21-27.

Sriramesh, K., & Verčič, D. (2001). International public relations: A framework for future research. *Journal of Communication Management, 6,* 103-117.

Sriramesh, K., & Verčič, D. (2007). Introduction to this special section: The impact of globalization on public relations. *Public Relations Review, 33,* 355-359.

Taylor, M. (2000). Cultural variance as a challenge to global public relations. A case study of the Coca-Cola scare in Europe. *Public Relations Review, 26,* 277-293.

Taylor, M. (2005). Nongovernmental Organizations (NGOs). In: R. L. Heath (Hrsg.): *Encyclopedia of public relations* (Vol. 2, S. 576-578). Thousand Oaks: Sage.

Taylor, M. (2011). Building social capital through rhetoric and public relations. *Management Communication Quarterly, 25,* 436-454.

Taylor, M., & Kent, M. L. (1999). Challenging assumptions of international public relations: When government is the most important public. *Public Relations Review, 25,* 131-144.

Taylor, M., Kent, M. L., & White, W. J. (2001). How activist organizations are using the Internet to build relationships. *Public Relations Review, 27,* 263-284.

Tkalac, A., & Pavicic, J. (2009). Nongovernmental organizations and international public relations. In: K. Sriramesh, & D. Verčič (Hrsg.), *The global public relations handbook: theory, research, and practice* (2. Aufl., S. 807-821). New York, London: Routledge.

United Nations Development Programme. (2002). Human Development Report 2002: Deepening democracy in a fragmented world *Human Development Report.* New York: Oxford University Press.

Verčič, D. (2003). Public relations of movers and shakers: transnational corporations. In: K. Sriramesh, & D. Vercic (Hrsg.), *The global public relations handbook. Theory, research and practice* (S. 478-489). Mahwah, NJ: Erlbaum.

Verčič, D., Grunig, L. A., & Grunig, J. E. (1996). Global and Specific Principles of Public Relations: Evidence From Slovenia. In: H. M. Culbertson, & N. Chen (Hrsg.), *International public relations: a comparative analysis* (S. 31-65). Mawah, New Jersey: Erlbaum.

Vetsch, C. (2017). *Internationale Krisen-Public Relations Analysen zu Theorie und Unternehmenspraxis im transkulturellen Kontext.* Wiesbaden: Springer VS.

Voss, K. (2007). Öffentlichkeitsarbeit von Nichtregierungsorganisationen: Mittel – Ziele – Interne Strukturen. Wiesbaden: VS Verl. für Sozialwissenschaften.

Wakefield, R. I. (2000). World-class public relations: A model for effective public relations in the multinational. *Journal of Communication Management, 5,* 59-71.

Wakefield, R. I. (2001). Effective public relations in the multinational organization. In: R. L. Heath (Hrsg.): *Handbook of public relations* (S. 639-647). Thousand Oaks, Calif.: Sage.

Walzer, M. (1995). The concept of civil society. In: M. Walzer (Hrsg.): *Toward a global civil society* (S. 7-27). Providence, RI: Berghahn.

Wilcox, D. L., Ault, P. H., Agee, W. K., & Cameron, G. T. (2000). *Public relations: Strategies and tactics* (6. Aufl.). NY: Addison-Wesley Longman.

Wootliff, J., & Deri, C. (2001). NGOs: The new super brands. *Corporate Reputation Review, 4,* 157-164.

Young, D. R. (1992). Organising principles for international advocacy associations. *Voluntas: International Journal of Voluntary and Nonprofit Organizations, 3,* 1-28.

Kampagnenprofis in der Zwangsjacke
Krisenkommunikation und Krisenmanagement in NGO

Adrian Teetz

Zusammenfassung

Non Governmental Organizations (NGO) üben Funktionen der gesellschaftlichen Kontrolle und der Anwaltschaft für Benachteiligte aus; sie agieren zum Teil selbst offensiv oder konfrontativ in der Öffentlichkeit. Mit ihrer zunehmenden öffentlichen Präsenz steigen allerdings auch der Bedarf an Legitimation und der Widerstand von Kontrahenten aus Wirtschaft und Politik. Vor diesem Hintergrund geraten auch NGO zunehmend in den Blickwinkel öffentlicher Kritik. Ihr eigener ethisch-normativer Anspruch, der ihnen im Alltag einen Aufmerksamkeitsvorteil verschafft, macht sie im Krisenfall besonders angreifbar. Hinzu kommen Hemmnisse der institutionellen Logik, weil NGO typischerweise als gemeinnützige Vereine mit aufwändigen Willensbildungsprozessen verfasst sind. Diese Voraussetzungen sollte das Management einer Organisation berücksichtigen, wenn es sich auf Krisenmanagement und -kommunikation vorbereitet.

1 Einführung: Krisenkommunikation für Kampagnenprofis?

Non Governmental Organizations (NGO) sind eine tragende Säule der demokratischen Gesellschaft. In aller Regel verfolgen sie gemeinnützige Ziele. Viele NGO üben Funktionen der gesellschaftlichen Kontrolle und der Anwaltschaft für Benachteiligte aus. Sie agieren dabei zum Teil selbst offensiv oder konfrontativ in der Öffentlichkeit – nicht selten mit krisenartigen Folgen für Dritte, weil sie helfen, Missstände aufzudecken (vgl. Voss 2009 u. 2012, Gaßner 2013, Teetz 2013a). NGO sind Kampagnenprofis. Inwieweit können sie auf Krisenkommunikation in eigener Sache angewiesen sein?

Mit der zunehmenden öffentlichen Präsenz gemeinnütziger Organisationen steigt indes auch deren Bedarf an Legitimation. Konfrontiert mit immer professionelleren NGO-Kampagnen haben inzwischen auch Kontrahenten aus Wirtschaft und Politik kommunikativ aufgerüstet. Die Digitalisierung hat den zivilgesellschaftlichen Aktivisten

© Springer Fachmedien Wiesbaden GmbH 2018
N. Remus und L. Rademacher (Hrsg.), *Handbuch NGO-Kommunikation*,
https://doi.org/10.1007/978-3-531-18808-9_20

neue Kampagneninstrumente beschert, während die Medien als wichtiger Faktor für die Verbreitung von Anliegen der NGO selbst dysfunktionale Entwicklungen aufzeigen.

Im folgenden Text werden einige sektorspezifische Rahmenbedingungen der Krisenkommunikation herausgearbeitet: (1) Die NGO-Kommunikation ist per se von Spannungsfeldern geprägt wie z. B. zwischen der Thematisierung von Missständen („Advocacy") und Beiträgen zu deren Beseitigung. (2) Hinzu kommt eine außergewöhnliche Fallhöhe: NGO, die selbst unter Berufung auf Werte und Normen Kampagnen organisieren, werden in ihrem eigenen Verhalten an denselben Maßstäben gemessen. (3) Schließlich ergeben sich aus der institutionellen Logik von NGO besondere Hemmnisse des Krisenmanagements.

Aus der Erörterung dieser drei Rahmenbedingungen lassen sich praktische Schlussfolgerungen ableiten. Krisenkommunikation wird dabei als systemischer Bestandteil eines Krisenmanagements verstanden – nicht aber als Option, Krisen allein mit kommunikativen Mitteln zu bewältigen.

2   Der NGO-Sektor ist kein Reservat mehr

Bis in die frühen 2000er Jahre hatte der so genannte „Dritte Sektor" wenig Anlass, sich mit Krisenkommunikation zu beschäftigen. In früher Fachliteratur[1], etwa dem Sammelband „Öffentlichkeitsarbeit für Nonprofit-Organisationen" des Evangelischen Gemeinschaftswerkes für Publizistik von 2004, kam Dieter Herbst zu der Einschätzung, dass „die meisten Organisationen nicht genügend auf eine Krise vorbereitet seien" (Herbst 2004: 276). Sein Beitrag „Krisen-PR" fasste allerdings eher allgemeine Prinzipien zusammen, ohne einen spezifischen Ansatz abzuleiten. In Ewald Schürmanns „Öffentlichkeitsarbeit für soziale Organisationen" (Schürmann 2004) aus demselben Jahr kam das Thema schlichtweg nicht vor. Bei speziellen Fachbüchern für NGO-Kommunikation steht bislang eher die Organisation von Kampagnen im Vordergrund (vgl. Buchner et.al. 2005). Noch 2007 kam Ulrich Brömmling in der ersten Auflage seines Handbuches „Nonprofit-PR" zu dem Ergebnis, dass „der Bereich der so genannten Krisen-PR in der Regel zu vernachlässigen ist, weil er sehr selten auftritt." (Brömmling 2007: 22). In der zweiten Auflage (Brömmling 2010) verzichtete der Autor auf diese Einschätzung.

Im November desselben Jahres (der Erstauflage) erregten Medienberichte über das Kinderhilfswerk Unicef[2] die deutsche Öffentlichkeit: Gab die deutsche Sektion unzulässig

---

1   Zur spezifischen Definition von Nichtregierungsorganisationen s. den Beitrag von Bieth in diesem Band. Da NGO überwiegend auf dem Nonprofit-Sektor tätig sind, zu dem wiederum mehr kommunikationsbezogene Fachliteratur existiert, können die Begriffe bei der Auswertung nicht immer trennscharf abgegrenzt werden (vgl. auch Bieth 2012: 95ff).

2   Das Kinderhilfswerk Unicef als entwicklungspolitisches Organ der Vereinten Nationen ist keine originäre NGO, das Deutsche Komitee für Unicef e. V. ist allerdings ein nichtstaatlicher Verein nach deutschem Recht. Der hier beschriebene Fall hat aber beispielhafte Bedeutung für

viel Geld für Beraterhonorare und den Umbau ihrer Geschäftsstelle aus? Fünf Monate
verharrte die Organisation im Kreuzfeuer der Kritik, nacheinander traten die Vorsitzende,
der Geschäftsführer und schließlich der Gesamtvorstand zurück. Im Ergebnis gingen die
Spendeninnahmen im Geschäftsjahr 2008 um rund ein Viertel zurück (das bedeutet: um
mehr als 20 Millionen Euro), Unicef verlor 30.000 von rund 200.000 Fördermitgliedern
und das Spendensiegel des deutschen Zentralinstituts für soziale Fragen (DZI).[3] Die Journalisten, die die „Affäre" mit einer gezielten Skandalisierung losgetreten hatten, wurden
2009 mit dem „Wächterpreis der deutschen Tagespresse" ausgezeichnet.

Was im Eifer des Gefechts unterging: Ein Nachweis, dass Unicef z. B. überhöhte Ho-
norare gezahlt oder gegen rechtliche Bestimmungen verstoßen hätte, wurde niemals
erbracht. Die Staatsanwaltschaft Köln stellte ihre vielzitierten Ermittlungen ergebnislos
ein, ein Gutachten der Wirtschaftsprüfungsgesellschaft KPMG ergab nachgerade im Wesentlichen Entlastung. Die Medienberichte hatten eine „Führungskrise" ausgelöst: Unter
dem Druck der Öffentlichkeit brachen konfligierende Interessen zwischen Vorstand und
Geschäftsführung auf, führten zu unüberbrückbaren Antagonismen und machten das
Krisenmanagement handlungsunfähig. Die „Unicef-Affäre" zeigte 2007/08 beispielhaft
auf, welche Tragweite der kommunikative Umgang mit Krisen für den gesamten gemeinnützigen Sektor einschließlich NGO haben kann – und welche besonderen Risiken diese
Organisationsform dabei birgt. Seither ist Krisenkommunikation auch im Dritten Sektor
als professionelle Herausforderung präsent (vgl. Kowark 2015). Der Nichtregierungssektor
ist kein krisengeschütztes Reservat mehr.

3 Zwischen Kooperation und Korrumpierung: Spannungsfelder der NGO-Kommunikation

NGO sind Ausdruck gesellschaftlichen Wandels vor dem Hintergrund der Globalisierung
und haben innerhalb relativ kurzer Zeit erheblich an Bedeutung gewonnen (vgl. Anheier
2013: 81ff.). Prominente Beispiele in Deutschland sind NGO wie die Verbraucherschutzor-
ganisation „Foodwatch", die Tierschützer von „Peta" oder der „Chaos Computer Club". Im
Gegensatz zu den traditionellen Massenorganisationen legitimieren sie sich nicht über die
Anzahl ihrer Mitglieder, sondern über die Symbolkraft ihres gesellschaftlichen Anliegens
(vgl. Willems und Winter 2007: 28f.). Ihnen kommt dabei zugute, dass sie in der Lage sind,

---

die öffentliche Wahrnehmung des gesamten gemeinnützigen Sektors in Deutschland gehabt,
dem auch die NGO zuzurechnen sind.

3 Alle Angaben aus dem Geschäftsbericht von Unicef Deutschland 2008. Darstellung und Analyse
der „Unicef-Affäre" ausführlich bei Teetz 2012: 19-60, vgl. auch Steinbach 2010. Die Organisation
setzte nach der Krise einen programmatischen Schwerpunkt auf Transparenz, wurde 2010 mit
dem „Transparenzpreis" der Wirtschaftsprüfungsgesellschaft PWC ausgezeichnet und konnte
schrittweise ihre Spendeneinnahmen wieder auf das Niveau vor 2008 steigern.

ihre Interessen auf „Kampagnen" zu fokussieren: „Wichtig ist, dass die Kampagne das Gegenteil von Routine und daily business ist" (Buchner et.al. 2005: 44).

NGO-Kampagnen bedienen also zentrale Nachrichtenfaktoren wie Normabweichung (vgl. Schwiesau und Ohler 2003: 66) und verfolgen dabei offenkundig gemeinnützige Ziele. Ein solcher „Ausnahmebonus" begünstigt die mediale Präsenz, trägt aber gleichzeitig zur Romantisierung des eigenen Images bei: „Stilbildend ist (…) im Besonderen ihre moralische Aufladung und damit der Einsatz von Emotionen, die Kombination von Fakten, Werten und Normen oder die Erzeugung einer moralischen Hebelwirkung" (Bieth 2012: 122). So entsteht ein Spannungsfeld zwischen den Bedürfnissen, einerseits Missstände anzuprangern, andererseits an der Bewältigung der inkriminierten Probleme mitzuwirken. Politik und Wirtschaft sehen sich subjektiv damit konfrontiert, „wie stark Nichtregierungsorganisationen inzwischen die Medienagenda diktieren" („Foodwatch kümmert sich um die PR", PR-Magazin, 24.08.2012, vgl. auch Voss 2012: 43; Bernkötter und Stoffels 2012: 21f). Dieser professionelle Erfolg ruft natürlich auch Gegner und Kritik hervor. Die Betroffenen gehen „immer häufiger zu aggressiver Gegenwehr über und bedienen sich dabei der Hilfe kampferprobter PR-Spezialisten" (Esser und Schröder 2011: 149). Nicht immer mit Erfolg: Als der Süßwarenhersteller Storck 2011 versuchte, die Verbraucherschutz-NGO Foodwatch unter Verweis auf eine früher angenommene Spende eines anderen Nahrungsmittelherstellers zu diskreditieren, fand dies wenig öffentlichen Nachhall („Markenhersteller attackieren Foodwatch", Horizont 17.05.2011).[4]

Dass der Gegenangriff verpuffte, lässt sich aus der Argumentationslogik erklären: Storck versuchte, die Vorwürfe gegen sich selbst (irreführende Werbung mit angeblich nutzlosen Vitaminzusätzen in Bonbons) durch einen Verweis auf vermeintlich zweifelhafte Praktiken des Kritikers Foodwatch (Annahme einer Spende eines Schokoladeproduzenten) zu neutralisieren. Dieses quellenkritische Argument „ad hominem" (vgl. Schleichert 2011: 43ff) wirkte wie ein Ablenkungsmanöver und verfehlte seine Wirkung.

Demgegenüber setzte sich der Schokoladenhersteller Ritter Sport mit quellenkritischen Argumenten gegen ein Testurteil der Stiftung Warentest letztlich durch (vgl. „Stiftung Warentest knickt vor Ritter Sport ein", Süddeutsche Online, 25.09.2014). Das Unternehmen hatte vor Gericht erfolgreich die lebensmittelchemische Methode angezweifelt, auf deren Grundlage ihre Produkte von der Stiftung kritisiert worden waren. Im Ergebnis war die „funktionale Reputation" (Eisenegger 2005; s. u. Abschnitt 3) der Stiftung beschädigt.

Vor diesem Hintergrund haben Wirtschaftsakteure ihr Repertoire der Auseinandersetzung mit NGO erweitert: „Fein abgestimmt auf Art des Vorstoßes und Eigenart des

---

4 Der Glaubwürdigkeit der Verbraucherschützer hat diese Debatte unmittelbar offensichtlich nicht geschadet: „Das mit Abstand größte Vertrauen genießen aktuell in der Bevölkerung ‚neutrale' Institutionen wie Verbraucherzentralen und Organisationen, die helfen, Transparenz zu schaffen", ergab im Folgejahr eine Studie über Markenvertrauen, die von dem Branchenmagazin Lebensmittel-Zeitung in Auftrag gegeben worden war (Musiol, Munzinger &Sasserath 2012: 5). Bei der Frage nach Nutzung konkreter Verbraucherportale belegte Foodwatch „Platz Eins im Ranking" (ebd.).

Provokateurs, heißen die wichtigsten Waffen: kontern, kuscheln, kaufen." („Unternehmen kontern Ökoaktivisten aus", Wirtschaftswoche-Online, 04.04.2013). „Kontern" hat sich offenbar als bedingt fruchtbar erwiesen, die beiden hinteren „k" der Alliteration zielen hingegen auf ein Dilemma, das den PR-Strategien vieler NGO innewohnt: „Da meist die Kritik an einem Gegner im Mittelpunkt steht, besteht immer die Gefahr, lediglich als Kritiker in der Öffentlichkeit aufzutauchen und nicht mit der Lösung des Problems in Verbindung gebracht zu werden" (Voss 2012: 43).

Wie sich die Unternehmen das „Kuscheln und Kaufen" praktisch vorstellen, führt der Bericht der Wirtschaftswoche weiter aus: „Um direkte Zahlungen zu vermeiden, bieten sich für Unternehmen Überweisungen an Fonds und Stiftungen an, die von den Aktivisten des jeweiligen Umweltverbandes verwaltet werden. So zahlten bereits Windparkbetreiber hohe sechsstellige Beträge als Beruhigungsmittel, Daimler engagierte sich mit fast einer Million Euro für Moorgebiete, die der Nabu päppelt. Wie erfreulich, dass der nichts mehr gegen eine neue Teststrecke im badischen Immendingen hat." („Unternehmen kontern Ökoaktivisten aus", Wirtschaftswoche-Online, 04.04.2013)

Die letzte Schlussfolgerung – vom Wirtschaftsmagazin im anerkennenden Duktus vorgetragen – beschreibt von einer anderen Warte aus das vermutlich stärkste Risiko, das sich für NGO zu einem Kommunikationsdilemma auswachsen kann: Wenn die eigenen Anhänger, die Medien und die Öffentlichkeit die Bereitschaft zur Kooperation als Korrumpierung wahrnehmen (vgl. Bieth 2012: 88).[5] Dann wiederum kann sich der „Ausnahmebonus", mit dem die Aktivisten sonst einen Aufmerksamkeitsvorteil erzielen, ins Gegenteil umkehren.

4 „Minenfeld" Sozialreputation: Besondere Angriffsflächen von NGO

Für Mark Eisenegger setzt sich die Reputation einer Organisation aus drei Komponenten zusammen: Dem „funktionalen" Gesichtspunkt, der sich schlicht an kompetentem Handeln in den Kernaufgaben bemisst. Hinzu kommen der „expressive" Aspekt, inwieweit sich jemand vorteilhaft oder herausragend darzustellen vermag und schließlich die „Sozialreputation", deren Gradmesser die Einhaltung gesellschaftlicher Normen und Werte ist (vgl. Eisenegger 2005: 30).

Die Sozialreputation, so Eisenegger, „ist ein Minenfeld. In der Mediengesellschaft ist sie der größte Risikofaktor. Denn moralisches Fehlverhalten anzuprangern, erzeugt mehr

---

5 Rund um diesen Vorwurf publizierte der Autor Wilfried Huismann eine kritische TV-Reportage „Der Pakt mit dem Panda – was uns der WWF verschweigt, ARD/Report München, 22.06.2011) und ein rund 250-seitiges „Schwarzbuch WWF" (Huismann 2012). Die Auseinandersetzung, vom WWF selbst konfrontativ erwidert, erregte 2011 und danach durch andauernde Rechtsstreitigkeiten bis Anfang 2015 einige Aufmerksamkeit. Die inhaltliche Gegenposition des WWF unter: www.wwf.de/schwarzbuch-wwf/, Reflektion des Fallbeispiels (Stand: 2012) bei Teetz 2013a: 167-172.

Aufmerksamkeit und Schlagzeilen, als sozialverantwortliches Handeln zu würdigen" (Eisenegger 2008). Institutionen, deren Selbstdarstellung vorrangig auf gesellschaftliche Werte abhebt, sind mithin in der modernen Mediengesellschaft besonders angreifbar. Bernhard Pörksen und Hanne Detel (2012: 101; Hervorhebung im Original) beschreiben das Image als „eine Art *mediale Zwangsjacke*, die sich nicht nach Bedarf und nach Belieben abstreifen lässt."

So ist das Image des Dritten Sektors in Deutschland insgesamt von romantisierenden oder moralisierenden Voreinstellungen der Öffentlichkeit geprägt (vgl. Kreuzer 2004: 4ff., Steinbach 2010: 127f.). In ihrem Auftreten, insbesondere in der Spendenwerbung, bedienen viele Akteure selbst diese Klischees (vgl. Bieth 2012: 121f). Fällt nun durch ein besonderes Ereignis ein kritischer Blickwinkel auf eine Organisation, wird deren tatsächliches Verhalten an diesen idealisierenden Maßstäben gemessen.

Medien nutzen das romantisierende Image dann als „Frame", d. h. als Deutungsmaßstab für die Öffentlichkeit: „Der Panda flößt Vertrauen ein. Er weckt Mitgefühl für die bedrohte Kreatur. Nicht umsonst ist er seit fast genau 50 Jahren das Wappentier des World Wildlife Fund (WWF). Doch das Vertrauen von Unterstützern und Spendern der weltgrößten Naturschutzorganisation könnte heute Abend nachhaltig erschüttert werden, wenn die ARD die brisante Dokumentation ‚Der Pakt mit dem Panda' ausstrahlt." („Die Panda-Falle", Neue-OZ-Online: 22.06.2011; vgl. grundsätzlich auch Raupp 2014: 186ff). Gemessen an werblichen Bildern oder Zitaten aus Mission-Statements einer NGO lässt sich dann nahezu jedes Detail aus deren Alltagspraxis als Kontrast präsentieren.[6]

Tauchen halbwegs plausible Zweifel an der Integrität einer gemeinnützigen Organisation auf, wird sie einer temporären „Beweislastumkehr" ausgesetzt: Kritische Ereignisse und die folgenden Medienberichte exponieren das Geschehen aus seinem üblichen Kontext heraus in einen bösgläubigen Blickwinkel, den man als „kritischen Mainstream" bezeichnen kann. Jedes beliebige weitere Ereignis erscheint darin fragwürdig, was die Beweislast umkehrt – bis die Aufmerksamkeit nachlässt, oder sich allgemeinverbindliche Beurteilungsmaßstäbe etabliert haben (vgl. Abb. 1). Diese besondere Dynamik kann durch mediale Skandalisierung, also die gezielte Eskalation, verschärft werden (vgl. Imhof 2014: 86ff., auch: Kepplinger 2012: 77ff.). Hinzu kommt eine Tendenz zur Dramatisierung und zur Kolportage im hochfrequenten „Echtzeitjournalismus", was sich „verheerend" (Sorge 2014: 13) für diejenigen auswirken kann, die in Skandale geraten.[7]

---

6   Ausführlich reflektierte Fallbeispiele aus dem Nonprofit-Sektor vgl. Teetz 2012a: 19-58, Teetz 2013a: 161-167, Teetz 2013b, Teetz 2016a.

7   Auch jenseits der Exzesse um den Begriff „Lügenpresse" (s. Pressemitteilung Sprachkritische Aktion Unwort des Jahres vom 13.01.2015) ist seit 2013/14 eine öffentliche Debatte entstanden, in der mit ungewohnter Tragweite und Nachhaltigkeit über die gesellschaftliche Funktion der Medien in Deutschland gestritten wird. Blickwinkel und Tenor insbesondere der aktuellen Berichterstattung sind seither regelmäßig Gegenstand kontroverser Diskussionen in Leserforen, Blogs und sozialen Netzen. Überblick bei Krüger 2016, historische Einordnung bei Seidler 2016. S. beispielhaft auch Beiträge und Forendebatten auf: www.stefan-niggemeier.de, www.gutjahr.biz, www.bildblog.de, www.uebermedien.de.

Dies alles steht zwar im Widerspruch zu den Gepflogenheiten des Rechtsstaates, ist in der Mediengesellschaft aber als wahrscheinliche Rahmenbedingung des Krisenmanagements zu berücksichtigen. NGO weisen also in Krisen und Auseinandersetzungen besondere Angriffsflächen auf.

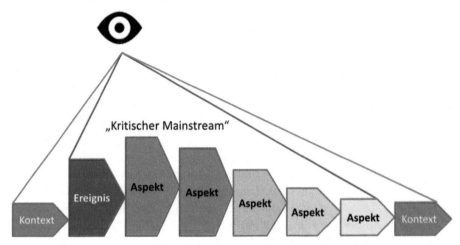

Abb. 1 Kritische Ereignisse und die folgenden Medienberichte exponieren das Geschehen aus seinem üblichen Kontext heraus in einen bösgläubigen Blickwinkel, den „kritischen Mainstream". Jedes beliebige weitere Ereignis erscheint darin fragwürdig, was die Beweislast umkehrt – bis die Aufmerksamkeit nachlässt, oder sich allgemeinverbindliche Beurteilungsmaßstäbe etabliert haben.

Quelle: Teetz 2012: 128

Schließlich weisen Pörksen und Detel (2012: 101) darauf hin, dass „die gewählte Form des Skandal- und Kritikmanagements (…) dem eigenen (…) Image nicht bzw. zumindest nicht fundamental widersprechen" dürfe. NGO berufen sich in ihren Kampagnen selbst ausdrücklich auf die Meinungsfreiheit. Sie suchen temporäre Interessenkoalitionen mit Medien, wenn sie auf Unternehmen oder die Politik einwirken wollen. Wenn sie allerdings ihrerseits in die Kritik geraten, müssen sie die gesellschaftliche Kontrollfunktion der Medien ebenso akzeptieren. Eine konfrontative Auseinandersetzung, wie sie NGO mit anderen Gegnern zu führen gewohnt sind, können sie gegenüber ihren eigenen Kritikern oder Medien als Multiplikator kaum führen, wollen sie nicht ihr eigenes Image konterkarieren.

Deutlich bekam das beispielsweise die Tierschutzorganisation WWF zu spüren, als sie 2011 versuchte, mit juristischen Mitteln auf einen kritischen Fernsehbeitrag und den Vertrieb des „Schwarzbuches WWF" (Huismann 2012) Einfluss zu nehmen: „Der Vatikan, das Weiße Haus und die mexikanische Drogenmafia, das sind für einen ehrgeizigen Enthüllungsjournalisten ziemlich gefährliche, weil mächtige Gegner. Aber das ist alles gar nichts gegen den Club mit dem Pandabärchen" („Wie der WWF den Buchhandel unter Druck setzt", Hessischer-Rundfunk-Online, 08.06.2012).

5   Institutionelle Logik: Hemmnisse des Krisenmanagements in NGO

Über die externen Restriktionen hinaus sind NGO einigen internen Hemmnissen des Krisenmanagements ausgesetzt. Der Sektor ist durch die Organisationsform des (gemeinnützigen) Vereins, womöglich als Verband mit vielen rechtlich selbständigen Mitgliedern geprägt. Entscheidungen vollziehen sich dort in politisch determinierten Willensbildungssystemen, die immanente Widersprüchlichkeiten überbrücken müssen (vgl. Meyer und Simsa 2013: 145ff.).

In solchen „institutionellen Logiken" (vgl. Sandhu 2014: 110) besteht ein erhöhtes Risiko, dass Führungsfiguren wenig motiviert sind, auf kritische Entwicklungen hin Initiative zu ergreifen. Eine besondere Kultur persönlicher Abhängigkeiten bzw. informeller Machtkonstellationen (vgl. Zech 1996: 264f.) kann dort die grundsätzlichen Organisationshindernisse wie verborgene Motive von Führungskräften (vgl. Teetz 2012: 61-72) und „Mikropolitik" (vgl. Neuberger 2006: 4-78) verschärfen.[8]

Wie man sich diese Problematik in der Praxis vorstellen kann, verdeutlicht ein Auszug aus einem Medienbericht über das Krisenmanagement von „Netzwerk Recherche". Ausgerechnet die NGO investigativer Journalisten in Deutschland hatte öffentliche Zuwendungen in fünfstelliger Höhe nicht zweckgerecht verwendet. Zu verantworten hatte dies der langjährige Vorsitzende Thomas Leif, der sich zuvor allerdings in den Augen vieler Mitglieder außerordentlich verdient gemacht hatte. Dementsprechend schwer fiel es dem Vorstand, in einer Mitgliederversammlung personelle Konsequenzen zu ziehen:

> „Weil Leif am Freitag in der Mitgliederversammlung die Worte Schuld und Rücktritt nicht über die Lippen brachte, trat vorübergehend der Restvorstand zurück. Plötzlich wurde eine Führungskrise offenbar. Aus dem geplanten Lehrstück für den Umgang mit einer Affäre wurde ein Lehrstück für die Unberechenbarkeit des Faktors Mensch. Leif, dessen autoritärer Führungsstil ihm schon den Spitznamen ‚Godfather' eingebracht hat, erfuhr überraschend Rückendeckung von den nur unzureichend informierten Mitgliedern" („Aufklärer in Erklärungsnot", Süddeutsche-Online, 03.07.2011).

Darüber hinaus sind Mitarbeiterinnen und Mitarbeiter von NGO in überdurchschnittlichem Maß intrinsisch (d. h. mehr um der Sache als um der Vergütung willen) motiviert, ihr Engagement beruht auf einer starken persönlichen Identifikation mit der Aufgabe und der Organisation (Schober et.al. 2013: 248). Eine rationale Auseinandersetzung mit Kritik wird dadurch nicht erleichtert.

---

8   Vergleiche dazu auch das ausführliche Fallbeispiel in Teetz 2016a.

Für das Krisenmanagement, das von schnellen und rationalen Entscheidungsprozessen abhängt, sind das erschwerende Bedingungen, weil sie womöglich an einer realistischen Beurteilung der äußeren Entwicklung hindern: Abschottung, „Gruppendenken" des Führungsteams und selektive Wahrnehmung zählen auch nach Auffassung des Krisenexperten Laurent Carrel zu den bedeuten Fehlerquellen, wenn „kritische Querdenker nicht gefragt" sind (Carrel 2010: 163). Schlimmstenfalls wird z. B. Pressesprechern eine realistische Reflektion der Außenwahrnehmung intern als mangelnde Loyalität oder Engagement ausgelegt – obwohl doch genau diese Reflektion entscheidender Bestandteil ihrer Beratungsfunktion ist.

6 Grundsätze des Krisenmanagements für NGO

Vor dem Hintergrund der dargelegten Spannungsfelder, institutionellen Hemmnisse und Angriffsflächen lassen sich einige Grundsätze des Krisenmanagements für NGO herausarbeiten. Die Perspektive der Krisenkommunikation ist dabei so zu integrieren, dass die Kommunikationsverantwortlichen ihre Beratungsaufgabe auch erfüllen können. Das umfasst zwei Gesichtspunkte:

Aufbauorganisation: Das Krisenmanagement benötigt ein arbeitsfähiges Entscheidungsgremium (Krisenstab)[9]. Der Entscheidungsverantwortliche (z. B. Geschäftsführung) versammelt dann die Fachverantwortlichen um sich, die er benötigt, um den Sachverhalt vollständig zu überblicken (Lagebild). Das sind z. B. der originär betroffene Fachbereich sowie Querschnittsaufgaben wie Kommunikation, Recht, Verwaltung etc. Wichtig ist, dass diese Stabsmitglieder mit gleichrangigen Vortragsrechten ausgestattet sind, damit sich für den Entscheidungsverantwortlichen ein ausgewogenes Bild ergibt – z. B. wenn typischerweise Juristen und Pressesprecher unterschiedliche Auffassungen vertreten.[10] Der Entscheidungsverantwortliche benötigt außerdem funktionale Schnittstellen zu seinen Aufsichtsgremien – je nach Größe z. B. einen entsprechend mandatierten geschäftsführenden Vorstand.

Ablauforganisation: Ein ernsthaftes Risiko bei Kritik von außen – gerade unter emotional involvierten NGO-Mitarbeitern – entsteht, wenn Entscheidungen im Affekt getroffen werden. Deshalb arbeiten Krisenstäbe nach deduktiven Entscheidungszyklen: Erst wird die

---

9 Ein instruktives Dokument für die Aufbau- und Ablauforganisation von Krisenstäben ist die „Verwaltungsvorschrift der Landesregierung und der Ministerien zur Bildung von Stäben bei außergewöhnlichen Ereignissen und Katastrophen (VwV Stabsarbeit) des Landes Baden-Württemberg vom 29.11.2011 (unter: www.landesrecht-bw.de), vgl. auch vgl. Carrel 2010: 111ff, Teetz 2012a: 13-18, Möhrle/Hoffmann 2012: 40ff.).

10 Solche Meinungsverschiedenheiten ranken sich zum Beispiel um die Frage von Gesten der Empathie gegenüber der Öffentlichkeit in einer Situation, in der rechtliche Verantwortlichkeiten noch nicht restlos überblickt werden („Können wir uns für das Offensichtliche entschuldigen, ohne eine Schuldanerkennntnis auszusprechen?"). Auf Augenhöhe können beide Parteien die Grenze zwischen z. B. dem Bedürfnis nach Entschuldigung und dem Risiko eines Präjudizes ausloten.

Situation von allen beteiligten aus ihrer Perspektive beschrieben und zu einem Lagebild konsolidiert. Dann erst wird die Lage beurteilt und abgeleitet, was die Organisation in diesem Moment erreichen will (Ziele). Es hat erhebliche Auswirkungen für das Management einer NGO, sich bewusst zu machen, was sie unter öffentlichem Druck eigentlich beabsichtigt: Wollen wir zum Beispiel „Recht haben" oder „deeskalieren"? Beide Zielsetzungen ziehen unterschiedliche Verhaltensweisen und Folgen nach sich. Besteht Klarheit über die Ziele, können die Handlungsoptionen danach gegeneinander abgewogen werden, wieweit sie wahrscheinlich auf die Erreichung der Ziele einzahlen.

Dieses deduktive Verfahren (vgl. Canel 2010: 161ff; Teetz 2012: 61-72) schützt vor spontanen Affektentscheidungen. Die Kommunikationsverantwortlichen haben in diesem Prozess die Aufgabe, die öffentliche Wahrnehmung zu antizipieren und dem Krisenstab dadurch eine Reflektion zu ermöglichen. Im Umgang mit den beschriebenen institutionellen Hemmnissen können auch externe Berater Nutzen stiften (vgl. ausf. Teetz 2016b). Hinzu kommt, nach der Festlegung einer inhaltlichen Position die Wahl geeigneter Kommunikationsinstrumente für die relevanten Dialoggruppen (Medien, Stakeholder, Mitarbeiter, Mitglieder, Web-Community etc.) abzuleiten und zu harmonisieren (z. B. zwischen Presse und Social Media). Soziale Netzwerke bieten dabei die Möglichkeit inhaltlicher Initiativen, fordern in Krisen jedoch spontan erheblichen Aufwand, um im Dialog oder Diskurs bestehen zu können. Es ist zweckmäßig, die Bereitstellung solcher Ressourcen (durch einen Pool aus geschulten eigenen Mitarbeitern oder durch Dienstleister) zu regeln, Abstimmungsprozesse und Grundsätze für einen angemessenen Duktus dieser Kommunikation festzulegen.

Derlei Gesichtspunkte können in die Regelungen zum Krisenmanagement integriert und die Entscheidungsprozesse gelegentlich im Führungskreis mit simulierten Szenarien trainiert werden. Dabei sollten die verschärften Rahmenbedingungen, wie oben beschrieben, realistisch in die Abwägungen einbezogen werden.

7   Fazit: Kommunikation in das Krisenmanagement integrieren

Auch das einstige Reservat der NGO muss sich seit einigen Jahren darauf einstellen, dass es zunehmend in der Öffentlichkeit kritisch reflektiert wird. Das erfordert zum einen die Fähigkeit, mit Kritik professionell umzugehen. Angesichts der Angriffsflächen in der Sozialreputation, die das eigene Image erzeugt, ist es zum anderen wichtig, kritische Entwicklungen frühzeitig zu erkennen und deren Relevanz realistisch zu beurteilen. Die betroffene Organisation muss dann schnell und in einer Weise reagieren, die die Öffentlichkeit nachvollziehen kann und deren Form sie als angemessen empfindet.

Aus den aufgeführten Voraussetzungen sollte deutlich geworden sein: NGO müssen Spannungsfelder überbrücken, Reputation ist eines ihrer höchsten Güter und angesichts der moralischen Fallhöhe ist das Image besonders angreifbar. Politisch determinierte Managementprozesse können im Krisenfall die Willensbildung hemmen. Im Krisenfall stellt aber schon die erste Reaktion die Weichen für den weiteren Verlauf.

Der Zustand einer Krise ist subjektiv definiert und wird verstanden als das Zusammentreffen von Risiken existenzieller Tragweite mit unmittelbarem Handlungsbedarf (vgl. Teetz 2012a: 6). Festzustellen, dass man sich in einer Krise befindet, dient dem Zweck, ein Krisenmanagement als „Ausnahmezustand" für verdichtete Entscheidungsprozesse in Kraft zu setzen. Es ist deshalb wichtig, diese Prozesse und die dafür Verantwortlichen schon im Normalbetrieb festzulegen.

Schließlich lassen sich für die Krisenkommunikation von NGO einige Schlussfolgerungen ableiten, an denen sich Abwägungen im Krisenmanagement orientieren können:

- Grundsätzliche Spannungsfelder der NGO-Kommunikation erzeugen Angriffsflächen, zum Beispiel zwischen Kritik an Missständen (Konfrontation) und Beiträgen zu deren Beseitigung (Kooperation);
- potenzielle Kontrahenten aus Wirtschaft und Politik haben ihr kommunikatives Instrumentarium im Umgang mit NGO differenziert;
- der normative Anspruch, mit dem NGO einen Aufmerksamkeitsvorteil erzielen, fällt im Krisenfall auf sie zurück und dient Medien als Deutungsschema (Frame);
- Medien sind in der Krise keine Partner, auch wenn sie in der Kampagnenarbeit von NGO manchmal als Interessenkoalitionäre wahrgenommen werden;
- im Echtzeitjournalismus, der zu Dramatisierung und Kolportage tendiert, ist mit Skandalisierung und einer temporären „Beweislastumkehr" zu rechnen;
- digitale Kommunikationsinstrumente eröffnen neue Möglichkeiten, Darstellungen von Medien oder anderen inhaltlich zu entgegnen, was in der Krise aber mit erheblichem Aufwand verbunden ist;
- wenn das Verhalten der NGO im Krisenmanagement deren Image widerspricht, erzeugt das zusätzliche Angriffsflächen;
- Institutionelle Logiken von NGO können ein strukturelles Hindernis für zweckrationale Entscheidungen im Krisenmanagement sein;
- es gehört zur professionellen Aufgabe der Kommunikationsverantwortlichen, realistische Einschätzungen der Außenwirkung in das Lagebild einzubringen, auch wenn das unbequem ist; und:
- Eine starke Identifikation von Führungskräften und Mitarbeitern mit der NGO kann einem professionellen Umgang mit Kritik im Wege stehen.

Literatur

Altvater, E. & Brunnengräber, A. (2002). NGOs im Spannungsfeld von Lobbyarbeit und öffentlichem Protest, *Aus Politik und Zeitgeschichte* Heft 6-7/2002: 6-14

Anheier, H. K. (2013). Entwicklungen der internationalen Zivilgesellschaft, *Handbuch der Nonprofit-Organisation. Strukturen und Management*, 5. Aufl. (S. 77-88). Stuttgart: Schaeffer-Poeschel.

Bernskötter, P. / Stoffels, H. (2012). *Die Goliath-Falle. Die neuen Regeln für die Krisenkommunikation im Social Web.* Wiesbaden: SpringerGabler.

Bieth, T. (2012). *NGOs und Medien. Eine empirische Studie zum Verhältnis von Public Relations und Journalismus.* Wiesbaden: Springer.

Brömmling, U. (2007/2010). *Nonprofit-PR* (2. Aufl.). Konstanz: UVK.

Buchner, M. et.al. (2005). *Zielkampagnen für NGO: Strategische Kommunikation und Kampagnenmanagement im Dritten Sektor.* Münster: Lit.

Carrel, L. F. (2010). Leadership *in Krisen. Ein Leitfaden für die Praxis,* 2. Aufl.. Wiesbaden: Gabler.

Eisenegger, M. (2005). Reputation *in der Mediengesellschaft. Konstitution – Issues Monitoring – Issues Management.* Wiesbaden: VS.

Eisenegger, M. (2008). Die Sozialreputation ist ein Minenfeld, *Wirtschaftswoche,* 11.02.2008

Esser, C. & Schröder, A. (2011). *Die Vollstrecker. Wer für Unternehmen die Probleme löst.* München: C. Bertelsmann.

Gaßner, V. (2013). Wie Nichtregierungsorganisationen die Erregungspotenziale des Web zum Erreichen politischer Ziele nutzen, in: Schulz, T. (Hrsg.): *Krisenkommunikation* (S. 275-293). Berlin: Prismus.

Herbst, D. (2004). Krisen-PR, in: Öffentlichkeitsarbeit für Nonprofit-Organisationen, hrsg. Vom Evangelischen Gemeinschaftswerk für Publizistik, 275-301. Wiesbaden: Gabler.

Huismann, W. (2012). *Schwarzbuch WWF. Dunkle Geschäfte im Zeichen des Panda,* 3. Auflage. Gütersloh: Gütersloher Verlagshaus.

Imhof, K. (2014). Reputationskrisen, in: Thießen, A. (Hrsg.): *Handbuch Krisenmanagement* (S. 71-94), Wiesbaden: Springer VS.

Kepplinger, H. M. (2012). Die *Mechanismen der Skandalisierung.* München: Olzog.

Kowark, K. (2015). *Krisenkommunikation, in: Service Nr. 23. Kommunikation von NGO und NPO. Ein- und Ansichten von Expertinnen und Experten* (S. 18-19). Eine Publikationsreihe des Bundesverbandes deutscher Pressesprecher. Berlin.

Krüger, U. (2013). *Meinungsmacht. Der Einfluss von Eliten auf Leitmedien und Alpha-Journalisten – eine kritische Netzwerkanalyse.* Köln: HvH.

Krüger, U. (2016): Medien im Mainstream. Problem oder Notwendigkeit?, in: *APuZ* 30-32/2016, „Pressefreiheit"; 22-27.

Läpke, D. (2009). Chefsache Krisenmanagement. 16 Grundregeln des Krisenmanagements.In *Bevölkerungsschutz* 2/2009, hrsg. Vom Bundesamt für Bevölkerungsschutz und Katastrophenhilfe, Bonn

Kreuzer, Thomas (2004). Entwicklung und Aufgaben des Dritten Sektors. In Gemeinschaftswerk der Evangelischen Publizistik: Öffentlichkeitsarbeit für Nonprofit-Organisationen (S. 3-15). Wiesbaden: Gabler.

Meyer, M. & Simsa, R. (2013). Besonderheiten des Managements von NPOs. In *Handbuch der Nonprofit-Organisation. Strukturen und Management,* 5. Aufl. (S. 145-157). Stuttgart: Schaeffer-Poeschel.

Möhrle, H. & Hoffmann, P. (2012). *Risiko- und Krisenkommunikation.* Berlin: Depak.

Musiol, Munzinger & Sasserath (2012). *Markenvertrauen. Eine bevölkerungsrepräsentative Studie von Lebensmittel Zeitung und Musiol Munzinger Sasserath.* Frankfurt.

Neuberger, O. (2006). *Mikropolitik und Moral in Organisationen,* 2. Aufl.. Stuttgart: Lucius & Lucius.

Pörksen, B. & Detel, H. (2012). Der entfesselte *Skandal. Das Ende Kontrolle im digitalen Zeitalter.* Köln: Halem.

Raupp, J. (2014). Krisenkommunikation und Media Relations, in: Thießen, A. (Hrsg.): *Handbuch Krisenmanagement* (S. 177-195). Wiesbaden: Springer VS.

Sandhu, S. (2014). Krisen als soziale Konstruktion: zur institutionellen Logik des Krisenmanagements und der Krisenkommunikation. In Thießen, A. (Hrsg.): *Handbuch Krisenmanagement* (S. 95-115). Wiesbaden: Springer VS.

Schleichert, H. (2011). *Wie man mit Fundamentalisten diskutiert, ohne den Verstand zu verlieren. Anleitung zum subversiven Denken*, 7. Auflage. München: C. H. Beck.

Schober, D, Schmidt, A. & Simsa, R. (2013). Personalmanagment. In *Handbuch der Nonprofit-Organisation. Strukturen und Management* (S. 247-265) 5. Aufl.. Stuttgart: Schaeffer-Poeschel.

Schürmann, E. (2004). *Öffentlichkeitsarbeit für soziale Organisationen. Praxishandbuch für Strategien und Aktionen*. Weinheim/München: Juventa.

Schwiesau, D. & Ohler, J. (2003). *Die Nachricht in Presse, Radio, Fernsehen, Nachrichtenagentur und Internet. Ein Handbuch für Ausbildung und Praxis*. München: List.

Seidler, J.O. (2016): „Lügenpresse". Medien als Gegenstand von Verschwörungstheorien. in: *APuZ* 30-32/2016, „Pressefreiheit", 41-46.

Sorge, P. (2014). Echtzeitjournalismus in der Kritik. *Aus Politik und Zeitgeschichte* 22-23/2014, 64. Jg. (S. 10-15). Bonn: BpB.

Steinbach, M. (2010). Die Führungskrise beim Deutschen Komitee für Unicef e. V..In Spiller, R./ Scheurer, H. (Hrsg.): *Public Relations Case Studies. Fallbeispiele aus der Praxis* (S. 126–135). Konstanz: UVK.

Teetz, A. (2012a). *Krisenmanagement. Rational entscheiden, entschlossen handeln, klar kommunizieren*. Stuttgart: Schaeffer-Poeschel.

Teetz, A. (2012b). Inkompetent oder illoyal – entscheiden in der Krise, *Verbändereport* 4/2012 (S. 10-15). Bonn.

Teetz, A. (2013a). Kontrollverlust und verletzliches Image – handlungsfähig bleiben unter verschärften Rahmenbedingungen. In Schulz, T. (Hrsg.): *Krisenkommunikation* (S. 147-179). Berlin: Prismus.

Teetz, A. (2013b). Die Guten tun sich schwer mit Kritik. *Sozialwirtschaft aktuell* 2/2013, 24-26. Baden-Baden: Nomos.

Teetz, A. (2016a): Beratungsleistungen für Krisenprävention und -management, in: Deelmann, T./Ockel, D.M. (Hrsg.): *Handbuch der Unternehmensberatung*. Berlin: Erich Schmidt Verlag.

Teetz, A. (2016b): Verbände in der Krise – besondere Fallhöhe, in: *Verbands-Management* 2/2016, Freiburg/CH (Universität Freiburg): 32-36.

Voss, K. (2009). NGOs und ihre Öffentlichkeitsarbeit. In Böhm, J. et.al.: *Die Ernährungswirtschaft im Scheinwerferlicht der Öffentlichkeit*, Reihe Agraröknomie, Bd. 4, 75-93 . Lohmar/Köln: Eul.

Voss, K. (2012). Kontrovers und sexy – Kampagnen der Tierrechtsorganisation PETA. *Aus Politik und Zeitgeschichte*, Heft 8-9/2012: 41-47.

Wesel, R (2002). Haben Massenmedien eine besondere Bedeutung in der bzw. für die Internationale Politik. Kritische Überlegungen zu einigen gängigen Annahmen. In Strübel, M (Hrsg.): *Die Inszenierung von Politik zwischen Apologetik und Apokalypse* (S. 163-186). Opladen: Leske und Budrich.

Willems, U. & Winter, T. v. (2007). Interessenverbände als intermediäre Organisationen. Zum Wandel ihrer Strukturen, Funktionen, Strategien und Effekte in einer veränderten Umwelt. In Willems, U. & Winter, T. v.: *Interessenverbände in Deutschland* (S. 13–50). Wiesbaden: VS.

Zech, R. (1996). Mittelmäßigkeit als Machtressource. Über die Lernunfähigkeit politischer Organisationen. *Zeitschrift für Politische Psychologie*, Jg. 4, 1996, Nr. 3. + 4: 255–271.

NGO-Kommunikation im Sport
Eine Fallstudie zur Olympiabewerbung Münchens 2018

Jörg-Uwe Nieland und Holger Ihle

Zusammenfassung

Der Beitrag beleuchtet ein für die NGO-Kommunikation bislang kaum untersuchtes Feld – den Sport. Am Beispiel der Auseinandersetzung um die Bewerbung Münchens um die Olympischen Winterspiele 2018 wird gefragt, ob und in welcher Form NGOs des Sports mediale Aufmerksamkeit finden. Den Ausgangspunkt bildet die Beobachtung, dass Proteste im Sport zunehmen und dabei eine Beteiligung der Bevölkerung an der Meinungsbildung und den Entscheidungen um die Ausrichtung von Sportgroßereignisse eingefordert wird. In diesem Kontext entstehen im Sport zusätzliche NGOs und sie werden sichtbar sowohl in der Medienberichterstattung als auch im politischen Prozess. Den theoretischen Hintergrund für die Beschäftigung mit NGOs im Sport bilden die Überlegungen zur demokratiestärkenden Funktion von Intermediären. Der „neue Strukturwandel der Öffentlichkeit" (Imhof) und die Bedingungen der „reflexiven Medialisierung" (Marcinkowski) erhöhen die Publizitätschancen von NGOs im Sport. Eine Inhaltsanalyse von acht Tageszeitungen von Oktober 2010 bis Mai 2011 zur Berichterstattung über die Münchener Olympiabewerbung liefert weitere Indizien für die „Medialisierung des Sports und der Sportpolitik" (Nieland, Ihle und Mittag), denn die mediale Aufmerksamkeit gegenüber den neuen sozialen Bewegungen und Protestparteien war vorhanden und über die Finanzierungsprobleme, die Umweltzerstörung und die Kommunikationspannen der Bewerbergesellschaft wurden Argumente ausgetauscht. Dabei tauchten in der Berichterstattung die Positionen der Befürworter ebenso wie Argumente der Gegner auf. Die von den untersuchten Tageszeitungen behandelten Pro-Olympiaargumente bezogen sich auf die zu erwartenden (positiven) Effekte des Großereignisses auf die Sportentwicklung und die Infrastruktur; Gegenargumente wurden geäußert hinsichtlich der Eingriffe in die Umwelt sowie der politischen Instrumentalisierung der Bewerbung durch die politischen Parteien in Bayern. Die Befunde der Fallstudie zur Münchener Olympiabewerbung verweisen auf die Bedeutungszunahme von Protestgruppen sowie generell der NGOs und ihrer Kommunikation im Bereich des Sports – gerade diese Entwicklung kann entscheidend sein für die zukünftige Legitimation von Sportgroßergebnissen.

© Springer Fachmedien Wiesbaden GmbH 2018
N. Remus und L. Rademacher (Hrsg.), *Handbuch NGO-Kommunikation*,
https://doi.org/10.1007/978-3-531-18808-9_21

1   Einleitung: Herausforderungen der Interessenvermittlung im Sport

„Das es kritische Diskussionen vor der Wahl, bei der Wahl und nach der Wahl bis hin zur Durchführung gibt, ist aus meiner Sicht klar". Mit dieser Aussage kommentierte der Präsident des Deutschen Olympischen Sportbundes (DOSB), Alfons Hörmann, die bevorstehende Wahl des Austragungsortes der Olympischen Winterspiele 2022 durch das IOC (zit. n. *Die Welt* v. 31.07.2015: 18).[1] Der offen zugestandene wie eingeforderte Diskussionsprozess und damit die implizite Beteiligung von Bürgerinitiativen und sozialen Bewegungen an den Meinungsbildungs- und Entscheidungsprozessen sind in der Welt des Olympischen Sports selten, vielmehr bestimmen verkrustete und korrupte Verbandsstrukturen sowie die Einflussnahme autoritärer Regime und Sponsoren das öffentliche Bild des Sports (vgl. Mittag und Nieland 2016: 197f.). Hörmanns Äußerung zur Bedeutung von öffentlicher Debatte und Zustimmung symbolisiert ein neues Verständnis von der gesellschaftlichen Rolle des Sports, wie es auch in der IOC-„Agenda 2020" proklamiert wird (vgl. IOC 2014: 15ff.; 26; 49; vgl. grundlegend Beck, Ihle und Nieland 2018: 20f.) und bei den Bewerbungen von München und Hamburg in Deutschland umgesetzt wurde.

Ob hier Anzeichen für eine Ausdifferenzierung der NGOs-Strukturen im Sport und der Sichtbarkeit dieser NGOs festzustellen sind, erörtert der folgende Beitrag mit Hilfe einer Fallstudie. Betrachtet wird dabei nicht die Kommunikation einer NGO selbst, sondern die Berichterstattung über einen Konflikt bei den zwei Protestgruppen – die Olympiagegner und die Olympiabefürworter – beteiligt waren. Es handelt sich um die gescheiterte Bewerbung Münchens um die Olympischen Winterspiele 2018.[2] Im Gegensatz zur Bewerbung Münchens um die Ausrichtung der Spiele 2022 – die nach dem einer negativen Bürgerentscheiden in München, Garmisch-Partenkirchen sowie in den Landkreisen Traunstein und Berchtesgaden nicht weiter verfolgt wurde[3] – behielten die Befürworter beim Bürgerentscheid in Garmisch-Partenkirchen im Frühjahr 2011 die Oberhand (vgl. AFP und dpa 2011). Welche mediale Beachtung im Vorfeld des Bürgerentscheides die Positionen der Protestgruppen hatten, hinterfragt die hier vorzustellende Studie.

---

1   Das Olympische Komitee entschied am 31. Juli 2015 in Kuala Lumpur die Winterspiele 2022 nach Peking zu vergeben. Die chinesische Hauptstadt setzte sich mit 44 zu 40 Stimmen gegen den einzigen Mitbewerber Almaty (Kasachstan) durch. Nach 2018 in Pyeongchang (Winterspiele) und 2020 in Tokio (Sommerspiele) wird das größte Sportereignis der Welt damit zum dritten Mal hintereinander in Asien stattfinden; vgl. Die Zeit v. 31.07.2017 (ww.zeit.de/sport/2015-07/peking-wird-gastgeber-der-olympischen-winterspiele-2022, zuletzt abgerufen am 21.01.2017)

2   Erste Ergebnisse der Studie wurden publiziert in Ihle und Nieland 2012; die im Folgenden diskutierten Befunde stützen sich auf eine breitere Datenbasis; vgl. Nieland, Ihle und Mittag 2016 sowie mit einer Sekundäranalyse Beck, Ihle und Nieland 2018.

3   Schon bei einem einzigen erfolgreichen Votum in einer der fünf Regionen, wäre die Bewerbung aufrechterhalten bzw. weiterverfolgt worden; vgl. http://www.zeit.de/sport/2013-11/bayern-olympia-winterspiele, zuletzt abgerufen am 21.01.2017.

Den theoretischen Ausgangspunkt bildet die umfangreich debattierte These von den wachsenden Legitimitätszweifeln an „der Politik"– auch in Demokratien. Besonders prominent drückt der von Colin Crouch (2008) geprägte Begriff Postdemokratie diesen Zweifel an der Legitimation des politischen Systems insgesamt und einen Teil seiner Institutionen aus (vgl. bspw. Sarcinelli 2014: 30). Michael Zürn (2011: 615) konstatiert eine „Verschiebung in der Legitimationsarchitektur politischer Herrschaft zuungunsten originärer demokratischer Legitimationsquellen." Dies führt zu Frage, ob das intermediäre System der Interessenvermittlung seine Schlüsselrolle im demokratischen Prozess der Willensbildung und Entscheidungsfindung wiedererlangen und damit den Grundstein für eine neue Legitimationsarchitektur legen kann. Die Funktion des intermediären Systems „besteht darin, Interessen in der Lebenswelt der Bürgerinnen und Bürger zu generieren, zu aggregieren, um sie dann an das politische Entscheidungszentrum zu artikulieren." (Donges 2014: 49; vgl. Neidhardt 2007: 33f.; Vowe 2006: 466f). Diese Artikulation gelingt vor allem dann, wenn die Bedingungen einer „starken Demokratie" vorliegen. Die starke Demokratie baut auf „Beratung und Diskurs, Kommunikation und Beteiligung, der verstärkten Inklusion der Bürger, insgesamt also der Belebung des Raumes, der von den Aktivitäten der Zivilgesellschaft und der intermediären Akteure ausgefüllt wird." (Sarcinelli 2014: 33) Doch trotz eines Bedeutungsaufschwungs von sozialen Bewegungen (vgl. Roth und Rucht 2008) – der sogar als Wiederaufstieg des „politischen Aktivismus" interpretiert wurde (vgl. Norris 2002) –, bleibt die Interessenvermittlung durch das intermediäre System von Parteien, Verbänden und sozialen Bewegungen höchst voraussetzungsvoll und damit prekär: „Intermediäre Systeme unterliegen der ständigen Gefahr, dass einzelne Kanäle der Interessenvermittlung ‚verstopft' werden und Partikularinteressen andere marginalisierten." (Donges 2014: 49) Hinzukommt, dass die drei Hauptorganisationstypen unterschiedlich strukturiert sind. Auf der einen Seite suchen soziale Bewegungen und Parteien für sich und ihre Anliegen (immer) die Öffentlichkeit, während auf der anderen Seite Verbände diese oftmals meiden und eher direkte Kontakte mit Entscheidungsträgern suchen (ebd.: 54; vgl. Kriesi 2007: 151f.). Grundsätzlich kann mit Blick auf das Zusammenspiel von Interessenvermittlung und Medialisierung (vgl. Donges 2014; Sarcinelli 2014; Marcinkowski 2015) davon ausgegangen werden, dass Publizität für Politik dem Zweck des Zustimmungsmanagements dient – mithin der Legitimitätssicherung, dem Machterhalt oder dem Machtgewinn (Marcinkowski 2015: 75). Tatsächlich drängten im Fall der Münchener Olympiabewerbung 2018 alle drei Organisationstypen in die (Medien-)Öffentlichkeit.

2   Zivilgesellschaft und Protest – das Handlungsfeld der NGOs

In unserer „politischen Gesellschaft" (Greven 2009) gibt es keinen Bereich, der prinzipiell der Politisierung entzogen wäre. NGOs reflektieren Anliegen von (zivil-)gesellschaftlicher Relevanz und sorgen so für die Politisierung außerhalb staatlicher Organisationen (und zwar zunehmend gleichberechtigt neben Parteien und Verbänden) – dies geschieht im Medium der Öffentlichkeit (vgl. Kriesi 2007: 152f.; Vowe 2006: 467f.). Die durch zivilgesellschaftliche Kräfte angeregte Reflexion dreht sich um den Zustand und die Problemlösungskompetenz der Institutionen und Verfahren der Demokratie (vgl. Beck 2002, Greven 2009) – und sichert im besten Falle ihre Zukunftsfähigkeit und Legitimität (vgl. Sarcinelli 2014). Der Resonanzboden für diese Reflexionen vergrößert sich, da die Bevölkerung die Arbeit der Politik zunehmend kritischer einschätzt (vgl. bspw. Böhnke 2011: 19) und aus dieser Kritik heraus Organisationen entstehen und sich zu Wort melden – symptomatisch für diese Kritik, die in vielen Fällen zu einem Protest führt, war in Deutschland „Stuttgart 21". In der Auseinandersetzung um den Umbau des Stuttgarter Bahnhofes zeigten sich Muster des Widerstandes gegen Infrastrukturprojekte in den Bereichen Verkehr und Energie. Gerade in Stuttgart wurde der Widerstand der Bevölkerung vor Ort von Umwelt- und Naturschutzverbänden aufgegriffen und unterstützt sowie von Parteien bzw. Politikern für die anstehenden Kommunal- und Landtagswahlen instrumentalisiert. „Stuttgart 21" lieferte ein (weiteres) Beispiel für verhärtete Fronten zwischen Bevölkerung und Politik – ein sachlicher Austausch im Sinne der „starken Demokratie" war (zunächst) regelrecht blockiert (Brettschneider 2011: 40). In der Folge war nicht nur das konkrete Projekt gefährdet, sondern auch Vertrauen in „die Politik" erodierte weiter.

Der Vertrauensverlust, den einzelne Politiker, Parteien und auch die politischen Verfahren erfahren, verweist auf Partizipations- und Repräsentationsprobleme in modernen Gesellschaften (vgl. Sarcinelli 2014: 35). In dieser Atmosphäre sind in den letzten Jahren zahlreiche und unterschiedliche Proteste auf den verschiedenen politischen Ebenen entstanden (vgl. Jörke 2011: 15f., vgl. auch Bräuer und Wolling 2014). Einen Schwerpunkt bildet der Protest gegen Großprojekte – denn bei den Großprojekten ist aufgrund der großen Zahl von Betroffenen, den enormen Kosten sowie den langen Planungs- und Bauzeiten die mediale Aufmerksamkeit besonders hoch. Zurückzuführen ist der Widerstand mehrheitlich auf Einwände gegen einzelne Aspekte eines (Groß-)Projektes. Im Vordergrund steht die Kritik an Eingriffen in die Natur. An zweiter Stelle ist der Widerspruch gegen die Kosten – oftmals die „Kostenexplosion" eines Projektes – zu nennen. Andere Ursachen des Protestes sind Zweifel am grundsätzlichen Sinn eines Vorhabens oder die wahrgenommenen bzw. befürchteten Einschränkungen der eigenen Lebensqualität (Brettschneider 2011: 40). Während solche Aspekte von den direkt Betroffenen vor Ort als Ursachen angeführt werden, erlangen Proteste dann eine Dynamik, wenn eine grundsätzliche Skepsis gegenüber „der Politik" oder „der Wirtschaft" artikuliert wird und dabei die Art des Umgangs der Parteien, der Parlamente und der Projektträger sowie der Bürokratie mit „der Bürgerschaft" bemängelt wird (ebd.). Die inzwischen umfangreiche Forschung zu den Protesten von NGOs (vgl. etwa Hoecker 2006; Geiselberger 2007; Roth und Rucht 2008) konnte herausstellen, dass es den Protestierenden in der Regel um mehr als nur die bloße Bekundung von Stimmungen und Meinungen geht. Sie setzen sich aktiv und kreativ zur Wehr – mit dem Ziel, die in ihren Augen ungerechtfertigten Belastungen und Nachteile abzuwenden oder auch den Status Quo zu verteidigen (vgl. Rucht 2007: 184; grundlegend vgl. Beck 2002). Aus Sicht der Protestierenden geraten die instrumentellen, funktionalen und interaktiven Aspekte des Protestes ins Blickfeld. An erster Stelle ist die auf Aufmerksamkeit zielende Inszenierung zu nennen, an zweiter Stelle die auf Zustimmung und Empathie gerichteten Techniken des Werbens und Überzeugens und schließlich drittens die Selbstbezüglichkeit als Vergewisserung kollektiver Identität und Stärke (Rucht 2007: 184). Wenn sich bei den Protestierenden das Gefühl einstellt, nicht ernstgenommen zu werden, kann dies zu einer breiteren Verankerung des Widerstandes in der Bevölkerung führen und damit zur Verschärfung des Konflikts (Brettschneider 2011: 41). Am Beispiel von der Auseinandersetzung um „Stuttgart 21" lässt sich beispielsweise nachverfolgen wie es zu einer kommunikativen Eskalation gekommen ist, als sich die Auseinandersetzung von der anfänglichen Sachauseinandersetzung über die einsetzende Emotionalisierung zur Moralisierung und schließlich zur Kriminalisierung von Projektträgern und Politikern erstreckte. Die Emotionalisierung und auch Kriminalisierung geschah in den regionalen und teilweise auch überregionalen Medien (ebd.).

Vor dem Hintergrund der Ausweitung von zivilgesellschaftlichen Aktivitäten und der damit verbunden Zunahme von NGO-Kommunikation einerseits und der medialen Aufmerksamkeit die NGOs und ihrer Proteste erlangen anderseits, ist nach der Rolle von NGOs auch in anderen Bereichen zu fragen. Im Folgenden geschieht dies für den Sport. Die „Autonomie des Sports" hat in Deutschland eine lange Tradition (vgl. Güldenpfennning 1992) und wird durch die Sportbünde (vor allem auf Landes- und Bundesebene) und Sportverbände propagiert. Dshalb gilt es die von nationalen und internationalen Sportverbänden, Veranstaltern sowie der nationalen Sportpolitik geprägte Akteurskonstellation zu beleuchten.

3 Forschungsstand und Relevanz: Neue Akteurskonstellationen im Sport

Internationale Sportverbände stehen zwar oftmals im Blickfeld von Medien und Öffentlichkeit, eine vertiefte wissenschaftliche Auseinandersetzung mit ihren internen Struktur-, Interessen- und Personalkonflikten ist bislang jedoch noch nicht erfolgt (vgl. Mittag und Nieland 2016: 197). Gerade die Sportverbände der populären Sportbereiche (also Fußball, die Olympischen Spiele und die US-amerikanischen Profiligen) stellen herausfordernde Rahmenbedingungen für Protest- und Oppositionsaktivitäten von NGOs dar (vgl. Mittag und Nieland 2012: 623f.). Denn die NGOs verfügen nur über begrenzte Möglichkeiten, sich gegen die Machtmittel und Instrumente der (zumeist internationalen) Verbände zu behaupten. Reformen von (internationalen und nationalen) Sportorganisationen sind einerseits geboten und andererseits aber bislang kaum durchsetzbar (vgl. ebd.: 629; auch Vowe 2007: 481ff.; Nieland, Ihle und Mittag 2016: 234f.).

Gleichzeitig lassen sich erste Anzeichen für einen kritischen Umgang mit der Sportentwicklung auf nationaler wie internationaler Ebene erkennen (vgl. Mittag 2011; Mittag und Nieland 2012). In Deutschland sind es die Themen wie (Leistungs-)Sportförderung, das Anti-Dopinggesetz und Olympiabewerbungen (wie zuletzt die Bewerbung Hamburgs auf die Olympischen Sommerspiele 2024), die kritisch von Medien und der Öffentlichkeit begleitet werden. Sichtbar wird der Protest hierzulande vor allem im Fußball: konkret in den vereinsübergreifenden Faninitiativen[4] sowie der Vereinigung der Vertragsfußballspieler (VDV). International sind neben den Debatten über Good Governance von Sportorganisationen (vgl. Geeraet, Alm und Groll 2014), die grundsätzliche Kritik erstens an der Kommerzialisierung des Sports, zweitens den Doping- und Korruptionsskandalen (vgl. bspw. Ihle und Nieland 2013) sowie drittens der Finanzierung und Organisation von Sportgroßereignissen zu nennen. Letzteres in Hinblick auf die Exekutivlastigkeit und Zugriff auf Ressourcen und die begrenzten internen Kontrollmechanismen (vgl. Franke 2015: 17ff.; Beck, Ihle und Nieland 2018: 23).

Angesichts der hohen gesellschaftlichen Bedeutung des Sports und dem drängenden Reformbedarf überrascht das Forschungsdefizit. Zum intermediären System in Politikfeld Sport und auch dem Verhältnis von Interessensverbänden, den sozialen Bewegungen und Medien liegen nur wenige Arbeiten vor. Aktuelle Fragen wären: Was macht erfolgreiche Interessensvermittlung und erfolgreiche Protestkommunikation aus? Welche Rolle kommt dabei dem Einsatz von „Social Media" zu? Zu konstatieren ist einerseits eine Zunahme der Forschung zu „mega sport events" – insbesondere Olympische Spiele (vgl. bspw. Billings 2008) – und anderseits existieren kaum Studien zum Bewerbungsprozess. Zu den Ausnahmen gehören die Studien von Franke (2015) und Bennett et al. (2013). Verstärkt wird die Rolle der Medien betont – unter anderem mit Verweis auf das IOC-Kriterium „public support" (Kim, Choi und Kaplandou 2015: 69) und der Tatsache, dass der Bewerbungsprozess selbst zum Medienthema wird (Rivenburgh 2002: 38). Die Untersuchung zu den drei Anläufen der südkoreanischen Stadt Pyeongchang hebt die Bedeutung von Infrastruktur, sozio-kulturellen Rahmenbedingungen, der Sportentwicklung sowie den Einsatz von Sport-Celebrities hervor (Kim, Choi und Kaplandou 2015: 81f.). Mit dem theoretischen Hintergrund, der den Anstieg der medialen Aufmerksamkeit für die Auseinandersetzungen um den Bewerbungsprozess von Sportgroßereignissen erklärt, befassen sich die nächsten beiden Kapitel.

4   Theoretische Bezüge: Interessenvermittlung im Sport unter Bedingungen der reflexiven Medialisierung

4.1   Neue Strukturwandel der Öffentlichkeit

Angesichts der fortschreitenden der Ausdifferenzierung des Mediensystems und die zunehmende Koppelung der Medien an die Marktlogik erleben wir einen „neuen Strukturwandel der Öffentlichkeit". Der von Kurt Imhof im Anlehnung an Jürgen Habermas wegweisender

---

4   Zu nennen wäre beispielsweise die Initiative „12:12 – ohne Stimme, keine Stimmung" deutscher Bundesligafangruppen, die gegen hohe Ticketpreise und die drohende Abschaffung von Steh-plätzen protestierten.

Habilitationsschrift („Strukturwandel der Öffentlichkeit") vorgeschlagene Begriff erfasst eine durch die „Zielgruppenkonzeptionen der Medienanbieter" hervorgerufene „Ablösung des Staatbürgerpublikums durch ein Publikum von Medienkonsumenten" sowie die „Durchdringung der öffentlichen Kommunikation durch neue Selektions-, Interpretations- und Inszenierungslogiken" (vgl. Imhof 2006: 201ff.; vgl. Imhof 2008: 78f.). Diese neuen Logiken verstetigen den Aufstieg von sozialen Bewegungen und Protestparteien sowie die Institutionalisierung resonanzorientierter NGOs. Diese zunächst nicht-etablierten politischen Akteure professionalisieren die Techniken des Aufmerksamkeitsmanagements – erinnert sei an die öffentlichen Protestinszenierungen von Greenpeace: etwa beim Widerstand gegen die Versenkung der Ölplattform Brent Spar oder die französischen Atomtests im Pazifik. Auch die NGO-Kommunikation ist für ein Mehr an Personenzentrierung und Konfliktinszenierungen verantwortlich. Eine nicht unproblematische Entwicklung, denn die symbolische, resonanzorientierte Darstellungspolitik von Parteien, Verbänden und NGOs beeinflusst die Entscheidungspolitik (Imhof 2006: 198f.). Zu beobachten ist ferner eine Verschiebung in der intermedialen Themen- und Meinungsresonanz – nicht mehr Parteien bringen Themen und Problemlösungsvorschläge ein, sondern es sind zunehmend kurzfristige von Medien oder Lobbyisten gesetzte Themen, welche die öffentliche Diskussion prägen.

Angesichts des Bedeutungsaufschwungs resonanzorientierter Politik identifiziert Rucht (2007: 188f.) fünf Techniken der Aufmerksamkeitserzeugung für soziale Bewegungen: Erstens die Andeutung von bzw. Drohung mit Protestaktionen, zweitens die Verknüpfung des Gegenwartshandelns mit einer weithin bekannten Heroik oder der Vergangenheit, drittens die Instrumentalisierung eines externen aber medial stark beachteten Ereignisses als Rahmen oder Bühne für den Protest, viertens das Erzeugen von starken Bildern und schließlich fünftens die ostentativ dargestellte Risiko- und Opferbereitschaft der Protestierenden (vgl. auch Norris 2002). Ziel der Protestierenden ist es, Aufmerksamkeit zu gewinnen und mit Argumenten zu überzeugen. Dies geschieht über den Akt des öffentlichen Widerspruchs und das Framing. Es schließt sich die Frage an, ob die von den Protestierenden eingebrachten Frames von den Massenmedien akzeptiert und übernommen werden. Erfolgreiches Framing ist für NGOs von zentraler Bedeutung, da es ihre Mobilisierungsfähigkeit und auch ihre Legitimität erhöhen kann (vgl. Kriesi 2007: 154f.).

Da die öffentliche Kommunikation über Politik von der Themenselektion, der Themendeutung, der Meinungsbildung, dem Timing und der Präsentation der Medien geprägt ist, ergeben sich für die NGO-Kommunikation unter den Bedingungen der „reflexiven Medialisierung" besondere Möglichkeiten. Mit Marcinkowski (2015: 74) meint „reflexiven Medialisierung" das Bemühen um eine „strukturelle Absicherung der Verfügung über Publizitätschancen und gesellschaftlicher Sichtbarkeit". Aus einer Prozessperspektive sind dann Medialisierungsschübe nicht durch Medien (oder Medientechnologie) ausgelöst, sondern sie sind vielmehr ein Anzeichen von Veränderungen im Bedarf an öffentlicher Aufmerksamkeit und/oder der Position eines (politischen) Akteurs im gesamtgesellschaftlichen Aufmerksamkeitswettbewerb: Die politischen Akteure sind nicht Opfer oder Objekt der Medialisierung, sondern aktiv an ihr beteiligt (ebd.: 76f.). Bei den Akteuren setzt sich die Einsicht in die wachsende Bedeutung nicht-hierarchischer Verhandlungen ebenso durch wie in die Bedeutung horizontaler und vertikaler Regelungssysteme sowie der Zunahme von Informalität durch – mithin die Felder, auf denen die NGO-Kommunikation zum Tragen kommt.

4.2   Medialisierung des Sports

Bei der Anwendung des Medialisierungskonzeptes auf „den Sport" kann ganz grundlegend von einer Institutionalisierung der Medienregeln im Sportsystem ausgegangen werden. Schon vor Jahren schlugen Dohle und Vowe (2006) das Modell einer „Mediatisierungstreppe" vor, das verschiedene Stufen der Zunahme des Medieneinflusses auf den Sport beschreibt. In jüngster Zeit wurden sowohl die theoretischen als auch empirischen Befunden auf diesem Gebiet ergänzt und ausdifferenziert. In seiner Untersuchung zur Medialisierung des Fußballs kann Meyen (2014) nachzeichnen, dass sich die Fußballakteure auf allen Handlungsebenen an die Handlungslogik des Systems Massenmedien angepasst haben und dabei vor allem eine Verschiebung der Handlungslogik in Richtung Kommerz zentral ist (vgl. Meyen 2014: 391). Auf der Mikroebene stellt Meyen fest, dass der Fußball schneller und ästhetischer geworden ist, die Präsenz der Kameras vorausgesetzt wird und Medientraining von einer Vielzahl von Akteuren in Anspruch genommen wird; auf der Mesoebene ist zu konstatieren, dass die Vereine fernsehtaugliche Stadien er- bzw. eingerichtet haben und außerdem professionelle PR betreiben (ebd.: 386f.). Schließlich sind es auf der Makroebene FIFA und DEL, die Spielregeln und Ansetzungsrhythmus an die Medienlogik angepasst haben (ebd.: 384f.; vgl. Dohle und Vowe 2006: 26). Stephanie Heinecke stellte einen Vergleich von verschiedenen Sportarten in Hinblick auf „Anpassungsbereitschaft", „TV-Präsenz" (in Deutschland) und „Medialisierungsgrad" an (Heinecke 2014: 438ff.). Ihle, Nieland und Rehbach (2016) schlagen mit Blick auf Medialisierungsverständnis von Marcinkowski ein Untersuchungsmodell zur Analyse der Berichterstattung über die Olympischen Spiele vor, mit dem der Umgang der Medien mit Medialisierungsangeboten der Sportorganisationen – etwa die Aufnahme einer „neuen" Sportart ins olympische Programm – interpretiert werden kann.

Die „Medialisierungsstrategien" finden sich aber nicht nur bei den Sportorganisationen. Auch NGOs des Sports greifen auf Medien zur Herstellung von Öffentlichkeit zu. Die Untersuchung zur „Berichterstattung über die Olympiabewerbung Münchens 2018" widmete der (medialen) Darstellung der Protestformen sowie der Präsenz von Positionen gegen die Bewerbung. Bevor ausgewählte Befunde dieser Studie präsentiert werden, soll zunächst der zunehmende Protest im Feld des Sports – im Sinne einer auf die Zunahme kritischer Teilöffentlichkeiten wie es Imhof (2006) für den neuen Strukturwandel der Öffentlichkeit als charakteristisch beschreibt – erläutert werden.

5   Sport und Protest

5.1   Protest im Sport

Obwohl sich das Ausmaß an Vereinnahmungsprozessen im Sport in den letzten Jahren deutlich erhöht hat und sich die Prozesse selbst ausdifferenziert haben (vgl. Mittag/Nieland 2007), fehlt eine intensive wissenschaftliche Auseinandersetzung mit Protesten im Sport jenseits der Olympiaboykotte (vgl. Mittag und Nieland 2012: 624f.). Auch geht die Mehrzahl der Untersuchungen nicht über Einzelfallbeschreibungen hinaus. Dabei lassen sich mit Mittag (2011) zwei Hauptströmungen unterscheiden. Erstens Protestereignisse, die keine unmittelbaren sportlichen Interessen verfolgen, sondern den Sport als Projektionsfläche für politischen und/oder sozialen Protest verwenden. Dazu zählt beispielsweis das Engagement für Menschenrechte, welches sich in der „Olympic Project for Human Rights" (OPHR) oder der Isolation Südafrikas während der Apartheid widerspiegelt(e), ebenso wie der religiös motivierte Protest – hier ist vor allem das Engagement von Mohammad Ali gegen den Vietnamkrieg und den Rassismus in den USA zu nennen. Außerdem sind die nationalen Olympiaboykotte – also vor allem die Boykotte der Spiele von 1980 in Moskau und 1984 in Los Angeles – und die sozial motivierte Solidarisierung (beispielsweise von Fußball-bundesligavereinen des Ruhrgebiets angesichts der drohenden Schließung von Zechen, Stahlwerken oder Großunternehmen) zu nennen (Mittag 2011: 12). Als zweite Strömung identifiziert Mittag Protestereignisse, bei denen der Anlass des Protests unmittelbar mit dem Sport verbunden ist. Dazu gehören vor allem die Verteilungs- und Vertragskonflikte in den großen amerikanischen Profiligen, die Fanaktivitäten gegen (überzogene) Kommerzialisierungstendenzen und der Protest gegen die zunehmenden Bewirtschaftungsformen in den Stadien, etwa gegen VIP-Logen (Mittag 2011: 12f.).

Festzuhalten ist auch, dass die einzelnen Protestformen und Protestereignisse, die im Sport zu beobachten sind in der Mehrzahl eher lokal begrenzte Proteste denn eine soziale Bewegung darstellen. Zudem ist der Protest zumeist situativ, punktuell und nur begrenzt nachhaltig. Es zeigt sich eine erhebliche Bandbreite des Protests und die Protestmotive werden von zahlreichen unterschiedlichen Impulsen angetrieben. Bislang haben die Proteste vor allem im organisierten Spitzensport ihren Platz gefunden. Am deutlichsten manifestieren sich Sportproteste in Deutschland und Europa im Bereich des Fanprotests gegen Kommerzialisierung des Fußballs: Die „Ultra-Bewegung" hat sich so als eine Facette der Jugend- und Protestkultur zu einem kritischen Gegengewicht gegenüber dem herrschenden Sport(-verständnis) entwickelt (Mittag 2011: 13f.).

Hier kommen die Medien und mit ihnen die NGO-Kommunikation „ins Spiel". Gerade in konfliktbehafteten Situationen wie einer Bewerbungs- und Vergabephase von sportlichen Großereignissen, suchen NGOs des Sports ihre Rolle in der öffentlichen Meinungs- und Willensbildung. So findet Kritik an der Vergabepraxis des IOC inzwischen nicht nur in den Ländern, deren Bewerbung keinen Erfolg hatte, statt, sondern vermehrt auch im Vorfeld der Abstimmungen. Dabei gewinnen zivilgesellschaftliche Kräfte an Bedeutung und die

Argumente gegen die Bewerbungen beziehen sich nicht mehr nur auf die Finanzierung. Vielmehr stellen die Proteste die Bewerbung grundsätzlich in Frage.

Bewerbungen auf sportliche Großereignisse sind aufgrund des (vermuteten) Imagegewinns und der (erhofften) Einnahmesteigerung für viele Städte bzw. Ländern ein wichtiger Politikinhalt geworden (vgl. Mittag und Nieland 2012: 623f.) – dies zeigen die Aktivitäten von Russland oder einiger Golfstaaten, Sportgroßereignisse ins Land zu holen. Sporteventbewerbungen zeichnen sich durch eine zunehmende Marktorientierung aus und finden auf einem komplexen wie dynamischen Sporteventmarkt statt (vgl. Franke 2015). Die Akteure auf diesem Markt sind zunächst die internationalen und nationalen Sportverbände sowie Städte (bzw. Ländern) – aber auch Bürgerinitiativen und Protestgruppen treten verstärkt in Erscheinung. Während in der Vergangenheit die Vorgaben der Sportverbände mehr oder weniger die alleinige Richtschnur waren, melden zum einen die (Bewerber-)Städte vermehrt eigene Vorstellungen an und zum zweiten bilden sich lokale Protestgruppen. Die Erhöhung der Legitimation der Entscheidungen und die Auflösung der Elitekartelle als Forderungen sind die Folge (vgl. Nieland, Ihle und Mittag 2016) – dafür geben die Bewerbungen Münchens auf die Winterspiele 2018 und 2022 Beispiele ab. Im nächsten Abschnitt werden die Hintergrund für die 2018er-Bewerbung kurz erläutert.

5.2   NOlympia als Protestform gegen die Münchner Olympiabewerbung 2018

Die Bewerbung Münchens für die Winterspiele 2018 in München, Garmisch-Partenkirchen und Berchtesgaden wurde von Beginn an zu einer nationalen Aufgabe erklärt: Der Bundestag, die Bundesregierung (insbesondere die Bundeskanzlerin und die zuständigen Bundesinnenminister) sowie die Landesregierung Bayerns und die Stadt München traten zusammen mit dem Deutschen Olympischen Sportbund (DOSB) für die Bewerbung ein. Für die meisten Verantwortlichen und Beobachter überraschend meldete eine Handvoll Grundstücksbesitzer in Garmisch-Partenkirchen gegen die Bewerbung ihren Widerstand an. Die zunächst lokalen Proteste sammelten sich in der „NOlympia"-Initiative und erhielten bundesweiten Zulauf. Neben den ökologischen Argumenten wurden Bedenken gegenüber der Finanzierung des Konzeptes laut und Kommunikationspannen bei der Bewerbungsgesellschaft führten zu einer kritischen Berichterstattung. Angesichts der öffentlichkeitswirksamen Auftritte der „NOlympia"-Initiative formierte sich die „PROlympia"-Bewegung. Die beiden Initiativen erreichten, dass am 08. Mai 2011 die Einwohner Garmisch-Partenkirchens in einem Bürgerentscheid über die mögliche Austragung der Winterspiele 2018 abstimmten. Die Gegner der Bewerbung unterlagen in dieser Abstimmung knapp. Beim ersten der beiden Bürgerentscheide stimmten 58 % dafür, dass Olympia wie geplant in sieben Jahren in Garmisch-Partenkirchen stattfinden solle. Ebenso eine Mehrheit der Bürger von knapp 51 % votierte beim zweiten Bürgerentscheid gegen die Forderungen der Olympiagegner, bereits beschlossene Verträge prüfen zu lassen. Bei 20.918 stimmberechtigten Bürgerinnen und Bürger betrug die Wahlbeteiligung 60 Prozent.[5] Zwei Monate später, am 8. Juli entschied das IOC auf seiner Sitzung in Durban, das die Olympischen Winterspiele 2018 im südkoreanischen Pyeongchang stattfinden werden.

Vor diesem Hintergrund befasste sich die hier vorzustellende Studie mit der medialen Darstellung der Bewerbung.[6] Um zu Aussagen über die NGO-Kommunikation der Parteien zu gelangen, wird im Folgenden der Blick auf die mediale Vermittlung der Positionen der NGOs (also „NOlympia" sowie „PROlympia") in der Berichterstattung zur Bewerbung um die Winterspiele 2018 gerichtet.

6 Forschungsinteresse und Vorgehen

Das Forschungsinteresse richtet sich auf drei Aspekte. Zum einen auf die mediale Darstellung der Olympiabewerbung, zum zweiten auf die mediale Darstellung neuer Protestformen und Protestakteure und zum dritten auf das Vorkommen der Argumente der Befürworter und Gegner der Bewerbung. Die Studie steht damit in der Tradition von Fallstudien zur medialen Darstellung von Olympiabewerbungen (vgl. Kim, Choi und Kaplanidou 2015; Köenecke, Schubert und Preuß 2015) und wurde jüngst in einer Sekundäranalyse um eine Vergleichsperspektive erweitert (vgl. Beck, Ihle und Nieland 2018).

Durchgeführt wurde eine standardisierte Inhaltsanalyse von neun deutschen Tageszeitungen. Bei der Auswahl der Tageszeitungen wurden die fünf überregionalen Meinungsführerblätter berücksichtigt sowie zwei Münchner Tageszeitungen (davon eine Boulevardzeitung).[7] Mit dieser Auswahl wird der nationalen und der regionalen Dimension des Themas Rechnung getragen. Untersucht wurde die Berichterstattung im Zeitraum vom 24. Oktober 2010 bis zum 24. Mai 2011. In diesem Zeitraum fallen sowohl „bewerbungs-technische" als auch politische Vorgänge, jedoch nicht die endgültige Vergabe der Spiele durch das IOC. Da sich das Hauptinteresse der Untersuchung auf Strukturen und Akteure der öffentlichen Diskussion richtet, wurde ein Zeitraum gewählt, der (so die Annahme) vor allem vom Austausch von Argumenten zwischen verschiedenen Beteiligten (staatliche Akteure, NGOs, etc.) geprägt ist.

Es wurden alle Artikel analysiert, in denen die Münchner Olympiabewerbung mindestens als Nebenthema behandelt wurde. Die im Folgenden vorgestellten Ergebnisse beziehen

---

5 Vgl. www.focus.de/politik/deutschland/garmisch-partenkirchen-ja-zu-olympia-2018-beim-bu-ergerentscheid_aid_625297.html [zuletzt abgerufen 22.10.2011].

6 Die hier präsentierten Daten stammen aus einem größeren Projekt am Institut für Kommuni-kations- und Medienforschung an der Deutschen Sporthochschule, welches von Holger Ihle geleitet wurde (vgl. Ihle und Nieland 2012).

7 Im Einzelnen: *Süddeutsche Zeitung* (SZ), *Frankfurter Allgemeine Zeitung* (FAZ), *Die Welt, Frank-furter Rundschau* (FR), *die tageszeitung* (taz), *Münchner Merkur, Abendzeitung* (AZ), *Berliner Zeitung, Der Tagesspiegel*.

sich auf die Analyseeinheit „Artikel" und die Codiereinheiten „Akteure" (innerhalb der Artikel genannte Personen).[8] Wie die öffentliche Debatte inhaltlich verlaufen ist und in welchem Ausmaß sie von den verschiedenen Beteiligten geprägt wurde, wird in den folgenden Abschnitten anhand der erhobenen Daten gezeigt.

7   Ausgewählte zur Befunde zur Berichterstattung über die Münchner Olympiabewerbung 2018

7.1   Analyse auf Ebene der Artikel

In den untersuchten Tageszeitungen besitzt der Bewerbungsprozess als Berichterstattungsgegenstand einen unterschiedlichen hohen Stellenwert. Der *Münchner Merkur* berichtet sowohl am häufigsten als auch am umfangreichsten über die Bewerbung: Der Anteil des Münchener Blattes an der Gesamtanzahl der Artikel beträgt 32,3 %. Während im *Münchner Merkur* 191 Artikel gezählt wurden, finden sich in der Münchner *Abendzeitung* lediglich 87 Artikel. Unter den überregionalen Zeitungen haben sich die *Süddeutsche Zeitung* (95 Artikel) und die *Frankfurter Allgemeine Zeitung* (67 Artikel) am häufigsten mit der Olympiabewerbung befasst.

Der Verlauf der Berichterstattung lässt sich anhand der Artikelhäufigkeit im Zeitverlauf nachzeichnen (vgl. Abb. 1). Dabei zeigt sich, dass fünf Ereignisse, die mit der Bewerbung in Verbindung standen, besonders viel mediale Aufmerksamkeit nach sich zogen. Erstens der Parteitag der Grünen in der 47. Kalenderwoche des Jahres 2010; auf dem Parteitag wurde Unterstützung für die Bewerbung zurückgenommen, woraufhin die damalige Grünen-Vorsitzende Claudia Roth aus dem Olympiakuratorium austreten musste. In die 50. Kalenderwoche 2010 fällt das zweite Ereignis, das Ultimatum von Garmischer Landwirten an die bayerische Staatskanzlei, die Bewerbung zurückzuziehen. Die nächsten beiden Ausschläge im Umfang der Berichterstattung hängen mit dem eigentlichen Vorgang der Bewerbung zusammen: In der zweiten Kalenderwoche 2011 wurde das so genannte Bid Book, also die offiziellen Bewerbungsunterlagen beim IOC eingereicht. In Kalenderwoche neun, in der auch insgesamt am umfangreichsten berichtet wurde, war die Evaluierungskommission des IOC in München zu Gast. Der letzte Peak der Artikelanzahl im Zeitverlauf folgt auf den Bürgerentscheid am 8. Mai 2011 (18. KW), über den dann am umfangreichsten in der 19. Kalenderwoche berichtet wurde. Als erstes Zwischenergebnis kann somit festgehalten werden, dass die Bewerbung vor allem in den regionalen Zeitungen Erwähnung fand. Ein-

---

8   Darüber hinaus wurden Argumente kategorisiert, die aber für den hier behandelten Kontext weniger relevant sind, da sie vor allem die Richtung der Debatte (Pro und Kontra) insgesamt und in den verschiedenen Zeitungen differenziert erfassen. Diese Ergebnisse sind an anderer Stelle ausführlich dokumentiert und diskutiert (Ihle und Nieland 2012; Nieland, Ihle und Mittag 2016; Beck, Ihle und Nieland 2018).

zelne Protestaktionen der NGOs (also „NOlympia" und „PROlympia") führen nur mittelbar zu erhöhter Medienberichterstattung, nämlich wenn sie in der institutionalisierten Politik Folgen nach sich ziehen (Parteitagsbeschluss, Bürgerentscheid).

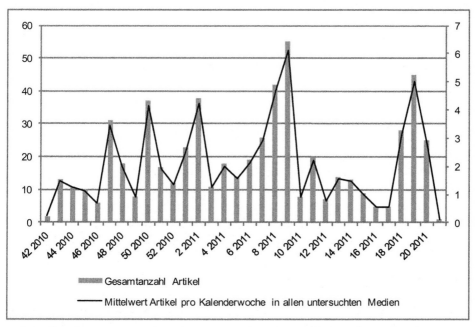

Abb. 1   Berichterstattung zur Münchner Olympiabewerbung 2018 im Zeitverlauf nach Kalenderwoche

Quelle: Eigene Darstellung

7.2   Analyse auf Ebene der Akteure

Innerhalb der Artikel wurden insgesamt 2.163 Personen erhoben. Die jeweils ersten sechs Personen pro Artikel wurden anhand weitergehender Merkmale kategorisiert. Von diesen 1.780 Akteuren stammt die deutliche Mehrheit (80,8 %) aus dem Lager der Unterstützer der Bewerbung (vgl. Tab. 1).

Demgegenüber zeigt aber der Blick auf die Anteile der zitierten Personen, dass von den genannten Olympiagegnern fast 70 % im Zitat zu Wort kommen, aber nur knapp 60 % der Befürworter. Das wirft die Frage auf, ob möglicherweise die Gegner ihr insgesamt selteneres Vorkommen durch einen höheren „Zitationsimpact" wettmachen konnten. Hierzu lässt sich feststellen, dass es zwar einen messbaren Zusammenhang zwischen Gruppenzuordnung und Zitationshäufigkeit gibt, der ist aber so schwach ausgeprägt (Cramers V = 0,1), dass die bloße Einteilung in Befürworter und Gegner nicht ausreicht, um zu erklären, wessen Aussagen eine höhere Wahrscheinlichkeit haben, in der Presse vorzukommen.

Tab. 1 Akteure nach Position und Häufigkeit der Zitierung

	Befürworter der Bewerbung		Gegner der Bewerbung		Summe
	Anzahl	Prozent	Anzahl	Prozent	
Wird zitiert (wörtlich oder indirekt)	645	60	175	68	820
Äußerung/Haltung wird paraphrasiert	44	4	16	6	60
Keine Zitation, nur Erwähnung der Person	391	36	66	26	457
Summe	1.080	100	257	100	1.337

Chi² (2, N = 1337) = 11,239, p = 0,004; Cramers V = 0,092

Quelle: Eigene Darstellung

Neben der Zuordnung zu den konträren Positionen wurden die vorkommenden Personen auch hinsichtlich ihrer gesellschaftlichen Funktionen eingeordnet. Insbesondere anhand der Anzahl der vorkommenden politischen Mandatsträger im Vergleich zur Erwähnung der Olympiagegner lässt sich die Frage beantworten, wie politisiert der Konflikt in der medien-öffentlichen Debatte erscheint. Dies steht auch in Verbindung mit der Frage, ob Politiker als Problemlöser (an)erkannt werden und auf welcher politischen Ebene der Konflikt um die Bewerbung ausgetragen wurde.

In der Berichterstattung werden am häufigsten kommunale Politiker genannt, die zweithäufigsten Nennungen entfallen auf Politiker der Bundesebene, während die Landesebene weniger Beachtung findet. Somit erscheint die Debatte im Wesentlichen als eine lokalpolitische Kontroverse. Dabei sind die hohen Werte lokalpolitischer Entscheidungsträger vor allem der starken medialen Präsenz des damaligen Münchner Oberbürgermeisters Ude geschuldet.

Es kann konstatiert werden, dass Politiker die am häufigsten genannte Akteursgruppe sind. Dies bedeutet – in Hinblick auf die oben gestellten Fragen, dass die Debatte um die Bewerbung als in hohem Maße politisierte Auseinandersetzung erscheint. Darauf lässt sich die Annahme stützen, dass die Olympiabewerbung nicht auf den gesellschaftlichen Teilbereich Sport beschränkt bleibt, sondern vor allem an die politische Entscheidungskompetenz von Politikern anknüpft. Insofern entfalten die beteiligten NGOs (also die Institutionen des organisierten Sports) weniger mediales Echo als die Politik.

Sport und Politik traten in dieser Debatte in der Mehrzahl als Befürworter der Bewerbung auf. Vor diesem Hintergrund stellt sich die Anschlussfrage, in welchem Ausmaß die Bürgerinitiativen „NOlympia" und „PROlympia" in der Berichterstattung auftauchten. Mit insgesamt 57 gezählten Vertretern „nicht-klassischer Protestbewegungen" ist deren mediale Resonanz sehr gering (14 Befürworter wurden gezählt und 30 Gegner, 13 Personen konnten nicht zugeordnet werden oder waren Vertreter von Protestformen, die nicht im Zusammenhang mit der Olympiabewerbung aktiv waren). Vertreter von Protestbewegungen kommen damit auch seltener vor, als nicht organisierte Betroffene: Insgesamt wurden 101 betroffene Anwohner in den Artikeln gezählt, von denen 39 die Bewerbung befürworteten und 50 ablehnten).

8 Interpretation und Ausblick

Die Berichterstattung vermittelte Zustimmung bezüglich der zu erwartenden Effekte auf die Sportentwicklung und die Infrastruktur, Effekte auf den Tourismus spielten kaum eine Rolle, und die Ablehnung erfolgte vor allem bezüglich Umweltfragen und politischer Aspekte (etwa Finanzierung). (vgl. Ihle und Nieland 2012: 186f.). Die Beachtung der Naturschutz- und Nachhaltigkeitsfragen in der Debatte kann als indirekter Einfluss der NGO „NOlympia" interpretiert werden. Indirekt deshalb, weil die „NOlympia"-Vertreter selbst vergleichsweise selten in der Berichterstattung vorkommen, eines ihrer zentralen Anliegen und Argumente aber die mediale Debatte prominent (und im Sinne von „NOlympia") geprägt hat. Dass die Bewerbung nicht ohne den Einbezug der betroffenen Öffentlichkeit zu haben war und die Medien die Diskussion umfangreich aufgegriffen haben ist als Zeichen der „Medialisierung der Sportpolitik" zu verstehen. Es lässt sich prognostizieren, dass bei zukünftigen Bewerbungs- und Vergabeprozossen sich dieser Trend verstärken wird. Das zeigen zum einen ähnlich gelagerte Analysen (vgl. Beck, Ihle und Nieland 2018). Zum anderen hat das IOC selbst die Bevölkerungsmeinung zu einem Vergabekriterium deklariert (vgl. IOC 2014: 15ff.; 49), was erwarten lässt, dass die Bewerber sich zukünftig frühzeitig um die „Mitnahme" der Bürger kümmern werden, was andererseits sehr wahrscheinlich auch kritische Stimmen auf den Plan rufen wird.

Für den von Imhof so bezeichneten „neuen Strukturwandel der Öffentlichkeit" lassen sich in den Befunden der Inhaltsanalyse nur wenige Indikatoren finden, davon einige auch nur anhand sehr geringer Fallzahlen. Die nach Imhof zu erwartende hohe Aufmerksamkeit für neue soziale Bewegungen und Protestparteien lässt sich zumindest anhand des Vorkommens von Bürgerinitiativen im Vergleich zu Parteien nicht bestätigen. Jedoch fehlt es hier an einer Langzeitperspektive, ohne die ein „Wandel" nicht zu beschreiben ist. Sofern also in früheren Debatten um Olympiabewerbungen (etwa Berlin 2000) noch weniger der „neuen" Akteure vorkamen und in späteren (etwa Hamburg 2024) mehr, können die hier präsentierten Zahlen möglicherweise tatsächlich als Indikator für den neuen Strukturwandel zu interpretieren sein. Vorerst bleibt das Bild daher zwangsläufig bruchstückhaft.

Vergleichbar der Auseinandersetzung um „Stuttgart 21" zeigte sich auch für den DOSB (und die Bewerbungsgesellschaft) das Dilemma der Kommunikation über Großprojekte: „Die Aufmerksamkeit ist in der Regel dann am größten, wenn sich die Fronten bereits verhärtet haben." (Brettschneider 2011: 43) Im vorliegenden Fall noch einmal verstärkt durch das Gegeneinander zweier Initiativen – von NOlympia und PROlympia.

Wenn der „public support" für die Vergabe von Olympischen Spielen mit der Umsetzung der „Agenda 2020" zu einem Vergabekriterium wird, dann erlebt die Kommunikation der

NGOs Bedeutungsaufschwung im „Kampf um die Öffentlichkeit". Es ist zu vermuten, dass es auf Seiten der NGOs zur Professionalisierung der PR und erweiterten Beteiligungsforderungen kommen wird. Die PR der Sportverbände sowie die nationale und internationale Sportpolitik werden darauf reagieren müssen – ob sie darauf reagieren können und damit die Legitimation für die Sportereignisse im Speziellen und den Sport im Allgemeinen stärken können, hängt auch davon ab, ob die Events in „starken Demokratien" stattfinden.

Literatur

AFP & dpa (2011). Garmisch-Partenkirchen stimmt für Olympia 2018. Abgerufen am 18.5.2015 auf http://www.zeit.de/sport/2011-05/olympia2018-winterspiele-buergerentscheid.

Beck, D., Ihle, H. & Nieland, J.-U. (2018). Das Volk gegen Olympia. Zur Repräsentationskrise in Sportverbänden und Sportpolitik am Beispiel der Olympia-Abstimmungen in Deutschland und der Schweiz. In Schramm, H., Schallhorn, C., Ihle, H. & Nieland, J.-U. (Hrsg.). *Großer Sport, große Show, große Wirkung? Empirische Studien zu Olympischen Spielen und Fußballgroßereignissen* (S. 20-48).. Köln: Herbert von Halem.

Beck, U. (2002). *Macht und Gegenmacht im globalen Zeitalter. Neue weltpolitische Ökonomie.* Frankfurt a. M.: Suhrkamp.

Bennett, L., Bennett, M., Alexander, S. & Persky, J. (2013). The Political and civic Implications of Chicago's Unsuccessful Bid to Hist the 2016 Olympic Games. *Journal of Sport & Social.* Issues, vol. 37. Jg., H. 4, S. 364-383.

Billings, A. C. (2008). *Olympic media. Inside the biggest show on television.* London/New York: Routledge.

Böhnke, P. (2011). Ungleiche Verteilung politischer und zivilgesellschaftlicher Partizipation. *Aus Politik und Zeitgeschichte,* 61. Jg., 1-2/2011, S. 17-25.

Bräuer, M. & Wolling, J. (2014). Regionaler Protest und Massenmedien: Die Bedeutung von Massenmedien aus Sicht von Bürgerinitiativen. In Oehmer, F. (Hrsg.): *Politische Interessenvermittlung und Medien. Funktionen, Formen und Folgen medialer Kommunikation von Parteien, Verbänden und sozialen Bewegungen* (S. 358-377). Baden-Baden: Nomos.

Brettschneider, F. (2011). Kommunikation und Meinungsbildung bei Großprojekten. *Aus Politik und Zeitgechichte,* 61. Jg., 44-45/2011, S. 40-47.

Crouch, C. (2008). *Postdemokratie.* Frankfurt a. M.: Suhrkamp.

Dohle, M. & Vowe, G. (2006). Der Sport auf der „Mediatisierungstreppe"? Ein Modell zur Analyse medienbedingter Veränderungen des Sports. *merz (medien und erziehung)* Themenheft: Sport und Medien, 50. Jg., Nr. 6/2006, S. 18-28.

Donges, P. (2014). Politische Interessenvermittlung im Medienwandel – Entwicklungen und Perspektiven. In Oehmer, F. (Hrsg.): *Politische Interessenvermittlung und Medien. Funktionen, Formen und Folgen medialer Kommunikation von Parteien, Verbänden und sozialen Bewegungen* (S. 49-63). Baden-Baden: Nomos.

Franke, M. (2015). *Städtische Bewerbungen um internationale Sportevents. Akteure und Interaktionen aus polit-ökonomischer Sicht.* Wiesbaden: Springer VS.

Früh, W. (2007). *Inhaltsanalyse. Theorie und Praxis.* 6., überarbeitete Auflage. Konstanz: UVK.

Geeraert, A., Alm, J. & Groll, M. (2014). Good Governance in International Sport Organisations: An Analysis of the 35 Olympic Sport Governing Bodies. *International Journal of Sport Policy and Politics*, 6. Jg., H.3, S. 281-306

Geiselberger, H. (Hrsg.) (2007). *Und jetzt? Politik, Protest und Propaganda.* Frankfurt a. M.: Suhrkamp.

Güldenpfennig, S. (1992). *Der politische Diskurs des Sports. Zeitgeschichtliche Beobachtungen und theoretische Grundlagen.* Aachen: Meyer & Meyer Verlag.

Greven, M. T. (2009). *Die politische Gesellschaft* [2., aktualisierte Auf.]. Wiesbaden: VS Verlag für Sozialwissenschaften.

Heinecke, S. (2014). Fit *fürs Fernsehen? Die Medialisierung des Spitzensports als Kampf um Gold und Sendezeit.* Köln: Herbert von Halem.

Hoecker, B. (Hrsg.) (2006). *Politische Partizipation zwischen Konvention und Protest.* Opladen: B. Budrich.

Horne, J., & Manzenreiter, W. (2006). An introduction to the sociology of sports mega-events. *Sociological Review,* Volume 54, Issue Supplement s2, S. 1-24.

Ihle, H. & Nieland, J.-U. (2012). Zivilgesellschaftlicher Widerstand gegen Olympia – inhaltsanalytische Befunde zu den Positionen und der Resonanz der „NOlympia 2018"-Bewegung. In Schürrmann, V. (Hrsg.). *Sport und Zivilgesellschaft* (S. 167-190). Berlin: Lehmanns Media.

Ihle, H. & Nieland, J.-U. (2013). Dopingaufklärung in der Unterhaltungsfalle? Überlegungen zum Umgang mit Doping im medialisierten Sport. In Meinberg, E. & Körner, S. (Hrsg.). *Doping – kulturwissenschaftliche betrachtet* (S. 155-171). Sankt Augustin: Academia Verlag.

Ihle, H., Nieland, J.-U. & Rehbach, S. (2015). Medialisierung des Sports – ein Untersuchungsmodell. In Schürmann, V., Mittag, J., Stibbe, G., Nieland, J.-U & Haut, J (Hrsg.). *Bewegungskulturen im Wandel. Der Sport der Medialen Moderne* (S. 185-203). Bielefeld: Trancript.

Ihle, H., Meyen, M., Mittag, J. & Nieland, J.-U. (Hrsg.). (2017). *Globales Mega-Event und nationaler Konfliktherd. Die Fußball-WM 2014 in Medien und Politik.* Wiesbaden: Springer VS.

IOC (2014): *Olympic Agenda 2020. Context and Background.* Abgerufen am 22.10.2015 auf http://www.olympic.org/documents/olympic_agenda_2020/olympic_agenda_2020-context_and_background-eng.pdf.

Jarren, O., Lachenmeier, D. und Steiner, A. (Hrsg.) (2007). Entgrenzte Demokratie? Herausforderungen für die politische Interessenvermittlung. Baden-Baden: Nomos.

Kim, A., Choi, M., Kaplanidou, K. (2015). The Role of Media in Enhancing People's Perception of Hosting a Mega Sport Event: The Case of Pyeongchang's Winter Olympics Bids. *International Journal iöf Sport Communikcation,* Vol. 8, S. 68-88.

Kriesi, H. (2007). Die politische Kommunikation sozialer Bewegungen. In Jarren, O., Lachenmeier, D. & Steiner, A. (Hrsg.). *Entgrenzte Demokratie? Herausforderungen für die politische Interessenvermittlung* (S. 145-161). Baden-Baden: Nomos.

Könecke, T., Schubert, M., & Preuß, H. (2015). (N)Olympia in Germany? An analysis of the referendum against Munich 2022. *Sportwissenschaft.* DOI 10.1007/s1266-015-0384-x.

Leggewie, C. (2011). *Mut statt Wut. Aufbruch in eine neue Demokratie.* Hamburg: Edition Körber Stiftung.

Marcinkowski, F. & Steiner, A. (2010). Was heißt „Medialisierung"? Autonomiebeschränkung oder Ermöglichung von Politik durch Massenmedien. In Arnold, K. et al. (Hrsg.). *Von der Politisierung der Medien zur Medialisierung des Politischen? Zum Verhältnis von Medien, Öffentlichkeit und Politik im 20. Jahrhundert* (S. 51–76). Leipzig: Leipziger Universitäts-Verlag.

Marcinkowski, F. (2015). Die „Medialisierung" der Politik. Veränderte Bedingungen politischer Interessenvermittlung. In Speth, R. & Zimmer, A. (Hrsg.). *LobbyWork. Interessenvertretung als Politikgestaltung* (S. 71-95). Wiesbaden: Springer VS.

Meyen, M. (2014). Medialisierung des deutschen Spitzenfußballs. Eine Fallstudie zur Anpassung von sozialen Funktionssytemen an die Handlungslogik der Massenmedien. *Medien & Kommunikationswissenschaft*, 62. Jg. H.2, S. 377–394.

Mittag, J. (2011). Sport und Protest. *Aus Politik und Zeitgeschichte*, 61. Jg., 16-19/2011, S. 9-14.

Mittag, J. & Nieland, J.-U. (Hrsg.) (2007). *Das Spiel mit dem Fußball. Interessen, Projektionen und Vereinnahmungen*. Essen: Klartext.

Mittag, J. & Nieland, J.-U. (2012). Die globale Bühne: Sportgroßereignisse im Spannungsfeld von politischer Inszenierung und demokratischen Reformimpulsen. *Zeitschrift für Politikwissenschaft*, 21. Jg. (2011) H. 4, S. 623-632 [erschienen Mai 2012].

Mittag, J., & Nieland J.-U. (2016). Das Ende der Lizenz zum Machterhalt? Das System FIFA und die Grenzen von Opposition und Protest in internationalen Sportorganisationen. *Zeitschrift für Politikwissenschaft*, 26, Supplement 2, S. 197-216.

Nieland, J.-U., Ihle, H. & Mittag, J. (2016). Sportorganisationen unter Beobachtung: Die Olympiabewerbung Münchens 2018 in der Berichterstattung. In Hebbel-Seeger, A. Horky. T. & Schulke. H.-J. (Hrsg.). *Sport als Bühne. Mediatisierung von Sport und Sportgroßveranstaltungen* (S. 232–257). Aachen: Meyer & Meyer Verlag.

Neidhardt, F. (2007). Massenmedien im intermediären System moderner Demokratien. In Jarren, O., Lachenmeier, D. & Steiner, A. (Hrsg.). *Entgrenzte Demokratie. Herausforderungen für die politische Interessensvermittlung* (S. 33-48). Baden-Baden: Nomos.

Nieland, J.-U. (2015). Arabischer Frühling im Social Media-Sport? Zur politischen Positionierung arabischer Sportler. In Imhof, K., Blum, B., Bonfadelli, H., Jarren, O. & Wyss, Y. (Hrsg.). *Demokratisierungspotenziale von Social Media* (S. 133-148). Wiesbaden: Springer VS.

Norris, P. (2002). *Demoractic Phoenix. Reinventing Political Activism*. Cambridge: Cambridge University Press.

Rivenburgh, N. K. (2002). The Olympic Games: Twenty-First Century challenges as a global Media Event. *Culture, Sport, Society*, 5:3, S. 32-50.

Roth, R. & Rucht, D. (Hrsg.) (2008). *Die sozialen Bewegungen in Deutschland seit 1945. Ein Handbuch*. Frankfurt/M. u. a.: Campus.

Rucht, D. (2007). Einführung (Protestbewegungen). In Geiselberger, H. (Hrsg.). *Und jetzt? Politik, Protest und Propaganda* (S. 183-201). Frankfurt a. M.: Suhrkamp.

Sacrinelli, U. (2014). Gesellschaftlicher Wandel, Demokratie und Politikvermittlung – Entwicklung und Perspektiven. In: Oehmer, F. (Hrsg.). *Politische Interessenvermittlung und Medien. Funktionen, Formen und Folgen medialer Kommunikation von Parteien, Verbänden und sozialen Bewegungen* (S. 27-48). Baden-Baden: Nomos.

Schierl, T. (2004). Ökonomische Aspekte der Sportberichterstattung. Mögliche Strategien der ökonomisch motivierten Mediatisierung des Sports. In Schwier, T. & Schwier, J. (Hrsg.). *Die Ökonomie des Sports in den Medien* (S. 105–126). Köln: Herbert von Halem.

Vowe, G. (2007). Das Spannungsfeld von Verbänden und Medien: Mehr als öffentlicher Druck und politischer Einfluss. In von Winter, T. & Willems (Hrsg.), *Interessenverbände in Deutschland* (S. 465-487). Wiesbaden: VS Verlag für Sozialwissenschaften.

Zürn, M. (2011). Perspektiven demokratischen Regierens und die Rolle der Politikwissenschaft im 21. Jahrhundert. *Politische Vierteljahresschrift*, 52. Jg., H. 4, S. 601-635.

Dichter Schwarm
Zur Pluralisierung, Differenzierung und Kooperation von Umwelt-NGO. Eine journalistisch-praktische Analyse am Fallbeispiel der EU-Fischereireform

Torsten Schäfer

Zusammenfassung

Die Fallbeispiel-Analyse, die auf langjährigen journalistischen Recherchen sowie Expertengesprächen zur Überfischung in Europa beruht, weist auf die auffällige Anzahl sowie inhaltliche Spezialisierung von Umwelt-NGO hin, die an der Debatte zur EU-Fischereireform zwischen 2009 und 2014 teilgenommen haben. Zudem ist offenkundig ein Trend zur Kooperation zu erkennen, der große NGO-Aktionsbündnisse hervorbringt. In einer Charakterisierung von fünf Beispielen skizziert die Analyse, wie einzelne NGO vorgehen und welche Rolle sie insgesamt für den politischen Erfolg einer Fischereikampagne spielten. Die kleinteilige Rollenaufteilung unter dem Dach einer Gesamtstrategie war für die Wirkung von großer Bedeutung, so die These. Abschließend werden Vorschläge zur weiteren Forschung sowie zur Überprüfung der aufgebauten Thesen gemacht.

1 Nachhaltigkeit als Ausgangspunkt

Umwelt- und Nachhaltigkeitsthemen werden seit etwa zehn Jahren verstärkt in der Öffentlichkeit diskutiert, was Folge eines umfassenden „Greenings" vieler gesellschaftlicher Ebenen bis hin zum ökonomischen Sektor ist. Nachhaltigkeit ist in diesem Zuge zu einem der wichtigsten Marketingthemen geworden, mit denen Unternehmen branchenübergreifend ihr Profil schärfen. Auch das Alltagsdenken ist beeinflusst worden, da die Frage nach einem grünen Lebensstil in den Vordergrund rückt – in Büchern über Bio-Kost, behördlichen Anleitungen zum Energiesparen oder Reisekatalogen, die Ökotourismus anbieten. Im Buch- und Filmsektor sind die Motive Wildnis und Natur prominent vertreten, was durch Trends wie städtisches Gärtnern, Vegetarismus sowie Tausch- und Teilwirtschaft eine Ergänzung erfährt. Insgesamt ist zu erkennen, dass ein neuer, sich verstetigender grüner Themenstrang in der medialen Öffentlichkeit entstanden ist. (vgl. Erlemann/Arnold 2012; vgl. Seeger 2012)

© Springer Fachmedien Wiesbaden GmbH 2018
N. Remus und L. Rademacher (Hrsg.), *Handbuch NGO-Kommunikation*,
https://doi.org/10.1007/978-3-531-18808-9_22

Nachhaltigkeit fungiert in diesem Debattenfeld als Leitbild, auf das sich teils sehr unterschiedliche Diskursakteure zumindest symbolisch und sprachlich einigen können, wenngleich damit divergente und widersprüchliche Ziele einhergehen. Dennoch kann das Konzept der Nachhaltigen Entwicklung eine wichtige kommunikative Brückenfunktion für vielfältige und sich sonst oft widerstrebende Kommunikationsabsichten erfüllen. Dies wäre eine Ausgangsannahme für die nähere Untersuchung des Themenfeldes der Fischerei innerhalb der Leitsphäre der Nachhaltigkeit (vgl. Schäfer 2014). Ein Beispiel in diesem Sinne, das die Mehrdimensionalität des Feldes aufzeigt, ist die globale Dimension der EU-Fischerei: Denn diese findet über Drittstaatenabkommen auch vor Afrika statt und schafft dort enorme Probleme (Überfischung, Armut, Arbeitslosigkeit). Sie muss daher mit Entwicklungs- und Flüchtlingspolitik zusammengedacht werden.

2   Themenrelevante Trends bei Umwelt-NGO

Basierend auf den eigenen Recherchen [1] (vgl. Schäfer 2013 a und 2013 b) sollen hier drei Trends benannt werden, die als Hypothesen zu verstehen sind. Empirisch müssten sie noch näher überprüft werden:

- Größenzuwachs: Umweltorganisationen verzeichnen häufig Zuwächse bei Mitgliedern im Unterschied zu anderen Organisationen wie etwa Parteien oder Kirchen;
- Inhaltliche Spezialisierung: Umwelt-NGO spezialisieren sich häufiger auf einzelne Inhalte und Aspekte eines Themenfelds;
- Strategische Allianzen: „Grüne" NGO neigen verstärkt zu Kooperation und Bündnisbildung. Diese verstärkte Zusammenarbeit geschieht in Form gemeinsamer Kampagnen, Pressemitteilungen und Einladungen.

Vor allem dem zweiten und dritten Trend wird hier nachgegangen. Zu beachten ist dabei die grundlegend unterschiedliche Verfasstheit und Ausrichtung von Umwelt-NGO. Ihr Sprektum reicht von kleinen aggressiven Gruppen wie etwa der Animal Liberation Front bis hin zu übergreifenden Dachverbänden wie dem Deutschen Naturschutzring, der intensiv mit der Koordination seiner Mitgliedsverbände beschäftigt ist. „Groß oder klein, industrienah oder wirtschaftskritisch, straff geführt oder demokratisch organisiert – Unterschiede gibt es viele, vor allem auch in der Öffentlichkeitsstrategie" (Schäfer 2013), lässt sich entsprechend resümieren.

---

1   Die vorliegende Analyse basiert auf vielen Interviews, die der Autor als Umweltjournalist in den vergangenen zehn Jahren mit Fischereiexperten geführt hat, langen Recherchen, die in Serien mündeten sowie Exkursionen zu Fischereiakteuren im Rahmen von journalistischen Weiterbildungsseminaren in Brüssel und Deutschland.

3 Der aktuelle Fischereidiskurs

Wann wurde Überfischung ein öffentliches Thema? Warnungen aus der Forschung fanden in Medien erst stärker Gehör, als Anfang der 1990er Jahre durch massive Überfischung der Kabeljaubestand vor Neufundland massiv einbrach. Seitdem ist , v. a. getrieben durch wissenschaftliche Studien sowie gezielte NGO-Kampagnen samt verstärkter journalistischer Berichterstattung, eine breite Öffentlichkeit zum Thema Überfischung entstanden, die sich zunehmend globalisiert und ausdifferenziert (vgl. Clover 2005, S. 153 ff.).

Hinzu kommen als öffentlichkeitsfördernde Faktoren ökonomische Interessen, die aber bedroht sind, denn inzwischen leidet die Fischereiwirtschaft selbst unter den Missständen. Die Fänge stagnieren seit Mitte der 1990er Jahre – trotz stärkerer Motoren, größerer Schiffe und besserer Netze, in die viel investiert wurde. Hauptgründe für die globale Überfischung sind unzureichende Kontrollen der durchaus vorhandenen Gesetze, Subventionen mit negativer Auswirkung wie etwa zu große Flottengrößen sowie die sogenannten illegalen und unkontrollierten Fischereien (IUU), die auf hoher See die Bestände abschöpft (vgl. Abromeit/Hampel/Trippel). Diese betritt oft auch sehr medienwirksame Arten wie etwa den teuren Blauflossenthunfisch, der häufig gesondert in Kampagnen oder Medienberichten behandelt wird. Diese Art ist zu einem Symbol der weltweiten Überfischung und der ökonomischen Gier geworden, die in diesem Zusammenhang kritisiert wird.

4 Die europäische Situation und die aktuelle Reform

Schärfere Kontrollen, höhere Strafen, Schutzgebiete und Fangverbote – das und vieles mehr fordern Umweltverbände seit Jahren angesichts der grassierenden Überfischung der EU-Gewässer. Neben dieser oft wiederholten Krisenkomponente tragen weitere, ökonomische Aspekte dazu bei, dass gerade in Europa die mediale Fischereidebatte immer intensiver geworden ist: Europäer essen immer mehr Fisch, die Aquakultur boomt und Siegel für nachhaltigen Fisch haben die Supermärkte erobert. All diese Faktoren schafften die politischen Rahmenbedingungen sowie Anlässe für die Fischereireform, die EU-Parlament und EU-Ministerrat im Mai 2013 verabschiedeten, darin enthalten Pläne für schärfere Kontrollen, langfristigem Management und mehr Nachhaltigkeit, die seit 2014 das Leitprinzip für Europas Fischer sein soll. Die frühere griechische Kommissarin Marina Damanaki brachte in der Tat, so die Expertenmeinung, Pläne für eine nachhaltige Fischerei durch, die lange als undenkbar galten. Zwar tun sich nun in der Umsetzung einige Defizite auf, die die Frage der tatsächlichen Wirkung in den Raum stellen (vgl. Schäfer 2015).

Dennoch war das Zustandekommen der Reform bemerkenswert, v. a., da die Öffentlichkeit einen entscheidenden Anteil am Verhandlungserfolg hatte, wie Damanki selbst betonte: „Die öffentliche Meinung war auf unserer Seite, sie hat letztlich alles entschieden", sagt sie im Interview mit Spiegel-Online und lenkt damit einmal mehr das analytische Interesse auf die Beschaffenheit der medial stark inszenierten Reformdebatte (Damanaki 2014).

5   Akteursbefunde zur Reformdebatte (2009-2013)

5.1   Außergewöhnliche Kooperationsdichte und Bündnisbildung

Im Rahmen der Reformdebatte lassen sich einige Bündnisse feststellen, sodass offenkundig von einem Kooperationstrend auszugehen ist. Auffällig ist zuvorderst das 2009 durch fünf Gruppen [2] gestartete, enorm große Bündnis „Ocean 2012", dem innerhalb von fünf Jahren 193 Mitglieder, darunter auch Einzelpersonen, aus 24 EU-Staaten angehörten – eine in der NGO-Szene sicher sehr seltene Verbündung hinsichtlich eines gemeinsamen Ziels: der Veränderung der Fischerei in Europa zu einem konkreten Datum. Allein dieser Verbund zeigt an, wie weit der Trend zur Kooperation gediehen ist, wobei sich hier angesichts der Größe wieder die Frage stellt, inwieweit in solches Konvolut aus Interessen sprechfähig und steuerbar ist. Hier ergeben sich spannende Fragen für die politikwissenschaftliche Forschungen.

„*The coalition included fishermen's organisations, leading marine scientists, development agencies, environmental non-governmental organisations, aquaria, consumer and development organisations, restaurants, and groups that shared an interest in sustainable fisheries!"* *(Pewtrust),* schreibt OCEAN 2012 und unterstreicht damit die enorme Hetegeronität dieses politikfeldspezifischen Aktionsbündnisses, zu dem 13 deutsche Gruppen gehören, darunter Klassiker wie Nabu, Deutsche Umwelthilfe und Euronatur, jedoch auch Entwicklungsorganisationen wie der Evangelischer Entwicklungsdienst oder Ernährungsgruppen wie Slowfood Deutschland. Unter den 192 Mitgliedern sind allerdings nicht WWF und Greenpeace, was trotz aller Tendenzen zur Kooperation die Eigenständigkeit unterstreicht, die solch große NGO für sich reklamieren. Neben Kooperation tritt also offensichtlich ab einer gewissen Größe auch eine explizite Autonomiestrategie.

5.2   NGO-Themenvielfalt und Konzentration auf Einzelaspekte

Bereits durch die Erstarkung der öffentlichen Fischereidebatte wurde auf globaler Ebene deutlich, dass eine größere Zahl an Stimmen den Diskurs führt. Zu nennen wären exemplarisch die wichtige amerikanische Umweltorganisation Pew Charitable Trusts, die weltweit schon in dem Themenfeld länger agiert. Neben Verbänden, Firmen, Regierungen und Forschungsinstitutionen haben auch Schauspieler die Überfischung für sich entdeckt, was zu einer bisher unbekannten Art der ästhetischen Inszenierung führe im Rahmen des Projektes „Fishlove", bei dem sich bekannte Personen nackt und nur von großen Fischen bedeckt zeigten (vgl. Spiegel Online 2013).

In der europäischen Debatte sind besonders viele verschiedene Diskursteilnehmer zu beobachten, sodass von einer auffälligen Anzahl wie auch besonderen inhaltlichen

---

2   The Pew Charitable Trusts, the Coalition for Fair Fisheries Arrangements, the Fisheries Secretariat, the new economics foundation and Seas At Risk,

Differenzierung der Akteure gesprochen werden kann. Sie sollen in ihrer Vielfalt charakterisiert werden, ohne aber zuvor den Hinweis auf altbekannte NGO auszulassen, die die Fischereidebatte in Europa seit Jahren prägen. Dazu gehören zuvorderst WWF und Greenpece, die beide auch mit den entsprechenden Fischratgebern, die sogar auf das Handy als App geladen werden können, auch eine sehr direkte Nutzeransprache und damit hohen Relevanzbezug in ihrer Öffentlichkeitsarbeit erreichen. Der Effekt dieser Einkaufsführer auf die Öffentlichkeit des Themas könnte einmal näher untersucht werden, soll hier aber mehr als Hinweis dahingehend fungieren, dass diese beiden NGO ob ihrer Größe im Feld über Möglichkeiten verfügen, die kleinere, auch bereits ‚fischerfahrene' Verbände nicht haben. Zu ihnen gehört der Nabu, der auf EU-Ebene, oft unter dem Gesichtspunkt des Naturschutzes, im Rahmen seiner Dachorganisation „Birldlife International" in die Fischereigespräche eingreift, etwa, wenn es um Arten wie Blauflossenthunfisch oder Haie geht. Auch der BUND ist über seinen internationalen Dachverband „Friends of the Eath" in die Debatte involviert, wenn auch weniger stark als etwa WWF und Greenpeace.

Andere NGO-Akteure (sowohl internationale wie auch europäische), die an der Fischereidebatte teilnahmen, sind demgegenüber zumeist deutlich kleinere Organisationen mit stärkerer inhaltlicher Spezialisierung und vermutlich größerer Affinität zu Kooperationen untereinander. Die Palette, die dieser NGO inhaltlich abdecken, repräsentiert größtenteils die relevanten Einzelaspekte des gesamten Politikfeldes. Das Zusammenwirken vieler Akteure mit Spezialfokus, der im Rahmen der Reform eine stete Verbindung zum generellen Thema der EU-Reform hatte, könnte womöglich eine der entscheidenden Bedingungen für die breit angelegte und dadurch auch verschiedenartig greifbare Fischereidebatte gewesen sein, die die politische Reform erst möglich machte.

Exemplarisch seien vier NGO und ein Think Tank aufgeführt, die ganz unterschiedliche Funktionen in der Reformdebatte erfüllten:

- Die **Shark Alliance** unterstreicht als neueres NGO-Bündnis, das auf den Pew Charitable Trust zurückgeht, die Annahme eines Kooperationstrends. Sie wurde 2006 gegründet, um einen EU-Haiaktionsplan zu initiieren, der die drastische Überfischung der europäischen Haiarten beenden sollte. Es kam zu diesem Plan. Somit konnte die Allianz in der Reformdebatte bereits auf einen Erfolg verweisen und allein durch ihre Präsenz – denn wenige Arten sind so stark überfischt wie Haie – auf die katastrophale ökologische Lage hinweisen, was quasi eine Dramaturgiespitze innerhalb Negativbotschaft „Überfischung" anhand eines Einzelartenbeispieles, bzw. Artengruppenbeispiels, darstellte.
- **Coalition fair Fisheries Arrangements**: Bereits seit 1989 bearbeitet diese Gruppe die externe Dimension der Fischereipolitik. Sie engagiert sich v. a. für faire und nachhaltige sogenannte Drittstaatenabkommen, die die EU meist mit afrikanischen Staaten schließt, um dort fischen zu dürfen. Durch die CFFA gelangte eine entwicklungspolitische Perspektive in die Reformdebatte.
- Seit 1986 gibt es die britische **New Economics Foundation (NEF)**. Dieser Think Tank brachte eine wichtige umweltökonomische Note in die Reformgespräche, indem immer wieder Studien zu den Kosten einer verfehlten Fischereipolitik lanciert wurden.

- **Sea Shepherd Conservation Society**: Die weltweit agierende Greenpeace-Ausgründung, die als Öko-Marine auf den Weltmeeren mit Wasser-Kanonen und Buttersäure-Bomben Jagd auf Walfänger, Robbenjäger und Schwarzfischer macht, gelangte in den Jahren der Reformdebatte v. a. mit der Jagd auf Thunfischboote in EU-Gewässern Schlagzeilen. Sie versuchte somit, die bereits seit Jahren bestehende Öffentlichkeit zum Blauflossenthunfisch, der größten und wertvollsten Art der EU-Gewässer, voranzutreiben. Hinzu kommt neben der sonst bei anderen Meeres- und Fisch-NGO weniger zu findenden Aggressivität eine starke Personalisierung hin auf den wortmächtigen Gründer Paul Watson, der schon Greenpeace mitgründete, und immer wieder in Rechtsstreits verstrickt ist. Sonst haben NGO auffallend unbekanntes Führungspersonal; das war eines der Ergebnisse einer NGO-Studie, die das PR-Magazin in Auftrag gab (vgl. Quast 2012).
- **Deepwave**: Die deutsche Organisation mit Sitz in Hamburg betont v. a. die Aspekte der Hoch- und Tiefseefischerei, wozu etwa die Themen der Schleppnetzfischerei gehören, die auch stark kritisiert wurde im Zuge der Reform von 2013. Die kleine Initiative hat recht große Wirkung, da in ihr ganz verschiedene, teils sehr prominente Einzelakteure wie etwa der Schriftsteller Frank Schätzing sowie Journalisten versammelt sind, die auf individueller Ebene schnell Kontaktnetzwerke anbieten und informell Öffentlichkeit herstellen. Deepwave gehört auch zu den kleinen NGO, die sich immer wieder an Allianzen und Bündnissen beteiligten.

Weitere NGO mit Einzelthemen, die an der Fischereidebatte teilnahmen, waren etwa die Gesellschaft zur Rettung der Delphine, die Gesellschaft zum Schutz der Meeressäugetiere, M.E.E.R., Fair Oceans, die Meeresschutz unter dem Gesichtspunkts des Nord-Süd-Dialogs betrachten (politische Perspektive) oder Reef Check, die besonders den Küstenschutz betonen. Auch damit wird nochmals deutlich, wie überraschend stark die inhaltliche Segmentierung bei NGOS in der EU- Fischereipolitik vorangschritten ist.

5.3   Starke individuelle Akteure

Druck machen auch private Kampagnen wie die deutschen Initiative www.fischgruende.de oder der „Fishfight" des britischen Kochs und Journalisten Hugh Fearnley-Whittingstall, der den Fischkonsum in Großbritannien spürbar beeinflusst hat, da er sich direkt an Restaurants wendet und deren geändertes Verhalten in die Öffentlichkeit bringt. Gerade dieses Beispiel zeigt, dass auch Einzelpersonen auf der zuvorderst durch die Reformdebatte entstandenen Fischereiöffentlichkeit aufsetzen können und landesweite, wirkungsvolle Kampagnen initiieren. In Deutschland spricht sich inzwischen auch der TV-Koch Tim Mälzer für nachhaltigen Fischkonsum aus. Ein weiterer erfolgreicher Streiter für ökologische Fischerei, auch explizit zur EU-Reform, war der britische Journalist Charles Clover, der mit Filmen, Blogs und Artikeln ebenfalls eine Art Privatkampagne als Journalist und Aktivist startetet (vgl. Clover 2005).

6   Fazit

Die Analyse des Fallbeipspiels der EU-Fischereireform zeigt, dass in der dazu gehörigen medialen Debatte sowohl einer außergewöhnlichen Anzahl von NGO sowie deren große inhaltliche Vielfalt zu erkennen sind. Aus verschiedenen Blickwinkeln können auf dieser Grundlage kleine wie auch große NGO und Initiativen alleine und auch in Bündnissen in die Debatte mit ihren jeweils eigenen Strategien, PR-Instrumenten und Kampagnenansätze eingreifen, und so eine multilaterale, hochgradig differenzierte Gesamtstrategie von NGO ermöglichen, die, so ist zu vermuten, die politischen Fortschritte entscheidend beeinflusst hat.

Die große Anzahl der NGO führte offenbar zu keiner größeren, äußerlich erkennbaren Konkurrenz. Im Gegenteil sind verschiedene Elemente der Kooperation zu erkennen. Der Trend der Pluralisierung und damit inhaltlichen Spezifizierung von Umwelt-NGO bei gleichzeitiger Kooperation, konnten somit deutlich gemacht werden. Diese Entwicklungen scheinen sich auch in anderen Bereichen aufzutun, in denen NGO umweltpolitisch agieren. Daher stellen sich nun einige Fragen für die künftige NGO-Forschung im Rahmen der Kommunikationswissenschaften:

- Sind die beschriebenen Trends auch so in anderen Politikfeldern vorzufinden bzw. auf diese übertragbar? Denkbar wäre, die Thesen auf die noch größere Kima- und Energiedebatte hin zu überprüfen.
- Sind die vorgefundenen Entwicklungen womöglich nur vorübergehend im Sinne einer politikfeldspezifischen Heuristik? Dies müsste eine erneute Analyse etwa der nächsten Fischereireform aussagen können.
- Welche Strategien und konkret kommunikative Strategien wendeten die Umwelt-NGO hier in der Fischereidebatte an? Zu untersuchen wäre v. a. ein mögliches, fallspezifisches „Storytelling", das bei NGO ebenfalls zunehmend wichtig wird. Dies wäre evtl. in einem interdisziplinären Ansatz gemeinsam mit Storytellingabsichten und -ansätzen anderer Kommunikationsakteure wie Journalisten, Firmen und politischen Institutionen zu untersuchen. Einen solchen Ansatz bereitet der Verfasser gerade an der Hochschule Darmstadt bezogen auf das Feld der Klimavermittlung und speziell der Energieeffizienzdebatte vor.
- Wo sind andere einschlägige Elemente der Kooperation unter Umwelt-NGO auf EU-Ebene noch zu finden? Dies wäre eine Frage auch in die politikwissenschaftliche Disziplin hinein. Sicher wäre hier die „Green 10", der Verbund zehn wichtiger Brüsseler Umwelt-NGO, die vielfach kooperieren und gemeinsam nach außen auftreten, ein lohnenswerter Ausgangspunkt für nähere Betrachtungen hinsichtlich Strategien, PR-Konzepten, Kampagnenarbeit und auch Social Media-Ansätzen.

Literatur

Abromeit, L., Hampel,T. & Trippel, K. (2007). Kampf bis zum letzten Fisch. *GEO* 06/2007.

Clover, C. (2005). *Fisch kaputt. Vom Leerfischen der Meere und Konsequenzen für die ganze Welt.* München: Riemann.

Damanaki, M.(2014). Der Fisch gehört nicht den Fischern. Interview mit Spiegel Online am 12.12.2014, http://www.spiegel.de/wissenschaft/natur/eu-fangquoten-interview-mit-fischereikommissarin-damanaki-a-952543.html, Zugriff am 4.8.2014.

Ikum. Institut für Kommunikation und Medien (ikum) der Hochschule Darmstadt (2015). Neues Erzählen. Komplexe Stoffe und ihre medialen Vermittlungspotenziale – eine journalistische Erzählanalyse am Fallbeispiel von Umwelt- und Klimathemen, URL: http://ikum.h-da.de/projekte/journalismus/1282-2/, Zugriff 5.8.2015.

Erlemann, M. (2012). Von der Erzählung zum Handeln: Die nachhaltige Ernährung in den Medien. In: Erlemann, M., Arnold, M. (2012): Öffentliches Wissen. Nachhaltigkeit in den *Medien* (S. 83-117). München: Oekom.

Pewtrust: Ocean (2012). http://www.pewtrusts.org/en/archived-projects/ocean2012, Zurgriff 4.8.2015.

Schäfer, Torsten (2013 a). EU-Fischerei in der Krise. Multimediale Serie auf GEO.de, 2013, URL: http://www.geo.de/GEO/natur/oekologie/fischereipolitik-eu-fischerei-in-der-krise-73548.html, Zugriff 4.8.2015.

Schäfer, Torsten (2013 b). Spende, wem Spende gebührt. Natur.de, 7.1.2013, URL: http://www.natur.de/de/10/Themen.html, Zugriff 4.8.2015.

Schäfer, T. (2014). Warum Nachhaltigkeit ein zwingendes Medienthema ist. Grüner-Journalismus. de, 5.8.2014. URL: http://gruener-journalismus.de/warum-nachhaltigkeit-ein-zwingendes-medienthema-ist/

Schäfer, T. (2015). Reform voller Gräten. *Enorm* 6/2015, S. 70-74.

Seeger, Peter: Qualitätsjournalismus am Beispiel des Zukunftsthemas „Nachhaltige Entwicklung und Lebensqualität". Werkstattbericht, Darmstadt/Dieburg 2012. URL: http://journalismus.h-da.de/dateien/Seeger-Nachhaltige-Entwicklung.pdf, Zugriff am 24.5.2015.

Spiegel Online (2015). Aktfoto-Projekt mit Gilian Anderson. 5.12.2012, URL: http://www.spiegel.de/panorama/leute/fishlove-projekt-akte-x-star-gillian-anderson-posiert-nackt-mit-aal-a-937331.html, Zugriff 5.8.2015.

Quast T. (2012). Anonyme Profis, PR-Magazin 3/2012, URL: http://www.prmagazin.de/meinung-analyse/hintergrund/journalisten-trends-1-anonyme-profis.html, Zugriff 4.8.2015.

Unternehmen als Diskurs-Treiber?
Die Rolle intermediärer Organisationen für die Etablierung von CSR

Franzisca Weder und Heidemarie Egger

Zusammenfassung

In wissenschaftlichen Studien zu CSR, aber auch der unternehmerischen CSR-Praxis finden NGOs oder NPOs nur wenig Beachtung. Dabei handelt es sich um Organisationen, die oftmals weder eindeutig als Profit- noch Nonprofit-Organisation, weder als Unternehmen noch eindeutig als NGO eingestuft werden. Diese als „intermediäre Organisationen" abgegrenzten und darauf aufbauend als Regisseure eines gesellschaftlichen CSR-Diskurses konzeptualisierten Akteure nehmen in zwei Dimensionen einen besonderen Stellenwert ein: erstens, wenn es um die Thematisierung und Diffusion von Nachhaltigkeit als gesellschaftlichem Leitwert geht; zweitens bei der Vernetzung von Wirtschaft, Politik und anderen gesellschaftlichen Institutionen und der Etablierung von Leitlinien beziehungsweise Benchmarks für verantwortliches Handeln von Wirtschaft und Politik. Im Rahmen des folgenden Beitrags wird gezeigt, welches Potenzial eine Auseinandersetzung mit Organisationen wie CSR-Netzwerken, CSR-Councils oder Wirtschaftsethik-Plattformen als neue, intermediäre Organisationsformen bietet. Die folgenden Ausführungen mit einem Analysebeispiel aus Österreich zeigen, dass gerade im Themenfeld CSR bzw. Nachhaltigkeit eine Wechselwirkung zwischen der Etablierung dieser „intermediären Organisationen" und der Etablierung eines öffentlichen Diskurses um gesellschaftliche Verantwortung von Unternehmen besteht.

1 Einleitung

Wirtschafts- aber auch kommunikationswissenschaftliche Auseinandersetzungen mit Corporate Social Responsibility (CSR) und den Möglichkeiten der Wahrnehmung der gesellschaftlichen Verantwortung in ökologischer, ökonomischer, soziokultureller aber auch kommunikationspolitischer und -praktischer Hinsicht haben zumeist Unternehmen und damit ökonomisch ausgerichtete Akteure im Blick. Weniger Beachtung in

405

© Springer Fachmedien Wiesbaden GmbH 2018
N. Remus und L. Rademacher (Hrsg.), *Handbuch NGO-Kommunikation*,
https://doi.org/10.1007/978-3-531-18808-9_23

wissenschaftlichen Studien aber auch der unternehmerischen CSR-Praxis finden bisher NGOs oder NPOs. Das wiederum sind im bereich von CSR vor allem Organisationen der „CSR-Community", die weder eindeutig als Profit- noch Nonprofit-Organisation, weder als Unternehmen noch eindeutig als NGO eingestuft werden können (vgl. u. a. Burchell und Cook 2012, S. 7; Dubbink et al. 2008). Diese im Folgenden theoretisch als „intermediäre Organisationen" abgegrenzten und darauf aufbauend als Regisseure eines gesellschaftlichen CSR-Diskurses konzeptualisierten Akteure nehmen in unseren Augen in zwei Dimensionen einen besonderen Stellenwert ein: erstens, wenn es um die Thematisierung und Diffusion von Nachhaltigkeit als gesellschaftlichem Leitwert geht; zweitens bei der Vernetzung von Wirtschaft, Politik und anderen gesellschaftlichen Institutionen und der Etablierung von Leitlinien beziehungsweise Benchmarks für verantwortliches Handeln von Wirtschaft und Politik. Im Rahmen des folgenden Beitrags wird entsprechend gezeigt, welches Potenzial eine Auseinandersetzung mit Organisationen wie CSR-Netzwerken, CSR-Councils oder Wirtschaftsethik-Plattformen als neue, intermediäre Organisationsformen bietet, welche bisher noch nicht explizit in den Mittelpunkt einer wirtschafts- oder auch kommunikationswissenschaftlichen Arbeit gestellt oder organisationstheoretisch in den „großen Topf" der NPOs bzw. NGOs geworfen wurden (vgl. u. a. Eisenegger und Schranz 2011; Pomering 2011). Die folgenden Ausführungen mit einem Analysebeispiel aus Österreich zeigen, dass gerade im Themenfeld CSR bzw. Nachhaltigkeit eine Wechselwirkung zwischen der Etablierung dieser „intermediären Organisationen" und der Etablierung eines öffentlichen Diskurses um gesellschaftliche Verantwortung von Unternehmen besteht. Dafür wird zunächst eine Definition intermediärer Dritter aus der bestehenden Literatur hergeleitet und weiter in Bezug auf das Themenfeld CSR genauer definiert. Durch die Beschreibung des Netzwerkes respACT, einer Case Study aus Österreich, wird darüber hinaus ein Prototyp dieser intermediären Dritten vorgestellt. Im Fazit wird wie angekündigt abschließend aufgezeigt, inwieweit die hier behandelten intermediäre Dritten bei den komplexen Prozessen der Etablierung von CSR eine relevante Rolle als Treiber und Regisseure eines öffentlichen CSR-Diskurses einnehmen.

2   Organisationen als kommunikative „Sinn- und Wertstifter"

Organisationen sind vor allem in der heutigen Netzwerkgesellschaft (Castells 2001, 2002) ein zentrales Strukturelement; sie übernehmen sowohl eine Katalysator- als auch eine Kreationsfunktion, wirken als Sinn- und Wertstifter, als Hersteller von Öffentlichkeitsstrukturen an gesellschaftlichen Reproduktionsprozessen mit (Weder, 2009).

Durch technische aber auch kulturelle Veränderungsprozesse, neue Medien- und Kommunikationslogiken auf gesellschaftlicher Ebene sowie eine zunehmende Bedeutung interpersonaler Kommunikationsbeziehungen im Web 2.0. verändern sich Organisationen, verändert sich aber auch die organisationale (Kommunikations-)Praxis. Diese

Überlegungen verweisen darauf, dass Organisationen heute in Bezug auf die Gesellschaft neu zu denken sind.

Die hier geführte theoretische Betrachtung gesellschaftlicher Organisationsstrukturen und dabei die Identifikation neuer Organisationstypen als Reaktion auf aber auch als Stimulus für neue gesellschaftliche Themen basiert auf dem Verständnis, dass gesellschaftliche Kommunikationsflüsse Organisationen beeinflussen und vice versa; in anderen Worten, dass Organisationen kommunikativ mit der Gesellschaft verbunden sind, aber auch Resultat gesellschaftlicher Veränderungen und neuer Herausforderungen sein können. Organisation existiert in jeder Form von Kommunikation (Dewey, 1916) und damit kann davon ausgegangen werden, dass jeder kommunikative Akt sowohl auf individueller als auch organisationaler Ebene Organisation gleichsam „zur Folge hat", Kommunikation konstituiert Organisationen (Weder, 2009; vgl. hierzu auch Berger und Luckmann, 1966; Searle, 1995; Weick, 1995; Taylor und Van Every, 2011).

Ein Grundverständnis von Kommunikation als konstitutives Element von Organisationen breitet sich in der Organisationskommunikationsforschung zunehmend aus (vgl. exemplarisch Weder 2009; Putnam und Nicotera, 2007; Schoeneborn 2011). Im Rahmen der vorliegenden Überlegungen gehen wir allerdings noch einen Schritt weiter und betrachten auch gesellschaftliche Diskurse als Form organisierter Kommunikation. Damit lassen sich die kommunikativen Akte von Organisationen als Konstituendum und damit als Treibkraft gesellschaftlicher Diskurse und entsprechender Kommunikationsprozesse beschreiben. Die hier verfolgte These lautet dementsprechend: Ein bestimmtes Thema etabliert sich auf gesellschaftlicher Ebene durch die Kommunikation (kommunikativen Akte) neuer Arten netzwerkartiger Organisationen. Die Frage nach der gesellschaftlichen Verantwortung von Unternehmen, die so genannte Corporate Social Responsibility, ist dabei ein Beispiel eines derartigen gesellschaftlichen Diskurses, der durch viele unterschiedliche kommunikative Akte „gefüttert" und auch bestimmt wird, die wiederum durch einen neuartigen Typus von Organisation vernetzt, koordiniert und auch gesteuert werden. Dieser hier behandelte Typus „intermediärer Dritter" spielt also für die Prozesse der Etablierung von CSR als gesellschaftlichem Diskurs eine begleitende, vermittelnde und kommunizierende Rolle und wird damit zu einer Art Diskurs-Regisseur. Dies wird im Folgenden näher erläutert.

3 Der aktuelle CSR Diskurs und die Etablierung „intermediärer Dritter"

Die Verantwortung von Unternehmen ist heute unterschiedlich begründet, konzeptionalisiert und umgesetzt; an dieser Stelle können nicht alle theoretischen Konzepte oder auch praktischen Ausprägungen des unternehmerischen Engagements im Sinne eines verantwortungsvollen Bürgers diskutiert werden. Vielmehr möchten wir CSR von Nachhaltigkeit abgrenzen und damit zeigen, dass CSR mit der zunehmenden Bedeutung der

Organisationsumwelt für Unternehmen sowie dem kommunikativen Umgang von Organisationen mit diesen neuen Herausforderungen in Zusammenhang steht.

3.1 CSR und Nachhaltigkeit

Zahlreiche wissenschaftliche Überblicksartikel stellen Kategorisierungsversuche der Ansätze zur gesellschaftlichen Verantwortung von Unternehmen dar (Carroll, 1999; Matten und Moon, 2005; Crane und Matten, 2007). Für die vorliegenden Überlegungen von Bedeutung ist die Unterscheidung von

- Corporate Citizenship (CC) als konzeptionellem Kern, also der Idee, dass auch Entitäten wie Unternehmen eine verantwortungsvolle Rolle als Bürger der Gesellschaft zukommt,
- Corporate Social Responsibility (CSR) quasi als erster Zwiebelschicht und
- der Idee einer nachhaltigen Unternehmensführung (Corporate Sustainability) gleichsam als „Zwiebelschale".

Damit ist das Konzept und entsprechende Strategien verantwortungsvollen Unternehmenshandelns unseres Erachtens nach abzugrenzen von „Nachhaltiger Entwicklung" als Idee, als gesellschaftlichem Leitwert. Corporate Social Responsibility ist ein Praxisfeld, das auf der einen Seite vom lokalen Kontext, auf der anderen Seite aber auch von Politik und Wirtschaft beeinflusst ist (vgl. u. a. Matten/Moon 2008). CSR umfasst also insbesondere die freiwilligen Leistungen, mit denen Unternehmen zu sozialer bzw. ökologischer Nachhaltigkeit beitragen, und damit Aktivitäten, die über die zunehmenden gesetzlichen Verpflichtungen hinausgehen. Dies weitergedacht möchten wir auf die mögliche und im Folgenden verwendeten Differenzierung verweisen (vgl. Weder, 2013, S. 60ff.), nach der CSR demnach abgegrenzt wird

a. von einem grundsätzlichen Prinzip der Nachhaltigkeit,
b. von einem grundsätzlichen Prinzip der gesellschaftlichen Mitverantwortung und einem
c. Anspruch an Unternehmen zum Engagement, das in entsprechenden
d. Managementkonzepten (z. B. CSR oder auch Corporate Governance) mündet (münden kann), die auf einer „oberflächlicheren" Ebene (Gefahr: Greenwashing) und einer „tieferen" Ebene (Integration auf allen Unternehmensebenen, tiefe Verwurzelung im unternehmerischen Managementkonzept, vgl. Ulrich, 2001) verankert sein können.

Im Folgenden wird dies noch einmal zusammengefasst dargestellt (siehe Abb. 1).

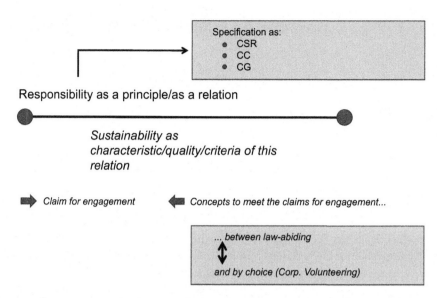

Abb. 1   Abgrenzung von CSR und Nachhaltigkeit; vgl. Weder 2012.

Diese Begriffsklärung bietet weiter Anknüpfungspunkte für die hier geführten organisations-kommunikationswissenschaftlichen Überlegungen zu unternehmerischer Verantwortung. Unternehmerische Verantwortung wird über die Idee der öffentlichen Exponiertheit von Organisationen hergeleitet (Carroll, 1991; Dyllick, 1989; Karmasin und Weder, 2008, 2011); damit findet sich bereits in den 80er Jahren der Verweis auf die strukturelle Einbindung von Unternehmen in die Öffentlichkeit über entsprechende Themen: „there is something called a public issue that affects the corporation … Public issues arise when there is a public with problems that demand some kind of collective action and where there is public disagree-ment over the best solutions to those problems" (Buchholz 1988: 2). CSR, verstanden als „Thema", wird damit zu einem „public issue" und damit einem öffentlichen Diskurs, wenn ein Problem von beziehungsweise in der Öffentlichkeit identifiziert wird und Lösungen notwendig werden. Dies ist in Anbetracht von Klimawandel und neuen Energiequellen (Stichwort: Fracking) in ökologischer Hinsicht, in Anbetracht von Globalisierungs- aber zugleich auch Lokalisierungsdynamiken in einer ökonomischen Dimension und auch aufgrund einer zunehmenden Überalterung und neuer Familien- und Sozialstrukturen in sozialer Dimension der Fall. Die Übernahme von Verantwortung, das heißt das Eintreten für eine bestimmte Handlungsstrategie zum nachhaltigen Umgang mit und Erhalt von sozialen, ökologischen und ökonomischen Ressourcen im Sinne eines „Corporate Citizen" unserer Gesellschaft ist heute nicht nur vom Gesetzgeber verlangt, sondern impliziert gleichzeitig freiwilliges Engagement.

Es stellt sich anschließend an die hier angeführte Spezifizierung von CSR als öffentlichem Thema die Frage, inwieweit die skizzierten Probleme, das öffentliche Problembewusstsein und das unternehmerische Engagement in Wechselwirkung stehen und welche Rolle dabei „dritte Akteure" aus dem NPO/NGO-Bereich spielen (können).

3.2   „Dritte" Organisationen als „Thementreiber"

Auch wenn das Thema zu einem der zentralsten Begriff der Medien- und Kommunikationswissenschaft gehört, ist eine einheitliche Definition nur schwer möglich; unterschieden wird das Thema insbesondere von Ereignissen und dem gesellschaftlichen Diskurs, in den das Thema eingebettet ist, beziehungsweise dem Kontext, an den ein Thema kommunikativ angeknüpft wird. Angelehnt an Weder (2013) wird hier der Strukturierungs- beziehungsweise Strukturationsprozess eines öffentlichen Diskurses als Ordnungsprozess verstanden, in dem bestimmte Ereignisse, wie z. B. das Fehlverhalten eines Unternehmens oder das ökologische Engagement eines anderen Unternehmens ‚in-Bezug gesetzt' werden mit anderen Kommunikationsereignissen, beispielsweise einem neuen Gesetz zur Einführung von Umweltmanagementsystemen bei Unternehmen.

Jede Kommunikation, vom Medienbericht über unverantwortliches Handeln von Managern bis hin zum Nachhaltigkeitsbericht eines Unternehmens, ist ein kommunikativer Akt; jeder kommunikative Akt von Unternehmen, Institutionen, Organisationen, ob in den Medien abgebildet oder nicht, gestaltet also den gesellschaftlichen Diskurs mit. Unterschiedliche Akteure gehen zum Thema CSR Kommunikationsbeziehungen ein und bilden damit Themenstrukturen aus. Ein Thema ordnet und organisiert also einzelne kommunikative Akte in Bezug auf bestimmte Ereignisse und setzt Akteure mit diesen Ereignissen in Verbindung beziehungsweise bettet ein Ereignis in einen entsprechenden Deutungskontext ein.

Öffentliche Themenverläufe implizieren dabei auch eine Institutionalisierung eines Themas bzw. einer Problembehandlung bzw. Themenlösung. Dies ist in unterschiedlichen Konzepten beschrieben. Exemplarisch sei hier auf das Lebenszyklusmodell von Themen von Buchholz verwiesen, der beschreibt: „Public issues arise out of the impacts made by a problem affecting many interests in society", Public issues „require society to develop a common course of action to deal with the problems" (Buchholz et al. 1985: 7; Buchholz, 1989). Nicht nur in seinem Modell findet sich der Hinweis auf soziale Konstruktionsprozesse in Bezug auf die Entstehung und Etablierung eines Themas. Auch andere Autoren beschreiben vier Stufen des Public Issues Life Cycle (vgl. Post 1978: 24 f., Buchholz 1988: 6 f.), in dem ein Thema zunächst nur ‚latent' vorhanden ist (Phase 1, Developmental Felt, Need, Dissatisfaction; vgl. u. a. Post 1978: 23), in Phase 2 dann „teilöffentlich" wird (Politization, Public Discussion, Intellectual Leadership, Dramatizing Event) bevor es sich dann in der Öffentlichkeit etabliert (Phase 3, Legislation, Regulation). In Phase 4 sinkt das Thema unter die massenmediale Aufmerksamkeitsschwelle (Litigation, „implementing the new rules of the game", Buchholz 1988: 7). Von besonderem Interesse für die vorliegenden Überlegungen sind die Phasen 2 und 3, insbesondere die Etablierung eines Themas, das die Institutionalisierung und damit Strukturbildung in Bezug auf ein bestimmtes Thema beinhaltet. Dementsprechend wird die Institutionalisierung, d. h. die Strukturbildung im Sinne des Ausbildens „dritter Organisationen" als Bedingung für die Etablierung eines Themas und das Entstehen eines breiteren gesellschaftlichen Diskurses begründet.

Gehen wir also von einem Netzwerk von Diskursverläufen in Bezug auf unternehmerische Verantwortung aus, dann möchten wir die hier im Fokus der Betrachtungen stehenden „intermediären Dritten" als Netzwerkregisseure dieses öffentlichen CSR-Diskurses benennen. Im Folgenden wird gezeigt, dass sich in der bestehenden Literatur Hinweise auf diese Rolle (Politization, Regulation, Litigation etc., s. o.) der hier eingeführten „dritten Organisationen" finden.

3.3 Intermediäre Dritte als Netzwerkregisseure des CSR-Diskurses

Die Literatur wurde wie soeben skizziert auf bereits vorhandene Bedeutungsangebote hinsichtlich der gesellschaftlichen und kommunikativen und damit konstruierenden Rolle intermediärer Dritter hin untersucht. Für Akteure der CSR-Landschaft werden, wie nachfolgend tabellarisch aufgezeigt wird, die Begriffe „Intermediäre" oder „Dritte" (im Englischen intermediary und third party) verwendet.

Tab. 1 Verwendung der Begriffe „Intermediär" und „Dritte" im aktuellen CSR-Diskurs

Begriff	Quelle	Wissenschenschaft-liche Richtung	Verständnis
INTERMEDIÄR			
Intermediary	(Bentele und Nothhaft 2011, S. 211)	Kommunikations-wissenschaften	*Intermediary* als Mediator zwischen dem Vertrauendem (Beispielsweise dem Konsumenten) und dem zu Vertrauendem (Unternehmen).
Infomediary I	(Grafström und Windell 2011, S. 222)	Kommunikations- und Wirtschafts-wissenschaften	Medien als *infomediaries* die die CSR Agenda maßgeblich beeinflussen und durch ihre inhaltliche Aufbereitung Wissen vermitteln und Standpunkte verbinden.
Infomediary II: informational intermediate organisation	(Dubbink et al. 2008, S. 399)	Unternehmensethik Auf der Policy Ebene: wie kann von der Politik die Etab-lierung von CSR angeregt werden?	*Infomediaries* als Organisationen die Informationen über die CSR der Unternehmen sammeln, um so Transparenz zu gewährleisten, den Stakeholdern und im Besonderen den Konsumenten gegenüber. (z. B. GRI – Global Reporting Initiative)
Soziale Intermediäre	(Fifka 2011, S. 100–102)	Wirtschaftswissen-schaften Corporate Citizenship	Venture Philantropy: Die Förderung von Social Entrepreneurship durch Kapital und Know-How vermittelt durch die *sozialen Intermediären*.

Begriff	Quelle	Wissenschenschaft-liche Richtung	Verständnis
DRITTE			
third party presenter	(Pomering 2011, S. 392)	Kommunikations-wissenschaften	Ein *third party presenter* verbessert die Kommunikation und vermeidet den Anschein von Selbstlob.
third-party agents	(Eisenegger und Schranz 2011, S. 137–139)	Kommunikations-wissenschaften, Reputation Manage-ment	CSR Kommunikation sollte von einem *third-party agent* nach außen gehen um einen positiven Reputationseffekt zu erzielen. Insbesondere: Medien, NGOs, NPOs, Experten
third party I	(Ihlen 2011, S. 156–157)	Kommunikations-wissenschaften	Eine *third party* stellt die Güte der CSR-Maßnahmen fest. (Beispielsweise mittels Ranking)
third-party facilitator orga-nisation	(Burchell und Cook 2012, S. 2)	Unternehmensethik Autoren aus den Wirtschaftswissen-schaften	*Third-party facilitator organisations* treten als Organisatoren von CSR-Dialogen auf.
third party II	(Parguel et al. 2011)	Wirtschaftswissen-schaften	CSR-Kommunikation von *third parties* ist eine unkontrollierte Kom-munikation, die von den Konsumen-ten zur Evaluation des Unternehmens genutzt wird. (Beispiele von third parties: NGOs, Consulting Agenturen, Medien)
third party III	(Valor 2008, S. 319–320)	Wirtschaftswissen-schaften	Es gibt zwei Strategien zur Informa-tionsbereitstellung über die Güte der CSR-Maßnahmen eines Unterneh-mens. Die signalisierende Strategie umfasst alle Maßnahmen ausgehend von den Unternehmen alleine oder in Kooperation mit einer *third party* (Labels) oder der Screening-Strategie bei der die Information nur von der *third party* bereitgestellt wird (Tests, Reviews).
Glaubwürdige Dritte	(Neureiter und Palz 2008, S. 448)	Wirtschaftswissen-schaften	„Dieser Mangel an Glaubwürdigkeit macht es notwendig, dass Unterneh-men nach Zertifikaten rufen, die ih-nen ,glaubwürdige' Dritte ausstellen." (Neureiter und Palz 2008, S. 448)

Auf Basis dieser Strukturierung wurde versucht, die Funktionen dieser „internmediären Dritten" und die strukturierende im Sinne von Diskurs initiierende und etablierende kommunikative Rolle aus den untersuchten Studien herauszufiltern. Dabei wird deutlich, dass gesellschaftliche Funktionen von konkreten kommunikativen Funktionen im Sinne eines „Diskurs-Etablierers" und „-Treibers" unterschieden werden müssen (vgl. Abb. 2). Die Literaturübersicht ergab, dass es makroperspektivisch die Aufgabe eines intermediären Dritten ist, Wissen zu generieren und zu vernetzen sowie damit eine Legitimationsgrundlage zu schaffen, sich kommunikativ an einem Diskurs zu beteiligen. Auf einer theoretischen Mesoebene geht es dann vor allem um die konkreten Argumente und Gegenargumente, die gesammelt und „gemanaged" werden, also die Ausgestaltung eines Diskurses durch Bewertungen und Einordnungen in einen größeren Kontext.

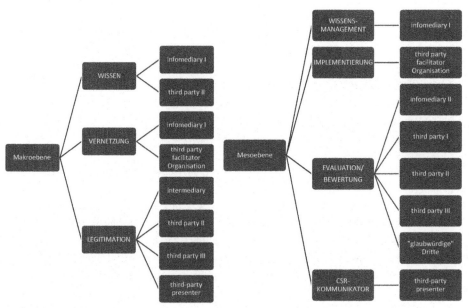

Abb. 2   Rolle und Funktionen intermediärer Dritter
Quelle: Eigene Darstellung

Konkret im CSR-Kontext können wir intermediäre Dritte also als gesellschaftliche Akteure identifizieren, die auf der Makro- und Meso-Ebene den Diskurs um die soziale, ökologische und ökonomische Verantwortung von insbesondere profit-orientierten Organisationen beeinflussen.

Dabei sind es bezogen auf einen öffentlichen Diskurs die folgenden Praktiken, die einen intermediären Akteur ausmachen:

1. Auf einer sozialen Ebene sind es inhaltliche, diskursive Praktiken, Argumentationen für und gegen unternehmerisches Engagement im sozialen, ökologischen oder ökonomischen Bereich und die argumentative Verknüpfung mit bestehenden Argumenten

und Diskursverläufen (z. B. eine politische Agenda, ein politisches Programm wird vom Unternehmen aufgegriffen, umgesetzt; die ethische Legitimationspflicht gegenüber den Stakeholdern wird im Nachhaltigkeitsbericht beschrieben etc.).

2. Auf einer sachlichen Ebene geht es um die Umsetzung und Institutionalisierung verantwortlicher Praktiken, wie sie weiter oben bereits angesprochen wurde, die „rational administration".

3. Auf einer zeit-räumlichen Ebene sind es die „episodical practices", die kommunikationsstrategische Ausrichtung entsprechender Aktivitäten zur langfristigen Sicherung eines Handlungsspielraums (license to operate and communicate), (vgl. Karmasin und Weder, 2008).

Noch einmal konkretisiert, lässt sich dies umlegen auf unterschiedliche Typen intermediärer Dritter: Es unterscheiden sich

1. Akteure, die auf einer inhaltlichen Ebene strukturierend wirken,
2. Akteure, die auf einer praktischen, operativen Ebene Strukturen ausbilden und etablieren und
3. Akteure, die evaluierend und bewertend und damit eher normativ wirken.

Tatsächlich gibt es zahlreiche Überschneidungen zwischen den Ebenen, um so mehr rechtfertigt sich der Begriff der „intermediären Dritten"; der Begriff intermediär verweist hierbei auf die Rolle als „Netzwerkknotenpunkt" bzw. „Netzwerkregisseur" und der Begriff Dritte darauf, dass es sich um weder Non-profit noch For-profit-Organisationen handelt.

Doch welche Rollen im Sinne eines „Diskurstreibers" lassen sich davon weiter ableiten? Unter den intermediären Dritten lassen sich unseres Erachtens nachfolgende kommunikative Rollen von Organisationen einordnen, die in den aufgezeigten Wirkungsfeldern (inhaltlich, praktisch, evaluierend) tätig sind (vgl. Abb. 3):

• Wissensmanager rund um CSR,
• Beurteiler,
• Multiplikatoren der Kommunikation,
• Netzwerkregisseure.

Als intermediäre Dritte werden also nicht (nur) „klassische" NGOs oder NPOs angesehen, sondern insbesondere Organisationen, die Beurteilungen über die CSR von Unternehmen vornehmen, Wissensplattformen wie Ethiknetzwerke oder auch CSR-Beratungsunternehmen. In dieser Funktion erfüllen diese Organisationen eine Rolle als „Regisseur" des CSR-Diskurses. Besonders spannend sind hierbei jene Organisationen, die sowohl auf inhaltlicher, praktischer als auch evaluierender Ebene wirken und durch ihre Neutralität und nicht Profitorientiertheit von den Unternehmen und der Gesellschaft als leitende und verbindende Kraft des CSR-Diskurses wahrgenommen werden. Hierzu im Folgenden eine Klärung am Beispiel der intermediären Dritten in Österreich.

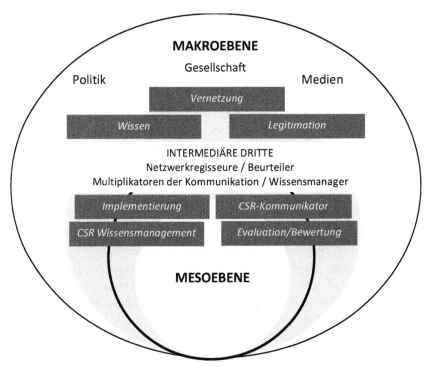

Abb. 3 Wirkungsfelder der Intermediären Dritten
Quelle: Eigene Darstellung

3.4 Typen intermediärer Dritter als Diskurstreiber

Bei einer Betrachtung beispielsweise der Österreichischen CSR-Landschaft (Fembeks CSR-Jahrbuch, 2013) ergeben sich folgende intermediäre dritte Organisationen, die den hier entwickelten Rollencharakteristika im Sinne eines Diskurs-Treibers zugeordnet werden können: CSR-Berater, unternehmenskritische Stakeholder, Wissenschaft (CSR-Lehrgänge / Forschungsinstitute), beurteilende Organisationen. Es folgt nun also eine Zuordnung und Beschreibung der Kommunikations-Rollen der Organisationen als intermediäre Dritte im CSR-Diskurs. Es werden dabei Beispiele aus der österreichischen CSR-Community herangezogen [1].

---

1 Die Ergebnisse basieren auf einem studentischen Forschungsprojekt am Forschungsschwerpunkt CSR- und Nachhaltigkeitskommunikation am Institut für Medien- und Kommunikationwis-senschaften der Alpen-Adria Universität Klagenfurt, 2013; Kontakt: franzisca.weder@aau.at

3.4.1   Wissensmanager rund um CSR

Als Wissensmanager gelten jene intermediären Dritten, die sich mit der Generierung, Übersetzung und/oder Verbreitung von CSR-Inhalten beschäftigen. Neben einer Bewusstseinsbildung fällt auch die Bereitstellung eines konkreten Rahmenwerks zur Implementierung von CSR unter die mögliche Ausprägung der Rolle eines Wissensmanagers rund um CSR. Von besonderer Relevanz für die Verbindung von Makro- und Mesoebene ist die Aufgabe der Übersetzung von Informationen der Ebenen zueinander, wodurch eine gegenseitige Impulsgebung gewährleistet wird. Die reinste Form dieser Wissensmanager sind die CSR-Berater, deren Hauptaufgabe die Wissensvermittlung mit dem Ziel einer Impementierung von CSR ist.

3.4.2   Beurteiler

Neutrale Beurteiler dienen als Richtpunkte um aufzuzeigen, wie sich die CSR entwickelt und entwickeln soll. Durch die kontinuierliche Evaluation und Beurteilung von Unternehmen ergibt sich ein Regelwerk, das einen Anhaltspunkt in den Netzwerken der Diskursverläufe von CSR bietet. Die Rahmenwerke für die Beurteilungen ergeben sich aus Ansprüchen der Akteure der Makroebene und werden durch diese Beurteilungen den Akteuren auf der Mesoebene, den Unternehmen, nähergebracht.

Als Beispiele für Organisationen die die Rolle von Beurteilern einnehmen, fallen besonders Organisationen die CSR-Auszeichnungen vergeben sowie Label, Zertifizierungs- und Rating-Organisationen ins Gewicht.

3.4.3   Multiplikatoren der Kommunikation

Die Rolle als Multiplikatoren der Kommunikation von CSR steht teilweise in Zusammenhang mit der Rolle als Beurteiler von CSR. Es wurde bereits vielfach beschrieben, dass der Wert von CSR-Kommunikation signifikant steigt wenn eine neutrale Dritte Organisation involviert ist, oder diese im besten Fall sogar aussendet. Es braucht diese Einrahmung durch Dritte mittlerweile für die Herstellung von Legitimation für die Unternehmen. In der Praxis ist die Relevanz von Labels, Zertifizierungen, Ratings, Auszeichnungen, Mitgliedschaften, unterschrieben Codes etc. deutlich in allen Kanälen der CSR-Kommunikation sichtbar, beispielsweise im CSR-Bericht. Genauso nehmen die Medien diese Einrahmungen gerne auf, wenn sie über Unternehmen im Kontext von CSR-Berichten.

3.4.4   Netzwerkregisseure

Die spannendste der beschriebenen Rolle ist jener der Netzwerkregisseure, da diese an der Schaffung einer CSR-Öffentlichkeit durch ihre verbindende und leitende Funktion direkt beteiligt sind. Die Rolle von CSR-Netzwerken, Unternehmensplattformen oder Interessensgemeinschaften ist stark angestiegen. Eine Verortung innerhalb der CSR wird für die Akteure der CSR-Öffentlichkeit immer relevanter. Im österreichischen Kontext zählt Fembek im CSR-Jahrbuch 2013 folgende „Netzwerke und Treffpunkte" (Fembek 2012, S. 146)

- respACT – austrian business council for sustainable development
- respACT goes regional
- austrian angel investors Association
- CSR Circle
- CSR Dialog
- CSR Dialogforum
- Verantwortung zeigen! Netzwerk
- WIP Wirtschaftsantrieb am Punkt
- Zentrum für humane Marktwirtschaft

Hervorzuheben ist respACT als die renommierteste und wichtigste CSR-Netzwerkorganisation (vgl. Habisch und Brychuk 2011, S. 127); diese wird abschließend einer genaueren Betrachtung unterzogen.

3.5   respACT

Als Prototyp einer intermediären dritten Organisation wird nachfolgend respACT- austrian business council for sustainable development beschrieben. RespACT wirkt als Unternehmensplattform auf der Meso- und Makro-Ebene auf den CSR-Diskurs ein. Hier zeigt sich die Rolle als Netzwerkregisseur und kommunikativer Agent besonders deutlich.

Durch den Zusammenschluss von CSR-Austria (gegründet 2002) und abcsd – austrian business council for sustainable development (gegründet 1997) entstand 2007 respACT – austrian business council for sustainable development, laut Selbstdefinition „Österreichs führende Unternehmensplattform für CSR und nachhaltige Entwicklung" (respACT – austrian business council for sustainable development 2012a, S. 7). RespACT wird finanziert durch die Arbeitgebervertretungen, dem Bundesministerium für Wirtschaft, Familie und Jugend, dem Bundesministerium für Land- und Forstwirtschaft, Umwelt und Wasserwirtschaft, dem Bundesministerium für Arbeit, Soziales und Konsumentenschutz sowie mittels der eingehobenen Mitgliedsbeiträge von den Unternehmen. Die Organisationsform ist ein Verein deren Mitglieder Unternehmen aus allen Branchen, in allen Größen und aus ganz Österreich sind, die durch ihre Mitgliedsbeiträge Zugang zu den Services von respACT erhalten. Derzeit sind 256 (Stand 04.0.2014 Unternehmen Mitglied der Unternehmensplattform. Die Ziele von respACT werden folgendermaßen beschrieben;

> „Der Verein unterstützt die Mitgliedsunternehmen dabei, ökologische und soziale Ziele ökonomisch und eigenverantwortlich zu erreichen."(respACT – austrian business council for sustainable development).

Die Aufgabenbereiche von respACT behandeln nicht nur die Betreuung der Mitgliedsunternehmen, sondern sind weiter gefasst, was die Positionierung als intermediäre Dritte zwischen Öffentlichkeit, Politik und Unternehmen verstärkt. Neben der Generierung von

CSR-Inhalten, werden nationale und internationale Partnerschaften (u. a. UN Global Compact, CSR-Europe, GRI Global Reporting Initiative) gepflegt, an der Implementierung von CSR in den österreichischen Unternehmen gearbeitet und CSR mittels Kommunikation in der Öffentlichkeit und bei den politischen Vertretern positioniert (vgl. respACT – austrian business council for sustainable development 2012b). Dadurch nimmt respACT Aufgaben war, die zur Etablierung von CSR beitragen und sie als intermediäre Dritte ausweisen.

Als wichtiger Meilenstein der CSR in Österreich gilt die Erstellung des österreichischen CSR-Leitbildes Erfolg mit Verantwortung 2009 unter der Leitung von respACT. Das Leitbild entstand im Rahmen eines Dialogs zwischen Unternehmen, VertreterInnen aus Politik, Zivilgesellschaft sowie Wissenschaft. (vgl. respACT – austrian business council for sustainable development 2012a, S. 6, 2009).

2012 wurde von respACT in Zusammenarbeit mit CSR-Beratern über die politische Zukunft von CSR ein Dialog geführt – parallel zur Erstellung des österreichischen CSR-Aktionsplans unter der Leitung der Bundesministerien. RespACT wird auch in die Erstellung des CSR-Aktionsplans beratend herangezogen, der politische Entstehungsprozess lässt jedoch andere Stakeholder außen vor. Stakeholdereinbindung gilt jedoch als wichtiges Element von CSR, nicht nur im CSR-Management, sondern folgerichtig auch in der CSR-Politik, darum wurde dieser Dialog ins Leben gerufen (vgl. Hauska 2013, S. 1), mit dem Ziel Impulse an die politischen Entscheidungsträger herantragen zu können, was in Form eines Dokumentes im Dezember 2012 an die Ministerien übergeben wurde (vgl. Hauska 2013, S. 1).

RespACT hat sich aufgrund des hohen Renommees und der langjährigen Auseinandersetzung mit CSR als Organisation etablieren können, die Auszeichnungen durchführt und ein neutrales Klima schafft, indem sich unterschiedliche CSR-Stakeholder zur Prämierung von Unternehmen einigen können. Zwei Auszeichnungen werden derzeit von respACT umgesetzt, der als etabliert geltende TRIGOS für ganzheitliches CSR und der ASRA, mit dem Nachhaltigkeitsberichte ausgezeichnet werden.

Mit der Umsetzung der Aufgabengebiete von respACT nimmt diese Unternehmensplattform eine gestaltende Rolle für die Etablierung von CSR in Österreich ein, deren Relevanz medial, öffentlich sowie von politischer und unternehmerischer Seite anerkannt wird.

Um konkrete Beispiele zu nennen tritt respACT als Wissensmanager von CSR auf indem im Rahmen ihrer Services für Mitglieder Informationen via Newsletter, Informationsveranstaltungen oder im Rahmen von Arbeitsgruppen bereitgestellt und aufbereitet wird. Genauso ist respACT Ansprechpartner in Sachen CSR von Seiten der Makro-Ebene (CSR-Aktionsplan) und wird gerne und oft von den Medien oder der Politik als Wissensgeber herangezogen (vgl. Abb. 4a).

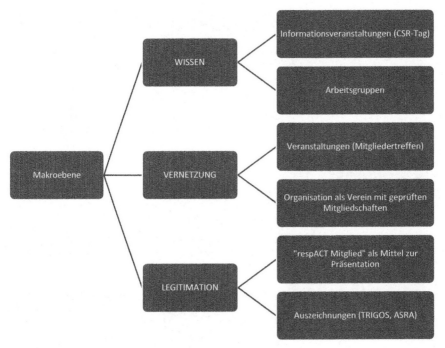

Abb. 4a Verortung von respACT als intermediäre Organisation, Makroebene
Quelle: Eigene Darstellung

Die tragende Rolle bei der Erstellung des CSR-Leitbildes zeigt auch die Rolle im generieren von Wissen um CSR und der Übersetzung von CSR-Inhalten für die Unternehmen. Als Beurteiler tritt respACT durch dessen tragende Rolle im TRIGOS und beim ASRA, aber auch indem Best-Practice Beispiele aufgezeigt und bereitgestellt werden. Auch die Mitgliedschaft bei respACT wird geprüft, um den Mitgliedern gewährleisten zu können, dass sie sich in guter Gesellschaft befinden. Die Rolle als Multiplikator der Kommunikation über CSR nimmt respACT in engen Zusammenhang mit der beurteilenden Rolle ein. Die Mitgliedschaft von respACT fließt in die CSR-Kommunikation der Unternehmen ein als Verstärkung und Legitimation ihrer Aussagen. Die spannendste und wichtigste Rolle von respACT ist jedoch jene eines Netzwerkregisseurs der CSR-Öffentlichkeit. Diese Rolle wird durch die Verbindung der Unternehmen untereinander im Rahmen von Projekten, Arbeitsgruppen oder Veranstaltungen wahrgenommen. Zentral ist hier auch die Verbindung der Akteure der Makro- mit jenen der Mesoebene (vgl. Abb. 4b).

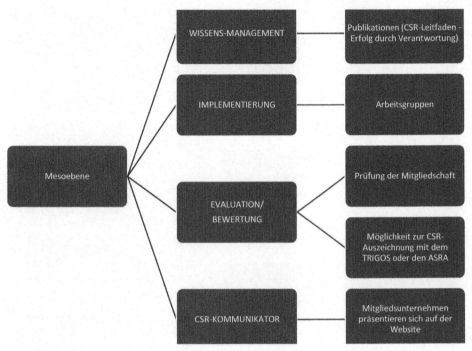

Abb. 4b Verortung von respACT als intermediäre Organisation, Mesoebene
Quelle: Eigene Darstellung

Sichtbares Zeichen dieser verbindenden Funktion sind die hochrangigen Politikakteure
die alljährlich den TRIGOS an die Unternehmen verleihen. Was in Österreich eine besondere Rolle spielt ist die Entwicklung, Etablierung sowie Ausgestaltung von regionalen und
lokalen CSR-Diskursen und damit einer CSR-Öffentlichkeit in den Bundesländern, wo
sich derzeit noch gravierende qualitative und quantitative Unterschiede in unternehme-
rischem CSR-Engagement auftun. Diese Aufgabe übernimmt respACT mit der Initiative
respACT goes regional.

RespACT wirkt somit in allen vorgestellten Wirkungsfeldern und erfüllt alle vorgestellten Rollen, zeichnet sich somit als Prototyp einer intermediären dritten Organisation aus.

4   Potenzial für NGOs/NGO-Forschung

In der Betrachtung von Arenas et al. (2009) zur Rolle von „dritten Organisationsformen"
neben Unternehmen und politischen Institutionen in der CSR wird festgestellt, dass diese
CSR gestalten indem sie

„provide technical assistance to corporations, elaborate commonly agreed certification schemes, promote and design corporate social responsibility (CSR) standards as well as management and reporting processes, and participate in CSR monitoring and auditing." (Arenas et al. 2009, S.176)

Demzufolge tragen sie Anteil an der Entwicklung von CSR. Arenas verweist allerdings auch auf die problematische Doppelrolle dieser „Dritten". Einerseits sind sie Kritiker der CSR und andererseits fungieren sie jedoch mitunter auch als Berater, die durchwegs für ihre Beratung bezahlt werden. Problematisch daran ist der Gedanke, dass sie zuerst den Bedarf an CSR erwecken und dann zu einem bestimmten Preis diesen Bedarf erfüllen. (vgl. ebd., S.185). Aus kommunikationswissenschaftlicher Perspektive erscheint dies allerdings weniger problematisch, da ein Diskurs, wie weiter oben beschrieben, durch die Problematisierung und den „öffentlichen Lösungsbedarf" entsteht. Deutungs- bzw. Bewertungsangebote entstehen weiter über den Themenzyklus (siehe Kap. 2.2.).

Noch einmal der konkrete Blick in die kommunikativen Beziehungen zwischen den hier behandelten intermediären CSR-Organisationen und Unternehmen: Diese Beziehungen sind geformt um den Unternehmen inhaltlichen und praktischen Input bezüglich ihres CSR-Managements zu geben und zwischen den im CSR-Diskurs involvierten Akteuren zu vermitteln, als Netzwerkregisseure. Es gibt auch kein wirkliches Ende der Zusammenarbeit der Beziehungen zwischen CSR-Dritten und Unternehmen. Zieht man das Beispiel eines Zertifizierungsprozesses heran, so ist dieser zwar zuweilen abgeschlossen, die Verbindung durch das Zertifikat, das erworben wurde, besteht jedoch langfristig.

Kooperationen mit Unternehmen werden derzeit zunehmend thematisiert, wie auch der europäische CSR-Award zum Thema Partnerships (CSR-Europe) und viele aktuelle wissenschaftliche Beiträge zu diesem Thema aufzeigen (vgl. u.a. Jamali und Keshishian 2009; Dempsey 2011; Burchell und Cook 2012; Laasonen et al. 2012).

Der vorliegende Beitrag soll dieses Thema dadurch bereichern, dass intermediäre Organisationen im CSR-Diskurs für die Etablierung von CSR eine gesonderte Betrachtung erfahren und damit anhand eines speziellen Themenfeldes (hier eben CSR) die theoretische und praktische Auseinandersetzung mit NPOs und NGOs aus einer kommunikationswissenschaftlichen Perspektive erweitert werden kann. CSR ist ein schwieriges Thema, bei dessen Etablierung viele Prozesse auf unterschiedlichen Ebenen und zwischen verschiedenen Akteuren ablaufen. Es braucht offenbar zusätzlich eine vermittelnde Position um Ordnung in dieses Gewirr von Netzwerk von Diskursverläufen zu bringen. Dafür haben sich intermediäre Dritte entwickelt, die in der Praxis bereits eine tragende Rolle in der CSR-Öffentlichkeit spielen. Es macht daher Sinn, sich diese Organisationen und ihre Wirkungsfelder näher anzuschauen und zu betrachten was sie tun, wo sie dies tun und warum es CSR-Etablierung vorantreibt und das sie es schaffen, in alle Richtungen Impulse zu geben. Es macht also keinen Sinn mehr, sich wissenschaftlich der Etablierung von CSR zu widmen und dabei die intermediären Dritten auszusparen. Die Relevanz von intermediären Dritten wird mit der steigenden Komplexität der CSR-Öffentlichkeit noch anwachsen und damit für wissenschaftliche Untersuchungen noch interessanter werden.

CSR-Organisationen, CSR-Beratungsorganisationen, staatliche Organisationen und Zertifizierungs-, Label-, oder Normierungsinstituten auf regionalem, nationalem und internationalem Level bilden kommunikative Netzwerke, in denen Unternehmen ihre Verantwortung wahrnehmen können. Diese können damit als Dritte einer strukturellen Manifestation des Themas CSR beschrieben und untersucht werden.

In unseren Augen empfiehlt sich daher sowohl in der CSR- als auch NPO-Forschung eine Abkehr von der Fokussierung auf die Unternehmenssicht und somit eine Erweiterung auf die Makro-Ebene, die Ebene gesellschaftlicher Diskurse und thematisch verdichteter Kommunikationen, wenn es um die Betrachtung der Etablierung von CSR geht.

Die aktuellen Entwicklungen zeigen, dass die Zahl dieser ‚CSR-Dritten' stark anwächst, es herrscht also ein erhöhter Bedarf an dieser Form intermediärer Organisationen (vgl. (Liedekerke und Demuijnck 2011; Fembek 2009, 2010, 2011, 2012). Insbesondere ihre Rolle bei der Legitimation des unternehmerischen Verantwortungshandeln wird in der Literatur hervorgehoben, durch ihre Position als „Dritte" können sie eine quasi unabhängige Position als Kommunikator und Netzwerkknotenpunkt einnehmen (vgl. Bartlett und Devin 2011, S. 56; Bator und Stohl, 2001; Ihlen 2011, S. 156; Grafström und Windell, 2011). Dabei stechen unter diesen intermediären Organisationen insbesondere die CSR-Organisationen hervor, die maßgeblich das letzte Jahrzehnt der CSR-Implementierung und damit die Institutionalisierung von CSR geprägt haben. Dieser Beitrag erarbeitet diese nonprofit-orientierten CSR-Organisationen als Diskurs-Treiber und -Regisseur. Anhand von respACT, der österreichischen CSR-Unternehmensplattform, wird die Rolle der CSR-Organisationen für a) die öffentliche Themensetzung (Makroebene) und b) strukturelle Implementierung und Institutionalisierung von CSR auf Unternehmensebene (Mesoebene) dargestellt und begründet.

Literatur

Arenas, D., Lozano, J. M., Albareda, L. (2009). The Role of NGOs in CSR: Mutual Perceptions Among Stakeholders. *Journal of Business Ethics* 88 (1), S. 175–197.

Bartlett, J. L., Devin, B. (2011). Management, Communication, and Corporate Social Responsibility. In: Ø. Ihlen, J. Bartlett & S. May (Hrsg.), *The handbook of communication and corporate social responsibility* (S. 47–66). Chichester, West Sussex, Malden, MA: Wiley-Blackwell.

Bator, M. J., Stohl, C. (2011). New Partnerships for a New Generation of Corporate Social Responsibility. In: Ø. Ihlen, J. Bartlett & S. May (Hrsg.), *The handbook of communication and corporate social responsibility* (S. 399–422). Chichester, West Sussex, Malden, MA: Wiley-Blackwell.

Bentele, G., Nothhaft, H. (2011). Trust and Credibility as the Basis of Corporate Social Responsibility. (MAss-)MEdiated Construction of Responsibility and Accountability. In: Ø. Ihlen, J. Bartlett und S. May (Hrsg.), *The handbook of communication and corporate social responsibility* (S. 208-230). Chichester, West Sussex, Malden, MA: Wiley-Blackwell.

Buchholz, R. (1988). *Public Policy Issues for Management*. NJ: Prentice-Hall.

Buchholz, R. A. (1989). *Business Environment and Public Policy. Implications for Management and Strategy Formulation.* NJ: Englewood Cliffs.

Buchholz, R., Evans, W. & Wagley R. (1985). *Management Response to Public Issues. Concepts and Cases in Strategy Formulation.* NJ: Englewood Cliffs.

Burchell, J., Cook, J. (2013). Sleeping with the Enemy? Strategic Transformations in Business-NGO Relationships Through Stakeholder Dialogue. *Journal of Business Ethics*, 113 (3), S. 505–518.

Castells, M. (2001). *Der Aufstieg der Netzwerkgesellschaft. Teil 1 der Trilogie. Das Informationszeitlter.* Opladen: UTB.

Carroll, A. B. (1999). Corporate Social Responsibility. Evolution of a Definitional Construct. *Business & Society*, 38 (3): 268-295.

Crane, A., Matten, D. (2007). *Business Ethics. Managing Corporate Citizenship and Sustainability in the age of Globalization.* Oxford: Oxfort University Press.

CSR-Europe: European CSR Awards. The first ever European CSR Awards Scheme taking place this year, recognising impactful partnerships between business and non-business organisations. Online verfügbar unter http://www.europeancsrawards.eu/, zuletzt geprüft am 10.08.2013.

Dempsey, S. E. (2011). NGOs as Communicative Actors within Corporate Social Responsibility Efforts. In: Ø. Ihlen, J. Bartlett & S. May (Hrsg.), *The handbook of communication and corporate social responsibility* (S. 445–466). Chichester, West Sussex, Malden, MA: Wiley-Blackwell.

Dewey, J. (1916, 1944). *Democracy and education.* New York, NY, FreePress.

Dubbink, W., Graafland, J., Liedekerke, L. (2008). CSR, Transparency and the Role of Intermediate Organisations. *Journal of Business Ethics* 82 (2), S. 391–406.

Eisenegger, M., Schranz, M. (2011). Reputation Management and Corporate Social Responsibility. In: Ø. Ihlen, J. Bartlett & S. May (Hrsg.), *The handbook of communication and corporate social responsibility* (S. 128–146). Chichester, West Sussex, Malden, MA: Wiley-Blackwell.

Fembek, M. (2009). *CSR Corporate Social Responsibility 2010. Jahrbuch für unternehmerische Verantwortung.* 1. Aufl. Wien: KGV Marketing- und VerlangsgesmbH.

Fembek, M. (2010). *CSR Corporate Social Responsibility 2011. Jahrbuch für unternehmerische Verantwortung.* 2. Aufl. Wien: KGV Marketing- und VerlangsgesmbH.

Fembek, M. (2011). *CSR Corporate Social Responsibility 2012. Jahrbuch für unternehmerische Verantwortung.* 3. Aufl. Wien: medianet Verlag.

Fembek, M. (2012). *CSR Corporate Social Responsibility 2013. Jahrbuch für unternehmerische Verantwortung.* 4. Aufl. Wien: medianet Verlag.

Fifka, M. S. (2011). *Corporate Citizenship in Deutschland und den USA. Gemeinsamkeiten und Unterschiede im gesellschaftlichen Engagement von Unternehmen und das Potential eines transatlantischen Transfers.* 1. Aufl. Wiesbaden: Betriebswirtschaftlicher Verlag Gabler (Gabler Research, 378).

Grafström, M., Windell, K. (2011). The Role of Infomediaries: CSR in the Business Press During 2000–2009. *Journal of Business Ethics* 103 (2), S. 221–237.

Habisch, A., Brychuk, I. (2011). Die europäische Diskussion um Corporate Social Responsibility zwischen staatlicher Regulierung und Freiwilligkeit: Ein Überblick Die europäische Diskussion um CSR. In: G. Ulshöfer & B. Feuchte (Hrsg.), *Finanzmarktakteure und Corporate Social Responsibility* (S. 117–132). Wiesbaden: VS Verlag für Sozialwissenschaften.

Hauska, L. (2013). Perspektiven der Stakeholder-Einbindung in die CSR-Politik in Österreich. *Uwf* 21, 159–164.

Ihlen, Ø. (2011). Rhetoric and Corporate Social Responsibility. In: Ø. Ihlen, J. Bartlett und S. May (Hrsg.), *The handbook of communication and corporate social responsibility* (S. 147–166). Chichester, West Sussex, Malden, MA: Wiley-Blackwell.

Jamali, D., Keshishian, T. (2009). Uneasy Alliances: Lessons Learned from Partnerships Between Businesses and NGOs in the context of CSR. *Journal of Business Ethics* 84 (2), S. 277–295.

Karmasin, M., Weder, F. (2008). *Organisationskommunikation und CSR. Neue Herausforderungen an Kommunikationsmanagement und PR*. Wien, Berlin, Münster: Lit.

Laasonen, S., Fougère, M., Kourula, A. (2012). Dominant Articulations in Academic Business and Society Discourse on NGO-Business Relations: A Critical Assessment. *Journal of Business Ethics* 109 (4), S. 521–545.

Liedekerke, L., Demuijnck, G. (2011). Business Ethics as a Field of Training, Teaching and Research in Europe. *Journal of Business Ethics* 104 (S1), S. 29–41.

Matten, D. & Moon, J. (2008). ‚Implictit' and ‚Explicit' CSR. A Conceptual Framework for a Comparative Understanding of Corporate Social Respsonibility. *Academy of Management Review*, 33 (2): 404-424.

Neureiter, M., Palz, D. (2008). Zertifikate, Standards und Audits. In: A. Habisch, M. Neureiter und R. Schmidpeter (Hrsg.): *Handbuch Corporate Citizenship. Corporate Social Responsibility für Manager* (S. 447–463) Berlin, Heidelberg: Springer-Verlag Berlin Heidelberg.

Parguel, B., Benoît-Moreau, F., Larceneux, F. (2011). How Sustainability Ratings Might Deter 'Greenwashing': A Closer Look at Ethical Corporate Communication. *Journal of Business Ethics* 102 (1), S. 285–297.

Pomering, A. A. (2011). Communicationg Corporate Social Responsibility through Corporate Image Advertigsing. In: Ø. Ihlen, J. Bartlett und S. May (Hrsg.), *The handbook of communication and corporate social responsibility* (S. 379–398). Chichester, West Sussex, Malden, MA: Wiley-Blackwell.

Post, J. (1978). *Corporate Behavior amd Social Change*. VA: Reston Publishing.

Putnam, L. L., Nicotera, A. M. (Hrsg.) (2009). *Building Theories of Organization. The Constitutive Role of Communication*. New York, NY: Routledge

respACT – austrian business council for sustainable development: Über Uns. Online verfügbar unter http://www.respact.at/site/about/ueberuns, zuletzt geprüft am 10.07.2012.

respACT – austrian business council for sustainable development (2009): Erfolg mit Verantwortung. Ein Leitbild für zukunftsfähiges Wirtschaften. Wien.

respACT – austrian business council for sustainable development (2012a): Jubiläumsbroschüre. 15 Jahre respACT – austrian business council for sustainable businness. Unter Mitarbeit von Daniela Knieling, Katrin Gaupmann und Karin Paschek. Wien.

respACT – austrian business council for sustainable development (2012b): And the ASRA 2012 goes to … Online verfügbar unter http://www.respact.at/site/themen/nachhaltigkeitsberichters/article/5885.html, zuletzt aktualisiert am 21.11.2012, zuletzt geprüft am 10.07.2013.

Schoeneborn, D. (2011). Organization as communication: A Luhmannian perspective. *Management Communication Quarterly*, 25(4), 663-689.

Ulrich, P. (2001). Integrative Wirtschaftsethik. Grundlagen einer lebensdienlichen Ökonomie. Bern: Paul Haupt Verlag.

Valor, C. (2008). Can Consumers Buy Responsibly? Analysis and Solutions for Market Failures. *J Consum Policy* 31 (3), S. 315–326.

Weder, F. (2009). *Organisationskommunikation und PR*. Stuttgart: UTB.

Weder, F. (2013). Die *CSR-Debatte in den Printmedien. Anlässe, Themen, Deutungen*. Wien: facultas.

Teil VI

**Methoden der Erforschung
von NGO-Kommunikation**

Die „Kommunikationsarena" und mediale Auswahllogiken als wesentliche Einflussfaktoren der NGO-Kommunikation

Thomas Könecke[1]

Zusammenfassung

NGOs investieren oft in sehr nennenswertem Umfang Ressourcen in ihre Positionierung mittels medialer Kommunikation. Außerdem wird – abhängig von der Bedeutung der Organisation mehr oder weniger regelmäßig – ungeplant in verschiedenen Medienformaten über sie berichtet. Die Öffentlichkeitsarbeit und medienvermittelte Wahrnehmung von NGOs spielen sich daher vor dem Hintergrund bestimmter Wirkmechanismen moderner Publikumsmedien und von deren Bedeutung für gesellschaftliche Meinungsbildungsprozesse ab. Hierbei sind Charakteristiken, die „Medienmärkte" und die Auswahl von Medieninhalten prägen, von zentraler Bedeutung. Das Ziel dieses Aufsatzes ist es daher, einige wesentliche Rahmenbedingungen darzustellen, die die NGO-Kommunikation in modernen Mediengesellschaften beeinflussen. Hierzu werden folgende Themen betrachtet und deren Bedeutung für die NGO-Kommunikation herausgearbeitet: aktive und passive Kommunikation auf unterschiedlichen (Medien) Teilmärkten, die Rolle moderner Massenmedien bei Meinungsbildungsprozessen, Prozesse der Nachrichten- bzw. Inhalteauswahl anhand der Nachrichtenwert-Theorie. Die Ausführungen sind so gehalten, dass sie Praktikern in NGOs dabei helfen können, ihre kommunikativen Aktivitäten und Strategien zu reflektieren und in einem komplexen Umfeld zielführend zu gestalten. Außerdem werden Wissenschaftlern, Studierenden und anderen primär akademisch interessierten Lesern einige grundlegende theoretische Modelle an die Hand gegeben, mittels derer sie sich NGO-Kommunikation in modernen, medial geprägten Gesellschaften analytisch erschließen können.

---

1 Für die Abschnitte 2-4 wurden Textstellen und Aspekte verwendet, die der Publikation „Das Modell der personenbezogenen Kommunikation und Rezeption – Beeinflussung durch Stars, Prominente, Helden und andere Deutungsmuster" entnommen sind (Könecke 2018). Aus Gründen der besseren Lesbarkeit wird auf die genannten Texte in diesem Aufsatz jedoch nicht im Einzelnen verwiesen.

© Springer Fachmedien Wiesbaden GmbH 2018
N. Remus und L. Rademacher (Hrsg.), *Handbuch NGO-Kommunikation*,
https://doi.org/10.1007/978-3-531-18808-9_24

1   Einleitung

NGOs investieren häufig viel Arbeit und Zeit in ihre Positionierung mittels medialer Kommunikation. Außerdem wird – abhängig von ihrer Bedeutung mehr oder weniger regelmäßig – ungeplant in verschiedenen Medienformaten über sie berichtet. Daraus folgt, dass Entwicklungen wie Medienkonvergenz, zunehmende Digitalisierung, verändertes Mediennutzungsverhalten etc. sich nicht nur auf Medienmärkte und die dort agierenden Akteure auswirken (Schneider und Ermes 2013, S.10 ff.), sondern auch die kommunikativen Rahmenbedingungen von NGOs nachhaltig beeinflussen. Die Öffentlichkeitsarbeit und die medienvermittelte Wahrnehmung dieser Organisationen spielen sich daher vor dem Hintergrund bestimmter Wirkmechanismen moderner Publikumsmedien und ihrer Bedeutung für gesellschaftliche Meinungsbildungsprozesse ab. Hierbei sind bestimmte Charakteristiken, die „Medienmärkte" und die Auswahl von Medieninhalten prägen, von zentraler Bedeutung.

Das Ziel dieses Aufsatzes ist es daher, einige wesentliche Rahmenbedingungen darzustellen, die die NGO-Kommunikation in modernen Mediengesellschaften beeinflussen. Hierzu werden nachfolgend zuerst wesentliche Elemente moderner Medienmärkte vorgestellt (► Abschn. 2). Anschließend wird ein Blick auf die Rolle moderner Massenmedien bei Meinungsbildungsprozessen in mediengeprägten Gesellschaften geworfen (► Abschn. 3), bevor Prozesse der Nachrichten- bzw. Inhalteauswahl anhand der Nachrichtenwert-Theorie (► Abschn. 4) betrachtet werden. Den Abschluss der Ausführungen bildet ein kurzes Fazit (► Abschn. 5). Die Ausführungen sind dabei so gehalten, dass sie sowohl Praktikern in NGOs dabei helfen sollen, ihre kommunikativen Aktivitäten und Strategien zu reflektieren und in einem komplexen Umfeld zielführend gestalten zu können. Außerdem sollen Wissenschaftlern, Studierenden und anderen primär akademisch interessierten Lesern einige grundlegende theoretische Modelle an die Hand gegeben werden, mittels derer sie sich NGO-Kommunikation in modernen, medial geprägten Gesellschaften erschließen können.

2   Medienmärkte und NGO-Kommunikation

Medienmärkte können grundsätzlich in drei Teilmärkte untergliedert werden. „Diese sind der Rezipientenmarkt und der Werbemarkt, die Medienunternehmen zur Generierung von Erlösen zur Verfügung stehen" (Schunk und Könecke 2014, S.97), sowie der Inhaltebeschaffungsmarkt (Abb. 1). Diese Teilmärkte sind durch „starke Interdependenzen" (Wirtz, 2006, S.24) miteinander verbunden. So wird in Abb. 1 deutlich, dass eine starke Nachfrage auf dem Rezipientenmarkt für Medienunternehmen i. d. R. aus mehreren Gründen nötig ist. Einerseits können derart direkt Erlöse generiert werden. Zum anderen stellt eine hohe Aufmerksamkeit seitens der Rezipienten eine Voraussetzung für die erfolgreiche Positionierung auf dem Werbemarkt dar. Wenn werbetreibende Wirtschaftsunternehmen und andere Organisationen die für sie relevanten Ziel- oder Rezipientengruppen nämlich nicht in hinreichend großem Ausmaß über ein bestimmtes Medium erreichen können, ist dieses für sie nicht als Werbe- bzw. Kommunikationsplattform interessant (Schunk und Könecke 2014, S. 98).

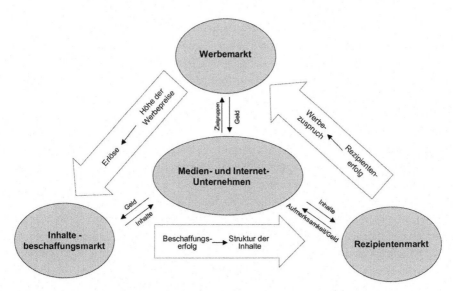

Abb. 1 Interdependenzstruktur der Medienmärkte
Quelle: Wirtz 2006, S. 25; Bildrechte: Wirtz 2006

Die in Abb. 1 dargestellten Zusammenhänge sind allerdings nicht nur für Medienunternehmen, sondern für alle Akteure, die als Lieferant für Medieninhalte und/oder als Werbekunde auf dem Medienmarkt auftreten, von grundlegender Bedeutung, wie nachfolgende Überlegungen sehr kompakt aufzeigen sollen:

Auf dem Inhaltebeschaffungsmarkt müssen Medienunternehmen attraktive Inhalte ankaufen oder kostenfrei akquirieren. Hierbei ist die Auswahlentscheidung bezüglich potentiell attraktiver und unattraktiver Inhalte von Bedeutung. Diese orientiert sich wesentlich am potentiellen Nachrichtenwert (▶ Abschn. 4) der Inhalte. Ist dieser für die avisierte Zielgruppe zu niedrig, kann voraussichtlich kein zufriedenstellender Erfolg auf dem Rezipientenmarkt erzielt werden, was wiederum Auswirkungen auf den Werbemarkt hat. Da Werbemöglichkeiten i. d. R. vor Ausstrahlung eines Programms bzw. vor Drucklegung eines Printerzeugnisses oder der Erstellung eines Online- oder sonstigen Inhalts gekauft werden müssen, interessieren sich Werbetreibende in erster Linie für Formate, bei denen ein hoher Zuspruch der für sie relevanten Zielgruppe(n) wahrscheinlich ist. Die voraussichtliche Attraktivität eines Inhalts für relevante Rezipientengruppen, welche sich in eine indirekte Attraktivität auf dem Werbemarkt übersetzen lässt (s. o.), schlägt sich daher oftmals in Preisspiralen nieder:

„Vor allem in Bereichen, in denen die Inhalte-Beschaffung mit hohen Investitionen verbunden ist, wie beispielsweise bei Sendelizenzen für Sportübertragungen im TV-Bereich, sind die potentiell erzielbaren Werbeeinnahmen eine wichtige Bestimmungsgröße für die Investitionshöhe in diesem Bereich und damit letztlich auch wieder eine Bestimmungsgröße für die Attraktivität der Inhalte" (Wirtz 2006, S. 24).

Wie dieses Zitat zeigt, gelingt es NGOs aus dem Sport oft, sehr einträglich als Anbieter auf dem Inhaltebeschaffungsmarkt aufzutreten. Dies ist offenbar im sehr großen Interesse begründet, auf das die Berichterstattung über populäre Sportveranstaltungen und -wettkämpfe bei einer breiten Öffentlichkeit stößt. Hierbei handelt es sich jedoch um eine vergleichsweise exklusive Stellung, die nur sehr wenigen NGOs aus anderen Bereichen bzw. deren Betätigungsfeldern vergönnt ist.

Die von Wirtz beschriebenen Preisspiralen sind allerdings nur ein Beispiel für die vielen Interferenzen, die mit den in Abb. 1 dargestellten Interdependenzen der verschiedenen Teilmärkte einhergehen. Nachfolgend soll daher beispielhaft kurz auf weitere Aspekte eingegangen werden, die für die Kommunikation von NGOs relevant sind.

Auf Seiten der Medienanbieter können etwa dann Loyalitätskonflikte entstehen, wenn die Interessen (potentieller) Werbekunden mit dem Informationsinteresse der Rezipienten konkurrieren. Offensichtlich ist dies z. B. dann der Fall, wenn einem Medienunternehmen unvorteilhafte Informationen über einen (wichtigen) Werbekunden bekannt (gemacht) werden. Ist anzunehmen, dass diese Informationen aktuelle und potentielle weitere Rezipienten des Medienunternehmens interessieren, könnte mit ihrer Verbreitung zwar ein Erfolg auf dem Rezipientenmarkt erzielt werden. Es bestünde in diesem Fall allerdings die Gefahr, dass der betroffene Werbekunde das Medienunternehmen als illoyalen Partner erlebt und von einer weiteren Zusammenarbeit absieht. Außerdem kann eine solche Berichterstattung bei weiteren bzw. potenziellen Werbekunden dazu führen, ebenfalls von einer (zukünftigen) werblichen Zusammenarbeit abgehalten zu werden. Ein Verzicht auf die Berichterstattung gefährdet u. U. Marktanteile auf dem Rezipientenmarkt, da davon auszugehen ist, dass früher oder später andere Medien die brisanten Informationen publizieren und dadurch Rezipienten für sich gewinnen können. Eventuell kann dann sogar die Frage laut werden, ob ein Bericht aufgrund der wirtschaftlichen Verflechtung des Medienunternehmens mit dem exponierten Unternehmen unterschlagen wurde. Das kann wiederum dazu führen, die Stellung des Medienunternehmens auf allen Teilmärkten nachhaltig zu schädigen, da seine Integrität grundsätzlich in Frage gestellt wird. Ein solcher Imageschaden kann nämlich Rezipienten dazu bewegen, sich mittel- und langfristig abzuwenden. Auch Werbekunden können dann aufgrund der zurückgehenden Rezipientenzahlen und des zu befürchtenden unvorteilhaften Imagetransfers von einer Zusammenarbeit abgehalten werden bzw. diese einschränken.

Die im letzten Absatz betrachteten Zusammenhänge kommen gleichermaßen bei der zu vorteilhaften redaktionellen Berichterstattung über Werbekunden und andere Partnerunternehmen zum Ausdruck. Wird eine solche wahrgenommen oder auch nur vermutet, resultieren oft negative Auswirkungen auf die Wahrnehmung des werbenden Unternehmens und insbesondere auch auf diejenige des Medienunternehmens, da dessen Glaubwürdigkeit zur Disposition steht. Die nicht unübliche Praxis, gegen Entgelt redaktionelle Inhalte oder Formate in der medialen Berichterstattung werblich auszugestalten, sollte ebenfalls vor dem Hintergrund dieser potentiellen Folgewirkungen reflektiert werden. Von rechtlichen Aspekten abgesehen, die hier nicht gewürdigt werden sollen, müssen Medienunternehmen bei der Planung ihrer Berichterstattung also grundsätzlich hinterfragen, welche Folgewirkungen über die intendierten Effekte hinaus entstehen können.

Für NGOs ist vor dem Hintergrund der geschilderten Zusammenhänge von Bedeutung, dass sie – wie viele andere Akteure auch – gemäß Abb. 2 auf dreierlei Weise als Lieferanten von Medieninhalten mit Rezipienten kommunikativ in Kontakt treten können:

- Sie können Rezipienten *aktiv* über den Werbemarkt mit nahezu vollständig selbst gestalteten Werbebotschaften in selbst gewählten Medienorgangen erreichen. Der Vorteil der nahezu vollständigen inhaltlichen Souveränität muss allerdings i. d. R. bezahlt werden. Findet keine finanzielle Bezahlung statt, kann diese evtl. darin bestehen, dass das Medienunternehmen oder seine Werbekunden von dem Image des NGOs profitieren möchten. Dies ist nicht per se nachteilig, muss aber bedacht werden, um das eigene Image und die Verfolgung damit zusammenhängender Ziele nicht zu gefährden.
- Der Inhaltebeschaffungsmarkt kann von NGOs ebenfalls *aktiv* – z. B. durch Pressemitteilung oder andere Medienarbeit – mit Inhalten versorgt werden. Obwohl hier zwar die angebotenen Inhalte durch NGOs gesteuert werden können, darf nicht unterschätzt werden, dass die oben geschilderten Zusammenhänge sowohl die Nachrichtenauswahl als auch die Art der Nachrichtenaufbereitung durch Medienunternehmen beeinflussen (können). Das bedeutet, dass die Berichterstattung, welche aus aktiver Medienarbeit resultiert, letztendlich von den Intentionen des NGO abweichen, diesen u. U. sogar entgegenstehen kann.
- Da Medienorgane allerdings – und in einer funktionierenden Mediengesellschaft sollte das überwiegend der Fall sein – grundsätzlich eigenständig Inhalte suchen und über diese berichten, kann der mutmaßlich größte Teil ihrer Berichterstattung nicht aktiv durch NGOs und andere Inhalteanbieter gesteuert werden. Dass Medienorgane NGOs bzw. die für diese relevanten Themen meist selbst auf dem Inhaltebeschaffungsmarkt auswählen, führt folglich dazu, dass Medien einen sehr bedeutenden *„passiven Kommunikationskanal"* darstellen. Allerdings kann dieser passive Kommunikationskanal in gewisser Weise durch die bereits beschriebenen Möglichkeiten der aktiven Einflussnahme auf Medienmärkten beeinflusst werden, indem z. B. bestimmte Themen früh als relevant erkannt und von NGOs „besetzt" werden. Wenn diese Themen dann für eine breite Öffentlichkeit Relevanz erlangen, können NGOs im Idealfall aus einer Expertenstellung heraus die öffentliche Diskussion wesentlich mitbestimmen. Abweichend von den aktiven gestaltbaren Kommunikationsmöglichkeiten ist die Nutzung von Medien als passivem Kommunikationskanal allerdings vergleichsweise schwer plan- und noch schwerer steuerbar. Außerdem bedarf sie i. d. R. langfristiger Kommunikationsstrategien.

Festzuhalten ist, dass jedwede NGO-Kommunikation in modernen, mediengeprägten Gesellschaften die in diesem Kapitel kurz dargelegten Besonderheiten und Zusammenhänge
von Medienmärkten berücksichtigen sollte. Es ist demnach immer zu bedenken, dass
neben der aktiven Kommunikation über den Werbe- und die aktive Zurverfügungstellung
von Nachrichten auf dem Inhaltebeschaffungsmarkt, die passive Kommunikation, welche ebenfalls über den Inhaltebeschaffungsmarkt erfolgt, die Wahrnehmung von NGOs
grundlegend prägt. Wie Abb. 2 zeigt, sind die Einflussmöglichkeiten auf die konkreten
Inhalte und Ausrichtung der medialen Darstellung dabei sehr unterschiedlich. Bei Werbebotschaften obliegen sie weitgehend dem Werbenden, wohingegen sie bei der passiven
Kommunikation über den Inhaltebeschaffungsmarkt größtenteils den medialen Kommunikatoren überlassen sind. Die aktive Kommunikation über den Inhaltebeschaffungsmarkt
ist dazwischen einzuordnen.

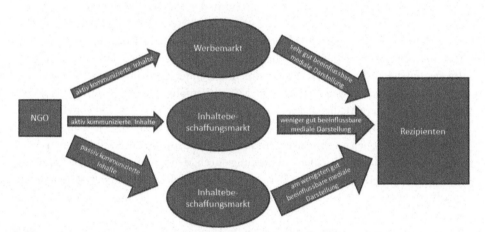

Abb. 2   Aktive und passive NGO-Kommunikation mittels Medien
Quelle: eigene Darstellung; Bildrechte: beim Verfasser

Um die Chancen und Risiken aktiver und passiver NGO-Kommunikation mittels Medien
weitergehend zu erschließen, werden in den folgenden Abschnitten dieses Aufsatzes weitere elementare Zusammenhänge der Bedeutung von modernen Massenmedien für die
Meinungsbildung (▶ Abschn. 3) und der Nachrichtenauswahl (▶ Abschn. 4) betrachtet.

3 Meinungsbildung in mediengeprägten Gesellschaften: das arenatheoretische Modell von Öffentlichkeit

3.1 Vorstellung des arenatheoretischen Modells von Öffentlichkeit

„Moderne Öffentlichkeit ist ein relativ frei zugängliches Kommunikationsfeld, in dem ‚Sprecher‘ mit bestimmten Thematisierungs- und Überzeugungstechniken versuchen, [...] bei einem ‚Publikum‘ Aufmerksamkeit und Zustimmung für bestimmte Themen und Meinungen zu finden. Politische und ökonomische Interessen der Öffentlichkeitsakteure strukturieren diese Kommunikation ebenso wie die Unterhaltungs- und Orientierungsbedürfnisse eines Publikums, das in marktwirtschaftlich verfaßten Demokratien als Elektorat und Kundschaft strategische Bedeutung besitzt" (Neidhardt 1994, S. 7).

Neidhardts Beschreibung „moderner Öffentlichkeit" macht deutlich, dass diese dadurch geprägt ist, dass bei einer Vielzahl von Adressaten „Aufmerksamkeit und Zustimmung" erlangt werden sollen. Da diese Öffentlichkeit „aus Gesprächen und kommunikativen Handlungsvollzügen von kollektiven Akteuren und Einzelpersonen einer Kommunikationsgemeinschaft hergestellt" (Tobler 2010, S. 48) wird, die sehr unterschiedliche Breitenwirkung entfalten, unterscheidet Tobler drei Öffentlichkeitsebenen. Zum einen beschreibt er „spontane Auseinandersetzungen" (ebd., S. 49) zwischen Kommunikationspartnern, wie sie etwa an Stammtischen, auf dem Markt oder im Zug beobachtet werden können. Zweitens erfolgt Kommunikation im Rahmen von „organisierten Veranstaltungen" (ebd.). Hier führt er als Beispiele Elternabende, Rockkonzerte oder Konferenzen an. Marketingevents oder Sportveranstaltungen, Kundgebungen und Demonstrationen würden ebenfalls in diese Kategorie fallen. Diese beiden Öffentlichkeitsebenen sind „situationsbezogen und von episodischer Natur" (ebd.), entfalten also keine nachhaltige Wirkung für die gesamte Kommunikationsgemeinschaft, wenn sie nicht von der dritten Ebene, der „massenmedialen Öffentlichkeit" (ebd.), dauerhaft integriert werden. Diese Ebene umfasst diejenigen Medien, die vergleichsweise viele Menschen erreichen.

Grundlegend muss folglich unterschieden werden zwischen denjenigen „Kommunikatoren" (Neidhardt 1994, S. 7), denen umfassende Aufmerksamkeit zukommt und die daher eine nachhaltige Breitenwirkung entfalten, und solchen, deren kommunikative Wirkung verhältnismäßig begrenzt ist. Um diesen Unterschied in ein analytisches Bild zu fassen, schreibt Eisenegger von der „Kommunikationsarena Öffentlichkeit" (Eisenegger 2005, S. 56), in der die Akteure von einer „mehr oder weniger große Zahl von Beobachtern" (Neidhardt 1994, S. 7) auf den Zuschauerrängen verfolgt werden. Das zugehörige „arenatheoretische Modell von Öffentlichkeit" bezieht sich wesentlich auf die Ausführungen von Imhof (1996a, 1996b), der die diesem Modell zugrundeliegende Segmentierung öffentlicher Kommunikatoren einführte.

Laut Imhof „generieren und bearbeiten [vor allem Kommunikationszentren] die ‚öffentliche[..] Meinung‘" (Imhof 1996a, S. 220). Er unterscheidet dabei in politische, ökonomisch-kommerzielle und mediale Kommunikationszentren (Imhof 1996b, S. 13f.). Politische Kommunikationszentren sind etwa Regierungsorgane, Parteien, Verbände

(Imhof 1996a, S. 220f., S. 224ff.), zu denen auch Behörden zu zählen sind (Eisenegger 2005, S. 55). Die ökonomisch-kommerziellen Kommunikationszentren umfassen „public relations-Agenturen, Marketingabteilungen, Presse- oder Medienstäbe" (Imhof 1996a, S. 221), deren Aufgabe letztendlich die „möglichst positive[..] Selbstdarstellung" (Eisenegger 2005, S. 56) eines Unternehmens bzw. seiner Produkte ist (Imhof 1996a, S. 234ff.). Die kommunikativen Äußerungen dieser Kommunikationszentren dienen in den meisten Fällen der Markenführung der betreffenden Organisationen. Schließlich werden die medialen Kommunikationszentren beschrieben, also „öffentlich-rechtliche und private Medienunternehmen" (Imhof 1996a, S. 221, S. 229ff.).

Dass die unterschiedlichen Kommunikationszentren nicht unabhängig voneinander agieren, wurde bereits in ► Abschn. 2 deutlich: Einerseits ist zu beobachten, dass deren „Zielpublikum […] konvergiert" (Eisenegger 2005, S. 56), da es aus Menschen besteht, die Bürger, Wähler, Konsumenten, Medienrezipienten usw. sind. Andererseits sind die Kommunikationszentren „funktional und finanziell voneinander abhängig" (Imhof 1996a, S. 221). Dies ist deswegen der Fall, da die politischen und ökonomisch-kommerziellen Kommunikationszentren durch die medialen eine kommunikative Plattformen erhalten. Für diese zahlen sie formal mit Geld. Allerdings liefern sie den Medien auch Inhalte, über die diese berichten können (vgl. hierzu ► Abschn. 2).

Die genannten drei Typen von Kommunikationszentren prägen fundamental den „Sinnzirkel" (Imhof 1996a, S. 222). Das ist derjenige „definitionsmächtige [Bereich] moderner Gesellschaften" (Eisenegger 2005, S. 56), der festlegt, „welche Normen und Werte in einer Gesellschaft gelten sollen" (Tobler 2010, S. 52). Wie Abb. 3 zeigt, tragen allerdings noch weitere Kommunikatoren zum Sinnzirkel bei. Zuvorderst sind dies „teilautonome Sphären oder Spezialöffentlichkeiten" (Imhof 1996a, S. 222), worunter nach Imhof etwa Wissenschaft, Kunst und Religion fallen (ebd., S. 222f., S. 236ff.) und denen erweiternd in modernen Gesellschaften auch der Sport zuzurechnen ist (Könecke 2018).

Die teilautonomen Sphären verfügen über „je eigenständige Diskursstile mit spezialisierten Institutionen, Medien, Foren und Expertenkulturen" (Eisenegger 2005, S. 57) und betrachten den sie betreffenden Teilbereich gesellschaftlicher Kommunikation. Darin unterscheiden sie sich fundamental von den Kommunikationszentren, die sich sämtlichen Teilbereichen widmen (Imhof 1996a, S. 220f.). Eisenegger führt im Rahmen seiner Studie „Reputation in der Mediengesellschaft" aus, dass den teil- oder semiautonomen Sphären eine hohe Glaubwürdigkeit zufällt, weswegen sie bedeutenden Einfluss „auf die Zuweisung bzw. den Entzug von Reputation" (Eisenegger 2005, S. 57) haben können. Dies geschieht dadurch, dass „die semi-autonomen Öffentlichkeitsarenen wissenschaftliche Expertisen, moralische Appelle oder expressive Irritationen [zu den] im Sinnzirkel geführten Auseinandersetzungen beisteuern" (Tobler 2010, S. 53). Diese Beiträge müssen jedoch keinesfalls Bedeutung entfalten und können ggf. auch – abhängig von der Reaktion der Kommunikationszentren – in der öffentlichen Meinungsbildung quasi ungehört verhallen.

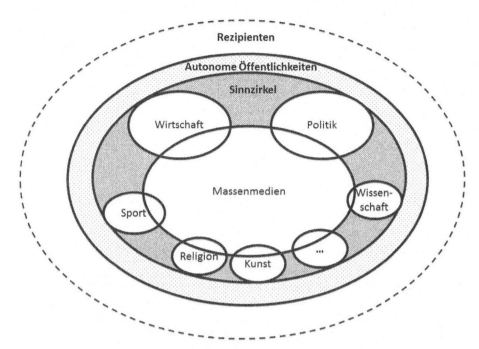

Abb. 3 Erweitertes arenatheoretisches Modell von Öffentlichkeit
Quelle: Könecke 2018, S.112; Bildrechte Könecke 2018

Schließlich umfasst das arenatheoretische Modell noch die „autonomen Öffentlichkeiten"
(Imhof 1996a, S.222). Bei diesen handelt es sich um

> „politisch, kulturell und religiös orientierte soziale Räume, also marginalisierte politische
> Gruppierungen, klassenorientierte Parteien, Avantgarde- und Intellektuellenzirkel sowie
> subkulturelle Millieus[, die] vom Sinnzirkel abweichende Weltinterpretationen [stabilisie-
> ren]" (ebd.).

Da diesen Gruppen sowohl eine historisch gewachsene Reputation als auch eine tiefgreifende Verflechtung mit den wesentlichen Kommunikationszentren fehlen (Eisenegger 2005,
S.57f.), bleiben sie – wie Abb. 3 zeigt – im Sinnzirkel meist außen vor. Es ist ihnen daher
normalerweise nicht möglich, in der Kommunikationsarena umfassend wahrgenommen
zu werden. Allerdings kommen den autonomen Öffentlichkeiten durchaus wesentliche
Funktionen zu:

> „Diese Gegenöffentlichkeiten dienen indirekt dem herrschenden Grundkonsens, denn ein
> hoher Konformitätsdruck im Sinnzirkel benötigt einen klar definierten Gegenpol, und sie
> erhalten marginalisierte Deutungskonfigurationen aufrecht, die in Krisenphasen diffundieren
> können" (Imhof 1996a, S.222).

Für die NGO-Kommunikation kann in Anlehnung an Abb. 3 somit Folgendes festgehalten werden: Die Kommunikationszentren „generieren und bearbeiten die ‚öffentliche[..] Meinung'" (Imhof 1996a, S. 220), wozu die teilautonomen Sphären – denen viele NGOs zuzurechnen sind – ebenfalls regelmäßig aktiv beitragen, wobei deren Beiträge vor allem durch die Aufnahme durch mediale Kommunikationszentren Breitenwirkung entfalten. Die autonomen Öffentlichkeiten – auch diesen sind viele NGOs zuzurechnen – tragen zur Meinungsbildung i. d. R. vor allem dadurch bei, dass sie als Gegenpol fungieren, von dem es sich abzugrenzen gilt. Bedingt durch Krisen können ihre alternativen Entwürfe jedoch konsensual im Sinnzirkel aufgegriffen werden, wodurch – evtl. nur vorübergehend – Breitenwirkung erreicht werden kann.

Diese Gelegenheiten sollten dann genutzt werden, um bedeutende Themen möglichst nachhaltig auf den in Abb. 3 geschilderten Medienmärkten zu platzieren und dadurch im Sinnzirkel zu verankern. Derart kann dessen folgende Funktion bei der NGO-Kommunikation nachhaltig nutzbar gemacht werden: „Der Sinnzirkel regeneriert und stabilisiert [..] laufend die Realitätskonstruktion der Gesellschaftsmitglieder" (Imhof 1996a, S. 222). Themen nachhaltig auf Medienmärkten und somit im Sinnzirkel zu platzieren bedeutet also, (gesamt)gesellschaftliche Realitätskonstruktion zu gestalten. Obwohl diese wesentlich durch die Kommunikationszentren geprägt wird, zeigen diese kurzen Ausführungen, dass auch NGOs, die den semiautonomen oder den autonomen Sphären zuzurechnen sind, die Themenauswahl im und die Meinungsbildung durch den Sinnzirkel beeinflussen können.

Hierbei kann von Bedeutung sein, dass die aufgegriffenen Themen keinesfalls durchgehend konsensual diskutiert werden. Es finden sich eher im Gegenteil sehr häufig unterschiedliche Interpretationsansätze. Obwohl Meinungsverschiedenheiten also durchaus ausgetragen werden können, ist es für *stark* abweichende Interpretationen meist sehr schwer von den relevanten Kommunikateuren aufgegriffen werden.

3.2   Dominanz weniger Leitmedien und Interpretationsmuster

Da Meinungsbildungsprozesse nicht nur auf gesellschaftlicher Ebene stattfinden, kann das arenatheoretische Modell auch auf Teilbereiche einer Gesellschaft – wie beispielsweise für NGOs relevante Interessensgruppen – übertragen werden. Das bedeutet, dass z. B. sehr viele regionale oder soziale Teilgruppierungen einer Gesellschaft über jeweils eigene „Öffentlichkeitsarenen" verfügen. Diese stellen Teilbereiche der gesamtgesellschaftlichen Öffentlichkeitsarena dar. Wie für die gesamtgesellschaftliche Arena gilt auch für diese Teilarenen, dass die „Definitionsmacht" (Tobler 2010, S. 52) darüber, was „in den [verschiedenen] Öffentlichkeitsarenen" (ebd.) Gehör findet, nur wenigen Meinungsbildnern zufällt. Außerdem gilt, dass die Massenmedien im Meinungsbildungsprozess grundsätzlich auch in diesen Teilarenen eine herausragende Rolle einnehmen.

Wie Abb. 3 entnommen werden kann, liegt das daran, dass Massenmedien als einziges gesellschaftliches Teilsystem umfassend andere Teilsysteme kommunikativ integrieren. Möglich ist dies, da sie „Kommunikationsereignisse produzier[en], die [...] auf allen Ebenen von Öffentlichkeit Anschlusskommunikation auszulösen vermögen" (Tobler 2010, S. 48). Anschlusskommunikation erfolgt jedoch nicht nur durch die Rezipienten oder andere Akteure im Sinnzirkel. Einem kommunikativen Zirkel gleich findet diese auch in den Massenmedien selbst statt (ebd., S. 55). Dies führt oft dazu, dass „die verschiedenen Medien in hinreichendem Ma[ße] zeitgleich gleiche Kommunikationsereignisse produzieren" (ebd., S. 56). Daher kann die Kommunikationsarena als eine „kommunikative Verdichtungszone" (ebd.) gesehen werden, in der nur ein begrenzter „Bestand gemeinsam geteilter Aufmerksamkeits- und Relevanzstrukturen" (ebd.) dominiert. Folglich sind die Anzahl der ausführlich betrachteten Themen und die dazu angebotenen interpretativen Ansätze überschaubar.

Das heißt allerdings nicht, dass *alle* Medien grundsätzlich in gleicher Form oder über die gleichen Themen berichten würden. „Special-interest-Medien" (Tobler 2010, S. 55) beispielsweise, also diejenigen Medien, die „als systemeigene Medien thematisch spezifizierter Öffentlichkeitsarenen" (ebd.) fungieren, orientieren sich an den Relevanzstrukturen ihrer jeweiligen gesellschaftlichen Teilbereiche. So berichten Sportmedien etwa über für die Kommunikationsarena des Sports und Wissenschaftsmedien über für die Wissenschaftsarena bedeutende Themen. In gleicher Weise berichten Lokal- und Regionalzeitungen vornehmlich über ihre Öffentlichkeitsarenen – also Verbreitungsgebiete – betreffende Sachverhalte.

> „Im Unterschied dazu fokussieren General-interest-Medien wie Qualitätszeitungen, Forumszeitungen, Fernseh- und Radiovollprogramme, teilweise auch die Boulevardmedien, den gesamten Ausschnitt gesellschaftlicher Wirklichkeit. Indem General-interest-Medien über Politik, Wirtschaft, Sport, Wissenschaft, Kultur etc. berichten, vernetzen sie die sachlich getrennten Arenen, indem sie hier wie dort Anschlusskommunikation auslösen können. Medien können auch in sozialer Hinsicht als Leitmedien und Folgemedien unterschieden werden. Als Leitmedien einer Medienarena gelten Medien, die von anderen Medien besonders stark beobachtet und zitiert werden und von einem breiten und allgemeinen Publikum wie auch von den unterschiedlichen Eliten der Politik, Wirtschaft, Wissenschaft, Religion etc. benutzt werden" (Tobler 2010, S. 55).

Festzuhalten ist, dass eine überschaubare Anzahl von Massenmedien in der gesamtgesellschaftlichen Kommunikationsarena bestimmten Themen und interpretativen Ansätzen dadurch Bedeutung zukommen lässt, dass sie wechselseitig darüber berichtet. Für die Kommunikationsarenen gesellschaftlicher Teilbereiche gilt dies auch, wobei diese sich an der jeweiligen Kommunikations- und Handlungslogik des Teilsystems sowie an der gesamtgesellschaftlichen Kommunikationsarena orientieren. Da moderne Massenmedien in sämtlichen Sinnzirkeln meinungsbildend und -integrierenden wirken, kann daher davon ausgegangen werden, dass auch viele NGOs sich massenmedial vermittelten Mustern anschließen bzw. an diese anknüpfen. In ▶ Abschn. 2 wurde dies etwa daran deutlich, dass sie als Werbekunden dafür zu zahlen bereit sind, in der medialen Kommunikation eigene Botschaften platzieren zu können. Außerdem versuchen sie die mediale Berichterstattung durch aktiv eingebrachte Angebote auf dem Inhaltebeschaffungsmarkt zu beeinflussen.

Wie bei dieser aktiven Gestaltung medialer Kommunikation spielen vor allem bei deren passiver Variante – also der nicht aktiv gestalteten Auswahl als Nachrichteninhalt auf dem Inhaltebeschaffungsmarkt – die in ▶ Abschn. 2 betrachteten strukturellen Logiken von Medienmärkten eine Rolle. Da allerdings keinesfalls nur strukturelle Überlegungen bedeutsam sind, wenn die Frage zu beantworten ist, wie NGOs im Sinnzirkel Gehör finden bzw. Medieninhalte platzieren können, wird nachfolgend noch ein kurzer Blick auf einen analytischen Ansatz zur inhaltsbezogenen Erklärung der Auswahl von Medieninhalten geworfen.

4   Nachrichtenwert-Theorie und Nachrichtenfaktoren

„Unter Nachrichtenwert versteht [man] die Publikationswürdigkeit von Ereignissen, die aus dem Vorhandensein und der Kombination verschiedener Ereignisaspekte resultiert" (Staab 1990, S. 41). Der Nachrichtenwert beeinflusst die Publikationsentscheidung von Journalisten und anderen Medienakteuren. Diese geben i. d. R. einer Meldung mit höherem Nachrichtenwert den Vorzug vor einer mit niedrigerem Nachrichtenwert, da dadurch größeres Interesse seitens der Rezipienten und somit eine breitere Rezeption der Meldung wahrscheinlich werden.

Der deutsche Begriff „Nachrichtenwert" geht auf die Bezeichnung „news value" (Lippmann 1965 [1922], S. 220) zurück, die Lippmann in seinem 1922 erschienenen Werk „Public Opinion" erstmals verwendete (Kepplinger 1989, S. 3; Staab 1990, S. 41). Die Nachrichtenwert-Theorie ist somit deutlich älter, als häufig kolportiert wird (Kepplinger 1989, S. 3f.) und steht seit vielen Jahrzehnten im wissenschaftlichen Fokus. Eine sehr kompakte Vorstellung der Entwicklung der Nachrichtenwert-Theorie und verschiedener Modelle der Nachrichtenauswahlforschung findet sich bei Kepplinger (1989). Die amerikanischen und europäischen Forschungstraditionen stellt z. B. Staab (1990, S. 40ff.) ausführlich dar. Einen aktuelleren Überblick über „Entwicklung und Stand der Nachrichtenwertforschung" bietet das gleichnamige Kapitel bei Uhlemann (2012, S. 29ff.).

Das verbindende Element der verschiedenen Ansätze ist die Frage nach den Gründen für die Auswahl von Medieninhalten. Zur Verdeutlichung sei beispielhaft Merz genannt, der in einer frühen Analyse der Titelgeschichten der New York Times Mitte der 1920er Jahre die Merkmale Konflikthaltigkeit, Personalisierung und Prominenz als bedeutend identifizierte (Kepplinger 1989, S. 3). Derartige Merkmale werden als „Nachrichtenfaktoren" (Uhlemann 2012, S. 29) bezeichnet. Inzwischen kann als „zusammenfassend relativ gut nachgewiesen [gelten], dass sich die in Tab. 1 aufgeführten Faktoren positiv auf die Auswahlwahrscheinlichkeit eines Ereignisses zur Nachricht bzw. die Intensität der Aufbereitung einer Nachricht auswirken" (ebd., S. 66).

Tab. 1 Auflistung relevanter Nachrichtenfaktoren

Nachrichtenfaktor	Beschreibung
Individualisierung – Personalisierung	Das Ausmaß der individuellen bzw. persönlichen Informationen, die über eine Person (oder auch „vermenschlichte" Tiere, Pflanzen oder Gegenstände) bzw. eine vergleichsweise überschaubare Gruppe von Individuen (z. B. eine Familie oder einen Freundeskreis) preisgegeben wird.
Status – Einfluss – Macht	Die Bedeutung des Orts des Geschehnisses und/oder der Einfluss einer mit dem Geschehnis verbundenen Person (aufgrund ihres Amtes oder ihrer Bekanntheit).
Nähe – Ethnozentriertheit	Die politische, räumliche, wirtschaftliche und/oder kulturelle Nähe des Orts und/oder des Gegenstands des Geschehens.
Faktizität	Ein konkreter Gegenstand des Geschehens.
Reichweite	Eine große Anzahl von beteiligten oder direkt betroffenen Personen.
Erfolg – Nutzen	Das Ausmaß des tatsächlichen oder potentiellen Nutzens, zu dem das Ereignis führt.
Konflikt – Kontroverse – Aggression – Schaden	Das Ausmaß, mit dem eine Schädigung/Zerstörung des Gegenstands bei einem Ereignis akzeptiert bzw. angestrebt wird oder wurde.

Quelle: leicht modifiziert und ergänzt nach Uhlemann 2012, S. 66

Bezüglich des Verständnisses der Nachrichtenfaktoren ist zu beachten, dass Medienakteure bei ihrer Auswahlentscheidung i. d. R. die Folgewirkungen dieser Entscheidung im Blick haben (Kepplinger 1989, S. 11). Daher können Nachrichtenfaktoren nicht nur als Ursachen von Publikationsentscheidungen, sondern auch als deren Resultat angesehen werden:

> „Journalisten wählen [..] Ereignisse oder Meldungen nicht nur deshalb aus, weil sie bestimmte Eigenschaften (Nachrichtenfaktoren) besitzen, sie sprechen auch Ereignissen oder Meldungen, die sie [...] auswählen, diese Eigenschaften erst zu oder heben sie besonders hervor, um dem jeweiligen Beitrag ein besonderes Gewicht zu geben" (Staab 1990, S. 98).

Außerdem ist zu beachten, dass das Bewusstsein für den Wert von Nachrichtenfaktoren nicht nur seitens der Entscheider auf medialer Seite gegeben ist. Vielmehr kann beobachtet werden, dass bestimmte Akteure „Ereignisse eigens zum Zweck der Berichterstattung" (Kepplinger 1989, S. 10) inszenieren. Die erwartete Berichterstattung ist in diesem Falle „Ursache des Ereignisses und der Nachrichtenfaktoren als dessen Eigenschaften" (Uhlemann 2012, S. 41), weshalb „von einer instrumentellen Inszenierung von Ereignissen" (Kepplinger 1989, S. 10) gesprochen werden kann.

Eine derartige Inszenierung dürfte wesentlich durch die Publikationspraxis der Medien beeinflusst werden, deren Aufmerksamkeit geweckt werden soll. Das heißt, dass auch medienferne Akteure – wie beispielsweise NGOs – in ihrer medienorientierten Kommunikation bzw. ihrer Medienarbeit diejenigen Nachrichtenfaktoren betonen, die sie selbst – bewusst oder unbewusst – in der bisherigen Berichterstattung erkannt zu haben glauben.

> „Die in den Massenmedien dargestellte Realität ist somit auch eine Folge der Art der erwarteten Berichterstattung, die sich ihrerseits wieder aus der sonst üblichen Berichterstattung ergibt und es schließt sich der Kreis der gegenseitigen Beeinflussung" (Uhlemann 2012, S. 41).

Diesen Zusammenhang fasst Kepplinger folgendermaßen zusammen: „Die Realität, über die die Massenmedien berichten, ist zum Teil auch eine Folge der vorangegangenen Berichterstattung" (Kepplinger 1989, S. 13; vgl. z. B. auch Tobler 2010, S. 38).

Es ist relativ offensichtlich, dass die Kommunikation von NGOs sehr wesentlich von denjenigen Erkenntnissen beeinflusst wird, die in der Nachrichtenwert-Theorie zusammengefasst sind. So wurde deutlich, dass Nachrichtenfaktoren nicht nur das Kommunikations- und Auswahlverhalten von Medienakteuren prägen. Vielmehr beeinflussen diese – häufig auch unbewusst – ganz allgemein die Kommunikationsentscheidungen, welche bezogen auf Medien und die mediale Informationsverbreitung getroffen werden. Daraus folgt, dass NGOs im Rahmen ihrer medienbezogenen Kommunikation permanent mit den in Tab. 1 aufgeführten Nachrichtenfaktoren arbeiten. Außerdem sind diese eben bei der – aus Perspektive der NGOs passiven – Auswahl von Medieninhalten durch Medienakteure von zentraler Bedeutung. Dies wird z. B. dann deutlich, wenn von NGOs bedeutende Themen mit Personen verbunden werden oder NGOs sich prominenter Testimonials bedienen, um für sie wichtige Themen öffentlichkeitswirksam zu platzieren. Neben weiteren Funktionen erfüllt diese „Personalisierung" den Zweck, für die vermittelten Inhalte durch Nutzung dieses Nachrichtenfaktors eine höhere Aufmerksamkeit zu erlangen.

5   Fazit

Breitenwirksame NGO-Kommunikation wird in medial geprägten Gesellschaften grundlegend durch die in ▸ Abschn. 2 beschriebenen Spezifika von Medienmärkten, die Besonderheiten der Meinungsbildung und -beeinflussung, welche das arenatheoretische Modell von Öffentlichkeit zum Inhalt hat (▸ Abschn. 3), und die in der Nachrichtenwert-Theorie (▸ Abschn. 4) zusammengefassten Besonderheiten medialer Selektionsrationalitäten beeinflusst. Obwohl und gerade weil diese Beeinflussung oftmals nicht bewusst vonstattengeht, sollten die in diesem Kapitel beschriebenen Zusammenhänge elementare Wissensbestände durchdachter NGO-Kommunikation in modernen Mediengesellschaften darstellen und bei dieser berücksichtigt werden. Das bedeutet, dass die Aktivitäten, welche NGOs auf dem Werbe- und dem Inhaltebeschaffungsmarkt (▸ Abschn. 2) entfalten, in diese Erkenntnisse eingebettet werden sollten.

Moderne Gesellschaften werden durch enorm schnelle Informationsverbreitungsprozesse geprägt, die keinesfalls umfassend gesteuert, durchaus aber im Rahmen gewisser

Möglichkeiten beeinflusst werden können. Wie in ▶ Abschn. 2 dargelegt wurde, bedeutet das für NGOs z. B., dass diese nicht nur als aktive, sondern auch als passive „Lieferanten" auf dem Inhaltebeschaffungsmarkt fungieren. Daraus folgt, dass NGO-Kommunikation als gesamtorganisationale Aufgabe verstanden werden muss, die gerade nicht nur den einschlägigen Fachabteilungen bzw. verantwortlichen Personen obliegt – wenngleich diesen natürlich eine herausragende Bedeutung bei strategischen Planung und Koordination der aktiven Inhaltebereitstellung gemäß ▶ Abschn. 2 zukommt. Es ist vielmehr so, dass NGO-Kommunikation sehr weitgehend als wesentliche organisationale Aufgabe zu verstehen ist, da sämtliche mit einer NGO in Verbindung gebrachten Informationen durch mediale Weiterverbreitung ein bedeutender Medieninhalt werden und derart über die Wahrnehmung im Sinnzirkel die gesellschaftliche Meinungsbildung nachhaltig beeinflussen können.

Literatur

Burkart, R. (2002). *Kommunikationswissenschaft: Grundlagen und Problemfelder. Umrisse einer interdisziplinären Sozialwissenschaft.* UTB: Vol. 2259. Wien: Böhlau.

Eisenegger, M. (2005). *Reputation in der Mediengesellschaft: Konstitution – Issues Monitoring – Issues Management.* Wiesbaden: VS Verlag für Sozialwissenschaften.

Imhof, K. (1996a). Intersubjektivität und Moderne. In K. Imhof & G. Romano (Hrsg.), Die Diskontinuität der Moderne. Zur Theorie des sozialen Wandels (S. 200-292). Frankfurt am Main: Campus-Verlag.

Imhof, K. (1996b). „Öffentlichkeit" als historische Kategorie und als Kategorie der Historie. *Schweizerische Zeitschrift für Geschichte, 46*(1), 3-25.

Jandl, F. (2013). Produktpiraterie. Hartnäckiger Kampf um Wissensvorsprung und Image. *Unternehmensjurist, 3* (5), 48-51.

Kepplinger, H. M. (1989). Theorien der Nachrichtenauswahl als Theorien der Realität. Aus Politik und Zeitgeschichte. *Beilage zur Wochenzeitung Das Parlament, 39*(15), 3-16.

Könecke, T. (2018). *Das Modell der personenbezogenen Kommunikation und Rezeption – Beeinflussung durch Stars, Prominente, Helden und andere Deutungsmuster.* Wiesbaden: Springer Gabler.

Koschnick, W. J. (2010). Medienkonvergenz: Zusammenwachsen von Fernsehen, Internet, Telekommunikation. https://www.bpb.de/system/files/...pdf/GuS_37_Medienkonvergenz.pdf. Zugegriffen: 22.02.2015.

Kubicek, H., Schmid, U., & Wagner, H. (1997). *Bürgerinformation durch „neue" Medien?: Analysen und Fallstudien zur Etablierung elektronischer Informationssysteme im Alltag.* Opladen: Westdeutscher Verlag.

Lippmann, W. (1922). Public Opinion. http://www.gutenberg.org/cache/epub/6456/pg6456.html. Zugegriffen: 10. April 2014.

Neidhardt, F. (1994). Öffentlichkeit, öffentliche Meindung, soziale Bewegungen. In F. Neidhardt (Hrsg.), *Kölner Zeitschrift für Soziologie und Sozialpsychologie*: Sonderhefte: Vol. 34. Öffentlichkeit, öffentliche Meinung, soziale Bewegungen (S. 7-41). Opladen: Westdeutscher Verlag.

Schneider, M., & Ermes, C. (2013). Einleitung: Management von Medienunternehmen zwischen Konvergenz und Crossmedia. In M. Schneider (Hrsg.), *Management von Medienunternehmen*

[Elektronische Ressource]. Digitale Innovationen – crossmediale Strategien (S. 9-27). Wiesbaden: Springer Gabler.

Schunk, H., & Könecke, T. (2014). Betrachtung ausgewählter Entwicklungen der monetären Markenbewertung sowie Überlegungen zur wertbasierten Markenführung im Sport. In H. Preuß, F. Huber, H. Schunk, & T. Könecke (Eds.), Marken und Sport – Aktuelle Aspekte der Markenführung im Sport und mit Sport (S. 413-431). Wiesbaden: Springer Gabler.

Staab, J. F. (1990). Nachrichtenwert-Theorie: Formale Struktur und empirischer Gehalt. Freiburg: Alber.

Tobler, S. (2010). Transnationalisierung nationaler Öffentlichkeit [Elektronische Ressource]: Konfliktinduzierte Kommunikationsverdichtungen und kollektive Identitätsbildung in Europa. Wiesbaden: VS Verlag für Sozialwissenschaften.

Uhlemann, I. A. (2012). Der Nachrichtenwert im situativen Kontext [Elektronische Ressource]: Eine Studie zur Auswahlwahrscheinlichkeit von Nachrichten. Wiesbaden: VS Verlag für Sozialwissenschaften.

Wirtz, B. W. (2006). Medien- und Internetmanagement [Elektronische Ressource]. Wiesbaden: Gabler.

Wirtz, B. W. (2011). Medien- und Internetmanagement. Wiesbaden: Gabler.

Vertrauensforschung für NGOs
NGO-Trust Index und NGO-Trust Map

Christine Viertmann und Julia Wölfer

Zusammenfassung

Die Visualisierung und Analyse kommunikativer Prozesse wird für Non-Governmental Organisations (NGOs) immer wichtiger. Der gesamte Sektor befindet sich in einem Professionalisierungsprozess. Effizienz und Effektivität spielen eine zentrale Rolle in der Außendarstellung der Organisationen. Dieser Beitrag widmet sich dem medienvermittelten Vertrauen in NGOs. Ein auf Basis der Theorie des öffentlichen Vertrauens (Bentele 1994) entwickeltes, inhaltsanalytisches Messinstrument, der NGO-Trust Index (NGO-TI) und die Ergebnis-Visualisierung in der NGO-Trust Map (Wohlgemuth et al. 2013), werden vorgestellt, getestet und diskutiert. Der Methodentest erfolgt anhand einer vergleichenden Fallstudie zur deutschen Sektion des Kinderhilfswerks der Vereinten Nationen (Unicef Deutschland) und der deutschen Umweltstiftung des World Wide Fund for Nature (WWF).

1   NGOs und öffentliches Vertrauen – Warum Unicef?

Die mediale Vertrauenskrise[1] der deutschen Sektion des Kinderhilfswerks der Vereinten Nationen (Unicef Deutschland) offenbarte die Abhängigkeit gemeinwohlorientierter Organisationen von medial vermitteltem Vertrauen: Eine vergleichbar breite Negativberichterstattung über eine Non-Profit-Organisation hatte es in Deutschland bis zum Zeitpunkt der Diskussion um hohe Beraterhonorare und den Führungskonflikt des Kinderhilfswerks noch nicht gegeben. Vom Auftaktartikel in der Frankfurter Rundschau am 28. November

---

[1] Seeger et al. definieren *Krise* als „specific, unexpected and nonroutine organizationally based event or series of events which creates high levels of uncertainty and threat or perceived threat to an organization's high priority goals" (1998, S. 233).

© Springer Fachmedien Wiesbaden GmbH 2018
N. Remus und L. Rademacher (Hrsg.), *Handbuch NGO-Kommunikation*,
https://doi.org/10.1007/978-3-531-18808-9_25

2007 bis zum Entzug des DZI-Spendensiegels[2] am 20. Februar 2008 wurden über 5.000 Print-Artikel veröffentlicht. Die Organisation verlor mehr als 20.000 Fördermitglieder. Die Folge war ein Spendenrückgang von ca. 20 Mio. Euro (Wohlgemuth und Bentele 2012, S. 3; Wohlgemuth 2010). Außerdem zeigte die Analyse, dass die Krise auf „die Branche" abstrahlte (Wohlgemuth und Bentele 2012, S. 20). Bieth bestätigt, dass der „Unicef-Skandal" den Verlust der „medialen Unschuld" von Non-Governmental-Organisations (NGOs) einläutete und Journalisten aufgrund des Ereignisses heute kritischer auf gemeinnützige Organisationen blicken (Bieth 2012, S. 269).

Dieser Beitrag widmet sich dem durch Medien vermittelten Vertrauen in NGOs. Ein auf Basis der Theorie des öffentlichen Vertrauens (Bentele 1994) entwickeltes, inhaltsanalytisches Untersuchungsinstrument (Wohlgemuth et al. 2013), der NGO-Trust Index (NGO-TI)[3] und die Ergebnis-Visualisierung in der NGO-Trust Map sollen präsentiert, getestet und diskutiert werden. Aufbauend auf Vorgängerstudien wurden Fallstudien zu Unicef Deutschland und der deutschen Sektion des World Wide Fund for Nature (WWF) durchgeführt. Während der NGO-Status für den WWF unstrittig ist, bedarf es bei Unicef einer umfassenderen Begründung, warum diese Organisation beispielhaft als „NGO" herangezogen wurde.

Um dem von Klein et al. beschriebenen, „terminologischen Durcheinander" (2005, S. 13) innerhalb der NGO-Forschung entgegenzuwirken, muss darauf hingewiesen werden, dass Unicef lediglich vier von fünf Kriterien einer NGO erfüllt: (1) das Organisationsziel ist dem gesellschaftlichen Gemeinwohl gewidmet, (2) die Organisation weist keine Gewinnorientierung auf, (3) die Organisation besitzt keine direkte politische Macht und (4) setzt ihre finanziellen Mittel zweckgebunden ein. Aufgrund der Bindung an die Vereinten Nationen und die damit nicht vollständig gegebene (5) Unabhängigkeit von anderen Organisationen und Staaten müsste Unicef eher als Inter-Governmental Organisation (IGO) bezeichnet werden.

Die Unicef-Vertrauenskrise zeigte aber, dass die veröffentlichte Meinung keinen Unterschied zwischen genuinen NGOs oder NGO-Abweichlern macht (vgl. Frantz und Martens 2006, S. 40fff.). Für die vorliegende Studie bedeutet diese Erkenntnis konkret, dass sich die mediale Vertrauenskonstitution von NGOs an einer breiten Definition des NGO-Begriffs orientieren muss. Eine solche wird beispielsweise durch verschiedene Organe der UN vertreten (UNRIC 2013). Um dennoch strukturelle Unterschiede innerhalb dieser heterogenen Gruppe von Organisationen abbilden zu können und verschiedene Organisationsphilosophien sichtbar zu machen, wurde in Anlehnung an Frantz und Martens, Lindenmayer und die Weltbank (Frantz und Martens 2006, S. 46ff.; Lindenmayer 2008, S. 37; World Bank 2001) ein *NGO-Cluster* für die inhaltliche Klassifizierung von NGOs entwickelt. Mit dieser Matrix wird es möglich, verschiedene Organisationstypen vertikal zwischen den Polen *Operational* und *Anwaltschaftlich* handelnd und einem horizontalen Geltungsbereich

---

2   Prüfsiegel des Deutschen Zentralinstituts für soziale Fragen, das derzeit etwa 260 gemeinnützige Organisationen tragen (DZI 2013).

3   Die Entwicklung des NGO-TI wurde innerhalb eines Forschungsprojektes im Rahmen des Masterstudiengangs Communication Management an der Universität Leipzig durchgeführt und durch Unicef Deutschland unterstützt. (vgl. Wohlgemuth et al. 2013).

zwischen den Organisationsmaximen *Top-Down* und *Bottom-Up* zu verorten (vgl. Abb. 1.1). Eine Unterscheidung von NGOs hinsichtlich ihrer inhaltlichen Positionierung, dem Dachthema, ist durch die ICNPO-Klassifikation[4] möglich (Salamon und Anheier 1996, S. 7).

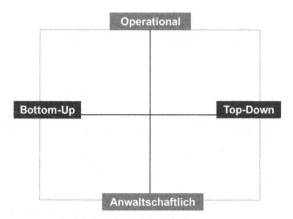

Abb. 1   NGO-Cluster (Wohlgemuth et al. 2013, S. 121)

2   Forschung zum öffentlichen Vertrauen

2.1   Die Theorie öffentlichen Vertrauens

Benteles Theorie des öffentlichen Vertrauens bezieht sich auf die übergreifenden Ansätze zum sozialen Vertrauen von Luhmann (1973), Giddens (1990) und Coleman (1982; 1991). Öffentliches, durch Medien vermitteltes Vertrauen wird im Unterschied zu interpersonalem Basisvertrauen erst im Zuge der massenmedialen Öffentlichkeit möglich.

Bentele unterscheidet drei Typen öffentlichen Vertrauens: System-, Organisations-/ Institutions- und Personenvertrauen. Systemvertrauen bezieht sich auf gesellschaftliche Teilsysteme, wie Politik, Wirtschaft oder das Gesundheitssystem. Institutionen- bzw. Organisationsvertrauen beschreibt das Vertrauen in konkrete Unternehmen oder Institutionen. Öffentliches Personenvertrauen meint den Mechanismus des Vertrauensprozesses bezogen auf öffentliche Personen. Öffentliches Vertrauen wird definiert als:

---

4   Kategorien für Non-Profit-Organisationen (NPOs) der ICNPO (International Classification of Nonprofit Organizations) umfassen „Culture and Recreation; Education and Research; Health; Social Services; Environment; Development and Housing; Law, Advocacy and Politics; Philanthropic Intermediaries and Voluntarism Promotion; International; Religion; Business and Professional Associations, „Unions" und „Not Elsewhere Classified". Diese NPO-Systematik wurde von den Wissenschaftlern des John Hopkins Institute for Policy Studies, Salamon und Anheier (1996), entwickelt.

Mechanismus zur Reduktion von Komplexität, in dem öffentliche Personen, Institutionen und das gesamte gesellschaftliche System in der Rolle des ‚Vertrauensobjekts' fungieren. Öffentliches Vertrauen ist ein medienvermittelter Prozeß [sic!], in dem ‚Vertrauenssubjekte' zukunftsgerichtete Erwartungen haben, die stark von vergangenen Erfahrungen geprägt sind (Bentele 1994, S. 141).

Nach diesem Verständnis konstituiert sich öffentliches Vertrauen als ein medienvermittelter Prozess, aber auch als ein Ergebnis innerhalb moderner Informations- und Kommunikationsprozesse (Bentele und Seidenglanz 2008, S. 346). Vertrauenssubjekte (Vertrauende), Vertrauensobjekte (diejenigen, denen vertraut wird) und Vertrauensvermittler (Journalismus und Public Relations) beeinflussen diesen Prozess. Verarbeitete Ereignisse bzw. Sachverhalte in Texten und Botschaften bilden die inhaltliche Grundlage des Vertrauensprozesses (Bentele 1994, S. 141).

Der „Vertrauenswert" einer medial präsenten Person, Organisation oder eines gesellschaftlichen (Teil-)Systems wird durch das Vorhandensein und die Bewertung von Vertrauensfaktoren beeinflusst. Ausgehend von Fallstudien zum öffentlichen Vertrauen von Sommer (2005) und Smirek (2006) konnten sieben Vertrauensfaktoren als maßgeblich für die empirische Analyse öffentlichen Vertrauens identifiziert werden, die sich wiederum in drei Vertrauensdimensionen systematisieren lassen: *Fachspezifische Vertrauensfaktoren* (Fachkompetenz und Problemlösungskompetenz), *Sozialpsychologische Vertrauensfaktoren* (Soziales Verhalten, Kommunikationsverhalten und Charakter) und *Ethisch-normative Vertrauensfaktoren* (Ethisch-normatives Verhalten und Verantwortungsbewusstsein). Mit zunehmender Präsenz von möglichst positiv bewerteten Vertrauensfaktoren steigt die Wahrscheinlichkeit der Vertrauensbildung und der Vertrauenskonstitution. Dementsprechend steigt durch das Fehlen der Faktoren bzw. durch eine negative Bewertung die Wahrscheinlichkeit des Vertrauensverlustes und der Vertrauensdekonstitution (Bentele 1994, S. 145).

Darüber hinaus werden sechs verschiedene Typen von kommunikativen Diskrepanzen in der Berichterstattung unterschieden, die sich negativ auf die Vertrauensbildung auswirken können. Bei Diskrepanzen handelt es sich um irritierende Beziehungen zwischen einer Referenz und einem auf die Referenz bezogenen, kontrastierenden Element (vgl. Seiffert et al. 2011, S. 352). Diese beinhalten Widersprüche bzw. Inkonsistenzen (1) in der Kommunikation eines Akteurs, (2) in der Kommunikation verschiedener Akteure, (3) zwischen Kommunikation und Sachverhalt, (4) zwischen Kommunikation und Handeln, (5) zwischen verschiedenen Handlungen sowie (6) zwischen Handlungen und gesellschaftlichen Normen.

2.2   Vertrauensmessung für Wirtschaftsunternehmen – Der Corporate Trust Index (CTI)

Ausgehend von mehr als zehn empirischen Fallstudien (Sassen 2011), die sich mit der Analyse von Vertrauenskrisen in Wirtschaft und Politik auseinandersetzten, folgte die erste fortlaufende und systematische Untersuchung von Vertrauenswerten durch den „Corporate

Trust Index" (CTI).[5] Untersucht werden die Vertrauenswerte der DAX-30 Unternehmen. Mit Hilfe einer speziellen Analysesoftware werden 15 meinungsführende Printmedien nach den sieben Vertrauensfaktoren (s. o.) durchsucht. Diese werden durch den Codierer mit Hilfe einer Skala von +100 bis -150 als negativ, neutral oder positiv bewertet. Dabei beinhaltet der CTI-Wert die Qualität der Medienberichterstattung der letzten 30 Tage für jedes der DAX-30 Unternehmen. Sowohl explizite Kommunikatorbewertungen als auch mediale Forderungen und Darstellungen von Erfolg bzw. Misserfolg werden codiert. Damit macht der CTI-Wert die veröffentlichte Meinung sichtbar (PMG Pressemonitor 2013). Neben den Vertrauensfaktoren werden auch bestimmte Themenkomplexe und Akteure bzw. deren Attributbeschreibungen und -bewertungen codiert, z. B. von den Vorstandsvorsitzenden der Unternehmen (PMG Pressemonitor 2013).

Die methodischen Grenzen der Analyse von Vertrauensfaktoren liegen vor allem in der Tatsache begründet, dass ohne weitere empirische Untersuchungen keine Aussagen über das tatsächliche Vertrauen von Mediennutzern oder Journalisten getroffen werden können. Der CTI ist ein operationalisierbares Analyseinstrument, das lediglich als Indikator für den öffentlichen Meinungsbildungsprozess betrachtet werden kann. Die begründeten Annahmen über Wirkungszusammenhänge zwischen den erhobenen CTI-Werten und dem tatsächlichen Vertrauen des Publikums sind noch nicht ausreichend erforscht.

2.3 Vertrauensmessung für NGOs – Methodik der Vorgängerstudien

Für die Presse- und Medienarbeit von NGOs ist Vertrauen eine Grundvoraussetzung. Je bekannter und einflussreicher eine Nichtregierungsorganisation ist, desto eher muss sie sich öffentlich legitimieren und das ihr entgegengebrachte, oft ungeprüfte Vertrauen rechtfertigen (Debiel und Sticht 2005, S. 141). Bieth (2012) bewertet in ihrer Studie zum Verhältnis von Medien und NGOs Glaubwürdigkeit als grundlegenden Erfolgsfaktor für den Zugang zur journalistischen Berichterstattung (Bieth 2012, S. 269). Glaubwürdigkeit ist als Teilphänomen von Vertrauen (Bentele 1998) für NGOs eine *conditio sine qua non*. Während Wirtschaftsunternehmen Produkte oder Dienstleistungen von ihrem Organisationsimage abkoppeln können, bleiben NGOs in all ihren Aktivitäten mit ihrer gemeinnützigen Zielsetzung verbunden. Die ethisch-moralische Vorbildfunktion dieses Organisationstyps und damit das „gute Gewissen" des Spenders sind leicht erschütterbare Werte. Sie bilden gleichzeitig die existenzielle Voraussetzung für eine NGO, sich ihrem eigentlichen Ziel widmen zu können. Trotz dieser einzigartigen Bedeutung kommunikativer Prozesse für NGOs wird das Thema NGO-Kommunikationsmanagement von der Forschungsgemeinschaft für Organisationskommunikation und Public Relations eher vernachlässigt (Bieth 2012, S. 16). Ausgehend von dieser Forschungslücke wurde die

---

5   Im Rahmen einer Kooperation der Presse-Monitor GmbH mit dem Institut für Kommunikations- und Medienwissenschaft der Universität Leipzig und dem Online-Magazin manager-magazin. de als Medienpartner wird seit 2006 der sog. CTI-Wert erhoben.

Methodik des Corporate Trust Index in einer Fallstudie erstmals auf eine Non-Profit-Organisation bezogen. Gegenstand der Studie war die Untersuchung des Vertrauensverlusts des Deutschen Kinderhilfswerks Unicef innerhalb des definierten Krisenzeitraums vom 28. November 2007 bis zum 21. Februar 2008 (Wohlgemuth 2010). Die folgende methodische Erläuterung dieser Studie eröffnet einen ersten Einblick in die operative Umsetzung und Weiterentwicklung der Messung öffentlichen Vertrauens in NGOs.

Als Untersuchungseinheiten dienten insgesamt 334 Presseartikel in 13 Printmedien.[6] Das Codebuch umfasste in Anlehnung an vorausgehende Fallstudien (vgl. Sommer 2005; Smirek 2006) neben den klassischen CTI-Kategorien die kommunikativen Diskrepanzen und weitere NGO-spezifische Kategorien:

1. *Formale Kriterien*: Artikelnummer, Erscheinungsdatum des Artikels, Medium, etc.
2. *Inhaltliche Kategorien*: Anlass der Berichterstattung, Themen, Akteure
3. *Bewertungen[7] durch Handlungsträger*: Bewertungen durch Akteure und Journalisten
4. *Vertrauensfaktoren*: Vertrauensfaktoren (absteigend nach Umfang im Artikel), Bewertung, Emotionalisierungstendenz[8]
5. *Diskrepanzen*: Diskrepanzen (absteigend nach Umfang im Artikel).
6. *Wörtliche Beschreibung der Krise*: Analyse des am häufigsten verwendeten Begriffes zur Beschreibung der Krise innerhalb des Artikels
7. *Mediale Darstellung der Führungspersönlichkeiten*: Attribute zum Image von Führungspersönlichkeiten, Bildmotive
8. *Erwartungen an die Arbeit von Hilfsorganisationen/NGOs*: Vorhandensein einer explizit geäußerten „Empörung" bzw. „Überraschung" in Bezug auf eine Krise im NGO-Bereich/ bei Unicef, Anzahl der expliziten Transparenzforderungen im Artikel
9. Erfassung der *Gesamtbewertung* des Artikels.

Die Ergebnisse der ersten Unicef-Studie zeigen im Vergleich zu früheren Vertrauens-Fallstudien (vgl. Sassen 2011) eine hohe Vertrauensrelevanz. Der Anteil der Artikel, die Vertrauensfaktoren enthalten (*Vertrauensrelevanzwert*) liegt bei 0,98.[9] Ein Blick auf die Verteilung der Vertrauensfaktoren zeigt eine deutliche Dominanz der gesellschaftlich-normativen Vertrauensdimension: Verantwortungsbewusstsein (21,2 Prozent) und ethisch-normatives

---

6 Untersucht wurden Beiträge aus der Tagespresse (die tageszeitung, Frankfurter Rundschau, Süddeutsche Zeitung, Frankfurter Allgemeine Zeitung, Die Welt, Handelsblatt, Kölner Stadt-Anzeiger, BILD) und wöchentlich erscheinenden Printmedien (BILD am Sonntag, Frankfurter Allgemeine Sonntagszeitung, Der Spiegel, FOCUS, Die ZEIT).

7 Alle Bewertungen (von Journalisten und Akteuren) wurden mit Hilfe einer Skala von -2,0 bis 2,0 erfasst (-2,0 = sehr negativ; -1,0 = negativ; 0 = neutral/ambivalent; 1,0 = positiv; 2,0 = sehr positiv).

8 Emotionalisierung lag in Anlehnung an Sommer (2005) dann vor, wenn in den Aussagen stark negative oder positive Assoziationsfelder erzeugende Worte, Euphemismen, abwertende Suffixbildungen oder Partikel, Adverbien oder Superlative enthalten waren.

9 Dies entspricht 98 Prozent der Artikel.

Verhalten (28,4 Prozent) bilden zusammen fast die Hälfte aller vorhandenen Vertrauensfaktoren. Alle Vertrauensfaktoren werden ausgehend von ihrem Mittelwert negativ oder leicht negativ bewertet. Die Untersuchung zeigt weiterhin, dass Diskrepanzen zwischen Handlungen und gesellschaftlichen Normen (34,0 Prozent) zusammen mit Diskrepanzen in der Kommunikation verschiedener Akteure (25,3 Prozent) innerhalb der Berichterstattung am häufigsten auftreten. Der Anteil der Artikel, in denen Diskrepanzen vorhanden sind (*Diskrepanzrelevanzwert*), liegt bei 0,96 (Wohlgemuth und Bentele 2012, S. 16, S. 19). NGO-spezifische Kategorien der Inhaltsanalyse waren neben der Erhebung von „überhöhten Erwartungen" an Unicef, bzw. an die Arbeit von NGOs im Allgemeinen, die explizit innerhalb der Berichterstattung geäußerten Transparenzforderungen gegenüber der Organisation. In einem Drittel (33,5 Prozent) der Berichterstattung wurde von Unicef explizit mehr Transparenz gefordert (Wohlgemuth und Bentele 2012, S. 13). In 38,6 Prozent der Artikel drückte sich eine besondere Enttäuschung bzw. hohe Erwartung gegenüber Unicef und dem gesamten gemeinnützigen Sektor aus (Wohlgemuth und Bentele 2012, S. 20).

Um den durchschnittlichen Vertrauensverlust, d. h. den Vertrauenswert der Organisation im zeitlichen Verlauf beschreiben zu können, bedurfte es einer weiteren Analyse mit demselben Untersuchungsdesign für den Zeitraum vor der Krisenberichterstattung. Während der Artikelrecherche zeigte sich bereits ein methodisches Problem, das für die Analyse der Krisenberichterstattung aufgrund der hohen Vertrauensrelevanz der Skandalberichterstattung noch nicht relevant erschien: Vor dem Krisenzeitraum wurden nur wenige Artikel über Unicef publiziert und noch weniger beinhalteten Vertrauensfaktoren. Es musste deshalb auf eine ereignisbezogene Analyse zurückgegriffen werden (u. a. Berichterstattung über die Weltwasserwoche oder das Jubiläum 60 Jahre Unicef). Innerhalb von 70 Artikeln aus den Monaten Februar und Dezember 2006 sowie Februar 2007 und der Artikel des 01. bis einschließlich 26. Novembers 2007 konnte ein Vertrauenswert von 0,43 auf einer Bewertungsskala von -2,0 (negativ) bis 2,0 (positiv) für die Organisation ermittelt werden. Dieser Wert sank in der Krise auf -1,5 (Wohlgemuth und Bentele 2012, S. 18).

In einer weiteren Studie wurde das Problem der variierenden Vertrauensrelevanz der Artikel durch eine Weiterentwicklung des Messinstruments genauer untersucht. Zunächst wurde eine Analyse nach dem vorhandenen Codebuch für den Zeitraum nach der ersten Studie (Wohlgemuth 2010) zur unmittelbaren Vertrauensrückgewinnung durchgeführt (Vollerhebung von 346 Artikeln für den Zeitraum vom 22. Februar bis zum 31. Oktober 2008 für die 13 oben genannten Printmedien). Darüber hinaus wurden 153 ereignisabhängige Artikel aus dem Zeitraum vom 01. November 2008 bis zum 31. Juli 2011 analysiert, die sich primär mit inhaltlichen Aspekten der Arbeit bzw. mit dem Organisationsziel von Unicef auseinandersetzten. Insgesamt wurden 499 Artikel auf Basis des dem CTI-entlehnten Codebuchs untersucht. Dabei konnte festgestellt werden, dass die Vertrauensrelevanz nach dem Krisenzeitraum deutlich abnimmt. Unmittelbar nach der Krise lag der Vertrauensrelevanzwert noch bei 0,48. In der späteren, ereignisbezogenen Berichterstattung sank er auf 0,17. Darüber hinaus befanden sich die Bewertungen der Vertrauensfaktoren zunehmend im neutralen Bereich. Während im Krisenzeitraum insgesamt 1021 Vertrauensfaktoren in 334 Artikeln eine durchschnittliche Bewertung von -1,5 der oben genannten Skala von -2,0 bis 2,0 aufwiesen, pendelte sich der Wert in der ereignisbezogenen „Nicht-Krisenberichterstattung" in nur 47 Artikeln bei 0,9 ein. Zwar konnte so erstmals der Verlauf des durchschnittlichen, medienvermittelten Vertrauenswertes einer Organisation vor, während und nach einer Krisensituation skizziert werden; allerdings beinhaltete die Visualisierung als Vertrauensgraph aufgrund der variierenden Artikelzahl und der unterschiedlichen Stichprobenziehung (einzelne Messzeitpunkte im Zeitverlauf) eindeutige Schwächen. Aus den Ergebnissen der beschriebenen Vorgängerstudien ergaben sich Implikationen für die Entwicklung eines NGO-spezifischen Messinstruments, das sich vom CTI unterscheiden sollte. Dabei wurde u. a. das Wissen über hohe Erwartungen an normativ-ethische Werte von NGOs reflektiert.

3   Der NGO-Trust Index und die NGO-Trust Map

3.1   Innovationen des NGO-TI

Neben der Entwicklung des NGO-Clusters (vgl. Abb. 1), wurden folgende Innovationen, d. h. inhaltliche Schlussfolgerungen der Vorgängerstudien in das NGO-spezifische Codebuch integriert (Wohlgemuth et al. 2013, S. 127-130):

1. Die Einführung des fachspezifischen Vertrauensfaktors *Expertenstatus*, neben Fachkompetenz (operative Arbeit) und Problemlösungskompetenz (interne Strategieentwicklung), ist das Ergebnis einer Beobachtung der Vorgängerstudien: Häufig wurde Unicef im Sinne seiner anwaltschaftlichen Funktion für Kinderrechte innerhalb der journalistischen Berichterstattung als Experte und Quelle für Daten und Fakten herangezogen. Trotz einer weitgehend neutralen Tonalität des Textes drückt die damit verbundene Zuschreibung des Expertenstatus durch Journalisten eine Voraussetzung von Glaubwürdigkeit aus. Das Wissen von Experten wird von Laien mit hoher Wahrscheinlichkeit als vertrauenswürdig beurteilt (Giddens 1990, S. 39ff.; Schneckener 2007, S. 252).
2. Die Differenzierung des für NGOs besonders wichtigen Vertrauensfaktors *Kommunikationsverhalten* in *internes* und *externes Kommunikationsverhalten* und *Transparenz* ermöglicht einen spezifischeren Blick auf den kommunikativen Auftritt der Organisation.
3. Die Kategorisierung der Erwartungshaltung nach Dahrendorf (2006) in Muss-, Soll- und Kann-Erwartungen wird auf die Vertrauensfaktoren bezogen. Damit kann erstmals die Dynamik der organisationalen Umwelt und der Organisationskultur reflektiert werden, da die Gewichtung der Vertrauensfaktoren je nach Zielsetzung der NGO variieren kann und maßgeblich von den Stakeholdern[10] geprägt wird.
4. Die vorwiegend neutrale Bewertung von Artikeln zeigte die Notwendigkeit, implizite und ambivalente Bewertungstendenzen zu erfassen. Die Methode zur Analyse journalistischer Stilmittel nach Früh (2011) ermöglicht es beispielsweise, Ironisierungen oder

---

10 Zum Stakeholder-Ansatz (dt. Anspruchsgruppen) siehe Freeman, Harrison und Wicks (2007).

Argumentationstendenzen zu erfassen (Früh 2011, S. 249-260). Darüber hinaus hilft die Methode des Linguistic Category Systems (Semin und Fiedler 1988), Schemen und damit zusammenhängende Assoziationsketten zu analysieren. Dabei werden unterschiedliche Wortformen codiert (beschreibende Handlungsverben, interpretative Handlungsverben, Zustandsverben und Adjektive), die wiederum auf Bewertungstendenzen hinweisen können (Schoenmakers 2007, S. 24f.).

5. Eine Diskrepanz zwischen Text und Bild kann eine intendierte Bewertung des Textes beinhalten. Um den hinter der Bildaussage stehenden Kontext besser erfassen zu können, wurde mit der Fantasy-Theme-Analysis nach Bormann (1972) eine in der Rhetorikwissenschaft entwickelte qualitative Methode herangezogen.

6. Schon im CTI wurden bestimmte Themen kontextbezogen in Themenkomplexe zusammengefasst codiert. Im Sinne der NGO-Spezifik konnten fünf übergeordnete Themenkomplexe identifiziert werden: (1) Struktur, (2) Personalien, (3) Organisationsentwicklung, (4) Fundraising und (5) Verwaltungskosten. Darüber hinaus ist, bezogen auf das NGO-Cluster (vgl. Abb. 1), eine Einteilung in anwaltschaftliches und operatives Handeln der NGO möglich, um einen Vergleich der eigenen strategischen Positionierung mit der medialen Wahrnehmung zu erzielen.

7. Die Medienauswahl für den NGO-Trust Index[11] sollte die veröffentlichte Meinung für NGOs einbeziehen, d. h. überregionale Tages- und Wochenzeitungen sowie Nachrichtenmagazine sind aufgrund ihrer Glaubwürdigkeit im medialen Diskurs im Sample weiterhin enthalten. Das Zitate Ranking der PMG wurde dafür als Referenz herangezogen (PMG Pressemonitor 2012). Das wirtschaftsspezifische Medium *Handelsblatt* wurde entfernt. Stattdessen wurden zwei Online-Quellen, *BILD.de* und *Spiegel Online*, als wichtige und häufig zitierte Medien in die Stichprobe aufgenommen. Außerdem wird die für die NGO jeweils bedeutsame regionale Tageszeitung berücksichtigt. Die Medienauswahl kann ausgehend vom jeweiligen Untersuchungsdesign NGO-spezifisch variiert werden.

3.2 Modularer Aufbau des Codebuchs und NGO-Trust Map

Eine wichtige Besonderheit des neuen Codebuchs ist der modulare Aufbau mit einer Basisanalyse und Wahlmodulen. Die Codierung impliziter Bewertungen mit Hilfe des Linguistic Category Systems oder die Bildbewertung im Kontext der Fantasy Theme Analysis erfordern eine erhöhte Ressourcenstärke und sind vor allem für Detailanalysen empfehlenswert. Auch die Analyse der Darstellung von Führungspersönlichkeiten muss auf die jeweilige Organisation abgestimmt werden. Manche NGOs werden durch Testimonials präsentiert

---

11 Die Medienauswahl umfasst Tageszeitungen (die tageszeitung, Frankfurter Rundschau, Süddeutsche Zeitung, Frankfurter Allgemeine Zeitung, Die Welt, BILD), wöchentlich erscheinende Printmedien (BILD am Sonntag, Frankfurter Allgemeine Sonntagszeitung, Der Spiegel, FOCUS, Die ZEIT), Online-Medien (Spiegel-Online und BILD.de) und eine für die NGO bedeutsame regionale Tageszeitung (zu spezifizieren).

oder verfolgen Personalisierungsstrategien für Vorstand oder Geschäftsführung. Diese Organisationen sollten die personenspezifischen Vertrauenszuschreibungen besonders beobachten. Für andere NGOs ist eine Erhebung der Bewertung der Personalisierung jedoch irrelevant. Das modulare Codebuch berücksichtigt diese Unterschiede.

Untersucht werden Artikel mit einem klaren Bezug zur jeweiligen NGO, die vertrauens- oder diskrepanzrelevant sind. Das ist der Fall, wenn die Artikel Vertrauensfaktoren und/ oder Diskrepanzen beinhalten. Artikel, die keine Vertrauensfaktoren enthalten, werden gezählt, damit für einen spezifischen Untersuchungszeitraum ein *Vertrauens-* bzw. *Diskrepanzrelevanzwert* berechnet werden kann. Das neue Codebuch umfasst folgende Kategorien:

1. *Formale Kriterien*: Artikelnummer, Erscheinungsdatum des Artikels, Medium, Darstellungsform
2. *Inhaltliche Kategorien*: Themen nach Themenkomplexen, Akteure
3. *Vertrauensfaktoren*: Vorkommen und Bewertung, Einteilung in Muss-, Soll- und Kann-Erwartungen
   - *Wahlmodul 1 – Sekundaranalyse von Vertrauensfaktoren* nach impliziten Bewertungen
4. *Diskrepanzen*: Erfassen von Diskrepanzen, Einteilung in selbstgenerierte und fremdgenerierte Diskrepanzen (Seiffert et al. 2011)
   - *Wahlmodul 2 – Mediale Darstellung der Führungspersönlichkeiten*: Attribute zum Image von Führungspersönlichkeiten
5. *Bildanalyse*: Erfassen des Bildmotivs
   - *Wahlmodul 3 – Bildbewertung*: Erfassen der Bildaussage durch Fantasy Theme Analysis
6. *Gesamttendenz*: Explizite Bewertung, Implizite Bewertung

Um die Vertrauenskonstitution der NGO besser darstellen zu können, wurde eine NGO-Trust Map in Form eines Spider-Web-Graphen mit fünf Hauptdimensionen entwickelt, in der Bewertungen visualisiert werden können. Die Hauptdimensionen umfassen (1) *Grundlagenvertrauen* (ethisch-normative Vertrauensfaktoren und Diskrepanzen zwischen Normen und Handlung), (2) *Kommunikation* (Transparenz, externe und interne Kommunikation), (3) *Fachspezifische Vertrauensfaktoren* (Fachkompetenz, Problemlösungskompetenz, Expertenstatus), (4) *Diskrepanzen* (selbstgenerierte und fremdgenerierte Diskrepanzen) und (5) *Akteure* (Attributbewertung, optional akteursbezogene Vertrauensfaktoren). Die Bewertung der Diskrepanzen erfolgt über eine Berechnung des prozentualen Anteils in Bezug auf die Gesamtheit der analysierten Berichterstattung[12], um die generell negative Kategorie in der Trust Map darstellen zu können. Bei allen anderen Teildimensionen ergibt sich der Wert für die Visualisierung in der Trust Map aus dem Ergebnis des auf eine ganze Zahl gerundeten arithmetischen Mittels der Bewertungen aller untersuchten Artikel. Die Fallzahl wird für jede Teildimension der Trust Map angegeben.

---

12 Prozentuale Berechnung der Diskrepanzen für eine Skala von 2 (positiv) bis -2 (negativ): (2) bis 3 Prozent, (1) 3,1 bis 8 Prozent, (0) 8,1 bis 13 Prozent, (-1) 13,1 bis 25 Prozent, (-2) ab 25,1 Prozent.

4 Der NGO-Trust Index auf dem Prüfstand

4.1 Eine Fallstudie zur Vertrauenskonstitution von Unicef und dem WWF

Die Validierung des NGO-Trust Index und der Ergebnis-Visualisierung in der NGO-Trust Map steht noch aus. Im Folgenden soll deshalb erstmals eine größere Stichprobe gezogen werden, um den Prozess der Validierung des Messinstruments voranzutreiben und eventuelle Änderungen vorzunehmen. Vor allem die Transferleistung des bis zu diesem Zeitpunkt Unicef-spezifischen Analyseinstruments hin zu einem NGO-übergreifenden Messinstrument steht im Vordergrund der Fallstudie.

Die Vertrauenskrise des Deutschen Komitees für Unicef wurde bereits beschrieben. Auch die deutsche Umweltstiftung des World Wide Fund for Nature (WWF) wurde mit einer kritischen medialen Berichterstattung konfrontiert. Anlass waren die Premiere des Films „Der Pakt mit dem Panda" am 16. Juni 2011 und die Publikation des „Schwarzbuch WWF" am 23. April 2012 durch den Journalisten Wilfried Huismann (Huismann 2012).

Das Ziel der Studie ist eine vergleichende Darstellung der Vertrauenskonstitution von Unicef Deutschland und dem WWF mit Hilfe der NGO-Trust Map. Dafür wurden jeweils 50 Artikel der Vorkrisen- oder Normalberichterstattung, 50 Artikel der krisenbezogenen Berichterstattung und 50 Artikel der Berichterstattung nach der Krise herangezogen. Die Artikel wurden nach den Kriterien des Krisenthemenbezugs und der Vertrauensrelevanz (*Vertrauensrelevanzwert*) ausgewählt. Artikel, welche die jeweilige Krise thematisieren und Artikel mit einer höheren Anzahl an Vertrauensfaktoren und/oder Diskrepanzen wurden bevorzugt in die Stichprobe aufgenommen. Erhoben wurden jeweils das Thema bzw. die Themen (pro Artikel maximal vier), die Vertrauensfaktoren mit ihrer Bewertung sowie die Diskrepanzen.

Durch den Vergleich der Vertrauenskonstitution als Indikator für die veröffentlichte Meinung vor, während und nach der kritischen Berichterstattung können Rückschlüsse auf Veränderungen in der öffentlichen Wahrnehmung der jeweiligen Organisation gezogen werden. Eine Verortung im NGO-Cluster (vgl. Abb. 1) bedeutet sowohl für den WWF als auch für Unicef die Tendenz einer Top-Down-Organisation. Beide Organisationen sind sowohl anwaltschaftlich als auch operativ tätig, d. h. sie befinden sich auf der rechten Hälfte der horizontalen Achse des NGO-Clusters. Während Unicef nach der ICNPO-Klassifikation primär in den inhaltlichen Bereichen *Education & Research*, *Health* und *Social Services* einzuordnen ist, wäre der WWF eindeutig in die Klasse *Environmental* einzuordnen. Beide Organisationen sind aber auch für ihre jeweiligen Organisationsziele im Bereich *Law, Advocacy and Politics* tätig (vgl. Salamon und Anheier 1996, S. 7). Der WWF wurde 1961 gegründet und setzt auf langfristige Lösungen gemeinsam mit Politik und Wirtschaft. Inhaltlich setzt sich der WWF unter anderem für Artenschutz, Gewässerschutz oder den Regenwald ein (Aken 2007, S. 179). Beide Organisationen haben Regionalgruppen in Deutschland, die von ehrenamtlichen Mitarbeitern getragen werden.

4.2   Ergebnisse und Interpretation

Für beide Organisationen wurden nach den Regeln des NGO-Trust Index (vgl. Wohlgemuth et al. 2013) insgesamt 300 Artikel codiert. Analysiert wurde die Medienberichterstattung der oben erwähnten Tagespresse, der wöchentlich erscheinenden Printmedien sowie der Online-Medien (vgl. Kapitel 2.4).[13] Für den Fall Unicef wurden Artikel im Zeitraum vom 01. Februar 2006 bis 19. November 2007 erhoben. Mit dem Auftaktartikel auf der Titelseite der Frankfurter Rundschau „Für die Kinder dieser Welt – aber nicht nur" beginnt am 28. November 2007 die Krisenberichterstattung. Das Ende der Krise wird nach dem Aberkennen des DZI-Spendensiegels (am 20. Februar 2008) mit dem 21. Februar 2008 definiert. Ab diesem Tag wird die Berichterstattung als Nachkrise bezeichnet und bis zum 31. Juli 2008 untersucht. Die Berichterstattung um den WWF Deutschland wurde vom 01. Januar bis 15. Juni 2011 analysiert. Die Krisenberichterstattung wurde als Zeitraum beginnend mit der Erstausstrahlung der Dokumentation „Pakt mit dem Panda" am 16. Juni bis zum 31. Juli 2011 definiert. Außerdem wird die Publikation des „Schwarzbuch WWF" (Huismann 2012) im Juni 2012 in den Zeitraum der Krisenberichterstattung einbezogen. Der Zeitraum vom 01. August bis 31. Dezember 2011 wurde als Nach-Krisenberichterstattung festgelegt.[14]

Die Ergebnisse der untersuchten Fälle werden in der NGO-Trust Map zusammenfassend visualisiert (Abb. 2 und 3). Sie zeigt die Bewertung der Vertrauensfaktoren und Diskrepanzen auf fünf Kategorien verdichtet. Innerhalb der Dimensionen findet sich die fünfstufige Bewertungsskala wieder. Die Angabe der Fallzahlen in Klammern gibt Auskunft über die Häufigkeit des Auftretens einer Kategorie. Hier sind die drei Phasen der untersuchten Krisen zum direkten Vergleich jeweils in einer Trust Map abgebildet.[15]

Die Trust Map von Unicef (Abb. 2) zeigt, dass die Vertrauenswerte des Vorkrisenzeitraums im positiven Bereich liegen und lediglich eine Diskrepanz in den Artikeln beschrieben wird. Während des Krisenzeitraums verschlechtern sich die Bewertungen innerhalb der Trust-Map jedoch drastisch: Die Vertrauensfaktoren der Kommunikation und das Vorhandensein von Diskrepanzen werden mit dem Wert -2 als sehr negativ bewertet. Lediglich die Fachkompetenz – das operationale Handeln der Organisation – wird in der Medienberichterstattung als positiv (1) beschrieben. Wie die Themenliste zeigt, verlagert sich gleichzeitig der Themenschwerpunkt und es wird verstärkt über die Organisation, ihre Struktur und insbesondere ihre Fundraising-Aktivitäten berichtet. Im Krisenzeitraum werden diese 96 Mal thematisiert – vor der Krise lediglich in vier und nach der Krise in nur zwei Artikeln.

---

13 Bei dieser Untersuchung wurde auf die optionalen regionalen Tageszeitungen im Sample verzichtet.

14 Aufgrund der Zeitsetzung der Forschungsphase in der 27. und 28. Kalenderwochen des Jahres 2012 musste auf die Berichterstattung zwischen der Ausstrahlung der Dokumentation im Juli 2011 und dem Erscheinen des Buches im Juni 2012 zurückgegriffen werden.

15 Neben dem hier vorgestellten zeitlichen Benchmark können anhand der Trust Map auch Gegenüberstellungen mit Wettbewerbern abgebildet werden.

Unicef-Trust Map – Die Fachkompetenz stand nie infrage

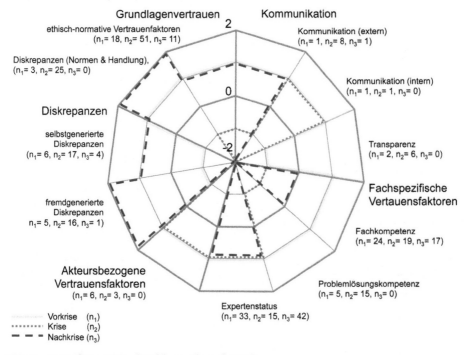

Abb. 2   Unicef-Trust Map (Wohlgemuth et al. 2013)

Insbesondere die Zahlung hoher Beraterhonorare wurde von den Medien als Tabu beschrieben – dies erklärt auch die hohe Anzahl an Diskrepanzen zwischen Handlung und Normen (mit 49 Artikeln bei 98 Prozent). Die Ergebnisse zeigen außerdem, dass sich die Artikel mit dem Vorgehen des damaligen Geschäftsführers Dietrich Garlichs und der damaligen Vorstandsvorsitzenden Heide Simonis in der Krise auseinandersetzen. Insbesondere das Vorhandensein von Diskrepanzen zwischen Kommunikationen und Handlungen verschiedener Akteure (in 86 Prozent der Artikel) und die negative Bewertung der akteursbezogenen Vertrauensfaktoren (n=40, Bewertung: -1) sowie die hohe Dichte der Berichterstattung spiegeln die Thematisierung des Führungskonflikt zwischen Dietrich Garlichs und Heide Simonis wider. Die Intensität, mit der die Krise in den Medien bearbeitet wurde, lässt sich neben der Artikelanzahl und Dauer der Berichterstattung (siehe Kap. 2.3) auch daran verdeutlichen, dass verstärkt über Insider-Wissen und das interne Kommunikationsverhalten berichtet wurde. Nach dem Amtsantritt von Regine Stachelhaus als Geschäftsführerin sowie den organisatorischen Anpassungen (bspw. der Satzungsänderung) ist Unicef in der Medienberichterstattung wieder als vertrauenswürdig dargestellt (vgl. Kommunikation extern, Problemlösungskompetenz). Unicef Deutschland wurde zunehmend im Kontext seines Organisationsziels in der Berichterstattung thematisiert,

d. h. mit selbstgesetzten Themen wie Studien und Aktionen für Kinder. Dies zeigt sich unter anderem in der Tatsache, dass Unicef 32 Mal in der Rolle als Experte erwähnt wurde.

WWF-Trust Map – Der Vertrauensschaden wird sichtbar

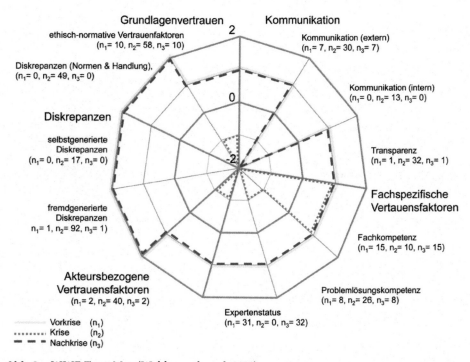

Abb. 3   WWF-Trust Map (Wohlgemuth et al. 2013)

Die WWF-Trust Map (Abb. 3) zeigt bezogen auf die Krise im Kontext der Publikationen von Wilfried Huismann eine vergleichsweise negativere Bewertung der Vertrauensfaktoren sowie mehr kommunikative Diskrepanzen als in dem Zeitraum davor. Ein Vergleich der Fälle zeigt jedoch, dass die kommunikative Krisensituation des WWF nicht mit der Unicef-Vertrauenskrise zu vergleichen ist. Der Journalist Huismann arbeitet außerhalb der tagesaktuellen Presse bzw. der Online-Publikationen. Die federführenden Journalisten der Frankfurter Rundschau haben während der Unicef-Krise selbst publiziert und damit ihre Rechercheergebnisse direkt in die tagesaktuelle Medienberichterstattung eingebracht. Im Gegensatz zur Berichterstattung über Unicef ist anzumerken, dass in der Vorkrisen-Berichterstattung des WWF häufiger Organisationsziel-bezogene Inhalte thematisiert wurden (WWF n=18, Unicef n=5).

Die vorhandenen Diskrepanzen (insgesamt 14) resultieren vor allem aus dem Vergleich des operativen Vorgehens des WWF mit der Umweltorganisation Greenpeace. Die krisenbezogene Trust Map zeigt, dass die Recherchen Huismanns und die darauf bezogene Berichterstattung das eigentliche Handlungsmodell des WWF kritisieren (Fachkompetenz mit negativer Bewertung). Die Kritik bezieht sich im Gegensatz zur Unicef-Krise auf die eigentliche Arbeit der Organisation und wurde nicht personalisiert, auch dadurch bewegen sich die akteursbezogenen Vertrauensfaktoren bei einer positiven Bewertung von 1. Ergänzend ist hinzuzufügen, dass ein Teil der Berichterstattung über das „Schwarzbuch WWF" (Huismann 2012) durch die einstweilige Verfügung gegen den Verlag und das Schreiben an die Büchereien und Versandhändler induziert wurde. Dieses Vorgehen der Umweltstiftung wird in vielen Artikeln als Einschnitt in die freie Meinungsäußerung interpretiert. In der Stichprobe befinden sich 51 negative Bewertungen (-1) zum ethisch-normativen Verhalten und dem Verantwortungsbewusstsein des WWF. Die Berichterstattung zwischen der Erstausstrahlung der Dokumentation „Der Pakt mit dem Panda" und dem Erscheinen des Buches zeigt eine schnelle Rückkehr zur vertrauensbezogenen Bewertung der Organisation. Anhand der WWF-Trust Map kann man zudem erkennen, dass die eigentlichen Rechercheergebnisse von Huismann nicht thematisiert wurden. Die deutsche Sektion des WWF äußerte sich in der analysierten Berichterstattung nicht zu den von Huismann vorgebrachten Kritikpunkten. Die Diskussion um den Konflikt selbst hatte offenbar einen negativen Einfluss auf die Bewertung der Fachkompetenz im Nachkrisenzeitraum. Diese Vertrauensdimension wird nach der Krise neutral und damit eine Bewertungsstufe schlechter bewertet als vor der Krise.

5   Fazit

Anhand der Fallstudien wurde deutlich, dass der NGO-Trust Index dem Test einer vergleichenden empirischen Analyse mittels einer breiten Berichterstattung standhält. Es ist einschränkend darauf hinzuweisen, dass die Trust-Map als vereinfachende Visualisierung lediglich das medienvermittelte und nicht das publikumsbezogene Vertrauen der Organisation in Bezug auf einen spezifischen Zeitraum in bestimmten Medien abbilden kann. Es bedarf zudem weiterführender Analysen, um daraus Rückschlüsse auf die tatsächlich veröffentlichte Meinung oder gar auf Handlungspotenziale der NGOs ziehen zu können. Weiterhin setzt der NGO-Trust Index als Instrumentarium die Öffentlichkeitswirksamkeit von größeren, medial präsenten Nichtregierungsorganisationen voraus. Für die Analyse kleinerer Organisationen empfiehlt sich die Erweiterung des Untersuchungsmaterials, beispielsweise auf Web 2.0-Plattformen. Dies bedarf jedoch einer grundsätzlichen Weiterentwicklung und weiterer Tests des Codebuchs.

In seinem vollen Umfang beinhaltet der NGO-TI weitere Module (vgl. Kapitel 2). Durch den modularen Aufbau kann eine Organisation entscheiden, welche Bereiche für sie von Interesse sind. Nach Wunsch können auch bei gegebenem Anlass (Kommunikationskampagne, Strategieänderung, Personalwechsel oder Krise) entsprechende Module hinzugenommen werden. Die hier angewendeten Module entsprechen den schlanken und effizient zu nutzenden Ressourcen von NGOs für die Evaluation von Kommunikations-arbeit und strategischem Handeln. Die Auswertung sowie die Visualisierung lassen sich nach dem hier beschriebenen Codebuch einfach umsetzen. Gerade in Zeiten zunehmend kritischer Berichterstattung könnten NGO-Trust Index und NGO-Trust Map als Indika-tor und damit als „Kompass" für die veröffentlichte Meinung kommunikationsbezogene Managementpotenziale sichtbar machen.

Diese Visualisierung von kommunikativen Prozessen wird für NGOs immer wichtiger. Der gesamte NGO-Bereich befindet sich in einem Professionalisierungsprozess. Effizienz und Effektivität spielen eine zunehmend wichtige Rolle in der Außendarstellung der Organisationen. Dennoch muss an dieser Stelle auf einen Paradox hingewiesen werden: Im Zuge der Angleichung an Logiken der Wirtschaft könnte der Glaubwürdigkeits- bzw. Vertrauensvorschuss, der NGOs einen enormen Wettbewerbsvorteil im Zugang zur Be-richterstattung einbringt, schwinden. Auch Bieth erkennt diese mögliche Konsequenz und verweist in ihrer Studie auf die traditionelle Skepsis von Journalisten gegenüber übertriebe-ner Management-Praxis im Bereich der Gemeinnützigkeit (2012, S. 269). Die zunehmende „Moralisierung der Märkte" (Stehr 2007) und die Professionalisierung des gesamten Dritten Sektors könnten zu einer Angleichung der Vertrauenskonstitution und damit zu einer neuen Gewichtung von Vertrauensfaktoren und kommunikativen Diskrepanzen führen.

Literatur

Aken, J. (2007). *Das NGO Handbuch*. Hamburg: Greenpeace Media.

Altmeppen, K.-D. (2011). Journalistische Berichterstattung und Media Social Responsibility: Über die doppelte Verantwortung von Medienunternehmen. In J. Raupp, S. Jarolimek, & F. Schultz, *Handbuch CSR. Kommunikationswissenschaftliche Grundlagen, disziplinäre Zugänge und me-thodische Herausforderungen. Mit Glossar* (pp. 247-266). Wiesbaden: VS Verlag.

Bentele, G. (1994). Öffentliches Vertrauen – normative und soziale Grundlagen für Public Rela-tions. In W. Armbrecht, & U. Zabel (Eds.), *Normative Aspekte der Public Relations* (pp. 131-158). Opladen: Westdeutscher Verlag.

Bentele, G. (1998). Vertrauen/Glaubwürdigkeit. In O. Jarren, U. Sarcinelli, & U. Saxer, *Politische Kommunikation in der demokratischen Gesellschaft. Ein Handbuch mit Lexikonteil* (pp. 305-311). Opladen: Westdeutscher Verlag.

Bentele, G., & Hoepfner, J. (2008). Krisenkommunikation. In G. Bentele, R. Fröhlich, & P. Szyszka, *Handbuch der Public Relations. Wissenschaftliche Grundlagen und berufliches Handeln. Mit Lexikon* (2. Aufl. ed., p. 601f.). Wiesbaden: VS Verlag.

Bentele, G., & Seidenglanz, R. (2008). Vertrauen und Glaubwürdigkeit. In G. Bentele, R. Fröhlich, & P. Szyszka, *Handbuch der Public Relations. Wissenschaftliche Grundlagen und berufliches Handeln* (pp. 346-361). Wiesbaden: VS Verlag.

Bieth, T. (2012). *NGOs und Medien. Eine empirische Studie zum Verhältnis von Public Relations und Journalismus*. Wiesbaden: VS Verlag.

Bormann, E. (1972). Fantasy and Rhetorical Vision: The Rhetorical Criticism of Social Reality. *Quarterly Journal for Speech, 59*(4), pp. 396-407.

Coleman, J. S. (1982). Systems of Trust: a rough theoretical Framework. *Angewandte Sozialforschung, 10*(3), pp. 277-299.

Coleman, J. S. (1991). *Grundlagen der Sozialtheorie. Bd. 1 Handlungen und Handlungssysteme.* München: Oldenbourg.

Dahrendorf, R. (2006). *Homo Sociologicus: Ein Versuch zur Geschichte, Bedeutung und Kritik der Kategorie der sozialen Rolle* (16. Aufl. ed.). Wiesbaden: VS Verlag.

Debiel, T., & Sticht, M. (2005). Entwicklungspolitik, Katastrophenhilfe und Konfliktbearbeitung. NGOs zwischen neuen Herausforderungen und schwieriger Profilsuche. In A. Brunnengräber, A. Klein, & H. Walker, *NGOs im Prozess der Globalisierung. Mächtige Zwerge – umstrittene Riesen* (pp. 129-171). Wiesbaden: VS Verlag.

Früh, W. (2011). *Inhaltsanalyse: Theorie und Praxis* (7. Aufl. ed.). Konstanz: UVK.

Frantz, C., & Martens, K. (2006). *Nichtregierungsorganisationen (NGOS) (Elemente der Politik).* Wiesbaden: VS Verlag.

Freeman, R. E., Harrison, J. S., & Wicks, A. C. (2007). *Managing for stakeholders: Survival, reputation, and success.* New Haven: Yale University Press.

Ganesh, S., & McAllum, K. (2012). Volunteering and Professionalization: Trends in Tension? *Management Communication Quarterly, 26*(1), pp. 152-158.

Giddens, A. (1990). *The consequences of modernity.* Stanford: University Press.

Giddens, A. (1999). *Konsequenzen der Moderne.* Frankfurt a. M.: Suhrkamp.

Huismann, W. (2012). *Schwarzbuch WWF.* Gütersloh: Gütersloher Hausverlag.

Kirby, E. L., & Koschmann, M. A. (2012). Forum Introduction: Communication-Centered Contributions to Advancing Scholarship in/of Nonprofit and Voluntary Organizations. *Management Communication Quarterly, 26*(1), pp. 133-138.

Klein, A., Walk, H., & Brunnengräber, A. (2005). Mobile Herausforderer und alternative Eliten. NGOs als Hoffnungsträger einer demokratischen Globalisierung? In A. Brunnengräber, A. Klein, & H. Walk, *NGOs im Prozess der Globalisierung. Mächtige Zwerge – umstrittene Riesen* (pp. 10-77). Wiesbaden: VS Verlag.

Lindenmayer, P. (2008). *Nichtregierungsorganisationen als spezialisierte Kapitalmarktakteure. Ein finanzintermediationstheoretischer Erklärungsansatz.* Wiesbaden: Gabler.

Luhmann, N. (1973). *Vertrauen. Ein Mechanismus zur Reduktion sozialer Komplexität.* Stuttgart: Lucius & Lucius.

PMG Pressemonitor. (2012a). *www.pressemonitor.de.* Retrieved Juni 2012, 2012, from http://www.pressemonitor.de/ produkte/medienanalyse/corporate-trust-index/

PMG Pressemonitor. (2012b). *PMG-Zitate Ranking. 1. Quartal 2012 im Überblick.* Retrieved Juli 07, 2012, from http://www.pressemonitor.de/presse/pressemitteilungen/artikel/pmg-zitate-ranking-spiegel-meistzitiertes-medium-im-ersten-quartal-2012/

Salamon, L. M., & Anheier, H. K. (1996). The International Classification of Nonprofit Organizations: ICNPO-Revision 1. *Working Papers of the John Hopkins Institute for Policy Studies, 19*, pp. 1-24.

Sassen, S. (2011). *Öffentliches Vertrauen. Eine Metaanalyse.* Leipzig: Unveröffentlichte Masterarbeit.

Schneckener, U. (2007). Die soziale Konstruktion des „Terrorexperten": Terrorismusforschung im Spannungsfeld von Wissenschaft, Medien und Politikberatung. In G. Hellmann, *Forschung und Beratung in der Wissensgesellschaft. Das Feld der internationalen Beziehungen und der Außenpolitik* (pp. 249-263). Baden-Baden: Nomos.

Schoenmakers, J. (2007). *Diskriminierung zwischen den Zeilen?: Auftreten und Wirkungen impliziter sprachlicher Verzerrungen: eine empirische Untersuchung der Medienberichterstattung über Migranten.* Saarbrücken: VDM Verlag Dr. Müller.

Schultz, F. (2011). Moralische und moralisierte Kommunikation im Wandel: Zur Entstehung von Corporate Social Responsibility. In J. Raupp, S. Jarolimek, & F. Schultz, *Handbuch CSR. Kommu-*

nikationswissenschaftliche Grundlagen, disziplinäre Zugänge und methodische Herausforderungen. Mit Glossar (pp. 19-42). Wiesbaden: VS Verlag.

Seiffert, J., Bentele, G., & Mende, L. (2011). An explorative study on discrepancies in communication and action of German companies. *Journal of Communication Management, 15*(4), pp. 349-367.

Semin, G., & Fiedler, K. (1988). The Cognitive Functions of Linguistic Categories in Describing Persons: Social Cognition and Language. *Journal of Personality and Social Psychology, 54*(4), pp. 558-568.

Smirek, K. (2006). *Politische Kommunikation und öffentliches Vertrauen. Der Fall Biedenkopf 2001 (Rekonstruktion und Inhaltsanalyse).* Universität Leipzig: Unveröffentlichte Magisterarbeit.

Sommer, C. (2005). *Im Brennpunkt der Öffentlichkeit: Florian Gersters Vertrauensproblem. Eine Feldstudie zur Berateraffäre 2003/2004.* Universität Leipzig: Unveröffentlichte Magisterarbeit.

Stehr, N. (2007). *Die Moralisierung der Märkte: eine Gesellschaftstheorie.* Frankfurt a. M.: Suhrkamp.

UNRIC. (2012). *Nichtregierungsorganisationen (NGOs) und die Vereinten Nationen.* Retrieved Juli 2012, 11, from Regionales Informationszentrum der Vereinten Nationen für Westeuropa: http://www.unric.org/de/aufbau-der-uno/85

Wohlgemuth, C. (2010). *Vertrauensverlust in der Öffentlichkeit – Die „Spendenaffäre" bzw. „Führungskrise" bei UNICEF Deutschland.* Universität Leipzig: Unveröffentlichte Magisterarbeit.

Wohlgemuth, C., & Bentele, G. (2012). Die Vertrauenskrise des deutschen Komitees für UNICEF. Eine Fallstudie zum Verlust öffentlichen Vertrauens im NGO-Bereich. In G. Bentele, M. Piwinger, & G. Schönborn, *Kommunikationsmanagement (Losebl. 2001 ff.), Art. Nr. 6.33.* Köln: Hermann Luchterhand Verlag.

Wohlgemuth, C., Bolder, E. C., Grill, C., Gebel, E., Reimann, C., & Wölfer, J. (2012, April 13). NGO-Trust Index. Entwicklung eines Analysetools für das öffentliche Vertrauen in NGOs. *Vortrag im Rahmen des Düsseldorfer Forums Politische Kommunikation.* Düsseldorf.

World Bank. (2001). *Duke University Libraries.* Retrieved 07 06, 2012, from http://library .duke.edu/research/subject/guides/ngo_guide/igo_ngo_coop/ngo_wb.html.

„Mehr Wert für eine bessere Welt?"
Evaluation und Controlling der Kommunikation von Nichtregierungsorganisationen (NGO)

Michael Bürker

Zusammenfassung

Wie messen, bewerten und steuern Nichtregierungsorganisationen (NGO) ihre Kommunikation? Welche Rolle spielen dabei themenbezogene Kampagnen und die organisationsbezogene Kommunikation? Und wird der Beitrag der NGO-Kommunikation zum Erreichen der übergeordneten Organisationsziele bestimmt?

Zunächst werden theoretische Konzepte und Modelle sowie die empirische Forschung zum Einsatz von Evaluation und Controlling für die NGO-Kommunikation gesichtet. Dabei werden auch Konzepte für die Evaluation von Organisationen sowie für die Kommunikation von Nonprofit-Organisationen (NPO) als allgemeineren Formen der Evaluation herangezogen.

Anschließend werden das Wirkungsstufen-Modell der Deutschen Public Relations Gesellschaft (DPRG) und des Internationalen Controller Vereins (ICV), das Logic Model für die Evaluation von Nonprofit-Organisationen sowie das Meinungsklima-/Koorientierungsmodell (MKM) für die Messung, Bewertung und Steuerung der Kommunikation von Organisationen miteinander verknüpft und zu einem generischen Modell für die NGO-Kommunikation weiterentwickelt.

1 Einleitung

Nichtregierungsorganisationen (NGO) haben Einfluss – sie wirken in erster Linie und fast ausschließlich durch Kommunikation! Sie beeinflussen Regierungen, zwingen multinationale Konzerne und ganze Staaten zu Zugeständnissen. Dies gelingt, weil sie Wahrnehmungen, Meinungen und Verhaltensweisen thematisieren, in Frage stellen und versuchen zu verändern. Sie sind paradigmatisch für die Position der systemischen bzw. konstruktivistischen Organisationstheorie, wonach Organisationen aus Kommunikation bestehen – nur aus Kommunikation und aus nichts sonst (vgl. Luhmann 2000: 59-61, Simon 2007: 16-23).

© Springer Fachmedien Wiesbaden GmbH 2018
N. Remus und L. Rademacher (Hrsg.), *Handbuch NGO-Kommunikation*,
https://doi.org/10.1007/978-3-531-18808-9_26

NGOs verkaufen nichts, sie regieren nicht, sie forschen nicht. Sie besetzen Themen, erregen Aufmerksamkeit, okkupieren Öffentlichkeit und öffentliche Meinung – um zu bewegen, zu mobilisieren und zu verändern. Sie genießen dabei eine hohe Glaubwürdigkeit, Journalisten sehen in ihnen eine Erweiterung der klassischen Gewalten (Quast 2012b: 47/48).

Zugleich verlangen Spender, Mitglieder und Öffentlichkeit von NGOs Transparenz über Aktivitäten, eingesetzte Mittel und erzielte Ergebnisse. In ihrer Eigen-PR werden NGOs aber nicht anders beurteilt als Unternehmen und Politik (ebd.). So bewerten Journalisten die Informationsqualität bei Selbstthematisierungen deutlich schwächer als bei themenbezogenen Kampagnen, zugleich sind die Unterschiede zur Themenbedeutung deutlich größer (Quast 2012a: 29). Wie kritisch eine Unterschätzung bzw. Vernachlässigung der kommunikativen Rückwirkungen auf NGOs sein kann, zeigen die Auseinandersetzungen zwischen WWF und dem Autor des Schwarzbuch WWF, Wilfried Huismann, sowie die öffentliche Kontroverse um die Darkside-Kampagne von Greenpeace gegen VW.

Doch wie messen, bewerten und steuern NGOs ihre Aktivitäten? Wie stark wird die eigene Kommunikation bei der Evaluation berücksichtigt? Wird zwischen themen- und organisationsbezogener Kommunikation unterschieden? Und wird der Beitrag zum Erreichen gesellschaftlicher, politischer oder ökologischer Ziele von Organisationen bestimmt? Genügt es, die mediale Berichterstattung und Resonanzen im Internet zu messen?

Hier lassen sich Anschlüsse herstellen zur Diskussion um Wertschöpfung durch Kommunikation (vgl. Pfannenberg und Zerfaß 2005, 2010; Porák 2005; Porák, Fieseler und Hofmann 2007), zur Image- und Reputationsanalyse (vgl. Wiedmann, Fombrun und Riel 2007; Liehr, Peters und Zerfaß 2009) und zur Bestimmung von Markenwerten (vgl. Buchele & Hoepfner 2004; Bentele et. al. 2009). Den vorerst letzten Stand der Diskussion markiert das gemeinsam von der Deutschen Public Relations Gesellschaft (DPRG) und dem Internationalen Controller Verein (ICV) entwickelte und verabschiedete Wirkungsstufen-Modell als Bezugsrahmen für Kommunikations-Controlling (vgl. Internationaler Controller Verein 2010: 34-48; Huhn und Sass 2011: 12-16).

Doch das Modell fokussiert fast ausschließlich auf privatwirtschaftliche Unternehmen und lässt die Besonderheiten von Nonprofit- bzw. Nichtregierungsorganisationen unberücksichtigt.[1] Bei ihnen stehen weder wirtschaftliche Transaktionen mit Kunden und Shareholdern, noch ökonomische Interessen im Vordergrund. Stattdessen spielen politische, gesellschaftliche und ökologische Zielsetzungen eine deutlich größere Rolle. Wirtschaftliche Transaktionen und das Erreichen ökonomische Ziele sind dafür lediglich notwendige Voraussetzungen. Damit wird auch die Hierarchie der Perspektiven im Modell der Balanced Scorecard (vgl. Pfannenberg, 2009: 4, 14) infrage gestellt.

Außerdem spielen Öffentlichkeit und öffentliche Meinung als Verstärker der NGO-Kommunikation eine deutlich größere Rolle als in der Unternehmenskommunikation. Sie sind konstitutive Elemente der Kommunikation von NGOs, die ihre eigene Beobachtbarkeit durch Dritte instrumentalisieren, um Druck auf Politik und Wirtschaft zu erzeugen. Damit

---

1 Teetz ist einer der wenigen Autoren, die auf das Wirkungsstufen-Modell von DPRG und ICV als Referenzrahmen für das Kommunikations-Controlling von Verbänden verweist (2010: 149).

rücken Prozesscharakter und Reflexivität von Kampagnen sowie Netzwerkeffekte durch Multiplikatoren und Meinungsführer zusätzlich ins Blickfeld.[2]

Diese Dynamiken werden verstärkt durch die zunehmende Vernetzung öffentlicher Kommunikation und sozialer Netzwerke in Internet und Social Media. Mit den Beziehungen der Akteure in den Arenen der öffentlichen Kommunikation sowie der Beobachtung und Kommentierung durch das aktivierte Publikum auf der „Galerie" (vgl. Gerhards und Neidhardt 1990) kommen Beobachtungen zweiter und dritter Ordnung ins Spiel, die im Rahmen von Evaluation und Controlling der NGO-Kommunikation zu berücksichtigen sind.

Wer also definiert und bestimmt den Kommunikationswert: die NGO, ihre Stakeholder, die Gesellschaft? Wie können die Perspektiven von NGOs sowie ihren Ziel- und Anspruchsgruppen in Politik, Wirtschaft und Gesellschaft verknüpft werden? Welche Rolle spielen Glaub- und Vertrauenswürdigkeit als Reputationswerte? Wie lassen sich vor dem Hintergrund der Branding-Strategien von NGOs deren Markenwerte bestimmen? Welche Wertbeiträge leistet die NGO-Kommunikation darüber hinaus in und für Wirtschaft, Politik und Gesellschaft?

Ziel der folgenden Überlegungen ist die Entwicklung eines generischen Modells für die Messung, Bewertung und Steuerung der Kommunikation von NGOs, das die Besonderheiten dieser Organisationsform berücksichtigt. Dafür wird die Evaluation von Nonprofit-Organisationen (NPO) in Theorie und Praxis mit Blick auf die Kommunikation gesichtet. Anschließend werden das Wirkungsstufen-Modell von DPRG und ICV sowie Konzepte für Image- und Reputationsanalysen und zur Markenwert-Berechnung auf ihre Aussagekraft und Anwendbarkeit für NGOs befragt. Schließlich wird das DPRG/ICV-Modell für die NGO-Kommunikation weiterentwickelt und mit dem Meinungsklima-/Koorientierungsmodell für die Evaluation und Steuerung der öffentlichen Kommunikation von Organisationen (vgl. Bürker, 2013) verknüpft.

2   Stand der Forschung zu Evaluation und Controlling von Nichtregierungs- und Nonprofit-Organisationen

2.1   Einsatz von Evaluation und Controlling in der Praxis von NGOs und NPOs

Die besonderen Chancen, der Evaluation für NGOs – insbesondere die Steigerung der Leistungsfähigkeit und Wirksamkeit – sind mehrfach betont worden (vgl. Lewis 2007: 162; Systemic Excellence Group 2009: 5,22). Epkenhans (2012: 14/15) und Epkenhans et. al. (2012: 11) stellen dies in allgemeiner Form für jede Nonprofit-Organisation (NPOs)

---

2   Zur Öffentlichkeit, Binnendynamik und Reflexivität als Kennzeichen von Kampagnen vgl. Bürker (2011: 27-35).

fest und nennen zusätzlich: überzeugende Rechenschaftslegung, höhere Chancen auf Fördermittel sowie die Weiterentwicklung von Konzepten.

Doch diese Chancen werden von einem erheblichen Teil der NGOs wenig bis gar nicht genutzt (Systemic Excellence Group 2009: 4; Hughes und Hutchings 2011: iii). Obwohl Voss (2007) die Evaluation als Kriterium für professionelle Öffentlichkeitsarbeit von NGOs ansieht (123) kommt sie in ihrer empirischen Untersuchung zu dem Ergebnis, dass in Deutschland wie in den USA a) Kampagnen eine höhere Bedeutung besitzen als die allgemeine Öffentlichkeitsarbeit; b) die Evaluationsmaßnahmen bei etwa zwei Dritteln der NGOs intern durchgeführt werden; sie sich c) fast ausschließlich auf medienbezogene Mittel der Öffentlichkeitsarbeit beschränken und dabei d) überwiegend rein quantitative Methoden eingesetzt werden. „Eine auf die Ziele der Öffentlichkeitsarbeit abgestimmte Evaluation findet sowohl bei der allgemeinen Öffentlichkeitsarbeit als auch bei Kampagnen kaum statt." (109/110)

NGOs unterscheiden sich damit nicht von anderen NPOs (Henke 2001: 202). Zu den gleichen Ergebnissen kommen auch empirische Studien bei britischen Spenden-Organisationen (Hedley et. al. 2010: 3; Ní Ógáin, Lumley und Pritchard 2012: 12, 33/34).

Die einzige Studie, die den Einsatz von Evaluationsmethoden für die Kommunikation von Organisationen über mehrere Jahre hinweg differenziert nach Organisationsformen abgefragt und dabei auch Nonprofit-Organisationen berücksichtigt hat, ist der European Communication Monitor (Zerfass et. al. 2008, 2009, 2010)[3]. Eine Synopse der Ergebnisse aus den Jahren 2008 bis 2010 zeigt, dass Mess- und Evaluationsmethoden, die auf der Medienebene (Medienresonanz, Internetnutzung) ansetzen, dominieren (Tab. 1). Wirkungen bei Ziel- und Anspruchsgruppen (Verstehen von Botschaften, Einstellungen und Verhaltensänderungen bei Stakeholdern) werden deutlich seltener überprüft. Noch seltener werden die Auswirkungen auf Reputation und Marke als immateriellen Vermögenswerten sowie die Beiträge zum Erreichen von übergeordneten strategischen bzw. finanziellen Zielen berücksichtigt.

Die größten Unterschiede zwischen Nonprofit-Organisationen und Privatunternehmen bestehen bei der Berücksichtigung der Kosten, den immateriellen Vermögenswerten sowie den Strategie- bzw. Finanzzielen. Die Differenzen betrugen im Jahr der letzten Messung (2010) zwischen sieben und 14 Prozentpunkte (Tab. 1).

---

3   Der European Communication Monitor wird seit 2007 jährlich mit Unterstützung von European Public Relations Education and Research Association (Euprera), European Association of Communication Directors (EACD) und Communication Director Magazine unter Federführung von Ansgar Zerfaß (Universität Leipzig) durchgeführt. 2010 haben daran 1.955 PR-Professionals aus 46 europäischen Ländern teilgenommen (Zerfass et. al. 2010: 4). 2011 und 2012 wurden die Evaluationsmethoden nicht mehr abgefragt.

Tab. 1 Eingesetzte Mess- und Evaluationsmethoden für Kommunikationsmaßnahmen in Nonprofit-Organisationen (NPO) und Privatunternehmen (PUN)

Jahr	**2010** (n = 1.533)		**2009** (n = 1.346)		**2008** (n = 1.027)	
Organisationsform → ↓ **Evaluationsmethode**	NPO	PUN	NPO	PUN	NPO	PUN
Medienresonanz	78,3	76,9	79,4	80,1	73,8	76,9
Internet/Intranet Nutzung	73,5	72,4	77,1	64,0	63,4	65,1
Verstehen von Botschaften	50,4	54,0	50,5	50,6	32,4	34,5
Kosten	38,5	52,6	37,9	50,3	28,2	29,8
Einstellungen, Verhaltens-änderungen bei Stakeholdern	45,6	36,4	41,1	36,3	26,9	28,7
Intangible/tangible Werte (Reputation, Marke)	17,7	26,2	19,6	33,0	19,3	27,9
Strategie-/Finanzziele	19,0	26,0	22,9	37,1	20,0	36,8

Antworten in Prozent der Befragten, die auf einer Skala von 1 = nicht genutzt bis 5 = kontinuierlich genutzt die Werte 4 oder 5 gewählt haben

Quellen: Zerfass et. al., European Communication Monitor, 2008, 2009, 2010

Dies bestätigt auch die Phineo-Studie zur Transparenz der Wirksamkeit von Spenden-organisationen anhand der Darstellung von erbrachten Leistungen (Output), erzielten Veränderungen bei Zielgruppen (Outcome) sowie hochwertigen Wirkungsbelegen in Form von Evaluationen geprüft (Buttkus und Schmidt 2012: 7/8): Dabei zeigt sich von Stufe zu Stufe eine deutlich abnehmende Verfügbarkeit der Darstellungen (10, 19-21).[4]

Ein Grund für die Diskrepanz zwischen Wahrnehmung und Realisierung von Chancen ist das Dilemma des Kommunikations-Controllings bei NPOs. Dabei stehen Chancen auf höhere Leistungsfähigkeit und Wirksamkeit der Kommunikation Skepsis und Befürchtungen der Mitarbeiter bis hin zu Widerständen gegenüber (Henke 2001: 202; Langen und Albrecht 2001: 298-300; Epkenhans 2012: 13/14; Epkenhans et. al. 2012: 10-12). Zu den Gründen zählen Leistungsdruck, Kontrolle und Konsequenzen. Im Ergebnis begnügen sich die meisten NGOs mit ihrer Sicht der Wirkungs-Indikatoren (Hughes und Hutchings 2011: iii).

Jacobs und Wilford (2007) haben in der Literatur mehrere Belege für entsprechend kontraproduktive Effekte von Transparenz und Rechenschaftspflicht bei NGOs ausge-macht: Danach lenke die Berichterstattung ggb. Spendern und Senior Management die Aufmerksamkeit des operativen Managements von den eigentlichen Hilfsaufgaben ab hin zu vorgegebenen Aktivitäten (6-11). Sie schlagen stattdessen vor, Projekte an den Wahr-nehmungen und Prioritäten der Begünstigten auszurichten.

Als weitere Ursachen für den geringen Einsatz von Evaluation und Controlling bei NPOs werden Wissensdefizite, fehlende Methodenkenntnis, Probleme bei der Operatio-

---

4 Anzumerken bleibt, dass es sich dabei – wie die Autoren selbst betonen (9) – nicht um eine Überprüfung der Wirksamkeit, sondern der Berichterstattung über erzielte Wirkungen handelt.

nalisierung genannt (Henke 2001: 202; Hughes und Hutchings 2011: 5-8; Epkenhans 2012: 13/14; Epkenhans et. al. 2012: 10-12). Hughes und Hutchings plädieren entsprechend für einfache Modelle und Verfahren mit kleineren Stichproben (2011: 5-8).

Erklärungs- und Lösungsansätze für diese Situation bieten systemtheoretische und konstruktivistische Sichtweisen. Danach sind Organisationen blind für ihre Umwelt.[5] Alle Informationen, die sie für ihre Planung und Steuerung verwenden, erzeugen sie selbst. Unabhängig davon, wie sie ihre Aktivitäten selbst beschreiben, unterliegen sie im Verhältnis zu ihrer Umwelt einem evolutionären Mechanismus von Variation, Selektion und Retention. Selbst, wenn Organisationen diese Prämissen übernehmen, bleibt dies ihre Eigenleistung, die auch falsch sein kann. Insofern können sie ihre Umwelt weder planen, noch steuern. Planungs- und Steuerbarkeit sind vielmehr notwendige Annahmen für die Selbstkontrolle und -steuerung. Top-down- und Inside-out-Prozesse sind nur solange möglich, wie sie durch outside-in- und Bottom-up-Selektionen zugelassen werden. Doch anstatt eines Steuerungs- und Optimierungsansatzes, der auch organisationales Lernen durch Feedback-Kommunikation einbezieht, findet weitgehend Erfolgskontrolle aus der Perspektive der Organisation statt.

Entsprechend wird die bewusste Integration und Verankerung der NGO-Evaluation in der Organisationskultur als Erfolgsfaktor angesehen (Systemic Excellence Group 2009: 20/21). Darüber hinaus werden die Definition der Ziele und das Einbeziehen von Stakeholdern bzw. Begünstigten übereinstimmend als Voraussetzung der Wirkungsmessung von NGOs (Systemic Excellence Group 2009: 20/21; Lewis 2007: 160) und NPOs genannt (Hornsby 2012: 6).

2.2   Konzepte und Modelle für Evaluation und Controlling in NGOs und NPOs

Die Bedeutung der Kommunikation für den Leistungsauftrag von NPOs und die Notwendigkeit einer umfassenden Wirkungskontrolle, insbesondere im Zusammenhang mit der Herstellung von Transparenz über Projekte, Zielerreichung, Finanzierung und Mittelverwendung ist immer wieder betont worden (Pleil 2005: 8, 11; Kunz 2006: 24/25, 133/134, 157; Epkenhans 2012: 6, 10-12, 14, 25, 33). Das Innovation Network (2012) hat darüber hinaus die hervorgehobene Bedeutung von und für die Kommunikation von NPOs und das Entstehen von Konsens mit Stakeholdern betont (5).

Dennoch spielt die Kommunikation als ‚enabling function' zur Erbringung der Organisationsleistungen und als Werttreiber zum Erreichen der Organisationsziele in den meisten Konzepten für Evaluation und Controlling von NPOs und NGOs kaum eine Rolle (Epkenhans 2012: 47; Ní Ógáin, Lumley und Pritchard 2012: 67). In einer Übersicht über internationale Verfahren der Wirkungsanalyse und -messung von NPOs wird sie

---

5   Ich beziehe mich auf die Varianten der Theorie selbstreferentieller sozialer Systeme nach Luhmann (1988) und des Radikalen Konstruktivismus nach Maturana & Varela (1991).

lediglich bei einem der 25 vorgestellten Verfahren explizit erwähnt (Epkenhans 2012: 47). Hinzukommt eine „sehr medienzentrierte Sichtweise von Öffentlichkeitsarbeit innerhalb der Forschung" (Voss 2007: 23). Entsprechend eng sei die Wirkungsforschung auf die messbare Medienresonanz fokussiert (ebd.). Auch in den Standards für Evaluationen der Deutschen Gesellschaft für Evaluation (DeGEval) taucht der Begriff Kommunikation trotz aller Systematik nur im Zusammenhang mit der Vermittlung von Evaluationsergebnissen auf (2008: 14, 16, 23, 26).

Eine Ausnahme ist der Ansatz der Phineo-Analyse[6] (Epkenhans, 2012). Sie berücksichtigt die Kommunikation als eines von acht Kriterien für die Evaluation von NPOs (26-39). Sie verknüpft Messungen auf mehreren Wirkungsstufen mit einem Mehrmethoden-Design aus Befragungen, Inhaltsanalysen, Beobachtung und Experten-Interviews (34/35). Zusätzlich werden eingesetzten Ressourcen (‚Input') berücksichtigt (7). Im Rahmen der Begutachtung werden das Verhalten in der Öffentlichkeit, die Transparenz der eigenen Kommunikation sowie die Darstellung von Anliegen und Projekterfolgen überprüft (33). Bewertungskriterien sind etwa die öffentliche Verfügbarkeit wesentlicher Informationen über Projekte, Governance und Finanzen sowie der Einklang der Öffentlichkeitsarbeit mit Vision und Strategie der Organisation (ebd.).

Der Ansatz basiert auf einem mehrstufigen Konzept für die umfassende Evaluation von NPOs, das dem ‚Logic Model' folgt (Epkenhans, 2012; Hornsby 2012; Innovation Network 2012; Rauscher, Schober und Millner 2012). Bei der Messung wird von einer Wirkungskette (‚Logic Model') ausgegangen, die von Aktivitäten über deren unmittelbare Ergebnisse (‚Outputs') zum erzielten Nutzen für die Begünstigten (‚Outcomes')[7] reicht (Hornsby 2012: 14). Einige Autoren unterscheiden auf der Outcome-Ebene zusätzlich zwischen kurz-, mittel- und langfristigen Ergebnissen (Innovation Network 2012: 16) bzw. unmittelbaren, mittelbaren und langfristigen Wirkungen (Rauscher, Schober und Millner, 2012: 6). Als konkrete monetäre Wirkungen nennt Hornsby (2012) Ausgaben- und Kosteneinsparungen bei Staat und Regierungen sowie lokale Wertschöpfung (21-23). Die Übertragbarkeit der Kostenreduktion als PR-Effekt auf NGOs wird von Voss aufgrund der fehlenden kommerziellen Grundausrichtung eingeschränkt (81/82). Das Innovation Network (2012) fordert als Komponenten des Modells eine Problembeschreibung (‚Problem Statement'), die übergeordnete Zielsetzung (‚Goal'), Grundannahmen (‚Rationale and Assumptions') und Mitteleinsatz (‚Resources') (1, 4/5). Dabei betonen die Autoren den

---

6   Phineo ist eine gemeinnützige Aktiengesellschaft zur Evaluation gemeinnütziger Projekte und Organisationen mit dem Ziel, sozialen Investoren Orientierungshilfen für ihr finanzielles Engagement zu geben. Sie wurde auf Initiative der Bertelsmann Stiftung und weiterer Partner aus Staat, Wirtschaft und Zivilgesellschaft gegründet (Epkenhans, 2012: 26).

7   Hughes & Hutchings (2011) haben die Wirksamkeit von NPO-Aktivitäten an der konkreten Verbesserung der Situation von Begünstigten anhand von sechs ‚Global Outcome Indicators' festmacht: Ankommen von humanitärer Hilfe, Reduktion von Risiken durch Katastrophen, Verbesserung der Lebenshaltung, Ermächtigung von Frauen bei Entscheidungen in Haushalten und auf kommunaler Ebene, Mobilisierung von bürgerschaftlichem Engagement und Einflussnahme auf politische Entscheidungen (13).

Vorrang der Outcome- gegenüber der Output-Ebene für die Evaluation (17). Zur Bewertung der Messergebnisse werden Ziele, frühere Ergebnisse, Veränderungen im Zeitverlauf, Feedbacks zu den Ergebnissen herangezogen (Hornsby 2012: 35/36).

Rauscher, Schober und Millner (2012) unterscheiden zusätzlich zwischen Social Impact Measurement zur Bestimmung von Wirkungen auf relevante Zielgruppen, die den eigenen Aktivitäten zurechenbar sind (4), und Outcome Measurement im Sinne von systematischen Konzept- und Prozessevaluationen sowie Wirkungsanalysen anhand festgelegter Kriterien (5). Dem entspricht die Differenzierung zwischen Bruttowirkungen als den angestrebten Zuständen ('Outcome') und Nettowirkungen als jenen Effekten, die ohne die Aktivitäten nicht eingetreten wären ('Impact') (6). Der Differenzwert wird als 'deadweight' bezeichnet. Ergänzt wird das Logic Model durch die Begründung der zugrunde gelegten „Annahmen und Vermutungen über die Wirkungsweise einer Intervention, eines Programms mit empirischen Befunden und/oder Theorien" ('Theory of Change') (7).

Am weitesten gehen Social Return on Investment (SROI)-Analysen als Sonderform von Cost-Benefit-Analysen. Dabei werden die Begriffe 'Kosten' und 'Nutzen' durch 'Investition' und 'soziale Rendite' ersetzt. Als 'Social Return' bzw. gesellschaftliche Rendite werden die monetär bewerteten Wirkungen von Interventionen bezeichnet. Ein wesentlicher Vorteil der Methode ist, dass die Wirkungen der Interventionen „mittels Erhebungen weitgehend durch die Stakeholder selbst definiert werden" (10) Als kritisch bewerten die Autoren u. a. die monetäre Bewertung nicht geldwerter Sachverhalte, unterschiedliche Wahrscheinlichkeiten für das Eintreten von Wirkungen, das zeitlich verzögerte Einsetzen von Wirkungen (11).

Auffällig ist die große systematische Nähe des Logic Models zum Wirkungsstufen-Modell für das Kommunikations-Controlling von DPRG und ICV. Doch obwohl die systematischen und methodischen Gemeinsamkeiten in der Kommunikation von privatwirtschaftlichen Unternehmen und gemeinnützigen Organisationen betont wurden, spielen Ansätze und Konzepte, die die Analyse der Kommunikationsbeziehungen, das Überführen der Strategie in eine Marke, die interne Akzeptanz der Mitarbeiter und Feedback aus dem System (Will 2001: 48) sowie das Herstellen von Öffentlichkeit, die Meinungsbildung im gesellschaftlichen Diskurs, die Erkennbarkeit als Marke und der Aufbau von Reputationskapital (Beke-Bramkamp und Hackeschmidt 2001: 53/54) praktisch keine Rolle.

Zudem ist nicht erkennbar, wie der Anspruch, messbare Veränderungen den eigenen Aktivitäten zurechnen zu können, bei der Wertschöpfung durch Kommunikation von NGOs und NPOs – im Sinne eines Ergebnisbeitrags zum Erreichen übergeordneter Organisationsziele und gesellschaftlicher Veränderungen – eingelöst wird.

3   Das Wirkungsstufen-Modell von DPRG und ICV als Bezugsrahmen für die NGO-Kommunikation

Nach dieser eher ernüchternden Bilanz für Evaluation und Controlling der Kommunikation von NGOs und NPOs in Theorie und Praxis, sollen Modelle und Konzepte aus Unternehmenskommunikation und Kommunikationsmanagement auf ihre Aussagekraft und Anwendbarkeit für NGOs befragt werden.

Der gemeinsam von DPRG und ICV entwickelte und verabschiedete Bezugsrahmen für Kommunikations-Controlling (Internationaler Controller Verein, 2010: 34-48; Huhn und Sass, 2011: 12-16)[8] erfüllt gleich mehrere Anforderungen an Evaluation und Controlling der Kommunikation von NGOs: Er definiert Wertschöpfung durch Kommunikation als a) Unterstützung der Leistungserstellung als Beitrag zur Realisierung des wirtschaftlichen Erfolgs; b) Aufbau von immateriellen Werten wie Marken und Reputation als Voraussetzungen für den Aufbau wirtschaftlicher und gesellschaftlicher Erfolgspotenziale sowie c) Umsetzung gesellschaftspolitischer Aktivitäten zur Sicherung der ‚licence to operate' (Huhn und Sass, 2011: 9/10). Es bietet einheitlichen Rahmen für unterschiedliche Stufen der Kommunikationswirkung. Das Modell präferiert den Bezug auf Stakeholder-Gruppen (Outcome). Es integriert unmittelbare Wahrnehmungs- und Wissenseffekte (direkter Outcome), Veränderungen bei Meinungen, Einstellungen und Verhalten (indirekter Outcome) und Kontaktpotenziale auf der Ebene der Kommunikationsmedien und -kanäle (Output). Es verknüpft Kommunikation mit strategischen und ökonomischen Effekten auf der übergeordneten Ebene (Outflow), berücksichtigt die eingesetzten Ressourcen (Input) und ermöglicht einen Anschluss an das betriebliche Controlling (vgl. Internationaler Controller Verein, 2010: 34-48; Huhn und Sass, 2011: 12-16). Das Modell geht außerdem davon aus, dass mit jeder weiteren Wirkungsstufe und jedem weiteren Messbereich einem zunehmenden Einfluss auf die Wertschöpfung ein abnehmender Einfluss des Kommunikationsmanagements gegenübersteht.

Doch bei aller Plausibilität des Wirkungsstufen-Modells und der scorecard-basierten Ansätze sind wesentliche Aspekte unberücksichtigt und zentrale Fragen offen geblieben (vgl. Bürker und Baudisch 2009: 61, 65; Bürker 2013: 59-61). So lässt das Modell bei der Bestimmung der Wertschöpfung offen, wie Effekte bei Ziel- und Anspruchsgruppen (Outcome-Ebene) und strategische Wertschöpfungsbeiträge (Outflow-Ebene) allgemein auf Kommunikation und im Besonderen auf die eigenen Kommunikationsleistungen zurückgeführt werden. Wie werden externe bzw. nicht-kommunikative Einflussfaktoren auf Image und Reputation kontrolliert? Wie werden Interferenzen zwischen verschiedenen Kommunikationsaktivitäten (Kanäle, Instrumente, Maßnahmen), zeitliche Kumulation sowie positive und negative Rückkopplungen berücksichtigt?

Die Wirkungskette der Kommunikation wird als einseitig gerichteter, linearer top-down bzw. inside-out Stimulus-Response-Prozess von Unternehmen über Medien zu

---

8   Die hier skizzierte Beschreibung basiert in leicht veränderter Form auf meinen Darstellungen in Bürker (2012: 284-288; 2013: 53-59).

Ziel- und Anspruchsgruppen konzipiert. Wertschöpfung wird einseitig auf Unternehmen bezogen – die für Stakeholder, Wirtschaft und Gesellschaft erzielte Wertschöpfung (oder: -vernichtung!) bleibt intransparent. Dies gilt auch für Netzwerk- und Rückkopplungseffekte durch den Einfluss der Beziehungsebene und Öffentlichkeit von Kommunikation. So bleiben Messungen auf die Ziel- und Anspruchsgruppen (Mikro-Ebene) beschränkt. Die Meso-Ebene der Interaktionen zwischen Unternehmen und ihren Stakeholder-Gruppen bleibt genauso ausgeschlossen wie die Makro-Ebene der Öffentlichkeit in Bezugsgruppen und Gesellschaft.

Zerfaß hat vorgeschlagen, die gesellschaftspolitische Perspektive als fünfte Dimension in die Communication Scorecard aufzunehmen (vgl. 2005a: 8/9; 2005b: 30-32). Bürker und Baudisch haben angeregt, dem Modell des Normativen Managements im St. Galler Managementmodell zu folgen und diese Dimension als oberste Wertschöpfungsebene in die Hierarchie der Strategy Map eingliedern (vgl. 2009: 64).

Die genannten Schwachpunkte gelten auch für die Verfahren zur Bestimmung von Reputations- und Markenwerten, die im DPRG/ICV-Bezugsrahmen für das Kommunikations-Controlling der Outcome- und Outflow-Ebene zugeordnet sind. beim Modell des Reputations-Quotienten (RQ) (vgl. Wiedmann, Fombrun und Riel 2007) bleibt darüber hinaus unklar, wie das Unterstützungspotenzial konkret bestimmt wird. Das Messkonzept mit unveränderlichen Reputationsdimensionen und Einzelindikatoren dient zwar der Benchmark-Fähigkeit, entspricht aber nicht zwingend den Wahrnehmungs- und Bewertungskriterien aller Stakeholder-Gruppen.

Die Methoden zur Markenwert-Berechnung bieten dagegen den Vorteil, sowohl Hersteller- und Konsumentensicht, als auch psychologische, kommunikations- bzw. verhaltenswissenschaftliche Konzepte zu integrieren (Bentele et. al., 2009: 3-5, 10-36). Danach wären bei einer Markenwertberechnung sowohl die Leistungsziele auf der Output-Ebene als auch die Erfolgsfaktoren auf der Outflow-Ebene der Kommunikation zu berücksichtigen. Damit würde die Markenwertberechnung mit dem DPRG-/ICV-Modell konvergieren.

Doch gerade die Rückführung von Anteilen oder Veränderungen bei Unternehmenswerten auf bestimmte Kommunikationsmaßnahmen wird als „sehr schwierig, wenn nicht als unmöglich" angesehen (Porák, Fieseler und Hofmann 2007: 543). Entsprechend ist bei der Markenwert-Berechnung immer wieder die große Vielfalt der Konzepte und Methoden sowie deren teilweise Intransparenz kritisiert worden (vgl. Buchele und Hoepfner 2004: 47, 51-53; Porák 2005: 184), die zu deutlich abweichenden Markenwerten geführt hätten (vgl. Porák 2005: 182; Porák, Fieseler und Hofmann 2007: 549).

Auch die einseitige Fokussierung auf die Produkt- und Marketingperspektive, die die Unternehmenskommunikation in ihren öffentlichen und gesellschaftlichen Zusammenhängen wenig bis gar nicht berücksichtigt, wurde bemängelt (Buchele und Hoepfner 2004: 50, 53/54). So lässt sich der Kapitalwert abgezinster zukünftiger Einzahlungsüberschüsse auf Basis des Preispremiums zur Berechnung des monetären Markenwerts bei privatwirtschaftlichen Unternehmen gar nicht auf NPOs und NGOs anwenden. Außerdem spielt der Faktor Kommunikation dabei keine erkennbare Rolle mehr. Stattdessen müssten Unternehmen im Vergleich zu Produkten stärker als soziale Phänomene und von der

Wertschätzung in der Öffentlichkeit abhängig begriffen werden (Buchele und Hoepfner 2004, 25). Die gesellschaftliche Dimension bleibt genauso unberücksichtigt wie der Einfluss der Öffentlichkeit als kommunikativem Resonanzraum.

4   Konzeptmodell für die Evaluation und Steuerung der NGO-Kommunikation (Logic Model)

Aus dem Stand von Theorie und Praxis zu Evaluation und Controlling von NPOs und NGOs lassen sich folgende besonderen Anforderungen an ein Modell für Evaluation und Controlling der Kommunikation von NGOs ableiten:

- Berücksichtigen der Besonderheiten von NGOs ggb. privatwirtschaftlichen Unternehmen bei der spezifischen Leistungserstellung (Themen-/Kampagnen-Kommunikation versus Produkte/Dienstleistungen; Mitglieder versus Kunden; Spender versus Anteilseigner).
- Berücksichtigen des strategischen Vorrangs gesellschaftlicher Zielsetzungen bei NGOs ggb. marktlichen und ökonomischen Zielen bei privatwirtschaftlichen Unternehmen.
- Unterscheiden zwischen Kampagnenwert durch das Themen- und Kampagnen-Management von NGOs und Organisationswert als der kumulierten Wahrnehmung und Bewertung der Organisation.
- Zusätzliche Wertbestimmung bei den Begünstigten in Wirtschaft, Politik und Gesellschaft.
- Berücksichtigen der größeren Bedeutung von Öffentlichkeit und öffentlicher Meinung in der NGO-Kommunikation ggb. privatwirtschaftlichen Unternehmen.

Um diese Anforderungen zu erfüllen, wird das DPRG/ICV-Modell für NGOs anpasst und mit dem ‚Logic Model' der Evaluation von NPOs verbunden. Beide Modelle verfügen mit der Input-Output-Outcome-Logik über ein hohes Maß an konzeptioneller und begrifflicher Übereinstimmung (Tab. 2). Das DPRG-/ICV-Modell eröffnet durch seine Anwendung auf Kommunikation und die Verknüpfung mit dem Stakeholder-Ansatz sowie dem Konzept der Balanced Scorecards und Strategy Maps zudem Ansatzpunkte für mehrdimensionale Analysen.

Das Logic Model der NPO-Evaluation verfügt mit dem Social Impact zudem über eine übergeordnete gesellschaftliche Ziel-, Wirkungs- und Steuerungsgröße für die NGO-Kommunikation. Außerdem reflektiert es mit seiner Unterscheidung von Netto- und Bruttowirkungen den Anteil der eigenen Aktivitäten an beobachteten Veränderungen. ‚Wirkung' wird verstanden als Zurechnung von Veränderungen in der Umwelt auf die eigenen Aktivitäten von NGOs. Dabei handelt es sich um ein Konstrukt, das organisationsintern durch selbst definierte Planungs- und Evaluationsverfahren erzeugt wird. Das hier entwickelte Modell soll dafür eine Diskussionsgrundlage schaffen, die es ermöglicht, gestiegene Umweltkomplexität durch den Aufbau von höherer Eigenkomplexität zu reduzieren.

Tab. 2   Konvergenz der Komponenten in Logic Model, Bezugsrahmen-Modell nach DPRG/ICV
und Balanced Scorecard

Logic Model	DPRG/ICV-Modell	Balanced Scorecard	Zieltypen
(Social) Impact	Outflow	Erfolgsfaktoren	Ergebnisziele
Outcome	Outcome	Werttreiber	Kennzahlen
Output	Output	Maßnahmen/Programme	Leistungsziele

Quelle: Eigene Darstellung

Auf dieser Basis werden eigenständige, NGO-spezifische Strategy Maps, Communication
Scorecards und Werttreiberbäume (Value Links) für die Perspektiven der einzelnen Stakeholder-Gruppen entwickelt. Zusätzlich wird die Beziehungsebene und der Öffentlichkeitsaspekt
der NGO-Kommunikation berücksichtigt.[9] Für die Analyse der Beziehungsebene wird
die Übertragung des Koorientierungsmodells auf die Beziehungen zwischen Organisationen und ihren Stakeholder-Gruppen von Broom (1977) herangezogen. Die Messung der
Wahrnehmung der öffentlichen Meinung erfolgt mithilfe des Meinungsklima-Konzepts
von Noelle-Neumann (1978, 1991). Beide Konzepte werden miteinander verknüpft und
für die Messung, Bewertung und Steuerung der Mikro-, Meso- und Makro-Ebene der
NGO-Kommunikation weiterentwickelt (vgl. Bürker 2013: 354-363).

Die Bestimmung der Wertschöpfung folgt dem Meinungsklima-/Koorientierungsmodell
(MKM) (Bürker 2013: 367-394). Der Kern des Modells ist der systematische, matrixartige
Vergleich zwischen Einstellungen und Klimawahrnehmung bei Stakeholder-Gruppen mit
und ohne Kommunikationskontakten im Nah- und Fernbereich der NGO. Das Modell
basiert auf der Grundannahme, dass Erinnerungen an Kommunikationskontakte immer
dann Einstellungen beeinflussen, wenn keine eigenen Erfahrungen mit Themen bzw. Organisationen vorliegen, weil genau dann die Klimawahrnehmung als funktionales Äquivalent
für Erfahrung übernommen und eigenen Handlungs- bzw. Kommunikationsabsichten als
Prämisse zugrunde gelegt wird.[10]

4.1   Vorgehensweise bei Messung, Bewertung und Steuerung der NGO-Kommunikation

Schritt 1: Aufbau von Strategy Maps für die NGO-Kommunikation

Im ersten Schritt werden die Perspektiven der Balanced Scorecard auf NGOs übertragen und
in Strategy Maps hierarchisiert (Abb. 1). Dabei wird die gesellschaftspolitische Dimension

---

9   Zu diesem Ansatz für Evaluation und Steuerung von Public Relations im strategischen Kommu-
    nikationsmanagement sowie seinen theoretischen Prämissen und Implikationen vgl. ausführlich:
    Bürker (2013: 319-413).

10 Zur ausführlicheren Beschreibung und Herleitung dieser Arbeitshypothese vgl. Bürker (2013:
    367, 379-384).

mit dem Social Impact an die Spitze der NGO-Map gestellt. Alle fünf Dimensionen erhalten NGO-spezifische Ausprägungen. So rücken an die Stellen der Kunden die Mitglieder sowie haupt- und ehrenamtlichen Mitarbeiter. An die Stelle der Investoren und treten die Spender. Produkte oder Dienstleistungen werden durch Kampagnen ersetzt.

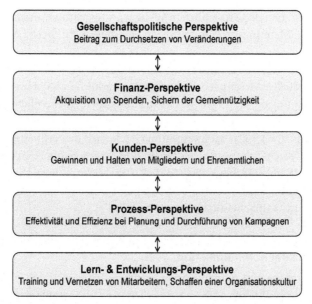

Abb. 1 Strategy Map mit Dimensionen der NGO-Kommunikation und übergeordneten Zielsetzungen (Outflow)

Quelle: Eigene Darstellung:

Das Erreichen der übergeordneten Organisationsziele in allen fünf Dimensionen wird durch die Kommunikation als ‚enabling function' unterstützt.

Für die Messung, Bewertung und Steuerung der taktischen Ebene der themenbezogenen Kampagnen-Kommunikation und der strategischen Ebene des organisationsbezogenen Kommunikationsmanagements von NGOs sind für jede Dimension der Strategy Maps von NGOs je eigene Scorecards und Werttreiberbäume bzw. ketten zu entwickeln.

Schritt 2: Kontrolle des Einflusses von Erfahrung durch Vergleich zwischen Nah- und Fernbild

Im zweiten Schritt werden Wahrnehmungen und Meinungen der einzelnen Stakeholder-Gruppen in den fünf Dimensionen der NGO-Strategy-Map erfasst. Um den Einfluss von persönlichen Erfahrungen auf die Wahrnehmung und Meinungsbildung zu kontrollieren und Kommunikationseffekte zu isolieren, wird zwischen dem erfahrungsbasierten ‚Nahbild' bei Stakeholder-Gruppen, die über eigene Erfahrungen mit Thema bzw. NGO verfügen, und dem kommunikativ bzw. medial vermittelten ‚Fernbild' bei Stakeholder-Gruppen ohne eigene Erfahrungen unterschieden.[11]

Schritt 3: Bestimmen des Meinungsklimas durch Vergleich zwischen Meinungen und Klimawahrnehmung

Um den Einfluss der Öffentlichkeit auf Kommunikationswirkungen zu messen, wird im dritten Schritt zwischen den tatsächlichen Wahrnehmungen und Meinungen sowie den wahrgenommenen Meinungsverteilungen bzw. Mehrheitsmeinungen (‚Meinungsklima') unterschieden.[12]

Das Meinungsklima-Konzept unterscheidet zwischen a) der ‚öffentlichen Meinung' als der Summe individueller Meinungen, b) dem ‚Meinungsklima' als der kumulierten Wahrnehmung von Meinungsverteilungen bei Dritten und c) der ‚veröffentlichten Meinung' als der Wahrnehmung von Meinungsverteilungen in den Medien (Noelle-Neumann 1978: 20, 30; 1991: 224, 241ff., 655).[13] Das Meinungsklima ist danach das verbindende Glied in der Kausalkette von Medienwirkungen zwischen direkten Medienkontakten und spezifischen Wirkungen bei Individuen (Schenk 2007: 537). Abstrakter formuliert: Die öffentliche Meinung ist der Mechanismus, der die Unwahrscheinlichkeit von Anschlusskommunikation und -handlungen in Wahrscheinlichkeit umwandelt.[14]

Schritt 4: Bestimmen von Konsens, Dissens und Koorientierung auf der Beziehungsebene der Kommunikation

Um die Beziehungsebene der Kommunikation zwischen NGOs und ihren Stakeholder-Gruppen (Meso-Ebene) zu evaluieren, werden tatsächliche und wahrgenommene Abweichungen zwischen den eigenen Wahrnehmungen, Meinungen und Handlungsbereitschaften und den wahrgenommenen Wahrnehmungen, Meinungen und Handlungsbereitschaften der jeweils anderen Seite bestimmt.[15]

Dafür wird das Koorientierungsmodell (Broom 1977) genutzt. Es beschreibt und analysiert, wie Organisationen und ihre Stakeholder-Gruppen (‚Publics') eigene Einstellungen und Handlungsabsichten gegenüber Themen (‚Issues') zugleich an ihrer Wahrnehmung der Einstellungen der jeweils anderen Seite ausrichten (Abb. 2). Das Modell erweitert einseitig

---

11 Zur Nah- und Fernbild als Imagevarianten vgl. Noelle-Neumann & Petersen (2005: 520-526).

12 Zur Unterscheidung zwischen Öffentlicher Meinung und Meinungsklima vgl. Noelle-Neumann (1978, 1991).

13 In abstrakterer Form hat Luhmann dies als Unterscheidung von Beobachtungen erster und zweiter Ordnung beschrieben und Öffentlichkeit dabei nicht als System, sondern als ‚interne Umwelt der Gesellschaft' konzipiert (1990: 180-182, 1996: 183-189).

14 Dieser Ansatz folgt dem Konzept der ‚symbolisch generalisierten Kommunikationsmedien' bei Luhmann (1986).

15 Zur Messung der Beziehungen zwischen Organisationen und ihren Stakeholder-Gruppen im Koorientierungsmodell vgl. Broom (1977).

absender- oder empfängerdefinierte Perspektiven um die Analyse von wechselseitigen Wahrnehmungen in Kommunikationsbeziehungen.

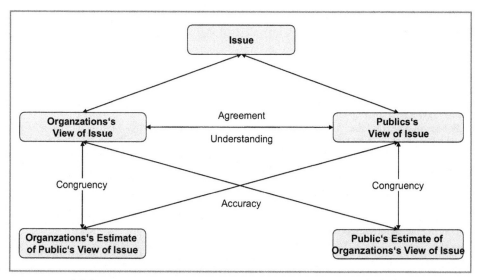

Abb. 2 Modell für Koorientierung zwischen Organisationen und ihren Stakeholder-Gruppen Quelle: Eigene Darstellung (nach Broom, 1977)

Beide Konzepte – Meinungsklima und Koorientierung – ermöglichen durch Vergleiche zwischen unterschiedlichen Beobachtungsebenen ('Congruency', 'Accuracy') die Bestimmung von tatsächlichem oder wahrgenommenem Konsens bzw. Dissens zwischen NGOs und ihren Stakeholder-Gruppen (vgl. Scheff 1967: 33-37; McLeod und Chaffee 1973: 484-487; Broom 1977: 111-118; Noelle-Neumann 1991: 241-245, 340-342). Dadurch können Fehlwahrnehmungen und -einschätzungen wie False Consensus, Pluralistische Ignoranz, Looking Glass Perception oder Third Person Effect identifiziert werden.

Spezifisch für die Kommunikation von NGOs ist, dass sie beim Start von Kampagnen nicht auf Homogenität von Wahrnehmungen und Meinungen, sondern gezielt auf Abweichungen und die Wahrnehmung dieser Abweichung setzen.

Schritt 5: Vergleich der Messergebnisse auf Meso- und Makro-Ebene

Im fünften Schritt werden die Vergleiche zwischen Nah- und Fernbild sowie tatsächlicher Meinung und wahrgenommener Meinungsverteilung bzw. Mehrheitsmeinung kombiniert (Abb. 3).

Damit entsteht – zusätzlich zu Soll-/Ist-, Vorher-/Nachher- und Wettbewerbsvergleichen – ein weiterer Bewertungsmaßstab für die NGO-Kommunikation: der Vergleich zwischen persönlichen Einstellungen (First Person Perception), der Wahrnehmung anderer (Second Person Perception) und der Wahrnehmung des Meinungsklimas (Third Person Perception).

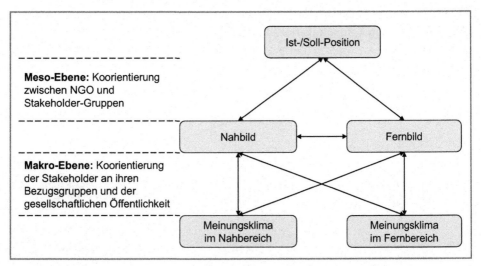

Abb. 3   Analyse-Schema des Meinungsklima-/Koorientierungsmodells für NGOs
Quelle: Eigene Darstellung (nach Bürker 2013: 360)

Schritt 6: Bestimmen der Kommunikationsleistung durch Vergleich von Stakeholdern mit und ohne Kommunikationskontakt

Im sechsten Schritt wird die Leistung der NGO-Kommunikation bestimmt. Dafür werden Stakeholder mit und ohne Erinnerungen an Kommunikationskontakte unterschieden und deren Wahrnehmungs- und Meinungswerte verglichen. So lässt sich feststellen, welche Veränderungen bei den Stakeholder-Gruppen den eigenen Kommunikationsaktivitäten der NGO zurechenbar sind.

Um die Vergleichsgruppen für die Isolation der eigenen Kommunikationsleistung zu identifizieren, wird zwischen dem Erreichen der Zielgruppen und dem Verstehen, der Akzeptanz und Erinnerung der Botschaften einerseits sowie der kumulierten Wahrnehmung im Bewusstsein der Ziel- und Anspruchsgruppen andererseits unterschieden. Dafür werden die Kategorien ,Outtake' und ,Outgrowth' aus dem amerikanischen PR-Measurement (vgl. Lindenmann 2003: 5-7, 25; 2006: 13-16, 27/28) in das Wirkungsstufen-Modell aufgenommen.

Schritt 7: Bewerten der Messergebnisse durch objektivierbare Wertmaßstäbe

Für die Bewertung der Messergebnisse stehen NGOs mehrere objektivierbare Wertmaßstäbe zur Verfügung: Effizienz durch Vergleiche zwischen In- und Output der Kommunikation, Veränderung durch Vergleiche mit früheren Messergebnissen und relative Wettbewerbsvorteile durch Vergleiche mit Antagonisten in der öffentlichen Kommunikation.

Damit entfallen Soll-/Ist-Vergleiche als klassischer Bewertungsansatz zur Bestimmung von Kommunikationserfolgen. Dies verringert zugleich die Gefahr von willkürlich festgelegten, unrealistischen Kommunikationszielen. Stattdessen werden das Stabilhalten bzw. Erhöhen von Messwerten, die Verringerung der Differenzen zwischen eigenen Positionen sowie Nah- und Fernbild, die Annäherung von tatsächlichen Meinungen und wahrgenommenem Meinungsklima, das Schließen von Wahrnehmungslücken und die Korrektur von Fehlwahrnehmungen zu objektivierbaren Zielen für die NGO-Kommunikation.

Schritt 8: Bestimmen des Wertschöpfungsbeitrags der NGO-Kommunikation

Die Wertschöpfung durch Kommunikation wird auf der Mikro-Ebene durch die mittels Kommunikation erzielten höheren Image- und Reputationswerte bestimmt. Die Kommunikationsleistung resultiert aus der Differenz der Werte bei Stakeholdern mit und ohne Erinnerung an Kommunikationskontakte zur NGO. Die Wertschöpfung ist der aus diesen Differenzen und den jeweiligen Zielgruppen-Anteilen saldierte Anteil an der gesamten Unterstützungsbereitschaft (Abb. 4).

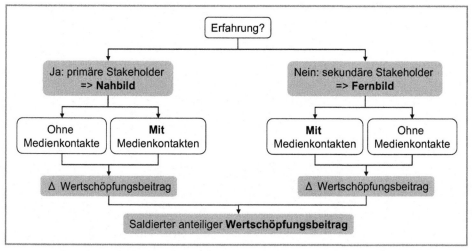

Abb. 4   Bestimmung des Wertschöpfungsbeitrags durch Kommunikation
Quelle: Eigene Darstellung

In den Stakeholder-Beziehungen (Meso-Ebene) und in der gesellschaftlichen Öffentlichkeit (Makro-Ebene) wird die Wertschöpfung der NGO-Kommunikation bestimmt durch das verbesserte Ausmaß der Koorientierung a) zwischen NGOs und ihren Stakeholder-Gruppen im Nahbereich sowie b) zwischen Stakeholder-Gruppen und deren sozialer Umwelt (Nah- und Fernbild sowie Meinungsklima).

Der ‚kommunikative Wertschöpfungsbeitrag' der NGO-Kommunikation wird ermittelt aus der Differenz zwischen a) Nah- und Fernbereich sowie b) Stakeholder-Gruppen mit und ohne Erinnerung an Kommunikationskontakte. Der ‚strategische Wertschöpfungsbeitrag' der Kommunikation besteht in ihrem Anteil beim Erreichen von übergeordneten Organisationszielen.

4.2   Modifiziertes Wirkungsstufen-Modell für die NGO-Kommunikation

Als Konsequenz der beschriebenen Vorgehensweise wird das DPRG/ICV-Modell als Bezugsrahmen für Evaluation und Controlling der Kommunikation von NGOs modifiziert. Dafür wird auf der ‚Outcome'-Ebene zwischen Stakeholdern mit und ohne Kommunikationskontakten (‚Outtake') sowie kumulierten Kommunikationswirkungen (‚Outgrowth') unterschieden und die Kategorie ‚Outclime' für die Koorientierung am Meinungsklima ergänzt.[16]

Wirkungs-objekt	Wirkungs-bereich	Messbereich	Messgrößen
Gesellschaft	Outflow	Social Impact / Public Value	• Gesamtgesellschaftliche Auswirkungen (Wirtschaft, Politik, Gesellschaft, Umwelt)
Organisation		Übergeordnete Organisationsziele	• Rückwirkungen auf die Organisation (in den Dimensionen der Balanced Scorecard: Finanzen, Kunden, Prozesse, Entwicklung)
Zielgruppen-Ebene*	Outcome (i. w. S.)	**Indirekter Outcome** (= kumulierte Kommunikationswirkung)	
		Outgrowth	• kognitiv: Wahrnehmung, Wissen • affektiv: Sympathie • evaluativ: Meinung, Glaubwürdigkeit und Vertrauen • konativ: Unterstützungsbereitschaft
		Direkter Outcome (= unmittelbare Kommunikationseffekte)	
		Outclime	• Meinungsklima • Koorientierung
		Outtake	• Themenwahrnehmung • Kampagnenwahrnehmung • NGO-Wahrnehmung
Medien-Ebene	Output	Externer Output	• Kontaktpotenzial, Reichweiten
Intern		Interner Output	• durchgeführte Kommunikationsmaßnahmen
	Input	Investitionen / Ressourcen	• Budget, Personal, Zeit

Abb. 5   Ergänztes Wirkungsstufen- und Messmodell für Evaluation und Controlling der NGO-Kommunikation mit zusätzlichen Differenzierungen bei Outcome und Outflow

* Die Outcome-Ebene entspricht dem Bereich der Kommunikationswirkungen bei den Ziel- und Anspruchsgruppen

Quelle: Eigene Darstellung

---

16 Zur ausführlichen Beschreibung und Begründung dieser Modifikation des DPRG/ICV-Modells vgl. Bürker (2013: 356-358).

4.3   Kampagnenwert: Themen- und Kampagnen-Management von NGOs

Die Ziel- und Messgrößen für das Themen- und Kampagnen-Management von NGOs werden in einer generischen Werttreiberkette über alle Wirkungsstufen definiert (Tab. 4). Das maximale Kommunikationsziel ist die themenbezogene Handlungsbereitschaft ('Outgrowth') der Ziel- und Anspruchsgruppen im Sinne der übergeordneten Kampagnenziele. Auf der Outflow-Ebene sind das Erreichen von übergeordneten Organisationszielen mit Themenbezug sowie beobachtbare, themenbezogene Verhaltensänderungen in Wirtschaft, Politik und Gesellschaft zu unterscheiden ('Social Impact').

Wirkungs-bereich	Messbereich	Messgrößen
Outflow	**Social Impact / Public Value**	• Auswirkungen von themenbezogenen beobachteten Verhaltensänderungen in Wirtschaft, Politik und Gesellschaft (z. B. bei Produktionsverfahren, Verbraucherverhalten, Wahlentscheidungen usw.)
	Übergeordnete Organisationsziele	• Erreichungsgrad von themen- und kampagnenbezogenen Organisationszielen
Indirekter Outcome	**Outgrowth**	• Veränderung von themenbezogenem Wissen • Erkennen der Wichtigkeit des Themas • Akzeptanz und Veränderung von themenbezogenen Meinungen im Sinne der Organisationsziele • Erkennen von themenbezogenem Handlungsbedarf im Sinne der Organisationsziele • Aktivierung, Mobilisierung, Unterstützung bzw. Veränderung von themenbezogener Handlungsbereitschaft im Sinne der Organisationsziele (z. B. Teilnahme an Unterschriftenaktionen, Demonstrationen, Arbeitsgruppen usw.)
Direkter Outcome	**Outclime** = Meinungsklima und Koorientierung	• Wahrgenommene Aufmerksamkeit und Bedeutung des Themas (Themenklima) • Wahrnehmung von Meinungsverteilungen und Mehrheitsmeinungen zu Thema und Kampagne (Meinungsklima) • Koorientierung an der Klimawahrnehmung zu Thema und Kampagne
	Outtake	• Aufmerksamkeit und Wahrnehmung von Thema und Kampagne mit NGO als Absender
Output	**Externer Output**	• Kontakte, Reichweiten mit Themen- und Kampagnenbezug
	Interner Output	• Durchgeführte Kommunikationsmaßnahmen zu Thema und Kampagne
Input	**Investitionen / Ressourcen**	• Budget, Personal und Zeit für Thema und Kampagne

Abb. 6   Generische Werttreiberkette für Evaluation und Controlling im themen- und kampagnenbezogenen Kommunikationsmanagement von NGOs

Quelle: Eigene Darstellung

4.4   Organisationswert: Image und Reputation von NGOs

Die Wahrnehmung und Bewertung von NGOs durch ihre Stakeholder resultiert indirekt aus der Themen- und Kampagnen-Kommunikation – und direkt aus Selbstbeschreibungen auf Internetseiten und Social-Media-Plattformen sowie in Pressemitteilungen, Jahres- und Rechenschaftsberichten (Accountability). Aus der Dominanz der öffentlichen und medial vermittelten Kommunikation ergibt sich die besondere Bedeutung der Glaub- und Vertrauenswürdigkeit: Aufgrund der fehlenden unmittelbaren Überprüfbarkeit von vermittelten Aussagen sind sie sowohl Wirkung von Kommunikation als auch Voraussetzung für die Wirkung von Kommunikation.

Beide Begriffe werden voneinander abgegrenzt, indem ‚Image' als kumulierte Wahrnehmung und kognitive sowie affektive Bewertung von NGOs und ‚Reputation' als kumulierte kommunikative Bewertung (Glaubwürdigkeit und Vertrauen) sowie Unterstützungsbereitschaft zugunsten von NGOs definiert werden.[17] Bei beiden Konstrukten wird zusätzlich und zeitgleich zu persönlichen Einstellungen auch die Klimawahrnehmung gemessen.[18]

Auf der Mikro-Ebene der NGO werden ‚Image' und ‚Reputation' als Selbstbeschreibungen und strategische Kommunikationsbeiträge zur Wertschöpfung bestimmt. Die Koordination der wechselseitigen Koorientierung in den Kommunikationsbeziehungen zwischen NGOs und ihren Stakeholdern wird als Leistung der NGO-Kommunikation auf der Meso-Ebene identifiziert. Ihre Funktion auf der gesellschaftlichen Makro-Ebene wird in der Abstimmung von Nah- und Fernbild mit dem Meinungsklima bestimmt.

In der Form anonymisierter und generalisierter Wahrnehmungen und Bewertungen dienen sie als funktionale Äquivalente für Erfahrung (Merten und Westerbarkey, 1994: 206, Noelle-Neumann, 1973, 1978, 1991). Durch Koorientierung zwischen Organisationen und ihren Stakeholder-Gruppen (Broom, 1977) werden sie Handlungsabsichten und Unterstützungsbereitschaft (Wiedmann, Fombrun und Riel, 2007) als Prämissen zugrunde gelegt.

---

17   Dieser Ansatz folgt Bürker (2013: 339-346). Er unterscheidet sich vom Reputationsmodell nach Wiedmann, Fombrun & Riel, das Images an einzelnen Stakeholder-Gruppen festmacht und Reputation stakeholder-übergreifend versteht (2007: 322-325).

18   Der Ansatz beschränkt sich auf unmittelbare Kommunikationseffekte an der Schnittstelle zum Anschlusshandeln und verzichtet auf die Messung von tatsächlichem Verhalten. Damit folgt der Ansatz dem Imagekonzept bei Merten & Westerbarkey (1994: 206-208) und den Reputationsverständnis von Wiedmann, Fombrun & Riel (2007: 322).

Wirkungs-bereich	Messbereich	Messgrößen
Outflow	**Social Impact / Public Value**	• Beitrag zum Aufrechterhalten der sozialen und natürlichen Lebensgrundlagen und -erfordernisse (gemäß Gemeinwohl-Definition der Bevölkerungsmehrheit) • Beitrag zu Veränderungen in Unternehmen/Wirtschaft und Parteien/Politik im Sinne des Gemeinwohls (z. B. durch Kontrolle, Konkurrenz, Beratung Kooperation* oder Problemlösung).
	Übergeordnete Organisationsziele	• Anteil am Erreichungsgrad von Organisationszielen (z. B. Gewinnen von Mitgliedern, Ehrenamtlichen, Spendern und Förderern) • Anteil an Aktivierungs-, Mobilisierungs- und Durchsetzungsfähigkeit, der mit der Markierung durch Namen, Logo und Claim begründet werden kann (Marke)
Indirekter Outcome	**Outgrowth** = langfristiger kommunikativer Imagewert	• Bekanntheit und Wahrnehmung der NGO und ihres des Themenbezugs • Wahrnehmung, Sympathie und Akzeptanz der NGO sowie ihrer Positionen und Ziele
	= langfristiger strategischer Reputationswert	• Wahrgenommene Themen-, Kompetenz- und Kampagnenfähigkeit der NGO • Zuschreibung von Glaub- und Vertrauenswürdigkeit der NGO • Zuschreibung von Durchsetzungsmacht und Führerschaft der NGO bei Themen und Meinungen • Unterstützungsbereitschaft ggb. NGO (z. B. durch Mitgliedschaft, Spenden, ehrenamtliche Mitarbeit usw.)
Direkter Outcome	**Outclime** = Meinungsklima und Koorientierung	• Wahrnehmung von Themenkompetenz, Meinungsverteilungen und Mehrheitsmeinungen zur NGO (Meinungsklima) • Wahrgenommene Aktivierungs-, Mobilisierungs- und Durchsetzungsfähigkeit, die mit der Markierung durch Namen, Logo und Claim verbunden wird (Marke) • Wahrgenommene Unterstützungsbereitschaft ggb. NGO (z. B. durch Mitgliedschaft, Spenden, ehrenamtliche Mitarbeit usw.) • Koorientierung an der Klimawahrnehmung zur NGO
	Outtake = kurzfristiger Kommunikationswert	• Aufmerksamkeit und Wahrnehmung von Kommunikationsaktivitäten der NGO • Verstehen der Themen und Botschaften der NGO
Output	**Externer Output**	• Kontakte und Reichweiten der NGO-Kommunikation
	Interner Output	• durchgeführte Maßnahmen der NGO-Kommunikation
Input	**Investitionen / Ressourcen**	• Budget, Personal und Zeit für NGO-Kommunikation

Abb. 7 Generische Werttreiberkette für Evaluation und Controlling im strategischen Kommunikationsmanagement von NGOs[19]

Quelle: Eigene Darstellung

---

19 So verweist Mach (2002) auf eine Reihe von Banken und anderen Finanzakteuren in der Schweiz, die bei der Evaluation ihrer Sozialperformance als Maßstab für Reputation und rufschädigende Risiken auch Partnerschaften mit NGOs bis hin zur aktiven Mitwirkung bei der Evaluation berücksichtigen (122/123).

4.5   Rahmenmodell für das Kommunikationsmanagement von NGOs

Aus diesem Modell für Evaluation und Controlling der Kommunikation von NGOs leiten
sich zusätzlich Konsequenzen und Empfehlungen für das Kommunikationsmanagement ab.

So sind bei der NGO-Kommunikation die Perspektiven der Organisation („Mikro-Ebene'), der Beziehungen mit den Stakeholder-Gruppen („Meso-Ebene') und der gesellschaftlichen Öffentlichkeit („Makro-Ebene') zu unterscheiden (Abb. 5). Daraus leitet
sich die Unterscheidung zwischen der Stakeholder-Kommunikation im Nahbereich und
der PR-Kommunikation im Fernbereich der NGO ab.[20]

System-Ebene	Beobachter / Perspektive					Bevorzugter Modus
Mikro-Ebene	**Organisation** (NPO / NGO)					
Intern	**Organisationsleitung/-management (Vorstand / Geschäftsführung)**					direkt, personal, dialogisch
	Strategisches Kommunikationsmanagement (für Gesamtorganisation)					
	(Integrierte) Organisationskommunikation					
	Taktisches Kommunikationsmanagement (nach Handlungsfeldern)					
	Kommunikation mit Betroffenen	Mitglieder-Kommunikation	Spender-Kommunikation	Politik-Kommunikation		
	Operatives Kommunikationsmanagement (nach Kanälen / Medien)					
	Corporate Publishing	AV-Medien	Internet, Social Media	Medien-arbeit	Veranstal-tungen	Aktionen	
Meso-Ebene	**Erfahrungsgebundener Transaktions- und Nahbereich** (Stakeholder-Kommunikation)					
Primäre Stakeholder	aktuelle Betroffene, Begünstigte	aktuelle Mitglieder, Mitarbeiter	aktuelle Spender	aktuelle Meinungsbildner		direkt, zweiseitig
Meso-Ebene	**Kommunikativ vermittelter Fernbereich** (PR-Kommunikation)					
Sekundäre Stakeholder	potenzielle Betroffene, Begünstigte	potenzielle Mitglieder, Mitarbeiter	potenzielle Spender	potenzielle Multiplikatoren und Unterstützer		indirekt, medial, einseitig
Makro-Ebene	**Themen- und Meinungsklima**					
Dritte	Gesellschaftliche Öffentlichkeit („General Public')					Klimawahr-nehmung

Abb. 8   Systematik des Kommunikationsmanagements von NPOs und NGOs auf Basis der
Unterscheidung von Nah- und Fernwelt (nach Bürker 2013: 353, 372)

Quelle: Eigene Darstellung

---

20 Zur ausführlicheren Beschreibung und Begründung dieses Ansatzes vgl. Bürker (2013: 351-354,
367-371).

Das strategische Kommunikations-Controlling hat die Aufgabe, die Kommunikationsstrategie stakeholder- und medienübergreifend im Hinblick auf die NGO-Strategie und den Beitrag der NGO-Kommunikation zum Erreichen der strategischen Organisationsziele (‚Outflow') zu kontrollieren (vgl. Huhn und Sass, 2011: 11/12). Es dient der Ausrichtung der Kommunikations- an der NGO-Strategie.

Das taktische Kommunikations-Controlling kontrolliert die Wirkung der NGO-Kommunikation in den einzelnen Handlungsfeldern der Stakeholder-Kommunikation im Hinblick auf die kumulierte Gesamtwahrnehmung der NGO (‚Outgrowth'). Es dient der Ausrichtung der themen- und stakeholder-bezogenen Kommunikationsprogramme auf die übergeordnete Strategie der NGO-Kommunikation.[21]

Das operative Kommunikations-Controlling umfasst schließlich die Kontrolle und Steuerung des Ergebnisbeitrags einzelner Kommunikationsmaßnahmen im Hinblick auf die Effektivität und Effizienz des jeweiligen Kommunikationskanals (‚Output', ‚Outtake'). Es dient der Ausrichtung einzelner Kommunikationsmaßnahmen auf die themen- und stakeholder-bezogenen Kommunikationsprogramme (‚Outgrowth') der Kommunikationstaktik.

Aus den gemessenen und bewerteten Ergebnissen im Rahmen der Evaluation lassen sich auf drei Ebenen Steuerungs- und Veränderungsziele für das Kommunikations-Controlling von NGOs entwickeln:

a. Mikro-Ebene: Verbesserung der Selbstwahrnehmung.
b. Meso-Ebene: Verbesserung der Koorientierung zwischen NGO und ihren Stakeholder-Gruppen in der Nahwelt (= Nähe der wechselseitigen Wahrnehmung und Bewertung im erfahrungsbasierten Nahbereich der NGO).
c. Makro-Ebene: Verbesserung der Koorientierung der Stakeholder-Gruppen in der Nahwelt (= Nähe zwischen Nahbild und Wahrnehmung des Meinungsklimas im erfahrungsbasierten Nahbereich von NGOs).
d. Makro-Ebene. Verbesserung der Koorientierung der Stakeholder-Gruppen in der Fernwelt (= Nähe zwischen Fernbild und Wahrnehmung des Meinungsklimas im kommunikativ bzw. medial vermittelten Fernbereich der NGO).

Das mit den systematischen Unterscheidungen und Vergleichen zwischen Nah- und Fernbild sowie Stakeholdern mit und ohne Kommunikationskontakten arbeitende Meinungsklima-/Koorientierungsmodell (MKM) bietet als Untersuchungsdesign eine höhere Validität als herkömmliche Verfahren in PR-Evaluation und Kommunikations-Controlling. Damit verbunden ist ein Perspektivenwechsel von der Selbst-/Fremdbild-Unterscheidung zur Nah-/Fernbild-Differenz als Kriterium für die Bewertung und Steuerung der Kommunikation von NGOs (vgl. Bürker, 2013: 387-389).

---

21 Dieser Ansatz steht im Widerspruch zum DPRG/ICV-Modell, das keine Unterscheidung zwischen taktischem und operativem Kommunikationsmanagement kennt (vgl. Huhn und Sass 2011: 12).

Mit der Berücksichtigung der Wechselwirkungen zwischen NGOs, ihren Stakehol-der-Gruppen in der Nah- und Fernwelt sowie der gesellschaftlichen Öffentlichkeit werden kontingenz- und evolutionstheoretische Fragestellungen anschlussfähig: NGOs stören – sie irritieren das ausbalancierte Binnengleichgewicht in Wirtschaft, Politik und Gesellschaft. Durch Kommunikation bringen sie Unruhe ins Spiel, entwickeln Variationen für die ge-sellschaftliche Evolution und reizen die Selektivität und Akzeptanz ihrer gesellschaftlichen Umwelt. Durch abweichende Kommunikation und Kommunikation von Abweichungen erzeugen sie Kontingenz und machen Möglichkeiten des Andersseins in und von Gesell-schaft bewusst. Sie ermöglichen die Selbststeuerung der Gesellschaft indem sie kurzfristig destabilisieren, um langfristig zu stabilisieren. Das ist ihr gesellschaftlicher Wertschöp-fungsbeitrag, der damit – aus Perspektive des Status Quo – stets auch ein Beitrag zur Wertvernichtung ist. Und die öffentliche Meinung ist das Medium dieser Veränderung. Aus evolutionstheoretischer Sicht lautet die Frage: Welche durch die Kommunikationen von NGOs erzeugten Unterschiede (Variation) werden von der Gesellschaft als öffent-liche Meinung akzeptiert (Selektion) und für Anschlusskommunikation und -handeln verwendet (Retention)?

Literatur

Beke-Bramkamp, R., Hackeschmidt, J. (2001). Erfolgsfaktor Öffentlichkeitsarbeit – warum sich die Kommunikationsaufgaben von Unternehmen und Nonprofit-Organisationen nicht unterschei-den. In Langen, C. u. Albrecht, W. (Hrsg.) *Zielgruppe: Gesellschaft. Kommunikationsstrategien für Nonprofit-Organisationen.* (S. 53-61) Gütersloh: Verlag Bertelsmann Stiftung. (PDF). http://www.bertelsmann-stiftung.de/bst/de/media/xcms_bst_dms_15693_15694_2.pdf. Zugegriffen: 28. März 2012.

Bentele, G. et. al. (2009). *Markenwert und Markenwertermittlung: Eine systematische Modellunter-suchung und -bewertung. 3. Aufl.* Wiesbaden: Gabler.

Broom, G. M. (1977): Coorientational Measurement of Public Issues. *Public Relations Review 3, Heft 4*, 110-119.

Buchele, M.-S.; Hoepfner, J. (2004). Marken und die Bestimmung des Markenwerts. In Bentele G., Piwinger M. u. Schönborn, G. (Hrsg.). *Kommunikationsmanagement. Strategien, Wissen, Lö-sungen (Loseblattwerk).* Beitrag 4.10. (2001ff.: S. 1-28.) Neuwied: Hermann Luchterhand Verlag.

Bürker, M. (2011): Ansätze zum Management von Kommunikationskampagnen auf Basis von Theorien der Öffentlichkeit und öffentlichen Meinung. In Spiller, R. u. Scheurer, H. (Hrsg.) *Kampagnen.*(S. 25-57). Konstanz: UVK.

Bürker, M. (2013). *„Die unsichtbaren Dritten" – Ein neues Modell für Evaluation und Steuerung von Public Relations im strategischen Kommunikationsmanagement auf Basis der Koorientierung am Meinungsklima. Dissertation.* Wiesbaden: Springer VS.

Bürker, M., Baudisch, S. (2009). Welcher Erfolg? Welche Kommunikation? Welche Ursache? Status quo, offene Fragen und Lösungsansätze für Evaluation und Controlling von Unternehmens-kommunikation. *PR Magazin 40, Heft 4*, 61-68.

Buttkus, C., Schmidt, A. (2012). Studie: Wirkungstransparenz bei Spendenorganisationen. Berlin: Phineo (PDF). http://www.phineo.org/fileadmin/phineo/1_Inhalte/2_Ueber_PHINEO/Transparenz/PHINEO_Studie_Wirkungstransparenz_2012.pdf Zugegriffen: 15. November 2012.

DeGEval – Gesellschaft für Evaluation e. V. (Hrsg.) (2008). Standards für Evaluation. 4. durchgeseh. Aufl. Hamburg: Medienzirkus Gudrun Schwank (PDF). http://www.alt.degeval.de/calimero/tools/proxy.php?id=24065. Zugegriffen: 04.November 2012.

Epkenhans, I. (2012). Engagement mit Wirkung. 2. leicht überarb. Aufl. Berlin: Phineo (PDF).

Epkenhans, I. et. al. (2012). Engagement mit Wirkung. Warum Transparenz über die Wirkungen gemeinnütziger Aktivitäten wichtig ist. Gütersloh: Bertelsmann-Stiftung (PDF). http://www.bertelsmann-stiftung.de/bst/de/media/xcms_bst_dms_27153_27154_2.pdf Zugegriffen: 28. März 2012.

Gerhards, J., Neidhardt, F. (1990). Strukturen und Funktionen moderner Öffentlichkeit. Fragestellungen und Ansätze. Veröffentlichungsreihe der Abteilung Öffentlichkeit und soziale Bewegung des Forschungsschwerpunkts Sozialer Wandel, Institutionen und Vermittlungsprozesse des Wissenschaftszentrums Berlin für Sozialforschung. Berlin: Wissenschaftszentrum Berlin für Sozialforschung gGmbH WZB (PDF). http://bibliothek.wzb.eu/pdf/1990/iii90-101.pdf Zugegriffen: 26. August 2008.

Hedley, S. et. al. (2010). Talking about results. London: New Philanthropy Capital (PDF). http://www.altusdynamics.com/libraries/whitepapers/new_philanthropy_capital_-_talking_about_results_2010.sflb.ashx Zugegriffen: 29. Dezember 2012.

Henke, A. (2001). Was leistet die Medienresonanz-Analyse für die PR-Erfolgskontrolle? In: Zielgruppe: Gesellschaft. Kommunikationsstrategien für Nonprofit-Organisationen. Hrsg. v. Claudia Langen u. Werner Albrecht. Gütersloh: Verlag Bertelsmann Stiftung. 201-225 (PDF). http://www.bertelsmann-stiftung.de/bst/de/media/xcms_bst_dms_15693_15694_2.pdf Zugegriffen: 28. März 2012.

Hughes, K., Hutchings, C. (2011). Can we obtain the required rigour without randomisation? Oxfam GB's non-experimental Global Performance Framework. 3ie Working Paper 13. New Delhi: International Initiative for Impact Evaluation (PDF). http://www.ipdet.org/files/Publication-Can_we_obtain_the_required_rigour_without_randomization.pdf Zugegriffen: 06. August 2012.

Huhn, J., Sass, J. (2011). Positionspapier Kommunikations-Controlling. Bonn/Gauting: DPRG/ICV (PDF).

Innovation Network (Hrsg.) (2011). Logic Model Workbook. Washington, DC: Innovation Network, Inc. (PDF). http://www.innonet.org/client_docs/File/logic_model_workbook.pdf Zugegriffen: 27. Dezember 2012.

Internationaler Controller Verein e. V. (ICV) (Hrsg.) (2010). Grundmodell für Kommunikations-Controlling. Controller Statements Grundlagen. Gauting: Internationaler Controller Verein (PDF).

Jacobs, A., Wilford, R. (2007). Putting new approaches to NGO accountability into action. http://www.listenfirst.org/pool/putting-new-approaches-to-ngo-accountability-into-action-20nov11.doc Zugegriffen: 06.November 2012

Kunz, J. (2006). Strategiefindung von Non-Profit-Organisationen. St. Gallen: Dissertation (PDF). http://www1.unisg.ch/www/edis.nsf/SysLkpByIdentifier/3136/$FILE/dis3136.pdf Zugegriffen: 19. April 2011.

Langen, C., Albrecht, W. (2001). Zentrale Ergebnisse – übertragbare Lösungen. In Langen, C., Albrecht, W. (Hrsg.) Zielgruppe: Gesellschaft. Kommunikationsstrategien für Nonprofit-Organisationen. Gütersloh: Verlag Bertelsmann Stiftung. 285-302 (PDF). http://www.bertelsmann-stiftung.de/bst/de/media/xcms_bst_dms_15693_15694_2.pdf Zugegriffen: 28. März 2012.

Lewis, D. (2007). Management of Non-Governmental Developments Organizations. 2. Aufl. Abingdon: Routledge.

Liehr, K., Peters, P., Zerfaß, A. (2009): Reputationsmessung: Grundlagen und Verfahren. Berlin/Leipzig: DPRG/Universität Leipzig (PDF). http://www.communicationcontrolling.de/fileadmin/

communicationcontrolling/pdf-dossiers/communicationcontrollingde_Dossier1_Reputations-messung_April2009_o.pdf Zugegriffen: 26. April 2009.

Luhmann, N. (1986). Einführende Bemerkungen zu einer Theorie symbolisch generalisierter Kommunikationsmedien. In Luhmann, N. (Hrsg.) *Soziologische Aufklärung 2: Aufsätze zur Theorie der Gesellschaft. 3. Aufl.* (S. 170–192). Opladen: Westdeutscher Verlag.

Luhmann, N. (1988). *Soziale Systeme: Grundriß einer allgemeinen Theorie. 2. Aufl.* Frankfurt/M.: Suhrkamp.

Luhmann, N. (1990). Gesellschaftliche Komplexität und öffentliche Meinung. In Luhmann, N. (Hrsg.) *Soziologische Aufklärung 5: Konstruktivistische Perspektiven.* (S.170-182)Opladen: Westdeutscher Verlag.

Luhmann, N. (1996). *Die Realität der Massenmedien. 2. erw. Aufl.* Opladen: Westdeutscher Verlag.

Luhmann, N. (2000). *Organisation und Entscheidung.* Opladen/Wiesbaden: Westdeutscher Verlag.

Mach, A. (2002). Macht der NGO über die Unternehmen: Druck, Partnerschaft, Evaluation. In *Schweizerisches Jahrbuch für Entwicklungspolitik 21.*(S. 109-129). Genf: Institut universitaire d'études du développement.

Maturana, Humberto R., Varela, Francisco J. (1991). *Der Baum der Erkenntnis: Die biologischen Wurzeln des menschlichen Erkennens. 2. Aufl.* München: Goldmann.

McLeod, Jack M., Chaffee, Steven H. (1973). Interpersonal Approaches to Communication Research. *American Behavioral Scientist 16, Heft 4,* 469-499.

Merten, K., Westerbarkey, J. (1994). Public Opinion und Public Relations. In Merten, K., Schmidt, S. J., u. Weischenberg S. (Hrsg.) *Die Wirklichkeit der Medien. Eine Einführung in die Kommunikationswissenschaft.* (S. 188–211.) Opladen: Westdeutscher Verlag.

Ní Ógáin, Eibhlín, Lumley, T., Pritchard, D. (2012). Making an Impact. Impact Measurement among Charities and Social Enterprises in the UK. London: New Philanthropy Capital (PDF). http://www.thinknpc.org/publications/making-an-impact Zugegriffen: 29. Dezember 2012.

Noelle-Neumann, E. (1973). Kumulation, Konsonanz und Öffentlichkeitseffekt. Ein neuer Ansatz zur Analyse der Wirkung der Massenmedien. *Publizistik 18, Heft 1,* 26–55.

Noelle-Neumann, E. (1978).Unruhe im Meinungsklima. Methodologische Anwendungen der Theorie der Schweigespirale. *Publizistik 23, Heft ½,* 19-31.

Noelle-Neumann, E, (1991). Öffentliche Meinung: Die Entdeckung der Schweigespirale. Erw. Ausgabe. Berlin/Frankfurt/M.: Ullstein.

Pfannenberg J., Zerfaß A. (Hrsg.) (2005). *Wertschöpfung durch Kommunikation. Wie Unternehmen den Erfolg ihrer Kommunikation steuern und bilanzieren.* Frankfurt a. M.: FAZ-Institut.

Pfannenberg, J., Zerfaß, A. (2005). Wertschöpfung durch Kommunikation – Thesenpapier der DPRG zum strategischen Kommunikations-Controlling in Unternehmen und Institutionen. In Pfannenberg, J., Zerfaß, A. (Hrsg.) *Wertschöpfung durch Kommunikation.* (S. 184-198). Frankfurt a. M.: FAZ-Institut.

Pfannenberg, J. (2009). *Die Balanced Scorecard im strategischen Kommunikations-Controlling.* Berlin/Leipzig: DPRG/Universität Leipzig (PDF).

Pfannenberg, J., Zerfaß, A. (Hrsg.) (2010). *Wertschöpfung durch Kommunikation. Kommunikations-Controlling in der Unternehmenspraxis.* Frankfurt a. M.: FAZ-Institut.

Pleil, T. (2005). Nonprofit-PR: Besonderheiten und Herausforderungen. Berichte aus der Forschung 5 des Fachbereichs Sozial- und Kulturwissenschaften der FH Darmstadt (PDF). http://www.fbsuk.fh-darmstadt.de/fileadmin/dokumente/berichte-forschung/2004/Pleil_Nonprofit-PR.pdf Zugegriffen: 28. November 2011.

Porák, V. (2005). Methoden zur Erfolgs- und Wertbeitragmessung von Kommunikation. In Piwinger, M. u. Porák, V. (Hrsg.). *Kommunikations-Controlling. Kommunikation und Information quantifizieren und finanziell bewerten.* (S. 163-193). Wiesbaden: Gabler.

Porák, V., Fieseler, C., Hofmann, C. (2007). Methoden der Erfolgsmessung von Kommunikation. In Piwinger, M. u. Zerfaß, A. (Hrsg.) *Handbuch Unternehmenskommunikation.* (S. 543-555). Wiesbaden: Gabler.

Quast, T. (2012a). Anonyme Profis. Journalisten-Trends NGOs (1). *PR Magazin 43, Heft 3,* 28-32.

Quast, T. (2012b). Starke Kraft. Journalisten-Trends NGOs (2). *PR Magazin 43, Heft 4,* 46-51.

Rauscher O., Schober, C., Millner, R. (2012). Social Impact Measurement und Social Return on Investment (SROI)-Analyse. Wirkungsmessung neu? Working Paper. Wien: NPO-Kompetenzzentrum (PDF). http://www.wu.ac.at/icg/npo/competence/appliedresearch/leistungsportfolio/working_paper_social_impact_measurement_vs_sroi-analyse.pdf Zugegriffen: 10. November 2012.

Scheff, T. J. (1967). Toward a Sociological Model of Consensus. *American Sociological Review 32,* 32-46.

Schenk, M.(2007). *Medienwirkungsforschung. 3. vollst. überarb. Aufl.* Tübingen: Mohr.

Simon, F., B. (2007). *Einführung in die systemische Organisationstheorie.* Heidelberg: Carl-Auer.

Systemic Excellence Group (Hrsg.) (2009). Next Practice NGO. Über die Leistungsfähigkeit von NGOs. Eine explorative Studie. Berlin: Systemic Excellence Group (PDF). http://www.humboldt-viadrina.org/w/files/download/next-practice-ngo-studie.pdf Zugegriffen: 26. April 2011.

Teetz, A. (2010). Das strukturelle Dilemma der Verbandskommunikation. In Hoffjann, O. u. Stahl, R. (Hrsg.) *Handbuch Verbandskommunikation.* (S.135-154). Wiesbaden: VS Verlag für Sozialwissenschaften.

Voss, K. (2007). Öffentlichkeitsarbeit von Nichtregierungsorganisationen. Mittel – Ziele – interne Strukturen. Wiesbaden: VS Verlag für Sozialwissenschaften.

Wiedmann, K.-P.; Fombrun, C. J.; Riel, C. B. M. (2007). Reputationsanalyse mit dem Reputation Quotient. In Piwinger, M. u. Zerfaß, A. (Hrsg.) *Handbuch Unternehmenskommunikation.* (S. 321-337). Wiesbaden: Gabler.

Will, M. (2001). Keine Angst vor professioneller Kommunikation – von der Fehlwahrnehmung der Wirklichkeit durch das Management. In Langen, C. u. Albrecht, W. (Hrsg.) Zielgruppe: Gesellschaft. Kommunikationsstrategien für Nonprofit-Organisationen. Gütersloh: Verlag Bertelsmann Stiftung. 27-52 (PDF). http://www.bertelsmann-stiftung.de/bst/de/media/xcms_bst_dms_15693_15694_2.pdf Zugegriffen: 28.März 2012.

Zerfaß, A. (2005a). Die Corporate Communications Scorecard. In Bentele, G., Piwinger, M. u. Schönborn, G. (Hrsg.) *Kommunikationsmanagement. Strategien, Wissen, Lösungen (Loseblattwerk).* Beitrag 4.17. (S. 2001ff. 1-25).Neuwied: Hermann Luchterhand Verlag.

Zerfaß, A. (2005b): Rituale der Verifikation? Grundlagen und Grenzen des Kommunikations-Controlling. In Rademacher, L. Distinktion und Deutungsmacht. Studien zu Theorie und Pragmatik der Public Relations. Wiesbaden: VS Verlag für Sozialwissenschaften (PDF). 1-42. http://www.zerfass.de/Ansgar%20Zerfa%DF%20-%20Rituale%20der%20Verifikation%20-%20Vorabdruck. pdf Zugegriffen: 21.Mai 2008.

Zerfaß, A. et. al. (2008). European Communication Monitor 2008. Trends in Communication Management and Public Relations – Results of a Survey in 37 Countries (Chart Version). Brussels: Euprera (PDF). http://www.communicationmonitor.eu/ECM2008-Results-ChartVersion.pdf Zugegriffen: 20.September 2009.

Zerfaß, A. et. al. (2009). European Communication Monitor 2009. Trends in Communication Management and Public Relations – Results of a Survey in 34 Countries (Chart Version). Brussels: Euprera (PDF). http://www.communicationmonitor.eu/ECM2009-Results-ChartVersion.pdf Zugegriffen: 10. September 2009.

Zerfaß, A. et. al. (2010): European Communication Monitor 2010. Status Quo and Challenges for Public Relations in Europe. Results of an Empirical Survey in 46 Countries (Chart Version). Brussels: EACD, Euprera (PDF). http://www.communicationmonitor.eu/ECM2010-Results-ChartVersion. pdf Zugegriffen: 23. Juni 2010.

Ethnographie von NGO-Kommunikation
Forschungslogik , Nutzen und Herausforderungen

Mathis Danelzik

Zusammenfassung

Die deutsche Kommunikationswissenschaft und die Ethnographie verbindet bislang keine innige Beziehung. In großen Teilen der fachspezifischen Einführungen in qualitative Methoden wird sie ausgelassen oder gar des Faches verwiesen: „Kommunikationswissenschaftler sind keine Ethnografen, die über Jahre in einer bestimmten Gemeinschaft leben wollen und müssen." (Meyen et al. 2011, S. 126) Die Ethnographie ist jedoch weder Fachmethode der Ethnologie, noch für die Erforschung des (national-)kulturell Fremden reserviert. In einer Reihe anderer Disziplinen bis hin zu den Wirtschaftswissenschaften wird ethnographisch gearbeitet (Neyland 2008, S. 1), wobei viele Forschungsvorhaben weder auf fremde Kulturen abzielen, noch durch jahrelangen Aufenthalt im Feld gekennzeichnet sind.

Der vorliegende Beitrag stellt dar, was Ethnographie ausmacht und welchen Nutzen ethnographische Verfahren bei der Erforschung der Kommunikation von Organisationen und insbesondere Nichtregierungsorganisationen (NGOs) haben. Er schließt mit einem Beispiel ab, in dem Kommunikationskampagnen gegen weibliche Genitalverstümmelung durch vier tansanische NGOs ethnographisch erforscht wurden (Danelzik 2012). Dieses Beispiel verdeutlicht methodische Entscheidungsprozesse im Rahmen ethnographischer Forschung, weist auf verschiedene Herausforderungen hin und zeigt auf, welchen einzigartigen Erkenntnisgewinn die Ethnographie gegenüber anderen Methoden bieten kann.

Nicht alle Aspekte des ethnographischen Forschens können in diesem Überblicksartikel abgedeckt werden: Dies betrifft Fragen der Datenauswertung und -darstellung (vgl. dazu etwa Hammersley und Atkinson 2007, S. 158ff.), die sehr kontextabhängige Ethik ethnographischen Forschens (Ferdinand et al. 2007) sowie die stark erkenntnis- und wissenschaftstheoretisch geprägte Diskussion um Repräsentation und Realismus, die in Bezug auf die Ethnographie intensiv geführt wird (van Maanen 1995; Marcus 2000; Clifford et al. 2010) und zu einer Abkehr der meisten EthnographInnen von realistischen und positivistischen Positionen geführt hat. Dieser Beitrag verfolgt das Ziel, aufzuzeigen, wie die Kommunikationswissenschaft im Allgemeinen und die Organisationskommunikationsforschung im Besonderen von der Ethnographie profitieren können, ohne dabei Herausforderungen und Nachteile der Ethnographie zu unterschlagen.

1 Was ist Ethnographie?

1.1 Der Stellenwert von Ethnographie in verschiedenen Disziplinen

Sowohl der Begriff „Ethnographie" als auch die zugehörige Methode haben ihre Wurzeln in kolonialen Reiseberichten, journalistischen Reportagen (Vidich und Lyman 2000; Kalthoff 2006, S. 146; Ellingson 2009, S. 135) und schließlich in der Ethnologie. „Ethnographie" bezeichnete im 19. Jahrhundert eine Beschreibung nicht-westlicher Kulturen durch einen westlichen Autoren. Doch bereits seit den 1920er Jahren ist die Ethnographie auch eine Methode der Soziologie, zunächst insbesondere der Chicagoer Schule um Robert Ezra Park und Ernest Burgess (Deegan 2001), die die ersten Arbeiten ethnographischer Organisationsforschung vorgelegt haben. Fast zeitgleich wurden auch die ersten ethnographischen Forschungen in der Arbeits- und Organisationspsychologie durchgeführt (Zickar und Carter 2010, S. 307-309). Insbesondere britische und amerikanische Anthropologen wenden ihre Expertise auch auf moderne Organisationen in westlichen Gesellschaften an (Gellner & Hirsch, 2001), die Forschungsgegenstände haben sich also disziplinär entgrenzt.

Die Ethnographie ist in besonderem Maße den Kontroversen um quantitative und qualitative Methoden ausgesetzt (Martin und Frost 2003, S. 607; Zickar und Carter 2010, S. 312). Ihre Popularität unterliegt zudem akademischen Moden (Hammersley & Atkinson 2007, S. 1-2). Es lässt sich nur schwer bestimmen, welchen Stellenwert die Ethnographie in den einzelnen Disziplinen hat, da diesbezügliche Einschätzungen von ethnographischen Apologeten (z. B. Prasad und Prasad 2002) ebenso wie von ihren Gegnern – welche in der Regel mit Nichtbeachtung kämpfen – vor allem die jeweilige Fach- und Methodenpolitik widerspiegeln. Es lässt sich jedoch sagen, dass außer in der Ethnologie selten zur Ethnographie gegriffen wird, was zum Teil auf den enormen Aufwand ethnographischen Arbeitens zurückzuführen sein dürfte (Cunliffe 2010, S. 227). Dennoch haben sich Nischen ethnographischer Forschung in verschiedenen Disziplinen etabliert. Für die Organisationsforschung kommen für den angelsächsischen Raum Buchanan und Bryman (2007, S. 486) und für den deutschen Raum Kühl et al. (2009, S. 20) zu diesem Schluss. Sie sehen im Bereich der nicht standardisierten Verfahren im Allgemeinen und der Ethnographie im Speziellen die höchste Innovationskraft für die Organisationsforschung. In der Kommunikationswissenschaft werden ethnographische Methoden vornehmlich in der Mediennutzungs- (Ang 2008; Göttlich 2008, S. 387; Krotz 2005, S. 259ff.) und der Subkulturenforschung (Neumann-Braun und Schmidt 2008), insbesondere in den Cultural Studies, verwandt. Dabei variiert, was unter dem Begriff der Ethnographie verstanden wird (Bachmann und Wittel 2006, S. 189-191).

1.2   Forschungslogik der Ethnographie

Was macht Ethnographie aus? Dies ist eine erstaunlich schwierig zu beantwortende Frage. Viele Lehrbücher schrecken ebenso vor einer Definition wie vor Rezeptwissen zurück (Neyland 2008, S. 10). Von allen methodischen Verfahren ist das ethnographische das am wenigsten rigide und hat keine standardisierte Definition (Hammersley und Atkinson 2007, S. 2). Nach ‚klassischen‘ Vorstellungen in der Ethnologie zeichnet sich eine Ethnographie dadurch aus, dass eine Kultur in ihrer Gesamtheit erschlossen werden soll (Barnard 2000, S. 6), indem

> sich die Forscherinnen und Forscher selbst zum Instrument machen, insofern sie dafür bzw. für ihre Fragestellungen relevante Alltagspraktiken und deren Bedeutungen erlernen bzw. sich aneignen und auf dieser Basis als teilsozialisierte Mitglieder der zu untersuchenden Kultur dort Handeln rekonstruieren können, um so Forschungsfragen zu beantworten. (Krotz 2005, S. 259)

Die EthnographIn taucht für eine längere Zeit in das Alltagsleben ihres Feldes ein (Emerson et al. 2001, S. 352) und versucht, den Personen oder Gruppen, die sie untersuchen will, in ihrem vorübergehenden Lebensmittelpunkt und ihrer Lebensweise möglichst nahe zu kommen (Jones 2010, S. 14-16). Heute wird als Ziel der Ethnographie meist die „dichte Beschreibung" (Geertz 2007, S. 10ff.) formuliert, wobei Clifford Geertz gerade die Verbindung zwischen *thick description* und *thin description* anstrebt (Kumoll 2006, S. 276). ‚Dünne‘ Beschreibungen geben etwa beobachtbare Handlungsfolgen wieder, ‚dichte‘ Beschreibungen rekonstruieren den Sinn, den die Handelnden dieser Handlung beimessen (Aster und Repp 1989, S. 128). Ethnographien sollen die Lebenswelten der beobachteten Menschen möglichst unvoreingenommen beschreiben, die Weltsicht und theoretischen Vorannahmen der EthnographIn sollen die Beschreibung möglichst wenig präformieren (Kühl et al. 2009, S. 18).

Dies gilt sowohl für die Ethnographie fremder Nationalkulturen wie auch für die von Organisationen: „[..] nothing should be taken for granted and nothing should be assumed to be uninteresting. The organization should receive the traditional ethnographic treatment of strangeness." (Neyland 2008, S. 18) Die Komplexität der zu gewinnenden Eindrücke und die Vermeidung präformierter Beschreibung können als die zentralen Gründe für die Durchführung von Ethnographie festgehalten werden.

Das im Prinzip grenzenlose Erkenntnisinteresse der Ethnographie – Lebens- wie Arbeitswelten können in immer neuen Details erforscht werden – stößt in seiner methodischen Umsetzung freilich an seine Grenzen. EthnographInnen stellt sich zwangsläufig die Aufgabe, sich selektiv gegenüber der Komplexität ihres Gegenstandes zu verhalten, ohne dabei das eigentliche Ziel aus den Augen zu verlieren, das darin besteht, „möglichst große Aufmerksamkeit, Sensibilität und Offenheit für Wahrnehmungs-, Denk-, Handlungskategorien und Haltungen" (Breuer 2009, S. 24) der untersuchten Personen zu gewährleisten.

Eine solche Offenheit wird am ehesten durch ein tentatives Vorgehen geleistet, in dem sich Schwerpunkte und Interessen laufend revidieren lassen und welches zu vermeiden sucht, dem Untersuchungsgegenstand vorgefertigte Kategorien über zu stülpen (Lamnek 2010, S. 231). Dies wiederum erfordert, Fallauswahl, Datenerhebung und -auswertung miteinander zu verschränken und nicht nacheinander als separate Phasen des Forschungsprozesses durchzuführen. Solch ein Verfahren ist in der Grounded Theory als „theoretisches Sampling" (Strauss und Corbin 1996, S. 148ff.) bekannt und hat auch die Ethnographie bereichert (Charmaz und Mitchell 2001, S. 162; Tavory und Timmermans 2009), ist im Rahmen von ethnographischem Arbeiten jedoch fast unumgänglich, sobald über einen längeren Zeitraum Auswahlentscheidungen über Beobachtungs- und Gesprächsgelegenheiten innerhalb des Forschungsgegenstandes getroffen werden müssen (Hammersley und Atkinson 2007, S. 158). Die forschungsleitende Frage differenziert sich in der Regel erst im Verlauf der Feldforschung aus und führt zu immer spezifischeren Fragen, die anschließende Auswahlentscheidungen prägen (Kelle und Kluge 1999, S. 39). Mit einer solchen Sampling-Strategie können weder Generalisierungen noch Quantifizierungen vorgenommen werden. Sie ermöglicht jedoch Existenzaussagen, die Entwicklung von Hypothesen, die Konstruktion von Typen, Feststellung von Gemeinsamkeiten, die Entdeckung von Strukturen (Lamnek 2010, S. 237) sowie die Generierung von Theorien (Krotz 2005, S. 250ff.). Die Datenerhebung soll beendet werden, wenn „theoretische Sättigung" (Glaser und Strauss 2008, S. 76-78) erreicht ist. Diese tritt ein, wenn die Einbeziehung weiterer Fälle keine Modifizierung der Kategorien einer entstandenen Typologie oder Theorie mehr erbringt. In der Praxis beeinflussen häufig auch forschungspraktische Restriktionen die Dauer ethnographischer Feldforschungen (Rosenthal 2011, S. 85; Lüders 2005, S. 636).

1.3   Datenerhebung

An dieser Stelle kann nur ein knapper Überblick über die Datenerhebung im Rahmen der Ethnographie gegeben werden. Häufig werden teilnehmende Beobachtungen mit ethnographischen Interviews kombiniert. Diese können durch weitere Instrumente ergänzt werden (z. B. durch assoziative visuelle Verfahren wie Organisationskarten (Barth und Pfaff 2009) oder Lebenslinien (Moldaschl 2009)). Ethnographische Interviews (Heyl 2001; Schwartzman 1993; Spradley 1979), existieren in verschiedenen Formen (für Überblick siehe Schlehe 2008). Manche Interviewformen gleichen denen der übrigen qualitativen Sozialforschung, andere unterscheiden sich hingegen stark: die Grenze zwischen Datenerhebung und schlichter Anwesenheit verschwimmt während der Begleitung der beobachteten Personen. Die EthnographIn befindet sich laufend in Gesprächen (Girtler 2001, S. 147ff.). Die in dieser Situation geführten Interviews zeichnen sich dadurch aus, dass sie in Bezug auf die Gesprächsführung symmetrischer sind als andere Interviews, die ForscherIn keinen Fragenkatalog entwickelt, sondern nur -strategien (Agar 1996, S. 140) und sie sich als Person in das Gespräch einbringt. Dabei werden selbst Suggestivfragen nicht als problematisch erachtet, sondern gelten als unvermeidlich: die Vermeidung von Suggestion ist kognitiv aufwändig, über längere Zeit schwer durchzuhalten und ebenso wie die Offenbarung der eigenen Meinung in alltäglicher Kommunikation normal. Ihre grundsätzliche Vermeidung über einen längeren Zeitraum kann daher künstlich wirken und Misstrauen erzeugen (Agar 1996, S. 142; Aster und Repp 1989, S. 126; siehe aber Hammersley und Atkinson (2007, S. 101) für Auffassungen, die diesen laxen Umgang problematisch finden).

In einer Beobachtung kann der Grad der Teilnahme variieren (Ellingson 2009, S. 138-141). Gerade in der Organisationsethnographie kann man häufig treffender von einer „dabeistehenden Beobachtung" (van de Graaf und Rottenburg 1989, S. 30-31; Moeran 2009) als von einer teilnehmenden sprechen. In der Regel wird dabei unstrukturiert, also ohne Schema, beobachtet (Girtler 1989). Teilnehmende wie dabeistehende Beobachtungen können zeigen, wie kulturelle Werte und soziale Probleme konkret in Interaktionen behandelt werden (Flick 2005, S. 235). Sie ermöglichen zudem, Definitionen und Begriffe zu überprüfen, mit denen Gesprächspartner Zusammenhänge beschrieben haben, sowie Aspekte des erforschten Zusammenhangs zu entdecken, die in Gesprächen aus verschiedenen Gründen nicht erwähnt werden (Kawulich 2005, S. §8). GesprächspartnerInnen geben zwangsläufig eine idealisierte Beschreibung einer weitaus unordentlicheren Praxis wieder. Die teilnehmende Beobachtung ist in der Lage, beobachtete Interaktionen mit Aussagen der Interviewten in Zusammenhang zu bringen – auch zu kontrastieren – und in die nächsten Gespräche einfließen zu lassen, was diese wiederum bereichert. Verschiedene AutorInnen geben Hinweise für das Aufmerksamkeitsmanagement während einer Beobachtung (Spradley 1980; Bergmann 1985) sowie der Aufzeichnung beobachteter Daten (Schensul 1999; Hammersley und Atkinson 2007, S. 149ff.; Emerson et al. 2001; Bachmann 2009, S. 258-259). Auch eine unstrukturierte teilnehmende Beobachtung ist unvermeidlich hoch selektiv. Ihr geht ein mehrstufiger Selektionsprozess voraus. Dieser beginnt bei der Auswahl des Settings und der Festlegung, welche Personen und Situationen konkret beobachtet werden. Weitere Selektionsschritte stellen bspw. die Fokussierung auf für die Fragestellung relevante Aspekte eines sozialen Geschehens und die Bestimmung des zeitlichen Endes der Beobachtung dar, selbst wenn diese nicht im vornherein in einem Schema festgelegt werden, sondern sich im Verlauf der Beobachtungen ergeben. Nicht in allen Fällen werden diese Selektionen autonom von der ForscherIn getroffen. Verschiedene Personen und Faktoren können diese Entscheidungen beeinflussen (Flick 2005, S. 202).

1.4 Spielarten der Ethnographie

Neben die ‚klassische' Vorstellung von Ethnographie sind weitere Varianten getreten, die bestimmte Aspekte abwandeln, die Dauer des Feldaufenthaltes verkürzen, sich auf mehrere Orte verteilen (Hannerz, 2003) oder andere Erkenntnisinteressen verfolgen (Rosenthal 2011, S. 99). Insbesondere die Chicagoer Schule und verschiedene religions-, wissenschafts- und techniksoziologische Studien beschränken sich auf bestimmte Ausschnitte von Kultur, Ereignisse oder Handlungen (Knoblauch 2001, S. 125-128). Ob solche Abwandlungen noch ethnographisch zu nennen sind, wird zum Teil polemisch diskutiert (Smith, 2001;

Breidenstein und Hirschauer, 2002; Knoblauch, 2002). Andere AutorInnen sprechen von einer Bandbreite von Vorgehensweisen, die entweder als mehr oder weniger ethnographisch (Agar 1996, S. 127-131), oder als zwar unterschiedlich, aber dennoch gleichermaßen ethnographisch bezeichnet werden (Atkinson et al. 2001, S. 1-2).

Auch in der Kommunikationswissenschaft werden unterschiedliche Auffassungen von ethnographischem Arbeiten vertreten (siehe dazu Krotz 2005, S. 262ff.). So beschreibt etwa Jutta Röser (2007, S. 161) eine Reihe von Mediennutzungsstudien als ethnographisch, welche aber ohne die in der Regel für zentral gehaltene teilnehmende Beobachtung auskommen. Die relative Bedeutung von Gespräch und Beobachtung für die Ethnographie wird in der Methodenliteratur durchaus diskutiert. Michael Agar (1996, S. 157) etwa vertritt die Ansicht, dass Gespräche das Zentrum ethnographischen Arbeitens ausmachen und die Beobachtung von Verhalten als Anregung in Gesprächen und zum Testen von Ergebnissen verwendet werden sollte, die sich aus Gesprächen ergeben haben (siehe auch Forsey 2010). Hepp et al. (2011, S. 15) unterscheiden ihr als medienethnographisch bezeichnetes Vorgehen von einer „ethnography proper" zu der für die AutorInnen langmonatige Feldaufenthalte sowie ausufernde Kontexteinbeziehung gehören (siehe hierzu auch Bachmann und Wittel 2006, S. 189-191). Die Unterschiedlichkeit der Auffassungen über das Wesen von Ethnographie wird auch in einem Überblick über einundvierzig englischsprachige ethnographische Arbeiten in der angewandten Kommunikationsforschung deutlich, von denen der größte Teil Organisationskommunikationsforschung ausmacht (Ellingson 2009, S. 130-131).

An Stelle einer eindeutigen Definition für die Ethnographie lässt sich sinnvoller angeben, welche Aspekte für die Beschreibung der divergenten Verfahren eine Rolle spielen, die mit dem Begriff der Ethnographie belegt werden: Allen Verfahren gemein ist das Ziel, die erforschten Lebenswelten „von innen heraus" (Krotz 2005, S. 251) zu beschreiben. Damit ist die Rekonstruktion des Sinns gemeint, den die Beteiligten Situationen geben (Hammersley und Atkinson 2007, S. 3). Dabei werden besonders dichte und kontextuell eingebettete Daten produziert, die die Widersprüchlichkeit und Ambivalenz sozialer Zusammenhänge widerspiegeln. Das baut Komplexität eher auf als ab (Bachmann 2009, S. 267).

Des Weiteren lassen sich drei Parameter benennen, die die Dunstwolke von Verfahren rund um den Begriff der Ethnographie vermessen. Erstens wird von der Mehrzahl der AutorInnen die teilnehmende Beobachtung als zentrales Mittel der Ethnographie angesehen, auch wenn nicht jede teilnehmende Beobachtung Teil einer ethnographischen Arbeit ist. Je kleiner die Rolle der teilnehmenden Beobachtung, desto größer die Chance, dass die betreffende Forschung nicht als ethnographisch verstanden wird. Dasselbe gilt für die Dauer des Feldaufenthaltes und die Ganzheitlichkeit des Interesses an erforschten Lebens- und Arbeitswelten: je kürzer der Aufenthalt und je fragmentierter das Forschungsinteresse, desto geringer die Chance, dass das Vorgehen als ethnographisch eingeordnet wird. Die eingangs erwähnte ‚klassische' ethnologische Ethnographie fremder Kulturen erfüllt all diese Parameter, der Großteil ethnographischer Arbeiten in anderen Disziplinen unterscheidet sich zumindest zum Teil von dieser Form.

2 Wozu ethnographische Verfahren in der NGO-Kommunikations-forschung?

2.1 Einsatzgebiete der Ethnographie in der Organisations- und NGO-Kommunikations-forschung

Angesichts der Popularität der Ethnographie in der Ethnologie verwundert es nicht, dass insbesondere NGOs in der Entwicklungszusammenarbeit Gegenstand ethnographischer Forschung geworden sind (Strang, 2009, S. 30–32), zum Beispiel ihre Einbindung in internationale Hilfspolitik und in eine „Entwicklungskultur" (Mosse, 2011), ihre Rolle als Vermittler und Übersetzer zwischen kulturell bedingten Rationalitäten (Lewis & Mosse, 2006) und den Dilemmata ihrer Rolle (Igoe, 2005).

Grundsätzlich lassen sich verschiedene Teilbereiche der Organisations- und NGO-Kommunikationsforschung ausmachen, für die ethnographische Verfahren besonders gewinnbringend erscheinen. Dieses Potenzial wurde bislang nur zum Teil genutzt, es bieten sich in vielen Feldern noch weitreichende Möglichkeiten für ethnographische Forschung.

Mit Lars Rademacher (2009) wird hier unter Organisationskommunikation sowohl die Kommunikation zur Organisationsumwelt als auch die interne Kommunikation verstanden, und zwar sowohl die von Kommunikationsabteilungen initiierte Kommunikation als auch „Fachkommunikation (z. B. Besprechungen) und die Beziehungskommunikation (z. B. Kollegengespräche, Kantinengespräche) sowie die Reflexionskommunikation (z. B. Gerüchte, Unmutsäußerungen, Konfliktbewältigungen [...])" (Rademacher 2009, S. 99). Organisationskommunikation umfasst demnach strategische sowie nicht-strategische Kommunikation und zwar von allen Organisationsmitgliedern. Fasst man Organisationskommunikation in dieser Weise, geraten viele Methoden an ihre Grenzen. Die Ethnographie scheint am ehesten in der Lage, die Vielzahl an Praktiken zu rekonstruieren.

In Bezug auf externe strategische Organisations- und NGO-Kommunikation liegt nahe, die Entstehung von Organisationsstrategie (Johansson 2009), die Kommunikationsstrategieentwicklung und deren Umsetzung in Kommunikationsabteilungen (Sleurs und Jacobs 2005; Schick 2007, S. 101-121) ethnographisch zu untersuchen, äquivalent zur ethnographischen Redaktionsforschung in der Journalistik (z. B. Ryfe 2009). Ethnographische Untersuchungen entfalten ihre Möglichkeiten besonders dann, wenn Öffentlichkeitsarbeit sowohl als sozio-kulturelle Praxis mit Eigenlogik als auch als Teilbereich von Organisationen mit Eigeninteressen anerkannt wird, als ein „locus of transactions that produce emergent social and cultural meanings" (Edwards und Hodges 2011, S. 4). Die Praktiken, die das Verhältnis zwischen PR und Journalismus, Lobbyismus und Politik sowie zwischen Organisationen betreffen, stellen weitere Aufgabengebiete ethnographischer Organisationskommunikations- und NGO-Kommunikationsforschung dar (Wakefield 2010, S. 666-667). Bislang liegen eine geringe, jedoch wachsende Anzahl ethnographischer Forschungen zur Öffentlichkeitsarbeit vor (L'Etang 2011, S. 19-23). Sowohl L'Etang (2012) als auch Edwards und Hodges (2011) fordern eine Intensivierung ethnographischer Forschung in diesem Bereich.

Die Erforschung interner strategischer Kommunikation von NGOs und Organisationen im Allgemeinen bietet sich für ethnographische Verfahren ebenfalls an. Genannt sei hier die Beobachtung von *change communication*, insbesondere wenn die Formierung und Formulierung von Widerständen und die Praktiken dieses Widerstandes von Interesse sind (Seibold et al. 2009, S. 340-344; Jarzabkowski 2005). Diese finden auf vielfältige Weise Ausdruck, etwa in der Entstehung von Gerüchten oder in anonymen Blogs (Schoneboom 2007). Die Reaktion der Kommunikationsabteilungen auf diese Widerstände (Schick 2007, S. 170-180) und die daraufhin einsetzenden Wechselwirkungen sind für ethnographische Forschungen prädestiniert und können aufgrund ihrer Flüchtigkeit mit anderen Methoden kaum abgebildet werden.

Grundsätzlich liegt es nahe, Phänomenen, in denen medial vermittelte und face-to-face-Kommunikation kombiniert auftreten, mit ethnographischen Mitteln beizukommen. Dies gilt neben der *change communication* häufig auch für die *community* und *donor relations*. Die *community relations*, also die strategische Kommunikation von Unternehmen und NGOs mit Gruppen in einer bestimmten Lokalität (Heath und Ni 2010, S. 558), scheinen gegenwärtig an Bedeutung zu gewinnen. In Zeiten von Stuttgart 21 und Großinfrastrukturprojekten mit Bürgerbeteiligung ungeahnter Größe rücken sie in den Fokus. Gerade spendenabhängige NGOs kommunizieren mit Spendern und Stiftern – also im Rahmen ihrer *donor relations* (Hedrick 2008) – ebenfalls sowohl medial vermittelt als auch unvermittelt, bspw. erhalten wichtige Spender besondere Behandlung und Gelegenheit, Projekte zu besuchen.

Über strategische Kommunikation hinaus bietet sich Organisationskultur als ethnographischer Forschungsgegenstand an. In diesem Bereich wird Ethnographie vor allem eingesetzt, wenn Organisationskultur als „konflikthafte Umwelt, ein Platz für vielfältige Sinninhalte in einem konstanten Kampf um die interpretative Kontrolle" (Weick und Ashford 2004, S. 713, zit. nach Miebach 2007, S. 53) verstanden wird und dieser Vielfalt von hegemonialen und subkulturellen Entwürfen sowie den unterschiedlichen Praktiken, in denen diese sich artikulieren, Rechnung getragen werden soll. Solche Fragestellungen sind besonders augenscheinlich bei Organisationsfusionen (Eisenberg und Eschenfelder 2009, S. 374), aber in allen Organisationen, inklusive NGOs, relevant (Bachert und Vahs 2007). Diese Perspektive auf Organisationskultur nimmt nicht nur in den Blick, wie in Organisationen Sinn erzeugt wird (Weick 2010), sondern auch wie zentrale Werte der Organisation bestimmt werden (Krause-Jensen 2011), wie sich Identitäten herausbilden und prozessieren, wie Netzwerke geknüpft, erhalten und genutzt werden (Bird 2007) und nicht zuletzt, wie in Organisationen Machtverhältnisse gestaltet und kommuniziert werden (Mumby 1994, S. 82-84; Heath et al. 2010, S. 200).

Einen für die Forschung besonders ergiebigen Bereich der Organisationskultur stellt die Organisationssozialisation neuer Mitarbeiter als Kommunikationspraxis und Aufgabe der internen Organisationskommunikation dar (Seibold et al. 2009, S. 332-335; van de Graaf und Rottenburg 1989, S. 31). In der Sozialisation neuer Mitglieder muss sonst unausgesprochenes Wissen um die Organisation und ihr Funktionieren expliziert werden. Die Ethnographie ist besonders dafür geeignet, das Wechsel- und Spannungsverhältnis zwischen gezielten

Einflussversuchen durch Organisationsleitung und Kommunikationsabteilungen und den alltäglichen Praktiken in den Organisationen zu analysieren. In Organisationen ergeben sich häufig Diskrepanzen zwischen prozeduralen Idealen – etwa der Mitarbeiterteilhabe oder der symmetrischen Kommunikation in der PR (Johansson 2009, S. 127) – und den Zielen der Organisationen. All diese Punkte gelten auch für NGOs. Ethnographische Analyse kann untersuchen, wie sich diese Diskrepanzen in der Praxis auswirken und wie dies in der Organisation reflektiert wird. Wenn Zugang für ethnographische Forschung gewährt wird, sind Widersprüche zwischen Organisationspraxis und der Eigendarstellung der Organisation kaum zu verheimlichen.

2.2   Besonderheiten von NGOs als ethnographische Forschungsobjekte

Über den bislang unbestimmt gebliebenen Begriff der NGO herrscht in der Literatur keine Einigkeit. Während eine Minimaldefinition alle privaten (also nicht-staatlichen) und nicht gewinnorientierten Organisationen umfasst (Wex 2004, S. 2), konzipieren andere AutorInnen diesen Begriff komplexer und machen zur Bedingung, dass keine Klientelpolitik, sondern gemeinnützige Fremdhilfe betrieben werden muss (Bieth 2012, S. 25). Je nach Definition fällt unterschiedlich aus, welche Organisationen als NGO zu qualifizieren sind. Unter die Minimaldefinition fallen von Wirtschaftsverbänden und Gewerkschaften, über Sport- und Künstlervereine, Kirchen bis hin zu politischen Parteien sehr unterschiedliche Organisationen (Wex 2004, S. 4). Aufgrund dieser Bandbreite fällt es schwer, Gemeinsamkeiten zu bestimmen, die alle NGOs ausmachen.

Grundsätzlich gelten die im letzten Abschnitt angestellten Überlegungen sowohl für die Organisationskommunikationsforschung im Allgemeinen als auch für die NGO-Kommunikationsforschung im Speziellen. Darüber hinaus lassen sich trotz der Unterschiede zwischen einzelnen NGOs einige gemeinsame Aspekte festhalten, die sie von anderen Organisationen unterscheiden und die bei ethnographischem Arbeiten in NGOs bedacht werden sollten oder selbst zum Forschungsgegenstand werden können:

NGOs sind in der Regel in mehreren Tätigkeitsfeldern aktiv (Zimmer und Priller 2004, S. 78-79) und zeichnen sich durch besonders komplexe Stakeholder-Konstellationen (Eisenberg und Eschenfelder 2009, S. 367) sowie Finanzierungsmodelle aus (Zimmer und Priller 2004, S. 80). Sie stehen daher vor einer besonderen kommunikativen Integrationsaufgabe, die sich von der von Unternehmen unterscheidet, und zwar sowohl innerhalb der Organisation als auch in der Außendarstellung.

Ehrenamt und freiwillige Mitarbeit sind zentrale Merkmale von NGOs (Zimmer und Priller 2004, S. 87). Menschen, die ehrenamtlich für eine NGO tätig werden, haben meist ausgeprägte Meinungen zu deren Werten, Idealen und Vorgehen. Auch durch Selbst-Selektion unterscheiden sich MitarbeiterInnen von NGOs von denen von Unternehmen (Eisenberg und Eschenfelder 2009, S. 369). Zudem sind NGOs in der Regel nicht in der Lage, über Gehälter mit Unternehmen um Angestellte zu konkurrieren. Daraus folgt, dass die

Bindung von Mitarbeitern und Ehrenamtlichen an die Organisation einen besonderen Stellenwert haben (Eisenberg und Eschenfelder 2009, S. 370), was häufig eine ausgeprägte Mitbestimmung von Ehrenamtlichen und Mitgliedern zur Folge hat (Kühl et al. 2009, S. 13-14). Zum Teil existieren basisdemokratische oder konsensdemokratische Strukturen, was Entscheidungswege schwerfälliger und Aushandlungsprozesse komplexer machen kann. Zudem ist die Weisungsbefugnis gegenüber Freiwilligen oft eingeschränkt. Aus der Freiwilligenstruktur können innovative Praktiken von Teilhabe entstehen, aber auch ein übersteigertes Harmoniebedürfnis erwachsen und Konflikte verdrängt werden, was unterschwellige Unzufriedenheit hervorrufen kann (Fischer 2000, S. 160-164). In jedem Fall unterscheiden sich die Kontexte der internen Organisationskommunikation von NGOs und Unternehmen und stellen daher besonders interessante Forschungsgegenstände dar.

NGOs legen in der Regel „besonderen Wert auf ihre soziale Kompetenz und ihre humanistisch-moralische Verantwortung" (Zimmer und Priller 2004, S. 103). Dies kann sowohl innerhalb der Organisation als auch von deren Stakeholdern erhöhte Ansprüche an Kommunikationsethik der Organisation nach sich ziehen und Diskrepanzen zwischen der Selbstdarstellung und den Organisationspraktiken verursachen (Rottenburg 2002, S. 214ff.). Diese Diskrepanzen müssen organisationsintern verarbeitet werden, sei es durch Thematisierung, Verschweigen oder Uminterpretieren. Auch in diesem Prozess ist die doppelte Perspektive auf Kommunikationsabteilung einerseits und alltägliche Organisationspraxen und -diskurse andererseits besonders ergiebig und legt eine ethnographische Herangehensweise nahe.

2.3   Nachteile und Herausforderungen ethnographischer Forschung in Organisationen

Wie jede andere Methode empirischer Sozialforschung bringt die Ethnographie Vorteile, Schwächen und Herausforderungen mit sich. Die Nachteile betreffen hauptsächlich Schwierigkeiten in der Durchführung ethnographischer Forschung (bspw. ein begrenzter Zugang zum Forschungsfeld), methodologische Probleme insbesondere in der Qualitätssicherung sowie ihre wissenschaftliche wie praktische Verwertbarkeit.

Gerade in Organisationen können Widerstände und Bedenken gegen ethnographische Forschung bestehen, etwa dass Interna nach außen getragen werden könnten, die Organisation im falschen Licht präsentiert wird, eigene Praktiken begründungspflichtig werden und die EthnographIn grundsätzlich lästigen Aufwand erzeugt (Bachmann 2009, S. 253). Der Zugang zu einem Feld entsteht normalerweise über „key informants" (Kawulich 2005, §36), die helfen, Vertrauen aufzubauen und weitere Kontakte zu vermitteln. Gleichzeitig verorten sie die ForscherIn aber auch sozial, was nicht unbedingt in deren Interesse sein muss. Mehrere Feldeinstiege sind daher angeraten, aber nicht immer leicht realisierbar (Bachmann 2009, S. 255). Gerade in Organisationen bedarf es der Autorisierung der Leitung, was Misstrauen auf anderen Organisationsebenen erzeugen kann (Bachmann 2009, S. 251; van de Graaf und Rottenburg 1989, S. 25-28). Zusätzlich zu diesem grundsätzlichen

Zugang zu Organisationen (dem *getting in*) findet fortlaufend ein *getting on* statt (Wolff 2005, S. 340), in dem in jedem Moment die Beziehung zwischen der ForscherIn und den involvierten Personen weiter entwickelt wird und in denen die EthnographIn ständig Selbstdarstellungen von sich abgeben muss, die kollidieren können (Bachmann 2009, S. 251). Für die ForscherInnen stellt dies eine kognitive und emotionale Herausforderung dar, weil das ethnographische Verfahren von ihnen ein hohes Maß an Flexibilität und Reflexion über einen langen Zeitraum erfordert (Hammersley und Atkinson 2007, S. 230-233). EthnographInnen müssen sich einerseits selbst in die erforschten Zusammenhänge einbringen, andererseits eine Balance zwischen Nähe und Distanz finden (siehe verschiedene Beiträge in Ybema et al. 2009; Hauser-Schäublin 2008). Dies macht die Ethnographie zu einem „existentiellen Verfahren" (Krotz 2005, S. 269). Verschiedene ForscherInnen berichten von dysfunktionalen Abwehrmechanismen gegen diese Herausforderungen, die es zu reflektieren und kontrollieren gilt (Lindner 1981).

Die zweifellos vorhandene Abhängigkeit der Forschungsergebnisse vom Forschenden wird je nach methodologischer Position als unumgängliche Normalität von empirischer Forschung oder als Nachteil betrachtet (Lindner 1981, S. 51-52; Kühl et al. 2009, S. 18). Ein grundsätzlicher Nachteil ethnographischer Forschung besteht jedoch sicherlich in der begrenzten Möglichkeit, den Forschungs- und Auswertungsprozess transparent zu machen (van de Graaf und Rottenburg 1989, S. 21). Diese Schwierigkeit ergibt sich maßgeblich durch das Wesen der Erhebung und zum Teil auch durch die narrativen Genrekonventionen und Anonymisierungserfordernisse. Die Qualität der Daten ist nur eingeschränkt intersubjektiv überprüfbar und die Erhebung kaum wiederholbar, sowohl aufgrund des hohen Aufwands einer Replikation als auch wegen der Reaktivität des erforschten Feldes. Dies hat zur Folge, dass ethnographische Arbeiten eher durch Plausibilität, innere Stimmigkeit und im Rahmen wissenschaftlicher Diskurse auf Anschlussfähigkeit überprüft werden können, weniger durch Qualitätsnachweise innerhalb der ursprünglichen ethnographischen Publikation (Bachmann 2009, S. 267). Innerhalb der erforschten Organisationen kann dies zu Legitimitätsproblemen führen, und zwar insbesondere beim Zugang ins Feld sowie bei der Ergebnispräsentation (siehe für einen solchen Konflikt aus der Sicht der Forscherin Hilhorst 2003, S. 227–232).

Weitere Nachteile der Methode ergeben sich aus der Einbettung ins Wissenschaftssystem. Ausgedehnte Feldaufenthalte müssen finanziert und organisiert werden. Der häufig lange Zeitraum von Beginn der Forschung bis zur Publikation kann problematisch und karrierehindernd sein (Smith 2001, S. 228). Zudem können ethnographische Forschungsergebnisse disziplinabhängig nur schwer in die Schemata von Fachzeitschriften eingepasst werden. Auch für die Verwertbarkeit im Rahmen der erforschten Organisationen ist von Bedeutung, dass Forschungsergebnisse zeitnah zur Verfügung gestellt werden, damit sie trotz geringer Halbwertszeit von Wissen in Organisationen sowie häufigem organisatorischem Wandel relevant bleiben (Bachmann 2009, S. 267).

2.4   Vorteile ethnographischer Forschung und Affinität zu Forschungsprogrammen

Diesen Nachteilen und Herausforderungen stehen Vorteile gegenüber, die zudem eine Affinität bestimmter Forschungsprogramme und Fragestellungen zur Ethnographie begründen. Die wichtigsten wurden bereits genannt: Die Ethnographie bietet einzigartige Daten und analytische Perspektiven, die keine andere sozialwissenschaftliche Methode zur Verfügung stellen kann. Sie ist besonders adaptiv und in der Lage, vorgefasste Auffassungen des Forschenden zu verunsichern sowie Selbstverständlichkeiten des Feldes zu hinterfragen, die bei anderen methodischen Verfahren mit höherer Wahrscheinlichkeit als Prämissen in die Forschung übernommen werden. In der Organisationskulturforschung etwa besteht die Gefahr, normative Kultur- und Wertemodelle, die von der Organisation selbst propagiert werden, zum Ausgangspunkt von Forschungsinteresse, Fragestrategien und Beobachtungsselektionen zu machen und dabei integrationistischen Organisationskulturvorstellungen aufzusitzen. Kulturen und Werte, die von diesen offiziellen Vorgaben abweichen, drohen missachtet zu werden. Ethnographische Verfahren bieten die größte Chance, wenn auch keine Garantie, dieser Gefahr zu entgehen (Martin und Frost 2003, S. 607), weil sie aufgrund der anfänglichen Fremdheit im Feld dessen unausgesprochenen Selbstverständlichkeiten und verborgene Grundannahmen aufdecken kann (van de Graaf und Rottenburg 1989, S. 28). Somit ist die Ethnographie besonders gut, aber nicht nur für explorative Vorhaben geeignet. Durch die Kombination von Beobachtungen sozialer Praxis und der Rekonstruktion der Bedeutung der Praxen für die Beteiligten wird möglich, auch aufzudecken, worüber nicht gesprochen wird (Kuhlmann 2009, S. 79). Als Langzeituntersuchung ist die Ethnographie in besonderer Weise in der Lage, eine prozessuale Sicht auf Verhalten und Handeln und somit auf Wandlungsprozesse zu ermöglichen (Kühl et al. 2009, S. 18).

Bei der Darlegung dieser methodentypischen Vorteile wird bereits deutlich, dass bestimmte Fragestellungen und Forschungsprogramme eine besondere Affinität zu ethnographischen Verfahren haben, da deren Vorteile besonders zur Geltung kommen. Dies gilt erstens für die Erforschung von Kultur, sei es im Sinne ‚klassischer‘ Ethnographie oder im Sinne von Organisationskultur (Wischmann 1999). Des Weiteren stehen Theorien sozialer Praxis der Ethnographie nahe (Whittington 2006), da sie ihr „analytisches Augenmerk auf den Vollzug und die Darstellung von Praktiken, auf die Verknüpfung von Praktiken und Wissen sowie auf das in Praktiken verborgene implizite (stumme) Wissen" legen. Es geht ihnen um „die konkrete soziale Situation, in der [soziale Praktiken] umgesetzt und durch die Umsetzung hervorgebracht werden" (Kalthoff 2006, S. 150) sowie um Wissen, das normalerweise nicht expliziert wird oder werden kann (van de Graaf und Rottenburg 1989, S. 20). Die Möglichkeit, gleichzeitig sowohl die sozio-kulturelle Verfasstheit als auch deren Wandel prozessual beobachten zu können, macht die Ethnographie für alle Fragestellungen interessant, die sozio-kulturellen Wandel betreffen und rückt den reziproken Zusammenhang zwischen Kultur, sozialen Strukturen und Praxen in den Vordergrund (Hörning und Reuter 2004). Dieser beinhaltet stets sowohl ein Moment der Neuschöpfung in Verhalten (*doing culture*) als auch einen der Beharrung (Kultur als Programm, soziale Strukturen) (Hörning 2004; Reckwitz 2004, S. 44-48; Schmidt 2003, S. 38ff.). Auch im Bereich der Organisationsforschung wird Ethnographie insbesondere eingesetzt, um Fragen nach Kultur, strategischen Praktiken und Wandel zu beantworten (Neyland 2008, S. 6). Diese Affinität macht die Ethnographie auch für die Strukturationstheorie interessant, die sowohl in der Kommunikationswissenschaft allgemein (Raabe 2008), der Organisationsforschung (Ortmann et al. 2000) als auch in der Organisationskommunikationsforschung große Beachtung findet (Röttger 2000, S. 137ff.; Jarren und Röttger 2009; Falkheimer 2009). Giddens Plädoyer für ethnographische Forschung als wichtigem Teil der Analyse der Dualität von sozialer Struktur hat bislang hingegen weniger Resonanz in der deutschen Kommunikationswissenschaft gefunden (Giddens 2008, S. 284-310).

3 Fallbeispiel: Ethnographie von NGO-Kampagnen gegen weibliche Genitalverstümmelung

Das folgende Fallbeispiel soll Einblick in die praktischen Fragen und Probleme geben, die sich in ethnographischer NGO-Kommunikationsforschung ergeben können. Die Einzelheiten sind projektspezifisch, dennoch berühren sie Punkte, die typisch für die ethnographische Praxis sind.

Die weibliche Genitalverstümmelung stellt eine sogenannte 'schädliche traditionelle Praktik' (OHCHR 1995) dar. Diese gehören zu den größten Verursachern menschlichen Leids weltweit (Klasen und Wink 2003, S. 264) und sind die größte denkbare Herausforderung für Verhaltensänderungskommunikation, da eine Mehrheit oder machtvolle Minderheit innerhalb der praktizierenden Gruppen die Praktiken wertschätzt und als wichtigen Teil ihrer Identität begreift (Omeje 2001, S. 45-46). Kampagnen zur Beendigung 'schädlicher traditioneller Praktiken' können aufgrund ihres paternalistischen Charakters, der mannigfaltigen sozio-kulturellen Einbettung der Praktiken und oft auch postkolonialer Konstellationen als *worst case* interkultureller Kommunikation bezeichnet werden. Sie riskieren nicht nur, die Praktiken nicht zu beenden, sondern kontraproduktiv zu wirken (Green 1999, S. 19). Die vornehmlich in Teilen Afrikas praktizierte weibliche Genitalverstümmelung ist in Multikulturalismus- und Menschenrechtsdiskursen sogar zum Sinnbild von kulturellen Unterschieden geworden, die nicht geduldet werden können (McKinnon 2006; Nussbaum, 2000). Dies macht die Kampagnen zu einem herausragenden Gegenstand für die Erforschung strategischer Kommunikation, welche gezielt Kultur, soziale Strukturen und Praktiken verändern soll (Dutta 2011, 2008; Bonfadelli und Friemel, 2010). Ebenso gut geeignet sind die Kampagnen als Forschungsobjekt, um die Ethik dieser strategischen Kommunikation zu untersuchen (Guttman 2000).

3.1   Die Entscheidung für die Ethnographie

Die hier dargestellte Feldforschung fand im Rahmen einer Dissertation (Danelzik 2016) statt. Diese wendet sich den Kampagnen mit einer ethnographischen Forschungsstrategie zu. Bei der Wahl eines ethnographischen Vorgehens spielten folgende Überlegungen eine Rolle:

1. Bislang war die Kampagnenpraxis kaum untersucht worden. Zudem werden die Kampagnen meist aus den Praktiken heraus begriffen, gegen die sie sich wenden. Es war aber davon auszugehen, dass die Kampagnen – die von face-to-face Interaktionen zwischen AktivistInnen und Zielgruppen geprägt sind und mediale Angebote nur sporadisch einsetzen – durch eine Eigenlogik bestimmt werden, die sich aus ebenjenen Interaktionen ergibt. Daraus folgte die Anforderung, vor Ort und beobachtend zu forschen.
2. Die Ausgangspunkte des Forschungsinteresses waren abstrakt: Wie vollzieht sich sozio-kultureller Wandel? Wie und mit welchen Folgen lässt sich durch strategische Kommunikation darauf einwirken? In einer Vorstudie und durch die Erfassung des akademischen Diskurses wurde deutlich, dass die Praxis dieser Kampagnen weitgehend unerforscht ist. Dieser Umstand legte eine tentative Forschungsstrategie nahe.
3. Die Kampagnen im sub-saharischen Afrika finden auf einem kulturell fremden Terrain statt. Erschwerend kam hinzu, dass in Kampagnen selbst interkulturelle Konstellationen und Fremdheitserfahrungen vorkommen. Die Kampagnen stehen bspw. vor der Herausforderung, mit multiethnischen oder mit mehreren unterschiedlichen monoethnischen Zielgruppen zu arbeiten. Dabei haben die Kampagnen selbst begrenzte Kapazitäten, die kulturellen Differenzen zu ihren Zielgruppen zu eruieren, zu reflektieren und auf sie zu reagieren – zum Beispiel, was Vorstellungen über die Einmischung von Ahnen, Rituale und ihre Bedeutung, die soziale Organisation von Sexualität und viele weitere Aspekte der Kulturen ihrer Zielgruppen angeht. Kulturelle Fremdheit spielte also auf mehreren Ebenen eine Rolle, dasselbe galt für Sprachbarrieren. In den tansanischen Kampagnen, die letztlich untersucht wurden, wurden neben Kiswahili eine Reihe der über 120 anderen tansanischen Sprachen gesprochen.

3.2   Anpassung des Vorgehens

Diese drei Gründe legten ein ethnographisches Vorgehen nahe. Daten wurden durch teilnehmende Beobachtungen, ethnographische Interviews, an episodische Interviews angelehnte Gespräche (Flick 2005, S. 158-167) und die Analyse weiterer Dokumente erhoben. Unter den Spielarten der Ethnographie wurde aus verschiedenen Gründen jedoch kein ,klassisch' ethnographisches Verfahren gewählt:

1. Das Forschungsinteresse war partiell. Es bezog sich weder auf die Kulturen der Zielgruppen, noch auf die gesamten Organisationskulturen der analysierten Kampagnen, sondern auf die kommunikativen Herausforderungen der Kampagnen und deren

Lösungsversuche. Dabei blieben verschiedene Aspekte der Organisationskulturen, der sozialen Praktiken im Rahmen der Kampagnen und deren Kontexte außen vor. Andere kulturelle Aspekte wurden gezielt vertieft, jedoch immer mit der Absicht, Herausforderungen und Lösungsversuche der Kommunikationskampagnen in ihren Facetten darzustellen.

2. Ein weiterer Unterschied zur ‚klassischen' Ethnographie bestand in der Länge der Feldforschung und der Erforschung mehrerer Kampagnen. Insgesamt dauerte die Feldforschung etwa elf Monate an, dabei verteilten sich die Aufenthalte jedoch auf vier Organisationen, so dass die Erhebung im Schnitt zwischen zwei und drei Monaten je Organisation andauerte. Während dieser Zeit wurden die Kampagnen und ihre AktivistInnen begleitet. Was die allgemeine kulturelle Sozialisation angeht, entspricht dieses Vorgehen damit den Ratschlägen für die ‚klassische' Ethnographie (Rosenthal 2011, S. 99). In Bezug auf die einzelnen Organisationen unterscheidet sie sich jedoch sowohl von einer ‚klassischen' Ethnographie als auch deutlich von dem, was etwa Hubert Knoblauch (2001) unter fokussierter Ethnographie versteht, die weitaus kürzere Feldaufenthalte und -visiten vorsieht. Die Beschäftigung mit gleich vier Kampagnen mag überraschen, ergibt für das Erkenntnisinteresse jedoch Sinn. Eine einzelne Kampagne hätte zwar weitaus detaillierter beschrieben werden können, im Forschungsvorhaben ging es aber eher um die Bandbreite möglicher Konstellationen, Herausforderungen und Lösungsversuche. Die Analyse von vier Kampagnen erlaubte, den Problem- und Möglichkeitshorizont genauer abzustecken, dies geht aber auf Kosten anderer Aspekte der Kampagnen und beeinflusst auch die Darstellung der Ergebnisse. Es stellte sich im Verlauf heraus, dass die Wahl mehrerer Kampagnen forschungspraktische Vorteile mit sich brachte. Die Kampagnen operieren mit begrenzten Mitteln und sind nicht zu jeder Zeit gleich aktiv. Zum selben Zeitpunkt können sich in anderen Kampagnen sehr interessante Geschehnisse vollziehen. Durch telefonischen Kontakt mit VertreterInnen aller Kampagnen konnten die Feldaufenthalte daher effizienter ausgenutzt werden.

3.3   Das Feld finden

Das Ziel war, Kampagnen zu analysieren, die dem im akademischen Diskurs vertretenen Ideal entsprechen, nämlich von Einheimischen gegründet, geleitet und durchgeführt zu werden. Die meisten dieser Organisationen sind jedoch klein und außer durch ihre westlichen Sponsoren schwer zu erreichen. Dieser Zugangsweg war jedoch zu vermeiden, um nicht den Eindruck zu erwecken, ein Gutachter im Dienste der Financiers der Kampagnen zu sein.

Das Forschungsinteresse erforderte die Bereitschaft der Organisationen, ihre Kampagnenpraxis einer Analyse unterziehen zu lassen. Für die NGOs sprach Einiges dagegen. Ethnographische Forschung stellt stets eine Störung des Organisationsalltags dar. Die erforschten NGOs sind zudem förderungsabhängig. Es besteht daher ein Risiko, sich einer Analyse der Kampagnenpraxis auszusetzen. Mitglieder der Organisationen legitimierten die Forschung in der Regel, indem sie den Ethnographen als Experten positionierten, der nach wenigen Wochen Beobachtung eine Optimierung der Kampagnen leisten könne. Dabei wurde ein Wissenschafts- und Beratungsoptimismus vertreten, der deutschen WissenschaftlerInnen heute abgeht und welcher der Stoßrichtung der Forschung – die Analyse der Kampagnenpraxis in andere Diskurse zu transferieren – nicht entsprach. Der Hinweis auf das eigentliche Ziel der Forschung wurde gemeinhin akzeptiert, auch wenn sich damit in manchen Fällen unangebrachte Hoffnungen auf Aufmerksamkeit durch potentielle Spender verbanden.

3.4   Schwierige Situationen, ethische Dilemmata

Als „existentielles Verfahren" (s. o.) stellt die Ethnographie Forschende vor besondere Herausforderungen. Diese sind zum einen emotionaler Natur, insbesondere im Umgang mit schwierigen Situationen und den Beziehungen zu den erforschten Menschen. Zum anderen stellen sich in ethnographischer Forschung ethische Dilemmata, die für die Methode typisch erscheinen und sich von ethischen Erwägungen anderer Methoden maßgeblich unterscheiden:
Allem voran steht die hohe Unsicherheit, die es auch psychisch zu bewältigen gilt. In jeder organisationsethnographischen Forschung ist man vom Wohlwollen von Schlüsselpersonen abhängig. Entziehen diese einem den Zugang, ist der Aufwand, den man bereits investiert hat, womöglich umsonst. Dies ist umso problematischer, wenn man in der Gestaltung von Feldphasen nicht autonom ist, etwa weil einem der Arbeitgeber nur einen begrenzten Zeitraum gewährt hat oder die einmal eingeworbenen Gelder nicht erhöht werden können. Eine Rückkehr in das Feld ist finanziell-organisatorisch nicht unbedingt möglich. Hier zeigt das tentative Vorgehen seine Kehrseite. Wenn es – wie im hier dargestellten Fall – unmöglich ist, sich im vornherein umfassend über die Bedingungen und Themen des Feldes zu informieren, erfordert dies im Feld eine hohe Anpassungsfähigkeit, Frustrations- und Unsicherheitstoleranz.
Die Unterschiede zwischen ethnographischer Forschung und anderen Methoden spiegeln sich auch in den ethischen Fragen, die die Methode in konkreten Forschungsvorhaben aufwirft. Anhand der Fallstudie sollen hier nur zwei Probleme erwähnt werden, die sich aus dem ethnographischen Verfahren ergaben. Eine große Schwierigkeit bestand darin, dass zwar die einzelnen Informanten, nicht aber die beforschten Organisationen anonymisiert werden konnten, da die kontextreiche Analyse der Kampagnen diese auch bei formaler Anonymisierung identifizierbar macht. In einem Diskurs, in dem kritische Analysen von Kampagnen noch Neuland sind und in dem überzogene ethische Anforderungen an sie gestellt werden, war zudem ein gewisses Risiko für die Organisationen gegeben, dass die ethnographische Analyse als Fundamentalkritik an den Organisationen missverstanden werden könnte.
Im eigenen Umgang mit problematischen Praktiken stellen sich der EthnographIn ebenfalls häufiger als anderen ForscherInnen ethische Fragen. Durch die intensive Teilnahme am Feld, steigt die Wahrscheinlichkeit, Zeuge unmoralischer oder krimineller Akte von einzelnen Personen, Abteilungen oder gesamten Organisationen zu werden. Als EthnographIn gilt es, eine vertretbare Reaktion dafür zu finden: überwiegen die

Interessen einer einzelnen Person, der Organisation, ihrer Stakeholder, der Gesellschaft? Ist man eine Verpflichtung der Verschwiegenheit eingegangen oder wird diese von einem anderen moralischen Prinzip übertrumpft? In der hier geschilderten Fallstudie wurde der Autor Zeuge krimineller Handlungen innerhalb der Zielgruppen der Kampagnen. Als Gast der Kampagnen hätte jede Reaktion jedoch unmittelbare Auswirkungen auf die NGOs und ihre Beziehung zu den Zielgruppen gehabt, weshalb der Autor nicht versuchte, diese Handlungen zu unterbinden. Das richtige Vorgehen in solchen Situationen kann nur im Einzelfall diskutiert werden, ihr Auftauchen hat aber mit der speziellen Involviertheit der ForscherIn im ethnographischen Verfahren zu tun.

3.5 Welche Vorteile bot die Ethnographie gegenüber anderen Methoden?

Bei allen Herausforderungen, die die Ethnographie mit sich bringt, hält sie auch einzigartige Erkenntnismöglichkeiten bereit. Als Ergebnis der Untersuchung entstand eine alternative Perspektive auf Kampagnen gegen ‚schädliche traditionelle Praktiken‘, die diese als sozio-kulturelle Phänomene mit Eigenlogik versteht. Diese Eigenlogik umfasst zehn Punkte, die von der Verwendung verschiedener Formen von Macht, dem Auftreten von Inkommensurabilität und dem Umgang mit ihr, bis hin zu Zielkonflikten und unintendierten Effekten reicht. Diese alternative Perspektive beinhaltet zudem die Darstellung zentraler Herausforderungen und strategischer Ansatzpunkte für Kampagnen. Des Weiteren leistet die Arbeit eine Typisierung der Strategien der Kampagnen. In der ethischen Dimension wird mit zwei Typologien abgeschlossen: Erstens werden Positionen gegenüber der Praktik dargestellt, die Auswirkungen auf die ethische Bewertung von Kampagnen haben. Zweitens werden fünfzehn moralische Schlüsselfragen in Bezug auf die Bewertung von Kampagnen entwickelt. Hinzu kommen detailreiche und kontextualisierte Analysen der Strategien, die aufzeigen, wie Kultur in Kampagnen gegen ‚schädliche traditionelle Praktiken‘ zum Tragen kommt. Es soll noch kurz skizziert werden, warum diese Ergebnisse nur durch ein ethnographisches Verfahren möglich wurden:

Seit 1980 wird ein Diskurs um Legitimität der Einmischung in praktizierende Gemeinschaften geführt. An dessen vorläufigem Ende steht ein Ideal von machtfrei agierenden, kulturell sensiblen Kampagnen, die einheimische AktivistInnen durchführen sollen. Nach Jahrzehnten wirkungsloser Kampagnen werden kulturell sensible Kampagnen von afrikanischen Aktivistinnen zum Erfolgsgaranten stilisiert. Akzeptanzprobleme bei den Zielgruppen werden dabei als Hinweis auf mangelnde Legitimität von Kampagnen verstanden. Daher haben weder die internationalen Organisationen, der akademisch-politische Diskurs noch die kampagnentreibenden NGOs Interesse daran, an dem Bild der vollkommen akzeptierten kulturell sensiblen Kampagnen von einheimischen Aktivistinnen zu rütteln.

Gleichzeitig existiert jedoch ein Expertendiskurs zu der Frage, mit welchen Strategien sich die sozio-kulturell mehrfach stabilisierte Praktik beenden ließe. In diesem Teildiskurs wird mehrheitlich die Auffassung vertreten, dass tiefgreifende sozio-kulturelle Änderungen von Nöten sind. Diese Änderungen werden mit Kommunikationsstrategien angestrebt, die nicht dem Ideal der kulturellen Sensibilität entsprechen und nicht ausschließlich win-win-Konstellationen, sondern auch Verlierer und somit Widerstände erzeugen. Der internationale politisch-akademische Beratungsdiskurs zu Kampagnen ist also im Kern widersprüchlich. Beschreibungen und Selbstbeschreibungen von Kampagnen folgen indes dem Code der kulturellen Sensibilität, ohne in diese Darstellung diejenigen Probleme und Lösungsstrategien einfließen zu lassen, die gegen das Ideal verstoßen. Zentrale Konfliktarenen werden dabei systematisch ausgelassen, was nicht ohne Folgen bleibt. Erstens können sie die unbeachteten Gründe für ausbleibenden Erfolg sein. Zweitens existieren in den kampagnentreibenden NGOs bereits Erfahrungen und Kompetenzen, mit den ausgelassenen Problemkomplexen umzugehen. Von diesen könnten andere Kampagnen profitieren, wenn der globale Diskurs, welcher Kampagnenplanung und -evaluation speist, dieses Wissen wahrnehmen würde.

Voraussetzung für eine angemessene Analyse der strategischen und ethischen Herausforderungen der Kampagnen ist es daher, eine Perspektive zu entwickeln, die die komplexere Kampagnenpraxis hinter dem idealisierten Bild kulturell sensibler Kampagnen erfassen kann. Dies ist nur durch einen langen Feldaufenthalt möglich, der Vertrauen schafft und mehr Facetten der Kampagnenpraxis auch jenseits der Vorzeigeorte erfassen kann. Eine solche Perspektive ist zudem auf eine Kombination von Gesprächen und Beobachtung angewiesen, weil Gesprächspartner nur so die Gelegenheit haben, die zu Beginn notwendigerweise idealisierten Beschreibungen der Kampagnenpraxis zu verkomplizieren und man als Fragender anhand von beobachteten Einzelfällen Abweichungen vom Ideal kulturell sensibler Kampagnen thematisieren kann. Nur indem man sich nicht zu einer strikt neutralen Fragemaschine macht, sondern über einen längeren Zeitraum auch die eigene Haltung kommuniziert, kann man berechtigte Bedenken zerstreuen, die Abweichung der Kampagnenpraxis vom idealisierten Bild könne zur Delegitimierung der Kampagnen instrumentalisiert werden. Schließlich ist eine tentative Forschungsstrategie von Nöten, weil man im vornherein zwar vermuten kann, dass die Kampagnenpraxis vom Ideal abweichen wird, man aber nicht wissen kann, an welchen Stellen sich die Widersprüche auf welche Weise zeigen werden. Nur durch ein ethnographisches Vorgehen war es möglich, zu ermitteln, wie sich diese bislang ausgesparten Konflikte vollziehen, warum sie eskalieren, wie AktivistInnen sie eindämmen und wie unterschiedliche gesellschaftliche und kulturelle Entwürfe im Rahmen der Kampagnen miteinander um Einfluss ringen.

4   Fazit

Das Ziel dieses Beitrages war, einen nicht-apologetischen Überblick über die Ethnographie und ihre Anwendbarkeit in der NGO-Kommunikationsforschung zu geben. Die Ethnographie besitzt ihre eigenen Schwachstellen – etwa in der Qualitätskontrolle – und bringt ihre Herausforderungen mit sich. Sie ist risikoreicher als andere Methoden. Dies hat zum einen mit der Methode selbst zu tun, etwa dem Fehlen von methodischem Rezeptwissen und der Abhängigkeit von anderen Personen. EthnographInnen benötigen zudem besondere soziale Kompetenzen. Die Ethnographie kann aber auch erprobt und eingeübt werden, gerade wenn das Feld vor der Haustür ist oder man eine kleinere Vorstudie in sein Forschungsdesign einbauen kann. Andere Risiken des ethnographischen Vorgehens entstehen aus Konventionen der Disziplinen. Ethnographie ist mehr als andere Methoden darauf angewiesen, von wissenschaftlichen Rahmenbedingungen ermöglicht zu werden. Insbesondere in der deutschen Kommunikationswissenschaft mangelt es sicherlich an Verankerung im Fach, ebenso wie an Vor- und AusbilderInnen.

Die Stärken der Ethnographie liegen insbesondere in den Bereichen der Kommunikationsforschung, die noch wenig beleuchtet worden sind. Für die Organisations- und NGO-Kommunikationsforschung bietet sich eine ganze Reihe von Fragestellungen an, die ethnographisch gewinnbringend erarbeitet werden können. In manchen Bereichen ist der Anfang bereits gemacht. Das hier gegebene Fallbeispiel mag zur Illustrierung dienen, dass die Ethnographie immense Erkenntnismöglichkeiten bietet. Sie sollte im Methodenmix einer Disziplin daher nicht fehlen. Dabei ist weniger von Bedeutung, ob ethnographisches Arbeiten in einer Nische verbleibt. Der Aufwand ethnographischer Arbeit verdammt sie fast dazu. Wichtiger ist, dass diese Nische als Quelle einzigartig dichter und kontextreicher Erkenntnisse anerkannt wird, die die Disziplin komplementär zu anderer qualitativer und quantitativer Forschung bereichert.

Literatur

Agar, M. H. (1996). *The Professional Stranger: An Informal Introduction to Ethnography*. San Diego: Academic Press.

Ang, I. (2008). Radikaler Kontextualismus und Ethnografie in der Rezeptionsforschung. In A. Hepp & R. Winter (Hrsg.), *Kultur – Medien – Macht. Cultural Studies und Medienanalyse* (S. 61-79). Wiesbaden: VS Verlag.

Aster, R., & Repp, M. (1989). Teilnehmende Beobachtung – zwischen Anspruch und Wirklichkeit. In R. Aster, H. Merkens, & M. Repp (Hrsg.), *Teilnehmende Beobachtung. Werkstattberichte und methodologische Reflexionen* (S. 122-133). Frankfurt am Main: Campus.

Atkinson, P., Coffey, A., Delamont, S., Lofland, J., & Lofland, L. (2001). Editorial Introduction. In P. Atkinson, A. Coffey, S. Delamont, J. Lofland, & L. Lofland (Hrsg.), *Handbook of Ethnography* (S. 1-8). London: Sage.

Bachert, R., & Vahs, D. (2007). *Change Management in Nonprofit-Organisationen*. Stuttgart: Schäffer-Poeschel.

Bachmann, G. (2009). Teilnehmende Beobachtung. In S. Kühl (Hrsg.), *Handbuch Methoden der Organisationsforschung. Quantitative und Qualitative Methoden* (S. 248-271). Wiesbaden: VS Verlag.

Bachmann, G., & Wittel, A. (2006). Medienethnographie. In R. Ayaß (Hrsg.), *Qualitative Methoden der Medienforschung* (S. 183-219). Reinbek: Rowohlt.

Barnard, A. (2000). *History and Theory in Anthropology*. Cambridge: Cambridge University Press.

Barth, S., & Pfaff, H. (2009). Organisationskarten. In S. Kühl (Hrsg.), *Handbuch Methoden der Organisationsforschung. Quantitative und Qualitative Methoden* (S. 216-228). Wiesbaden: VS Verlag.

Bergmann, J. R. (1985). Flüchtigkeit und methodische Fixierung sozialer Wirklichkeit. Aufzeichnungen als Daten der interpretativen Soziologie. In W. Bonß & Hartmann H. (Hrsg.), *Entzauberte Wissenschaft – zur Realität und Geltung soziologischer Forschung* (S. 299-320). Göttingen: Schwartz.

Bieth, T. (2012). *NGOs und Medien: Eine empirische Studie zum Verhältnis von Public Relations und Journalismus.* Wiesbaden: VS Verlag.

Bird, S. (2007). Sensemaking and Identity. The Interconnection of Storytelling and Networking in a Women's Group of a Large Corporation. *Journal of Business Communication*, 44(4), 311-339.

Bonfadelli, H., & Friemel, T. (2010). *Kommunikationskampagnen im Gesundheitsbereich: Grundlagen und Anwendungen.* Konstanz: UVK.

Breidenstein, G., & Hirschauer, S. (2002). Endlich fokussiert? Weder ‚Ethno' noch ‚Graphie': Anmerkungen zu Hubert Knoblauchs Beitrag „Fokussierte Ethnographie". *Sozialer Sinn*, 3(1), 125-128.

Breuer, F. (2009). *Reflexive Grounded Theory. Eine Einführung für die Forschungspraxis.* Wiesbaden: VS Verlag.

Buchanan, D. A., & Bryman, A. (2007). Contextualizing Methods Choice in Organizational Research. *Organizational Research Methods*, 10(3), 483-501.

Charmaz, K., & Mitchell, R. G. (2001). Grounded Theory in Ethnography. In P. Atkinson, A. Coffey, S. Delamont, J. Lofland & L. Lofland (Hrsg), *Handbook of ethnography* (S. 160–174). Thousand Oaks, CA: Sage Publications.

Clifford, J., Marcus, G. E., & Fortuny, K. (Hrsg.) (2010). *Writing culture: The poetics and politics of ethnography.* Berkeley: University of California Press.

Cunliffe, A. L. (2010). Retelling Tales of the Field: In Search of Organizational Ethnography 20 Years On. *Organizational Research Methods*, 13(2), 224-239.

Danelzik, M. (2016). *Kulturell sensible Kampagnen gegen Genitalverstümmelung. Strategische und ethische Herausforderungen.* Wiesbaden: VS Verlag.

Deegan, M. J. (2001). The Chicago School of Ethnography. In P. Atkinson, A. Coffey, S. Delamont, J. Lofland, & L. Lofland (Hrsg.), *Handbook of Ethnography* (S. 11-25). London: Sage.

Delamont, J. Lofland, & L. Lofland (Hrsg.), *Handbook of Ethnography* (S. 160-174). London: Sage.

Dutta, M. J. (2008). *Communicating Health.* Cambridge: Polity Press.

Dutta, M. J. (2011). *Communicating Social Change. Structure, Culture, and Agency.* New York: Routledge.

Edwards, L., & Hodges, C. E. M. (2011). Introduction: Implications of a (radical) socio-cultural 'turn' in public relations scholarship. In L. Edwards & C. E. M. Hodges (Hrsg.), *Public relations, society & culture. Theoretical and empirical explorations* (S. 1-14). New York: Routledge.

Eisenberg, E. M., & Eschenfelder, B. (2009). In the Public Interest. Communication in Nonprofit Organizations. In L. R. Frey & K. N. Cissna (Hrsg.), *Routledge handbook of applied communication research* (S. 353-379). New York: Routledge.

Ellingson, L. L. (2009). Ethnography in Applied Communication Research. In L. R. Frey & K. N. Cissna (Hrsg.), *Routledge handbook of applied communication research* (S. 129-152). New York: Routledge.

Emerson, R. M., Fretz, R. I., & Shaw, L. L. (2001). Participant Observation and Fieldnotes. In P. Atkinson, A. Coffey, S. Delamont, J. Lofland, & L. Lofland (Hrsg.), *Handbook of Ethnography* (S. 352-368). London: Sage.

Falkheimer, J. (2009). On Giddens: Interpreting Public Relations through Anthony Giddens' Structuration and Late Modernity Theory. In Ø. Ihlen, B. van Ruler, & M. Fredriksson (Hrsg.), *Public relations and social theory. Key figures and concepts* (S. 103-118). New York: Routledge.

Ferdinand, J., Pearson, G., Rowe, M., & Worthington, F. (2007). A different kind of ethics. *Ethnography*, 8(4), 519-543.

Fischer, W. (2000). *Sozialmarketing für Non-Profit-Organisationen: Ein Handbuch.* Zürich: Orell Füssli.

Flick, U. (2005). *Qualitative Sozialforschung: Eine Einführung.* Reinbek: Rowohlt.

Forsey, M. G. (2010). Ethnography as participant listening. *Ethnography, 11*(4), 558-572.

Geertz, C. (2007). *Dichte Beschreibung: Beiträge zum Verstehen kultureller Systeme.* Frankfurt am Main: Suhrkamp.

Gellner, D. N., & Hirsch, E. (Hrsg.) (2001). *Inside organizations: Anthropologists at work.* Oxford: Berg.

Giddens, A. (2008). *The constitution of society: Outline of the theory of structuration.* Cambridge: Polity Press.

Girtler, R. (1989). Die „teilnehmende unstrukturierte Beobachtung" – ihr Vorteil bei der Erforschung des sozialen Handelns und des in ihm enthaltenen Sinns. In R. Aster, H. Merkens, & M. Repp (Hrsg.), *Teilnehmende Beobachtung. Werkstattberichte und methodologische Reflexionen* (S. 103-113). Frankfurt am Main: Campus.

Girtler, R. (2001). *Methoden der Feldforschung.* Wien: UTB.

Glaser, B. G. & Strauss, A. L. (2008). *Grounded theory: Strategien qualitativer Forschung.* Bern: Huber.

Göttlich, U. (2008). Zur Kreativität des Handelns in der Medienaneignung: Handlungs- und praxistheoretische Aspekte als Herausforderung der Rezeptionsforschung. In C. Winter, A. Hepp, & F. Krotz (Hrsg.), *Theorien der Kommunikations- und Medienwissenschaft. Grundlegende Diskussionen, Forschungsfelder und Theorieentwicklungen.* (S. 383-399). Wiesbaden: VS Verlag.

Green, D. (1999). *Gender violence in Africa: African women's responses.* Basingstoke: Macmillan.

Guttman, N. (2000). *Public health communication interventions: Values and ethical dilemmas.* Thousand Oaks: Sage.

Hammersley, M., & Atkinson, P. (2007). *Ethnography. Principles in practice.* London: Routledge.

Hannerz, U. (2003). Being there… and there… and there! Reflections on Multi-Site Ethnography. *Ethnography, 4*(2), 201-216.

Hauser-Schäublin, B. (2008). Teilnehmende Beobachtung. In B. Beer (Hrsg.), *Methoden ethnologischer Feldforschung* (S. 37-58). Berlin: Reimer.

Heath, R. L., Motion, J., & Leitch, S. (2010). Power and Public Relations. In R. L. Heath (Hrsg.), *The SAGE handbook of public relations* (S. 191-204). Los Angeles: Sage.

Heath, R. L., & Ni, L. (2010). Community Relations and Corporate Social Responsibility. In R. L. Heath (Hrsg.), *The SAGE handbook of public relations* (S. 557-568). Los Angeles: Sage.

Hedrick, J. L. (2008). Effective Donor Relations. Hoboken: John Wiley & Sons.

Hepp, A., Bozdag, C., & Suna, L. (2011). *Mediale Migranten: Mediatisierung und die kommunikative Vernetzung der Diaspora.* Wiesbaden: VS Verlag.

Heyl, B. S. (2001). Ethnographic Interviewing. In P. Atkinson, A. Coffey, S. Delamont, J. Lofland, & L. Lofland (Hrsg.), *Handbook of Ethnography* (S. 369-383). London: Sage.

Hilhorst, D. (2003). *The real world of NGOs: Discourses, diversity, and development.* London: Zed Books.

Hörning, K. H. (2004). Soziale Praxis zwischen Beharrung und Neuschöpfung. Ein Erkenntnis- und Theorieproblem. In K. H. Hörning & J. Reuter (Hrsg.), *Doing Culture. Neue Positionen zum Verhältnis von Kultur und Praxis* (S. 19-39). Bielefeld: transcript.

Hörning, K. H., & Reuter, J. (2004). Doing Culture: Kultur als Praxis. In K. H. Hörning & J. Reuter (Hrsg.), *Doing Culture. Neue Positionen zum Verhältnis von Kultur und Praxis* (S. 9-15). Bielefeld: transcript.

Igoe, J. (Hrsg.) (2005). *Between a rock and a hard place: African NGOs, donors and the state.* Durham: Carolina Academic Press.

Jarren, O., & Röttger, U. (2009). Steuerung, Reflexivierung und Interpenetration: Kernelemente einer strukturationstheoretisch begründeten PR-Theorie. In U. Röttger (Hrsg.), *Theorien der Public Relations. Grundlagen und Perspektiven der PR-Forschung* (S. 29-49). Wiesbaden: VS Verlag.

Jarzabkowski, P. (2005). *Strategy as practice: An activity-based approach.* London: Sage.

Johansson, C. (2009). On Goffman: Researching Relations with Erving Goffman as Pathfinder. In Ø. Ihlen, B. van Ruler, & M. Fredriksson (Hrsg.), *Public relations and social theory. Key figures and concepts* (S. 119-140). New York: Routledge.

Jones, J. S. (2010). Origins and ancestors: a brief history of ethnography. In J. S. Jones & S. Watt (Hrsg.), *Ethnography in Social Science Practice* (S. 13-27). London: Routledge.

Kalthoff, H. (2006). Beobachtung und Ethnographie. In R. Ayaß (Hrsg.), *Qualitative Methoden der Medienforschung* (S. 146-182). Reinbek: Rowohlt.

Kawulich, B. B. (2005). Participant Observation as a Data Collection Method. *Forum Qualitative Sozialforschung, 6*(2), o. S.

Kelle, U., & Kluge, S. (1999). *Vom Einzelfall zum Typus: Fallvergleich und Fallkontrastierung in der qualitativen Sozialforschung.* Opladen: Leske + Budrich.

Klasen, S., & Wink, C. (2003). "Missing Women": Revisiting the Debate. *Feminist Economics, 9*(2-3), 263-299.

Knoblauch, H. (2001). Fokussierte Ethnographie. *Sozialer Sinn, 2*(1), 123-141.

Knoblauch, H. (2002). Fokussierte Ethnographie als Teil einer soziologischen Ethnographie: Zur Klärung einiger Missverständnisse. *Sozialer Sinn, 3*(1), 129-135.

Krause-Jensen, J. (2011). Ideology at work: Ambiguity and irony of value-based management in Bang & Olufsen. *Ethnography, 12*(2), 266-289.

Krotz, F. (2005). *Neue Theorien entwickeln: Eine Einführung in die Grounded Theory, die Heuristische Sozialforschung und die Ethnographie anhand von Beispielen aus der Kommunikationsforschung.* Köln: Herbert von Halem.

Kühl, S., Strodtholz, P., & Taffertshofer, A. (2009). Qualitative und quantitative Methoden der Organisationsforschung – ein Überblick. In S. Kühl (Hrsg.), *Handbuch Methoden der Organisationsforschung. Quantitative und Qualitative Methoden* (S. 13-27). Wiesbaden: VS Verlag.

Kuhlmann, M. (2009). Beobachtungsinterview. In S. Kühl (Hrsg.), *Handbuch Methoden der Organisationsforschung. Quantitative und Qualitative Methoden* (S. 78-99). Wiesbaden: VS Verlag.

Kumoll, K. (2006). Clifford Geertz: Von der dichten Beschreibung zur Heterogenität kultureller Systeme. In M. L. Hofmann, T. F. Korta, & S. Niekisch (Hrsg.), *Culture Club II. Klassiker der Kulturtheorie* (S. 271-292). Frankfurt am Main: Suhrkamp.

Lamnek, S. (2010). *Qualitative Sozialforschung.* Weinheim: Beltz.

L'Etang, J. (2011). Imagining Public Relations Anthropology. In L. Edwards & C. E. M. Hodges (Hrsg.), *Public relations, society & culture. Theoretical and empirical explorations* (S. 15-32). New York: Routledge.

L'Etang, J. (2012). Public Relations, Culture and Anthropology – Towards an Ethnographic Research Agenda. *Journal of Public Relations Research, 24*(2), 165-183.

Lewis, D., & Mosse, D. (Hrsg.) (2006). *Development brokers and translators: The ethnography of aid and agencies.* Bloomfield: Kumarian Press.

Lindner, R. (1981). Die Angst des Forschers vor dem Feld. Überlegungen zur teilnehmenden Beobachtung als Interaktionsprozeß. *Zeitschrift für Volkskunde, 77,* 51-66.

Lüders, C. (2005). Herausforderungen qualitativer Forschung. In U. Flick, E. von Kardorff, & I. Steinke (Hrsg.), *Qualitative Forschung. Ein Handbuch* (S. 632-642). Reinbek: Rowohlt.

Marcus, G. E. (2000). What Comes (Just) After "Post?" The Case of Ethnography. In N. K. Denzin & Y. S. Lincoln (Hrsg.), *The landscape of qualitative research. Theories and issues* (S. 383-406). Thousand Oaks: Sage.

Martin, J., & Frost, P. (2003). The Organizational War Games: a Struggle for Intellectual Dominance. In S. R. Clegg (Hrsg.), *Handbook of organization studies* (S. 599-621). London: Sage.

McKinnon, C. (2006). *Toleration: A critical introduction.* London: Routledge.

Meyen, M., Löblich, M., Pfaff-Rüdiger, S., & Riesmeyer, C. (2011). *Qualitative Forschung in der Kommunikationswissenschaft: Eine praxisorientierte Einführung.* Wiesbaden: VS Verlag.

Miebach, B. (2007). *Organisationstheorie: Problemstellung* After – *Modelle – Entwicklung.* Wiesbaden: VS Verlag.

Moeran, B. (2009). From participant observation to observant participation. In S. Ybema, D. Yanow, H. Wels, & F. Kamsteeg (Hrsg.), *Organizational ethnography. Studying the complexities of everyday life* (S. 139-155). Los Angeles: Sage.

Moldaschl, M. (2009). Lebenslinien. In S. Kühl (Hrsg.), *Handbuch Methoden der Organisationsforschung. Quantitative und Qualitative Methoden* (S. 229-247). Wiesbaden: VS Verlag.

Mosse, D. (2011). *Adventures in Aidland: The anthropology of professionals in international development*. New York: Berghahn Books.

Mumby, D. K. (1994). *Communication and power in organizations: discourse, ideology, and domination*. Norwood: Ablex.

Neumann-Braun, K., & Schmidt, A. (2008). Ethnografie von Jugendszenen am Beispiel einer Studie zur Welt der Gothics. In A. Hepp & R. Winter (Hrsg.), *Kultur – Medien – Macht. Cultural Studies und Medienanalyse* (S. 383-397). Wiesbaden: VS Verlag.

Neyland, D. (2008). *Organizational ethnography*. Los Angeles: Sage.

Nussbaum, M. C. (2000). *Sex & social justice*. Oxford: Oxford University Press.

OHCHR (1995). *Fact Sheet No. 23, Harmful Traditional Practices Affecting the Health of Women and Children*. Genf. Retrieved from http://www.unhcr.org/refworld/docid/479477410.html. Zugegriffen:

Omeje, K. (2001). Sexual Exploitation of Cult Women: The Challenges of Problematizing Harmful Traditional Practices in Africa from a Doctrinalist Approach. *Social Legal Studies, 10*(1), 45-60.

Ortmann, G., Sydow, J., & Windeler, A. (2000). Organisation als reflexive Strukturation. In G. Ortmann, J. Sydow, & K. Türk (Hrsg.), *Theorien der Organisation. Die Rückkehr der Gesellschaft* (S. 315-345). Wiesbaden: Westdeutscher Verlag.

Prasad, A., & Prasad, P. (2002). The Coming of Age of Interpretive Organizational Research. *Organizational Research Methods, 5*(1), 4-11.

Raabe, J. (2008). Kommunikation und soziale Praxis: Chancen einer praxistheoretischen Perspektive für Kommunikationstheorie und -forschung. In C. Winter, A. Hepp, & F. Krotz (Hrsg.), *Theorien der Kommunikations- und Medienwissenschaft. Grundlegende Diskussionen, Forschungsfelder und Theorieentwicklungen.* (S. 363-381). Wiesbaden: VS Verlag.

Rademacher, L. (2009). PR als ‚Literatur' der Gesellschaft? Plädoyer für eine medienwissenschaftliche Grundlegung des Kommunikationsmanagements. In U. Röttger (Hrsg.), *Theorien der Public Relations. Grundlagen und Perspektiven der PR-Forschung* (S. 87-113). Wiesbaden: VS Verlag.

Reckwitz, A. (2004). Die Reproduktion und Subversion sozialer Praktiken. Zugleich ein Kommentar zu Pierre Bourdieu und Judith Butler. In K. H. Hörning & J. Reuter (Hrsg.), *Doing Culture. Neue Positionen zum Verhältnis von Kultur und Praxis* (S. 40-54). Bielefeld: transcript.

Rosenthal, G. (2011). *Interpretative Sozialforschung: Eine Einführung*. Weinheim: Juventa.

Röser, J. (2007). Wenn das Internet das Zuhause erobert: Dimensionen der Veränderung aus ethnographischer Perspektive. In J. Röser (Hrsg.), *MedienAlltag. Domestizierungsprozesse alter und neuer Medien* (S. 157-171). Wiesbaden: VS Verlag.

Rottenburg, R. (2002). *Weit hergeholte Fakten: Eine Parabel der Entwicklungshilfe*. Stuttgart: Lucius & Lucius.

Röttger, U. (2000). *Public Relations – Organisation und Profession: Öffentlichkeitsarbeit als Organisationsfunktion. Eine Berufsfeldstudie*. Wiesbaden: Westdeutscher Verlag.

Ryfe, D. M. (2009). Broader and deeper: A stud of newsroom culture in a time of change. *Journalism, 10*(2), 197-216.

Schensul, S. L., Schensul J. J. & Lecompte, M. D. (1999). *Essential ethnographic methods: observations, interviews, and questionnaires*. Walnut Creek: AltaMira Press.

Schick, S. (2007). *Interne Unternehmenskommunikation: Strategie entwickeln, Strukturen schaffen, Prozesse steuern*. Stuttgart: Schäffer-Poeschel

Schlehe, J. (2008). Formen qualitativer ethnographischer Interviews. In B. Beer (Hrsg.), *Methoden ethnologischer Feldforschung* (S. 119-142). Berlin: Reimer.

Schmidt, S. J. (2003). *Geschichten & Diskurse: Abschied vom Konstruktivismus.* Reinbek: Rowohlt.

Schwartzman, H. B. (1993). *Ethnography in organizations.* Newbury Park: Sage.

Seibold, D. R., Lemus, D. R., Ballard, D. I., & Myers, K. K. (2009). Organizational Communication and Applied Communication research. Parallels, Intersections, Integration, and Engagement. In L. R. Frey & K. N. Cissna (Hrsg.), *Routledge handbook of applied communication research* (S. 331-354). New York: Routledge.

Sleurs, K., & Jacobs, G. (2005). Beyond preformulation: an ethnographic perspective on press releases. *Journal of Pragmatics, 37*(8), 1251-1273.

Smith, V. (2001). Ethnography of Work and the Work of Ethnographers. In P. Atkinson, A. Coffey, S. Delamont, J. Lofland, & L. Lofland (Hrsg.), *Handbook of Ethnography* (S. 220-233). London: SageSchoneboom, A. (2007). Diary of a working boy: Creative resistance among anonymous workbloggers. *Ethnography, 8*(4), 403-423.

Spradley, J. P. (1980). *Participant observation.* New York: Holt, Rineheart & Winston.

Spradley, J. P. (1979). *The ethnographic interview.* New York: Holt, Rinehart & Winston.

Strang, V. (2009). *What Anthropologists Do.* Oxford: Berg Publishers.

Strauss, A. L., & Corbin, J. (1996). *Grounded Theory: Grundlagen Qualitativer Sozialforschung.* Weinheim: Psychologie Verlags Union.

Tavory, I., & Timmermans, S. (2009). Two cases of ethnography. Grounded theory and the extended case method. *Ethnography, 10*(3), 243-263.

van de Graaf, J. M., & Rottenburg, R. (1989). Feldbeobachtung in Unternehmen – Ethnographische Explorationen in der eigenen Gesellschaft. In R. Aster, H. Merkens, & M. Repp (Hrsg.), *Teilnehmende Beobachtung. Werkstattberichte und methodologische Reflexionen* (S. 19-34). Frankfurt am Main: Campus.

van Maanen, J. (Hrsg.) (1995). *Representation in ethnography.* Thousand Oaks: Sage.

Vidich, A. J., & Lyman, S. M. (2000). Qualitative Methods: Their History in Sociology and Anthropology. In N. K. Denzin & Y. S. Lincoln (Hrsg.), *The landscape of qualitative research. Theories and issues* (S. 41-110). Thousand Oaks: Sage.

Wakefield, R. I. (2010). Why Culture is Still Essential in Discussions About Global Public Relations. In R. L. Heath (Hrsg.), *The SAGE handbook of public relations* (S. 659-670). Los Angeles: Sage.

Weick, K. E. (2010). *Sensemaking in organizations.* Thousand Oaks: Sage.

Weick, K. E., & Ashford, S. J. (2004). Learning in Organizations. In F. M. Jablin & L. L. Putnam (Hrsg.), *The new handbook of organizational communication. Advances in theory, research, and methods* (S. 704-731). Thousand Oaks: Sage.

Wex, T. (2004). *Der Nonprofit-Sektor der Organisationsgesellschaft.* Wiesbaden: Deutscher Universitäts-Verlag.

Whittington, R. (2006). Completing the practice turn in strategy research. *Organization Studies, 27,* 13-34.

Wischmann, M. (1999). *Angewandte Ethnologie und Unternehmen: Die praxisorientierte ethnologische Forschung zu Unternehmenskulturen.* Münster: Lit.

Wolff, S. (2005). Wege ins Feld und ihre Varianten. In U. Flick, E. von Kardorff, & I. Steinke (Hrsg.), *Qualitative Forschung. Ein Handbuch* (S. 334-349). Reinbek: Rowohlt.

Ybema, S., Yanow, D., Wels, H., & Kamsteeg, F. (Hrsg.) (2009). *Organizational ethnography: Studying the complexities of everyday life.* Los Angeles: Sage.

Zickar, M. J., & Carter, N. T. (2010). Reconnecting With the Spirit of Workplace Ethnography. A Historical Review. *Organizational Research Methods, 13*(2), 304-319.

Zimmer, A., & Priller, E. (2004). *Gemeinnützige Organisationen im gesellschaftlichen Wandel: Ergebnisse der Dritte-Sektor-Forschung.* Wiesbaden: VS Verlag.

Diskurs-analytische Perspektiven zu NGO-Kommunikation

Verantwortung von Unternehmen als leerer Signifikant

Heiko Hadasch

Zusammenfassung

Eine Rede von der „Verantwortung von Unternehmen" kann als ein Diskurs verstanden werden, in dem sowohl (kritische) Non-Profit-Organisationen, als auch (fortschrittliche) Unternehmen Positionen beziehen. Fraglich erscheint nicht nur, wie so unterschiedliche Organisationen kommunikativ identische Begriffe bemühen, und wie damit eine vermeintlich gemeinsame Rede über ein Thema ermöglicht wird. Diskursanalytisch bedeutet dies auch die Frage, wie Räume einer Symbolisierung von sozialen Positionen zum Thema hervorgebracht werden und zugleich eine Produktivität eines „Verantwortungsdiskurses" verstanden werden kann. Das Konzept von Verantwortung von Unternehmen als leerem Signifikanten bietet einen Ansatz, die Produktivität des Themas sowie Schwierigkeiten diesbezüglicher wissenschaftlicher Ordnungsversuche zu erklären. Dabei ergeben sich Anhaltspunkte im Hinblick auf die Kommunikation von Organisationen, die auf eine produktive Unbestimmtheit verweisen.

1 Einleitung

Verantwortung von Unternehmen[1] ist ein Thema verschiedenster gesellschaftlicher Institutionen. Zugleich scheint es aus sozialwissenschaftlicher Perspektive so, als dränge eine produktive Kraft des Themas Akteure dazu, sich im diskursiven Feld zu positionieren.

---

1 Das Thema *Verantwortung von Unternehmen* wird im wissenschaftlichen und gesellschaftspolitischen Kontext prominent als Diskussion um die Begriffe bzw. Konzepte Corporate Citizenship (CC), Corporate Social Responsibility (CSR), gesellschaftliche, soziale und ökologische Verantwortung von Unternehmen sowie bürgerschaftliches Engagement von Unternehmen, aber auch unter zahlreichen weiteren Bestimmungen wie etwa Nachhaltigkeit diskutiert. (Polterauer 2007; Braun und Backhaus-Maul 2010; Friedrich und Hadasch 2010)

513

© Springer Fachmedien Wiesbaden GmbH 2018
N. Remus und L. Rademacher (Hrsg.), *Handbuch NGO-Kommunikation*,
https://doi.org/10.1007/978-3-531-18808-9_28

Gerade kritische Non-Profit Organisationen[2] rufen Unternehmen kommunikativ in die ihnen zugesprochene Verantwortung, wobei es für Unternehmen heutzutage möglich und zugleich obligatorisch erscheint, sich durch ausgeklügelte Verantwortungsstrategien oder CSR-Konzepte diesbezüglich zu positionieren. Darüber hinaus darf auch in der wissenschaftlichen Auseinandersetzung zu Fragen sozialstaatlicher Aufgaben der Verweis auf eine (allgemein als eher zunehmend betitelte) *Verantwortung von Unternehmen*, zumeist vor dem Hintergrund der Betonung einer umfassenden wirtschaftlichen und sozialen Globalisierung, nicht fehlen. Wenn *Verantwortung von Unternehmen* derzeit als Wunderwaffe im Kommunikationsrepertoire sowohl von vor allem unternehmenskritischen Stakeholdergruppen und NGOs, als auch von Unternehmen im globalen Wettbewerb in Anschlag gebracht wird, so drängen sich zahlreiche Fragestellungen auf. Fraglich ist nicht nur, warum etwa Non-Profit-Organisationen und Wirtschaftskonzerne zeitgleich kommunikativ identische Begriffe bemühen. Tiefgreifender wäre zu fragen, wie eine vermeintlich gemeinsame Rede über ein Thema wie *Verantwortung von Unternehmen* möglich wird und wie sich darüber hinaus diesbezüglich eine zu beobachtende Produktivität eines sich abzeichnenden Diskurses zur Unternehmensverantwortung in gesellschaftspolitischen und wissenschaftlichen Arbeiten zum Thema erklären lässt.[3] Aus sozialwissenschaftlicher Perspektive werden solche themenspezifischen Fragestellungen durch ein interessantes Phänomen flankiert: Komplexe Ordnungsschemata und Begriffsraster, wie sie in einschlägigen Arbeiten der Sozial- und Wirtschaftswissenschaften zum Thema obligatorisch sind[4], scheinen nur bedingt dazu geeignet, das Thema umfassend zu erschliessen und gleichzeitig nur von begrenzter Erklärungskraft bezüglich dessen möglicher Unabschließbarkeit, die sich in immer wieder neuen und anderen Variationen zeigt. Andererseits generiert der Gegenstand dennoch eine Signifikanz, die einen Diskurs zu Unternehmensverantwortung erst zentriert.

Zielstellung dieses Beitrages ist es, eine diskursanalytische Perspektive aufzuzeigen, welche die beschriebene Ausgangslage aufnimmt und einen Erkenntnisgewinn vor allem im Hinblick darauf verspricht, wie innerhalb eines scheinbar offenen diskursiven Feldes zu einem relevanten Thema heutiger NGO-Kommunikation eine Ordnung vorgestellt werden kann und sich damit eine sozialwissenschaftlich fruchtbare Analyse-Perspektive

---

2   Es kann davon gesprochen werden, dass sich gerade unternehmenskritische beziehungsweise anwaltschaftliche NGOs seit geraumer Zeit verstärkt dem Thema annehmen. (SIGWatch 2008) Zum Verständnis anwaltschaftlicher Non-Profit Organisationen, vgl Löding et al. (2007).

3   Bezug genommen wird hier auf die Ergebnisse eine Expertise im Rahmen des Forschungsprojektes „Gesellschaftliches Engagement von Unternehmen in Deutschland". (Friedrich und Hadasch 2008, 2010; Backhaus-Maul 2009)
Es soll gleichsam nicht der Eindruck erweckt werden, es handele sich um *den* Diskurs zur *Verantwortung von Unternehmen*. Vielmehr geht es darum, ein diskursives Feld in verschiedene Richtungen zu öffnen und zu erkunden.
Zur Bedeutung des Themas: (Aßländer und Löhr (Hrsg.) 2010, S.11ff.; Braun und Backhaus-Maul 2010, S.56f.)

4   Hiß 2006; Polterauer 2007; Braun und Backhaus-Maul 2010; Hadasch 2011

einnehmen lässt. Zu Beginn erfolgt dafür ein thematischer Exkurs anhand von vor allem wissenschaftlicher Literatur. Der Exkurs erscheint notwendig, da sich eine Diskursanalyse primär über ein thematisches Feld als methodisches Verfahren gegenüber einem Gegenstand konzipieren beziehungsweise situieren lässt, sowie diesbezügliche Potentiale und Grenzen abgesteckt werden können. Zweitens wird exemplarisch gezeigt, was eine diskursanalytische Betrachtungsweise im Bereich von NGO-Kommunikation anhand einer Relationierung von verschiedenenen Positionspapieren, einer NGO und eines Unternehmens, konkret für Ergebnisse erwarten lässt. Eine solcher Ansatz erscheint vielversprechend, da sich über eine Kontrastierung kommunikativer Äußerungen einer unternehmenskritischen NGO und einem (Groß-)Unternehmen die bereits angesprochene Ausgangslage einer Deutungsoffenheit des thematischen Feldes ein Stück weit aufnehmen lässt und gleichzeitig forschungsstrategische Anknüpfungspunkte zum Thema aufgezeigt werden können. Als dritter Schritt wird vor diesem Hintergrund ein Konzept von *Verantwortung von Unternehmen* als leerem Signifikanten[5] formuliert, welches einen Erklärungsansatz auch in Bezug auf wissenschaftliche Konzeptionalisierungsversuche des Themas in Aussicht stellt. Den Abschluss des Beitrags bildet ein forschungsstrategischer Ausblick, der Potentiale weiterer Untersuchungen zum Verständnis von NGO-Kommunikation über einen diskursanalytischen Zugang anhand des Themas *Verantwortung von Unternehmen* aufzeigt.

2 Exkurs – Unternehmensverantwortung: Thematische Deutungsoffenheit und sozialwissenschaftliche Antwortversuche

Es überrascht wenig, dass dem Thema, für das hier die Formulierung *Verantwortung von Unternehmen* bevorzugt wird, wissenschaftlich und gesellschaftspolitisch zahlreiche verschiedene Begriffe sowie unterschiedlich präzise definierte Konzepte unternehmerischen Handelns zugeordnet werden können. Allgemein formuliert stehen dabei Konzeptionen des Verhältnisses von Unternehmen und anderen gesellschaftlichen Akteuren wie NGOs im Mittelpunkt.[6] Die ausgiebige Bearbeitung des Themas in der Fachliteratur, gerade im Hinblick auf die verwendeten Begriffe und deren inhaltliche Bedeutung, ist darüber hin-

---

5   Ein leerer Signifikant meint eine unbestimmte Formel, die mit verschiedensten Bedeutungen belegt werden kann. Auf das Konzept wird noch näher eingegangen.

6   Das Thema *Verantwortung von Unternehmen* zeigt sich im Rahmen der Sozialwissenschaften in vielfältigen theoretischen Ansätzen und zahlreiche Studien, bspw. aus den Bereichen soziologischer Neoinstitutionalismus, Systemfunktionalismus, Governance-Ansätzen, Modernisierungstheorien, Elitetheorien, sowie Theorien sozialer Bewegungen. (Braun und Backhaus-Maul 2010, S.51ff.) Im Bereich der Wirtschaftswissenschaften sind vor allem die Wirtschafts- und Unternehmensethik sowie die Betriebswirtschaftslehre mit Arbeiten zum Thema vertreten. (Braun und Backhaus-Maul 2010, S.54f.; Polterauer 2008(a), S.36.) Mit Bezug auf NGO-Kommunikation, vgl. Weder (2012).

aus bereits selbst wieder zum Gegenstand wissenschaftlicher Untersuchungen geworden.[7] Eine Betrachtung sozial- und wirtschaftswissenschaftlicher Arbeiten zum Thema zeigt, dass die Referenz auf *Verantwortung von Unternehmen* unterschiedliche Figurationen sowie diesbezüglich auch gegenläufige Positionsnahmen und Argumentationen innerhalb ähnlicher Konzepte zulässt. Dies geschieht in der Fachliteratur vor dem Hintergrund zahlreicher verschiedener Begriffsfassungen. Anders formuliert können zum Thema mithilfe teilweise identischer Begriffe ganz verschiedene Bezugspunkte gewählt werden, womit *Verantwortung von Unternehmen* offen gegenüber unterschiedlichen Deutungen erscheint. Einerseits finden sich vor dem Hintergrund der angesprochenen Heterogenität des Themas im Bezug auf Begriffe und Kontextualisierungen in zahlreichen Fachpublikationen Abhandlungen zur Begriffsbestimmung beziehungsweise Begriffsaufarbeitung.[8] Darüber hinaus werden die durch empirische Arbeiten gestützten Befunde unter Referenz auf „die Praxis" damit begründet, dass verschiedenste gesellschaftliche Aktivitäten mit unterschiedlichen Begriffen in Verbindung gebracht werden, ohne dabei differenzierte Begriffsverständnisse zu berücksichtigen. Aßländer/Löhr formulieren dies am Beispiel des Begriffs CSR (Corporate Social Responsibility) und konstatieren ein „kunterbuntes Durcheinander" an Verständnissen von CSR.[9] Gleichzeitig wird sozialwissenschaftlicher Klärungs- und Forschungsbedarf angemeldet und es wird festgestellt, dass präzise definierte Begriffsverständnisse vor allem für die wissenschaftliche Auseinandersetzung mit dem Thema unabdingbar und darüber hinaus für Akteure der Praxis nützlich sind. Ähnliches formuliert Polterauer für Corporate Citizenship.[10] Die Autorin weist in diesem Zusammenhang darauf hin, dass Disziplin-typische Blickwinkel mit ihren jeweils legitimen und eigenlogischen Fragestellungen nicht zu Gunsten einer interdisziplinär harmonisierten Forschungsarbeit geopfert werden sollten.[11] Es wäre demnach davon auszugehen, dass eine Deutungsoffenheit des Themas durch den (legitimen) Entwurf verschiedener Perspektiven eine Bestätigung erfährt. Einer solchen Vermutung kann dann gerade ein diskursanalytischer Ansatz zum Thema Raum geben. Darüber hinaus wird Differenzierung auch in der fachlichen und wissenschaftlichen Aufarbeitung des Themas selbst eingefordert. So wird etwa festgestellt, dass die aktuelle Diskussion zum Thema Ausdruck einer ineinander verwobenen und unsortierten Gemengelage wissenschaftlicher Ansätze, fachlicher Expertisen und politischer Zeitdiagnosen ist. Dieser Umstand erschwere sowohl wissenschaftliche Theoriebildung, als auch empirisch fundierte Erkenntnisse und zeitdiagnostische Beobachtungen zum Thema.[12] In einer weiteren Perspektive wird eine

---

Im Rahmen dieses Artikels werden die Bezeichnungen NGO und Non-Profit-Organisation teilweise synonym verwendet.

7   Braun und Backhaus-Maul (2010); Polterauer (2008(a), 2008(b))

8   Aßländer und Löhr (Hrsg.) (2010, S.16ff.), Hiß (2005, S.22ff.)

9   Aßländer und Löhr (Hrsg.) (2010, S.11)

10 Polterauer (2008(b), S.151)

11 Polterauer (2008(a), S.38)

12 Braun und Backhaus-Maul (2010, S.50)

thematische Begriffsheterogenität zurückgebunden an gesellschaftliche Vorverständnisse, die die Begriffsverwendung präformieren. Neben der bereits oben dargestellten mangelnden begrifflichen Differenzierung im Hinblick auf einzelne Konzepte, zeigt sich dabei auch eine (Akteurs-)*strategische* Deutung an.[13] Zugespitzt ließe sich sagen: Um unter dem Thema *Verantwortung von Unternehmen* bestimmte Inhalte thematisieren zu können, werden von Akteuren gezielt bestimmte Begriffe aufgegriffen und andere gemieden. Dies kann sowohl für gesellschaftspolitische und wissenschaftliche Diskussionen, als auch Praktiker oder Berater angenommen werden.[14] In Teilen der wissenschaftlichen Fachliteratur wird die konstatierte Begriffsheterogenität darauf zurückgeführt, dass das Thema in Deutschland unter den als einschlägig genannten Begriffen zeitlich erst nach einer Diskussion vor allem im nordamerikanischen Raum aufgegriffen wurde und sich nicht synchron entwickelte.[15] Die Rede ist von einem „Import" einer angelsächsischen Diskussion. Diesbezüglich findet sich die Position, das Thema sei in Deutschland unter anderen Begriffen bereits präsent gewesen und die Debatte um Corporate Citizenship in Deutschland sei „Alter Wein in neuen Schläuchen", vor dem Hintergrund einer eigenen (deutschen) Verantwortungs-Tradition.[16] Somit würden unterschiedliche Begriffe austauschbar für als äquivalent vorgestellte Praxen unternehmerischer Verantwortungsübernahme in verschiedenen Nationen. Entsprechend wird darüber hinaus festgestellt, dass die Begriffsverwendung von Unternehmen und anderen Akteuren allgemein als von Pfadabhängigkeiten geprägt charakterisiert werden kann. Für *Verantwortung von Unternehmen* in Deutschland seien demzufolge etwa korporatistische Entscheidungsstrukturen vor dem Hintergrund eines wohlfahrtsstaatlichen Arrangements zu berücksichtigen.[17]

Dieser kurze Überblick über das Thema zeigt, wie heterogen das diskursives Feld erscheint. Wie kann eine solche (sozial-)wissenschaftliche Gemengelage einerseits systematisch verstanden und gleichzeitig produktiv aufgenommen werden? Die ausgeprägten sozialwissenschaftlichen Auseinandersetzungen zum Thema *Verantwortung von Unternehmen* zeigen unter der verbreiteten Referenz auf eine gemeinsame Debatte zum Thema allgemein eine Zentrierung auf begriffliche Fragen. Es scheint dabei in Teilen der wissenschaftlichen Fachliteratur eine gewisse Unklarheit darüber zu herrschen, was mit einzelnen Begriffen und Konzepten bezeichnet werden soll. In einer diskursanalytischen Perspektive lässt sich diesbezüglich von einer ausgesprochenen Signifikanz und Produktivität von *Verantwortung von Unternehmen* sprechen. Dem Thema scheint sowohl in Bezug auf Deutungsoffenheit und auch Kontroversität eine ausgesprochene kommunikative Anschlussfähigkeit in ge-

---

13 Braun und Backhaus-Maul (2010, S.15)

14 Zur strategischen Deutung der gesellschaftspolitischen Diskussion, vgl. Friedrich und Hadasch (2010, S. 139ff.). Zu strategischen Deutungen im Rahmen der Wissenschaft, vgl. Polterauer (2008(a)).

15 Hiß (2005, S. 29ff.)

16 Ankele und Gebauer (2008) Zur US-amerikanischen Debatte um CC und CSR, vgl. Crane und Matten (2004) sowie Backhaus-Maul (2005).

17 Backhaus-Maul et al. (2009)

sellschaftspolitischen und (fach-)wissenschaftlichen Auseinandersetzungen zuzukommen. Eine Anschlussfähigkeit, die sich gerade im Rahmen von NGO-Kommunikation und nicht nur auf Seiten von Unternehmen dokumentiert. Es deutet sich an, dass eine solche Produktivität nicht im Sinne einer einseitig entschiedenden inhaltlichen Bestimmung des Gegenstandes verstanden werden kann sondern gerade darin besteht, zum Thema immer wieder neue und heterogene Einsätze vorzunehmen, die sich dennoch als Einsäze eines Themas zeigen.

3   Diskursanalyse aus methodischer Perspektive

Im Rahmen einer so verstandenen Ausgangslage verdienen diskursanalytische Überlegungen als möglicher methodischer Zugang zum Gegenstand Aufmerksamkeit, wenngleich die Diskursanalyse selbst ein eher unübersichtliches Feld darzustellen scheint und nicht als eine eindeutige Methode verstanden werden kann. Dabei kann festgestellt werden, dass bisher keine diskursanalytischen Arbeiten vorliegen, die sich gezielt mit dem hier betrachteten Thema befassen, gleichwohl NGO-Kommunikation allgemein bereits zum Gegenstand eines diskursanalytischen Zugangs geworden ist.[18]

Im Anschluss an Laclau/Mouffe[19] wird im hier dargelegten Ansatz eine grundlegende Offenheit des Sozialen unterstellt. Es ist demnach der Diskurs, der die Einheit des Sozialen organisiert. Er konstituiert und organisiert soziale Verhältnisse als eine Art artikulatorische Praxis. Eine solche Diskursanalyse fragt danach, wie Räume einer Symbolisierung von sozialen Positionen zum Thema hervorgebracht werden. Dabei wird weder auf dem Diskurs vorgängige souveräne Subjektpositionen zurückgegriffen, noch auf soziale Deutungsmuster rekurriert, die dem Sozialen als zu Grunde liegende vorgestellt werden. In einem ersten Schritt der Diskursanalyse wurde im Rahmen einer Textanalyse der ausgewählten Texte nach der Art und Weise der Gegenstandskonstitutionen zum Thema gefragt, Betrachtet wurde so in der Logik einer Diskursanalyse die materielle Oberfläche eines Diskurses in Form von diskursive Artikulationen zu einem Thema. Im Fokus stand dabei nicht, welche Bedeutung hervorgebracht wird, sondern *wie* das Thema figuriert wird. Die diskursive Produktivität und zugleich vermutete Heterogenität kann anhand der Kontrastierung der Texte gezeigt werden. Darüber hinaus ließ sich im Verlauf der Analyse der Frage nachgehen, wie Heterogenität organisiert wird und wie demnach eine Ordnung im Diskurs vorstellbar wird. Der Ansatzes erhielt damit einen explorativen Charakter. Es ging nicht um eine umfassende diskursanalytische Aufarbeitung des gesamten diskursiven Feldes.[20] Vor dem Hintergrund der hier dargestellten Zielstellung trat somit die Frage der Bestimmung der

---

18 Eine diskursanalytische Perspektive zu NGO-Kommunikation findet sich etwa bei Bötefür (2003) zum Thema Geschlechterkonstruktion.

19 Laclau und Mouffe (1991)

20 Zur Problematik der Analyse eines gesellschaftlichen Gesamtdiskurses, vgl. Jäger (2009, S.166).

Kriterien zur Auswahl des Materials der Untersuchung in den Hintergrund.[21] Demnach war es nicht notwendig, mit einem festgelegten Begriffsraster zu operieren, welches die Zusammenstellung des Datenkorpus für die anschliessende Analyse strukturieren würde.[22] Zugleich stellte sich die Problematik der Textsorten-Spezifik. Die hier betrachteten Textsorten (Geschäftsbericht beziehungsweise Zeitschriftenartikel) können allgemein als Positionspapiere mit selbstdarstellender Funktion charakterisiert werden und zeichnen sich durch eine „feingeschliffene Rhetorik" aus.[23] Dennoch konnte angenommen werden, dass vor dem Hintergrund der beschriebenen Deutungsoffenheit des Themas Positionierungen im Feld von *Verantwortung von Unternehmen* nicht vollkommen unproblematisch möglich sind.

Die Textanalyse stellt den ersten Bestandteil der hier dargestellten Diskursanalyse dar. Sie lässt sich in verschiedene Analyseschritte gliedern.[24] In einem ersten Schritt gilt es, den zu untersuchenden Text Aussage für Aussage nachzuvollziehen. Textgraphische Elemente sowie Layout werden dabei nicht berücksichtigt. Dieser Analyseschritt stützt sich ausschließlich auf die Materialität des Textes und soll nicht auf einen unterstellten Sinn rekurrieren, den ein Verfasser gemeint haben könnte. Auch werden die Aussagen nicht an einem Wahrheitskriterium gemessen und darauf hin beurteilt, ob sie richtig oder falsch sind. Herausgearbeitet werden soll, wie bestimmte Gegenständlichkeiten im Text hervorgebracht werden. Die einzelne und schrittweise Betrachtung von Aussagen stellt dabei eine Zerlegung des Textes derart dar, dass nicht von einer logischen und in sich geschlossenen Argumentation beziehungsweise konsistenten Logik des Textes ausgegangen wird. Vielmehr wird angenommen, dass gerade auch vor dem Hintergrund einer Offenheit und Unbestimmtheit des diskursiven Feldes, Öffnungs- und Schließungsbewegungen vorzufinden sind, mittels derer Sinn erst konstituiert wird. Demzufolge wird eine Suche nach Rationalitätsfiguren im Text vorgenommen, die wie bereits beschrieben nicht auf vorgängige Subjektpositionen oder Deutungsmuster rekurriert. Die beschriebene Vorgehensweise soll damit das Aufzeigen von Heterogenitäten und Widersprüchen ermöglichen. Die Textanalyse wird schriftlich fixiert und anschliessend darauf hin untersucht, ob alle als relevant erachteten Aussagen des Textes berücksichtigt wurden. Die in ihr festgehaltene Art der Konstitution der Gegenstände muss sich durch die Aussagen im Material belegen lassen und in diesem Sinne einer Überprüfung am Text standhalten. Ein vorläufiges Ergebnis dieses Analyseschrittes ist erreicht, wenn sich anhand des Textes keine Aussagen mehr finden lassen, die eine andere als die festgehaltenen Gegenstandskonstitutionen mehr rechtferti-

---

21 Zur Frage der Erstellung des Datenkorpus, vgl. Keller (2007).

22 In diesem Zusammenhang wird ähnlich auch von Diskurssträngen gesprochen. Die Forderung nach einer Anpassung der Auswahlkriterien zur Erstellung des Datenkorpus im Verlauf des Forschungsprozesses kann als ein pragmatischer Umgang mit dieser Problematik im Rahmen einer Diskursanalyse verstanden werden. (Keller 2007)

23 Anders verhält es sich etwa bei einem Leitfaden gestützten Interview. (Schäfer. 2011, S.110ff.)

24 Die Logik der im folgenden dargestellten methodischen Auswertungsschritte der Textanalyse sowie der Diskursordnung stützt sich vor allem auf Schäfer (2011, S.114ff.).

gen oder diese in Frage stellen.[25] Dabei kann davon ausgegangen werden, dass es hierfür notwendig ist, die Analyse des Textes mehrfach zu überarbeiten und zu verändern. Auch kann es notwendig werden, innerhalb der Textanalyse einen Gegenstand mehrfach und in unterschiedlichen Logiken aufzurufen, da sich verschiedene Gegenstandskonstitutionen nicht zwangsläufig als logisch miteinander vereinbar erweisen müssen. Die Textanalyse kann als abgeschlossen gelten, wenn es gelingt, auf Grundlage der diskursiven Aussagen in den Texten jeweils eine oder mehrere Logik(en) von Gegenstandskonstitutionen auszumachen. Zugleich soll deutlich werden, wie in den ausgewählten Texten Diskurspositionen von Akteuren zum Thema konstituiert werden. Es geht somit sowohl um die Frage der Hervorbringung von Gegenständlichkeit, als auch um die Frage einer Positionierung zu dieser Gegenständlichkeit. Eine vermutete Heterogenität in Bezug auf das Thema soll vor diesem Hintergrund nicht dazu führen, Brüche durch eine sinnstiftende Einheit in einer Logik der Gegenstandskonstitution aufzulösen. Die erarbeitete Textanalyse wird abschliessend anhand von Zitaten mit Textmaterial belegt.

Es folgt der zweite Teil der Diskursanalyse, die Diskursordnung. Dieser Teil fokussiert die Frage nach einem Bezugspunkt, auf den hin sich logische Widersprüche und Heterogenitäten im Ausgesagten ordnen lassen. Dieser Schritt meint die Suche nach einem diskursgenerierenden Problem beziehungsweise Diskursapriori.[26] Der Status eines generativen Problems kann verstanden werden als Möglichkeitsgrund hinter den Äußerungen des Textes. Dieser sichert vor dem Hintergrund heterogener Aussagen etwas Gemeinsames der Aussagen. Er ist dabei nicht deren Grund, im Sinne einer Determination der Aussagen. Er ermöglicht also nicht das Auftreten ganz bestimmter Aussagen im Text. Anders formuliert gibt er der Aussage nicht ihre spezifische Qualität. Es besteht vielmehr ein Bruch zwischen den Aussagen im Text und deren Möglichkeitsgrund beziehungsweise generativem Problem. Das generative Problem liegt systematisch nicht auf der Ebene des Textes, sondern dahinter und kann daher als Diskursapriori verstanden werden. Methodisch kann man den Schritt hin zum generativen Problem hinter den Aussagen als einen abduktiven Schluss fassen. Das Problem erscheint als eine Art Hypothese, die nicht deduktiv vom Text abgeleitet werden kann. Gleichzeitig lassen sich die Aussagen auch nicht induktiv vom generativen Problem ableiten. Das generative Problem ist zwar notwendig für den vorliegenden Text, es wird darin aufgerufen und bearbeitet. Diese Bearbeitung des Problems geschieht aber im Text in einer nicht bestimmten Form. Im Sinne der Forschungslogik wird gefragt, wie unterschiedliche Gegenstandskonzeptionen, aber auch Antinomien oder Paradoxien im Text auftauchen, und welches Problem in der Lage wäre, diese Heterogenität zu fassen. Anhand des Textes gilt es darauf hin konkret zu zeigen, dass dieses Problem die Heterogenität der Textanalyse auch fassen kann. Am Text ist herauszuarbeiten, wo es als generativ anzusehen ist und welche Aussagen womöglich nicht dazu passen. Sollten sich hier Unvereinbarkeiten ergeben, so wird nochmals in den Text zurückgegangen und die Textanalyse kritisch

---

25 Ebenda (S.121f.)
26 Zum Konzept des diskursgenerierenden Problems, vgl. Schäfer (2011, S.167.)

hinterfragt. Im Verlauf dieser Analyse kann es durchaus zu Umgruppierungen von vorher zusammenhängenden Gegenstandsfigurationen kommen. Wenn nötig, werden mehrere Diskursapriori gesucht, um die Heterogenität des Ausgesagten zu fassen. Ziel dieses Teils der Analyse ist es, eine Diskursordnung zu erstellen und demnach Formen des Umgangs mit der Unlösbarkeit des vermuteten Problems beschreiben zu können.

Die Reichweite der Ergebnisse einer solchen methodischen Konzeption ist insofern eingeschränkt, als dass sie sich lediglich auf die materielle Oberfläche der untersuchten Texte bezieht. Ein gesellschaftlicher beziehungsweise historischer (diskursiver) Kontext wird darüber hinaus nicht weiter berücksichtigt. Erwartet werden konnte dagegen, dass die Diskursanalyse auf Grundlage des untersuchten Materials Hinweise auf bedeutsame Signifikanten des Diskurses zum Thema ergibt.

4 Diskursanalyse zur *Verantwortung von Unternehmen* – wie Greenpeace und Bayer Unbestimmtheit bestimmen

Im Rahmen einer Diskursanalyse von Texten der Umweltschutzorganisation Greenpeace e. V. (folgend Greenpeace) und dem Konzern Bayer AG (folgend Bayer) wurde untersucht, wie sich eine Produktivität von *Verantwortung von Unternehmen* in unterschiedlichen Texten verstehen lässt. Konkret sollte gezeigt werden, wie sich eine im Material vermutete Heterogenität bei unterschiedlichen Positionen im diskursiven Feld zeigt und dabei gleichzeitig von einem gemeinsamen Thema gesprochen werden kann. Es wurde deutlich, dass Gegenstandskonzeptionen in den Texten teilweise sehr unterschiedlich hervorgebracht werden, zugleich aber einen gemeinsamen Fluchtpunkt aufzuweisen scheinen. Bei dem Text der Non-Profit Organisation Greenpeace handelt es sich um den (Zeitschriften-)Artikel mit dem Titel: „20 Milliarden Kisten Bier? Warum Greenpeace CSR ablehnt".[27] Der Text berichtet anhand zahlreicher Beispiele aus der Perspektive von Greenpeace darüber, wie Greenpeace zu gesellschaftlichem Engagement von Unternehmen steht. Der Text des Chemie- und Pharmaunternehmens Bayer ist ein Teil des Geschäftsberichtes des Unternehmens für 2004 mit dem Titel: „Engagement für Umwelt, Bildung, Sport und Gesundheit". Es handelt sich um einen Text, der das gesellschaftliche Engagement des Unternehmens unter dem Titel CSR darstellt.[28] Als ein gemeinsamer Fluchtpunkt der Gegenstandskonzeptionen in den untersuchten Texten kann die Unbestimmbarkeit von *Verantwortung von Unternehmen* angesehen werden, die sich als ein geteilter Bezugspunkt deutlich in den Diskurs-Apriori zeigt. Heterogenität findet sich auf Grundlage der erstellten Textanalysen vor allem in Bezug auf widersprüchliche Gegenstandskonzeptionen. Zu nennen sind hier beispielsweise die Spannungsfelder einer *Verantwortung als neu* und zugleich *langjährig* bei Bayer oder Verantwortung als *moralische Verpflichtung* und zugleich *bloßer Schein*

---

27 Greenpeace (2006)
28 Bayer (2004) Für eine ausführliche Diskursanalyse der Texte, vgl. Hadasch (2011).

bei Greenpeace. Bei Bayer zeigen sich Öffnungsbewegungen des Gegenstandsfeldes der *Verantwortung von Unternehmen*, denen zugrunde liegt, dass Verantwortung im Text widersprüchlich bleibt. So werden zahlreiche verschiedene Unternehmensbereiche angeführt, in denen Verantwortung übernommen wird. Gleichzeitig bleibt fraglich, wie jene Auswahl legitim begründet werden könnte. Zugleich erfolgen im Text Schliessungsbewegungen, die *Verantwortung von Unternehmen* als durch das Unternehmen erfolgreich übernommene konzipieren. Hier wird sowohl die eigene Position als verantwortliches Unternehmen, als auch die Vorstellung einer moralisch guten Verantwortungsübernahme stabilisiert. Misserfolge bei der Übernahme von gesellschaftlicher Verantwortung durch das Unternehmen tauchen im untersuchten Materials nicht auf.

Auch bei Greenpeace finden sich Öffnungsbewegungen, die, etwa durch fiktive Perspektiven auf *Verantwortung von Unternehmen* sowie die Charakterisierung von gesellschaftlichen Herausforderungen als Problemen, das Thema öffnen. Demnach werden Konzeptionen von *Verantwortung von Unternehmen* vorgenommen, die immer mehrdeutig bleiben. Fiktive und teilweise ironische Re-Kontextualisierungen erzeugen hier Spielräume für die Platzierung von Einsätzen um Deutungshoheit. Gleichzeitig finden sich auf Grundlage des Textes Schließungsbewegungen, etwa in Form von speziellen Kriterien für *gelungene* Verantwortungsübernahme, die das Gegenstandsfeld abzuschließen versuchen. Unternehmen werden demnach für Engagement-Aktivitäten auf Kriterien verpflichtet, die von Greenpeace als legitim angesehen werden. Es werden bestimmte Kriterien entworfen, die eine gelungene Verantwortungsübernahme sichern sollen, selbst aber diese Schließung nicht zu leisten vermögen. Um Engagement im Kerngeschäft als ein Kriterium für verantwortliches unternehmerisches Handeln abzusichern, wird im Text auf den Bezugspunkt einer Glaubwürdigkeit verwiesen. Glaubwürdigkeit, so scheint es, bildet im Text von Greenpeace einen Signifikanten, der auf „echte" Verantwortung von Unternehmen verweist. Er kann aufgerufen werden, ohne näher bestimmt werden zu müssen.

Beiden untersuchten Texten scheint in diesem Zusammenhang die Setzung einer positiv bewerteten moralischen Vorstellung von *Verantwortung von Unternehmen* eigen, die nicht noch einmal problematisiert wird. *Verantwortung von Unternehmen* wird demnach als moralisch gut angesehen, wenn sie denn (Greenpeace zufolge) wirklich übernommen wird. Gleichzeitig laufen Gegenstandskonzeptionen der Bedeutung von *Verantwortung von Unternehmen* in beiden Texten über Entwürfe von gesellschaftlichen Herausforderungen. Diese Konzeptionen können als ein ausgesprochen starker Bezugspunkt für Konzeptionen des Themas angesehen werden. Ihnen scheint zugleich eine Unzugänglichkeit derart zuzukommen, dass sie einerseits als Probleme charakterisiert werden können und diffus bleiben (Greenpeace). Andererseits bleibt ihre spezifische Relevanz als gesellschaftliche Herausforderung vor dem Hintergrund zahlloser anderer Herausforderungen unbegründbar (Bayer).

Gleichzeitig zeigt sich das untersuchte Material durch eine gewisse Ordnung derart geprägt, dass es keine grundsätzlichen „Kämpfe" um Signifikanten im Feld zu geben scheint. Es erscheint als symbolische Verhandlung vor dem Hintergrund „akzeptierter" Signifikanten wie *Verantwortung von Unternehmen*, gesellschaftlichen Herausforderungen oder Glaubwürdigkeit. Diese Akzeptanz kann auch im Sinne einer paternalistischen Struktur der Adressierung gesellschaftlicher Probleme beschrieben werden.

Beide Texte sind gekennzeichnet von mehr oder weniger aufwendigen Figuren der Autorisierung der eigenen Position. Wie bereits angesprochen, scheint die Figur der gesellschaftlichen Herausforderung beziehungsweise des gesellschaftlichen Problems ein (weiterer) wesentlicher Bezugspunkt oder Signifikant für das Thema zu sein. Er ermöglicht asymmetrische Stilisierungen der Organisationen als Anwalt beziehungsweise Geber. Bei Bayer finden sich Konzeptionen gesellschaftlicher Herausforderung als Legitimation der eigenen Verantwortungsübernahme. Vor dem Hintergrund des Leids in der Welt, so ließe sich überspitzt formulieren, erscheinen auch kleine oder womöglich unzureichende Engagementaktivitäten des Unternehmens als gesellschaftliche Verantwortungsübernahme. Bei Greenpeace hingegen findet auf Grundlage gesellschaftlicher Probleme eine Autorisierung der eigenen unternehmenskritischen Position statt. Weil es überall zahllose und komplizierte Probleme gibt, kann in deren Namen anwaltschaftlich immer legitim Kritik an Unternehmen bezüglich deren gesellschaftlicher Verantwortungsübernahme adressiert werden. Während im Fall von Bayer eine Adressierung von Verantwortung an das Unternehmen durch die Autorisierung der unternehmenseigenen Position anhand einer Betonung einer Vielzahl gesellschaftlicher Herausforderungen verunmöglicht wird, geschieht im Fall von Greenpeace eine Legitimierung der Anrufung von Unternehmen aufgrund unbestimmter beziehungsweise offener Konzeptionen von *Verantwortung von Unternehmen*.

Mit Blick auf die erstellten Diskurs-Ordnungen kann davon gesprochen werden, dass die Repräsentationen des Gegenstandsfeldes sich in beiden Texten an ähnlichen Diskurs-Apriori abzuarbeiten scheinen. Unbestimmbarkeit von *Verantwortung von Unternehmen* kann diesbezüglich als ein allgemeiner Fluchtpunkt angegeben werden. Sowohl das ermittelte Diskurs-Apriori bei Bayer (Widersprüchlichkeit von Verantwortung), als auch jenes bei Greenpeace (Unbestimmbarkeit von verantwortlichem Handeln) lassen sich damit fassen. Dieser geteilte Fluchtpunkt kann als generatives Prinzip angesehen werden, welches eine Diskurs-generierende Kraft für die beiden untersuchten Texte entfaltet.

5   Verantwortung von Unternehmen als leerer Signifikant

Es stellt sich die Frage, wie der Aspekt einer Deutungsoffenheit des Themas theoretisch fundiert werden kann. Soll dabei zugleich nicht unproblematisch von (vorgängen) sozialen Akteuren und Positionen in der Auseinandersetzung zum Thema ausgegangen werden, so müsste diese Frage zuerst gestellt werden als Frage nach der *Konstitution* von (sozialen) Akteuren und Positionen. Diesbezüglich kann mit Bonacker/Brodocz darauf hingewiesen werden, dass eine symbolische Integration beziehungsweise eine politische

Identitätsstiftung in Zusammenhang mit Deutungsoffenheit vorgestellt werden kann.[29] Folgt man dieser Argumentation, so verleiht eine gemeinsame Bezugnahme von Akteuren auf *Verantwortung von Unternehmen* mit unterschiedlichen Deutungen dieser nicht nur ihre Deutungsoffenheit, sondern stiftet zugleich symbolisch Identität für eine Gemeinschaft oder einen gemeinsamen Diskurs. Und mehr noch: „*Die Symbolisierung von Gemeinschaft durch deutungsoffene Signifikanten schafft (...) soziale Adressen und konstruiert damit Akteure, an die Forderungen und Verpflichtungen gerichtet, mit denen Rechte verbunden, die organisations- und politikfähig oder denen spezifische Rationalitäten zugeschrieben werden.*"[30] In der Diskussion um *Verantwortung von Unternehmen* inszenieren sich in dieser Logik (symbolisch) die Positionen von (verantwortlichen) Unternehmen und (verantwortungsbewussten) NGOs als reale Positionen. Die Adressierung verantwortlicher Unternehmen tritt somit erst im Vollzug einer symbolisch hergestellten Verantwortung zutage, als eine Position realer Macht. In dieser Perspektive scheint es dann nicht zuletzt für NGOs möglich und scheinbar notwendig, Unternehmen als (potentiell) verantwortlich ansprechen zu können. Unternehmen bekommen zugleich die Möglichkeit, sich unter bestimmten Umständen und in bestimmten Kontexten von ihrer Verantwortungsübernahme zu distanzieren, oder (etwa moralisierend) ihrerseits darüber zu verfügen, was als verantwortlich gelten darf. Die Forderung nach *Verantwortung von Unternehmen* könnte dann auch in gänzlich anderen Lesarten, wie beispielsweise als „Gnadenbrot" der (über Verantwortung verfügenden) Unternehmen gegenüber den Ansprüchen anderer sozialer Akteure wie etwa NGOs verstanden werden. Symbolisiert würde damit gerade nicht der Konflikt um die gesellschaftliche Bedeutung von *Verantwortung von Unternehmen* als einer womöglich kollektiv bedeutsamen Frage einer Gemeinschaft, sondern es würde in dieser Lesart die soziale Adresse der Unternehmen als relevante gesetzt.

Wenn soziale Identitäten und Bedeutungen in einem diskursiven Feld nicht endgültig fixiert werden können, so lässt sich davon sprechen, dass das Soziale nur als eine Anstrengung existiert, die darauf hin ausgerichtet ist, in einem Feld von sich ständig verschiebenden Differenzen Zentren beziehungsweise diskursive Knotenpunkte zu konstituieren. Diese Knotenpunkte können allerdings ebenfalls nur als partielle Fixierungen verstanden werden. Die Bewegung dieser Fixierung wird von Laclau/Mouffe als die Praxis der Artikulation verstanden.[31] Die Autoren sprechen in der Logik von Signifikat und Signifikant davon, dass es der mehrdeutige Charakter des Signifikanten ist, der eine endgültige Fixierung auf ein Signifikat verhindert.[32] Diese Unbestimmtbarkeit ist folglich nur aufgrund einer gleichzeitigen Vermehrung von Signifikaten möglich.[33] Es sind also Signifikanten, die den Raum des Sozialen maßgeblich strukturieren. Sie schaffen einen Möglichkeitsraum, einen

---

29 Bonacker und Brodocz (2001, S.200ff.)

30 Ebenda (2001, S.201)

31 Laclau und Mouffe (1991, S.164ff.)

32 Während der Signifikant die Seite des Bezeichnenden, des Zeichens meint, verweist das Signifikat auf das Bezeichnete bzw. die Bedeutung.

33 Laclau und Mouffe (1991, S.164f.) Ähnlich: Bonacker und Brodocz (2001).

Raum des Sagbaren. Sie tun dies vor dem Hintergrund ihrer Unbestimmtheit, indem sie die Referenz auf unterschiedliche Signifikate zulassen. Signifikanten können somit als hinreichend unbestimmte Formeln angesehen werden, die es erlauben, unter sie verschiedene Bestimmungen und Versprechen zu bringen. Solchen Signifikanten kommt damit gerade durch ihre Unbestimmtheit eine diskursgenerierende Kraft zu.[34] Die Deutungsoffenheit des Signifikanten meint auch, dass dieser auch nicht durch Deutungen wie offen und unbestimmt zu bestimmen ist.[35] Noch ein weiterer Aspekt erscheint zum Verständnis wichtig. Es ist nicht der Signifikant, der sich in einer performativen Hervorbringung im Ausgesagten reproduziert. Vielmehr zeigt sich die Signifikanz des Signifikanten derart, dass individuelle Diskurse zugleich von performativen Heterogenitäten gekennzeichnet sind, jedoch auf den gleichen Signifikanten referieren. Es entsteht damit der Eindruck, dass über das Gleiche gesprochen wird.[36] Das Konzept eines leeren Signifikanten ergibt sich mit Laclau aus der Logik einer notwendigen Schliessung eines Signifikationssystems wie der Spache.[37] Die Logik dieses Systems funktioniert aufgrund von Differenzen.[38] Soll ein Objekt repräsentiert werden, so müssen Differenzen zu einer Einheit gebracht werden.[39] Eine damit verbundene Grenzziehung zwischen einem System von Differenzen und einem Jenseitigen dieser Grenze, welches das System von Differenzen als Ganzes erst ermöglicht, erzeugt allerdings zugleich ein Spannungsverhältnis. Die Differenzen auf der einen Seite der Grenze sind gegenüber dem Ausgeschlossenen, dem jenseits der Grenze befindlichen, nicht einfach nur Differenzen, sondern einander zugleich äquivalent. Sie sind äquivalent insofern sie als Differenzen gleichzeitig einem jenseits der Grenze befindlichen gegenüberstehen. Da nun aber Differenz und Äquivalenz nicht miteinander vermittelbar sind, ergibt sich das logische Problem eines unmöglichen und zugleich notwendigen Gegenstandes, der einerseits unmöglich die Spannung zwischen Äquivalenz und Differenz aufzuheben vermag, jedoch andererseits für die Signifikation notwendig ist, insofern es die Vorstellung eines Objektes diesseits einer Grenze eines Ausgeschlossenen erst ermöglicht. Ein *leerer Signifikant* meint genau diese Figur einer Repräsentation eines unmöglichen Objektes.[40]

Wie lässt sich nun *Verantwortung von Unternehmen* als ein leerer Signifikant vorstellen? Die Rede von *Verantwortung von Unternehmen* scheint etwas zu thematisieren, was nicht einfach direkt zugänglich ist. Mit anderen Worten kommt *Verantwortung von Unternehmen* keine Entsprechung, kein Bezeichnetes zu, welches nicht als Deutungs*versuch*

---

34 Schäfer (2011, S.24)

35 Bonacker und Brodocz (2001, S.199)

36 „Man versteht sich auf der Ebene der Signifikanten, deren Bedeutsamkeit man aktualisiert, nicht auf der Ebene der Signifikate." Schäfer (2011, S.241)

37 Laclau (2006)

38 Laclau (2006, S.30)

39 Die Bedeutung von sprachlichen Zeichen liegt in ihrer Differenz zu anderen Zeichen. Bedeutung besitzt in diesem Verständnis also einen relationalen Charakter. (Nonhoff 2007, S.9)

40 Laclau (2006, S.30) Das Konzept eines leeren Signifikanten entwickeln Laclau und Mouffe im Kontext einer postmarxistischen Hegemonietheorie. (Laclau und Mouffe 1991)

dessen verstanden werden muss, was *Verantwortung von Unternehmen* bedeuten kann beziehungsweise soll. Wenn nun aber keine eindeutige oder verbindliche (das kann heißen hegemonial durchgesetzte) Bedeutung zugeordnet werden kann, so bedeutet das gleichzeitig, dass *Verantwortung von Unternehmen* als eine unbestimmte Formel, ein bloßer Titel beziehungsweise als ein *leerer Signifikant* angesehen werden kann, dem verschiedenste Bedeutungen oder Signifikate zugeordnet werden können. Der leere Signifikant öffnet demnach durch seine Unbestimmtheit ein Feld für symbolische Bestimmungsversuche, die immer wieder neu figuriert werden können und mit denen sich die Bedeutung dessen, was unter *Verantwortung von Unternehmen* verstanden werden soll, ständig verschiebt.

In dieser Logik kann der Signifikant nicht kontrollieren, welche Signifikate ihm zugerechnet werden. Das Verhältnis des Signifikanten zu den ihm zugeordneten Objekten kann demnach nicht als eine Unterordnung begrifflicher Art verstanden werden, sondern als jenes der Benennung.[41] *Verantwortung von Unternehmen* müsste dann als ein Name für etwas angesehen werden und nicht als ein Begriff für etwas in dem Sinne, als dass sich aus dem Begriff spezifische begriffliche Ordnungskategorien ergeben würden. Eine Praxis würde demnach durch die Benennung als *Verantwortung von Unternehmen* autorisiert und nicht anhand einer Assoziation mit deskriptiven Merkmalen, wie etwa durch eine formale Übereinstimmung mit Kriterien wie sie beispielsweise durch Normierungsverfahren festzulegen versucht werden.[42] Zugleich zwingt die Kraft des Signifikanten „Akteure" dazu, sich vor dem Hintergrund dessen Unbestimmbarkeit im diskursiven Feld zu verorten. Kein Unternehmen, darauf wurde bereits hingewiesen, scheint heutzutage mehr ohne eine Meinung und Bekundung der eigenen Position zum Thema auszukommen und NGOs nutzen das Feld zur Profilierung.[43] Gleichzeitig, dafür wurden ebenfalls Hinweise angeführt, schlägt sich solch eine „Suche nach Bedeutung" auch in der wissenschaftlichen Fachliteratur nieder. Wenn einleitend angemerkt wurde, dass gerade in Wissenschaft und Gesellschaft das Thema scheinbar verstärkt durch eine Abarbeitung an Begriffen und Konzepten der Verantwortung zentriert wird und weniger ausgeprägt beispielsweise durch Differenzierungen im Bereich von Unternehmen selbst, so deckt sich dies mit einer hier vorgeschlagenen Logik der Produktivität eines leeren Signifikanten. Die Diskurs-generierende Macht des Signifikanten *Verantwortung von Unternehmen* ergibt sich aus dessen Unbestimmbarkeit.

6   Forschungsstrategischer Ausblick

Die vorgestellte Figur der *Verantwortung von Unternehmen als leerem Signifikanten* kann als anschlussfähig für weitere Fragestellungen zum Thema angesehen werden. Hier kann

---

41 Der Name begründet nach Laclau das Objekt. (Laclau 2006, S.32f.)

42 ISO 26000 (2010) zu CSR

43 Von hier ist es nicht mehr weit zu demokratietheoretischen Überlegungen. (Marchart. 2010, S.30f.)

beispielsweise gefragt werden, wie eine zunehmende Entleerung des Signifikanten vor-zustellen wäre.[44] Könnte beispielsweise eine Verschiebung von Fragen der *Verantwortung von Unternehmen* hin zu Fragen nach der Verantwortung von *Organisationen*, wie sie sich augenscheinlich im Konzept der ISO 26000 zu CSR dokumentiert[45], vor einem solchen Hintergrund verstanden werden? Auf Grundlage der hier beschriebenen Kontrastierung zweier Texte verdienen aber auch die herausgearbeiteten Signifikanten der *gesellschaftlichen Herausforderung* und der *Glaubwürdigkeit* von *Verantwortung von Unternehmen* eine tiefergehende Betrachtung. Weiterhin ergeben sich zahlreiche forschungsmethodologische Anknüpfungspunkte. Mit Blick auf die Materialgrundlage dürfte es im Rahmen anderer Themen aussichtsreich sein, nicht Positionspapiere, sondern Interviews diskursanalytisch zu untersuchen. Einer Widerständigkeit und Unbestimmtheit des Gegenstandes käme innerhalb eines Leitfaden-gestützten Interviews insofern mehr Raum zu, da in einer Interviewsituation Figuren der Selbstdarstellung von Interviewten aufgebrochen werden können und es damit schwieriger erscheint, zum Gegenstand distanziert-souveräne Er-zählungen zu generieren[46]. Auch generiert die Inklusion weiterer Gruppen oder sozialer „Akteure" die Frage nach dem leeren Signifikanten der *Verantwortung von Unternehmen* immer wieder neu.[47] Es kann danach gefragt werden, inwiefern sich ganz unterschiedliche Diskurse im Signifikanten kreuzen und in welchem Ausmaß das Thema als ein hegemonialer Ordnungsdiskurs eines diskursiven Feldes verstanden werden kann und welche Position NGOs dabei zukommt. Diesbezüglich wäre es auch interessant zu untersuchen, inwieweit die Kommunikation von NGOs sich möglicherweise allgemein über *leere Signifikanten* verstehen lässt.

Literatur

Aßländer, M. S., Löhr, A. (Hrsg.) (2010). Corporate Social Responsibility in der Wirtschaftskrise – Reichweiten der Verantwortung. München: Hampp.

Backhaus-Maul H (2005). Corporate Citizenship – liberale Gesellschaftspolitik als Unternehmensstra-tegie in den USA. In Adloff F., Birsl U., Schwertmann P. (Hrsg.), *Wirtschaft und Zivilgesellschaft. Theoretische und empirische Perspektiven.* (S. 225-244) Wiesbaden: VS-Verlag.

Backhaus-Maul, H. (2009). *Zum Stand der sozialwissenschaftlichen Diskussion über „Corporate Social Responsibility" in Deutschland.* Expertise für das Bundesministerium für Arbeit und Soziales. Berlin:

---

44 Schulz (2007, S. 239ff.)
45 ISO 26000 (2010)
46 *Schäfer (2011, S. 111)*
47 Marchart (2010, S. 27)

Backhaus-Maul, H., Biedermann, C., Polterauer, J., Nährlich, S. (2009). *Corporate Citizenship in Deutschland. Gesellschaftliches Engagement von Unternehmen in Deutschland. Bilanz und Perspektiven.* Wiesbaden: VS-Verlag.

Bayer (2004). Engagement für Umwelt, Bildung, Sport und Gesundheit. Bayer – Science For A Better Life: Geschäftsbericht 2004. http://www.bayer.de/de/Geschaeftsberichte.aspx. Zugegeriffen: 08. März 2011.

Bonacker, T., Brodocz, A. (2001). Im Namen der Menschenrechte. *Zeitschrift für Internationale Beziehungen, Heft 2. Nomos,* 209-241.

Bötefür, W. (2003). Intelligibilitäten und Unsichtbarkeiten – Diskursanalyse über die Konstruktion von Geschlecht durch NGOs. http://www.grin.com/de/e-book/19711/intelligibilitaeten-und-unsichtbarkeiten-diskursanalyse-ueber-die-konstruktion. Zugegriffen: 15. April 2013.

Braun, S., Backhaus-Maul, H. (2010). *Gesellschaftliches Engagement von Unternehmen in Deutschland. Eine sozialwissenschaftliche Sekundäranalyse.* Wiesbaden: VS-Verlag.

Crane, A., Matten, D. (2004). *Buisness Ethics. A European Perspective.* Oxford: Oxford University Press.

Friedrich, P., Hadasch, H. (2008). *Das gesellschaftliche Engagement von Unternehmen: Eine Sekundäranalyse der Positionierungen gesellschaftsrelevanter Akteure in Deutschland: Unveröffentlichte Expertise im Rahmen des Forschungsprojektes „Gesellschaftliches Engagement von Unternehmen in Deutschland. Eine sozialwissenschaftliche Bestandsaufnahme der Potenziale unternehmerischen bürgerschaftlichen Engagements".* Halle: Martin-Luther-Universität Halle-Wittenberg.

Friedrich, P., Hadasch, H. (2010). Coprorate Social Responsibility in Deutschland, Stand einer gesellschaftspolitischen Diskussion. In Aßländer, M. S., Löhr, A. (Hrsg). (2010). *Corporate Social Responsibility in der Wirtschaftskrise – Reichweiten der Verantwortung.* (S. 127-143) München: Hampp.

Greenpeace (2006). 20 Milliaren Kisten Bier? Warum Greenpeace CSR ablehnt. Kommunikations Manager, 01/2006. www.faz.net/m/%7B1892F639-EC93-4F6B-A9D7-57DB08D9F408%7DPicture. PDF. Zugegriffen: 08. März 2011.

Hadasch, H. (2011). *Verantworung von Unternehmen – Diskurs-analytische Perspektiven zu Positionen von Unternehmen und Non-Profit Organisationen in Deutschland. Unveröffentlichte Diplomarbeit.* Halle: Martin-Luther-Universität Halle-Wittenberg.

Hiß, S. (2006). *Warum übernehmen Unternehmen gesellschaftliche Verantwortung? Ein Soziologischer Erklärungsversuch.* Frankfurt a. M.: Campus Verlag.

ISO 26000:2010 Guidance for social responsibility. http://www.iso.org/iso/iso_catalogue/management_and_leadership_standards/social_responsibility/sr_discovering_iso26000.htm. Zugegriffen: 05. Januar 2011.

Keller, R. (2007). Diskursforschung. Eine Einführung für SozialwissenschaftlerInnen. Wiesbaden: VS-Verlag.

Jäger, S. (2009). *Kritische Diskursanalyse. Eine Einführung.* Münster: Unrast-Verlag.

Laclau, E., Mouffe, C. (1991). *Hegemonie und radikale Demokratie. Zur Dekonstruktion des Marxismus.* Wien: Passagen-Verlag.

Laclau, E. (2006). Ideologie und Post-Marxismus. In Nonhoff, M. (Hrsg.) *Diskurs und radikale Demokratie Hegemonie. Zum politischen Denken von Ernesto Laclau und Chantal Mouff.* (S.29-39) Bielefeld: Transcript.

Löding T, Schulze K O, Sundermann J (2007) Geheimwaffe CSR- wozu braucht's noch Kampagnen? In Baringhorst, S. et al. (Hrsg.) *Politik mit dem Einkaufswagen. Unternehmen und Bürger als Konsumenten in der globalen Mediengesellschaft.* (S.353-366) Bielefeld: Transcript.

Marchart, O., Claude, L. (2010). Demokratie und die doppelte Teilung der Gesellschaft. In Bröckling, U., Feustel, R. (Hrsg.) *Das politische Denken: zeitgenössische Positionen.* (S.19-32) Bielefeld: Transcript.

Polterauer, J. (2007). *Forschungsstand zum gesellschaftlichen Engagement von Unternehmen in Deutschland aus sozialwissenschaftlicher und wirtschaftswissenschaftlicher Perspektive. Unveröffentlichte Expertise im Rahmen des Forschungsprojektes „Gesellschaftliches Engagement von Unternehmen in Deutschland. Eine sozialwissenschaftliche Bestandsaufnahme der Potentiale unternehmerischen bürgerschaftlichen Engagements.* Berlin.

Polterauer, J. (2008a). Corporate Citizenship Forschung in Deutschland. In *Aus Politik und Zeitgeschichte 31* (S.32-38) Bonn: Bundeszentrale für politische Bildung, Bonn.

Polterauer, J. (2008b). Unternehmensengagement als „Corporate Citizen". Ein langer Weg und ein weites Feld für die empirische Corporate Citizenship-Forschung in Deutschland. In Backhaus-Maul, H., Biedermann, C., Polterauer, J., Nährlich, S. *Corporate Citizenship in Deutschland. Gesellschaftliches Engagement von Unternehmen in Deutschland. Bilanz und Perspektiven.* (S.149-182). Wiesbaden: VS-Verlag.

Nonhoff, M. (Hrsg.) (2007). *Diskurs und radikale Demokratie Hegemonie. Zum politischen Denken von Ernesto Laclau und Chantal Mouffe.* Bielefeld: Transcript.

Schäfer, A. (2011). *Irritierende Fremdheit, Bildungsforschung als Diskursanalyse.* Paderborn: Schöningh.

Schulz, D. (2007). Hegemoniale Artikulation: Frankreichs Nation als leerer Signifikant. In Nonhoff, M. (Hrsg.) *Diskurs und radikale Demokratie Hegemonie. Zum politischen Denken von Ernesto Laclau und Chantal Mouffe.* (S.223-243) Bielefeld: Transcript.

Weder, F. (2012). *Die CSR-Debatte in den Printmedien: Anlässe, Themen, Deutungen.* Wien: Facultas.

Autoren- und Herausgeberverzeichnis

Hans-Jürgen Arlt, Prof. Dr., Honorarprofessor für Strategische Kommunikationsplanung an der Berliner Universität der Künste, arbeitet als Kommunikationswissenschaftler und Publizist. Bis 2003 leitete er die Abteilung Öffentlichkeitsarbeit des Deutschen Gewerkschaftsbundes (DGB), vorher machte er eine Ausbildung als Redakteur. 1969 bis 1977 Studium der Politikwissenschaft, Geschichte und Philosophie in München und Erlangen.

Fabian Arlt, M. A., promoviert an der Berliner Universität der Künste (UdK) über „Entscheidungsspiele: Leadership in Games und Unternehmen". Er hat an der MediaDesign-Hochschule Medienmanagement studiert und den Masterstudiengang Gesellschafts- und Wirtschaftskommunikation der UdK abgeschlossen. Er arbeitet an der Erforschung, Konzeption, Gestaltung und Realisation von Spielen.

Marike Bartels, Dr., leitet die Presseabteilung der Unternehmensberatung The Boston Consulting Group. Zuvor hat sie bei der Münchener PR-Agentur wbpr_kommunikation Unternehmen und Verbände aus den Bereichen Industrie, Handel und Agrar beraten. Vorherige berufliche Stationen absolvierte Sie beim Vorstand der IG Metall, der Initiative Neue Soziale Marktwirtschaft (INSM), in den Politikressorts von F.A.Z. und F.A.S. und kommunizierte bei Scholz & Friends Agenda in Berlin für den Zentralverband des Deutschen Handwerks (ZDH). Sie promovierte an der Universität Kassel im Fachbereich Sprach- und Kulturwissenschaften zu politischen Kampagnen („Kampagnen. Zur sprachlichen Konstruktion von Gesellschaftsbildern"). Marike Bartels studierte in Kassel Germanistik und Politikwissenschaften.

Aileen Barz M.A, geboren 1991, studierte Medienkultur und Kommunikation in Weimar und Rotterdam, bis sie sich ihrem aktuellen Studium der Medienentwicklung in Darmstadt widmete. Neben medialen Sachverhalten innerhalb gesellschaftlicher Wandlungsprozesse interessiert sie sich für die Konzeption und Umsetzung kultureller Veranstaltungsformate und der (Online-)Kommunikation. Sie selbst bezeichnet sich als bekennenden Generalisten, da ihre Fähigkeiten innerhalb der Medienentwicklung breit gefächert sind.

531

© Springer Fachmedien Wiesbaden GmbH 2018
N. Remus und L. Rademacher (Hrsg.), *Handbuch NGO-Kommunikation*,
https://doi.org/10.1007/978-3-531-18808-9

Tina Bieth, Dr., hat an der Universität Münster Kommunikationswissenschaft, Psychologie und Politikwissenschaft (Magistra Artium) studiert und am Institut für Kommunikationswissenschaft zum Verhältnis von NGOs und Medien promoviert. Derzeit leitet sie die Interne Kommunikation bei McKesson Europe, einem international führenden Groß- und Einzelhandelsunternehmen im Pharma- und Gesundheitssektor, zuvor war sie in der Kommunikations- und PR-Beratung bei TWT in Stuttgart und bei A&B One in Frankfurt tätig.

Michael Bürker, Prof. Dr., ist Geschäftsführender Gesellschafter der Script Consult GmbH in München. Er hat an der Ludwig-Maximilians-Universität München Kommunikationswissenschaft, Betriebswirtschaft und Germanistik mit Auszeichnung abgeschlossen und mit einem neuen Modell für die Evaluation und Steuerung der PR im strategischen Kommunikationsmanagement promoviert. 2008 wurde Bürker zum Professor für PR und Kommunikationsmanagement an die Hochschule Macromedia berufen, seit 2016 ist er Professor für Marketing, Kommunikation und Marktforschung an der Hochschule Landshut. Seine Lehr- und Forschungs-Schwerpunkte sind: Strategische Kommunikation, Content Marketing, Public Campaigning und PR-Evaluation. Seit 2000 bekleidet er Lehraufträge für Kommunikationsstrategien und Krisenkommunikation an der Akademie der Bayerischen Presse. Seit 1998 ist Bürker stellvertretender Vorsitzender der Deutschen Public Relations Gesellschaft (DPRG), Landesgruppe Bayern.

Mathis Danelzik, Dr. rer. soz., leitet die Abteilung Fachdialoge im Kompetenzzentrum Naturschutz und Energiewende in Berlin. Zuvor Koordinator des Forschungsprojektes Demoenergie am Kulturwissenschaftlichen Institut in Essen und wissenschaftlicher Mitarbeiter am Lehrstuhl von Prof. Dr. Bernhard Pörksen am Institut für Medienwissenschaft der Eberhard Karls Universität Tübingen. Promotion an JLU Gießen über Strategie und Ethik von Kampagnen gegen weibliche Genitalverstümmelung. Studium der Kommunikations-, Politikwissenschaft und Philosophie an der WWU Münster, Master of Arts in Culture, Communication and Media an der Coventry University in Großbritannien.

Heidemarie Egger, Mag.a, Gegenwärtige Position: Öffentlichkeitsarbeit bei Career Moves (Social Entrepreneur, erste inklusive Job-Plattform Europas). Ehrenamtliche NGO-Tätigkeit: Obfrau der Marfan Initiative Österreich, Youth Coordinator der Dach Organisation Marfan Europe Network. Studium: Publizistik und Kommunikationswissenschaften an der Alpen-Adria Universität Klagenfurt.

Andreas Elter, Prof., ist Fachgebietsleiter an der ARD-ZDF Medienakademie. Von 2007-2017 hat er an der MHMK Hochschule in Köln und München gelehrt und war Studiengangleiter für Journalistik. Er forscht und veröffentlicht zu den Themen „Politische Kommunikation", „Digitalisierung von Medienwelten- öffentliche Meinung", „Politischer Extremismus und Medien". Wichtigste Monografien sind u. a. „Politik" und „Ausland" in der Reihe Journalismus-Bibliothek (Halem Verlag), deren Herausgeber er ist, sowie „Die RAF und die

Medien" und „Die Kriegsverkäufer" (beide Suhrkamp Verlag). Prof. Dr. Elter hat Geschichts-, Politik- und Medienwissenschaften an den Universitäten Köln und Bochum studiert und war Lehrbeauftragter an den Universitäten Köln, München (LMU), Leipzig und Bochum.

Andreas Fritsch, ist Referent in der Zentralen Unternehmenskommunikation der Bosch-Gruppe in Stuttgart. Er studierte Angewandte Medienwissenschaft und Journalismus an der Technischen Universität Ilmenau und der Cardiff University. Außerdem arbeitete er als freier Tageszeitungsjournalist. Im Büro des Hohen Kommissars der Vereinten Nationen für Menschenrechte in Genf war Fritsch an der Umsetzung und Evaluation einer globalen Kommunikationskampagne beteiligt.

Jeannette Gusko, M.A., ist Leiterin Kommunikation im deutschsprachigen Raum bei Change.org, der weltgrößten Kampagnenplattform. 2014 hat sie das Campaign Boostcamp Deutschland, ein gemeinwohlorientiertes einjähriges Trainings- und Mentoringprogramm für Kampagnentalente mitgegründet. Als Wissenschaftliche Mitarbeiterin von Prof. Olaf Hoffjann und Prof. Harald Rau forschte sie zu Start-ups, Change Management, PR als Managementfunktion und Storytelling an der Ostfalia Hochschule Salzgitter. Jeannette Gusko arbeitete mehrere Jahre in der Strategieberatung für Organisationen wie Mercedes Benz USA, BBDO oder das Bundesministerium für Bildung und Forschung und schrieb für die Financial Times Deutschland. Sie studierte Wirtschaftskommunikation und Internationale Beziehungen in Berlin und Chambéry, Frankreich (B.A) sowie Kommunikationsmanagement in Politik und Wirtschaft in Leipzig (M.A).

Heiko Hadasch, Diplom Pädagoge, wissenschaftlicher Mitarbeiter an der Martin-Luther-Universität Halle-Wittenberg im Fachbereich Systematische Erziehungswissenschaft. Studium der Erziehungswissenschaften mit Schwerpunkt Organisationssoziologie und Bildungsphilosophie an der Martin-Luther-Universität Halle-Wittenberg in Halle(Saale).

Julia Hartmann M.A., geboren 1991, studierte Medienwissenschaft an der Philipps-Universität in Marburg. Sie widmete sich anschließend ihrem Masterstudium der Medienentwicklung an der Hochschule Darmstadt. Hierbei liegen ihre Forschungsschwerpunkte insbesondere in den Bereichen Marketing, Online-Kommunikation und Digital Storytelling.

Stephan Heller, Prof. Dr., (*1961 in München) ist Gründer und Inhaber einer der größten deutschen inhabergeführten Kommunikationsagenturen. Seit 1981 begleitet er mit seiner Münchner Agentur heller & partner anspruchsvolle nationale und internationale Kunden in den Bereichen Intensivkommunikation und Beziehungsmarketing. Er studierte Jura, Politik und Kommunikationswissenschaften an der Ludwig-Maximilians-Universität München sowie der Paris-Lodron-Universität Salzburg. Seine Dissertation verfasste er bei Professor Michael Schmolke zum Thema „Corporate Identity als Marketinginstrument". 2013 folgte die Berufung zum Professor für Politische Kommunikation und PR an der Hochschule Mittweida.

Olaf Hoffjann, Prof. Dr., Professor im Institut für öffentliche Kommunikation an der Ostfalia Hochschule in Salzgitter. 2006-2011 Professur für Kommunikationsmanagement an der Mediadesign Hochschule in Berlin. Studium der Kommunikationswissenschaft, Wirtschaftspolitik, Politikwissenschaft und Geschichte an der Westfälischen Wilhelms-Universität in Münster.

Holger Ihle, Dr. disc. pol., Jg. 1980, ist wissenschaftlicher Mitarbeiter am Institut für Sozialwissenschaften, Abteilung Kommunikations- und Medienwissenschaft der Heinrich-Heine-Universität Düsseldorf. Er hat Medien- und Kommunikationswissenschaft, Deutsche Philologie und Strafrecht an der Georg-August-Universität Göttingen und der Universität Wien studiert. Seit 2005 ist er Projektmitarbeiter am Institut für Medienforschung Göttingen & Köln (IM•Gö) und war 2010-2015 wissenschaftlicher Mitarbeiter an der Sporthochschule Köln. Seine Schwerpunkte in Forschung und Lehre sind Medieninhaltsforschung mit Fokus auf regionalen und lokalen Medien, Sportkommunikation und Öffentlichkeit des Sports. Er studierte Medien- und Kommunikationswissenschaft (mit den Nebenfächern Deutsche Philologie und Strafrecht) in Göttingen und Wien.

Stefan Jarolimek, Prof. Dr. phil. habil, Universitätsprofessor für Kommunikatuonswissenschaft an der Deutschen Hoschule der Polizei (DHPol) in Münster; zuletzte vertrat er die Professur für Unternehmenskommunikation / Public Relations an der Johannes Gutenberg-Universität Mainz. Davor wissenschaftlicher Mitarbeiter und Vertretungen an den Universitäten Berlin, Jena, Greifswald und Leipzig. Studium der Medienwissenschaft, der Interkulturellen Wirtschaftskommunikation sowie der Ostslawistik an der Friedrich-Schiller-Universität Jena und der Staatlichen Belarussischen Universität Minsk. 2007 Promotion an der Universität Leipzig, 2015 Habilitation zu CSR-Kommunikation ebendort.

Marianne Kneuer, Prof. Dr., Univ.-Professorin für Politikwissenschaft am Institut für Sozialwissenschaften der Universität Hildesheim, 2001-2004 DFG-Forschungsstipendiatin, 1993-1999 Planungsstab von Bundespräsident Roman Herzog, 1989-1993 Journalistin. Studium der Hispanistik,Politikwissenschaft und Philosophie an der Universität Bonn und der Universidad Complutense de Madrid.

Andreas Köhler, Dr. rer. pol., ist wissenschaftlicher Mitarbeiter an der Professur für Wirtschaftsjournalismus der Universität Würzburg. Zuvor war er Programmmanager für die Studiengänge Medienmanagement und Journalistik an der Hochschule Macromedia in Köln und wissenschaftlicher Mitarbeiter in der Studienrichtung PR und Kommunikationsmanagement an der Hochschule Macromedia in München. Er studierte Politikwissenschaft, Medienwissenschaften und Soziologie an der TU Braunschweig und der Hochschule für Bildende Künste Braunschweig.

Thomas Könecke, Priv.-Doz. Dr., ist Senior Researcher an der Johannes Gutenberg-Universität Mainz. Vorher arbeitete er u. a. an verschiedenen anderen Hochschulen und hatte z. B. eine Vertretungsprofessur für Medien-, Sport- und Eventmanagement inne. In Lehre und Forschung beschäftigt er sich mit einer Vielzahl von wirtschafts-, sozial- und sportwissenschaftlichen Fragestellungen. Er ist Herausgeber mehrerer Bücher, die das Thema „Marke" in unterschiedlichen Zusammenhängen betrachten und Verfasser einer Vielzahl wissenschaftlicher Aufsätze, die in nationalen und internationalen Zeitschriften erschienen sind. Neben seiner wissenschaftlichen Tätigkeiten unterstützt er im Rahmen von Beratungsprojekten Unternehmen und staatliche sowie nichtstaatliche Organisationen.

Elke Kronewald, Prof. Dr., ist seit 2016 Professorin für Kommunikationsmanagement und PR-Evaluation und leitet den Studiengang Öffentlichkeitsarbeit und Unternehmenskommunikation am Fachbereich Medien der Fachhochschule Kiel. Zuvor war sie fünf Jahre lang Professorin für PR und Kommunikationsmanagement an der Hochschule Macromedia. Von 2006 bis 2010 konzentrierte sie sich als PR-Beraterin bei PRIME research in Mainz auf internationale Medienresonanzanalysen, Issues- und Reputationsmanagement. Seitdem beschäftigt sie sich in Forschung und Lehre insbesondere mit der Analyse, Konzeption und Evaluation von (Unternehmens-)Kommunikation.

Thomas Leif (†), Prof. Dr., geb. 1959, Chefreporter Fernsehen SWR Landessender Mainz. Zusammen mit einem SWR-Team entwickelte er in den vergangenen Jahren u. a. das Format der „Presenter-Reportage" für die ARD, produzierte politische Dokumentationen, Feature und Magazinbeiträge. (www.swr.de/leiftrifft) Von 2009 bis 2013 moderierte er die SWR-talkshow „2+LEIF" aus Berlin. 2009 Hon.Professur für Politikwissenschaft an der Universität Koblenz-Landau. 2007 erschien der Bestseller „beraten & verkauft, McKinsey und Co., Der große Bluff der Unternehmensberater." 2009 das Buch „angepasst & ausgebrannt. Parteien in der Nachwuchsfalle", München 2009; zahlreiche Veröffentlichungen zu Lobbyismus und Demokratieentwicklung. (u. a. Die fünfte Gewalt, Lobbyismus in Deutschland, 2003. Die stille Macht, Anatomie des Lobbyismus, 2005 u. a.); 1994: Gründung und Konzeption des MainzerMedienDisputs (MMD); Moderation und Konzeption des MMD in Berlin und des „Hambacher Demokratieforum" auf dem Hambacher Schloss. (www. swr.de/demokratieforum) Gründer und Herausgeber der vierteljährlich erscheinenden Fachzeitschrift „Forschungsjournal Soziale Bewegungen" (www.fjsb.de).

Susanne Marell, ist als CEO von Edelman.ergo für die strategische Weiterentwicklung der Agentur zuständig. Davor war sie als Vice President Corporate Brand Management bei BASF in Ludwigshafen für die weltweite Markenführung verantwortlich. Sie ist unter anderem Spezialistin für Corporate Communications, Krisenmanagement, Change Communications und Employee Engagement.

Jörg-Uwe Nieland, Jg. 1965, ist wissenschaftlicher Mitarbeiter am Institut für Kommu-
nikationswissenschaft der Westfälischen-Wilhelms Universität Münster. Studium der
Politikwissenschaft an den Universitäten Duisburg, Bochum und Berlin; Promotion an der
Universität Duisburg-Essen; 2009 bis 2016 Mitarbeiter am Institut für Kommunikations-
und Medienforschung der Deutschen Sporthochschule Köln; seit 2016 wissenschaftlicher
Mitarbeiter an der Universität Siegen (seit 2017 assoziiertes Mitglied im Teilprojekt B07
„Medienpraktiken und Urheberreicht" im SFB „Medien der Kooperation"). Seit 2014 Spre-
cher bzw. stellv. Sprecher der Ad-hoc-Gruppe „Mediensport und Sportkommunikation"
in der DGPuK; Vorstandsmitglied der Initiative Nachrichtenaufklärung e. V. Er studierte
Politikwissenschaft (mit den Nebenfächern Geschichtswissenschaft, Philosophie und
Sportwissenschaft) an den Universitäten Duisburg, Bochum und Berlin.

Joachim Preusse, Dr., M.A., arbeitet als Leiter eines Lehrentwicklungsprojektes an der
FH Münster. Nebenberuflich nimmt er an verschiedenen Hochschulen Lehraufträge im
Themenfeld Organisationskommunikation wahr. Seine Forschungsschwerpunkte liegen
in den Feldern der Organisationstheorie und -kommunikation mit besonderem Fokus
auf politischen Organisationen und Hochschulen, der PR-Theorie sowie der Theorie und
Empirie der Medialisierung.

Lars Rademacher, Prof. Dr., lehrt seit 2014 in den Studiengängen Onlinekommunikation,
Onlinejournalismus und Medienentwicklung an der Hochschule Darmstadt, wo er auch
mehreren Forschungsclustern angehört und seit 2017 als Studiendekan des Fachbereichs
Media wirkt. Zu seinen Forschungsscherpunkten zählen Public Legitimacy, Organisationskommunikation, CSR-Kommunikation, NGO-Kampagnen und Kommunikative Führung.

Carolin Reinert, geboren am 01.03.1989, studierte Communication and Media Management
an der Business and Information Technology School (BiTS) in Iserlohn. Anschließend
begann sie den Masterstudiengang Medienentwicklung an der Hochschule Darmstadt.
Neben dem Studium ist sie ehrenamtlich im Leistungssport engagiert, wo sie sich mit dem
Thema Online-Marketing/-Kommunikation von Sportvereinen befasst.

Stefanie Regier, Prof. Dr., ist seit März 2010 Professorin für Betriebswirtschaftslehre,
insbesondere Marketing in der Fakultät für Technik und Wirtschaft an der Hochschule Karlsruhe. Hat zunächst bei der Wormser Volksbank eG Bankkauffrau gelernt und
anschließend Betriebswirtschaftslehre an der Johannes Gutenberg-Universität Mainz
studiert. Dort arbeitete sie als wissenschaftliche Mitarbeiterin im Lehrstuhl für ABWL
und Marketing 1, bevor sie als Senior Consultant Methodenspezialist an das Ifm (Institut
für Markenwert) ging. Bis 2010 arbeitete sie dann als Leiterin der Unit Produkt- , Service-
und Preismanagement bei 2hm & Associates GmbH, wo sie die Projektleitung übernahm.

Nadine Remus, M.A., ist Senior Kommunikationsmanagerin der Gesellschaft für musi-
kalische Aufführungs- und mechanische Vervielfältigungsrechte (GEMA), einem wirt-

schaftlichen Verein, der die Nutzungsrechte von über 70.000 Mitgliedern und mehr als zwei Millionen Rechteinhabern aus aller Welt verwaltet. Sie studierte Medien- und Kommunikationswissenschaften, Rechtswissenschaften und Betriebswirtschaftslehre an der Georg-August-Universität Göttingen sowie International Economics und Public Relations an der Universidad de La Laguna (Spanien). Nadine Remus arbeitete als Pressesprecherin eines Windkraftanlagenherstellers, Wissenschaftliche Mitarbeiterin und Senior Programme Managerin an der Hochschule Macromedia in München, bevor sie die Geschäftsführung des Center for Continuing Education an der Julius-Maximilians-Universität Würzburg übernahm. Sie ist externe Doktorandin an der Ludwig-Maximilians-Universität München und seit zehn Jahren als Dozentin für Organisationskommunikation an verschiedenen Hochschulen tätig. Zu ihren Forschungsgebieten zählen Interne Kommunikation, Organisationspsychologie, Veränderungs- und Innovationskommunikation.

Saskia Richter †, Dr. disc. pol., Jahrgang 1978, war seit 2012 Wissenschaftl. Mitarbeiterin an der Stiftung Universität Hildesheim, Institut für Sozialwissenschaften, Fach Politikwissenschaft. 2003-2006 Mitarbeiterin und Lehrbeauftragte im Seminar für Politikwissenschaft der Universität Göttingen, Arbeitsgruppe Parteienforschung; 2008-2010 Wissenschaftl. Mitarbeiterin und PostDoc am Friedrich-Meinecke-Institut der Freien Universität Berlin im Bereich Neuere Geschichte/Zeitgeschichte; 2010 Wissenschaftl. Mitarbeiterin am Institut für Parteienforschung an der Universität Göttingen; 2010-2012 Projektkoordination am Lehrstuhl für Strategische Organisation & Finanzierung am Civil Society Center der Zeppelin Universität (ZU) Friedrichshafen. Studium der Sozialwissenschaften an der Georg-August-Universität in Göttingen mit Abschluss 2003 als Diplom-Sozialwirtin. Anschließend Promotionsstudium der Politikwissenschaft mit Bezug zur Zeitgeschichte an der Universität Göttingen und der Freien Universität Berlin. 2009 Promotion zum Dr. disc. pol. („Petra Kelly (1947-1992) – Aufstieg und Fall einer grünen Gallionsfigur"), Universität Göttingen. Saskia Richter verstarb im August 2015.

Torsten Schäfer, Prof. Dr., ist Professor für Journalistik am Fachbereich Media der Hochschule Darmstadt und Direktor des Instituts für Kommunikation und Medien (ikum) der Hochschule. Er verfügt über langjährige Erfahrung als Wissenschafts- und Umweltjournalist und leitet mehrere Forschungsprojekte über Nachhaltigkeit im Journalismus, u. a. das Projekt „gruener-journalismus.de"

Anne Schulze, Dr., vertritt eine Professur für Bildung in der Digitalen Welt. Zuvor war sie Teamleiterin Marktwächter Digitale Welt in der Gruppe Verbraucherrecht der Verbraucherzentrale Nordrhein-Westfalen e. V. und arbeitete als wissenschaftliche Mitarbeiterin am Hans-Bredow-Institut für Medienforschung an der Universität Hamburg sowie am Institut für Kommunikationswissenschaft der Westfälischen Wilhelms-Universität Münster. Nebenberuflich war sie als Lehrbeauftragte an verschiedenen Hochschulen tätig. Die Forschungsschwerpunkte ihrer Arbeit sind Onlineforschung, Medien- und Wirkungsforschung, psychologisch und sozialisationstheoretische Rezipientenforschung. Sie studierte an der Westfälischen-Wilhelms-Universität Münster und an der Universidad de Málaga die Fächer Kommunikationswissenschaft, Psychologie und Soziologie.

Holger Schunk, Prof. Dr., ist Professor für Medienwirtschaft und Marketing an der Hochschule RheinMain in Wiesbaden. Zuvor war er als Professor für Marketing an der Hochschule Fresenius in Idstein und Professor für Medienmanagement mit dem Lehrgebiet Markenkommunikation und Werbung an der Hochschule Macromedia in Stuttgart tätig. Prof. Dr. Schunk verfügt über mehr als 15 Jahre Erfahrung in der Unternehmensberatung. Im Rahmen seiner Consulting-Tätigkeit berät der studierte Diplom-Kaufmann sowohl DAX-Unternehmen als auch Mittelständler unterschiedlicher Branchen im In- und Ausland. Er war an unterschiedlichen Standardisierungen der Markenbewertung (IDW Institut der Wirtschaftsprüfer in Deutschland e. V., DIN Deutsches Institut für Normung e. V.) beteiligt. Seine Forschungs- und Beratungsinteressen liegen in monetärer Markenbewertung, wertbasierter Markenführung, strategischem Marketing sowie Marktforschung.

Andreas Schwarz, Dr. phil., ist Akademischer Rat am Institut für Medien und Kommunikationswissenschaft der Technischen Universität Ilmenau. Dort war Schwarz wissenschaftlicher Mitarbeiter von 2004 bis 2010; von 2012 bis 2015 Leiter (geschäftsführend) des Fachgebiets Medienwissenschaft. Schwarz studierte Angewandte Medienwissenschaft (Dipl.-Medienwiss.) an der Technischen Universität Ilmenau und promovierte dort 2009 zum Thema Krisenkommunikation.

Ralf Spiller, Prof. Dr., Hochschullehrer an der Macromedia Hochschule, Köln, wo er die Master School leitet, zuvor Unternehmensberater bei Capgemini sowie Redakteur und Projektmanager bei der Verlagsgruppe Handelsblatt, Studium der Rechts- und Politikwissenschaften in Konstanz, Freiburg und Salamanca.

Ann Christine Stähler, Studium Medienmanagement und Internationales Management an der Hochschule Macromedia in Stuttgart sowie der Hochschule Reutlingen und der Universität Straßburg. Projektmanagerin im Bereich Digital Marketing bei Smart Digital GmbH; Bachelorarbeit über die Bedeutung starker Marken für internationale Umweltschutz-NGOs in Deutschland.

Peter Stücheli-Herlach, Dr., ist Professor für Organisationskommunikation und Öffentlichkeit am IAM Institut für Angewandte Medienwissenschaft an der Zürcher Hochschule für Angewandte Wissenschaften ZHAW (Schweiz). Er leitet dort die gleichnamige Forschungsgruppe und wirkt zudem als Senior Research Fellow an der Universität St. Gallen (Schweiz). Stücheli-Herlach war Gründer und Leiter des Zertifikatslehrgangs „Politische Kommunikation" (berufsbegleitende Weiterbildung) an der ZHAW seit 2004 mit inzwischen weit mehr als 200 Absolventinnen und Absolventen aus der Behörden-, Verbands-, Parteien-, Vereins-, NGO-, Unternehmens- und Medienkommunikation; noch heute ist er für die wissenschaftliche Programmentwicklung zuständig. Stücheli-Herlach studierte politische

Philosophie, Allgemeine und Vergleichende Literaturwissenschaft und Politikwissenschaft an der Universität Zürich und an der Freien Universität Berlin (FU). Er war früher als PR- und Kommunikationsberater tätig und von 1994-2003 Politik- und Kultur-Redaktor der „Neuen Zürcher Zeitung" (NZZ). Wichtige Publikationen: „Schreiben mit System: Texte für die PR planen, entwerfen und verbessern" (Hrsg., zusammen mit Daniel Perrin).

Marcus Stumpf, Dr., ist Inhaber der Professur für Marketing und Markenmanagement an der Fachhochschule für Ökonomie und Management (FOM). Er studierte Betriebswirtschaftslehre an der Universität Bayreuth mit den Spezialisierungen Marketing und Dienstleistungsmanagement. Anschließend war er u. a. wissenschaftlicher Mitarbeiter und Assistent von Prof. Dr. Manfred Bruhn an der Universität in Basel, Seniorkonsultant an der ZMU Marketingakademie in Oestrich-Winkel sowie als Geschäftsführer für die Vermarktung und die Markenführung des zweitgrößten deutschen Sportverbandes verantwortlich. Nach über fünf Jahren als Fachbereichsleiter und Professor für Marketing und Relationship Management am Studiengang Betriebswirtschaft der Fachhochschule Salzburg wechselte Stumpf im Jahr 2015 an die Hochschule Macromedia, University of Applied Sciences, nach Stuttgart und 2016 an die FOM. Neben seiner hauptberuflichen Tätigkeit ist Stumpf als Fachautor und selbständiger Berater tätig, u. a. zu den Themen Non-Profit- und Verbandsmarketing, Mitgliederorientierung, Markenführung, Integrierte Kommunikation sowie Sponsoring und Ambush Marketing.

Adrian Teetz, berät Organisationen und Unternehmen in Strategiefragen. Der studierte Historiker (M.A.) war Journalist beim NDR, Ministeriumssprecher, Head of Communication in einem Dienstleistungskonzern und und Bereichsleiter im Generalsekretariat des Deutschen Roten Kreuzes. Im Hauptberuf leitet er den Fachbereich Kommunikation an der Akademie im Zentrum Informationsarbeit Bundeswehr, Strausberg.

Jörg Tropp, Dr. phil., ist Professor für Medien- und Kommunikationswissenschaft, insbesondere für Strategische Unternehmenskommunikation und Kommunikationsmanagement; Studium der Kommunikationswissenschaft und Phonetik, Soziologie und Wirtschaftsgeographie an der Rheinischen Friedrich-Wilhelm-Universität Bonn, 1997 Promotion an der Universität-GH-Siegen, 2004 Habilitation an der Martin-Luther-Universität Halle-Wittenberg. Diverse Lehraufträge und Gastprofessuren. Bis 2001 geschäftsführende Tätigkeiten in internationalen Kommunikationsagenturen. Seit 2004 Professor für Marketing-Kommunikation und Kommunikationsmanagement an der Hochschule Pforzheim. Arbeits- und Forschungsschwerpunkte: Marketing- und Werbekommunikation, Kommunikations- und Markenmanagement, Allgemeine Kommunikationstheorie und Persuasionsforschung.

Christine Viertmann, Dr., Referentin Berufsbefähigung durch internationale Kompetenzen an der Universität Leipzig. Bis 2016 wissenschaftliche Mitarbeiterin am Lehrstuhl für Strategische Kommunikation der Universität Leipzig sowie Projektleiterin der Akademischen Gesellschaft für Unternehmensführung und Kommunikation gefördert durch die Günter-Thiele-Stiftung. Zuvor Promotionsstipendiatin der Unternehmensberatung HERING SCHUPPENER und Research Associate am Lehrstuhl für Öffentlichkeitsarbeit und Public Relations der Universität Leipzig. Im Mai 2014 Promotion zum Thema „Der Sündenbock in der öffentlichen Kommunikation". Von 2004 bis 2010 Studium der Kommunikations- und Medienwissenschaft und der Französistik an der Universität Leipzig und der Université Paris-Sorbonne, Frankreich. Von 2008 bis 2010 Gründerin und Gesellschafterin einer Start-Up Agentur.

Franzisca Weder, Assoc. Prof. Dr. phil. habil., studierte Journalismus, Politikwissenschaften und Geschichte an der Katholischen Universität Eichstätt-Ingolstadt. Seit 2005 arbeitet sie als wissenschaftliche Mitarbeiterin, Assistenz- und seit 2012 als Assoziierte Professorin am Institut für Medien- und Kommunikationswissenschaften der Alpen-Adria Universität Klagenfurt. Weitere Lehrtätigkeiten an der Fachhochschule Wien (Abteilung Kommunikationmanagement), dem Dep. of Telecommunication and Film der University of Alabama (USA), dem Dep. of Managament Communication der University of Waikato (NZ) sowie am RMIT Melbourne (AUS). Daneben Beratungstätigkeiten im Rahmen der Wederei, Manufaktur für Kommunikation. Lehr- und Forschungsfelder: Organizational Communication & Public Relations, Sustainability, Corporate Social Responsibility, Health Communication & Community Based Campaign, Stakeholder Engagement & Participation.

Julia Wölfer, M. A., Communication Managerin in der Wirtschaft. Studierte am Lehrstuhl für Kommunikationsmanagement und Public Relations der Universität Leipzig und Politikwissenschaft am Institut des Etudes Politiques de Lyon . Während ihres Studiums forschte sie zum Thema NGO-Kommunikation. So betreute sie ein Forschungsprojekt mit, bei dem der NGO-Trust Index entwickelt wurde . In ihrer Masterarbeit ermittelte sie via Framing- und Rezeptionsanalyse die Wirkung der NGO-Kampagne „Kony 2012".

Mundo Yang, Dr. phil., Wissenschaftlicher Mitarbeiter an der Universität Siegen am Seminar für Sozialwissenschaften. Mundo Yang war unter anderem wissenschaftlicher Mitarbeiter am Wissenschaftszentrum Berlin für Sozialforschung (WZB), hat an der Universität Flensburg promoviert und absolvierte ein Studium der Politikwissenschaft an der Freien Universität Berlin.

Printed by Printforce, the Netherlands